一个小说家的自述

【手稿精选】

梁斌 著

天津出版传媒集团
天津教育出版社

U0826895

·根据手稿现存情况整理，有删节。

目录

我的童年……〔〇〇一〕
初出之犊……〔一一三〕
青春似火〔精选〕……〔二二三〕
烈火青春〔精选〕……〔三一七〕
三十而立〔精选〕……〔三五七〕
四十而不惑〔佚〕……〔四一二〕

一个小说家的自述·〔手稿精选〕

梁斌 著

我的童年

河北省文联稿纸

我的童年

一

儿时的回忆，就像吃蜜一样的甜美。

儿时，自從我懂得思索的时候起，想：是母亲亲，还是父亲亲？我幼稚的心灵里，想过来想过去，总觉着不是一般长的距离，这是因我自幼吃母亲的奶，在母亲怀抱撒娇的原因，这里感到母亲与父亲跟我一块玩，就是牵着我的手到大街上去[redacted]，[redacted]到沿场边上玩耍，買糖的泥哨，堤坡上的嫩柳，杜梨，[redacted]了满街的花朵，一到秋天柿子红了的时候，满树的

回从我三四岁的时候，才渐渐发现到镇上去赶集。[redacted]

[redacted]今天回忆起来，我最爱跟她去赶集[redacted]不是为了别的，到了集上[redacted]，她老人家给我叫一碗在车马店门口摊子边吃一碗豆腐脑。或是买一个大火烧，夹[redacted]卤肉，揣在怀里，一边走着一边吃着。[redacted]那香喷喷的[redacted]的香味，和家里做的菜粥不是一样的滋味[redacted]。大饼夹肉和家里的烙饼卤肉蛋也不一样。这时我在感到父亲说我的一点道理。

[illegible]

母亲对人是善良的，和蔼的，父亲是严厉的，脾气很大蒙古人，一说起话来震天价响，很粗暴。他见街也不可置大

[illegible]

25×20=500　　第 一 页 (D80.6)

事小[redacted]情，他的烟袋一時找不到，[redacted]就落牌氣，一時找不到老花鏡子了，也骂一頓街。当他張開大嘴罵人的時候，母親就[redacted]低下頭，扭过臉去，一声不响，而且也不流淚。等父親的火氣消[redacted]了，还是和顏悅色，和好如初。她說：他是那个脾氣！

有时我也想到：他为什么这么[redacted]大的火氣？这就是所谓中國古老的封建社会的產物：家长专政，凡事他說了算[redacted]。兒子们只有听着，妇女们在家庭在社会上[redacted]没有地位[redacted]，只有勞動的份兒。

再一方面：我的家庭是当掌起家的。祖父的時候有八畝地，当我父親離開學校，当家主事的時候，有二三十畝，养着一条驢，日[redacted]子就过得去，不愁吃穿了

河北省文联稿纸

地，当我母亲到我父亲家里的时候，[redacted]

当我记事的时候，家庭经济已经走下坡路，[redacted] 维持现状了；其中有三十五亩，每年要地

人口多、开支增大，只有靠卖土地 [redacted] 维持生活。当初向人家交租。日子的开支都是由他一人 [redacted] 操持的。因此

他有点土 [redacted] 权 [redacted] 他一闹起脾气的时候，我母亲就说：

人的秉性难移呀！父亲的这种秉性就是这样来的。

但是，他从幼到老都在劳动，是个勤俭持家的人。全

家人都在这一点上原谅 [redacted] 隐讳。

二

我生在北中国的一个僻乡村里，于一九二四年，在我幼年的时候，这

个小乡村，只有一百二十户人家，平均每家五口人，才有

六百口人。自此二十几年以後，直到土地改革，就有七百

25×20=500　　第2页 (D80.6)

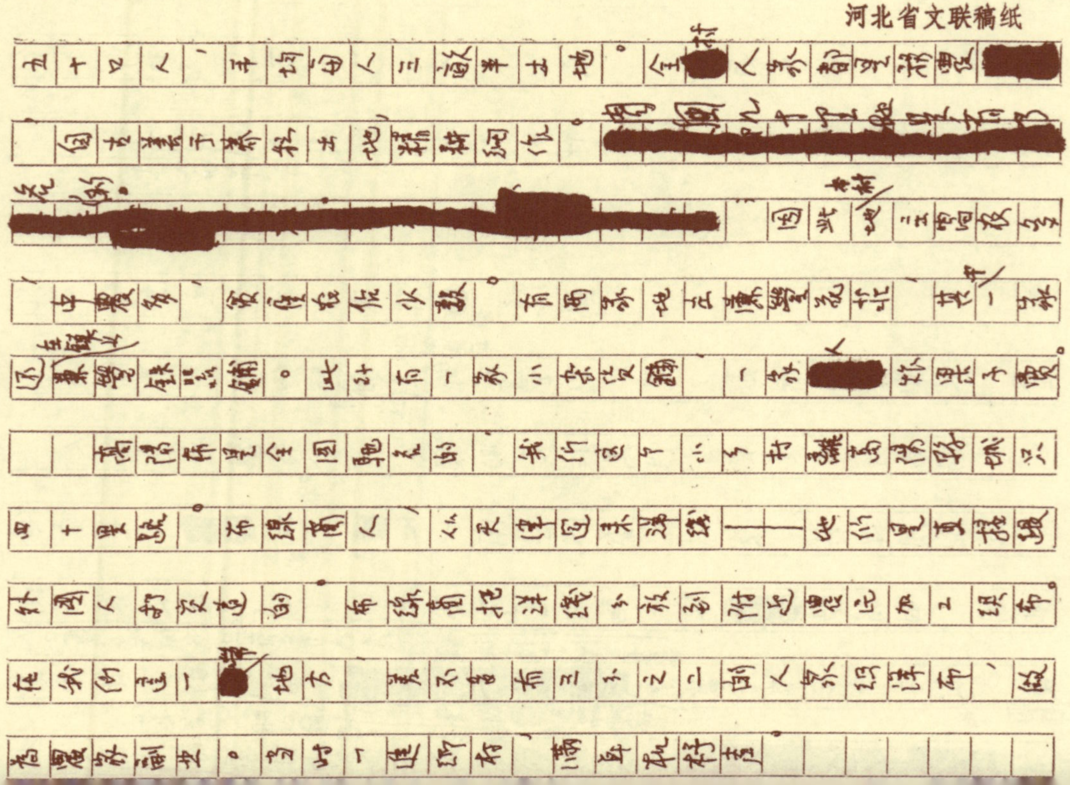
河北省文联稿纸

因此我家也织洋布，農閑季節，全家人染线络线，一派忙碌景像。到了秋去冬来的季節，分（把布、棉）给各房孩子大人们做[redacted]冬衣。

[redacted]

在我幼年时候，听我父亲说过：我的祖上是山西忻州人，明朝年间迁居这里。当时梁、宋、孔、赵四个家族是联了宗的，遇有红白喜事，四族人家都有礼節往来。不过何从我童年时刻，姓孔的已经绝了後，姓赵的和姓梁的还只剩几家，全村大部份人家都姓梁[redacted]從此，

25×20=500　第 3 页 (D80,6)

河北省文联稿纸

也就可以知道，从山西迁来的时候，这里家人是一块来的，像就弟兄一样，在这里建了一个小庄点，後来就叫梁家庄。那时的河北平原，恐怕还人烟稀少呢！

在我的年幼時候，村北和村东还有两大片梁家老坟，年深月久，已成乱塚，无人管理，只有几个小树和一株老杜树，在日暮夕陽的時候，有一群烏鴉在树上啞啞地乱叫，这种日暮鴉鳴的印象，一直留在記憶中。

虽然如此，祖坟上还有几十畝地，用这些出產，每年清明佳節，合族子孫还集在一起，吃一顿坟社会——一頓猪肉打滷的面条，可是女人是没有份的。

吃完了面，一群青年人，用食盒抬上献供，扛上铁锹，
到老坟上去上坟，所谓上坟就是给坟上培土，压上白纸条
。培土的意思很明白，压白纸条，直到现在，我还不知
道是什么意思。我估计过去这些白纸条上还都打上铜钱印，
后来年久月深，人们连铜钱印不打了，这种风俗也
就没有人明白是什么意思了。也许还有挂素的意思
我的孩童时期，对于吃食，对于上坟，都是乐于参加
的。那是一个玩耍的机会，孩子们到一起，又打又闹，最
后分一点献供——一个小馒头，一点炒蛋
在我的回忆里：吃食就算每家分二片白面馍来连上

25×20=500　　第　页　(D80.6)

三斤自由也不分了，老坟上的土地出息，也就被同族的恶
霸们据为己有，[redacted]也无人敢说话。自此，我对农村的绝户事故周好理解。
当
我母亲[redacted]来到我父亲家里之前，
曾经有[redacted]过一个先世，是西百尺王家，是个财主。先外祖是个
有名的正骨医生[redacted]挑着满门[redacted]。先母生了两个哥哥，三
个姐姐。我母亲得说手眼得大了这几个孩子。她自己又生
了一个姐姐，三个哥哥和我，兄弟姊妹共十人，富和全的
[redacted]主妇，她得服侍大了十个子女，还有男婚女嫁，生活
的担子有多么重呀！样的她说可是自从我记事的时候，我没有听到她
道[redacted]过一声烦劳，只是抗骤出父亲暴脾气说，年幼时候我

河北省文联稿纸

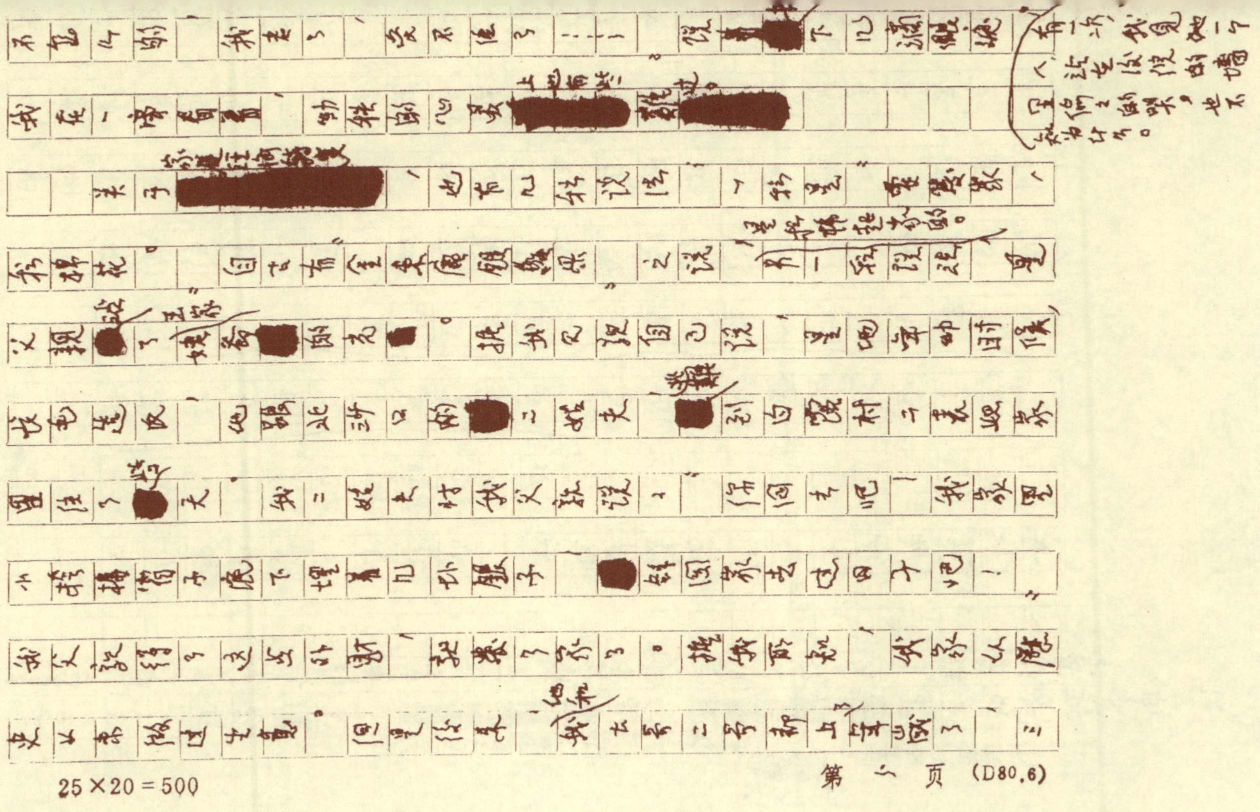
第六页 (D80,6)
25×20=500

河北省文联稿纸

爷爷说，四爷爷读书，[redacted]全家三四十口人吃饭，[redacted]不得[redacted]不随便用[redacted]。据我所知，我家的生活，并不比一般中农人家好：经常是熬一大锅菜粥，一算子锅头，并锅熬白菜

我从三周岁才有记忆，我记得清楚的是我母亲叫我

吃奶，说：来吧！吃一口吧！

婶家嫂子说：有多大了，还吃奶？还有水儿吗？

母亲说：四岁了（虚岁），那里还有水儿，干摄呗！

在我的记忆里，四岁的孩子确实不小了，母亲的奶

也确实没有水儿了，不过每次骑在母亲的大腿上，用两只

小手捧着母亲又白又胖的乳房，含着乳头。那是人生至高

无上的幽美的享受，是母亲赐给子女们的唯一的[redacted]母

爱。

在一个记忆里，是在一次吃晚饭的时候，父亲坐在一边，母亲坐在一边，我坐在中间。吃着饭，父亲说："我这就七十了……"说着，看了看我，笑了，说："既来了，我有你儿呀！"当时，我不明白，后来才知道，这个家庭是指服你的。

母亲笑了笑说："太阳落了，小孩就睡了！"这是母亲对我的希望。又说："早折十年的，不该老来得呀！"母亲是担心她的儿子受累！当过她年纪已经不小了，还是带着几个嫂子下地劳动。在家里，母亲她一把心的里怕孩子们受罪，如今都死去了，有些都死去有饭吃，不受剥削了。

25×20=500

第6页（阅读卡80.6）

在我的记忆里，我母亲和我几个嫂子，她们穿着青蓝色粗布的衣裳，布的穿得破破烂烂的。她们各有各的性格、思想和命运。我非常同情这些苦命的妇女。我二嫂在炕头上躺了半辈子，成天得吃药，她的形象，思想……我把她写进《烽烟图》之中。

河北省文联稿纸

[redacted]

再一个黑草团挖帆：里边放着五只大蝈蝈和蝈蝈小回

儿和我去捉豆虫回家：三姐天里一个道德，送来好几回。遇大

（三亩地都得了钱请假[redacted]）

圆，把三十亩地都光了。那个往里面压的事儿是[redacted]，村外送了

大清明头，我和五亭，小个儿三口人，在冰上拉着拖床，

到秋收就完了。

（把拖床拉着也拽进去，）

只隔一里地，到了三姐家里。一进屋门，四壁空空，

门儿连一个布帘也没有，就上面有两只旧板凳。王[redacted]和小

回儿[redacted]到了村子，放在炕沿上[redacted]，就

承三[redacted]在以头跟着。三姐多可怜呀，她很有个女，孤苦伶

行，一直在我[redacted]外[redacted]住了一辈子。我在家很得宠爱的那个
很大狗，我是[redacted]的影子。
　　再一个记忆深刻的，从我记事的时候，我家就有
了大家庭，五个子女，四个姐姐，[redacted]个嫂子，大哥只有两
个闺女，没有儿子，后来过继了一个，嫁去太远，见识很[redacted]了，又生
了一个闺女。姐姐们都出嫁了，两个大侄子都结婚了。侄
子侄女，外孙外孙女儿……一大家子人，遇上节日喝大
咸，孙子孙女都来到了，就有[redacted]十口人吃饭，真够热闹的。
　　从我记事，我大侄子和二侄子就结了婚，他们都大我十
几岁，[redacted]侄子媳妇见了我，也都叫我六叔。大

25×20=500　　　　第7页　(D80.6)

河北省文联稿纸

姪女和二姪女也都结了婚，也都叫我六叔。可是我才有几岁，大街上人们见了我，都说，别看蔫茇不大，長在辈儿上了！不过，他们早些叫我六叔，我并不觉得是尊重，因为[redacted]弟兄姊妹十人是两个母亲生的，[redacted]在[redacted]情上我有不同[redacted]

在我的回忆里，我父亲一直是个花梢儿[redacted]

[redacted]他一年三百六十五天，一直在劳动，睡到半夜里还起去扫草喂牲口，登梯子上房寻视一遍（只怕有偷盗），大年初二就开始搖绳子打苇箔。地里、园里、场里，那里也离不开他，他不去看看，自己不放心，他的经典就是：勤俭持家过日子。在半条街上，谁不会过日子，他就不跟人家说话，还背地里

罵人：好吃懶做。

大哥好像比我年歲很大，自幼跟他外祖學了正骨，当了一輩子医生。常有人把病人抬到门上來，請求医治，或是把大哥請去，一住就是兩三个月，他不要錢，逢年過節，都有人送禮，他從不舒到自己屋里，送到我父親屋里，如果是點心的話，我母親就跟大哥送一匣去。

在我的記憶里，大哥經常不在家，出去治病，因为是大家庭，吃不上穿不上，不如出门行走，據說，自從我們弟兄分了家，他曾提出和父親分家，父親不跟他分。[redacted]

[redacted]性格很大方，買草帽子，一買就是一大

第 页 (D80.6)

25×20=500

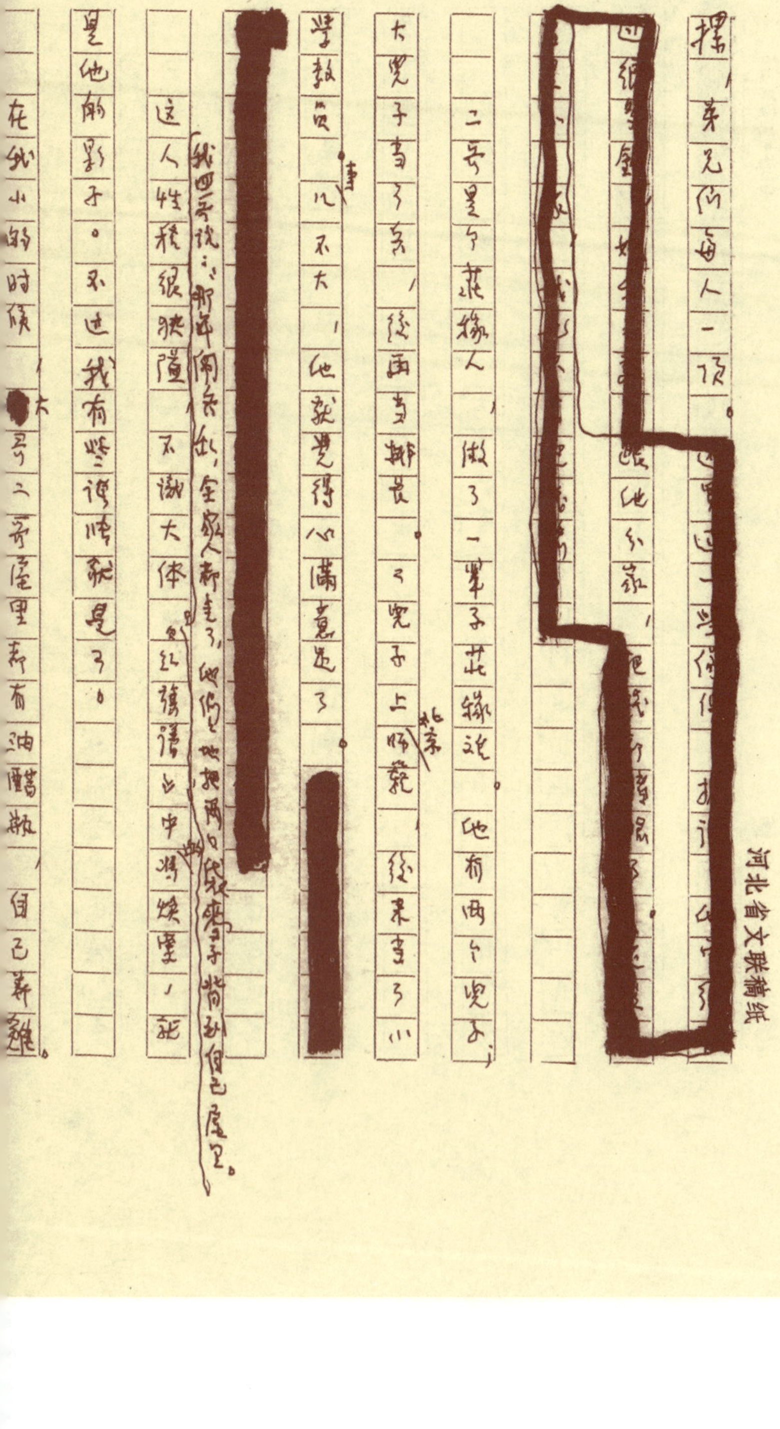
河北省文联稿纸

我曾看见过，大嫂和二嫂把门一关，用窝窝头喂自己的孩子。人们本该，家家和和不和，紫米要遭殃。

我自小喜欢三哥，上过高级小学，当过学员，后来当过上士、排长什么的，没有过什么大官，在一个农场里当过庶务。

性格很豪放，有大心胸，没有干过大事情。

我不喜欢四哥，上过中学，后来又上过测量学校，当过测绘师，善良本分，但没本事，性格很执拗，胸无大志。

五哥也上过村学，十五岁就[illegible]，就学耕地。他是我儿童时代一块玩耍的伙伴，他是一个心灵手巧的人，比如，木作、打铁、锯缸、化铜补锅……等。我喜欢五哥，他做了一辈子庄稼，为人忠厚老实，

第9页 (D80.6)

25×20=500

大姐嫁了一个烟鬼，据说自从十九岁就抽大烟。大姐拉扯着几个孩子，过着穷愁日子。大外甥女儿一直在我们家里住到出嫁。

二姐嫁了一个老同盟会员，保定武备小学堂毕业，是个民主主义者，回家拉过大庙里的神胎，参加过反袁护法，被捕入狱，出狱后走云南，参加了滇军。后来当过团长，当过保定警察厅长。[redacted]

四姐嫁了一个医生，但不学无术，不懂医理，不懂装懂，说话咬文嚼字。

家人虽多，但我家规有几条老规矩：不许赌钱，不许干预，晚饭以后，大门

我写这一段回忆，不是私数家珍，而是和我以后的文

学錄，不许

河北省文联稿纸

学生涯，塑造人物性格，有一[redacted]。有人说：出身在
大家庭的人，塑造人物较多。我认为[redacted]道理。
[redacted]
在我五岁的时候，我就开始识字了。
我家外院，有一棵大槐树，大槐树底下，有两间北房，
村学就在这里。一共有十几个学生。似乎我父亲曾跟我说
过，他曾过村学，大概是学[redacted]吧！
这个村学里，有一个好老师，白净脸儿，两撇人丹[redacted]
胡子，高高的个儿，穿着长袍。我每次到了学堂里，他就
喜欢的抱起我来，写几个字儿叫我认，闹锁是一二三四五

25×20=500　第　页　(D80.6)

……從來是人手足刀尺……[redacted]

這个老师很韻，性格明朗，說話不帶土音土調。

我每天中午到他那里去，他一半是吃餃子，總讓我吃几个又白又胖的餃子，送給上一碟兒醋蒜，很香。

當時虽然幼小，心里也這樣提過一下：這樣餃子的人，怎么肯到這兒教几个小學生？我母親曾跟我說過，他考過秀才，沒有得中。後來在新軍里當連長，因為加入了革命党，受過通緝。他就躲在這里教书了。一共教了二年，就不見了。這个人姓田，叫田榮堂。全村的人都跟他叫田先生。

母親說，孫文是革命黨，故鄉的人們叫他孫大砲。

這是當時的記憶，說也奇怪，一个四五歲的人，怎么會注意這些大事，也許是好奇吧！這在當時的鄉村裏，都是新鮮事兒。

田先生在我們村里教了二年書，影响却不小，一直流傳了几十年，人們都忘不了他。今天來看，因為他是革命党，能联係群中的原因，後來他在鹽務上做了事情，曾經遇到隔家一个叫趙玉衡的去賣小鹽，他向前叫了一声：田先生！田先生只說了一声：噢！以後別再這个了，嚇！也不抓人，也不罰款。鹽務上是不准農民制賣小鹽

第 三 頁 (D80.6)

25×20=500

河北省文联稿纸

的。

四

人的一生，童年时候的记忆最深刻，我在故乡渡过了整个[redacted]童年时代，如今年近古稀，对故乡的一草一木，人、事、物，还是清晰的。

乡村的孩子没有玩具，母亲上庙买个小木株，小木匣，放在炕上，就是唯一的玩具了。有时买一只木枪木刀，那是绝无仅有的事。

夏天不穿衣服，光着腚在大街上玩，在[redacted]满里滚爬。攥一块土，挖一个坑，尿上尿，再用土填上，堆一个

泥腥夹，这就是自制的玩具，农村人不讲卫生，也不知道
孩子们是怎样长大的。
有时光着屁股，爬在黄土堆上滚，[redacted]他又干净，又凉
爽。撑一堆黄土，拍一个大土堆，再用手掏里，掏一个土
窝窝，这就是艺术的杰作。

这种玩耍，一般的是在母亲看顾之下。我的小名叫蝌，
一会不见，母亲就会喊：蝌呢？小蝌！父亲时间长了
不见我，也会问母亲：小蝌呢？母爱、父爱，这就是
父母亲子之间的情爱吧，常就一时到母亲和父亲在怀我，
我就很快地跑到他们的面前

第八页 (D80.6)

25×20=500

河北省文联稿纸

　　母亲不叫我离开她一步，她的[redacted]，二表也嘱咐我，说：“不要到村外去，村外有拍花的！”据说，有一种迷药，在孩子[redacted]上一拍，孩子就糊住了，跟着人家走了，卖到远处。尤其是女孩子，可不能叫人家拐了去。不让远走，又没有人一块玩，有时就咬着指头玩，有时就哭。母亲见我哭就说：“饿了，我领你看戏吧！”就手拉闺女，跑到一把抓襟，给把打扮得鲜亮的孩子，领上马车，到里边去吃糕点，就真的到门，又把火炉下灶台，顺手下雨，坐在地上此。油瓶跌落，王卯都觉得好笑。

　　今天回忆起来，老々太也爱哭，不知为什么，老是爱哭。

今天回想起来，还是冷的原因，我父亲一年里也就是过年的那么几天升起炉火，一过正月十五，也就止火了，屋子里是冷冷清清的，一般人家，那就不用说了。中国的北方要烧炕，用煤带和烧炕[redacted]，叫做"烧热屋子暖"。

冬天如此，乡村里的孩子，一过五岁也就不满足于烧炕上[redacted]和土地上的玩耍了，在大街上看打铁的，看铁匠铸的，看着铁[redacted]匠怎样拉着风箱把铁烧红，用大铁锤敲在铁子上打铁，蹦出来七十色的火花，好像放鞭炮一样。

[redacted]有时也过老猴儿，一来就是一大群[redacted]几个男人，大男小女。在村边住下，就进村讨（提着口袋）米，不给还不行，[redacted]东西就拿，[redacted]

不[redacted]翻身，手段不收。全村的人只有在官家熟了文武，全村大小，出门乞讨。这是本有的事，人们也不以为奇。此事，在红楼中只写下几句。人们也都有情况的，说个一件详尽。

河北省文联稿纸

[illegible]

一个一个倒在割好的横子里，一割搂子的人又会割搂了

每逢锵犁镩的挑着小车一来，那不只是一两辆，经常

是十几辆小车，孩子们把围上去看热闹，锵犁镩的人把小

车放在广场上，就到村里沿村吆叫：锵犁镩来哟！锵

犁镩来哟！

孩子们最盼着锵犁镩的来，那经常是聚集几十个人，

有拿着破铁来的，叫锵犁镩的人过眼睛衡量：给你五

[illegible]钱，或者说：给你两个镩，说也奇怪，有时候一[illegible]

子倒出两个镩，就没有了。人们就会说他们精神仙似

[redacted]

乡村里的孩子，一过六岁也就管不住了，一会儿跑到
这里，一会儿跑到那里，东西南北地总是跑着。我们村有
这座奶奶山不知建于何年何月，据说明朝某时的。
里最一的文物是奶奶山，一个小山坡上，有一座奶奶庙，庙
里边有三座奶奶的神像。那是祈求孩子的人们烧香许愿求孩子的
地方。庙前有两棵古柏树，树下有一座大铁钟。时间长了，
这里便成了我们的乐园，看看大庙，大庙上的红绿颜色，
庙脊上的狮子，看看那两棵古柏树，和树下的铁钟，那是
直到我的幼年，这座庙还保留着三座奶奶神
我们村里唯一的古物。[redacted]

25×20=500　　第17页 (D80,6)

脸，还栩栩如生。不过，奶奶的衣物和庙里的墙画，都已经[redacted]褪色了，庙顶上的黄琉璃瓦，还闪闪发光。

庙脊上有一个黄琉璃小庙，据老辈人们传说过[redacted]这[redacted]座小庙里曾经有一只金鸡。鸡叫天亮以前，这只金鸡先跳出来打一声[redacted]鸣，全村的公鸡才开始叫晓。后来从南方来了一个南蛮子，把金鸡窃跑了。自此，每天黎明，小庙里也没金鸡叫了。

在我还小的时候，四哥对我说过：那座钟钟上铸有文字，说，奶奶山前后有官地四十八亩……[redacted]后来被当地财主家[redacted]据为己有[redacted]以势欺人，[redacted]霸占官产

河北省文联稿纸

。这件事情相传几百年，直到现在乡村里还传着

我母亲也说过：……那座钟，人家要砸钟卖钱，[redacted]你

[redacted]叔叔出头拦挡，争吵起来，动了武，打起架来，也被人家打

了头破血流的……

那时，我是小孩子时期，自此懂得[redacted]乡村恶霸的厉害

牢记在心上。几[redacted]十年[redacted]后，想着这个传说写出《红旗谱》的

第一章，朱老巩大闹柳树林。

五

儿童一过五岁，就知道找个伙伴了，好在一起玩耍，不论男孩子和女孩子。

我的小伙伴是个邻家小姑娘，她叫惠英，跟我一般年岁

第 页 (D80.6)

25×20=500

河北省文联稿纸

一般高，长着俩条小辫子，小嘴巴，白四方脸盘，我很喜
欢她，她也喜欢我，和我同年岁。她母亲和我母亲也很好，
每天吃了饭总在门口，总是互相问一声："你吃饭了！"
"俺吃了，你们呢？"这时她总是站在母亲跟前，我也站
在母亲跟前，抓起母亲的衫子衿，她看看我，我看看她，
自此，我俩就成了小朋友，[redacted]几乎每天在一块玩。[redacted]

[redacted]

比仿她家做的菜，她母亲常是[redacted]端一盘来，给我们尝
。她家锅里缺豆吃，我母亲就[redacted]把几升绿豆给她家送去。
两家人家是很好的。

[illegible]

[illegible]

　　人田字一河县山，村北里大苇塘上，就河渠了，在那一样

之苇根组的苇箔——了村里的苇根。大一块土里挖出

也的香草，但也的很，摘在嘴里一嚼，甜甜的，是孩子们

很爱吃的。

　　每天吃了早饭，我们俩就到一块，见面就说："咱们

今天做什么活？""咱们去编苇箔吧！"于是，手拿着

镰刀上山，走出通向村北的小胡同，走到村北的大苇塘上。苇

25×20=500　　　　第 26 页 (D80,6)

下腰来掰菜根々，一边掰着一边吃着，说着话儿，直到掰满了一口袋为止。有时踩着菜坨上的泥，把鞋子都弄湿了，还是舍不得离开。村北里大菜坨々的根々，又粗又甜。村西和村东菜坨上，我们也去过，菜根々长得细，而且甜味不足。

当去掰菜根々这种玩耍，也不是一帆风顺的，当你们着蹲在掰着的时候，菜坨主人，那个老头子若是看见了，就老远就伸起鼻子大喊々：你们又在掰我的菜根々，那一个根々就是一棵大菜子呀！看我非打你们不行！说着手里舞着铁锨，抬起脚就跑过来，到了这到上，不管是菜花。

河北省文联稿纸

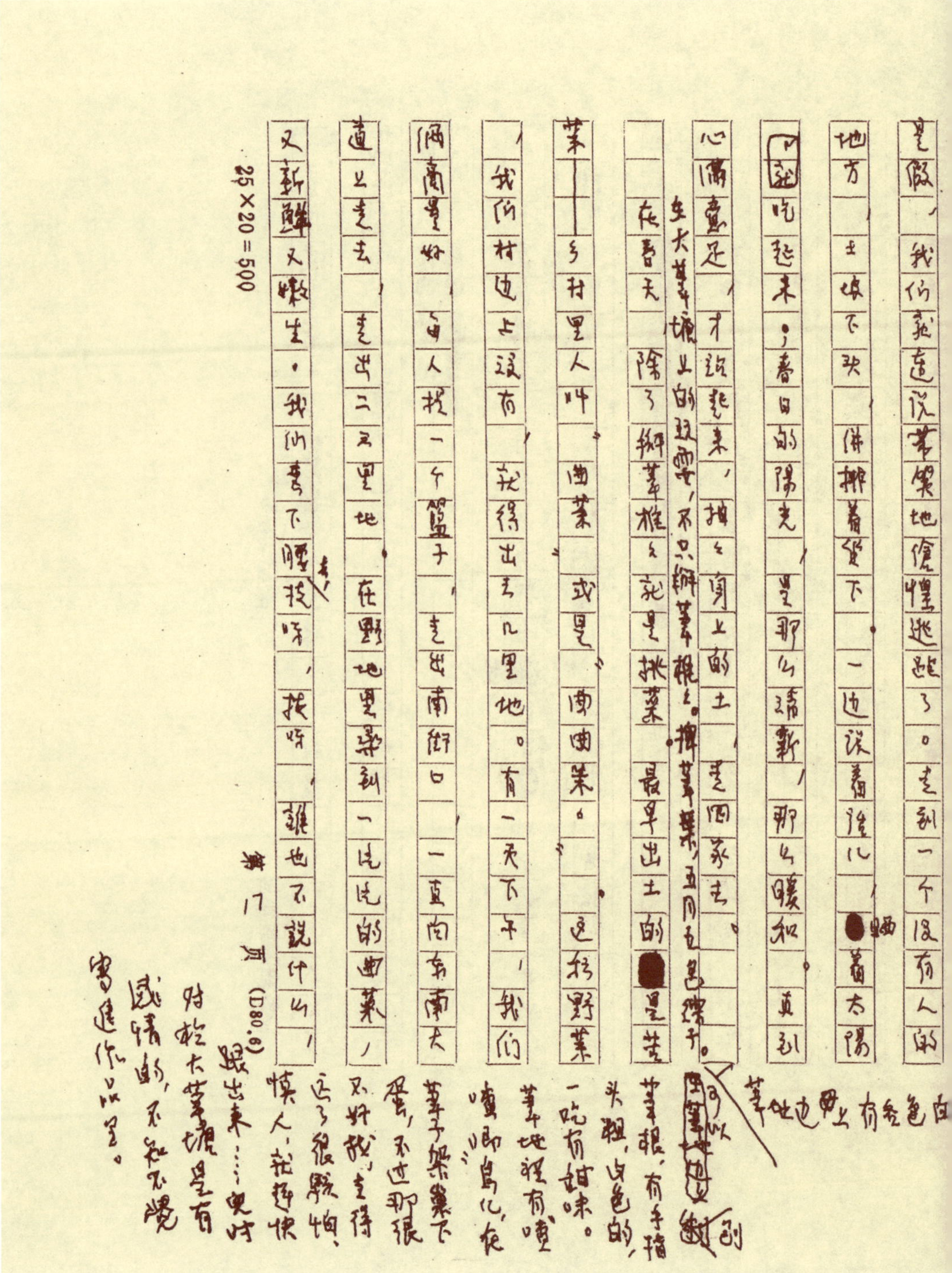

是假，我们就这从草棵地偷偷溜跑了。走到一个没有人的
地方，土坡下头，并排着躺下，一边说着话儿，着太阳，
一边吃起来。春日的阳光，是那么清新，那么暖和，真到
心满意足，才站起来，掸掸身上的土，走回家去。
在大草坑上的致密，不只挖草根，挥草叶，五月色色鲜干。
在春天，除了挖草根根，就是挑菜。最早出土的是苦
菜——乡村里人叫“曲菜”或是“曲曲菜”。这种野菜
，我们村边上没有，就得出去几里地。有一天下午，我们
俩商量好，每人挎一个篮子，走出南街口，一直向东南大
道上走去。走出二三里地，在野地里寻到一片片的曲菜，
又新鲜又嫩生。我们蹲下腰挖呀，挖呀，谁也不说什么，

25×20=500　第17页　(D80.8)

草地边田上有些色白
苦菜根，有手指头粗，白色的，一吃有甜味。
草地里有喷喷鸟儿，在草子棵里下蛋，不过那很不好找，走得远了很害怕，慌人，就赶快跑出来……其时对于大草坑是有感情的，不知不觉写进作品里。

一直拔满了篮子，[redacted]直到觉得身上有点冷了，抬头一看，圆大的夕
阳落在西方，照得半边天通红，她猛地站起来了，说："哎？天
黑了，[redacted]快回家去吧！"
我直起腰来，对着西方那个[redacted]鲜红的[redacted]太阳，迟迟地说：
"跟谁不是呀？"又吆喝着歌谣，"老阳来，老狼背着小狼
过！"[redacted]
她撅起小嘴头儿，瞪起眼来说："有那么说吧！说得
别人心上寒森森的……"
两个人一边说着话儿，一边走着，天光黑下来了，一
直走到[redacted]漆漆黑，在黑暗中，对面走[redacted]过一个人来，碰了[redacted]

河北省文联稿纸

亡了。一個[illegible]東西家，她臉上不[illegible]的說：“我[illegible]了还不回

来，[illegible]吧：”伸手指着我们俩的鼻子：“去回老。”

他一说，又说不出[illegible]，我们上[illegible]。[illegible]大家[illegible]，

我们[illegible]小脚走[illegible]。去回家去，一路人正[illegible]我们[illegible]

父亲[illegible]。她就说：“[illegible]了还不回来，[illegible]呢！”（叫人揪心。）

我想不到[illegible]，[illegible]的[illegible]，[illegible]了[illegible]、

[illegible]得干净净。[illegible]上[illegible]上大[illegible]，[illegible]，[illegible]

[illegible]，[redacted][illegible]

[illegible]一[illegible]个人[illegible]。

[illegible]

25×20＝500 第18页 (D80.6)

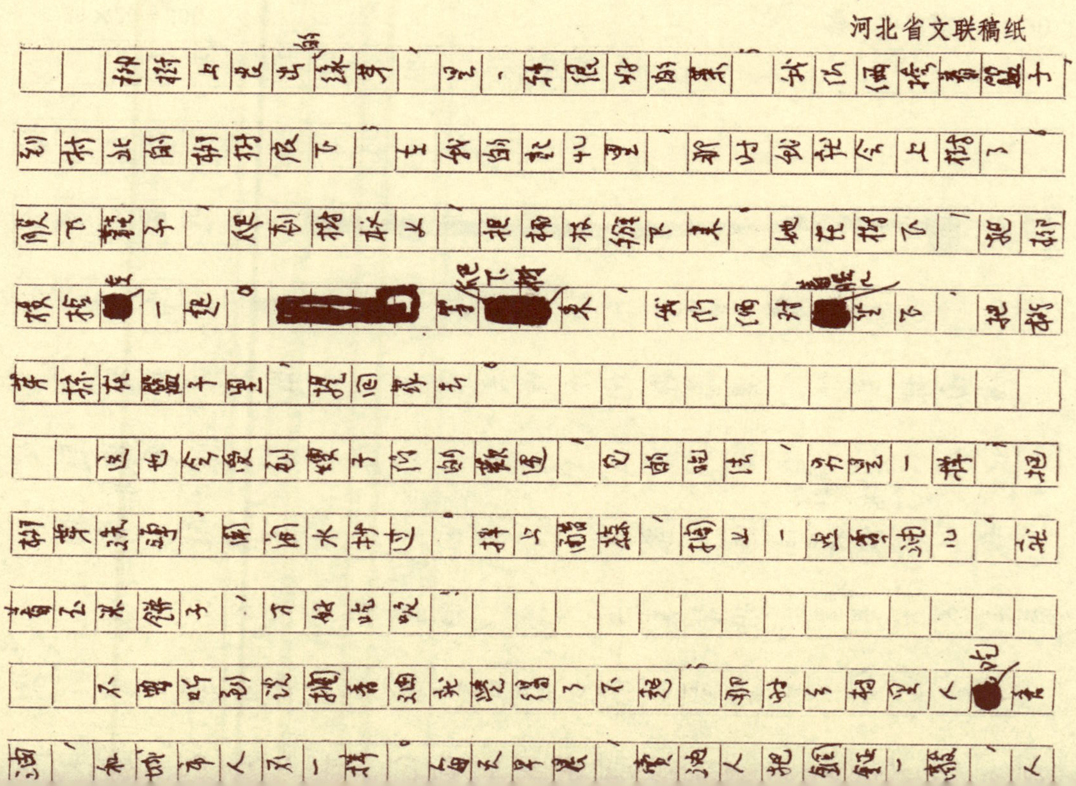

河北省文联稿纸

柳树上长出的绿芽，是一种很好的菜。我们俩摘满篮子，
到村北的树林底下，去捡的花也是，那时她在含上树了，
脱下鞋子，爬到树杈上，把柳枝折下来。她在树下，把柳
枝拾[redacted]一起。[redacted]背[redacted]来，我们俩对[redacted]望了，把柳
芽放在篮子里，提回家去。
这也会变到楼子们的颜色，它的味道，和是一样，把
柳芽洗净，用开水烫过，拌上酱油，加上一些香油，就
着玉米饼子，可好吃呢。
不要听到说柳芽，就觉得了不起。那时多相当人[redacted]吃：
過，本地方人不一样，在西王平里，要油人把鲍鲜一瓶，人

们就刮出油泥以，打上一两遍香皂两，多过不同的十里
用林秸[redacted]拴在手上一与道钱，用钢线钩油。跳出水塘，那里
洞，揭进[redacted]鞋里，[redacted]冲脚子里。我走与没，你可不要发，
回是全里[illegible]车。

在沟旁边，柳芽长出来的时候，榆钱儿也就长出来了。
她又得拖着腿扔掉木杖，够了榆钱，我们很高兴的拿
下一串串的榆钱。我们俩一[redacted]起拿着一把，这可不是当零食吃，
把一朵朵的榆钱塞进嘴里嚼着，很[redacted]，带着一点甜味。什
么是榆钱儿，就是榆树花儿。这事在我的作品[redacted]里也出[redacted]过。

等香椿花开来的时候，我们又去摘，香椿芽了，

25×20=500　　第　页 (D80.6)

像一只小手巴掌一样的野菜，有[redacted]（锯）齿状的小叶，长在田埂的土垅里。这种菜是炒着[redacted]，用高粱面饼卷着吃，有点儿苦味，不太好吃，野菜嘛，又不是花钱买的。[redacted]

再有两种菜是难吃到的，一种是苜蓿，长在人家地里，看做牲口的饲料，那是有主的，我们也有办法得[redacted]到，一（我们假装在地头上走路）个（人）离远看着人，一个[redacted]（人趁）冷不防跑过去抓几把，搂一襟子包起来揣在怀里，跑远了俩人再分，嘻嘻哈哈地拿着转回家去。苜蓿也是炒着吃，也有一点苦味儿，但很好吃，是不容易吃到的。

一种是茼蒿，是好吃的一种野菜，但不多见，大部分是长

河北省文联稿纸

在人家园子里，很难得到。因人家要它们长大了，[redacted]经过编制，用以扎院子，或是扫场什么的。唯一得到的办法，就是偷，见人家园里没人，揪一抱子包，返身就跑，一直跑得端不过气来。俩人得到胜利，就嘻嘻地笑一会子，手捧着手儿走回家去。这是最好吃的一种野菜，可以说是野菜之王吧。洗净，用水炒过，拌上黄豆面，拌上蒜泥，用红高粱面擀着，香喷喷的，又可口又好吃，可是有一样，人家一看扫帚棵被人揪了，[redacted]就在井台上高声骂街，这时我们就假装不知道，没事人儿一样。

有一天，云芝挽着篮子来找我，说说：今日俺们去

第 20 页 (D80.6)

25×20=500

挑什么菜？我想了想说：咱们去挑苗条棵吧！於是俩
人拿着手儿，绕绕地往果园后头去。那地方有一片
沙坡，沙地上长着这种菜，因为不怎么好吃，也没有人理
睬。我们俩说着话儿，采了一大篮子，才坐在土坡下头休
息。我们看见坡地里长出红色的野小花，叶里，老鹳鸟来过，还有，米布袋，我们采了好多回来。
我们俩背靠着土坡，斜坐着，两个人拿着手儿玩。
喝了会子老酒——那种花把儿有一种甜味——吃了会米布袋。
不知怎的，我的心里生出种念头，也许是媒人来过，要给
我提亲的事了吧，我笑着说：我心里想着一件事儿。
她说：什么事儿，你说吧！
我说：我要是说了，你可不要恼！

河北省文联稿纸

她说：“我不懂，你说吧！”

我羞羞惭惭地说：“将来咱们俩要是成了亲，有多好呢？”

她也哭了说：“[redacted]敢情那么好，来，咱就拜天地吧！”

她又掌地哭了说：“嫌人也该我提亲吧？来吧，咱俩[redacted]将来一块过日子！”

我说：“来吧！咱俩拜！”

写到这里，我久久地想这个问题：孩童时期是不是有爱情，我想是有的。有爱也有情，两个人在一块时间久了就会产生一种爱恋的感情，夫妇的[redacted]欢念[redacted]还不懂得

第 21 页 (D80,6)

25×20＝500

河北省文联稿纸

[redacted]

说着，我们俩[redacted]认错半天，又相互着劝说，见爱着，她说：

“来吧，咱俩拜！”

她说：“可是，一个看的人也没有？”

我想了一个办法[redacted]，说：“有的就是大人，小的和你

小人儿。一个、两个、三个……一大群人看着！”

她又说：“没有天地牌儿！”

我又从桌上拿了一个碗来，搁在中间，说：“这就

离不了地牌儿，不算不是白拜呢！”

说着，她先跪了，说：“来，咱拜！”

我說好吧！

她說：將來，年歲大了，你可不能後悔！

我說：就要後悔，天打五雷轟！

她說：一百年也不能後悔，磕了頭就定下了！

於是，我們倆拿着手兒，一同跪下，手拉着手兒，磕了頭兒。不知怎么，她半痴半哭[redacted]

[redacted]

於是我們倆互相依偎着，坐在坡坡下頭，併排坐下

25×20=500　　第 22 頁　(D80,6)

河北省文联稿纸

她把手搭在我的肩膀上，我把手搭在她的肩膀上，好像心里有多么得意似的。

说也奇怪，自此以后，她忘不了我，我也忘不了她，更加亲密了。有时在睡梦中，也会看见她。

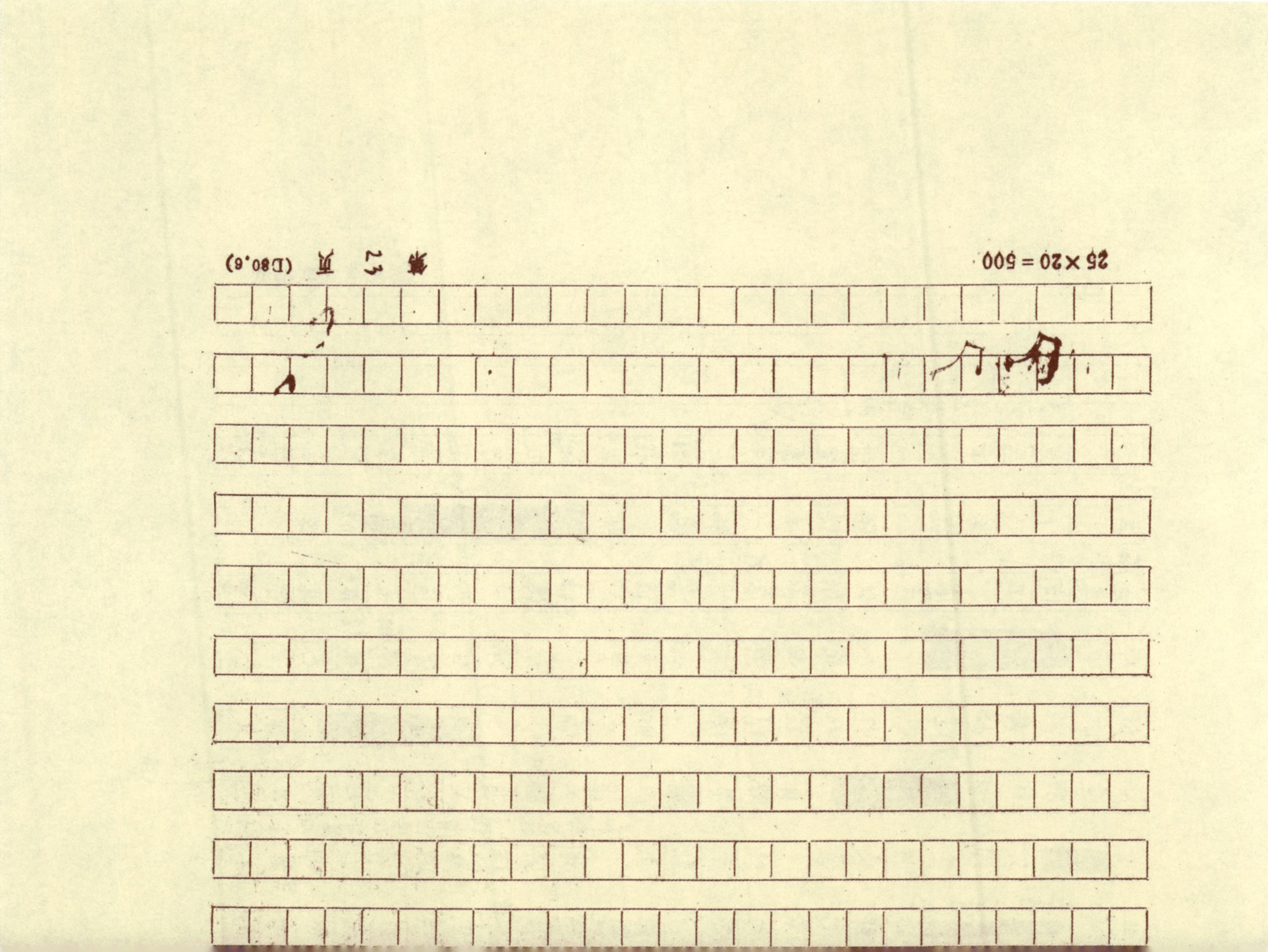
25×20=500
第 21 页 (D80.6)

六

忽然四哥从保定来了一封信，他在保定一个教会学校读书，信上说，他得了一种病，[redacted]盲肠炎，说是要开刀。这在我的家庭里来说，好像一块巨石砸进古潭里[redacted]，水花四溅了，大男小女都有惊慌色，在那时的农村里，只知道有伤风，肚子痛……[redacted]谁又知道有什么[redacted]盲肠炎[redacted]？谁又[redacted]道在肚子上开刀呢？[redacted]父亲走出走进，唉声叹气。母亲流着眼泪[redacted]不止。[redacted]都面带愁容，[redacted]四嫂那就不用说

河北省文联稿纸

了，整天在屋子里[redacted]哭泣，好像出了什么大事情。

大哥見母親流泪，他說：淨哭又有了什么[redacted]用

看看吧！倒底是什么病！

母親說：我早想去看看，孩子病了，在醫院里……

父親又發開了脾氣，說：这么遠的道儿，又不是屯

親戚，半天就会回來？保是就我們老家七十多里地，少

說兩三天不能回來。

大哥說：多么远也得去[redacted]啊！四兄弟得了这样的

病……說着也流下眼泪[redacted]。

有了四弟的病，一家大小不安，一直等了九天[redacted]，可是誰也不知道[redacted]消

[redacted]腸炎是什么病，誰也不知怎么办好。最[redacted]後还是大哥[redacted]下了[redacted]决

第 24 页 (D80.6)

25×20＝500

河北省文联稿纸

[redacted]、老、老一百里也得去！

很累，父亲也说了话："去，去[redacted]！不要将来作后悔的

的确此得说，才面前去看也，说："我说也是，不要从

很疲倦以后，说什么我也得去看看！

最后才商量好了，[redacted]母亲带我回去。二哥把自己大车，大哥

也跟着，那天晚上，二哥哥催的，备了出了门，特别加了

草料，喂上小米——夜里来说，这里是好的[redacted]时[redacted]。

腰弟三天三夜不睡不[redacted]觉了，说，把我叫醒。母亲早

上新读的小说，经我穿上新衣服，嫂子们做了一锅很香的

小米粥。半夜里吃饭，还没有走出洞房，想起也就不去了。

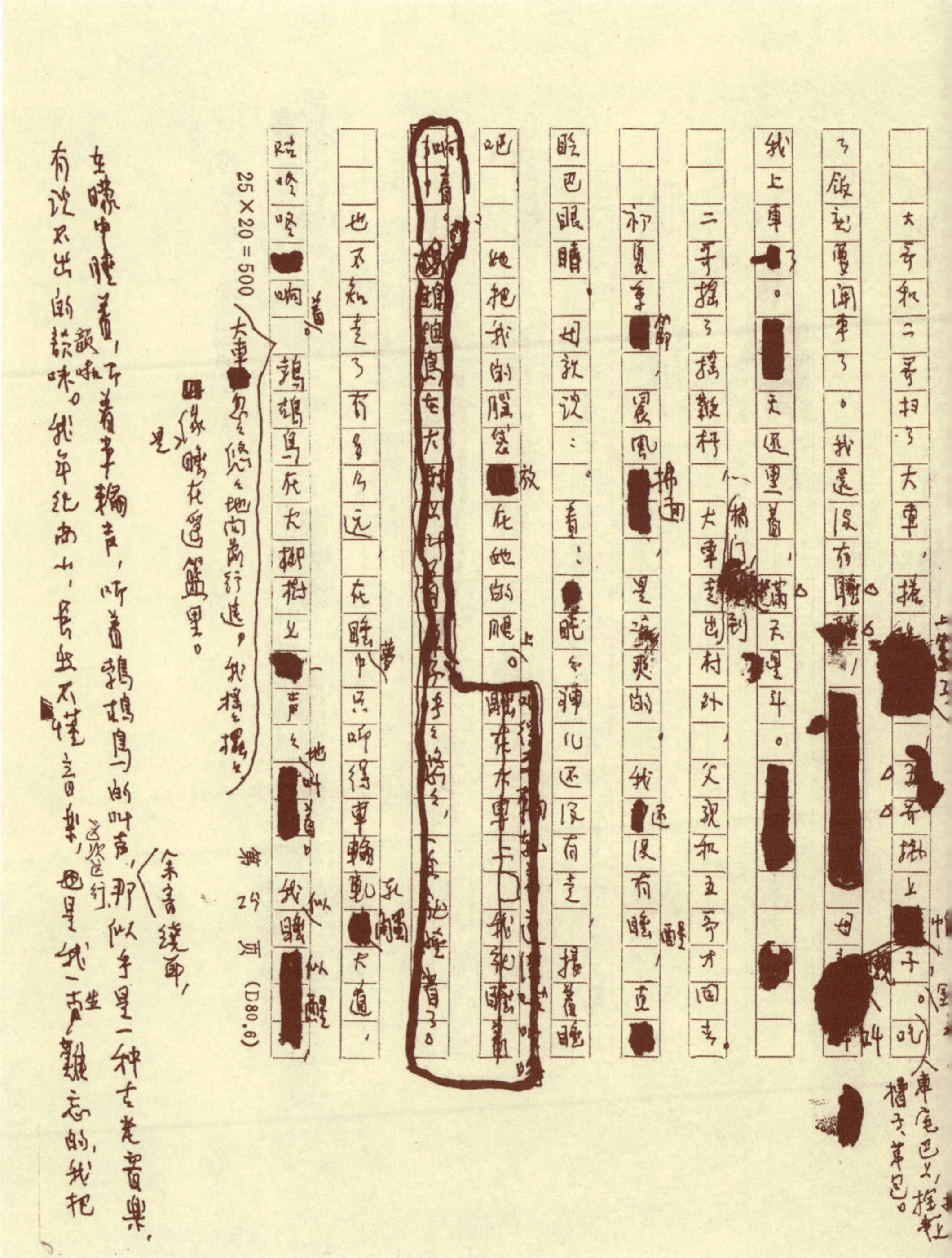
大哥和二哥扫了大車，
我上車了。
二哥搖了搖鞭杆，大車走出村外，父親和五哥才回去。
25×20＝500
第 29 頁 (D80.6)

她写进婚姻图中。

[redacted]当我一觉醒来，[redacted]太阳，[redacted]东半天云彩里[redacted]红，[redacted]瑞天彩霞。在大车上睡[redacted]美[redacted]，多咱想起来还是余味[redacted]。直到现在想起来，还觉得美滋滋的。

大哥坐在外辕上抽着烟，二哥坐在里辕里搂着大鞭跷辕边，二哥赶着牲口直跑，就得大车吱吱地响，大车跑得很快。

还是柳[redacted]季节，麦子被风吹起了旋涡。

大车走到正午，天边有些热了，太阳也起来了。也不知走出有多么远，在[redacted]镇上打了一个尖，[redacted]赶进一

河北省文联稿纸

个大[redacted]店里，二哥喂着牲口，[redacted]大哥买了一包咸牛肉来

[redacted]咸牛肉是有名的，还有烧饼。吃了烧饼[redacted]肉，喝了开水，算是吃了一顿饭。

吃完饭，就又开车了，下午早早到了保定，就远远看见

[redacted]大街上的电线杆子，大街上人多，车马也多，在我的记忆里，

我们并没有走大街，就到了一个所在，[redacted]有好多武·房子，可能是医院的外

院。我们把车却停在那里，喂上牲口，不一会功夫，大哥领

着四哥走出来。四哥提着一壶茶，几个茶碗，见了母亲，

笑嘻嘻的。母亲就问他：你好了？

四哥说：已经开过刀了，小手术，开过刀就好了。

说着，脸上笑眯眯的。撩起衣襟叫母亲、大哥、二哥看他的伤疤。

第 26 页 (D80.6)

25×20=500

大排白

[redacted]母親[redacted]看了傷疤，哭了，說：「唉！可沒把一家子人炸死，好了就好，我們也放心了！」母親不停地暗暗地笑着。

說着大哥和二哥也高興。二哥牽着牲口，說：「守着外國洋人的醫院，有多麼大的病也不要緊啊！」

今天想起來，那可能就是保定西关思罗醫院，因为在保定没有第二家外國人開的醫院。說着，四哥[redacted]叫了飯來，每人一盤麵。

[redacted]吃了一些東西，四哥領着母親和大哥到第一樓[redacted]天花市場去。

[redacted]鄉下人說話，輕易不上府，上府是[redacted]得集。人[redacted]多[redacted]，車馬也多，除了人力車，還有洋式馬車，鈴声叮呤响着。

第一樓是保定的热鬧場所，也叫勸業場，樓上樓下

河北省文联稿纸

洋广杂货，各式各样……真是眼花缭乱，[redacted]二哥买了几通子糖果点心，说是带回去叫老人[redacted]和孩子们[redacted]吃，[redacted]四哥给我买了一个小皮球，这是乡下人买不到的。看了几[redacted]处商场，又坐上洋车[redacted]回来。[redacted]

早早吃了晚饭，母亲带我到东房里去。阔 三间大房，一条大炕，桌椅板凳，新新鲜鲜。好像人家才吃完饭，正摆[redacted]盘碟，那里二三十岁的女人，穿着各式长裙，见了母亲也不打招呼，说了几句什么，坐了一会就出来了。今天想起来，[redacted]那可能是侍女。这天晚上，没有住店 我和母亲就睡在大车上。二哥[redacted]不睡，

第 27 页 (D80.6)

25×20＝500

拘着烟袋 牲口，大哥坐在地上，背靠着[redacted]車輪[redacted]，蹲着[redacted]，天还不明，就[redacted]套牲口，回

車了。我还是睡在过就的大車上，抱着[redacted]，[redacted]，恩恩悠悠地睡着，車輪声咕咚咚地响着。

中途打了一个尖，下午太陽[redacted]就到了家了。

[redacted]把点心盒子餘剩家去，大車進了院子，嫂子們都出来接。分給[redacted]子們吃，[redacted]就一览

她説高興，就也喜樂歡闹了。大嫂二嫂三嫂四嫂都[redacted]到母

親房里围着问長问短。大嫂説：「倒底四兄弟得的是什么病？」

怀得人們[redacted]倒五遍的！

她就説：一家子放心吧，不是什么大病，闹了瓜秋

好了！

四嫂听了，不[redacted]敛明笑，用[redacted]手捂着脸蒿面。

河北省文联稿纸

一切像梦，醒觉也去了。

25×20=500　　第28页（D80,6）

河北省文联稿纸

七

下了车，我拿上小皮球去找雪莲。我想她见了我一定要抱起来说："你可回来了！"我拿起皮球往地玩，她也一定很高兴。

其实相反，当我一进她们的大门，静悄悄的，没有声音。我喊了一声："雪[redacted]莲！咱们去玩吧！"

雪莲只是隔着窗户说："[上回的玩]俺[redacted]不玩了。"我也没听清楚，马上往屋里跑，跑到屋里一看，雪莲正坐在炕上[redacted]玩，她妈就在地上补衣服。雪莲见了我就说："俺不玩了！

雲英她說也不像往日那么高興，笑着說：

雲英大了，不跟你玩了……

我還不知道是什么意思，手上對着小皮球提了一下，

雲了說：看！小皮球！

雲英母親說：小皮球也不玩了，你自己玩去吧！

我還不知道她是什么意思，又說：兩个人玩好！

她母親臉上還是笑，說：雲英大了，不跟你玩了

阿女和小子玩煤腳儿！

那时年歲小，也懂得一些事情了，眼上的笑容一

下子收起来，還身走出来，回到家里，兩腿不高興。母親

第 29 頁 (D80.6)

25×20＝500

見了，說：：怎么了？那么不高興？

我說：：雲英不跟我玩了！

母親說：：雲英闺女大了，干什么來跟你玩，又有空

球了，你自己玩儿吧！

母親跟他這么說，我心里还是解不開，向着頭儿想：：

闺女家大了，不跟小子玩，为什么？

一直到今天，我才明白过来：一个時我和雲英假[redacted]

[redacted]的事，雲英跟他母親說了[redacted]

[redacted]

雲英不跟我玩，自己怎么玩？忘了提放，还是问：：不

河北省文联稿纸

桌坐了一天大半，身上也累了，字又又困了，竟不知不
々脑袋一着枕头，就做起梦来，我梦见雪芙来找我[redacted]，
我们俩在院里拍皮球玩，看谁拍得多。我由不得嘿々笑了。
妈就还没有[redacted]睡，她问々：怎么了，在做梦？
我一下子醒过来，说：我梦见雪芙！
妈就说々：怪不得，俩人好得一个人儿似的！
一觉睡到大天明。当我醒来的时[redacted]候，一家子人正在吃
早饭。我穿上衣服，吃着饭还在想雪芙。玉米面窝々、白
高粱米饭，就着熟咸菜，往日吃着怪香甜的，今天觉得满
口苦[redacted]

25×20=500　第30页　(D80.6)

吃了早饭，抱起皮球，走到大街上，站在芸芳门口，

等她出来，她也不出来，觉得[redacted]有些聊寂的。带过胡同，走

到村外，张眼一看，芦苇高了，柳[redacted]叶绿了，微风吹着，柳

枝摇摇摆摆，芦苇被风吹得弯下腰又直起来。

[redacted]大道边空场上，芸芳爷爷和几个人正在[redacted]支搭席棚，

我问芸芳爷爷说：这是干什么？

芸芳爷爷笑嘻嘻地说：要过四月四了，搭搭茶棚！

故乡风俗，每年农历四月初四[redacted]，城里有城隍庙会，每

村农民都放工上庙，路边村庄都搭搭茶棚，给上庙的人们喝

茶。

河北省文联稿纸

第 页 (D80.8)

我看了一会搭棚的，又到某边上去玩，某地边有一
个小坑，坑水绿油油的，[redacted]清凝绿，阵看得[redacted]游鱼，我
觉得很好玩，要有网能捕住[redacted]鱼才好哩！我蹲在坑边上
看了好半天，怪有意思的。这不过是一点幻想，小小人儿
怎么能捕住小鱼一吃？
去也逮住鱼，我又走回来看搭棚，直到大晌午，棚搭
里外两间，中间有隔扇。
好了。等我吃了晌午饭回去，隔扇上挂上城隍的神像，一
个老头，三缕长髯，慈善意的。
芝芳奶奶又在神像前放上[redacted]供桌，桌上摆上盘[redacted]，桌前铺领
席子，隔扇后头也[redacted]铺两领大席。
神棚搭好了，又过了一天，就是四月初四。

25×20=500

这天早晨，我早早起了炕，跟着母亲到接茶棚去烧香。母亲穿上新洗的衣服，拿着一[redacted]把香，串过小胡同。烧香的人很多，都是老太太大嫂嫂们，带着孩子到了接茶棚口。兰芳奶奶笑了说：“你这早就来了？”神桌上摆着供献，[redacted]点着一对腊烛。棚里香烟缭绕[redacted]，香味扑鼻。

母亲说：“早烧香早行好啊！”说着，走到神桌前面，点着香，插在香炉里，跪下磕头[redacted]。兰芳奶奶拜了一拜，敲起木鱼，敲得声儿响响的。那烟香火上，一缕缕清烟袅袅上升。晴空美里尘雾。

这天早晨，一家子人吃了一顿饺子。

二哥套上大车，父亲母亲五哥……一家子人去上城隍庙。城里道上行人很多，续续行行，有步行的，肩上背着褡裢，也有

河北省文联稿纸

坐大車的，有一个人走几步爬在地上磕一个头，我问母親：这是干什么？母親说：这是為爹娘许下願了。还願哩。每过一个村莊，大路旁边都有搶茶棚，可以喝茶——以柳芽代茶——也可以燒香磕头。

一進城门，那人可就更多了，真是摩肩擦踵。有小孩子、老太太、老大爷、[redacted]大姑娘、小媳妇[redacted]

進得城来，把大車停在木貨市里，木货市那个大呀，有门、窗、桌凳、檩、梁……应有尽有。木货市一旁就是石头市，有石碾、石磨、杵米的臼、石桌门墩、石头猪槽……各样的石器，真是大開眼界。

25×20=500　　第　页 (D80.6)

二哥卸下大車，跟着牲口。父親、母親、五哥一块去上
城隍廟。城隍廟旁，有賣香的，用大車拉着。父親買了一
大捆香，[redacted]帶着我們上[redacted]磚階，有
[redacted]百八十級。磚階兩旁，坐着好多要飯吃的花子，有年老的婆婆，上年歲的老人，有掐腿的，[redacted]瞎子的。
有瞎了眼的，[redacted]穿着破爛衣裳，都是無計謀生的人，有的袒着胸怀，手持
鞋底拍打着，拍得胸膛紅紅的，喊着：老爺！老奶奶呀，
捨給個錢吧！也有的手里拿着一把刀，喊着：老爺，我
要拉了……人們跟这些叫人要小錢的，每人面前放着
一个[redacted]柳条簸籮，簸籮里都放着一些錢。[redacted]他們用这種方法喚起人們悲天[redacted]憫人
的思想，央求施捨。母親手裡拿着銅錢，看着那个要了喜

河北省文联稿纸

我給他三兩个。今天想起來，这裏是一个[redacted]社会的[redacted]啊！

上了很長的石[redacted]階，就是一个朱紅大门，门上懸着匾，寫着"城隍庙"三个大字。進了大门，兩旁是廂房，進了二门，兩旁也有兩溜廂房。上了石階就是大殿，门前有香火池，池里的香火，熊熊燒着，滿院子充滿了香烟的味[redacted]氣。只見把[redacted]那一捆香，抛進香火池里熊熊地燒着。走進大殿，正坐上是城隍爺的塑像，是一个粉面長鬚的老者，帶着官帽[redacted]佬，桌兩旁，有和尚誦經，敲着木魚。母親把三柱香點着，插在香爐里，跪下磕头，父親、五哥也跪下磕头，我也跪下磕头。但，那时我还懂什么是神？

25×20=500　　第 33 页　(D80.8)

河北省文联稿纸

罗非的，把要到阴曹地府去生活。

整个城隍庙，说起也好，想起也好，都是阴间的故事，

与小鬼恶鬼勾当，轮回观念。回忆当时，虽然年纪幼小，

对这些故事，也只是半信半疑地，承[redacted]认了，讨这时代一些鬼神？

也不敢作的本事。

人们涌向庙往南去，我是要懂，我得以在同龄里欢。

[redacted]走到还有一大帮人们都是一些着看热闹，在相拥挤，挤来挤去，好像大河里的翻花。

看戏的人太多了，门前更是挤不进去，我们团都是小孩，挤来的

食的：糖葫芦，粘糕的，粽子，冰的，手上戴着铜镯，唱着。

东西多的，糖葫芦、麻花酥糖、捧着进来之的，内也不，顺着，

看吧，好大的个儿呀！搂上蹦着[redacted]鼓着眼，抬下一回

25×20=500　　第 3? 页 (D80.6)

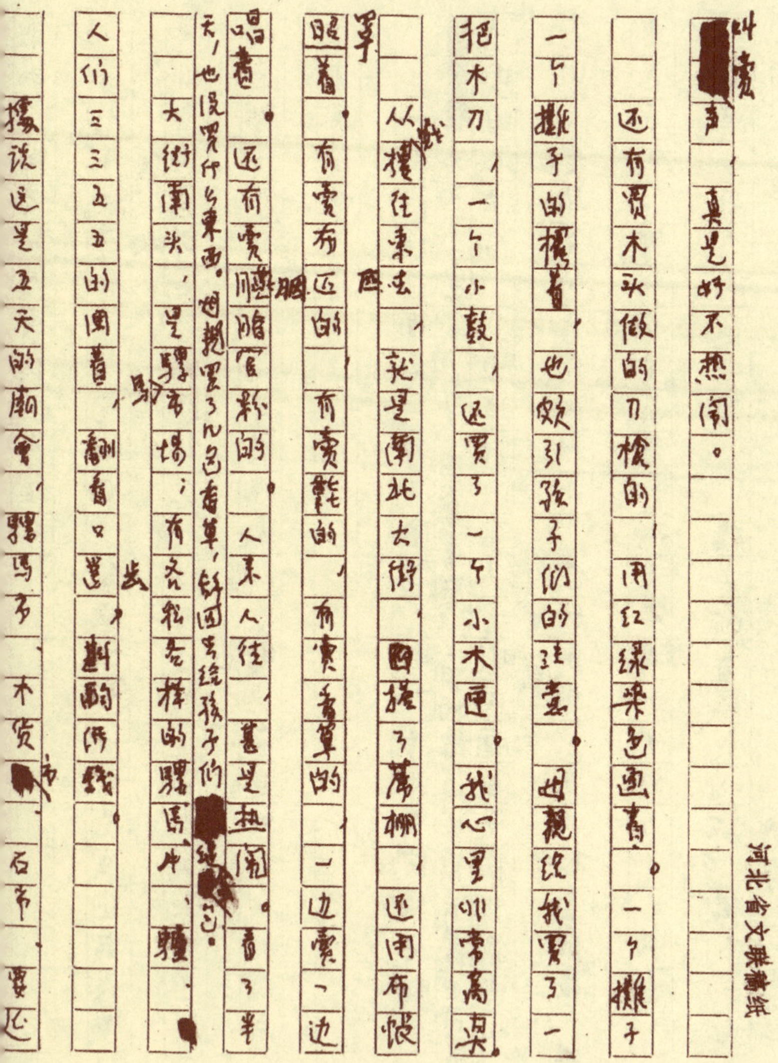
叫卖声，真是好不热闹。
还有卖木头做的刀枪的，用红绿染色画着，一个摊子
一个摊子的摆着，也吸引孩子们的注意。母亲给我买了一
把木刀，一个小鼓，还买了一个小木匣。我心里非常高兴。
人从挤往来去，就是南北大街，两旁摆了席棚，还用布帐
罩着，有卖布匹的，有卖鞋的，有卖香草的，一边卖一边
唱着。还有卖胭脂官粉的，人来人往，甚是热闹。看了半
天，也没买什么东西，母亲买了几包香草，给我系在孩子们的纽扣上。
大街南头，是骡马市场；有各种各样的骡马牛、驴、
人们三三五五的围着，翻看口齿，掂量它们的价钱。
据说这是五天的庙会，骡马市、木货市、石市、要还

河北省文联稿纸

續一个月，要唱一个月的戲。
看了騾馬市，也就到小晌午了，轉身向回走，走回木
貨市，二哥还在喂着牲口。父親又在石头市里买了一个豬
槽，是喂豬用的。費了很大的[redacted]勁才装到車上。
看看太陽，晌午忍了。二哥套上大車，坐在車上往回
走。这時肚子已經餓了，但是我家有个老規矩，無論趕集
上廟，[redacted]無論天有多晚，都不在廟上吃飯。父親有个说法：
在飯館里吃飯，要花多少錢，回到家里弄个面撥撥，[redacted]
孩子們也[redacted]能喝上口湯。
[redacted]上了廟回来，擺茶棚這里不拆，几天之内，还里有过

第35页 (D80.8)

25×20=500

往行人来来往往，烧香喝茶，隔箭箭头烧香磕头，隔箭没头，老太爷们老太太们，坐在席子上码纸牌、赌小钱，一直热闹好几天，好像过節日一样高兴，在这几天里，我总是围着拴茶棚玩儿，也不寂寞。

大四月庙会，每年一次，上了今年的，想那年的，上了明年的想后年的，像过年一样，就是如此，我说不清：神佛，这只是古老的風習。

要菜不跟我玩了，我就和[redacted]隔家孩子们玩，弟成天價围着这几个大葦塘转，在大水坑里泛舟，採藻[redacted]，撈鱼，我对葦塘热爱，发生了特别的感情，我的作品中，有几[redacted]是写大葦

瑰的。其实很多事都[illegible]不幸懂，[illegible]，[illegible]

也托了[redacted]作用，比什么都说话[illegible]十分自由，就，也比你

这辈子[redacted]画的，很自己就不用[illegible]的。

八

[redacted]

我家另外一条规矩：无论大人孩子都得参加劳动。

我从五六岁开始，见习劳动：母亲带着嫂子们去摘棉花，[redacted]也给我腰里打上一个小包，[redacted]摘棉花。我也提上个篮儿去摘豆角。摘着棉花，摘着豆角，来[redacted]揉蝈蝈，我自小喜欢养蝈蝈，五哥会插蝈蝈笼子，编蝈蝈葫芦，[redacted]那年我养了九十个蝈蝈，秋天喂葱嫩北瓜，冬天喂小米粥。天气冷了，把它揣在热炕头上，一直不叫。那年冬天，天太冷了，我把它揣在被窝子底下。等我回家，听

不見蝸蝸叫了，翻開被壘子一看，都死了，被壘子底下

不透空氣。據說：蝸蝸養不了，可以過冬，[redacted]為此，我哭了半天。

[redacted]割麥子割谷子的時候，我去撿麥穗、撿谷穗。

到了七八歲時，就跟着我四哥、我二侄子、我五哥去打花尖。

[redacted]暑時，我二侄子上北京師範，我四哥上第二中學，回來過暑

假，也得參加勞動。[redacted]他們每人摘兩隴，我摘一隴。棉花打

三次尖，第一次和第二次是摘了高的留矮的，去了尖了，

就[redacted]高矮一齊掐了。當四哥和侄子澆菜葉，我去改畦口。

提棉花苗，是我和五哥的活兒。[redacted]棉花剛出土，

就開始提苗。提出矮小的，留下[redacted]茁壮的，便於稀疏保棉花

(J08.0) 五 25×20=500

時苗。这种活儿多是小孩们做，因为锄苗做不了，要弯腰时间長了腰疼，小孩们做这种活蹲在地上最方便。我们这一带是高密东北乡，家家的土地有三分之二种棉花。所以在小孩子们来说，每天提棉花苗，打棉花杈是大活，那些子好多日子里。做一大活觉得很累。

收秋时节，我最喜欢的是刨红薯。在我小的时候，菲薄人叫大秋割高粱割谷，我还干不了。

人们只是种上二三亩红薯，吃个稀罕，多咱吃多咱就吃。那时红薯是好东西，不像[redacted]大都式地都种红薯，红薯干，红薯面，红薯，吃得人们不愿吃了。

刨了红薯，刨红薯，刨白山药，用小車拢回家来。我五哥推着，我在前头拉着子拉着。前面不

我父亲也参加，做包種活，别人不参加，

我自幼参加劳动，因此在我的几部长篇中，多写劳动。

五哥领着我做活，得有个条件，给我掐红薇

到穗蕊黄的时候，棉花开得白花花，柳叶子红了，

正是过[redacted]红薇的时候。午饭以后，叫上几个同伴，把[redacted]

下在地角上，从那头奔起，奔到这头，转到地角上。有时

能找很好的红薇。幼时最爱红薇，我把她写在红旗谱中。

乡村里有一句老话，叫做"七月十五定旱涝，八月十五

定收成"，农民种地要不是一帆风顺的。在我的记[redacted]忆里，我

的儿童时代，不是旱就是涝，要不就是虫灾、蝗灾、兵灾、

一直到解放，没有松心的时候。

25×20=200

早晨：那时人们打不[redacted]井，只是园子里有个小井，叫做守着三间房不打一眼井。

浇不了多少地。一过播种季节，天还不下雨，人们[redacted]就慌了，就请时老爷。

[redacted]直到现在，我还不知道时老爷是个什么[redacted]神仙。[redacted]附近各村的大

车，全村的人们都出动了，[redacted]车上抬着銮驾。人们当这机会

赛家，看谁家的大[redacted]车跑得快，早晨出发，[redacted]一直

跑到十几里地的潘堡村，各村的锣鼓就在大街上敲打起来，好一番热闹。

据说潘堡村要去几个人到马耳山桃花洞取水，抱水

藏在瓶子里，几个人换着提着[redacted]回来。水不落地，回来

[redacted]先生，时老爷……人们坐在大车上敲锣鼓……[redacted]……

镇的人用轿子抬了，到各村游行。轿子到谁家门前，撂上小菜，菜上有供献香炉，烧上三[redacted]炷香，磕三个头。今天游了这村，明天游那村，三天之内如下了雨，还愿唱戏。

有的用十二个寡妇扫大坑乞雨。

涝灾：我村在滹沱河与唐河之间，差不多[redacted]三年一场大水，[redacted]有时小涝，五元人减產。有时水大，农民劳动一年，颗粒不收。在我们那一[redacted]带地方，民国二十年大水，一九三九年水灾，没有收成。

虫灾：虫灾出在伏天，有一寸那么长的黑色虫，多出在谷地。人们把地边上掘壕，或用鞭子抽打[redacted]。[redacted]发明了一种虫车，把煤油用开阔破开，两旁钉上车把，按上轱辘，车上钉些个树杈，在谷地里一推，树杈把谷子上的虫子，去在车里，到了地头埋在土坑里。

遇上虫灾，人们马有去虫王爷庙前许愿，三天之内收熟上，

32×30=200　　(D80.9)

回虫子，给虫王唱大戏，三天不收，再续三天。这也奇怪，有一年出了虫灾，人们许了愿，三天就刮了一场大风，虫子都钻进土里。（其实这也不是神力，是该化蛹了。）唱了四天大戏。但是多有不应。

蝗灾，多出在伏天。蝗虫有两种，一种幼蝗，一出来像蚂蚁一样，逐渐成长，成了蝻子，没有办法，只有扑打，也难灭绝，直到把禾叶吃光为止。

一种是飞蝗，有时铺天盖地飞过来。这样人又抱怨的暴土，无法防范。

说也奇怪，有一年来了一批飞蝗，不落在禾稼地里，只處在夢境里，這也就是一種特殊情況罷了，人們就以為有神力。

一出了[redacted]蝗災之後，經常是全家出動捕打，以免秋禾受害。首先有人捕了飛蝗，放了它，好像也祭。

除去以上幾種災荒之外，就是兵災，軍閥混戰，年年打仗，一打起仗來，要兵、要車、派繳錢糧，

我的童年時代，自然災荒之苦，也[redacted]看到農民生活之不易。

尤其是戰亂傷痕，農村破產，農民淪為乞討[redacted]災民，

腦子里太深刻了，我把它寫進紅旗譜中。

(D80.6) 頁　25×20＝500

[illegible]文学自述

九、

我最喜欢看戏，因为儿童时代的农村，没有什么文化生活。

有时来了变戏法的、耍猴儿的、拉骆驼的，儿童们和大人孩子们围上看。有时也来了说书的、打莲花落的，唱布袋戏的，人们围上看了，给几个钱。

我们村里有一台丝弦子弟班。从来三里以外的东也有一台丝弦，一里之外的赵镇有一台河北梆子，五里外的北沙口有莲花落，十里之外的南许村有五虎。人们也是靠看戏得到一点文化生活。

书是那时还是奢侈的东西，封建的东西。

我们村里的子弟班，有二百多年的历史，也出过一些

名角，出名的老生是梁云章，唱得好，和布的老旦是周
福才星轩把兄弟。春台班[redacted]封箱时[redacted]过年时[redacted]大家一商量，
[redacted]参加票友唱戏。演员们回家吃饭，放假今天闭箱了。出色的
戏是《闹花园》、《王小打鱼》、《五台山》、《伍子胥[redacted]过
江》、《[redacted]大破天门镇》。更我的记忆里《次要南》、《打渔杀家》、《错中错》、《背粹桃》。戏唱得还不错。
陈先生、梁云章之外，文丑有赵麟僧，青衣梁吟，花旦梁宝
玉，彩旦王雪青，武生梁福友，人都是殷得拿的[redacted]角色。每年
春冬两季[redacted]时，有人带着几辆大车来，请去唱戏。
　　车来，是个大镇子，镇上有富豪，最爱唱戏，差不多每
年唱戏。有一年连唱两台，先唱了《四咳何北柳子》，那时兼

(0.08口) 页　　25×20＝500

唱几处皮簧戏，我最爱看的是：《小放牛》、《辕门斩子》、《金水桥》、《藏舟》、《过家山》，皮簧戏有：《斩蔡阳》、《古城会》、《单刀会》。有名的坤角叫盖月楼。红净是京角金子。唱完了这一台，第二天接着唱，古板，也就是北[redacted]昆。有名的角色是白玉田、白玉生、侯永奎、韩世昌、郝振基。头一出戏是《游园惊梦》，[redacted]因为不常看，别的戏就不好懂了，记忆也模糊。虽然七岁的孩子，看了两台戏，觉得调子不同。河北梆子，腔调高亢，但身段[redacted]随便，[redacted]带土味儿，昆曲音韵美，舞蹈多，身段大方。尤其那个吹小喷呐的，不换气。这只是童年的印象，这话说来，也有五十年的事了。

看戲，使在我大姐家，看完了戲，大外[redacted]甥把我送回
來。

此外，趕廟會、唱戲祭窩神，時間多是七月十五。鄉間有言：七月十五定旱澇，八月十五定收成。

有一年唱的是老調梆子，角兒是周福才。印像最深的是《鐵冠圖》，也叫《崇禎攬靴》，就是崇禎吊死煤山上的那一段。他一個人站在桌子上，唱一百零八句，句句字正腔圓，台下觀眾始終不動。

這是不可多得的，年節[redacted]，經常播得不有桌子。周福才一唱，台下鴉雀無聲。據說他的節目好戲是戲憲，[redacted]

(D80.8) 頁 25×20＝500

[redacted]曾经唱过一整本军阀队伍嗟叹了。

我还到过[redacted]大杨家湾家看戏，看过唱唱戏里高文秀独坐花亭、“窦娥冤”，到南沙口四姐家看戏、到沙口表兄家看戏。我的童年时代是个戏迷，只要能看到的我去看。[redacted]童年看戏，对我以后的文学风格的民族化和乡土气息有关。

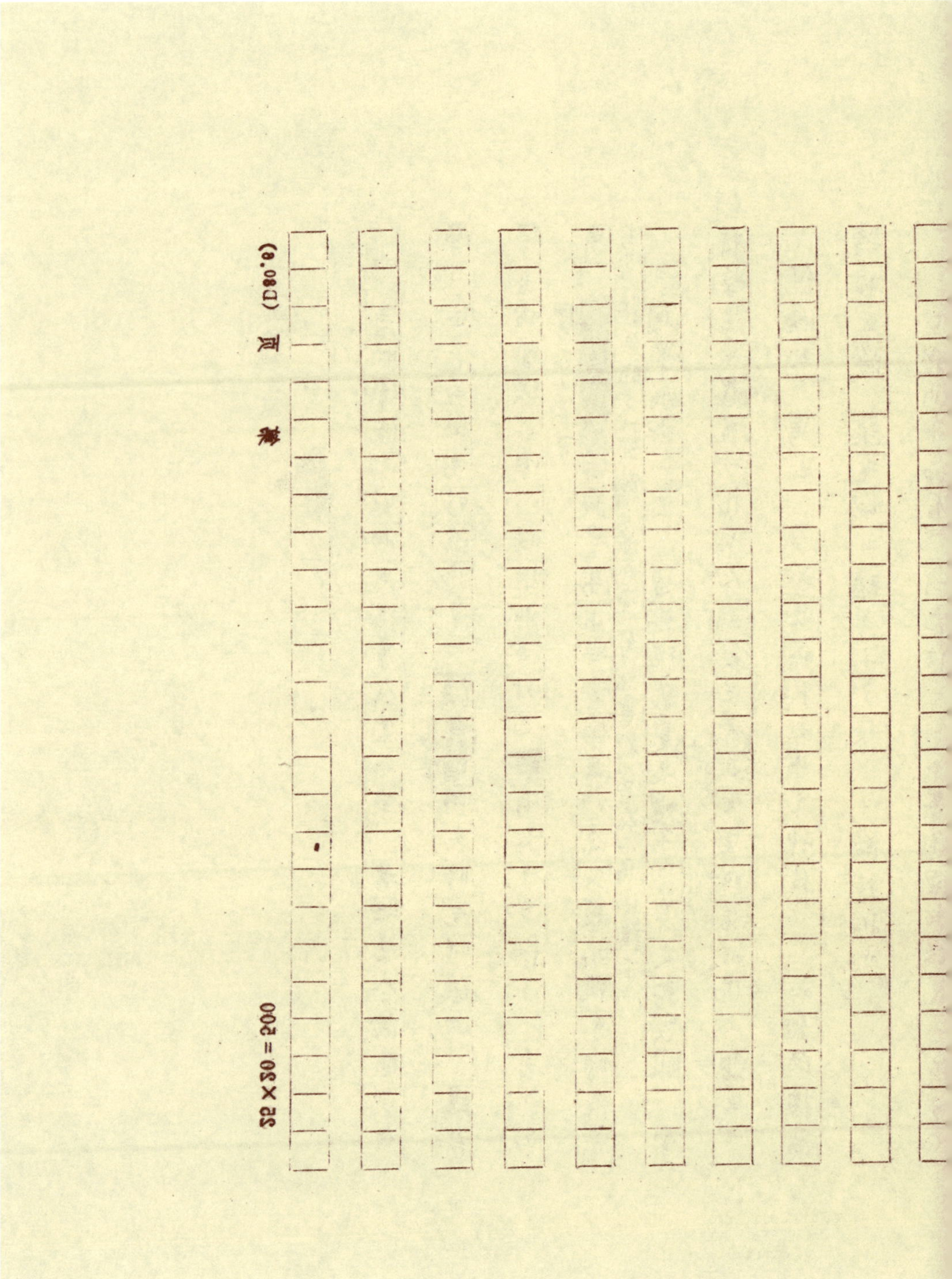
25×20=500
第 页
(D80.6)

十

当时风俗，农村中儿童八岁入学，我也是八岁进的村学。这一年的老师有两个，讲[redacted]旧学的老师是时维四，讲新学老师是梁正堂。时维四当时[redacted]有七十多岁了，责不出穿。梁正堂可[redacted]就是高小学毕业。我父亲听说是时维四去了，请他吃了一顿饭，梁正堂算是[redacted]程，不在人们的话下。

开学的那一天，母亲给我戴花帽子，穿上新衣服，全村学生一共有十几个人，人来齐了，老师在北墙上贴上一个红帖儿，写上"至圣先师孔夫子之神位"，叫我们按高矮排上队，跪在地上磕了三个头，叫做拜孔子。

在我们家乡有一句老话："中华民国大改良，拆了大

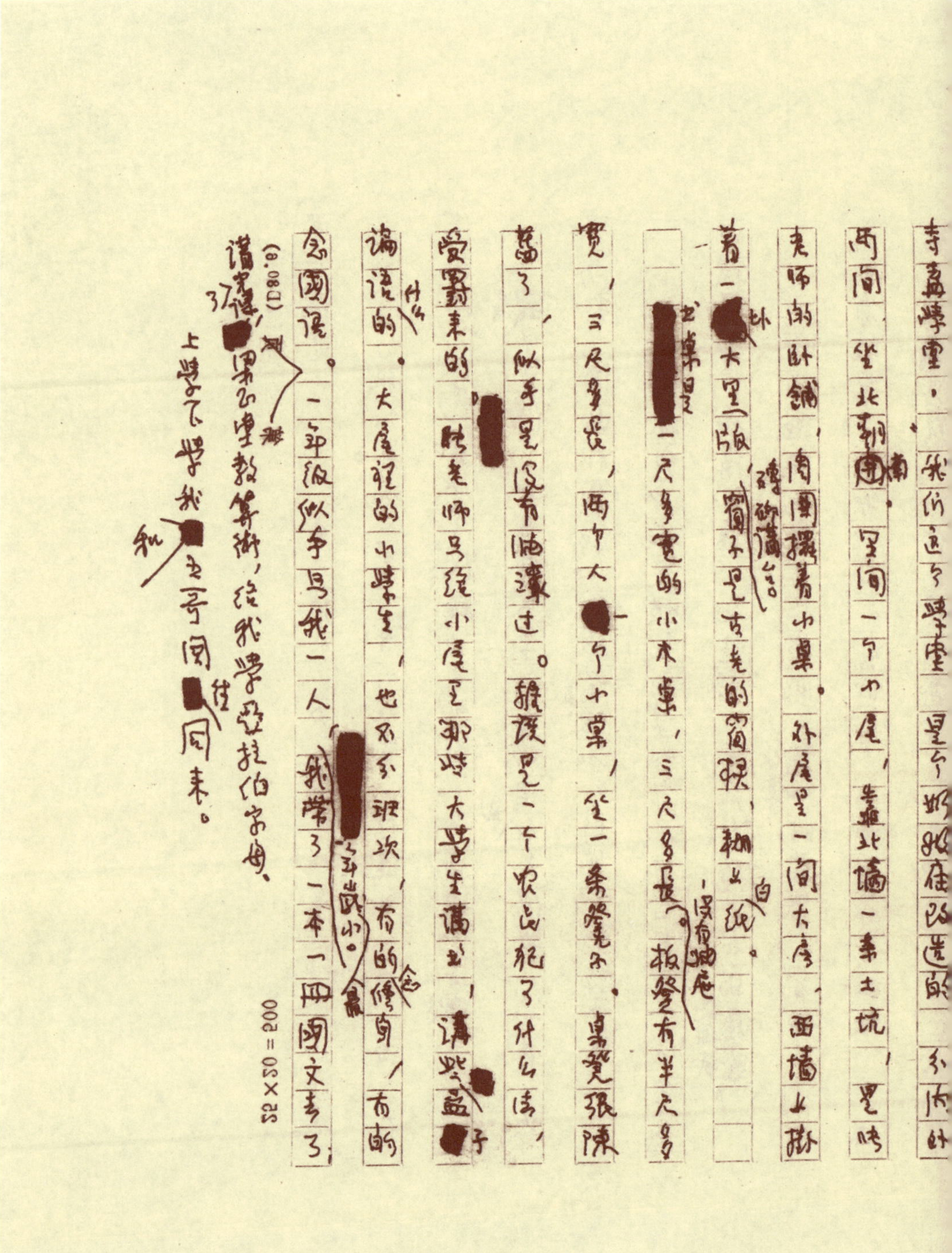

寺喜學堂，我们这个學堂是个那北庄改造的，分内外两间，坐北朝南。里间一个小屋，靠北墙一条土坑，是时老师的卧铺，南墙摆着小桌。外屋是一间大房，西墙上挂着一[redacted]大黑板（砖砌讲台），窗子是古老的窗棂，糊上（白）纸。[redacted]书桌是一尺多宽的小木桌，三尺多长（，没有抽屉），板凳有半尺多宽，三尺多长，两个大[redacted]个小桌，坐一条凳子。桌凳很陈旧了，似乎是没有油漆过。据说是一个农民死了什么法，爱新来的[redacted]听老师只说小屋里那些大学生讲书，讲些孟[redacted]子论语的。大屋里的小学生，也不分班次，有的念传贞，有的念国语。一年级似乎只我一人[redacted]我带了一本一册国文去了，

(D80.6)

25×20=500

请常[redacted]，果在堂教算术，给我学阿拉伯字母、

上学下学我[redacted]之哥同[redacted]同来。

第一课是人、手。第二课是、刀、尺。第三课：山、水、地。

這几课母亲教我念过了，今天从第四课講起："井、田、石。"

講到"田"字，我笑了，說"糖就是錯的"。老師哄堂大[redacted]笑了。

[redacted]這完了課，就是寫大字。老師給我打了做影，我第一次學描影，用的描簾紙。老師教給怎么舞筆，怎样寫字。

中午不休息，吃完飯就到學校去，自己寫大字。等老師睡醒了，再講一課，就遊戲，有的跳繩，有的[redacted]捉迷藏。

那时的鄉村小學不放暑假，[redacted]收麥时節放"麥假"，以利农家收麥。收秋时放"秋假"，以利农家"收秋"。鄉村全有[redacted]农忙，叫做"搶秋奪麥"，是农忙季节。我家習惯，收完秋，割完麦，吃一顿饺子，暖暖地洗洗，"场光地净"衣裳破的时候了，吃顿饺子吧！"吃了饺子，就去上学。

一冬时村校，早晨有早学，晚上有夜学，都是高声朗颂，自習。

今天想起来，一年中只念了一本国文，学了加减法。此外无所进益。

第二年時維四周年，老师不教了，只要正堂一个人教。课

正堂是我村有名的刀笔先生"大"的子，全县有名的讼霸。

请词架讼，走动衙门。

我村的大温张九成骑马过我们村都得下马参拜。

20×30=200

因此，家里不~~教~~叫我上村学了。五哥也离开学校学耕地。

四哥把外院北屋打扫干净，放上两只桌子、凳子，教

我和我侄女二人读书。我读四册国语、五册国语。也只是

读一遍，背一[redacted]遍，背写一遍。（也不学算术。人大了，问得懂，就觉得下来就觉得很累。）家中农活多，三天打鱼，两

天晒网。一年来进步不多。

第三年的村学老师[redacted]叫赵来国，五十多岁，是个罗锅腰。

[redacted]是南沙口村齐振耀、齐振林的学生。（毕业于学堂，落第出来。宋小武庙，后来当过保定陆……齐振耀考上，齐振林当过保……）

齐振耀是个（前清）举人，齐振林是个秀才[redacted]（是有了名的人）。

（当时写）以西至家里南学教书，附近十里八里的青年人都要去求学。

他的學生，我却只有两个，一个是學注公，一个是趙老團，

据说趙老團是開过講的。

全班學生也只有十几个，不分班次，有的念賢文，有

的念國語。上午講一課書，背了，背寫了，就書大段。

时我開始臨柳公权。

趙老團不会算術，不學算術，人们有意見。他就叫他

兄弟趙祥每天中午来一个，教算術。

下午講一課書，就下課了。春眠不覺曉，處處聞啼

鳥……。也只有一本，大家圍着，像唱歌一樣，但只知

其音，不知其義，也不講。

(三·二〇)有時有賣筆墨的，是衡水人，叫彭占奎。他一来，人們提高興，可以買筆買墨。趙老團为了學生们方便，就多買下一些，盛在木匣里，等學生们向他買時，他就可以多賺些錢。后来學生们有意見，他就買了些李子，叫學生們吃。

河北省文联稿纸

学校破烂不堪，也学人管理。当时的学董是栗老[redacted]洪，飞

娶了一个外地 赵老师说：（外號叫猪下）贫学堂平嗎，这就要生个大

胖小子！ 栗老洪范是我村猪長的父親。是栗氏村長的本家侄子。

小猪下不知何許人，我村有个姓付的，可能是在安新

做买卖，從教堂的孤兒院中領出来的媳妇，不缠足大脚板，

[redacted] 積下人，高个兒，长得也不難看。收来姓付的因

病去世，小猪下跟着一个苦寡的婆婆过日子。

[redacted] 村長栗老洪是 [redacted] 此人是我们村里头

號的大恶霸，外號二阎王。在东关集上開花莊，每逢大集，他背着大桿

兒秤在市里一走，凡是市上家花的棉花，也包括在包上一車，

不论俄钱大小都成了他的了，无人敢吱声。

闹姓，罗老五和付家婆婆霸着，没来和，小旗下明铺夜盖。[redacted]付家独门小户，[redacted]也无人敢惹。罗老五在付家抽大烟、拉赌局，抽头钱给付家，也够吃够烧的。

罗老五嫌恶过小旗下，罗老五不满。罗老五霸了外宅，老婆和孩子们也有意见。因此，旗长派人把父亲接[redacted]去，儿子们就搬着。小旗下走。

小旗下：只好回到婆婆家里，向罗老五哭诉[redacted]："人，不要了，他手里还舒着我的金银首饰和二嫂地的文书……"因此，罗老五的儿子们舒着刀子在罗老五门口骂了一趟街。

果老正[redacted]饭的时候把镜子在案上一[redacted]（拍）说：“谁去跟他要回这金戒指和[redacted]二敢他的文章？”史子们多人哼声，只有老五去了。

老五去了，旅长热情招待，并向叶落各马弁们拉着他去洗澡。老五腰（里）带着手镜，说什么也不敢去，转头跑回家来。可是这件事还不算完。

那年夏天中午，放学回来，路过付家门口，看见一[redacted]（群）[redacted]（马）[redacted]把果老正家包围了。其中有一个人，白净[redacted]（脸）、八字胡子，很像田先生。回到家里，我就说：“田先生来了。”田先生来了！"我二侄子说："是啦！屯那里？"我说：
上付家去了！"他说："我去看看！"说着，我到付家去
了。一进屋，马队就不让他出来了。
原来这个人不是田先生，是全县有名的马快头陈福奎。
这个马队就是县里的马快班。梁家长告了梁老正贩卖大烟、
贩卖枪支，派了一个副官，带着马快班来到梁老正的家。
果然翻出几只大枪、熟烟[redacted]锅、大烟[redacted]枪、大烟灯。把梁老正
带着走了，打了[redacted]官司。
这事还不算完，这年除夕晚上，马快班又来到了一次
家。梁老正[redacted]的儿子们[redacted]，也没剩下一人[redacted]。自此，梁老正

(D80.9) 25×20=200

接撰文补充页

打了官司，住了监狱，败家了，只剩下四十亩地。一家人不够嚼用的，大儿子出外了，四儿子和老五下关东了，孙子们都当了兵了。奶奶也回娘家，一家数人亡了。

这是一场地主阶级的内哄，全村[redacted]很寒不抽手称快。我家也是凡是受欺侮的，[redacted]挑年轻的，也懂得一些事情了：封建霸屋、霸财、霸人，[redacted]家道衰落，[redacted]不如封建军阀霸占。先霸和军阀侵剥的教育了我，我把它做为一个故事写进《烽烟图》里。

[redacted]那年秋天，奶奶山上出了圣水。

[redacted]东路财主黑老婆提意要修奶奶山，上排户的同意了。

保去挪移成了一把大锄去刨奶奶庙的影壁，几锄下去，发现有水，於是大惊之："出了圣水了！"圣水传说百病。於是惊动全村的人，[redacted]大搭棚唱香戏，烧香磕头取圣水，三里五[redacted]村的人也来了，[redacted]香火[redacted]太盛，[redacted]唱戏。重修奶奶庙，前边没来听说是东头财主要先生算了一个卦；要是在东南村上立个奎星阁，他这个财主要变多大。所以在奶奶庙北边後修上了一个奎星阁。圣水是预先埋好的罐子。

[redacted]从此，我认识到封建势力利用迷信谋财[redacted]民，无恶不做[redacted]。

一到冬天，我那着放学，放了学，也就离年近了。童年时代最有意趣的是过年[redacted]。

(D80.9) 京华

25×20=500

北京市文联稿纸

临年以前，有个腊月二十三（农历），糖瓜祭灶，灶火爷上天。家家祭灶，那灶火爷上天言好事，回宫降吉祥。

廿四，是家家忙，又做豆腐又扫房。

忙着赶年集，买年画，买花炮，搭神棚，摆供盘……

腊月三十，熬草、起五经、吃饺子、穿新衣、拜年……

……正月十五敲大鼓、跑旱船。我把这一系列的（我们祖先留下的古老的）民俗写进红楼梦中。

二姐家大外甥玉昆来是来信，叫我父亲到北京去住几天，

于是我父亲决定要去北京看看二姐。家里没有什么好惦的，

盡了九方子，瀉了肚子，凍病了，呼吸色色如一，過了年，

二侄子到北京去上學，父親和帶我一同[redacted]去。

家里的大車到保定去拉煤，順便送去保定南大街，住在姜順老店：

姜順老[redacted]店有一個老掌柜，有幾間小房子，是我四哥和二侄

子常來常往的地方。因为是熟客，老掌柜開了一間小北房，扫了炕，搬

上小桌……熱情招待。二侄子把三哥叫了來，他在軍隊上

當排長，穿着一身舊棉軍裝。當天晚上，有二侄子的兩個

同學[redacted]來，三哥叫了一桌菜，擺在炕桌上，[redacted]請他們喝酒。

[redacted]第二天二侄子領我去看他的同學，進了高等大門，一進頭道門，就聽到滿

宿舍里琴聲、二胡聲、京胡聲……與鄉村[redacted]的學校有顯著的不同，今天

想來，可能是育德中學。

54

25×20=500

第二天早晨，吃了早飯，二姪子帶我们上火車，当时

火車分頭等、二等、三等，以外就是兵車。我们坐了三等

，也就是硬坐客車，人並不多，都有座位。也就半天時间，

到了北京西站。

下了火車，二姪子帶了東西，出了車站，雇了兩輛人

力車，我和父親坐一輛，拉到護國寺大街路南一个大门停

下。進了大门，路東一个小门，一个小院，兩间小北房，

一间廚房。

二姐見我们来了，格外高興，出门迎接。二姐攙着大

方，父女情場也很客套。

屋里无有什么装饰，里屋一条大炕，外屋一铺小炕，
两把椅子，一个抹铺，也就是一般人家的过场。看起来二姐
夫的官並不大，據說在團裏。
中午了，二外甥要回来，和我一般年岁，向了姥爷
好，也不说什么。大外甥下学回来，十七八岁年纪，架子
咭咭，向寒向暖，颇知禮節，很是伶俐。穿着一身蓝棉袍
子，头上缠着长围巾。看起来父亲来了，一家子高兴。
[redacted]第二天，大侄子来了，穿着军装，他在警备当排长。
父親是莊家人，他们也没什么说的。过了几天，大侄子和
二侄子带我上去逛天桥，大栅欄。当时的大栅欄人很多，

(D80.0) 四 號　25×20=500

北京新文艺出版

搁搁搂搂。天桥有五方杂处[redacted]，也去北京说书艺人的，耍拳術

的（唱小戏的）……热热闹闹。

中午在一个小饭铺里吃饭，叫了一碟子菜，还有两个

陵实，大概是大侄子的同事。见人家有吃羊肉涮锅子的，

大侄子说："怕爷爷嚼不动，要不咱也吃涮羊肉！"

大侄子陪客人喝酒，我和父亲只是吃菜。也都是一般

饭菜，没有什么特别。

二姐家生活，也就是一般生活（平民）。我们常去的[redacted]肉，每

顿饭摆一点孩父亲挟挟，（也不买肉），从来一顿精包肉饭菜。哦，一有时

点别菜是酱豆腐，我还从来未吃过。二姐是家庭[redacted]妇女，也

做不出有[redacted]的饭菜。对二姐做的炸酱面，过去我还没有吃过。对此，父亲感到不满足。

有时，斗罢越来，出门到大街上走走，父亲從袖筒里舒出一个剥好的橘子给我吃。[redacted]，这橘子是什么时候买来的，我还不知道。

大[redacted]外甥陪我们去中天电影院看过一次电影，名字是《风流顺子》。是无声的外国电影，可能那时中国还不会拍电影。他还领我和二外甥去洗过一次澡，俩钱每人是十六枚铜元。这是乡村里[redacted]没有的。大外甥还给我买过一包油炸辣椒花生米。

一大侄子陪我和父亲看了一场戏，那时座前有小桌，可

25×20=500 (D80.6)

伙食不得花钱。

三哥来了，买了一些日用品，打了一个包。僱了一辆

车骡轿车。第二天，别了兄哥和二侄子，回到家乡。

回到家[redacted]里，[redacted]到村学读书。回忆此次赴京，虽是个小孩来京华，没有什

么特[redacted]殊的印象，唯一的印象是进了大外甥刘玉昆，年岁不

大，却爱唱歌，未曾说话先笑，成天价[redacted]朝气蓬勃，富于

进取心，与大侄子精神面貌不同，当时我想将来一定成个

大人物。父亲对此次赴京，亦未感到什么新奇，他一生勤

俭持家，却对二姐的装潢不大满意。可能二姐夫对他的孙

生活中去有所限制吧。我是这么想的。

村学中还是那个赵老师，还是那几个同学。经过一年多的同学，最要好的同学是袁伟瀛，家庭是中农，在乡村中是老实人家。他投考今年暑期去考取之高小，找同去的的去见。

今年是一九二五年，国民革命开始北伐，在乡村中也有一些震动，主要的是广大农民群中反对军阀作恶的统治。眼前将临的时候，传来一声雷声，上海发生了"五・卅"惨案，英国鬼子和日本鬼子[redacted]领[redacted]工人运动，杀死工人领袖正红，这个消息也不知道从那里传来的，可以说不胫而走。乡村学童与群众

25×20 = 200　　(D80.9)

浩然散文手稿

我们的语文老师，虽然不通新学，提起这个问题，也是谈虎色变的。我年岁虽小，亦感到[redacted]义愤填膺，同仇敌忾，当时的乡村里还不知道什么叫帝国主义。

赵老师激于反帝热情，出了一个题目，叫做"试述上海五·卅惨案"，叫我们每人作一篇文章。[redacted]激于反帝的热情，这篇文章是用了力的。当赵老师看到我这篇文章时，认为得不错。他坐在一张楠木圈椅，把右脚翘在桌子上，用着读古文的腔调，拉着长声才读哩！

到城里考学的时候，是我大哥领我去的。袁保瀛的四爷带着袁保瀛，他是一个乡村医生。

到了城里，住在興茂洋貨號。袁保璐有一个干哥々
是这个大洋貨舖的二掌柜，待我们很客氣，特別騰出一间书
房给我们住。吃飯就在衙门口[redacted]的小飯館里[redacted]，说也奇怪，
最愛吃的一般飯食，炒餅燴餅，芝麻醬[redacted]面，其滋味之美，
比北京的館子还高一等。当然，我二姐是家庭妇女，
不出这樣的飯来。
那主高小，是永平府最高學府，高台大门。宿舍是一排々的講堂，墙壁是用白粉刷的，是玻璃門窗。
我们報了名，罢了两天就開始考试。课目是算術和作
文。说也奇怪，那中作文题目就是：试述上海五卅惨案，
算術题也一般，我並未费力就考完了卷。
要榜的那一天，保璐的四爷於我大哥领我们去了。一

[illegible]

见我们俩的名字，都上了榜，（他的名字在前，我的名字在后。）我大哥当着人快开大嘴笑嗳

々的说：：“高榜得意啊！”[illegible]的四弟也说：女全都来说，

也是凤毛麟角啊！

这年我是十二岁，自此也就结束了我的童年时代。

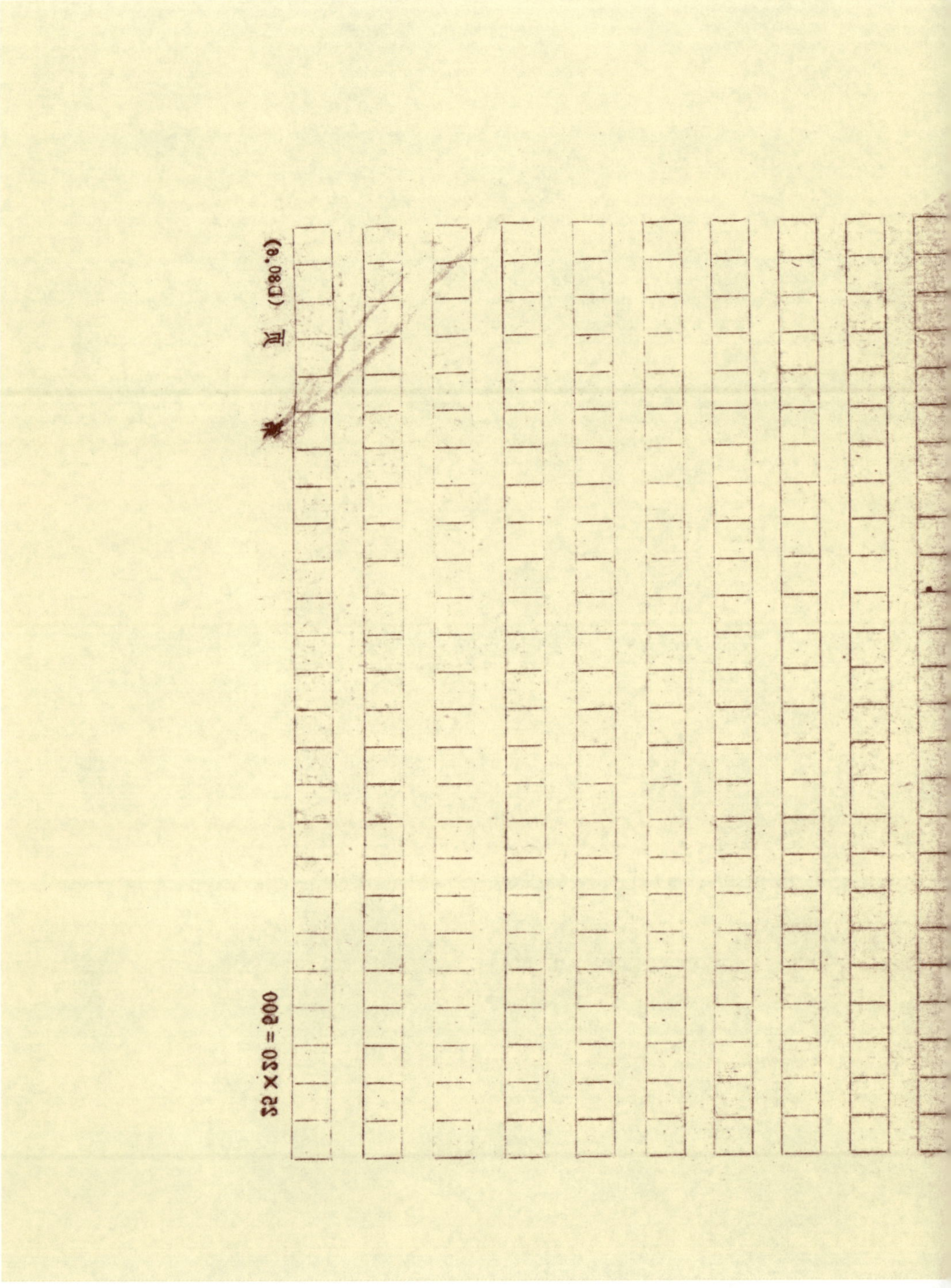

初出之犊

初出之犊（長篇自記錄之二）

少年時代

梁斌

考上了縣立高小，一家人都高興。嫂嫂對我笑着說：“小鄉下佬，照鏡子去了！”[redacted]鄉村里的莊稼人是不講究白面的。秋季入學，嫂子們為我洗衣服，打點被褥，做了新鞋子。唯有母親保持沉默。到城里去的那天早晨，母親哭了，抽抽咽咽的，她捨不得最小的孩子離開她身边。為此，父親又發了脾氣，說：“他去求學上進，又不是去進監獄！”聽上這樣說，母親還是哭。我覺得沒可不可是，錢整曾幫着母親掃地。

表侄遠蓀套上牛車，走到我們門口，五哥搬起鋪蓋，送[redacted]我上車，母親[redacted]只站在台階上，睁着兩隻淚眼送我。當时我也沒有想到，她的小兒子果然離開她的身边了。

那天正是一個艷陽天氣，高粱紅了，棉花白了，我們坐在牛車上朝城里大道上走去。[redacted]除我和侄遠以外，還有果泉旺，坐着大車，一同走着。[redacted]這風盤旋

進[redacted]城門，[redacted]城门樓上的野鴿子，一群一群[redacted]地撲啦啦地飛[redacted]舞。一路秋日景色，曾經在我的文學作品中，几次出現。

進得城來，一條南北大街，兩旁商鋪櫛比林立。到了大慈閣，往西就是府衛前街，不牌樓往南去，路西高坡上

25×20=500

法兰西文的学习

有一座高台大门。中午走到门上，[redacted] 拾级而上，有一个

门房，[redacted] 老头在门口站着，不打招呼，走了进去，一条

长长的甬路，尽头是校长室，往南一条[redacted]甬路斜穿过去，有一个大荷花池，尽头就是

账房院。到了账房，查了班[redacted]次及寝室号码，交了学费。我

还记得每年学费三元，每月膳费三元。随后去搬铺盖，

到宿舍第三排，一个大房间[redacted]可盛十四五个人，三间房的大通铺，罗东明住

在前二排，那里是新盖的宿舍，五个人住一间房，门前是

一个大操场，有篮球架子，排球网子，单杠，双杠，秋千

这是全省的最高学府，教室都是些新的，有廊。

一新来的同学们来来往往，旧同学们见了面，互相问长

一声，"好嘛！""好嘛！"直到现在我还不知道是什么意思

才入学的几天，学校里带我们参观全校，通过大操场，

往南一个圆门，过了圆门就是荷花池大院，有[redacted]围墙，

[redacted]有圆门[redacted]，是花园。说是花园，[redacted]除去一大片地方种了

蔬菜，有地瓜、有菠菜……靠东边旁有两棵大木槿花树，

开着紫色的花朵，有几盆仙人掌和铁树……也是人费过意

灌[redacted]金枝蛮地有长马樱花树，开着红色的绒形小花，香气扑鼻。我把她宿舍……

花园隔壁是墅庙；

莲池大院有个门相通，墅庙的墙壁也都是红泥泥色，砖

漫院子，野草丛生，有几棵古老的柏树，还有[redacted]郁郁

(D80.9) 页 25×20=500

[redacted]（旁注：黄文彩先生）

院里有一个长的四方砖台，台上是正殿，[redacted]大牌子写着大成至圣先师孔夫子之神位，以外还有一些小牌位，知道的有，乡贤李想[redacted]的牌位和，乡贤[redacted]晋斋的牌位。还有一些牌位我不知道了。

东西两廊也有一些牌位，那些名字，我们都不知道。

往南过了黑墙，就是畔池，有小桥，无水，长了一些不知名的野草。出西门有一石碑，刻着文武[redacted]官员至此下马。

[redacted]圣庙的建筑是古老的，[redacted]无重修的痕迹，（年久失修，确不失为古拙）古拙很，（长得）但很茂盛，估计在大明年间所建。据县志记载，每年八月十（我的校长纪，老校长师学生陈经。）

从校长室往北有一条[redacted]路，路东是大成殿，路西有窗门，有四方小院，因此有才盖成的双层小楼，题名"遵经阁"，南方是大教室，[redacted]东房是宿舍，西房是饭厅。教室和宿舍都是玻璃门窗。[redacted]院，宽敞大[redacted]方。

才開學断几天，學校一派兴隆气象，[redacted]人来人往，景象详之。曾同学所去是一个多月不见，都有如隔三秋之感。黄昏时分，太阳西下，操场上有篮球的，有打羽球的，有赛跑的，大都是高同学，新同学没有参加的。[redacted]的西过了两天，要開公会堂[redacted]间小房子里，是学校[redacted]欢先经保定跑步西安来[redacted]的香港捷普代表贲琼大

20×25＝200

(D80.8) 页

华宝斋纸砚备检

西，如：裁纸、毛边纸、大字笔、小字笔、字帖、算盘、

小刀……买的时候，像我搞搞写写的。

买到东西之后，就是订副本，准备起各科笔记。

以上这些开学前准备之作，都由高同学带领。（我那年十二岁。）

开课的第一天，不讲功课，只讲规矩，按课程表上的

次序，讲学校的规矩，也讲一切团结友爱、中人员、互相

遵重等……

校长王聘之讲第一课，是一位胖胖的老先生，很和蔼，

都有学识。姓张的先生有两个，一个老张先生，一个小张先

生。老张先生叫张[illegible]，小张先生叫[illegible]（叫张化普），也是才

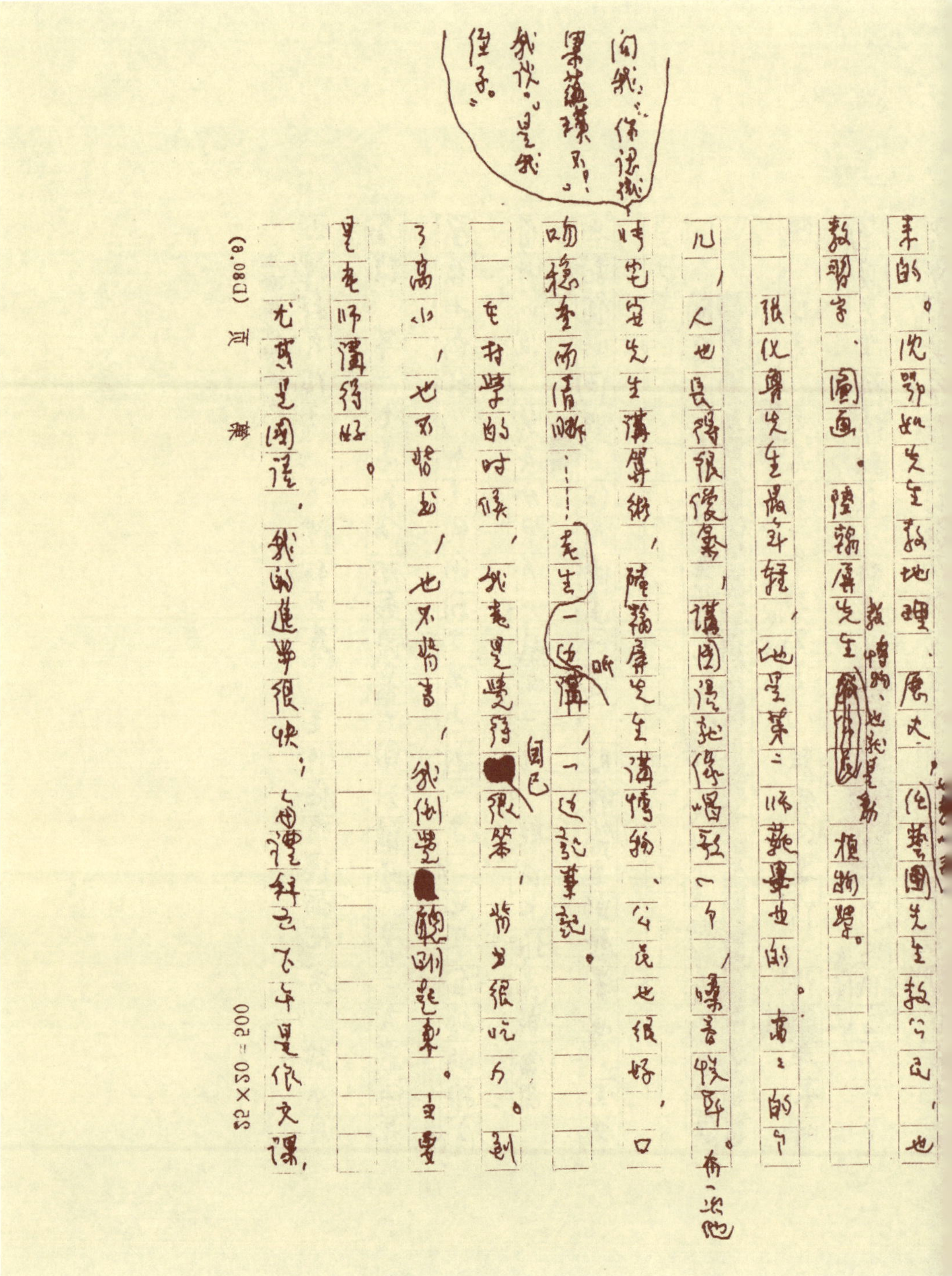

来的。沈鄂如先生教地理、历史，何鸿图先生教公民，也教习字、图画。陆翰屏先生教博物、也就是教植物学。

张仲骞先生最年轻，他是第二师范毕业的，高高的个儿，人也长得很俊气，讲国语就像唱歌一个，嗓音嘹亮。有一次他问我："你说说，果菜菜菜，是什么？"我说："是我侄子。"

时先生讲算术，陆翰屏先生讲博物、公民也很好，口吻稳重而清晰……先生一边讲（听），一边记笔记。

在我学的时候，我老是觉得自己很笨，背书很吃力。到了高小，也不背书，也不背书，我倒是喜欢听那些东西。主要是老师讲得好。

尤其是国语，我的进步很快，每礼拜二下午是作文课，

(D8.08) 页　25×20=500

上礼拜六作了，下礼拜六发，老师按成绩的优劣，排次序发给。第一名是我们班年纪最大的刘继业，第二名是年岁最小的我，我是我们班里最小的一个，也是全校的排座，自此以后，我更加努力，我的一生，能成为作家的原因，也就自此开始。但是国文一课，临模篇章的铅笔画，还只觉才华。

开学不久，有一个老师叫刘毅夫，代替老师先生教我们算[redacted]术。后来，[redacted]又来了一个新先生，教我们英语，陆[redacted]序和诗宽安先生陆续离校，据说是[redacted]有人成立了一个大中职业学院，请他们教书去了。刘显深先生、罗仁甫先生都和我和我保他的是同学。尤其宋卜舟先生与我的手足金兰之交，共此沈先生之史学造诣是有关系的。他们都是保定第二师范的学生。

星期六作[redacted]回家，顺便邀来时，我借[redacted]一同回家，把一件穿过的衣服包个小包袱，提在手里，蹦蹦跳跳，一边说着笑话，就回了家。我村离城十八里地。

到了家里，我母亲非常高兴，说：：你去买些鱼，打点酒来吧，你去买点鱼吧！快回来给他鱼吃！说着，递给我一个竹篮，另有里地，到了赵钱家那个大水坑边。来买

25×20=500 页 (9.80口)

张爱玲文学生涯

正站在篷子上撒网打鱼，见我远远走来，笑了说正好打住一条大鲤鱼……”他把篷子渡近岸边，提了鱼篓跳下岸来，从鱼篓里取出一尾[redacted]金尾红鳃的大鲤鱼塞了说：“拿回去吧：”他就又跳上篷子打鱼去了。

妈妈纯是鱼，一身功夫，满屋子鱼香。在我的记忆里，少年时代在陈家高小读了二年书，暮不多[redacted]礼拜回一次家，嫂子们像洗衣服[redacted]，妈妈总做些好吃的。学校伙食并不好，早晨吃小米干饭，北瓜菜汤。中午馍头、咸菜，小米饭[redacted]汤，晚上吃菜粥、棒子面窝窝头。礼拜日改善大食堂，顿顿[illegible]包子。人多，大家争抢，早[illegible]

去，老想回家，家乡不[redacted]家弟伙很好吃。

我和表侄泓一人拔了一个小罐，炸了一些黄，逃避了

一些青蛙挺捆上，常回去，用绳子跟着，改善一点伙食。

那时我年纪尚小年岁大（年岁大，最长的有柴锄柄、柴如拇指头，）我年岁最[redacted]，毕竟吃力，秋天

锄头的时候，我的下巴底下长了一个大疮疤，后来化脓，

我只好回家待着，大夫给开了方，给了一些盐菜面，调上

水，用毛笔沾着抹，一直病了一个多月才好了，功课拉了

好多（拉了夜学的好，加学的功课），跟也跟不上了，只好退学。（把书本留回来）

[redacted]这些年来，家里有事，母亲教我珠算。有天下午听说

柳根儿家的闺女出嫁，我去看了。奇怪！闺女出嫁，黄

页 (D80.6)　25×20=500

花轿，也不穿新衣服，连一件新洗的衣服不穿。
那根是穷人家，房子一间地无一陇，靠搭秋把鉴过日
子。一辆大车停在门前，也无戏子喧闹，闹哄哄不闹。然
到她家去看了，这有很多小孩子围着看。闺女有二十多岁
了，也去梳头，也去洗脸，一身常穿的衣服，痛哭不止。
穷老人家，四壁皆空，连个陪嫁的东西也没有，妈妈
舒了一个冷落的梳头匣子说：你能着这个吧！闺女哭
着说：我什么也不要！坐在大车上就走了，甚为悽惨。
一般的这种情况，房杨贵家嫌
我也一贯看着，觉得人家闺女出嫁竟是这样，闺满
之心情在[illegible]生，偏偏也由不几分明眼睁。后来，我记这个事

却写进擒大記的大黑字報中

二、

过了年，母亲勸我说：你还去城里上学吧！

四哥到城里去了一趟，跟老朋友们说好：先上预備班，

等到暑假升入正班。

入學时，我去找表侄瀛，沒有見着。他母親说：他

不去上学了！我只好和四哥奥服一同去。後来听到说，他

转到别處的中學去了，可能那时中學要花錢少一些。自此子

侄瀛澈，与四哥奥服同来同往。

預備班的教室，是当日教室，就在禮堂里，连续窗对过，偏會在樓

(D80,6) 頁

25×20=500

[redacted]院东屋，三间大房子，一个通铺。这里不方便的地方就是厕所远，[redacted]，夜间人们偷偷的到西边的墙角下去尿水，

但东门前放了个尿桶。

我预备现的功课，就是初级小学四年级的功课，并且学[redacted]把全科功课都温了一遍，打下了基础。

力[redacted]有本城的，也有围城附近的，填[redacted]着的[redacted]有傅锡同志。

这年是一九二六年，此伐的消息隔有所闻。

有一天，我二侄偷偷跑来了，说刘县长先生是读书。

我估计你今年也要毕业了，可能是把事情做。临走，把几切落存在刘老师那里，随用随取。

　　刘先生和宋先生同住一屋，里外间，就在学校教师宿舍，是两间小屋。因为二位先生有些成就，到他们屋里去得也就多了。有时我哥和我侄子他们来信，也经常叫他们看看，有时就信他们看的信也给他们看看，请求指教。有一次二位来了一封信，是指导我怎样写字的，要点是仔细临记笔记。刘先生看了，对宋先生笑了笑，这是侄子吹嘘之：因我侄比我大十几岁。

　　常出入于二位先生屋里，见到宋老师西墙上贴着一帧大画：是一只威猛的右手攥着一支大笔，火焰熊熊地燃着，给人以力量。孩子也我的脑子里画上一个问号，这是什么意思？

(D80.6)

25×20=500

宋老师笑着又藏着一满书，其中有一本绿皮金字，印着苏俄新经济政策。当时我还不懂，也猜测不着这部书的内容，但对苏俄已经有些印象了，这是俄国经过了十月革命，打倒资本家和地主，实行了无产阶级专政……我在暗暗幻想着：城市里有没有资本家，乡村里有没有地主，那将是一个什么社会？

宋老师在校务会议上提出来，要成立图书馆，老师们都同意了，隆传道买了很多书来，宋老师也把他的书提出来，有东方杂志、学生杂志、创造月刊、创造周刊、小说世界、儿童世界……

就在我们偏僻的南方，三间大房子里，放上很多书架和

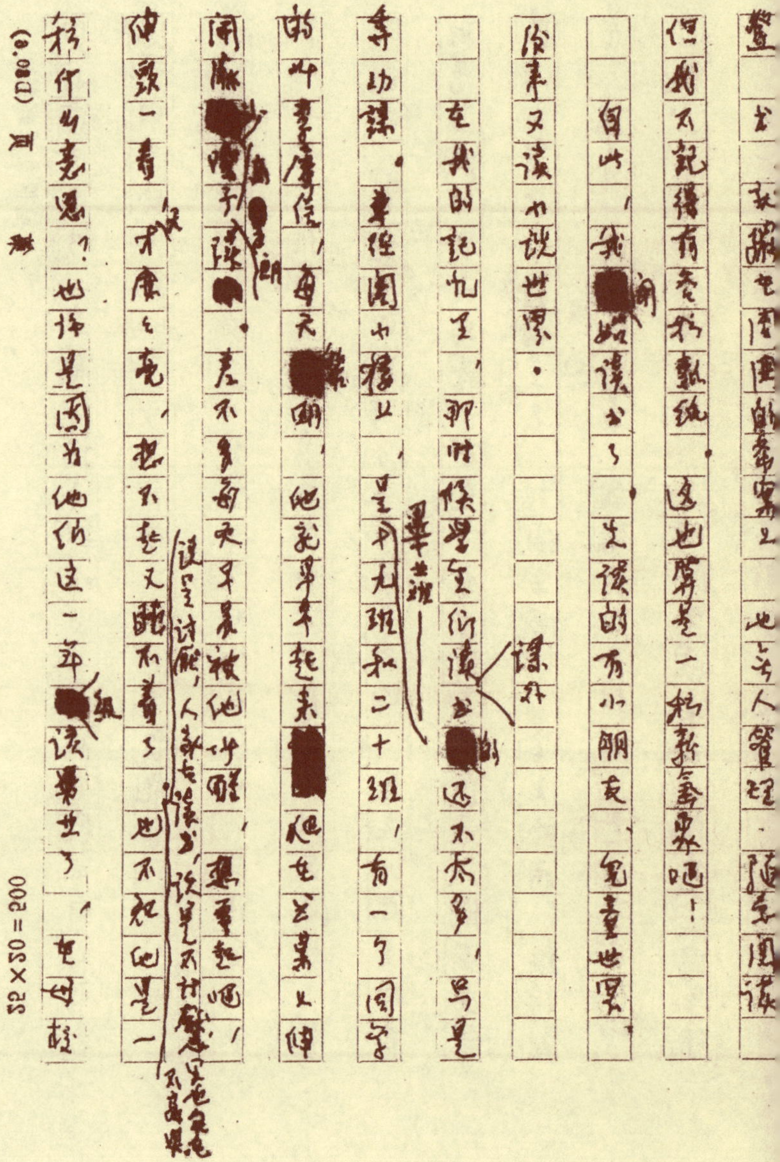

鉴，我猜也周围的书案上，也是人管理，随意阅读

但我不记得有参考书教练。这也算是一种教育吧！

自此，我[redacted]开始读书了。先读的有小朋友、儿童世界

后来又读小说世界。

在我的记忆里，那时候学生们读课外书[redacted]的还不太多，只是

专攻课本。整体图书馆上，毕业班是中九班和二十班，有一个同学

的外号叫李传佳，每天[redacted]朗，他就拿本书来[redacted]坐在书案上伸

开嗓[redacted]子朗读[redacted]，差不多每天早晨被他吵醒，想要起吧，

伸头一看，才蒙蒙亮，想不起又睡不着了，也不知他是一

种什么意思？也许是因为他读这一节[redacted]读累些了，也可惜

读是讨厌，人家长读书，说是不讨厌也不高兴

(0.08D) 页 25×20=200

9

[illegible]

的时间不多了，想把功课补好吧！也许也有點示自己的意思，但在我的記忆里此人年纪大，并不厉辣的。

一时近暑期，有一次我在第老师门前经过，见屋里有很多人，我也推门進去。见第老师端坐着几张宣传画，是印刷品，有報纸四開那么大，著着红印。第老师正在讲着：那是帝国主义，那是军阀，那是政客，那是土豪劣绅……说是把阀军進攻很快，要打倒[redacted]主义，打倒军阀……第老师用教鞭指画着讲着，同学们听着。[redacted]讲得都是新词，是过去没有听过的，人们也在唱着歌：打倒帝国主義，除軍阀，除軍阀……

一有一次我到刘老师住室去辞行，他问我：你在家了

嗎？"他這一問，我也不知道花完了沒有。因為我二侄子

董從前[redacted]告訴我他說我存下多少錢，我就說：花完了！

其實，我只花他預算過三次錢（每次一百多銅元）。[redacted]他既問，我只好說是花

光了！其實我[redacted]之後有所計算。

晚飯，寫完功課，我就回家了。在家裡讀些或寫文章。

在城裡買不到劇本的例，只能買到兒童世界或小說世界。

[redacted]我參照最近看的一本小說的格式，寫了一篇文章給上海小說世界投稿，但沒有投上。

鄉村的夜晚是靜謐的，我把軟床搬在院裡大槐樹[redacted]下，躺

在軟床上看着泛白色的天上一顆一顆銀色的星星，看着看

着就睡着了。第二天，我還沒有醒，大哥就拿着他的鋼筆開始敲他

了，在[illegible]家中，听见有一个人在电台唱着说话：一号书！

还不起了，"笑々嘿々的，我[illegible]眼一看，是大外甥玉昆。我瞪着得更是有错处了，他叫我，我也没睬，剩了一个[illegible]能瞪着了。

据说，他是躲避了从住宅来的。可能是跟未到了他们的家里趁锄耙，今天一早到了我们家里，跟我父亲要了五十块钱就走了。谁知这一去就见不着面了。他和一个朝鲜人到了广东，到黄埔军校学习。二姐只这两个儿子，玉昆倒々地走了，她日夜思念，哭々啼々[illegible]裁拭哭。

袁住[illegible]不到哪里读书，可能觉得有些[illegible]，擅面[illegible]，也不见我的面。我们得续了，有时去找罗东旺，他长得很漂亮，中学[redacted]的村，长圆脸儿，雪白[redacted]的。我到他家里去过一两次，他告诉我：我[redacted]家是富农，比较富裕。因为他父亲的关系，我们俩的脾气合不来。我不喜欢封建地主、恶霸、土豪劣绅[redacted]。我家虽也是土财主，但和农人有来往，和地主没有来往。所以，和罗东旺的关系始终不像和袁保诚一样。

暑期将完，我和罗东旺到城里高小，分在第二十三班。到了学校先看榜，我是预备班甲级第一名。住在后排的大楼里。

看功课表上，是黄老师担任国语，又来了一个刘老师，

25×20=500

(D80.8) 页

叶刘翻者，他[redacted]了我的两间之："你认识梁实秋吗？"梁说：
"是我侄子。"也于是我侄子的朋友。
二十三班还是一年级，我算是留了一级，今年十三岁，
比去年聪明多了，各种功课都跟得上，但是英文还是吃力。
最出色的功课是作文，我们班里年龄最大的是曹增民，
于是大我三四岁，做作文的时候，他总是最先一个，然者
是张景二名。
担任国文课的是[redacted]先生，担任习字课的是仇鉴图
[redacted]老师。这两门功课进益较多，签字更已经写得像个样子了
。大字还是临柳公权，小字临抄甲字，张黑教室定期有面

上，但是那些看来还是不少个人生活的，[illegible]在一个[illegible]学

叫王国琦，写郭大空碑，写得很好，再课，李工比较好。我已经成了大学生了，但是在那儿念的时候，还是也无考虑。

当时，正课是上午四节，下午两节，早晨有早自习，可以随便溜出少课。一直到冬季，有晚自习课，晚饭以后，自修两点钟，才回宿舍睡觉。

城郊野外，没有什么玩艺的，同学们会因用白纸糊了一个小蜜蜂，养蜂也不是养蜜蜂，是养园子花上那个牛犊子蜂，黑色的，个头很大，实在可笑。

曾经九月，南关有庙会，照例放假一天，那天下午，太阳平西时候，我到庙会上去赶会，走到热闹当中，好像

(D80.8) 25×20=500

北京新文艺出版

是开了一个大会才散了，人们都嚷嚷着，我[redacted]拣得一张

用红纸油印的传单，我们々地带回来看了。是国共合作……

每个[redacted]，[redacted]国代[redacted]北伐……国民革命就要

成功，封建军阀势必要打倒……这件事情使我动了[redacted]思。

这年冬季，同学曾谭民私下全部找我[redacted]续余交之交，还

给了我一个红帖子。当时，我思想上还没有这个需要，不

过既然有人叫，也不需推辞。

一九二七年，正是我十四岁。已经是二年级了，住在

高耕的七级——天下人一屋。时代要老师教水彩画，大有

[redacted]同学管振表示很感动，放了周六晚，只是讲了一声，我素在了，说得这时是个高潮，有一篇人，有人篇，到一个小本，是"总理遗嘱"，我没有听到。但是人们都在念着："余致力于国民革命，凡四十年……"

得起他。想把校长一席让给他，在会议上一提，得化学推辞，[redacted]化学系。推辞，得化学推辞是个理由，化学系主
过来了，当了校长。同学们传说着：王瑛之是个好先生。
化学系主任也是不负重望，化学[redacted]老师[redacted]也只好如此。
这些年前[redacted]在一个礼拜的日子，我正从宿舍出来，路
过操场，有人在背后拍了我一掌，我回头一看，是范援。
他拉我到医院里大柳树[redacted]（遮阴得很不错了，他指着我的手表道：地上直来直去，我们会子弟要好好学）问："你能打倒封建帝国？"
吹"，我说："能！"他又问："你能打倒封建帝国一次？"我
说："能！"他把我手一握，好像笑着，说：（又问："你能打倒土豪劣绅吗？"我愣了一愣："当然能"……）
参加共产主义青年团吧！"我答应了，心中小鹿乱跳，几
这个答应不是一般，而是出自肺腑，甘常
因为帝国主义、封建军阀、土豪劣绅，我早就恨
透了。

20×20＝400 页 (D80.6)

弟说不出话来，走回宿舍，妻子睡了一觉，心至感之

我也僵了。一个世界阁笑了！当时的这种幼稚的心情，

几十年来不能忘怀。我抱住当选证据，在我的一生中，这应是一个平常的日子。

但是，参加国民党一事，[redacted]

一九四四年大饥风时，我选择去了，我了很大的积极

实也不知等是参加了还是未参加[redacted]

此事不久，便[redacted]来了一个人，白净脸儿，大指头，

高高的个儿，据说是北方局的机要处，叫张郎跑，在楼下讲

了一次话，时在夜晚，点了一盏油灯，灯光不亮，模

听了这次话，我的心已经开了两扇门。此后，我才明白（只有此个人的作家……）从来有几个老师都是读过的。但，更大惊风也换了摆擞。

[redacted]（但也又已私事命中，总不能内事）因为在，也是讲明白的。（反革命政变之后，不能回答……）

（此人，从来又来过一次，）[redacted]在第三教室开了一次全校的师生大会，介绍先生讲话，讲的是北伐战况，中心讲铁军北伐，及汀泗桥之战，讲话（何等神色）描绘为非常之强。据说此人从来被捕（眼里总是含着一种悲伤的情绪）此人后往深亮，不知所终。

后来又来过一个人，是本校的[redacted]廖鸿流，是北方局的视察员。此人后来在抗日和新闻界担任过事。

[illegible]

13

25×20=500

法警摇铃跟着刘伯的一个信号，吆喝紧张在开庭的时候，吹起振声叫我说：「现在刘老师庭上开会：」康子在黄子三教室的后边。

「李我走进刘老师室，天已黑了，静默一羡小姐，还相……面似乎有精气面影，也似乎有点闲[illegible]。人数不多，有十来个人。

刘老师说：「……多亏我们刘老师在江边摩的时候，眼看命在垂成的。新军阀靠在台上统率国主义和对遥势力，维变了革命，回过头来，请开出口，屠杀共产党员和工农群中——[illegible]用机关枪扫射共产党员。国民党大屠杀，自此，守广会议，屠杀不敢……：我们要踩碎武装起义了！

刘老一一律说，……

朦蔽懵了，因为过去听到的是：蒋介石是北伐军的总司令，是革命的，把他的儿子都送到苏联去学习，而今竟要叛变了革命，蒋之成为敌了，我的思想好像从高崖跌进深渊；

自此以后，我埋头读书，沉默寡言。后来，传说：郭沫若发表了《蒋介石十大罪状！》出国了。这个问题，我要

本来要到苏联去，后未能出国去了。

使我痛快，亦使我悲伤，因为[redacted]第老师是拥护[redacted]到这的，我也是说过要到这地步能猜的大局争。

五、卅，惨案纪念日，我们全体师生走上街头，贴标语、散传单，高呼：“打倒英国帝国主义！[redacted]打倒日本帝国主义！”就是全国同胞不买英国货、日本货，隔绝

25×20=500 (D80.9) 页

拔掉旗子的残骸

走到文艺大楼、沸益厚、东安市场[redacted]铺子门口，我们跳出去

横查果园，日本[redacted]人……

在这书本里，就要我们沉浸在政治生活中。但，功课

兹来稀疏，因为我想看什么学。我开始读《晨报副刊》，

《创造月刊》，我的幼年，反正荒废……。我像孩子害怕我一套

鲁迅的《坟》，我不能完全读懂中。

小学有进步，大学害怕像个梯子了。水彩画也有进步……

……

放弃国家，三将来全毁了二分[redacted]。也要全毁了我们的地，

也秋了二回儿

老刀叔是会做爆竹的，每年冬天，他烧屑、做爆竹。然后带着他用麻帽秆烧成的做爆竹，返来入了十香道，闹造房，很好的睡过呢了。但，老人就要过了都是很窄厚。她在中间搭了一个高高铺，然和我侄子看东园，有时老乃叔的外甥女儿也看东园。十七八岁的姑娘，长长的大辫，飘儿飘儿的。我侄子说她很讨厌，我倒是不觉得，有些爱慕之情，因为青年好学，内有忌妒的意思。也有一次，在回家的路上，我跟了她一程，没有话说，她咬着就走了！我从北京带回来一部诗经，我躺在高高铺上读诗经。那姑娘在高铺下来了一群小孩儿，嬉笑地叫着。

据沈从文手迹

——我们种的是金人，粒儿是黄香水的从家乡带来的。其菜没有几个是屋代。都是大粒黄香，风味晚，而且不甜。老乃叔种的是雪白，果熟而且甜，粒是狗獾子是吃的瓜，不吃我们的瓜。吃，不过吃一个，它闻闻这个有香味了，啃一口，不行，那个有了香味，啃一口。有大半是老乃叔瓜地里摘了一大抱放在窝铺地下一扔，老气说：来！吃吧！要些是狗獾子咬过的瓜都是熟而且甜的。

我们的地里种了二亩瓜，可也没丢过，只是有人来地边过，说：买个瓜吃！我就让老乃叔摘给他。因为他是乡下人家，是以此为业的。只有摘得多了，二子就来说前一次我和二侄子摘了一麻袋瓜，二人抬着往家里去，其实此风起了，雨要来了，可以不走。走到半路途中，大雨倾盆而下，淋得我们像水鸡儿一般。抬回家去，分送给街坊[redacted]四邻，大家吃了的。

这一段生活，写进《红旗谱》[redacted]中。我把老乃叔的形象性格[redacted]摄入老驴头的形象性格中。

腰翻将令，二叔跑来说：自"四、一二"政变之后，王老师有消息。工人要党员都将头发剪光了……心里非常难受，"四、一二"死了多少共产党员，他是莫满革城，难道能逃出敌人的天罗地网吗？"此事，我写进《红旗谱》中。

25×20＝200

我心里总是想着玉米的形像性格，真根据点滴！我把玉米的形像性格搬入过渡的性格中。

下了一场大雨，我和二侄子[redacted]把缺苗的地方，補种了晚玉米，他用心动脑了地，我擱上雨点来，然后用脚踩上，不几天工夫，小苗儿出土了，才[redacted]的苗儿，有多么喜人呀？

老乃叔做饭有时让我做，经常是汽儿锅和疙瘩汤，我又好喜见着吃，只吃一盆。老乃叔做饭也很[redacted]简单，也是小窗锅下挑了灶，搁上个小锅，倒上两瓢水，撬儿根苞米叶，用手搓搓，扔进锅了。今天面擀[redacted]成，用手[redacted]撕得一下一片了，扔进锅里，然上一头[redacted]盐，加不到句话，

趕來有一行樸素的女子面黄肌

半午，有時荷着[redacted]送了[redacted]飯來，孩子們一手挎着个小

籃，一手提着个小罐，小米飯湯，糁子麵窩窩，押罢了

收家飯食，要負責甜，有多久喜甜

本國生活道路的，新聞，和二侄子也就談

去

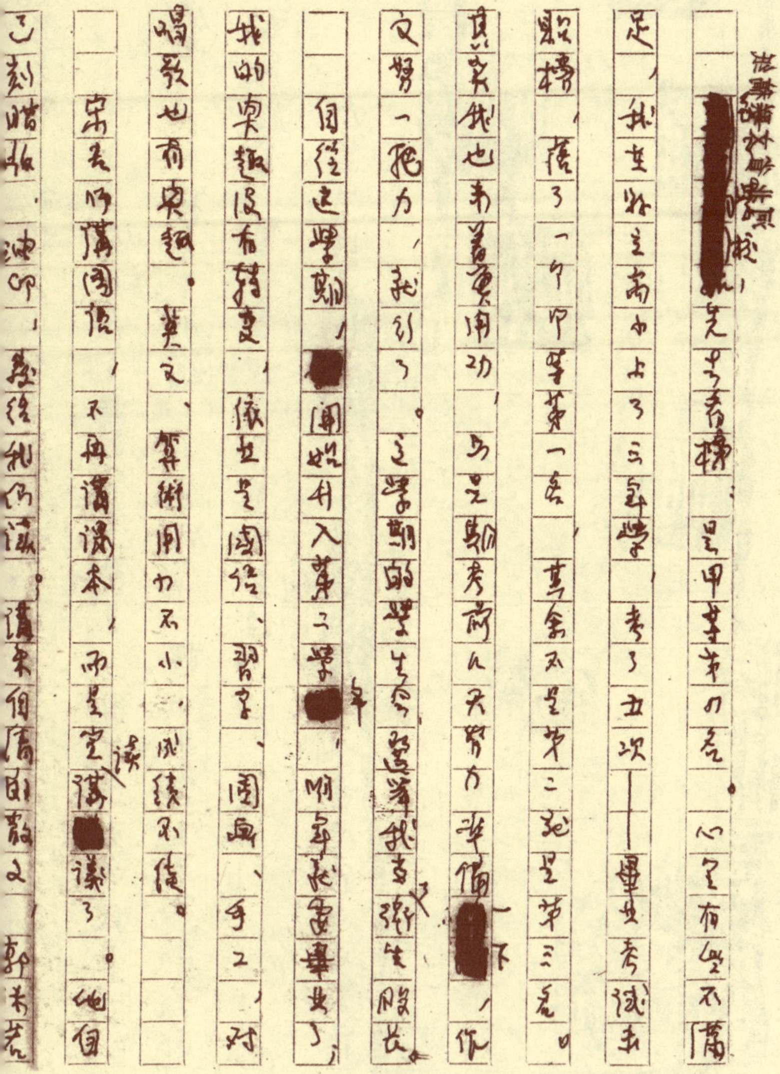

[redacted]先去考榜，是甲等第四名。心里有些不满足，我在将近高小上了三年学，考了五次——毕业考试去取榜，得了一个甲等第一名，其余不是第二就是第三名。其实我也并不着实用功，只是临考前几天努力准备[redacted]一下，作文努一把力，就行了。这学期的学生会选举我当卫生股长。

自从这学期[redacted]开始升入第二学[redacted]年，明年就要毕业了，我的兴趣没有转变，依然是国语、习字、图画、手工，对唱歌也有兴趣。英文、算术用力不小，成绩不佳。

宗告你讲国语，不再读读本，而是宣读[redacted]读了。他自己刻蜡版，油印，基础我们读。读来自清的散文，郭沫若

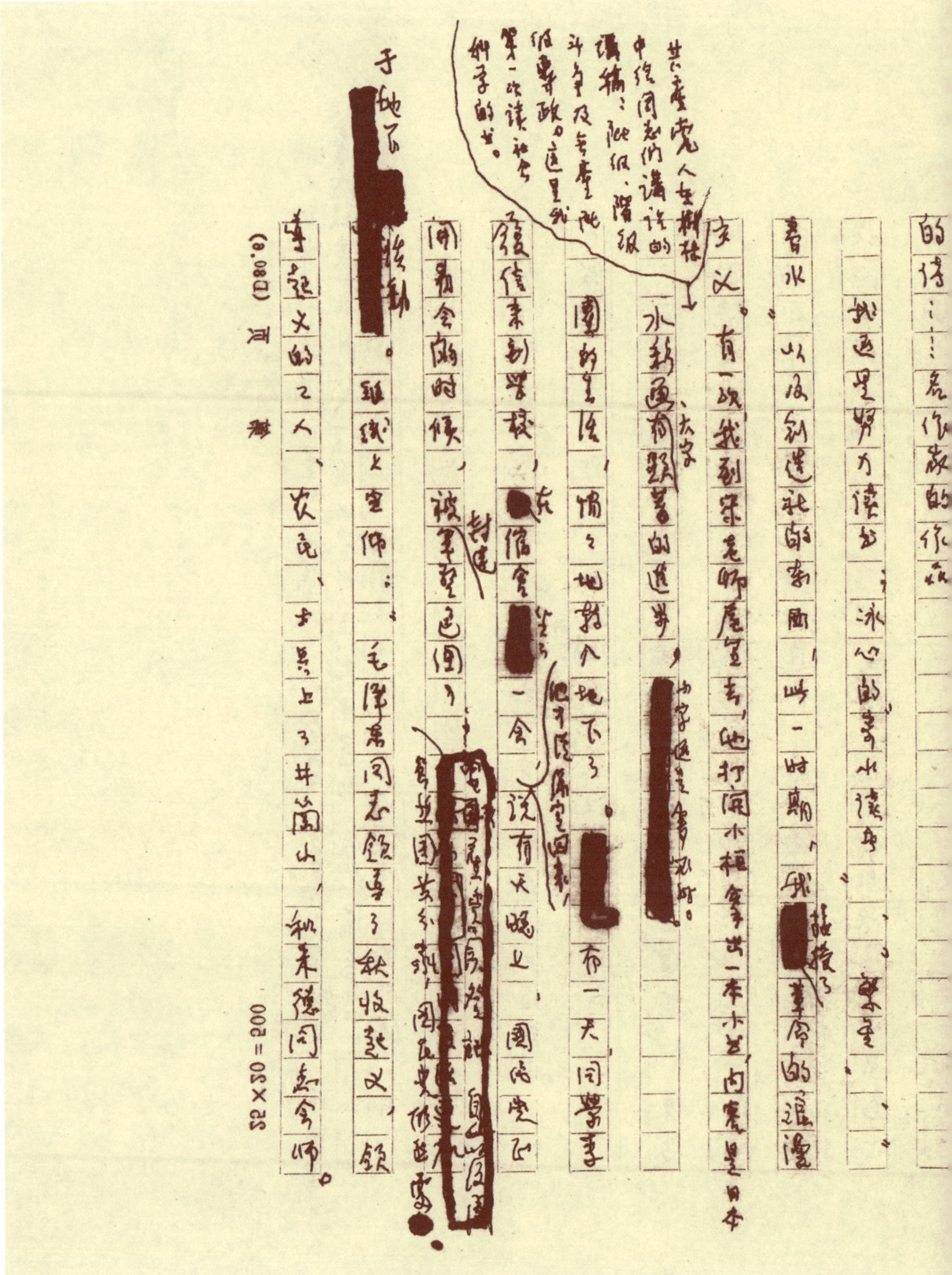
的诗……名作家的作品
我还曾努力读书，冰心的寄小读者、繁星、
春水，以及创造社的东西，此一时期，我[redacted]接触了革命的浪漫
主义。有一次我到宋老师屋里去，他打开小柜拿出一本小书，内容是日本
水新通有显著的进步，[redacted]
团的生活，悄悄地转入地下了。[redacted]有一天，同学李
發信来到学校，[redacted]信会[redacted]一会，说有天晚上，国民党反
间着全部时候，被军警包围了，
[redacted]發動。组织上宣布：毛泽东同志领导了秋收起义，领
导起义的工人、农民，去集上了井冈山，和朱德同志会师。
25×20=500

[illegible]

要是这之共党的革命根据地，以后要打土豪分田地了。因为思一了。自革命政变以后的国民党北伐失败了，群众运动时消沉下来。

瓜园之后，在我的一生中，留下很深刻的印像，有一次我星期六回家，猜了这被，到瓜园去看：罗园了，瓜棚践得一塌糊涂，只剩下几棵大杂木，看铺也没有了，一片荒凉。只是那个小姚娘的面影，还显现在我的眼前。

这学期终结，正置大雪，二哥赶着大车进城，一来要廉价卖牛，二来是为了接我回家。当我回到家里，一进屋，母亲正在炕上躺着，见我进来，慌慌地从炕上爬起来。我说：“娘！您怎么了？”母亲用手摸着我的头说：“不怎么痛，只是觉得不好……”

自此以后，母亲有时在城上躲一会儿，有时在屋里、
在院里走走，不再地劳累了，旁里的事也不管了。
这完寒假，进入最后一个学期了。
在这个学校生活、学习了三年，一谈起毕业，觉得惋惜——但是
简直不舍的。为了什么学更加努力读书。别的功课不见有甚
长进，只是水彩画方面有较大的进步。有一次我到化鲁老
师屋里去要画[redacted]，见有客人，化鲁老师说：画儿好画吧、王老师
要结婚！自此，每画必入成绩册。
最后一学期画的秋游远眺，正面画着城墙，一个
城楼，一个水池内，左方一个大土坡，一条人行大路，路

记至远，[redacted]在天津工作，旅游の我，参过也别。
这个老师就是
是用一张图画纸画[redacted]成
进去

25×20=500

(D80.9) 页 号

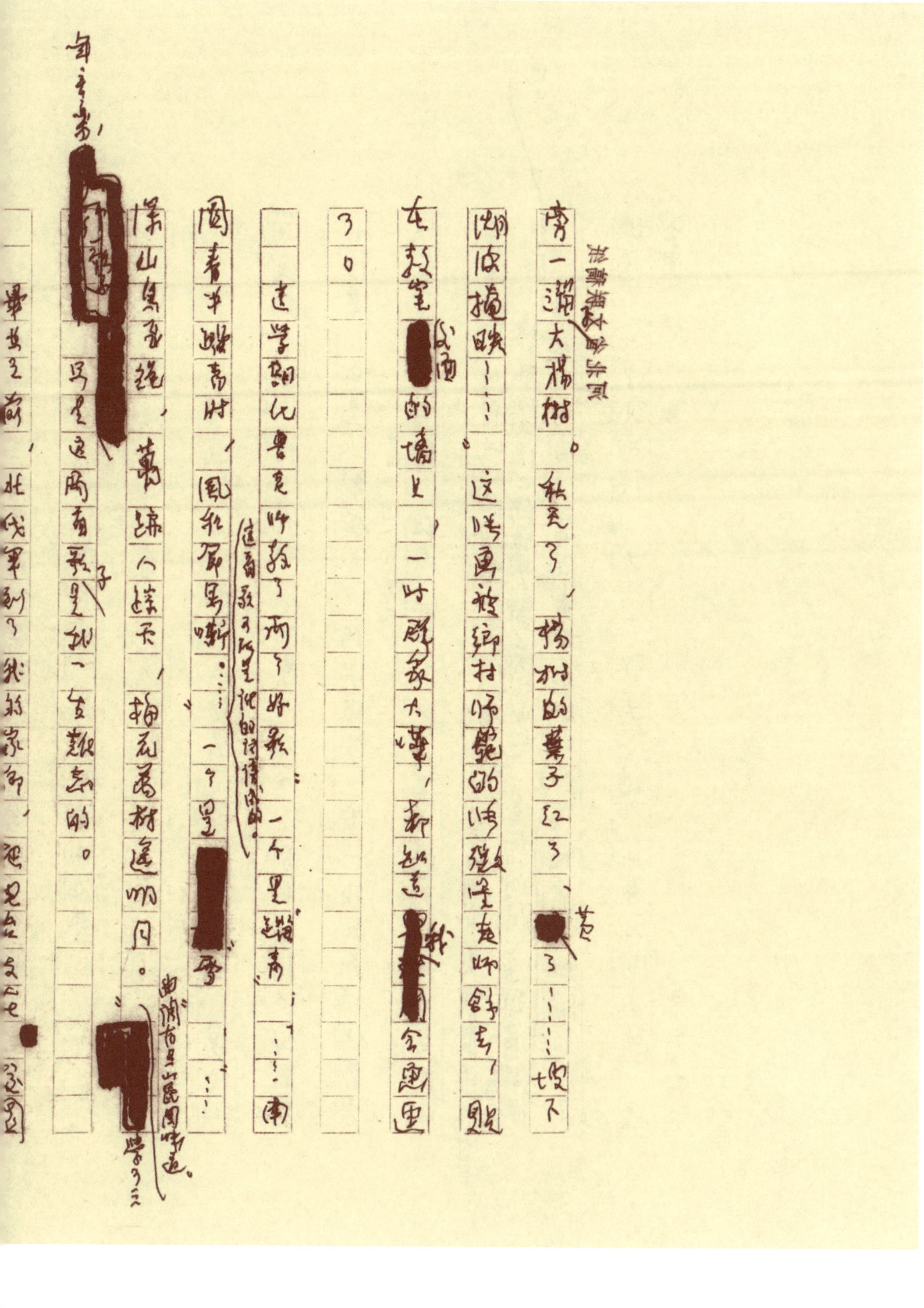
旁一溜大杨树。秋天了，杨树的叶子红了、[redacted]了……埋下
湖滨稻畈……。这时画被乡村师范的游泳池挂起来了……
在教室[redacted]的墙上，一时成为大挚，都知道[redacted]会画画
了。
这学期他画了好几张，一个黑边……
国青年遇害时，国耻节宣传……一个黑[redacted]
深山夕照，万绿人楼天，梅花落村送明月。
[redacted]只是这两幅画，是我一生难忘的。
毕业之前，北伐军到了我的家乡，……

的稻们地下。一天下午，学校里停放假，回到村，已是

日落西山时刻，圆圆已经落村挖了壕，影影绰绰看见有人走过，我喊了一声，

他走近一看，是海水叔，他伸手拉我上了坡，回到家里，在窑炕上长叹一声：嗬！又要打仗啊！

才知道村北里挖了战壕，从宋家花一直到天津。

这一带人们，谁也知道非常纪律不好，搞么奇，好话

妇女，无所不为。还说村北的战壕挖得很深，还有小屋，把

村民的门板摘去盖小屋。人们恐怖万状。

一家子人商量了一下，嫂子们各回娘家。我和四嫂跟

病中的母亲到随东村我五嫂家去，拿几里铁搭着我母亲前边走，提着小包袱，挎着书包，

我和五哥 五嫂 四嫂跟着。路上逃难的人真络绎不绝，

是一幅村民流民图啊！

25×20=500 (D80.9) 页 第

五嫂家[redacted]（后来搬去大前头某某良人家），有祖父祖母，有叔々嬸子。另是有母親沒有父親。祖父祖母都有七八十歲了，祖父有鬍子細嘤嘤的，祖母和母親就住一个屋，还有一个叔々和我是同學[redacted]，叔々是个私塾的教書人。我們一来，添了半家子人[redacted]，每頓飯[redacted]々是饅々，菜是菜的，好像像客一樣。其憂愁之間，是祖母每天走出走進，心神不安。晚上人們都睡覺了，他还不睡，一个人坐在院子蓆團上，伸直頸聽那着遠處的動靜，聽得煩了，就走進來坐在母親跟前，一會兒問說。說：“我聽得鄰南上有鞭子响……”

母親說：“……可能是过來査夜吧！”

老祖母说：“大街上一阵狗叫……”

母亲说：“慌乱年头，说不定有多少人睡不着觉呢！”

说一会子闲话儿，老祖母又向刘嫂子望，仰起头看看天，又伸直脖颈听着远处的动静。

在五姨家一直住了十来天，也没什么事体，心上有些烦，我想回家去。母亲说：“还不知道打仗打得怎么样？”

老祖母说：“急什么？有什么不舒服，叫你嫂子侍候你！”

我听了很不好意思的。过了几天，我才回去。

回到家里，家乡还在战乱之中，奉军还在前面的村里。五哥说：“有一天在福友家吃饺子，正在捏着，奉军

北京市文联稿纸

进村了，他们就下轿跑了！

天黑透了，我拖到屋顶上去睡觉，又踢不让我去，说："万一夜间有个，可是不得了！"

四哥说："有人告诉他，二哥到家里去人的，把两个袋菜子捎到他们屋里。我们了川本不高兴，这个人就是这么个小气，他的眼目中，只看见他的两个儿子，从不把弟兄们放在眼里。

北伐军一些人住在我们村里，说是冯玉祥的军队，人们都高兴，军纪好，手上拉着绳子。有一个带长，在村北

用望远镜

望指挥部，用这去跑蒸走了 前村的使人，一一的都有来。

第二天，北阀军要移防，临走数人，保护女学生家眷，以满军需，有的广一百斤，有的五十斤。

北阀军走去，我又回到学校，在我离家期间进行了毕业考试。在领文凭的那天会上，代表读了话，毕业生代表也读了话，当唱毕业歌的时候，我们大家流下了眼泪。母校是我一生事业的摇篮，一生文学事业的摇篮，对这里的一草一木，我都有着深厚的感情。我更敬爱她了，我这文学的发源地，手心不忍，很有些依依不舍的意思。

在我记忆中，保定的育德中学、同仁中学，不能搁着，我考上了育德中学。今年我十五岁。

北京市文联稿纸

二

二姑爹大早来到门口，[redacted]来领我拜了[redacted]孔夫子、紫老夫子，再去特别我的恩师们，我先进化学[redacted]老师的屋里，他见我进去，站了起来，我向他行了个鞠躬礼，他抚着我的头顶说：“你要走了？”

我低下头，含羞地说：“是！”

他说：“你是有[redacted]绘天才的，要好好学习，要看好画，书法上，路，[redacted]临好学呀，艺术这一行，就是勤奋……”说着，低下了头，又说：“去吧”是要些[redacted]竟的

手又剪了一下剪，青了来，已是[illegible]，一边度

他就站起来，说：你懂了？

我说：未人我笨，我是聪明灵俐的了！说着跪下

磕头。

他走过来，问：你得什么呢？

我毫不犹豫地说：钱！

他摇着他的头说：文学是一高尚的事业，我来攻文学，但要成

就，小子！希望你努力攀登上山顶，就学问的人，好比一个财迷

的老头，搞来搞出一个小钱儿，也拴在绳子绳上，日积一

一点的积累。你今年十几岁？

(口08.9) 页 张　　25×20=500

——我说：「十五岁！」

他说：「你才十五岁，五年之后，十年之后，你大学毕业的时候，才二十几岁，高山仰止，景行行止，啊！希望你能成为中国的作家！」说着，转回身在他的书架上拣了一抱书来说，有创造月刊，也有语丝。他说：「送给你，这里也常开，你能来翻翻，也许有好处……」又说：「拿回好！」

我转过身来，打了一个躬，就走出来。

坐上大车，回到家说，一进屋，看见母亲躺在炕上，是我进来，两手支起身子，说：「你回来了？」

我说："回来了！"
妈就也没说什么，看样子她的病有些重了。嫂走向房
去，扶住她躺下。

母亲有时睡在炕上，[redacted]大家好时，可以出来走走。四姐
夫的父就是这一带有名的妇科医生，她也常说，但不肯明
可是总劝的来看看，开个方，吃些药。母就有点儿喘，有一
天她叫我看她的[redacted]手，手心红晕，手指[redacted]别人稍有点儿大。这就
是一种病的像征，但不知是什么病。

一个暑假过得很快，眼看就要开学了。嫂子们为我拆
洗被褥，做了两身衣服，准备去济宁上学。母亲听说我去

上学，叫我到他跟前，搂住我的手说："孩呀！我这个家着，你能走吗？"说着，深陷的眼窝里滚出几个大颗珠子。

我答不上几，低下头，不说什么。慢慢走出来，站在台阶上陷入沉思，是去是不去，就在这一刻之间。正在这时，二哥抄着两只手一步一步走过来，见我来，他出神，他说："六兄弟！看咱这一大家子人哪，都要指着咱吃饭哪！……这一家老小，拉到集上，只卖五十钱哪！"

他这么一说，我眼前真的看到这一大家子人，裴松茂摘地辛苦一年，不是容易。……多，每年要交五

洋，才能还去。想到这程，本来求学心盛，到此也[redacted]化为[redacted]

有了。因此，我下决心不再去当一个教人的[redacted]幽默，但因此

两目远然，不知所以，我的前途[redacted]选择，写[redacted]

[redacted]有依靠我自己的努力了。我只有努力去写出革命的前途。

因为母亲的病不能远去，我的日常工作，也就是伺候

母病，煎药，煮药。有时伴着母亲谈话，我但已[redacted]读书，煎着药，也读书。

我写了一篇农村[redacted]体材的小说，[redacted]寄给上海《小说世界》也有回

音，我也不觉得失望，我知道不是一件容易事，这里写作家一行

写十五岁，以后的日子最难忘！

有时闷得慌了，我到大街上走一走，在云美组似的对

25×20=500

(D80.6) 页

北京市文联稿纸

过大木头上坐一会，想一会事，文章的事。阳光早过去，其他（我的视线）们的大门，可以看到一些荒地们的台阶。荒芜之间，看见三簇从台阶上走过去。似乎是她已经看到我，不一会之久，她又走过来，将进门的时候，一手撑着，转回头来看着我笑了。一刹那间，我的心上跳动了一下。

三笑已经出落成大姑娘，也该是十五岁了，长得高高地个子，大眼睛，（好像会说话）她笑的那一刹那间，她的笑容，是我一生难忘的。自此，好像她总是伴随着我，（暮事重现，）在梦中也会看见她。她笑的影子，总是在我眼前晃着。

母亲的病越来越重，……

大哥的主见，要请北京村有麟年看看。此人是秀才出身，
有学问，还通脉博，就是不好请，吃饭不用说，他要抽大
烟。所以病轻的不请他，病重的，远远还要送送去，那边
病人就没了气了。所以他绕弯说：“三服药下去，好就好
了，不好也就完了”；因病轻人们不请他。

四哥打扫了一间小南屋，新洗了干净被褥，捉大姐夫请了
来，买了二两烟膏，熬好了。大哥和大姐夫坐车去请大大
夫有麟年。果然请来了，一个大高身躯，六十多岁，花白头发，穿着一身紫花袍
褂，一手提着个小包袱，一手提着大烟袋。走进屋里，坐
在炕沿上，我端了一盘茶捧给他。他头不抬了看我，说：“

端起茶碗，望着

页 (D80.9)

咱们不是外人，论表亲你们兄弟跟我叫表舅。于是我们

就跟他叫表舅。可怜他和西百大爷的家是亲戚。

喝了一盏茶，抽了一袋烟，他说：咱们先看病人！

大哥和大姐大叔看他到北屋去。母亲见大夫进来，用手支

着身子，慢慢坐起来。表舅坐在炕沿上，轻轻过枕头摸脉，

摸摸[redacted]这手，再摸摸那只手，说说：看看舌头！母亲[redacted]开

嘴，伸出舌头，叫他看了看。他[redacted]问：[redacted]

又问：小便怎么样？四号说：多！

他瞇着眼睛看了看母亲的脸色，"嗯"了一声，提起脚跟

走出来，脚跟倒案。回到南屋，跟观炕上，打开小包袱，

戴上老花眼镜，翻起一本手抄本的书，翻来翻去，翻来翻去，翻了半天，才翻着烧菜的方子。我瞧了一下那本书，是《随园食单》。

五香鲜方子去取菜。

中午饭是四碟菜，大家称饭，在乡村里，就是好饭食了。第二天送他回去，大姐夫也跟着半走了，去要临上车时说：「亮着好相看吃几眼，不好，我再来！」舍得不也是平易近人的。

吃了几服药，也不见功劲，也不好，也不坏。直到秋天，母亲嫌小北房，就把她迁到小东院的小西屋里。有一次四哥跟我说：「我闻咱娘端尿盆时，有甜味，莫不是糖尿病？」

(D80.0) 页

25×20=500

据萧红文稿手迹

我不懂这些，也猜不着是什么病。

母亲的病不好，心中烦闷。有时到地里劳动，有时读书，寿喜中看见四部大稿子里有《水浒传》、《三国演义》、《儒林外史》、《二十年目睹之怪现状》，还有一些油印的国文讲议、古文观止什么的，我心里非常高兴，就一直偷着母亲看书，四部也不读完了。

看书闷了，就到玉英她们对过大木头上坐一会。偶尔也会看见[redacted]她走过去，看我一眼，似有笑意。时间常了，她的心上似乎有了[redacted]了，[redacted]感情，在心中燃烧起来，十分高兴。于是我每天到那地方跟自[redacted]幼萌梅节过时期的[redacted]我的心上十时也未忘记过她。一会儿，她在一定的时候在我眼前走过，并进院来，看我一眼。

時[redacted]中秋，三哥也回来了，买着一般的棉背装。刚从事就去看母亲，坐在母亲床前，握起母亲的手，……

说：“我看您来了！”三哥说：“我还不是回来了吗？”

因此以后，主要是三哥和四哥伺候母亲的病，我和五

哥参加田间劳动。这真是一户劳动大军，大哥、二哥、五

哥，还有大嫂、二嫂、三嫂、四嫂、五嫂……，割麦割

谷，把大秋搶下来。一家人为母亲的病心中沉重，但是劳

動起来还是满有力（搶秋夺麦）。日[redacted]还得进呀！（用别有风味的[redacted]）

有一次，（请）[redacted]（表舅）来了，（给我带来一户训常精致的蜡烛盒）他看了看四嫂来的药方，纳闷

说：“怎么小侄子还写小侄呢？满篇脏……”他表示很生气。

表（舅）张天纲，但[redacted]思想[redacted]开明，为人正[redacted]直，幽默也

很檏素。我把他写进《翻身记事》中。（幽默像）

（他常说，你只能不叫你去学，财迷打麻将！学这吧，先说。“露宿乘凉贼”，他收我为徒了。）

可是回想起来是多亏，他没有热心给我病，也不好说不叫他治。除他以外，四方的好医生都请到了，但是病还是不见好。这年冬天的一个晚上，父亲叫我，说母亲不好，叫我起来，我疾忙起来走到小东院里，大哥二哥……大嫂、二嫂……屋里屋外挤满了一家子人。我走过去，握住母亲的手，眼泪掉下来，母亲也哭了说：“我那孩儿你，你怎么怎么叫我好了呢？”

大哥劝她：“好好养着，把病养好了，也好疼你的孩……”

母亲合上眼，停息一会，喘喘不止。

晚饭后没有来看了 [illegible]

失去知觉吧！一家人闹了一场虚惊。

自此云英娘也常来看望我，坐在我身边一会子閒谈。有时饭才下了餐，两手抱着，饿了来些甜汤喝了。还常来求我给云英的哥哥写信，有一次特送来一些小糖物——冰糖。有时也谈到云英，说她会读书了，她近来能行动，我是会意的，但我不敢设想。因为农村社会是复杂多端的。有人提起云儿，说老人取媳妇吧！冲々喜！病人就好了。[illegible]我也就

于是嫁人传说出门了，今天这里的来了，明天那里的来了。

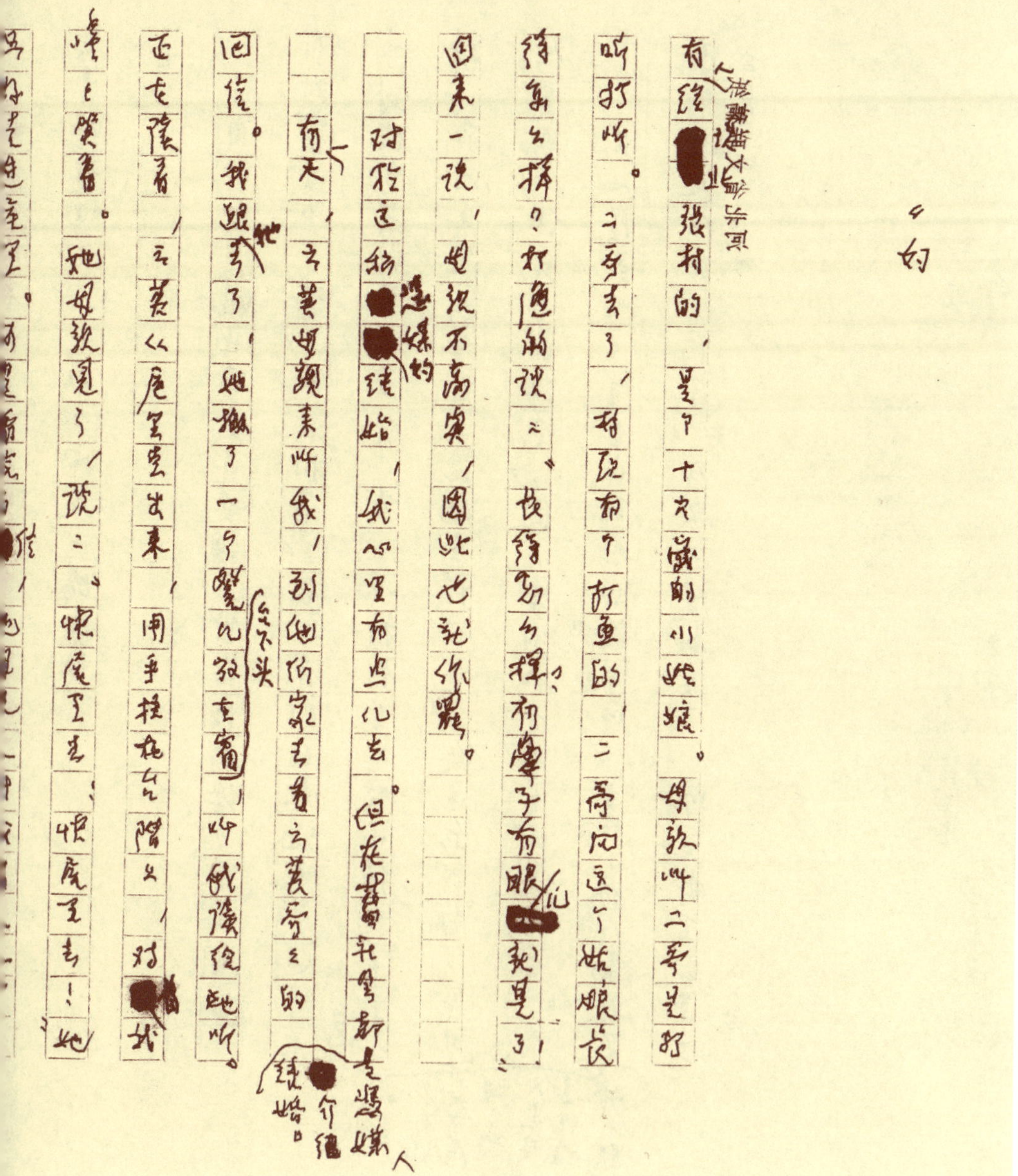
有个张村的，是个十六岁的小姑娘，母亲叫二哥是打听打听。二哥去了，打听有个打鱼的，二哥问这个姑娘长得怎么样？打鱼的说说，长得怎么样？有鼻子有眼儿，就是了！回来一说，也就不高兴，因此也就作罢。
对于这种媒妁的婚姻，我心里有点儿气。但在旧社会都是媒人介绍结婚。
有天，大姑娘又来叫我，到他们家去看大姑娘的回信。我跟去了，她把一个髻儿放在窗台，叫我读给她听。正在读着，大姑从屋里出来，用手拍在台阶上，对我嚷嚷着。她母亲见了，说说："快屋里去，快屋里去！"她一会，我在屋子外头，她在屋里头，不住地嘻嘻笑着，我摸不清她是一种什么心情。我不能走进去，和她说一句话。但是，她母亲终于给我们这么一个机会见个面，也就是太可贵得了。坐了一会，附近的英英母亲走出来，也说不出我自己是一种什么心情。

自此之后，乡亲之间的青年人传着说我和英英好，我在师部里，这是不时的，捎回以前的事，只好回避。可巧，在这时候，隔壁嫂子来看[redacted]母亲，说：“来给你们提一桩亲事，说的是英英，说英英呢！”说着，嘻嘻大笑，母亲也笑了。隔壁嫂子说：“英英说：‘人家的本事那样好，人布人才，又有文才呀！’”说着，又指着两手嘻在大院，我是一事无成，也不知怎么好。

关于三关的问题，在我的大家庭中成为谈论的[redacted]话题。

大嫂要我把三[redacted]跟着这点儿也好嘛！听了人们的议论，我的父亲不知所以。

有一天，在她自己屋里没人的时候，她跟我商量："咱们算了去莫吧！"

[redacted]因为我不同意，也再[redacted]说什么。

但是，因此母亲发生了误会：她老人家认为我不同意了。

不久，有一个媒人说了贾村姓王的姑娘，小姐儿三个，这是一个老姑娘。二姊女婿家

是某村，当日很漂亮，还比娘家待有善西志觉，一家人同意，是

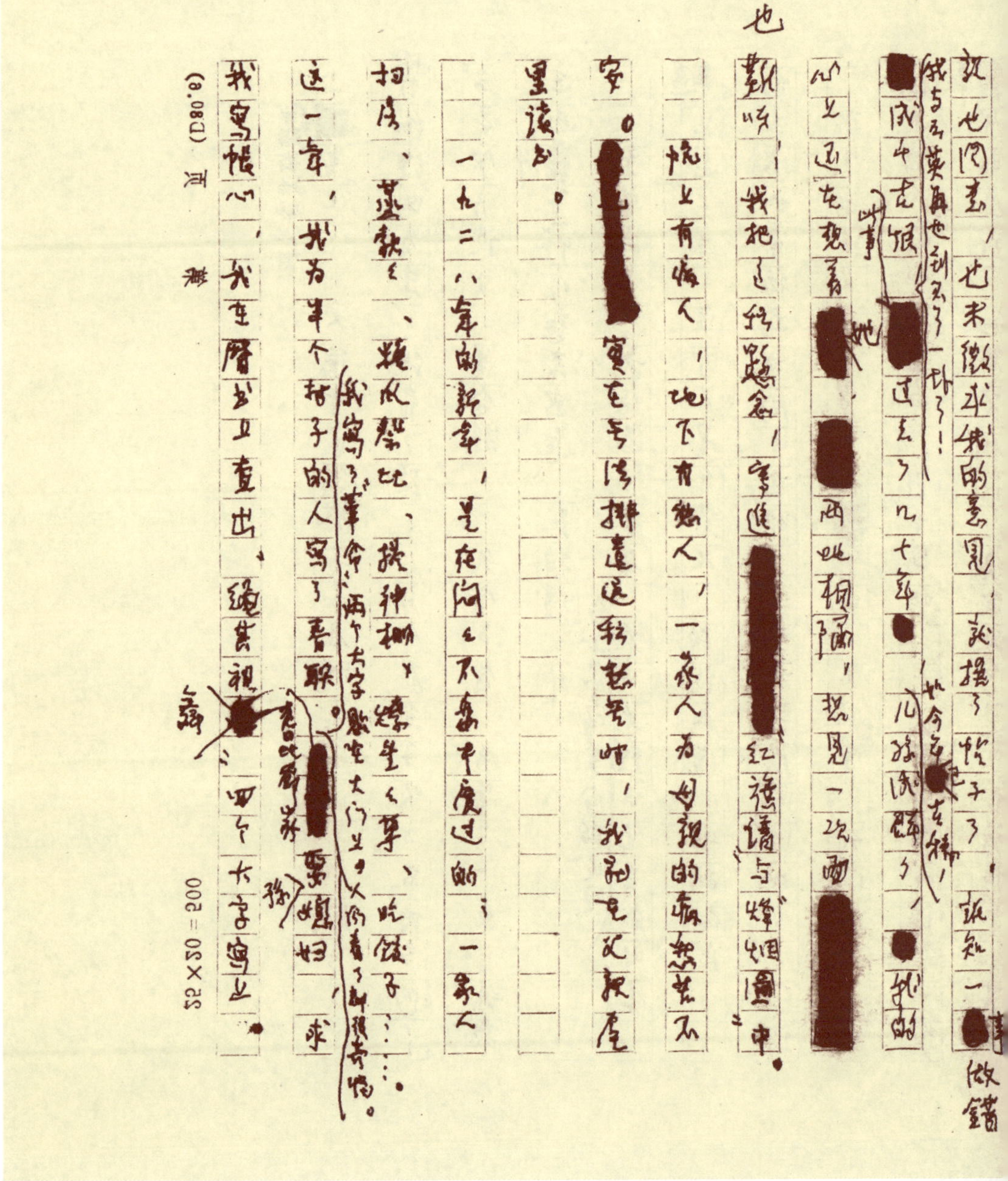

就也问去，也未徵求我的意见，就搭了梯子了，谁知一[redacted]事做错
[redacted]成个老娘[redacted]过去了九十年[redacted]，儿孙满群了，[redacted]我的
（我与五英再也回不去了一切了！）
心上还在想着[redacted]她[redacted]两地相隔，难见一面[redacted]
也难收，我把这话题急，写进[redacted]红楼梦与烽烟图中。
一炕上有病人，地下有愁人，一家人为母亲的病愁苦不
安。[redacted]实在无法排遣这种愁苦时，我就更记取屋
里读书。

一九二八年的新年，是在凄凄不安中度过的：一家人
扫房、蒸馍馍、糊窗纸、换神栅、烧年香、吃饺子……
（我写了"革命"两个大字贴在大门上，人们看了都很奇怪。）
这一年，我为半个村子的人写了春联。[redacted]要媳妇求
我写恨心，我在窗上查出，总书祖[redacted]，四个大字写上。

25×20＝500　　(D80.9)　页

上写着：“大德生民窝种子花嘴之书”，下联写了，

众乡里的名字。他看了说：“这些孙今子呢，不对了吧！”

我笑了说：“是合样。”我笑了笑，另写了一点。我把

这两件事情写起来写进：“红旗谱”中。

在书阅中，我没忘了革命，在大木头上坐着的时候，经常宣传革命的道理。

过生赵二十，这个人是个穷人，听说解道，我跟他说，

毛主席和朱德在井冈山会师了，要打土豪分田地了。他说

那是哪这么会干事？你吃，不穿。我们欢待大小

耗不懂的地。革命，割个头吧！我是口嘴心讲了一些

革命的道理，他都不相信，我把他写进《红旗谱》中。甚至

談到長債這些的事情，意見也不一致，我們吃了虧，要拖牠揭開，把濃水擠出，新肉就長出來了。他說："人家說，新圍濃長肉呢！"農民是實際主義者，這種人要經過當前實際革命的教育，他的傳統觀念才會被沖破。根據這個道理，我當出去郭頭、老雲子這些人物，

實驗開了，也到老張家來，他帶些秘譜，莫先二人，不是摘長工，就是打短工，每年下天津衛小思。老羅嫱子心靈手巧，今齊當窮。我們他講：要跟黨堅決掌政，打倒老本家和地主，他都相信，講將來當打土豪分田地，要窮人有地種有衣穿，他說："你這孩子是老實人，我們

25×20=500 (D80.9)

你的话。到，小襟下的孩子瞎讲。他说：当年是付玉安州做生意，我伯去打短工，便在他家里，他们养身堂花钱讨出这个媳妇，才生下这个小子，又白又胖。当我抱着他的时候，看见他眼里好像有个镜子翘腾，而未抱瞎了。我不封她今世不分离。自从男走出门实可以说，小襟下就缺了保空，缺了一个闹精据的。

他还说我讲述一个故事：当时大地主陈启华，当年陆续赔付罚退，由陈启华接替，发了家，长大人家唸了一顶房子。有一次这村唱戏，有人对这戏班上的文丑说：你要在戏台上说几句，嘻嘻嘻嘻，我是当世陈启华，我

說給你十萬錢。這个丈夫也不知道陳觀華是个什么人

怎样伙了。当时陳觀華正在看戲，[redacted]他就跑了一路[redacted]

了戲箱，不許他們再唱。一生気 拆散了班子没有再做

早[redacted]走就是个有恩怨的好官，又正直、又聰明。

人家过了几十年，我也过了几十年[redacted]大街上又敲起大鼓，舞起狮子，

[redacted]早飯。[redacted]全家……吃了倒过个筷子。炕上是不見

……

娇，

过了年，家里就操持給我結婚，[redacted]心上想，不知怎样，

[redacted]打不定主意，是結婚好，还是不結婚好，也拖[redacted]着去

吧，大哥就跑青訂官轎，訂厨师，訂戲子吹鼓手……一屋女子

訂了儀仗，照媒，求人做伴郎，訂了几桌大筵。

(D0.8) 河北 25×20=500

33

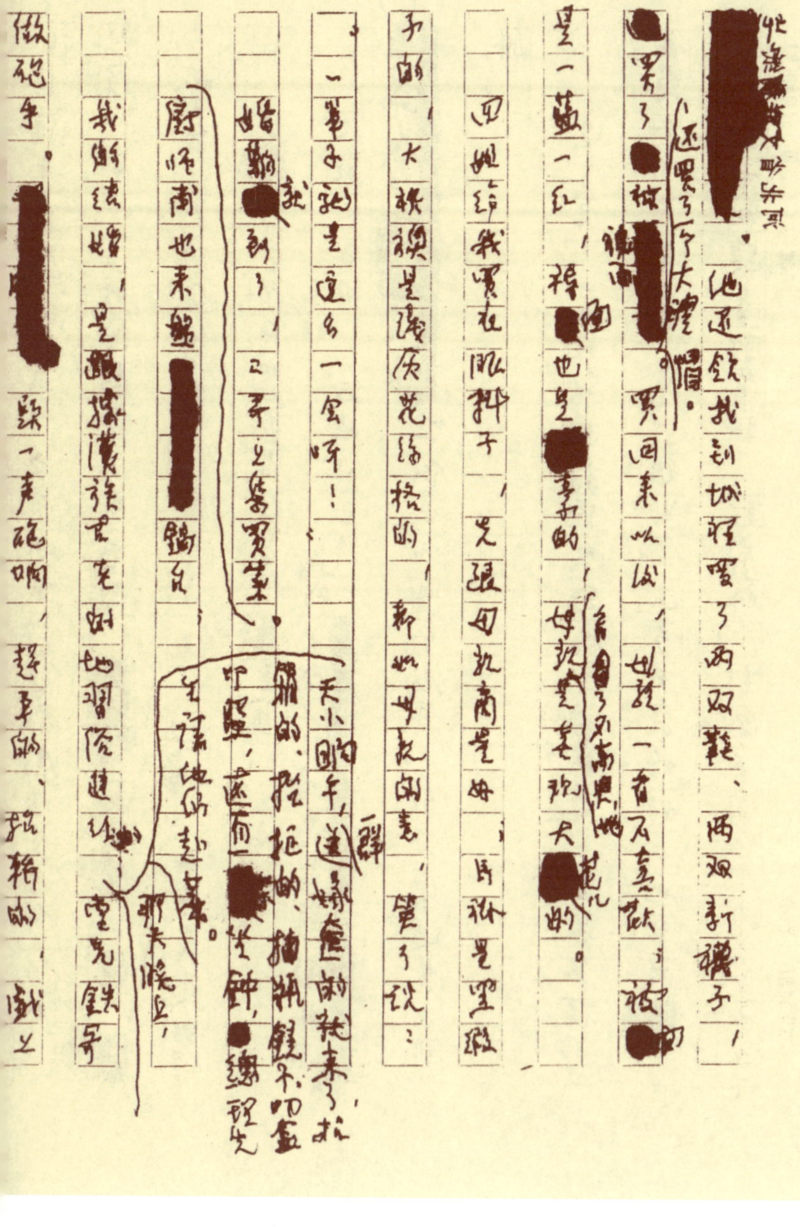
[redacted]大哥先买
他还领我到城里买了两双鞋、两双新袜子，
[redacted]买了[redacted]裤[redacted]还买了一个大遮帽。买回来以后，也就一直不喜欢，被[redacted]
是一蓝一红，裤[redacted]也是[redacted]素的，母亲是喜欢大[redacted]花儿的。
四姐给我买衣服料子，是跟母亲商量的，后来我是坚决
予的，大概就是浅灰花格格的，和她母亲的意，笑了说：
一辈子就是这么一会呀！
婚事[redacted]就到了，二哥之要买菜
天小的年，送嫁妆的我来了，扛箱的、抬桌的、抽瓶镜子、叮当，还有[redacted]钟，[redacted]缨理先
厨师商也来[redacted]锅勺
先请他们赴宴。那天晚上，
我的婚姻，是极其隆重的，也习惯迎亲，堂兄铁哥
做炮手。[redacted]只一声炮响，起轿的、抬轿的、敲锣

的、行礼执事上的，[redacted]赴席，娘陪、傧郎吃饭，有鱼

有鱼……不比一般宴席，饭也不太好。[redacted]都坐满了

整齐。

第二天，炮响，叫我穿戴整齐，鼓手吹吹打打跟着，到同族各家都行礼。

第三天炮响，大车和轿都停在门口，我坐上轿子，傧

郎、鼓手吹叭的、行礼、执事、炮手、都坐上大车，拿水

马就，吹吹唢唢，一直奔着村而去。一进吴村，大炮响了，吹着打着进

了村，围村转一圈后，到了丈人家门口停住，傧郎请我下

轿，走到丈人家里，[redacted]入席吃茶。傧郎和相陪人谈谈些

客套话，即开始上菜，喝酒。互相谦让。席间一个老农

25×20=200

(D80.6) 京 林

江苏省文联稿纸

走进来，向我敬酒，口称"娘舅"。向伴郎所敬酒，无论远近，这就是我的喜筵。时间不太长，菜就上完了。这就是所谓"大席"。有几十个菜！

这当然比得人们说"大席"之"〇千"、"〇碗"、"〇碟"……。所以只有十几个菜就完了。这就是因为岳父家里穷，他办不起那么多菜。

第二天早晨，黎明起航，铁声就走进来，跟伴郎所虑是时间，出了大门，放了一声礼炮，新郎新娘上轿，男女两方的大车赶到门口，男方的在前，女方的在后。

第二声礼炮，敲起大锣，吹吹嗒嗒地前进。

吉進了我們的村，同村的了半天，到的口傳[redacted]我即

下轿。[redacted]家里人把小轿抬進堂前，才下轿入房。並使我是拜天

地，是她的事，我不[redacted]参加。

一女總理簡房奶奶，就在堂前之，指揮拜天地以及家人

闹房等事。[redacted]全村有禮節往來的，及閒婚來進禮，一概

都是五十个銅板，凡是來送禮的，都坐席吃飯。是家厨

予我菜。午席以后，女方客人即開始進去。下午無事。

因為家中有病人，晚上也无人闹新房，闹後的一些節目，

全了一套把它了。

婚之所以喜出全部經過，是因為我在紅禮請的主部

页　(D80'6)

25×20=500

去中，与毒挂钩，每当一次结婚都有所不同。

当新娘到我母亲时，操持我母亲甚为高兴，因为为给新娘长得不是出色的[redacted]。

四天以后就是回门，我去岳父家里住了三天才回来了。

大家庭里结了婚别是有好处，有了自己的房子，有了自己的[redacted]抗了[redacted]式结婚，也不过如此，也就是所谓爱情。但此以后，我把的心上也把它要放下，我也想不上了。

我结了婚，也没冲了喜，母病如常，反而越来越重。回想起这是害素，第[redacted]未来的命运。四姐也来了，住在小枣院的北屋里，随时侍候母親。我和三哥，[redacted]还是以头回闹

直到八月中秋，有一天，我正在[illegible]樣子。她向
來對於我的媳婦一字不提，他不喜歡。
父親走進來，手裡握著一把紅棗，笑著說：你吃一
个甜棗吧！才摘下來的。
我沒有要吃，知道他想吃。我拿了一个盤，把紅棗放了，
叫母親吃。誰知母親吃了一个，就喉嚨起來，咳嗽了又咳嗽。
忽然一口鮮血吐出來，跌往枕頭上一[illegible]呢，就斷氣了。
我嚇了手腳，跑到院里大喊，嬸不好了！她她跑進
來看了看，大哭起來。不一會工夫，舅舅來了，[illegible]舅來了，

25×20=500

蘭玉哥也來了……

他們把母親從田家去，搬來一將材，停在堂屋，穿上壯衣裹衣，戴上黑紗頭巾，頸巾上一小鴨翎，

蘭哥奶奶來了，指揮停靈破孝，打發人通知親戚們。靈前放上一方小桌，

擺上香燭供獻，鋪上草薦，男左女右，全家舉哀，大哭起來。

門上掛起白錢（一束白紙條）全村人都來吊孝。

黃昏時分，一家由姪娘們到招魂廟招魂。

第二天大姑家表兄、二姑家表兄們都來吊喪，大操花

大姨和姨娘來了，五舅表兄也來了，在靈前哭得哀哀的

停靈三天，晚上入殮，還有[illegible]棺，鋪開紙又親[illegible] 準備

木，又單又重。一家人都說我們用棺[illegible]，三丈長毛毛了一

沈從文手迹

个盆盛上水，用一切能装[redacted]蓄水，在田头脸上挂着笑，

“小娃娃，洗洗脸吧！洗洗脸去见人[redacted]哪！”这个礼节，

叫做净面。

一些人把尸首抬进棺材，用木钉钉上。第二天众乡亲们

抬了棺木停在山岗坡里，过年过节上供烧香。

经过三天的丧事，一家人的嗓子都哭哑了。自此以后，

我就成了没有母亲的人，可也了却了一桩[redacted]大事。人，

到老来总有终结吧：

有时和父亲一起吃饭时，想起母亲，我就想哭。父亲

安慰我说：“没哭啦，已经毕了業，可怎么着哭了？”

我把这种古朴的民俗，写进[redacted]"和"猿猴[redacted]和"。"炸烟囱"中。

母亲去世，一家人收秋打场。

收秋完了，我在自己屋里读书、写字画画。我找到一部小说读腻烦。苦闷了，我到村北黑炭和家去"攻书"——一种躲避的方法——黑炭长比我大九岁，母子二人相依度日，家无一间，地无一垄，靠拾秋、拾荒、打短工过日子。是贫农，这就是我工作的对象。我向他宣传社会主义、共产主义，他都接受[redacted]。不过，我们这个村是个富村，地主多，富农多，中农更多，贫雇农少。讲究精耕细作。全村已有三十七辆大水车。工作进行很艰难。我把这对母子写进《秋天》的故事中。

[illegible]

新剧方式，到了资本主义的新剧方式，和[redacted]七百亩地一团
积累生产出商业和作坊，开弹房，开糖子、酱醋，积肥，开
油房，开豆腐[redacted]坊牛，积肥，开轧花房，把皮棉打包，下
天津卫，和外国人打交道。类似这一[redacted]种新剧方[redacted]成，在我
家有刺花杜家，刘镇王家，这经形成一种[redacted]帮办。我把这
种研究成果，写[redacted]进，红楼梦中。

这年冬天，同学沈炳南来访，说：“你笔画资，曾经
纵半选成剧类段延新！”我参加了（在一天晚上深夜）我和[illegible]令宽把红绿纸
印成的传单，[redacted]贴遍全村。我二哥提着数桶铜锣

(D80.8) 页 樸　25×20=500

1 自己教育。

腊月廿七日，城里大街，龍首祭[illegible]開大會，砸了監獄，

到路上看熱鬧……一場轟轟烈烈的很[illegible]運動[redacted]

（要求將長出來講說，莫做斷頭提，我把這）

[redacted]實現了"紅旗譜"第二卷中。

也判決了縣的兩個鄉紳，又告了狀，說他曾在城外陽材的

一個鄉紳丁[illegible]打官司。我們拿家裡沒有錢花，這是一場勝利的斗爭。公

開合法斗爭的典型。

這年除夕[redacted]，我和三弟在父親房里坐着，三弟說：

"學校去世，這時走出去上學吧！"他還出去……父親想

了，他沒有說什麼，就這樣決定了。

過了年，四弟到城裡去了一趟，找到他的換帖兄弟

老平，他也讀過了我家的書，他到[illegible]找我去讀[illegible]業，[illegible]

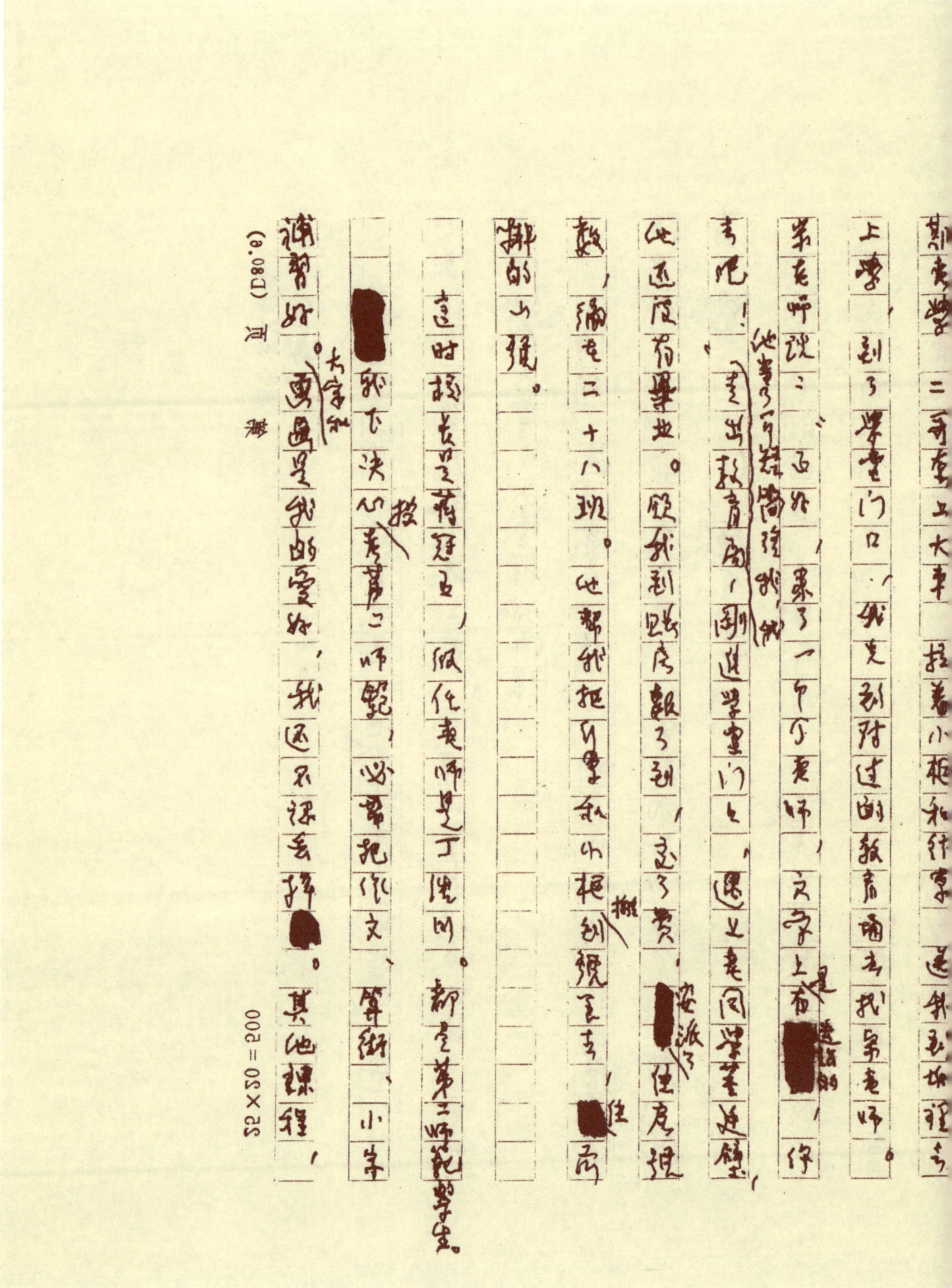
期考学。二哥套上大车，拉着小柜和行李，送我到城里去
上学。到了学堂门口，我先到附近的教育馆去找宋老师。
宋老师说：“正好，来了一个丁老师，文学上是[redacted]造诣的，你
去吧！”走出教育局，刚进学堂门口，迎上来同学董廷璧，他带我们找丁老师，我
他还没有毕业。领我到账房报了到，交了费，[redacted]安派了住房，住
数，编在二十八班。他帮我把行李和小柜搬了去，[redacted]住
排的山坡。

这时校长是蒋廷五，级任老师是丁浩川。都是第二师范毕业生。
[redacted]我下决心投考第二师范，必需把作文、算术、小学
课学好。大学和其实这是我的爱好，我还不愿丢掉[redacted]。其他课程，
页 (D80.6)
25×20=500

随班听讲。

丁[redacted]老师讲图文颇实出色，他也是抽暇创造的，第一课把满郭沫若同志的家操之花，随便满郭沫若的诗也神，有时他自己写了又莫念我所讲。

他借出，还满带着风情，明月何皎皎，向橘槛萧全，阿侬娣与弟，断别衣今者，今宵断别从，相会不可期，他讲出[redacted]家唱歌一样，[redacted]快人爱听。

因为他的指导，在[redacted]半年中，我读了很多书，鲁迅阿Q正传及他的短篇小说，郭老的前茅，恢复，沈老的断片出处，刘的问亮，秋之的芳菲，一周一问，从成亮素的，亲隽……筆。他讀完全[redacted]一百[redacted]小說，[redacted]讀得了，我讀不了。只能讀五十頁，理論力學讀二十五頁，還圖書套棄不能真懂。

半年之中，算術課，我[redacted]過了，數論又百解，以四則數題到整頁。小字學起來快，寫得也像個樣子了。大字和圖畫也有進步。

光陰似箭，半年的時間，眨眼之間就過去了。我又隨著二十八班和二十七班舉行了一次畢業式。蔣麟昉老師還彈了畢業歌，唱著歌，我又流下了眼淚，蓄取舍之情，如大海茫茫，何處是岸！

25×20=500 (D80.9)

张锲摄文学前员

这两班学生毕业，下班同学组成恶篡，挤住前排小弦，

毕业同学多半赶忙离校，我搬开房子，那天下午，我们几个人把小柜和

行李搬到校长室，这天晚上，我们在校园里的空地上休

息，薛锡鹏在那里高歌，呼吸着新鲜湖润的香气，谈些无聊的话。母校啊！

我是多么不愿离开你呀，但是，又不得不离开。

[redacted]

暂时分散，各回各家，因为，新来五生告别，应了一

辆骡车，仍像兄去。

骡车一直赶到第二师范门口，我找到老同学贾雄飞，

到宿舍，趁吴运铎走了宿里，已近假期，已到了寒假来临，我

了费，铺了条席被褥，每天三角大洋，管吃管住，很方便的
。这次考试，只考一班学生——四十多人，报名的[redacted]却有
二千五百人，录不下去。就这难如登山，我也只好挣了。
[redacted]第一榜考了之后三十人，我考在五十多名，还是有希望
的。两位老同学都为我高兴。
第二天，两位老同学找刘教授说：“衣服要穿干净些，勤
很需要像个样子……”他们领我洗衣裳，到大乡上理了理发，买
了一双新鞋子。刘金田[redacted]却向我介绍学校当局的政治形势，谈校
长陈诚是国民党的西山会议派。训育主任叫缪斌，是改组派，第
二场的口试，主考是陈缪斌，他要问你：“全中国人民领

页 (D.08'9) 20×25=200

神圣化了，你就说是红精红，骗他一下，你就考上了。"老朋友的话，我记在心里。

第二场是：体力测验——验脉跳是：智力测验——迷津。最后是口试，果然是快继续，果然是问这一个问题。我照刘金田的意思答复了。他又问："为什么？"我机灵地说："因为他是为人民谋幸福的。"

到了放榜的那一天，三哥和一个同事也来了。人们聚集在学校门口，等待看榜。挂榜一贴，我看到榜上有名，茂也十二岁，一时激动，我几乎流出眼泪。三哥也很高兴，同事的笑了说："这无论如何是凤毛麟角啊！"——

三哥說我去洗了澡，一同回濟南農場。這時他在濟南農場當會計。

在農場住了几天，又回老家。我莫名其妙，我考中第二師範，家中人[redacted]竟是無動於衷。如果有我母親在的話，他老人家不知有多么[redacted]高興呢！

三

第二師範，秋季始業。

我与劉金園、曹鴻民僱了一个驢車，同往保定。中午在大明湖打尖。我們都在店里吃飯，怕店家把錢事的伙食

25×20=500

河北省文学期刊社

钱搁在我们身上，只是买了两个大火烧，夹上咸牛肉，吃了又喝了两盅水。大花篮的咸牛肉是[redacted]有名的。

过午时候到了保定第二师范，先到注册课[redacted]查了班次和斋舍，是第十二班，住四[redacted]斋一号。程度是编余，什么是修堂。一屋就十来个人。

暑期后又招了一班自费生，是十三班，两班是同年级。

保定二师的校舍是很讲究的，北窗五排，都是坐北朝南，西出水的瓦房，两面有窗，屋前有廊。五斋前面是大饭厅，过了饭厅有栗墙，有个烟筒，出了门是[redacted]大操场，有搁球架子、足球场子，单杠双杠。

往南走是花园荷塘，有人管理，也荒芜了。

如今的大门，这是重新的大门，进了大门的两栋大楼

楼还是当年的大楼楼，长廊如故，廊东是图书馆。往北去正面是大礼堂和

此操场，东边[redacted]的两层楼房，便是当年的北商。本校前面通

教室、音乐教室、理化教室……俱全。据说是仿照日本建

筑的。解放以后盖了楼房，已经[redacted]失去当年的面貌。

学校是完全官费，[illegible]衣物自理。每月五元伙食，扣

去五角，归图书费。早饭稀饭馒头，中午晚上都是四个菜。

中等学校的功课，我完全跟得上，唯有英文代数很去

我才知自修时间。

开学以后，十三班同学朱瑞祥介绍我参加了反帝大同盟。当

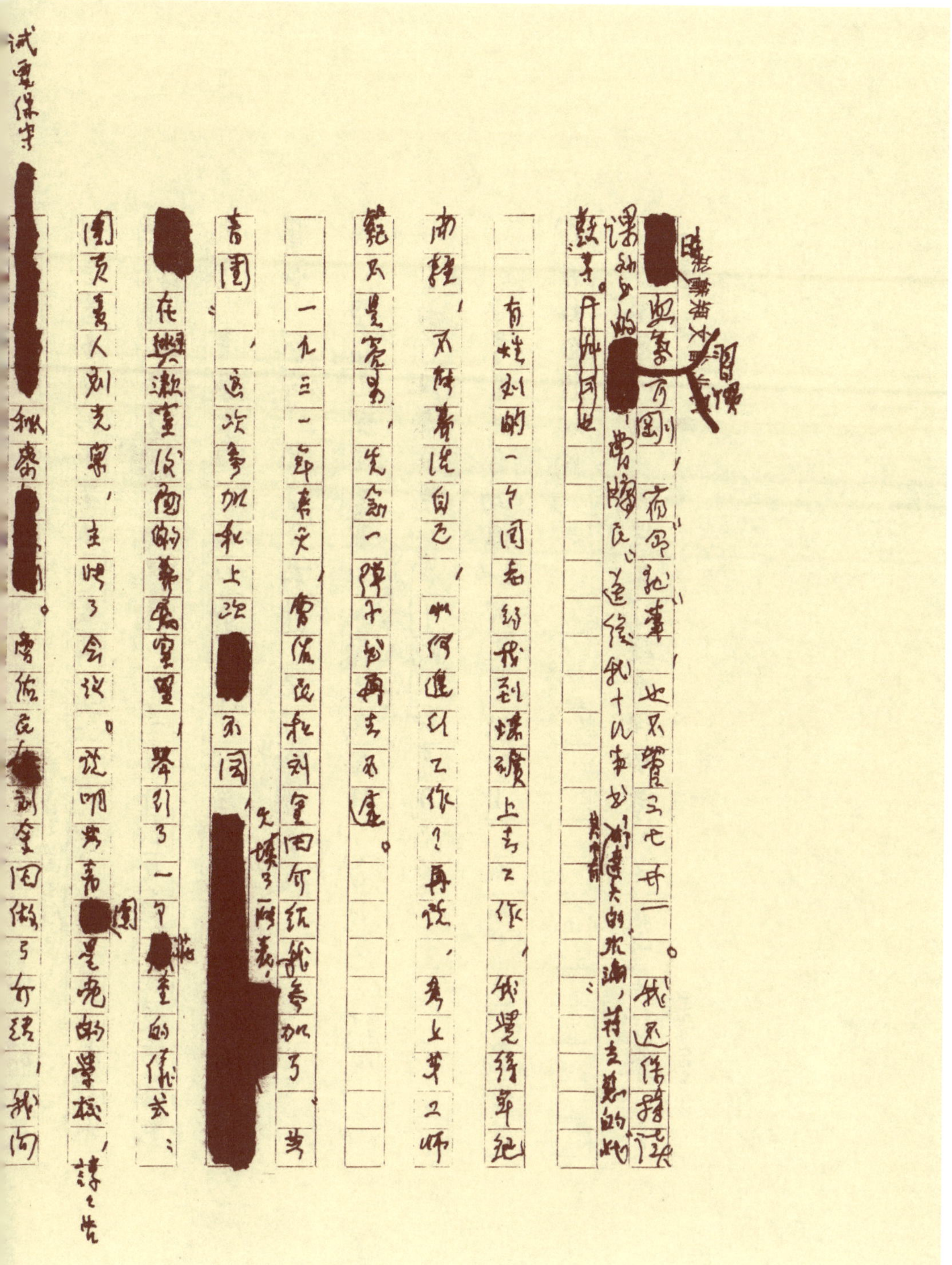

究竟下了决心……我将[redacted]为共产主义事业奋斗终生

全国解放了，我忘记说明我在铁路局的参加过共青团，

现在又参加了一次。主要是因为年纪超过，对于党的一些手续和东

都还不明白。

[redacted]

功课以前还行，费力的功课还是英文和代数。有趣的

功课，还是图画、素描、肖像、石膏像。

自此开始读苏联革命文学：《毁灭》、《被开垦的处女地》、

《夏伯阳》、《士敏土》、《铁甲列车》、《铁流》。

每礼拜一开一次团会；又是检查讨论，就是团青生活

讨论。有一次陈乡讲话，大骂艺世观！……你写艺术

25×20=500 (D.80.6) 页 册

哩，半晌，竟断哩，不屈中国的同情，你是说不住断的：沈

声未完，有人把凳子一踢，嗅郎一声，整个礼堂起了共鸣。

我的心头立刻有印象了，问题解决了。第二次开会有人在

门口贴了个醒目布告。

晓期将到，高级班同学毕业，他们的意见，鼓舞我们

迈步，把停课办了，不去，我们走了，你们继续了这个意见。

我同意了。毕业班和老师们同联会，同学们和善老师们近会

议一直到十二点解散以后，城内已乱，他们回不了家了，套

城里，他们都有家——只好睡在学校。

睡至四更时分，会场电灯忽亮，我们推窗，同学们

傍晚时分，學[illegible][illegible]在禮堂開大會！

这时门外大喊：到禮堂開大會！

人们纷纷起床，向禮堂走去。路上看見[illegible]貴的前

訓育主任和教務主任门前、会计[illegible]、大门口，糾察隊都已站上崗

手裡舒着穿棍和教育杖。[illegible]到總電話了線

大会開了，[illegible]有人站在[illegible]主席宣佈学潮開始。第二个人宣佈了

特務鄉三大罪狀，最大的罪狀是貪污。继续有人講話。最

後宣佈了董校長及全部名單，这是學潮的領導机構，其中

有我的名字，既然有我的名字，我也[illegible]出去了。最後決定派代

表團到北京招待新聞記者，争取同情，再派一个代表團赴天津向教育厅告状

回到宿舍，稍事休息，天也就明了。我们班是个落伍

25×20=500

第　页 (D80.6)

批斗郑文彬会告示

班，需要充足的鼓动群众，我把全班招集到一个宿舍里，站在凳子上讲话，同学们大眼瞪着小眼儿，一齐看着我。我既豁出去了，再也顾不住了，干吧！先[redacted]干到底[redacted]再说。

学潮继续了[redacted]三四天。

河北教育界[redacted]分两派：[redacted]简美派以田秀青为首，简清派以陈建庵为首。目前正是陈建庵为教育厅长，陈豫卿是简美派的，不是陈建庵的属下，（这都是后来研究的结论。）代表团到了教育厅，一告就准了，撤了陈豫卿的职，委派陈豫卿为第二师范的校长。（陈建庵在第二师范曾当过校长，二师的情况他熟悉。）当时陈豫卿正在河北大学当教[redacted]授。

代表团回校，全校大哗，欢声雷动。主席团代表张廷

張雲鋐來校，為歡迎張雲鋐來校，開全體學生大會，時

雲鋐表示：歡迎學生會合作，把蘇之師範中學，他願擁護學

生會的意見，撤銷開除四個國民黨員的校籍。這是開天辟

地第一次，學校每個學期開除三四個共產黨員，今天開除

四個國民黨員，人心大快。

張雲鋐來校，活躍學術研究，是一次思想大解放；

開了兩個音樂會，一個是何大同學表演的音樂會，一個蔣

風之南胡獨奏音樂會，都獲得同學們的好評。

隨後，社會科學研究會，文學研究會，英語學會，

武術會……如雨後春筍。學術空氣濃厚起來。

(D80.8) 頁　25×20＝500

[redacted]我未回家过暑假，被选为高委[redacted]员，管小卖部。

今年我正进入十八岁，身体特别强壮。操练时全班人没有一个撑过我。打篮球不打两个钟头过不了瘾，进入乙级校队，中午饭一顿吃十五个馒头。今天厨房有剩余，[redacted]打了一次牙祭：死面馒子、烧猪肉，我一下子吃了十一个馒子。下午，天大雨，我脱光了身子，去院里洗了个大澡。晚饭也未吃，窗也未关，躺在床上睡了一夜。第二天早晨一起，两只胳膊抬不起来，早饭也未吃。我知道是受凉了，到街上去洗了个大澡，才好了。但是肚子隐隐作痛，大便[redacted]不下，勉强下来，有坚粪。

同学从奥园，见我病了，给我叫了一辆马车，到大街上饭馆里[redacted]看了看，点了两样菜。他说我饿了，吃下去就泻肚，把吃的东西都泻出来，才好了。但自此以后，一直提梯，情绪不良。

一公高小卖部，有时悲恍、刘国士和我，时悲恍觉[redacted]数逞，我和刘国士买门市，买糖菓、点心、汽水。王育傑告诉我，要从小卖部领出一些钱，做为我们的活动费，我照办了。

提生过，有人叫我到此处去，我去了。屋里坐着一个人，我知道他是[redacted]特委吴夫人[redacted]習从珍。他问：“你没有回家？”我说：“我没有回家。”他说：“不回家要好好工作，不要乱打屁股！”我笑了，笑走出来。

自此，我有时去工厂农村找个对象，谈谈时务、政[redacted]论，

(D80.8) 页 种

25×20=500

这个朋友，去一些汽个学、吃歇饭，但大部分时间，还是读书。这时，我也热衷于普罗文学。

开学以后，来了几个共产党员的老师：[redacted]国文教员闻永宪、英文[redacted]教员刘清泰、历史教员尚振清、地理教员时明。音乐教员郑泰，体育教员冯桐伯、朱恩全。闻永宪老师来了以后，不再讲那些篇文章，开始介绍日本现代文学，讲平林多子的短篇小说，藏原惟人的文学理论。我也读了藏原惟人的文学概论、

刘清泰给我在高级班讲第三国际出的英文刊物。

尚振清[redacted]用辩证唯物论的方法讲历史、时明老师讲[redacted]地理也很新鲜。本[illegible]

爱陀近[illegible]
当也挺不错……
来了一批新的苏联书，学生们的精神面貌，也为之一振。
组织上专内部[redacted]，印了一批社会科学讲义，有六七本，
每本约十[redacted]至七十页，每天晚上读一本。自此，我读书的
兴趣转移了，开始读大本书，读社会科学；[redacted]当时读书，
不要全懂，我把几本文学批评、或本[redacted]社会科学概论同时读，
读了这本读那本，这本书上不懂的，那本书上就懂了。读了
各种历史唯物论，和辩证唯物论。当时这些书，大部分是
从日文转译的，我还读了日本[illegible]的“社会进化史”，

(D80·0) 页　　25×20＝500

张贤亮文学自述

是为百姓。读鲁迅译的卢那查尔斯基的《艺术论》，因为是直译的，很难读懂。

一九四九年三月买了一批书：河上肇的《政治经济学》、恩格斯的《家族、私有财产及国家之起源》、列宁的《国家与革命》、马克思和恩格斯的《共产党宣言》。当时，《政治经济学》读懂一半；《家族、私有财产及国家之起源》，能够读懂。我喜欢《共产党宣言》，这本书是很能懂的，今天想起来，不一定能够懂。此外，还读了一些哲学书籍。当时还不懂得改造世界观，实际上想了

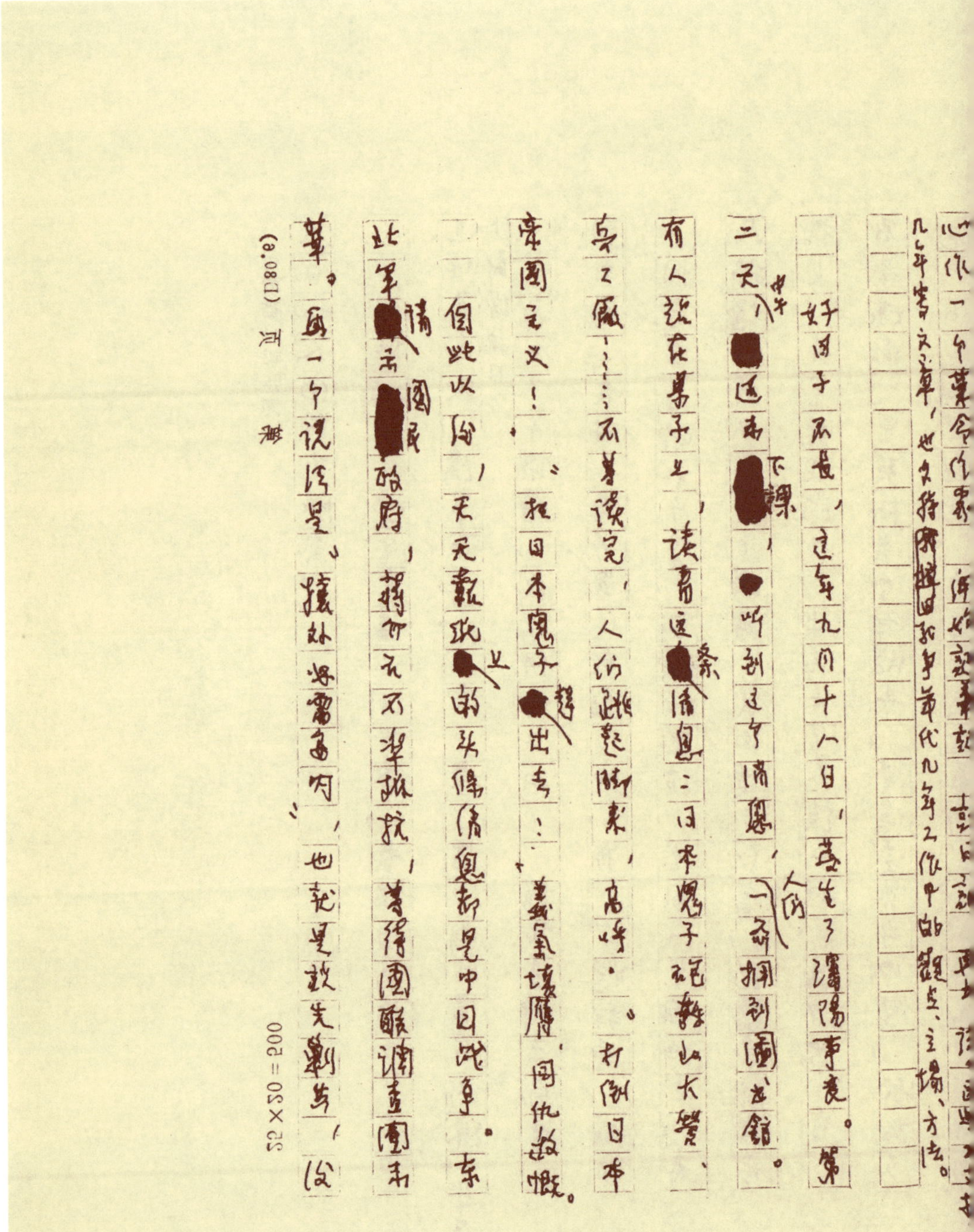
心作一个革命作家……
几年写文章，也只得……年代几年之作中的观点、立场、方法。
好日子不长，这年九月十八日，发生了沈阳事变。第
二天，中午下课，听到这个消息，人们一个个拥到图书馆。
有人站在桌子上，读着这条消息：日本鬼子强占北大营、
东三省……不等读完，人们跳起脚来，高呼：打倒日本
帝国主义！赶日本鬼子出去！……义气填膺，同仇敌忾。
自此以后，天天都从上的头传消息都是中日战事。东
北军情不国民政府，蒋介石不准抵抗，等待国联调查团来
华。每一个说话是，攘外必需安内，也就是攘先剿共，没

25×20＝200
（D80.6）页 第

抗日，人们都不服气。

因此以后，学生会请求开军事课，学校当局请了一个当过师长的人，讲军事课。成立了学生军，开始军事训练，准备赴前线抗日。

每天下午课毕，同学们三三两两，携带着传单粉笔，到工厂、农村，进行宣传鼓动工作。有一个礼拜日，我伯平同志带着我和小董，到城北宣传，走到一个地方：青质砖墙，我以为是个砖厂，我们买了红墨，把[illegible]长树上。小董站在门口，出来一个人说一咕。我伸头一看，不是砖厂，里头挂着个大牌子，是保定第二中学，我怕了他一下，回头就跑。小董一边跟着问："跑什么？跑什么？"

我说、"中人在操作了吧？"千里说："侵略速不中抗日吗？"抗日救亡运动走上高潮。千里開始写诗。

一九三二年，春雪以后，日本关东军踏了祖国的大片土地，更激起青年们的热情，志存中学掀起了学潮，驱逐镇压抗日的校长傅潮。

有一天，学生会派出我二十多个人到南关码头去，[redacted]搜查日货[redacted]，我也参加了。[redacted]跳上有人告诉我，要借此開展码头工人工作。校长時要好也就同参加了，我们把船工和码头工[redacted]人搞在一起，向他们宣传抗日救亡的大道理。有人从日本田中奏折读到灭亡朝鲜琉球，读到[redacted]灭亡满蒙，灭

(D80.8) 页 25×20=500

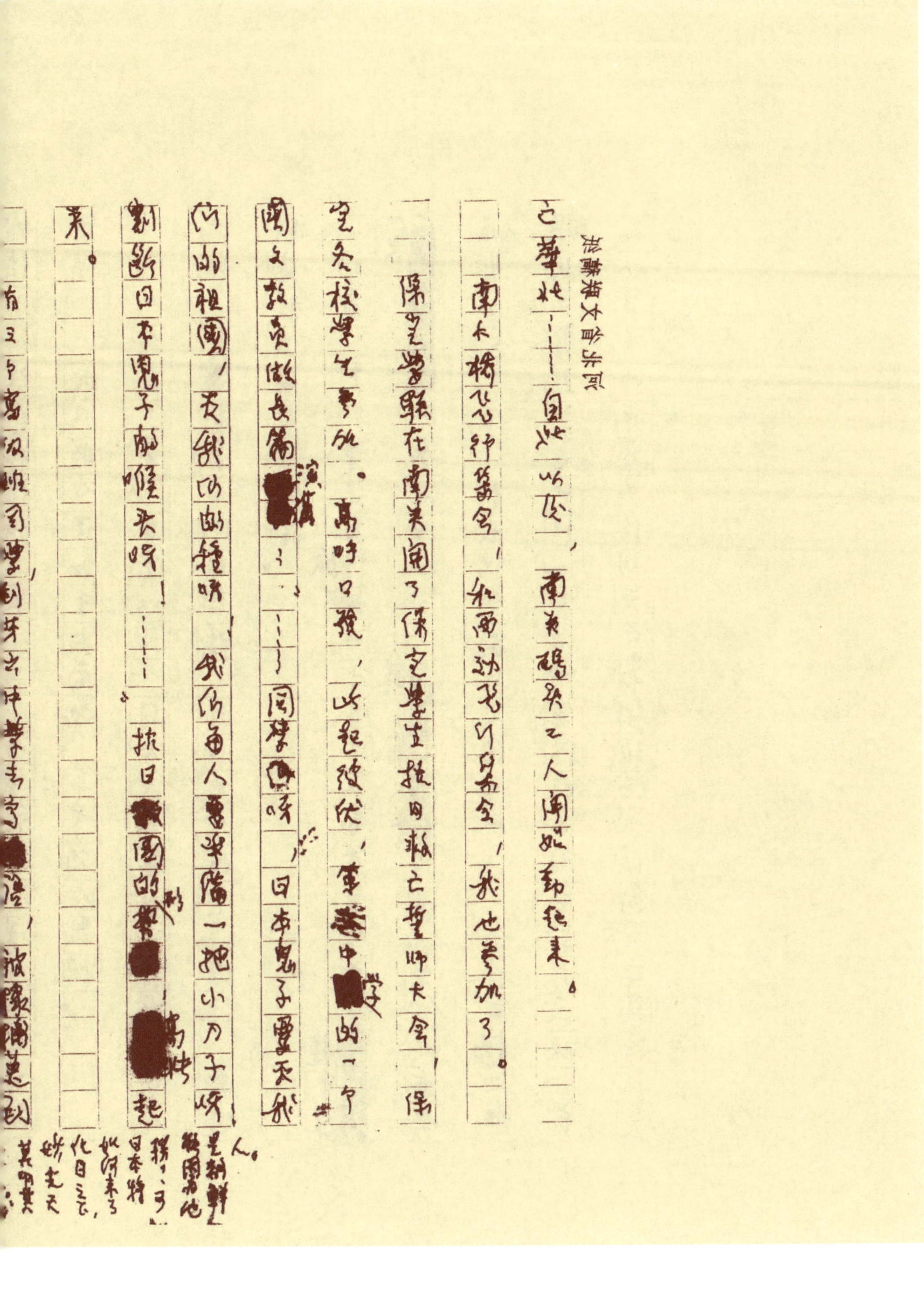
亡华北……自此以后，南方稿头之人开始多起来。
南开橋飞行集会，我再就飞行集会，我也参加了。
保定学生在南关开了保定学生抗日救亡誓师大会，保
定各校学生参加。高呼口號，此起彼伏，革[redacted]中学的一个
国文教员做长篇[redacted]演讲……同学们呀，日本鬼子要灭我
们的祖国，灭我们的种呀，我们每人要准备一把小刀子呀，
刺死日本鬼子的喉头呀！……抗日[redacted]救国的[redacted]高哦起
来。
有一天早晨，我班同学到某处中学去宣传[redacted]，被宪兵团带到

公安局，我到队到公安局门口递了请愿，要求释放抗日青年，校长陈雪鹤出面要出来[抢了个同学 [redacted]]。后来，又有两个低级班同学到东关兵营做士兵工作被捕了。有一天，日本特务来校搜捕时明，时校长一面…

正在抗日救国的高潮中，我的病越来越重，每天下午发冷发烧，身上有雪花形红斑，就发瘦了。我说我王[redacted]写了信，他到保定接我回去。陈建民给我开了关係信，并带回一包传单[redacted]。

回到家里，一个人住在小东院里，读书、养病。我骑青车子，到城里乡村师范，找到马永龄，交了关係信和传单。他带我到城墙上[redacted]边走着，一边谈着，这就算是接上关係了。他要说我的小组，早些领导。

(6.08.1) 页　　　　25×20 = 200

胃病虽然是愈了，消化不良，吃什么撑什么。我二哥领我到北京城，请萧龙友大夫看了看，吃了几服药，也不见功效。[redacted]这胃病一直闹了十几年，解放以后才好了。现在才知道是伤寒。我母亲的病是肺气管润滞和[redacted]承病。

不几天曹膺岛来找我，说，[redacted]校还要有处分，提前放假，他们都回来了。

消息陆续传来，河北省[redacted]宣[redacted]解散第二师范，不久，保定同观察佈了第二师范的五十名共产党员又思想犯，五十名嫌疑犯。嫌疑犯中有我的名字。[redacted]宣播出了蒋介石驻保定行营，曾大力镇压抗日救亡运动。

继续来的消息：[redacted]二师家，我们费尽家，保管特务续了[redacted]逮捕，帮助二师同学。我和曹俊民到曹家去慰问，还到路里去。二师同学在危难中，革智勇到此处，我的心还在颤抖。此后，长时间听不到消息。

听说薛寿嵩回来了，我便赶到西百尺村，去找他打听消息，据说：当局一定要解散二师的，临检代表团即撤回学校，派兵逼迫下乡、或写信召同学们返校复校。另因去了五六十人，即被反动军警包围，断绝米面柴禾的供给。吃完了米面，打死吃了几个看家的狗，吃完了千条鱼，又挖食了荷塘的藕。又武装骗进十几袋面（西长安街有一个小米面铺）通过士兵兼

25×20=500

係派出一个人潜进一车间……在一个黎明，反动军警即开始进攻……他藏在储藏室里，直到黄昏时分，他偷偷的越墙逃出，才回来了。一边读着，两人相对而泣。

八月，有人击毙了伪保队长张福奎，全县人民拍手称快。

该年九月，爆发了高蠡暴动。我们那一地带未得到通知，我和黄振良、刘金田、陈金锡、马锐先、柳秀泽参加。

暴动的地点：东曙在孙家、杨马庄一带，刘双四在北新庄、大杨庄、姜家一带。杨蔚林在荆坛、王田一带，王南北辛施之间。

残在高阳南北[redacted]花河西村边渡口一带，此外还有博野、安新……等地，离得远，消息听不到了。当时只[redacted]道

红军副官，用食使实。打死地主，烧毁县衙

政治委员[redacted]贾振来，是二师同学。白军骑兵十七旅，去渍红

河北红军司令员是[redacted]湘农白军抓住红军了，用刀砍，用铡刀铡[redacted]把人头挂在树上，挂在城门上，砍…的脑袋[redacted]…了农民的抗日救亡运动，真用刀也砍下

听到这些消息，一个人跑到高粱地里大哭一场。

[redacted]

高蠡暴动过去以后，我到冀县走了好几趟，打听马永瑞，都听不到消息。后来听说他参加了高蠡暴动。此后，又听说他[redacted]被捕了，但不知详情。

自此以后，我下定决心，挥动笔杆做刀锋。我要向敌人战斗。

25×20=500 (D80.6) 页 第

青春似火

[精选]

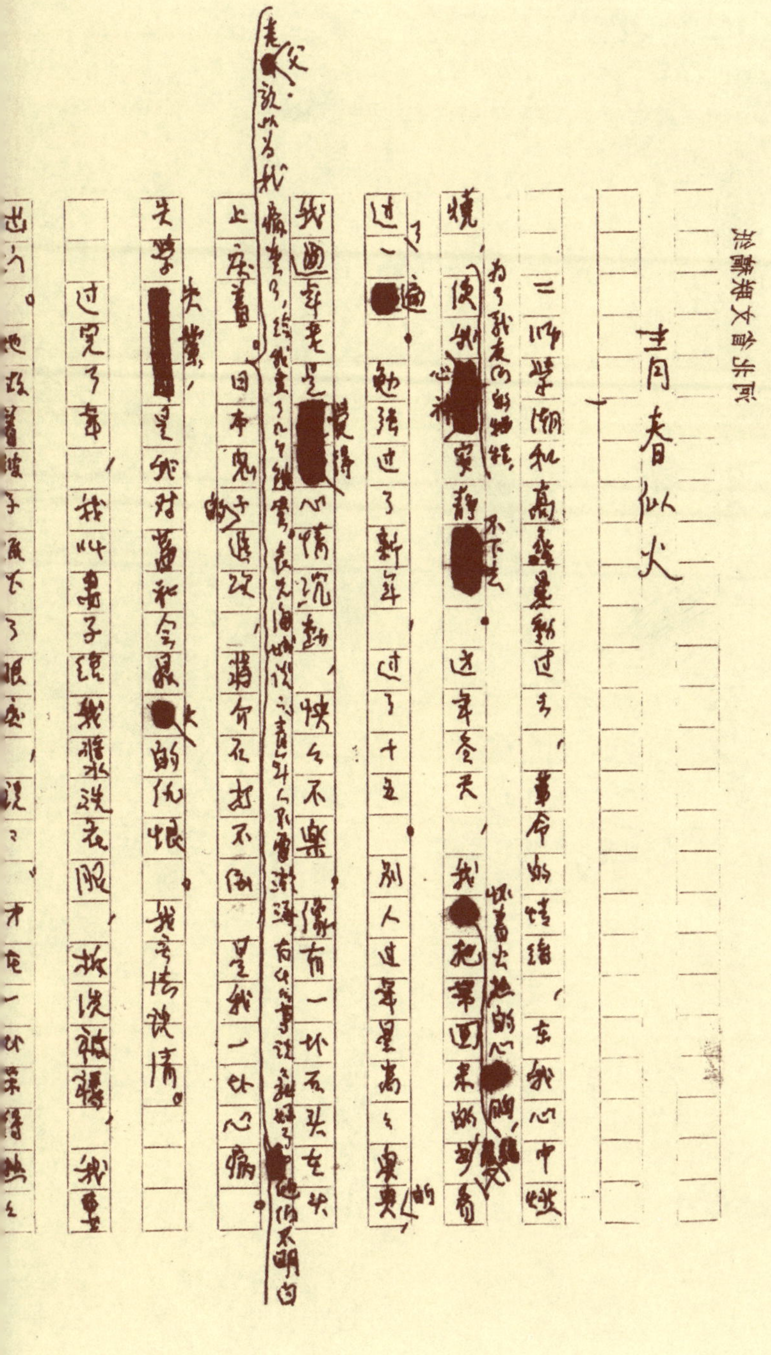

张辛欣文集补遗

青春似火

二

喧嚣和高歌是都过去，革命的情绪，在我心中燃烧，使我心情安静不下去。为了我走向新的生活，过年冬天，我怀着火热的心胸，把带回来的书看过了一遍，勉强过了新年，过了十五。别人过年是高高兴兴的，我过年老是觉得心情沉动，快快不乐，像有一块石头在我心上压着。日本鬼子的进攻，蒋介石打不倒，是我一块心病。

失学、失业，是我对苦和贫穷的仇恨，我要傍诚情。

过完了年，我叫妻子给我浆洗衣服，拆洗被褥，我要出门。她拉着孩子成天了眼泪，说说，才在一心亲得热热

火火的……走一一她未读过书，也不会说出抒情的话

有一天，我到车奥镇的客栈雇了一辆小骡车。第二天装上我的行李、书籍，撇开我的家门，又致凤青……说给了我一点钱，说：“你上那里去呀？”我说去找我二姐夫。其实，我也不知道我上那里去。

初春天气，小骡车拉着我的行李和书籍，忽忽悠悠，走在大道上，迎着青天上几朵白云，向北走去。到了保定，住在万顺老店。老掌柜还是热情招待。第二天，我找到同班同学赵凤鸣；他家住在西关。到了门口，我敲了一下门，有一个老太太走出来，问我找谁。我说，找赵凤鸣。她进去了，不一会工夫，赵凤鸣走出来。

(D80.6) 页　　25×20=200

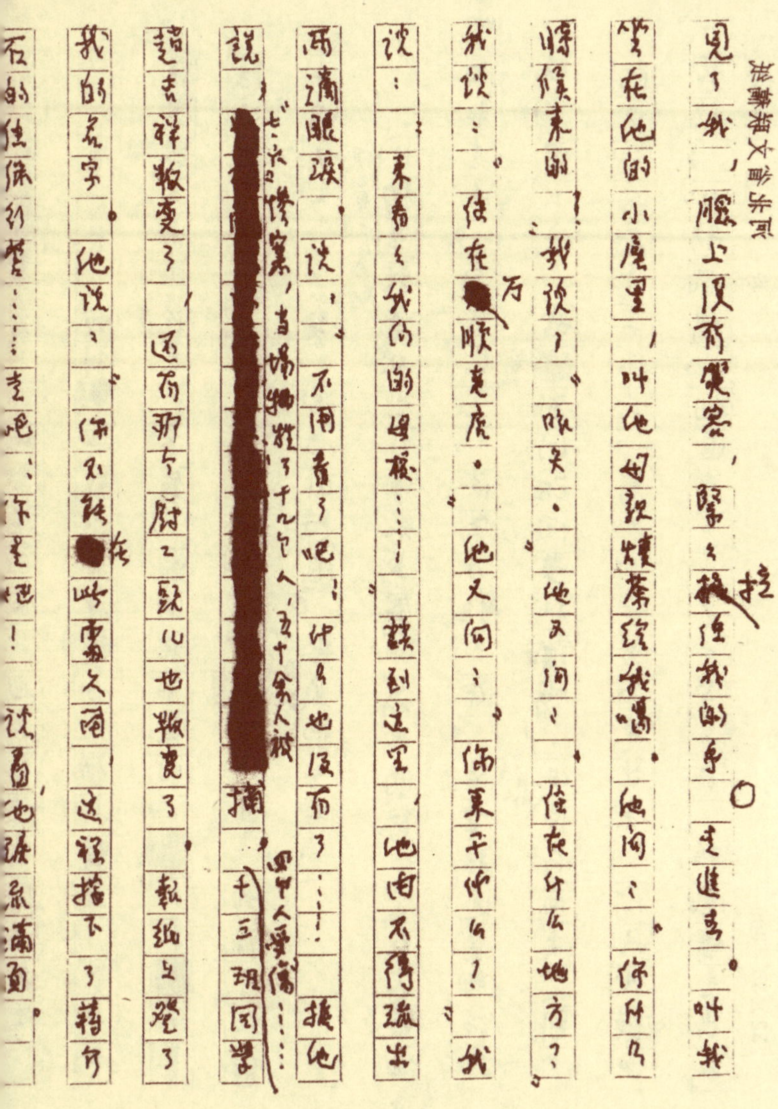
见了我，脸上没有笑容，紧紧拉住我的手，走进去。叫我
坐在她的小屋里，叫她母亲烧茶给我喝。她问：你什么
时候来的？我说了："昨天。"她又问：住在什么地方？
我说："住在万顺意店。"她又问："你来干什么？"我
说："来看看我们的母校……"谈到这里，她由不得流出
两滴眼泪，说："不用看了吧！什么也没有了……"提她
说[redacted]捕，十三班同学（"七·六"惨案，当场被枪杀了十九个人，五十余人被……四十人受伤……）
赵吉祥叛变了，还有那个厨子头儿也叛变了，报纸上登了
我的名字。她说："你不能在此露面，这就接下了赶行
在的住旅行馆……走吧，快走吧！"说着她眼泪满面。

赵凤鸣只是一个第二师范的学生，不也什么经录，读书母校，尚且如此。我的处境，那就不用说了。但，我努力抑住，不哭，也不流泪。布置后，也不能跟他说，我就走出来了，他送到门口，说：“保重身体吧！”我点了一下头，就离开了。

出了门向西去，到西下关街口，回头看了看，他回去了。我沿着西下关街走去，路过嘉德中学门，要还是校着两排停车。再向南去，就是第二师范的墙垣，较场了一大场子。再向南去，第二师范的大门紧闭，门前冷冷清清。我心中默念着：母校！我的母亲！我这母校，不及二

(D80.0) 页 稿 20×20=400

北京市文联稿纸

年，读了党的文件，过了极严格的组织生活——每礼拜开一个团的小组会，汇报工作，汇报思想，开展批评自我批评。学习了如何保密，如何进行工作。

走到水库，找农水实习，传了一刻，看着河水跳过闸板，泛起一片翻花，回头看着第二师范校舍的上空，一片晚霞，云布烟次。

当我通过南关公园的时候，一片荒凉，无人管理。时近中午，在南大街的一个小饭铺里，吃了一碗面条。肚子不饿，吃也吃不下去。

回到万顺兆店，躺在炕上，自己寻思：既然上了黑名

們，也就不便找人，不便久留了，慧々睡了一下午，晚飯

也來吃。

第二天，[redacted]未過，不怕，我就醒了，一直躺到黎明，心中想

着：[redacted]上那兒

去呢？別処無路可走，只有去北京了。

黎明即起，餅小鉄盆打水洗了臉，在店门口買個九斤

燒餅充飢。天大亮了，我叫了一輛洋車拉上行李，付了店錢，剩了未幾個，去箱到

車站去。

在車站上買了票，無事，心中很是焦急。等了老半天才上了車。陳義車留，看

見彭鳳鳴，我走下車來，向他告別。他緊々握住我的手，

(D80.0)　素道經

32×30＝200

说：“[redacted]平安！”说着，汽笛响了。我急忙返身上车，

[redacted]隔着车窗，拱了一下手，两人对开，喝声别。谁知此次一见面竟是最后一次

[redacted]，不久[redacted]他即因病去世了。（古人云：一笑间[redacted]留十笑观）我将他跟我一晤间，南中此此

当我想起那些被杀被捕的朋友们[redacted]（真是心如刀割，）此他不软，

实在受不了！

中午时分，车到北京西车站。我雇了一辆洋车，到地

安门外钱铁桥（鸭儿胡同）后海沿十二号，摇了一下门铃，等了一刻

我三哥走了出来，说：“进来吧！”他替我提了书箱，我

搬了行李，走了进去。（我到北京的这年整整二十岁。）

一进二门，平房大院。姐夫刘[illegible]堂，正在北房台阶上

站着，见了我，笑了笑说：“心儿弟来了，怎么也不来个信？”

我说：“当我离开家的时候，我还没想到北京来。”

刘振奎说：“你想到那儿去了？”

我说：“我也没想到到什么地方去。”

他由不得嘻嘻大笑了，说：“你初出远门呀，我要跟郝仲青说，叫你上青纸中学去，他说你年纪大了，你今年多大年岁了？”

我说：“二十壹岁！”

刘振奎高大个子，头上梳有几根白发，挺宽膛板，一

(D80.9) 页

25×20=200

[illegible]

青龙偶是受过军事训练的。据说此人是前清保定小武备学（未毕）

業，与孙岳同班[redacted]同学，[redacted]拜把兄弟，是个老同盟会员[redacted]

曾参加反袁被捕入狱。出狱后走云南，参加蔡锷之讨袁

军，和我姑丈聂云峰在一起。后来[redacted]作了警察所长。这是（和孙岳熟交起，孙岳为第三军军长，为何不叫他做官呢？）

一个肥缺。[redacted]门炳岳想给他这个肥缺，叫他去沅陵，说：

你干这个干什么？跟我去当团长吧！他却跟他去当团长，

门炳岳给了他这个警察所长。但他只唱一个起[redacted]

就一窝[redacted]了之。据说，此人极能喝酒，也能够过一辈子的了。

我来了之后，二姐并不表示高兴，二外甥刘玉田也不（欢迎我周先生）

济不够周到，看样子却不能做事。玉田早就失业，学过幕僚，

养蜂失败，就去跑事了。据玉田说北伐军到了北京的时候，曾经有一个南方人给玉田看信，玉田去了。那个人说了，玉昆到河南去了，最近你们见不到他。我听了此事可疑，上河南去，怎么不能信来呢？实信了。据我估计[redacted]最好的

[redacted]

精[redacted]是出国了。最[redacted]的猜测，是跟了"四、一二"政变，或是死于广州暴动。几年之后，只有人传说，是在外出去工作，却不确实。

二姐家住七间北房，三间东房，我与三哥就住在这三间东房里，倒也方便。到按季节例节起，打扫房间，玉田

费了几天工夫！

打扫院子。养着几十[redacted]箱蜂，每天饭后[redacted]看蜂。

一家人很[redacted]朴：早饭窝窝头、咸菜稀饭。午饭有时吃饺子，有时吃面条，或者炒一两个菜。二侄子保琦在当小学教员，有时来看看。看他的南是我的事。我的兄遥时，二弟和保琦一致叫我继续上学，找了一个中学，搬去住了几天；我的意见，所在图书馆去就行了，这是当然他们是不会理解的。学生少，是新开办的，没有什么意思。保琦领我考了那个大学。那个大学是北京有名的野鸡大学，交了学费就行，也不上课，也无人管，没有什么意思。我又[redacted]搬回二姨家中，也无事干，徒步[redacted]着上北京图书馆去。我提出到北京图书馆去就读，每天吃了早饭，沿着北海，沿红墙，[redacted]过银锭桥，往南，走过胡同，从东四牌楼饭店往南去，再过什刹海，我过马

路，有一条小胡同，拐弯抹角，走到[illegible]北海后门，往西

去，过金鳌玉蝀桥，就是金碧辉煌的北京图书馆。门口挂

着一面（朴大）牌子，进了红漆大门，两边两侧，是两片草地、松林，挺拔。

这座图书馆是用庚子赔款建造，富有民族风格，（当时建成不久，）去说不多年，

（宫殿是）飞檐斗拱，红绿琉璃瓦建成。进门时有守门人给一个圆

铜牌，上有号码。一楼有新刊阅览室，有中国的和世界

上各色杂刊。二楼有服务处，有木椅中盛着卡片，翻着

卡片找到你要借的书，填好了单子，送给取书人，就到

大阅览室（留个位置）找到四号座位，坐下等着（大约）书来，和阅览室椅都

是菲律宾木的。不一会儿工夫，有人推着小车，送了书来。

阅览室中有古籍善本、法书碑帖文献，是一个读书、查文章的好地方。（据说原来在北海中，名北海图书馆，后来移至此，当时曾号称藏中外、古今精书数十万册。）我能找到这么一个地方，比上什么学校都好，於是喜不自胜。因为没有车子，每天吃了早饭，即来到这里，中午回去。姐丈刘振奎见我吃苦耐劳，也很高兴。我把这段生活写进《烽烟图》中。

特别高兴的事情，是不几天工夫，在这里遇上二师同学陈述、魏思荣、杜俊宾，他在一个中学里当小职员了，也常到此阅读书。陈述是二师"七六"学潮中吃一通过古典英俊出来的，魏思荣是吸一跳墙跑出去的，后过十河时被打了一顿，也未打着，他算是有本事的几个人到了一处，或在河床中滚了，或跳过去，从此有一番书画古今……

我们就从砖楼梯，走过海水，到北海中游玩。

一次我又通过他们找到王致远的下落，他住在中南海南岸的蓬对面斋，我去了一看，是两个八角亭子，门上挂着一个牌子：中华图书馆。当时，他们几个同学住在一起，他们上中华中学，那天他们吃饺子，他们请我一块吃，因为一个妻子在做厨房，据说是他一个叔叔帮他找的关系，揭发以王致远。

当时我参加了考虑：托关系最能通过师范同学，因为路学被捕了五十多个人，一但事暴露，不知如何是好。所以我要在王致远家附近休息，不和他和路通过等播关系，以

25×20=500 （D08.0） 页

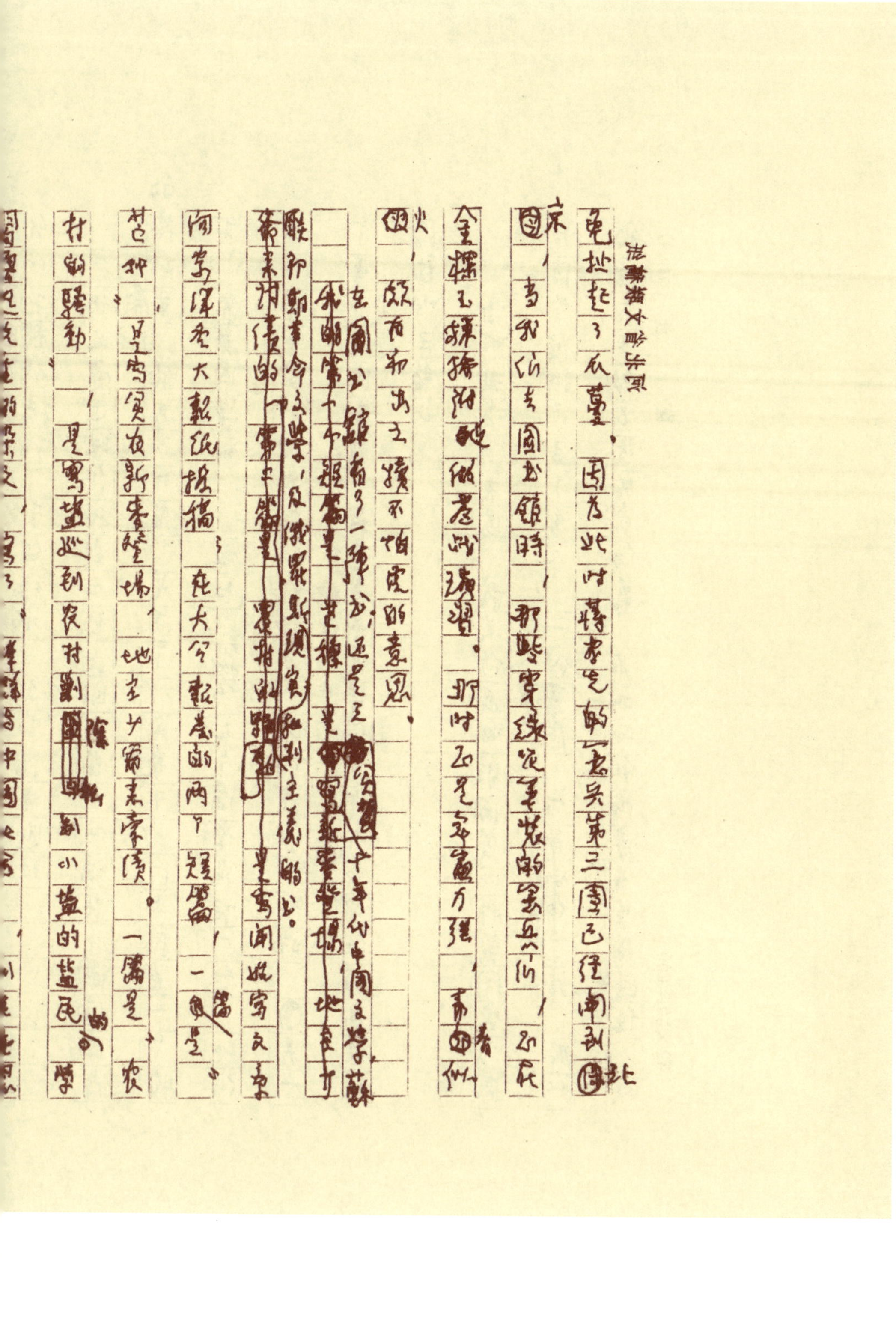

日报副刊上，还写了狗，因有人讽刺，写了画张狗。

刊在世界晨报副刊上。提出标榜的人，是冰莹，是伟望学

生的编辑，虽见过一次面，但未谈过话。写文章多在晚上

每天晚上写三千字的文章，第二天就寄出去了。有时抄一遍，有时连稿也不剩。

一天上午，我在屋里读书，门响一响，我走出去一看，

是我的老师丁佶川；衣着朴素，穿着一条白学生服裤子，

白布衬衣。我紧紧和他握手言欢。我向："丁老师什么时候

来的？"他说："不久。"他还说，白色恐怖严重，在布里高小呆不住了，

带着他的爱人回到老家，做了一阵子石友三的工作，未成，

便来到北京了。因为他的内兄与我是同学，他借如此住

在这里。他还说，当他一下车的时候，遇上他的学生，到

页 (D80.6) 25×20=500

国力以扶人，遇上他了，挂上了左联的关系，现住也许
潍的公寓里。见到了老师，我异常高兴。第二天我取到他
瀛一个年集里看他。通过他，加入北方左联，并广泛结
我隆，芬青团的关系。他也是第二师范的学生，但与图
琨在二师被捕同学有关系，我也很敬仰，自此，每天在图
书馆相遇。也一块读书，写文章。
这时践一也来北京，据他说，来左翼路，嘉之作，
白色恐怖，闯喷到破坏，随到北京来。带着一身蓝学生服，褂子，白布
褂衣，戴着一顶小白帽，先是住在同乡沈强照家里，后来
住在中国大学附近，也是每天在图书馆相会，也在左联

工作，

之北京。

此时为各方有识之学生会聚北京之盛，有一天，建臣同学告诉我二师同学们合之国学想开一个会，也正定会馆，招集人为王振明，参加的有陈建宸、魏恩荣、杜俊岩、顾俊嘉……等十去，目的是继续二师队伍的我们还要筹备一个刊物。开会的地点就在正定会馆的一个房间屋里，既无桌凳，又无床铺，到处鸟踪，极感凄凉。

这个时期的日常生活：上午到图书馆，先翻报刊阅览室，看看今天有无刊出文章，并从取出，到大阅览室读书。

(D80.8) 页

25×20=200

一日，我正在大阅览室伏案读书，见有人穿黑色学生服，敞[illegible]宣传品，我探起来一看，是"[illegible]"。在光天化日之下，日本特務竟敢公開作此，無人干涉。

墨了。有时和建良、崔川（或是）孫一在樱林下草地上谈[illegible]和[illegible]写文章的事。有时越过石栅遊玩。有人在草坡上采画，[illegible]吊到很大的通。

在这一个时期我读了很多書，从俄羅斯文學开始：托尔斯泰、屠格涅夫、[illegible]高尔基等人的作品吸引了我，也看日本左翼文學。我还读三遍《复活》，读了几遍《猎人日記》，也讀[illegible]《工[illegible]》、《没有太陽的街》……讀革命文學像喝醉了酒一样。因[illegible][illegible]写长篇，因为生活環境不够，技巧不够，结[illegible]写出。学習[illegible]一部向旧社会反[illegible]的[illegible]迟写，在我很怕[illegible]。

在这里，我只能记起大公报的编辑何心冷先生、世界日、晓报的副刊编辑左笑鸿先生，在那个年代，刊出我的小短篇、品、和杂文，是我国激不合的。因为我的文章都是有棱有角，不是无病呻吟。我为了纪念同盟军冷口、喜峰口之战，悼那些为保卫祖国而战死者，写了一篇，新鲜于面纸，为这些无家可归的，野鬼鸣不平。为国民政府不支持长城各口抗战鸣不平。

一九三三年之末年，冯玉祥先生与共产党合作，与北将国事变，同盟军在冷口及喜峰口与日军激战，路鸿昌部收复多伦。米雷湘等爱国人士，在北京成立后援会，为抗日同盟军出伤兵医院。国民政府不但不予支持，以同盟军自冯玉祥先生阵

25×20＝500　(J.08.6)　页　第

天空，日本飞机不断侵扰北平上空，並打机关枪，

引起中国人的愤慨。中国的中下级军

国家民族的存亡，都有所考虑。

中央政令为名，调集七千多的旅团攻同盟军，同盟军受到甚大威胁。冯玉祥至是只好回泰山读书。

一日，有两个四十军的青年军官来访刘振三；一个是团附史说，一个是营长李振清，谈及蒋介石下令四十军进攻同盟军，（当时他们住在通州。）在高级军官会议上，旅长陈春荣提出反对，被撤职了。（並遭四十军长庞炳勋当众点名指责。）因此，史说三和李振清同情陈春荣，想不开了。刘振三劝他们干下去，並介绍我跟他们谈谈，揣摩时局形势，谈得很投洽。后来才知道，这两个人都是张自忠部下，后来归冯玉祥指挥，阎冯时期作战，以归蒋介石编遣，编为四十军。

在这一个阶段官兵……

春叶秘史狱三后，他当排长，郭是他的老部下。刘（李国良的首时，）刘振丢不会理财，他的薪俸都给李振清保管，李振清帮他做些小生意，才有今天这个一点小家当。所以被认为知己。

我跟他们谈得很欢迎，曾谈到国共关系，日寇归军，有志之士都要关心国家大事。并谈及个人前途，介绍他们读进步书籍，开阔眼界，他们谈国事时要留意。李振清约我到他那里去，我也去了。但此以后，刘振丢有关数的大钱，对共产党的政策有好感，叫我传达认识社会进化史及辩证法唯物论。在这一时期通过他认识了李归九、李梅、杨紫远、何渊泉……他们都是老……

20×20=200

注：陕西会议。

刘云峰字晓岚，曾为滇军的旅团长，当时是北伐军副司令。事改来为北伐军的前敌总指挥，因些蒋介石不睦下野不干了。白净面皮，标致的头发，棕色夹袍，……

飘飘然有仙意。

的人们，他们都是老同盟会会员

通过刘栋荣他明白了常德中学的来历：是保定的老同盟会员

每人捐了几两银子，成立了常德中学，校长为陈幼云。后来，成

立常德中学，校长为王国光，此时成立的留法勤工俭学预备班。后

来郁仲青当了校长，开始还是筹备的。此后成功以后，常德中

学间在转了，跟了蒋介石。

刘植星还曾参与辛州起义。

……州人，四十年前防军哨官。但……过了……来去库，

去要是冯玉祥先生不同意，说他不得封疆大吏，甚至要委

了廿九军军长宋哲元。

当时李振清要傅（稽防）坚峰名之郭门坡山地。当时，李振清回去以后，跟宣政训员谈了（王锡璋），我要去他那里。一日，国振到王翼一对行，说他是个傅事兵。我回行政看去看他，他又回信说不让我去。（我觉得这事不对头，）她写了一封信给李振清。不几天，李振清派（书警）回副官贾锐寄带一个上士（白）（专门）来京谈明此事，又翟燕跟傅事兵，而是一个中共派来的政训员。见了报纸以后到闽长，而且表现得派来教你，可知也是他的一个老部下。从这个问题可以看出四十军的官兵坚中共派来的政训员之间，是有矛盾的。

面不要大，主要着重李振清，先突破一点，以免出事。

雪斜寺代表李振清约我去他那里，[redacted]了。我终些

事先讲过一、路，认为这是一个很好的机会，就找骑骡

闹渡日十军[redacted]作[redacted]日记得接起一群人来，真是[redacted]

秋末李振清派[redacted]白上士来接我去龙门坡。白上士[redacted]

[redacted]农村法盖像村人，是同乡。临到之前，我送一只了一次

面。后随白上士[redacted]到了宝化，白上士找到李振清

[redacted]骑马[redacted]到了龙门坡。第二天，同水土及气候的关

你[redacted]感冒风寒。[redacted]给我一件灰棉袄，这是[redacted]

的。还借给我一个军帽。[redacted]附借给我一条灰布[redacted]吧

[redacted]管附件列报案，等（王士）[redacted]出来一个男[redacted]，再过道去，跑去专案副。两人睡三间两头屋，李振清住西头屋，刘报案睡东头屋。同他住旅里，我说住我[redacted]（他）屋里（上士。除）白女士外，还有个李女士。

管打理：[redacted]副食处[redacted]里还有两个（上士）记[redacted]，有一个[redacted]（上士）。

[redacted]（姓杨，他卸人，）去部长回了一次家，又

常回一个青年学生去职写（医务处有一个医官，九个医生）。连学人（落医生参部）在营部吃饭，每餐一桌[redacted]菜，[redacted]（喝）点血是公开的[redacted]。

我初步了解了[redacted]（李振清）的企图：他想补习中学[redacted]（课）。我说给他买了书本，买了初中地理、历史、算术。他学習地理历史还可以，算术有些吃力。此外，[redacted]（帮）他读报、读社论，

（D80.9）页

25×20=500

讲时事。[redacted]

[redacted]我把重点放在讲时势，讲进步的社论，订了两份报纸，大公报和天津益世报。当时益世报还敢讲几句话（对抗日救国问题），有进步社论我仔细讲。

经过了解，他已能谈高[redacted]语写的知识，[redacted]学々的一本。是有[redacted]进步意义的，我鼓励他进步的[redacted]。他是贫农出身，每次谈到农民问题，他都能领会。此人忠於到农村，[redacted]（他是刘澜峯一手提拔起来的人）查有好感，[redacted]是有[redacted]

[redacted]

阅校时，遵李

[redacted]

（报请为领导同意，李晓清同志准备面[illegible]到农场[illegible]劳动，这也算是和命不过是一些小差遣。）

[redacted]我可以去做的内也进行工作，在整个部中

[redacted]（除有选派来，像）贾副官（是）[redacted]张清[redacted]的知心人，专列张崇、杨如龙、刘道明

之间，似有些[redacted]隔阂。据刘道官讲他太太的侄女，和刘耀宣是

朋友。无论怎么样，我来此进行工作，只可以利用，不参

加他们之间的斗争。

（正待上我给士兵们上课回来，他问：“上的什么课？”我说：“军事课。”“都是政治课吗？”他说：“政治你还要？”我不理他。）

有一天王骥来请我去吃饭，[redacted]不骑驴去了，地跟他路上经过（心理上有单刀赴会的意思。）

[redacted]（一个小村庄，）没在道在打场。到了他的住处，也是住在老百姓家里，

除他之外，还有一人，并带着一个太太。桌子上摆着铜板

赌钱，是在夜里弄这赌具。中午饭，他们做了几个菜，有些

南方味道。吃完饭，王骥送我回来。

第　页　(L80.8)　　25×20=500

塞北天寒，逐渐冷了，李振清给我买了一个毛衣，刘振东给我买了一个绿毯。但李振清暗中我不敢对振东在一块学习，这使我很是为难。此事刘振东似有所感觉，后来再学习时他就不来了。

李振清的一个亲戚送了他表妹来，好像是在家里出了什么事情，[illegible]叔一个排长结婚，要挂喜帐时，也叫我参加去写，因我在家时向来未写过这种东西，只好照着他的写。此时史范三去中央军校受训，来信时，李振清叫我帮助写回信，这倒没有什么难处，还写过一次给王璧的信，因王璧的闺女死了。我便会他们借这个机会，试验一下我笔下

[redacted]的[redacted]，在这一点上，我当然免不了有些生气

向上士因为是同乡，他知道我们村的一些情况，知道

我们村里有一个在山西军姓原的旅长，该还有和我是本家。

笑了说：“你也是想着阔呀！”还说：“你弄了，你干不

了！”我会[redacted]意，但我未回应他。他还说像水昌叫卑过刻找卷续此

我也就知道他[redacted]多少年了。这时我才构这个人的逃避也心中微衰。

这时，洲芝之间，听说抑李上士到连里去，他不去

此时，关于我的接触，在业部里有些议论。但，我不理睬，因

为我是来工作的，我并不想做他们的官。

可是，李振清在思想上很有些提高，有一次谈到“福

建事变”，他甚不满赖的说：“离得近了，我们也干！”我

听了这句话，也是有些张[redacted]议自喜。这两个月的功夫没有

25×20=200　　京華　(D80.8)

向[redacted]警察了解文明兵守则。

有一天，李振清带着士兵们在大街上进行示威，反对吸大烟，喊：“吸大烟的人，断子绝孙！”士兵们[redacted]举着小旗，在大街上贴标语。我对这个问题有两种猜测：一个是冯玉祥先生带[redacted]兵的作风（不许抽大烟、喝大老酒）。另一个是列[illegible][illegible]、杨[illegible][illegible][illegible]、刘延安可能在一些抽大烟。不久，来了一个穿便衣的人，跟李振清谈话，李振清也跟我说：“这咬人的狗，可不露齿呀！”因此，我有这些[redacted]推测。

[redacted]提费[redacted]剧贵说，李振清还有一些迷信，每年阴历忌日，也把关羽刘备张飞请上，[redacted]对关羽刘备张飞磕头，一夜不免

饭。为人正派，不吸烟，不[redacted]酒。[redacted]当官为人也很正
派。挑了顺，这一部分人是从河北省移来的，传事兵中，
[redacted]很受信任
就有两个是嘉兴南湖村人。
广东的队处有个姑娘，长得白晰的面皮，[redacted]高个儿，常
[redacted]
抱着孩子来玩，[redacted]手上戴
[redacted]着一个金戒指，刘运官晚夜斗着
孩子玩，把她的戒指[redacted]到手里，好多日子不给她。那些娘
当时把卡方秀的说刘运官是，说：“不要个人家，良家妇
女！”此事叫刘运官的太太知道了，才算罢休。这就是调
戏良家妇女。指着这个素材，[redacted]写了一个短篇，叫塞外棺
花，我忘记在什么地方发表了。

此时四十军有移防河南的消息，传说：蒋介石叫移防南方去：刘世、庞炳勋说：四十军多是北方人，移防南方水土不服，有困难。后来作了一个折衷方案，移防河南。

刘光副军长去河南看房，李振清叫我同他去看看，到了望化，我买了一些蔬菜，做为礼物，到了北京，下车到刘振奎家，只到振奎一人，二姐带二外甥回老家绥德。刘振奎问了一些四十军的情况，我告诉他了。

第二天，我到直隶新署，向他汇报，谈一谈我的工作，很满意。他住在一个小北屋里，一桌、一凳、一付床板、一被、一褥，别无长物。我要他同我一块睡，两人盖一条被子。

第四天，中午时分，我到西车站，四十军的军车正在蛇上停着，士兵们也就各自上车去了。上了车，到了营部，李振清、刘振东、贾锦亭揭去踪迹，到处宣……行李都翻得好好的。白上士、李上士……传事兵们也在这辆车上。李振清向夏副班长的情况，我代刘振东问他好。军事学的学事，见事就议，事事都要懂，几天才到河南破山的路明港镇，在此下车。我李振清和刘振东住同院。

自从陆河南后，不知怎的，李振清长期不学习。振贾副官说，李振清指着我的表字丢了一百块钱，我说我不知道。李上士说："徒间这有陈子午门的吗！"他说为我是找事干的，也好，我也来向他说明，也不能说明，

(D80.6)　页　第

25×20＝200

此时闹更失败。李振清带新队出去了几天。贾题韵贾封

我说是去对还，但[redacted]未说明到什么还。离他回来以后，贾锋

奇怪意说，费了很多手脚，扰了很多老百姓，他似有不满之意。

李振清长期不学习，我心上有些发烦。此地冬天也多雨，

来[redacted]见下雪，大街上尽是泥泞，行人多穿泥几儿。有些高跷

的，涨街唱戏，叫做唱四乡，也是庆丰收的意思[redacted]冬天天气比北方

热，白菜大葱都在园子里长着，青枝绿叶的。

有暗门子（娼妓也），也有花烟馆。

有一天早晨，我尚未起床（在睡意漾漾中），[redacted]有人给李振清打来电话：

你那里都安置[redacted]没有？李振清说：没啊！没有！我

此[redacted]得清清楚楚，但保持镇静。我说什么电话的人，于是这是自我出来

家属，此人是河北满城人，是[redacted]的一个老部下。

过了两天我跟李振清表示，要回北京，因为要过年。李振清坚决留我，便说："当中士吧"，有两个英系李也不缺[redacted]了，还还给你花？"我说："我不是来挣钱的！"他逼我去意也很坚决，只好派白上士送我回北平。

临行，李振清送我三十块钱，钱我不要，我还留堂，回北京的路花——出記處的以士买了一个麻糖送行，驮马拗了一壶茶，他表示一点意思。李振清要他的锦上花机军帽，刘先副是他的演色年糖，我们了他们，还写我的偷偷了怎么来的怎么走。

坐四等军车回京，车上点烟火，甚冷，有一个传去京用大衣兜了火柴东升火，本紧不平，也罢不着。车上有两个年轻的

25×20=500

(D80.6) 页

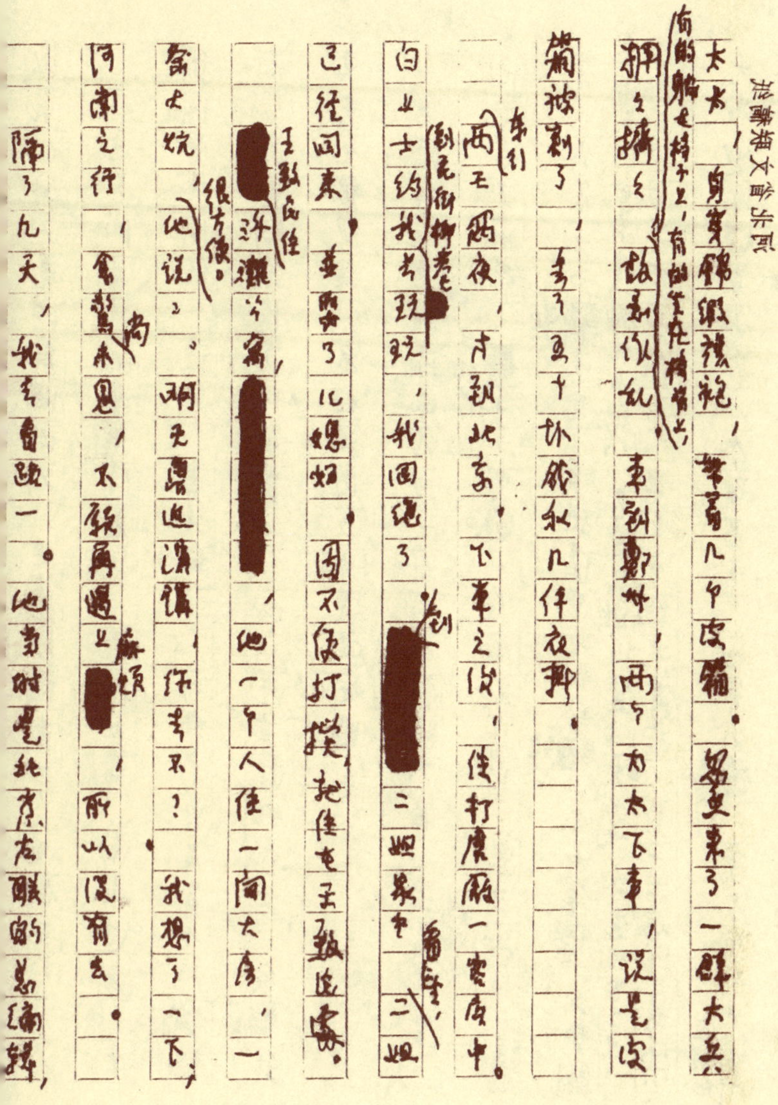

太太，身穿锦缎袍袍，带着几个皮箱。另又来了一群大兵，挤挤挤挤（有的躺在椅子上，有的坐在椅背上），故乱纷纷。车到郑州，两个太太下车，说是皮箱被窃了，丢了五十块钱和几件衣服。

（东行）两天两夜，才到北京。下车之后，便打广厢一客店中。

白女士约我去玩玩，我回绝了。[redacted]二姐来，二姐已经回来，并带了儿媳妇。因不便打搅，把住在王致远家。

[redacted]许澜兮寓[redacted]，他一个人住一间大房，一（王致远住）套女坑，他说：“两元房钱连伙食（很方便。）你去不？”我想了一下，河南之行，奋斗未息，不能再遇上[redacted]（麻烦），所以没有去。

隔了九天，我去看他一趟。他当时是北京左联的总编辑，主编北辰報的副刊，還好，我也只住了几天，他的生活很簡樸。

要過新年了，回家过年，看看我的老父親。還是穿着他的白鞋子、白棉袍，沒有作官，更談不上錦衣還鄉了。

坐夜車到保定，下了火車，沒有進城，路經保定公園，在南大街上買了几隻燻雞，几瓶酒，雇了一輛洋車回家。

回到家里，家人看到我衣履破舊的樣子，誰也不表示歡迎。[illegible]

嫂子們划着凉風，說：「點上了燈就是她[illegible]來的時候！」妻不向我說：「你怎么不買點東西回來？」她一問，我也猶

生一男孩，乳名[illegible]。我的是妻子，

(D80.6) 页 20×20=400

醉过来；我在後從老文就買点点心、給孩子們買点糖果回来，其实比买纸和酒也多花不了多少钱。只因不能入城，一只买了纸和酒回来，孩子們围着，大哥撕一点纸肉給孩子們，说：「行了，去吧。」我说：「我未入城，只買了几瓶酒回来。」大哥不高兴地说：「那是谎的！」父亲在一旁听着，我也没有什么说的。我的心上並不觉得冷落，我心想：我去革命去了，不是做官去了。当然，我没有做了官，一家人是不会理解的，父亲和大哥更不会原谅我。

四哥也回来，他在陣未土地局做事，回家看望。带回各色的点心和糖果，一家人欢迎，孩子們也高兴。想想我

北京市文联稿纸

不应该回家，[redacted]我是青年了，不在回家度此冷落。当然，这是只会被人不解的。

过了年，过了正月十五，我和四哥回北京去。住在二姐家里，西屋二姊妈住了，我和四哥住在大客厅里，是临后搭出时的挡棚。

四哥住了两天，就南去了。我在北京图书馆附近，西华门大街六十一号公寓里找了一间小房（房租每月六元，带水电），就搬了家了。搬家的好处，姐夫和二姐都无挽留的意思。

从公寓往西去，不远就是北京图书馆。往北来往，也很方便。公寓对过，有一个小饭馆，走了折子，就在这里吃饭。

25×20=500 (D80.6) 页

[illegible]

一　在北京图书馆遇着一师同学陈鉴泉（他刚从老家回来），他约他来同住一房，他也就高兴。因此又过起文学青年的生活，读书写文章，自学世界语，每天早晨高声朗诵。

有一天，陈鉴泉（笑着）对我说：“又来一个同学，叫杨仁进。”他说杨仁进，我不知道，搬来之后一见（面），是一师学生会主任严恒泰。大高个子，一年不见了，今天见面分外亲切。

[redacted]一日，同学[redacted]远宝昆来访。据他说他从温泉中学来，[redacted]傅学不久了，跟在他的老师家里住着。[redacted]我请他在小饭铺里吃饭。吃着饭，他说他的老师见了他的，很喜欢他。吃饺子时，老师（家）每顿（饭）[redacted]吃五六个，他一吃就是两盘，引起笑声。

他没有读戏剧学校之后怎么由
团那，每日和杨仁达、陈墨香、速泰熙、魏思崇、杜
从事笔人在剧场相遇，谈谈笑笑，一无顾忌。今天想来，
还不会不引起特务们的注意。

有一天，二师同学郭晓岚来访，他是二师同学陈学昭的
学生，现在上清华大学。这次见面，我和晓岚都很高兴，
一同去北京大学，往访毕业同学王书明，他是历史系的学
生，他请我们看了电影，吃了饭，直到下午才回来。晚上，
我们又畅谈往事，读诗，直到深夜，我们才睡下。

别晓岚不久，写写里的小孩子长得更大哦。”陈先生！

25×20＝500　　（D80.9）页

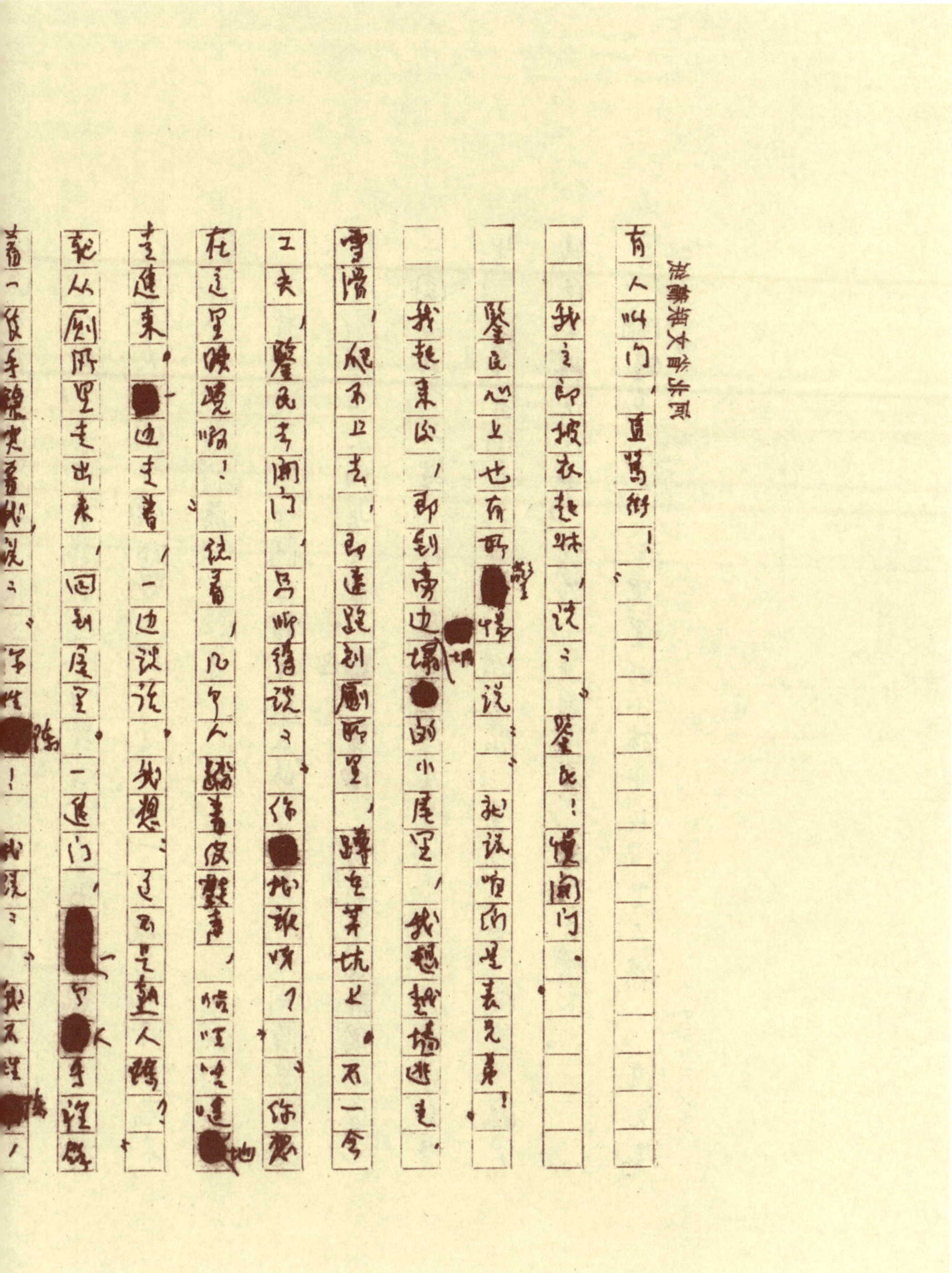
有人叫门，直骂街！
我立即披衣起床，说：“鉴民！慢开门。”
鉴民心上也有那惊，说：“就说咱们是表兄弟！”
我起来的，即到旁边坍的小屋里，我想越墙逃走。
雪滑，爬不上去，即速跑到厕所里，蹲在茅坑上。不一会
工夫，鉴民去开门，只听得说：“你就说了，你想
在这里睡觉啦！”接着，几个人踏着皮鞋声，慌慌嗟嗟地
走进来，一边走着，一边说话，我想：这可是熟人吗？
我从厕所里走出来，回到屋里，一进门，一个人手里拿
着一只手枪来看着我说：“不许动！”我说：“我不理，

我出来！"……

我心里猛醒了："阿！这是一群特务，我们被捕了！"

前两天，这院里才住进一个广东人，探头探脑，我们也

没注意。

特务们拿着我们走出来登上[redacted]汽车，还说："我们不是土匪，

不要害怕。"我们也不知怎么好。

汽车到了打磨厂[redacted]，叫我们下来，住进一家旅馆的

二楼。房子里外间，里间一只大床，我们三人就躺在这只

大床上，各人想着各人的心事。特务们搬了几个床铺，把

门口挡上。还说："[redacted]要是逃走，把口哨一吹！"我心里说：

25×20=500

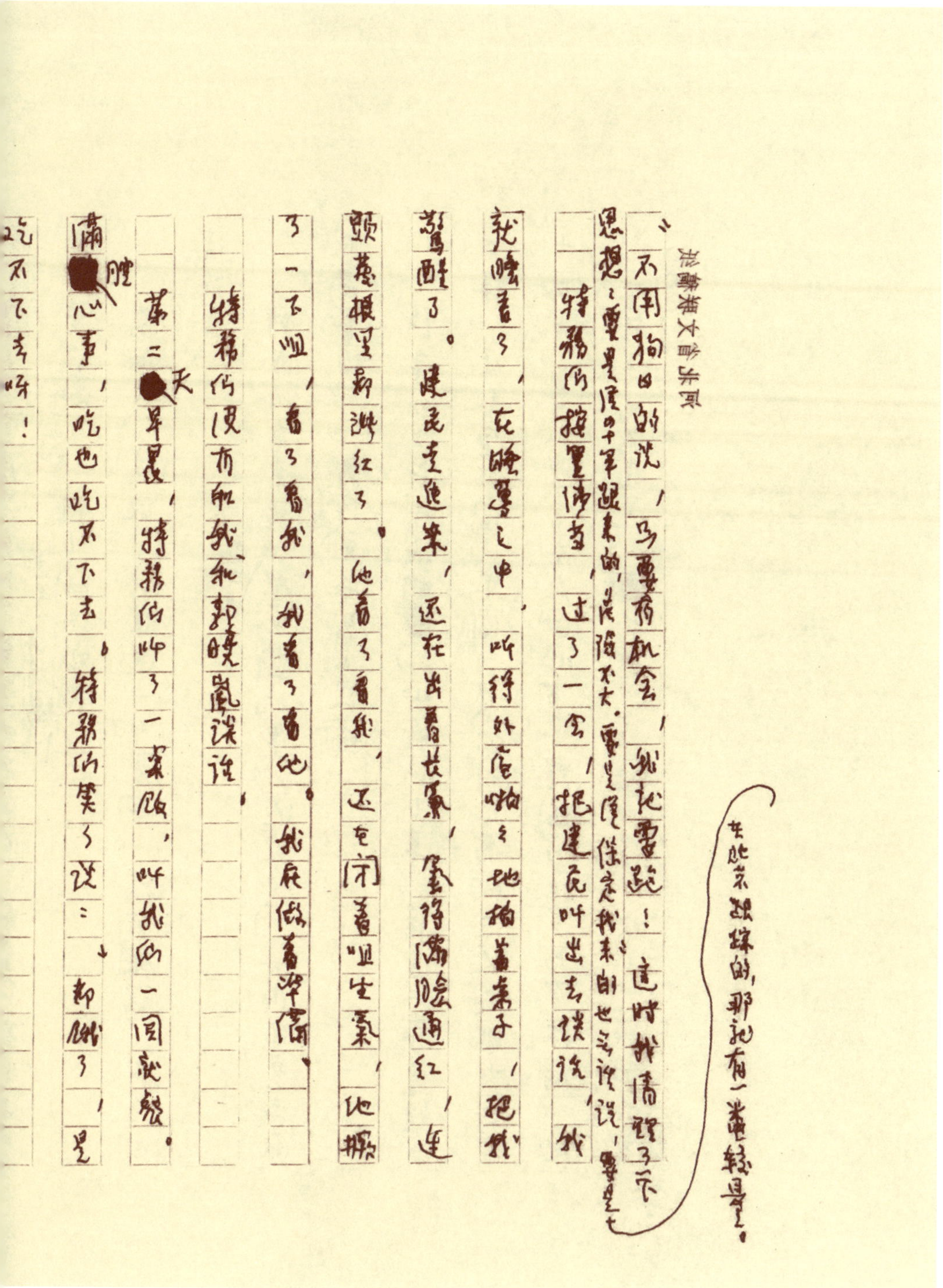

非常时期文学

“不用猜的说，只要有机会，我就要跑！这时我清醒了下思想：要是从四平跟来的，差得不大，要是从保定我来的也容许说，要是在此前跟踪的，那就有一番较量了。

特务们摸黑伸手，过了一会，把建民叫出去谈话，我就睡着了，在睡梦之中，听得外面喇喇地拖着桌子，把我惊醒了。建民走进来，还在出着长气，气得满脸通红，连头发根里都涨红了。他看了看我，还在闭着嘴生气，他撇了一下嘴，看了看我，我看了看他。我在做着准备，

特务们没有和我和郭晓岚谈话，

第二天早晨，特务们叫了一桌饭，叫我们一同就餐。满腔心事，吃也吃不下去。特务们笑了说：“都饿了，是吃不下去呀！

吃[illegible]了饭，即叫我们下楼，又上了汽车，在汽车行进
中，看到大门口挂着一个大牌子：北平市公安局。我由
不得惊了一声，糊糊涂涂进了公安局了！
汽车停住，叫我们进了一间小屋，门口挂着一个小牌子
候讯室。我明白了，在此候讯。
呆了一会，叫陈曁昆出去，又叫郭晓岚出去。时间並
不太长，叫我出去，走进对过一间大屋子里。中有长桌，
桌後坐着一个老头，旁边坐着一个公务员，执笔做記。这
个老头就是法官了。他问：你姓什么？
我说：姓梁。

(D80'6) 京 25×20=200

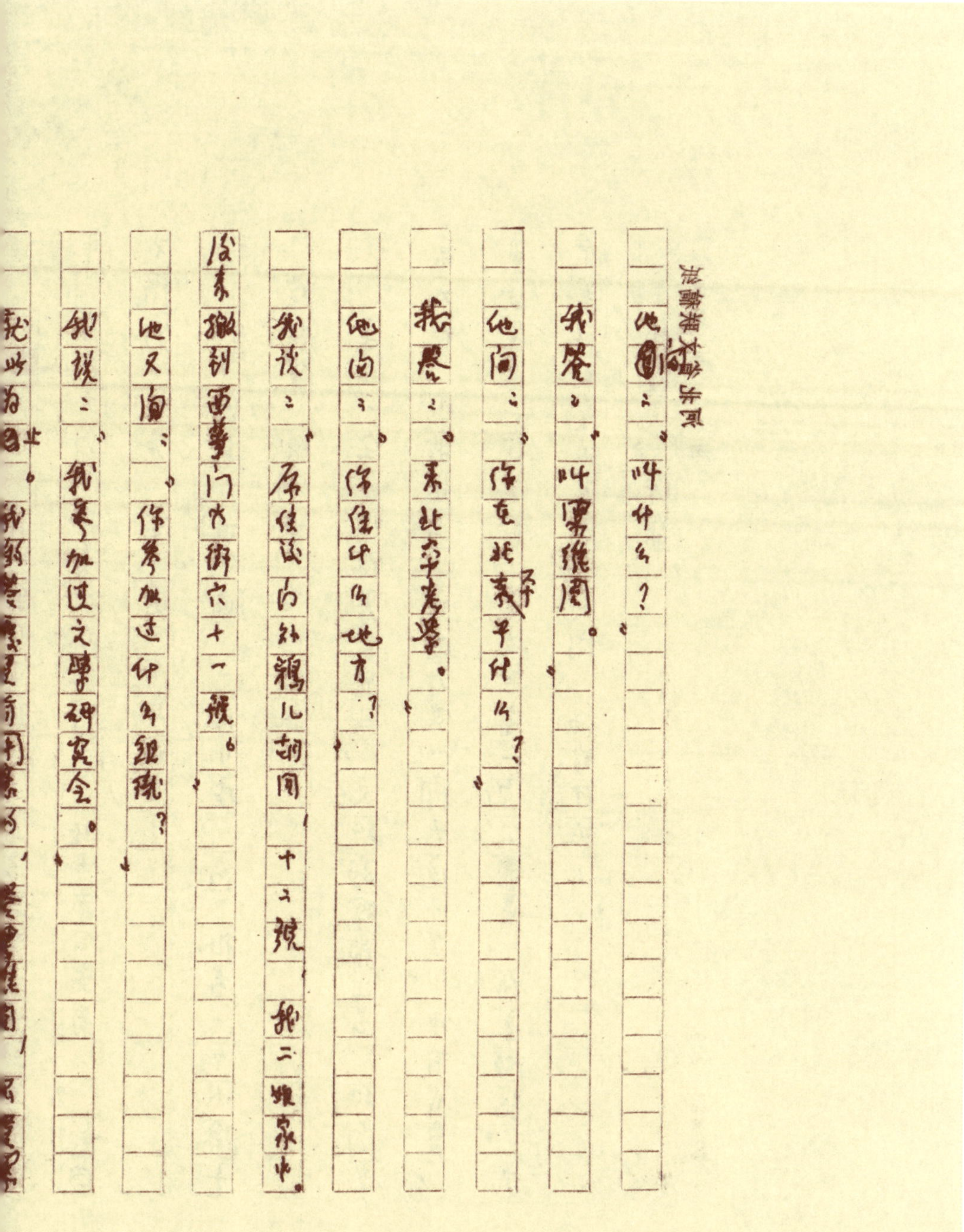

他问：叫什么？

我答：叫冯维周。

他问：你在北京干什么？

我答：来北京考学。

他问：你住什么地方？

我说：原住德内外鸽儿胡同，十二号，我二姨家中。

后来搬到西华门大街六十一号。

他又问：你参加过什么组织？

我说：我参加过文学研究会。

我此为止。[illegible]

识，以定他找到我的文章做把柄，虑考学比赞在图书馆读书好，在图书馆读书的，多是左倾学生。虑求在鸭儿胡十二号住过，是希望他去摸查，二哩夫就知道了！将恋办法营救。他向参加什么组织，是不能承认的，直至住了监狱。在二师时参加文学研究会，我是积极份子，公开组织是瞒不住人的。

问案，我们引进一个北来的衙门，是平房大院。先进一个屋子里，叫我们把腰带、钱、都存下来。然后，把我们押进正北三间大房里，正北一条大炕，横着一堆犯人。东西两厢都有木栅相隔。进门瞧瞧，我由不得蔑视地一笑。是

页 (D80.9)　25×20＝500

看守瞪直眼睛，说：“这是入了监狱了，还笑！”鲁字向

问CP是什么？

都穿黑色棉制服、棉大衣。他说：“问CP，十八九岁的大姑娘都镣铐了！”

这时，我才明白，入了监狱进来的但出却没有了。

中午饭是榛子面窝窝头，和手指一般的一条咸菜，还有菜叶汤，但喝汤不能吃菜，吃菜不能喝汤。晚饭、早饭，

一天三餐以后。狱友们可以谈闻天，说笑话，老看守从不禁止，还不时发出警惕：“人事复杂，不要谈自己的事，不要谈案子的事，传出受牵连。”

狱友中有一个王以哲的伤兵，因为掩护王以哲南京去，要求安置，住了监狱。还有一个朝鲜黑帮的，也笑了，很

响衣服衣　入青帮多老大不敢当老二。没来进来一个四十多年纪，细高个儿，穿着一件灰色短皮袄。他说他要去反省院的，我明白他是一个政治犯，可见是一个软骨头。

老狱长穿着一身黑布大衣，一半一半走进来，手提铃着两卷佛经送给那个政治犯，说：“看看吧！受用无穷呀！苦海无边，回头是岸啊！”说着，念着阿弥陀佛走出去了。他的头像是一个出家人，善眉善眼的，我跟踪他的形像，写了：“烽烟图”：中间老狱长。

如果有存钱，还可以从饭馆里叫饭吃，我存钱不多，每天中午叫一盘面汤，就着窝窝头吃。

每天放两次茅，上午十点一次，下午四点一次上厕所。

有一天，進来两个衣冠楚楚的人物，三十来歲數，穿着呢子大衣，皮鞋，戴着大禮帽。看守把他们关進木栅，这两个人闭气凝神，[redacted]着其事的坐在炕沿上。看守拿了两个小木牌来，掛在墙上，說：這就是平头。説着，用粉笔把木牌上頭画一横道。這时我才明白，這不是一般的犯人，

後来有人傳説，這两个人是吃平漢路的扒手。

有一天他们偷偷的釉起烟来，烟的来歷，據說是放茅的時候他们[redacted]从老看守旁边蹭过，用两个指头从老看守的衣袋里一夾，就夾出纸烟和火柴来，表演了他们的

一下罷本了，傳为笑料，但他們自己並不覺得怎么的，老

老爺們只是笑々，也不覺得怎么的。

有一天，約摸十点鐘之去，老爺們叫了：黑絨團！有

人找！

我即下炕穿鞋，走了出去。有人領我走出大院，向南

去，穿過長廊，走進一个办公室里。椅子上坐着一个人，中等

身材，藍綢袍子，老皂靴子，見我進去，站起來說：我來

教你來了！家鄉口音

我一听，就是有來歷的。我腦子里立映出一连串的联

想：二姐丈的朋友中，有一个齊振林，是段政府時代的陸軍

25×20＝500　（D80 J）　頁

次长，他的四子齐之擎此时正在公安局做[redacted]第三科长，我说

计已是此人真疑了。他开口就问：你参加过什么组织？

我说：我没参加过什么组织。

他说：哦，你在北平干什么？

我说：我来北平考学，同姐姐住在我二姐家里，没考取

西单门大街六十一号。

他问：刘毅实是你甚么人吗？

我说：哪，我怎么能知道。他是官僚！

他又说：你没参加过什么组织，怎么到了这儿？

我说：哪！我也不知道[redacted]！我参加过文学研究会

……要人打我，我自然不能承认什么，有人救我，做为一个革命者，我也就算忍了！

…………

……………

他反来复去问我，我反来复去回答他。他既然说是来救我，又要人打我，我反正不能承认参加过什么组织。问了我半天，也该吃午饭了。我说：晌午了，该吃饭了，过了时间饭就凉了。

他说：你回去吧！

有人领我回来，人们正在吃饭，说是吃饭，也不过一手馍两个，一手馍着咸菜而已。并没有使过筷子。

这也是狱中生活的特写。

一、狱中生活最难过的是寂寞，一天二十四小时，叫你睡十二个小时，不睡也得睡。炕虽不小，人也太多，挤得不行，跳蚤虱子浑身爬，白天无事就锁虱子，想睡也睡不着。我脱下我的毛衣，在一个毛衣上锁下五十多个虱子。这是春天，要是夏天，还不知道有多少虱子呢！

白天无事就编口供，这么想想，那么想想，编了很多词儿，过了十几天，有人叫我：“罗继周！你的事儿完了！”

我出溜下炕，走出来，先到办公室，取了衣物，系上腰带，走出小门，到对过一个办公室里，有人在办公室里說着，說："你侄子來領你來了！"

他拉開抽屜，取出一張紙，紙上有幾行字。仔細一看是我的口供，叫我簽字畫押。我寫上名字，打上手印。桌上又有兩張紙，是我侄子的筆跡，打了兩個鋪保。

我侄子從里屋走出來，說："走吧！"我就跟他一切走出來。到此我才明白，蹉跎一月之久，他們找不出我的犯罪證據，只好取保釋放了。

回到二姐家里，姐丈、二姐、三弟都高興。二姐說："你二哥買了點心、大饃、肉，去看你了，人家不讓看，以為犯了什么大罪呢！"

（D80.6）页　　20×20＝400

听他们的谈头话尾，才知道托了很多人，才放出来的。

第二天，我到更新馆去，看见一千里……[redacted]等人，才知道同一天晚上，也搜查了直隶新馆和其他几个地方，二师范之北平的同学，差不多都被捕了。有几个人住了监狱，没有放出来。我到西华门大街卅十号去，杨仁廷不在了，潘建民的被褥书籍也不见了。我的被褥书籍撒了满地，我把它收拾好，寄回二姐家去。在二姐家住了几天，又回老家去看我的老父亲，见我回家，一家人都高兴。妻子见了我，泪流满面。最难过的是，昌儿还未长大，她又怀了，昌儿要奶吃，又是哭，我见了心里也很难过。妻子年纪还轻，[redacted]着两个孩子，一大家庭，多人管老人，也等人管。我到集上镇上买了半斤白糖来，叫孩子吃。少针

再喂一些榛子粥々，小米飯什麼的，養我長大的，

——革命在前，心中有事，我忘不下我的文學事業，老家不是久留之地，又回到北京。住在二侄子教書的二十四小學，侄子住里屋，我住外屋，依然讀書寫文章。老家不能久留，但是不能呆了，北京又曾被捕，如果再被捕就不好說了，只有出省。此時虛歲二十一歲，實歲只有二十，年紀小，又無生計，如何繼續革命，[redacted]（我真心想去當個人，不欺騙誰，也不欺騙讀者）有一天，黃昏大雨，千里給我打电話，叫我到東城新鮮去。此電話似乎是有事，我騎上二侄的車子去了。中途大雨，車子又漏了氣，我找了一个車子铺，一为補胎，二为蔽雨。補好了胎，天雨也小了，

[illegible]

我继续前进。李子名灯，天也黑下来，只好傻々走。到了直奔新馆，夜晚新被雨淋湿了。见到跋一和平里，[redacted]千里说：：你今天看报来吗？

我说：：没看！

千里说：：有一件大事，你没有看见！

才知道報纸上發出山東劇院招生的廣告，这確實是一件大事，最吸引人的是：免全費。再去，學習戲劇对文學也有益，也是一个新的課題。大家在一起說々笑々，讨论了一番，直到夜深才睡覺，这一夜还是和跋一同被而眠。因为[redacted]也没有第二个被子。

第二天，吃过早饭，我们三人又一同跑到图书馆，到报刊阅覽室看了那个广告，又走出来，坐在林下的草地上，讨论了一会子，最后决定下来：一切考！最有兴趣的，别的不用说：有饭吃了！再说，也敢向这白色恐怖最重的地方。

我便给我选了个假名字。

考场设在一个中学里，我们各自一切报了名。考试的时候，人并不太多，有三个人监考，临时出题：念一段台词、做一段表演，哭、笑……我照样做了，觉得做得并不好，可是因为有些文学基础，表现得也不算太坏。

看榜的那一天，我们三个人一同去了。在北京只考了二三十个人，榜上有我的名字，没有他俩的名字。但，我也不表示高兴，他们也不表示不高兴，因为还可以继续文学

夏 衍 (D80.9)　25×20＝200

事史。

通知上说明，何日在车站集中，坐火车到济南本校。

离开北京的那一天，朋友们都来送行，可是没有千里，他也没有说他去干什么，许是因为作的家国吧！引李也很简单：一个书箱，一个铺盖捲。我雇了一辆人力车，钎别了我的朋友们，到东车站去。有一部火车站上躺着一个像子：山东剧院要开车，我得通知上了车，车上人並不太多，觉得自慰的是车上有一些道具，刀、枪、剑、戟之类。坐了一会，靠着窗户看火车从那头跑来了一个人走了一趟，是么呢？我总觉得不事，在也座別，也想要了更，和我紧紧握手。我问他：“你要这么过下去吗？”

他说：“我就这么过下去呗！”

他比我两岁，都向的意思，是你将来的生活，大概他也感到生活之路是艰难的！他低下头不再说什么，我也不说什么。在这样的北京里，我们都要读书去。汽笛响了，急忙上车，回过头握了握手，叫他回去。火车开行了，他还眨着眼睛看看我。

这天下午车抵济南，下车后有大汽车来接，到济南城里，孔庙门口停下。孔庙的大殿改作饭堂，殿很大，够成几十个人，每人一块床板。按排下铺盖，晚饭就到对过

25×20=500

(D80.6) 京

大院的食堂去吃；八人一桌，四菜一湯，看樣子還算不錯，據說是五北戲的包飯。

坐了一天車，身倦乏力，早早睡覺。

第二天，早早起牀，洗完臉，在院子裏漫步讀書。有一個職員裝束的人，見我讀書，走近來看了看我的書，又走開了。

這是一個大院，中間有洋池，池中有流水，水中有藻草遊魚，院中鋪有石板，石板下有水嘩嘩流著。洋池南邊有一小樹林，樹林南邊有一二層小樓，是院長平斑生幽備舍。[illegible]

備會对过，是一个小劇場，可容五百人。劇場兩側，是各科教室，每个教室可容十數人。女生備食住在劇場的三樓。

據說崔嵬、藍蘋、魏鶴齡諸人，皆是數年前出自此處，叫做山東實驗劇院，院長是劉大悲，教務長是王泊生。中間停了年，現在是第二次開辦，叫做山東劇院、

第二天，同學陸續入校，我床鋪比臨的同學岳雅珪、吳強、

沿街北去，街上皆鋪有石板，石板下皆有流水，居民揭石板提起，淘米洗菜。老殘遊記中所寫：到了濟南，家家流水，戶戶垂楊，風致不錯的。

走不多遠就是大名湖。湖畔有一圖書館，看來規模並

25×20=500

不，華鄰推文學出版

鹊华桥，不过是一个土桥而已。桥畔有里白娘说出的地方，现在是一个烧饼铺，附近有游艇，供人用。离此不远，便是历下亭。通过湖面，远望城堞起伏，有水沙门素经鹊华桥，东门而过，景激幽静。今天晚了，没有游湖。

第二天，全校师生游千佛山，高八里，在城南不远。山上庙宇不大，有风景耳。大家野食水果。

日本长着晚，以后还游不远。过了两天，每人填一张表格：姓名、年龄、籍贯……想学那一门。我填了数学先生，不好理一看，不在花腔甲组。甲组是铜锣，乙组是架子花脸。我有些失望，与时我的思想还是反对封建落后，喜欢谈戏，想不到排出课来，中国[redacted]是主课。话剧不过是这些功课中的一门。

剧院介绍：表演（基础）系学员系，熊佛西先生所在

王泊生先生是北京艺专戏剧系的学生，京东世旗。专戏剧系

学习时的主修学京戏，请红豆馆主教戏。据说他的主修与

同学们有矛盾，被同学哄出来。在北京艺专谭想下房子，

搭下家，延师学戏。居然下海成名，他的主戏是“西蜀梦”，

和“打金砖”。有民族思想。（主文 王泊生先生）后始受到欧阳纲先生的赏识。

他的主张是“新歌剧运动”。混京剧、昆曲、地方戏、话剧、唱歌

于一炉。他认为京戏有黄钟大吕之音，可以代表中华民族

的气魄，所以其的功课以京戏为主。话剧的功课，由吴瑞

燕先生讲话剧，另一课讲日本菊池宽的“父归”。齐鲁大学教

(9.08.1) 王册　　25×20=500

授馬彥祥先生兼課，講「戲劇概論」。帖鳴琦先生講「化裝」和「舞台裝置」。[redacted]先生講「藝術論」。有意的戲劇教師有老水仙花，已經六七十歲了，我忘記他的真字。是由教師們輪[redacted]流。青衣教師是關麗卿……等。花臉甲組教師是侯永奎，原是學[redacted]走旦的，後來[redacted]改學花臉。第一課是「二進宮」，第二課是「臺山岔」。唱腔動作都不怎麼的。由尚傳偉張[redacted]伯華教舞蹈，地平的[redacted]臉譜專家汪鑫福教臉譜，也教舞蹈，武功一開始打「么二三」、「下腰」、「扳腿」，這是一個難点（已經二十一歲的人了），但也有成効。崑曲第一課是「彈詞」，第二課是「刀會」。

我嗓子好，京戏昆曲学得都不错，高腔、滑油山，……不得要领，就不俊，也学不好。京戏的基础课已经进完，昆曲的基础课，是"弹词"，都学过了。

开学十八天，演出过一场，赵紫珠和姜继生的《武家坡》、（他们都是北平人，自幼看戏、学戏，姜继生是票友出身。）郎定一和李平寿的《红鸾禧》，都得到好评，又排了一出雅凡秋多，是[redacted]适泡生的新作，把京戏和话剧结合起来，演出效果还不错。

一九三四年秋天，据得三哥从老家的来信说："……野蛮的马队来抓你，要更加格外小心！……"等语，我来济南一为避难，二为就食，所以不敢和地方党发生联系。有事还和北京的党一通信[redacted]。千里来信说，他考[redacted]了报工学校，有饭吃了。后来当了电工。

这年的暑假，老家寄来挂家。这年的冬季，我和岳雅

25×20=500 （D80.8）

[illegible]

娃、侉之湘，到民教馆剧团去看了一出《李奶奶的扇子》，很为羡慕。山东大师的业余剧团，借我们的剧场演出《雷雨》，演得也不错。这一时期正是济南戏剧运动的全盛时期。除此之外，进德会还有些个话剧团等业余剧团。由于这个原因，使我对于戏的思想，产生了根本的动摇。我想不只是我一人，还有一部份同学思想上有了动摇。

一九三五年的农历新年，我们在山东进德会演出，主角多是教师。我们只有李龙云的你儿。这次演出，我看到了王泊生的《逍遥津》、[illegible]、《贩马记》、《酒楼》、《珠帘寨》，演得不错。看了马连良先生的《火焚宫盖令》、《大为盗

计》。看了朱桂芳老师的《[redacted]有画报纸之》、《珠砂志》、《携龙（也还如）

呼》和朱老师演的《火烧山寨》，不禁多多好，（其实好坏由他）那来我来了，我也不在意

虽然如此，这些[redacted]都不使心情（这些），每天下午，由剧院坐

大汽车到进德会，（稍事休息，）在那里吃晚饭，由附近饭馆送去。有一

天吃锅贴，一时送不来，人们就用筷子敲碟子敲盘[redacted]（叮当）

乱响，直到上了（剧场）垫了，饭还[redacted]（来）吃完。这就是这穷不满心情

的表露。（国民党中央日报上登载了王瀣生，上中央速设中央剧院意见书。）说明他要一心投入国民党的怀抱，大搞封建的戏。

一九三五年的春天，我与吴桂瑶、[illegible]时之湘、吴陵在济南

的一个报纸上出了一个副刊，叫《剧与戏》，第一期出版（有小报一版那么大。）

就轰动了全[redacted]（校），都知道我们会写文章了。在这期上刊登了

(D.80.8) 更　　25×20=500

我的一篇散文《大寨外风光》是写我的宝化之行的。此外，还写了《大姐姐》《夜之交响曲》等几个短篇，未能发表。

岳维琏是定陶平民教育促进会剧团的成员，张之湘是济南文化馆戏剧组的成员。吴强原是济南一个报纸的记者，闻有一篇文章引起教案，碰了钉子，才考入山东剧院，都是白戏的反对者。

刊物一出，提高了我们的身价，觉得扬眉吐气了。学校当局也出了一个副刊，头一篇文章是谈《红鸾禧》，是同学時光中写的，與我们针锋相对。这时，我與岳维琏、张之湘、吴强蕴酿成立话剧团。话剧团的蕴酿，使一些人动了脑筋，有的人有所冲动。

有一天，我和聂希珏到张唯韩老师家去，他和范瑞老师住在一起。几个人谈了一会子成立话剧团的问题。陈老师说：好！井水不犯河水，若干年后的！出乎意料之外，他表示支持我们。中午，张师母亲手做了便饭，还喝了一点酒。

这好比在静水池中投下一个瓦片，溅起了波圈，一圈套一圈，人们思想上都有所考虑。正在这时，路一自北京来信，说全聚德要来济南搞木刻展览了，在济南师范图画教员某处见面。我去了一趟，门关着，屋里放着画架，我见没有人。因为屋里没有人，等时间长了也不好，我就离

(D80.6) 页　　25×20=500

[illegible]

闲了一回到[redacted]剧院，又给臨一寫了一封信，談一個信改變（说明情况，又）

了一个地方，我去了，见到全聲戰同志。有几个人正在佈

置会場，我和他握手寒暄了几句，[redacted]因为要上課，我[redacted]就離開

了。這时，我的心上感生很大的[redacted]矛盾，想離開剧院。回

来後，給臨一寫了信，也給煙台的曹曉民寫了一封信，不（说明要離開剧院的意思）

几天，臨一回信，叫我回北京。曉民来信，叫我去煙台。我

还有一个想法：渤南是个好地方，氣候溫和，很少風沙。

[redacted]在附近找了找，[redacted]還有一些出租的房子。我想在渤南過起

文學生活，但又怕不能養活自己。下定决心，要回[redacted]北京去。

這时，禮拜六晚上，拂了我的觀點，進室，因为心中不静，我忘了[illegible]

[redacted]王洵生在老生教室落了大淚：不要为政

沿辐柱，没有这么个地方，你们到那里去研究戏剧！"小常懊丧。

这时，我怕弄僵了，如果陷在泥潭，一点办法也没有。和岳维理商量，我下决心回到北京去，他也同意了。我找到青主任谭伯平，说明要退学的意思。谭伯玉说：觉得不合适，可以回去！这时，我的身心轻松了很多。

第二天一早，我收拾书箱，打点行李，吃过早饭，叫了一辆人力车，到车站买票上车，回北京去。

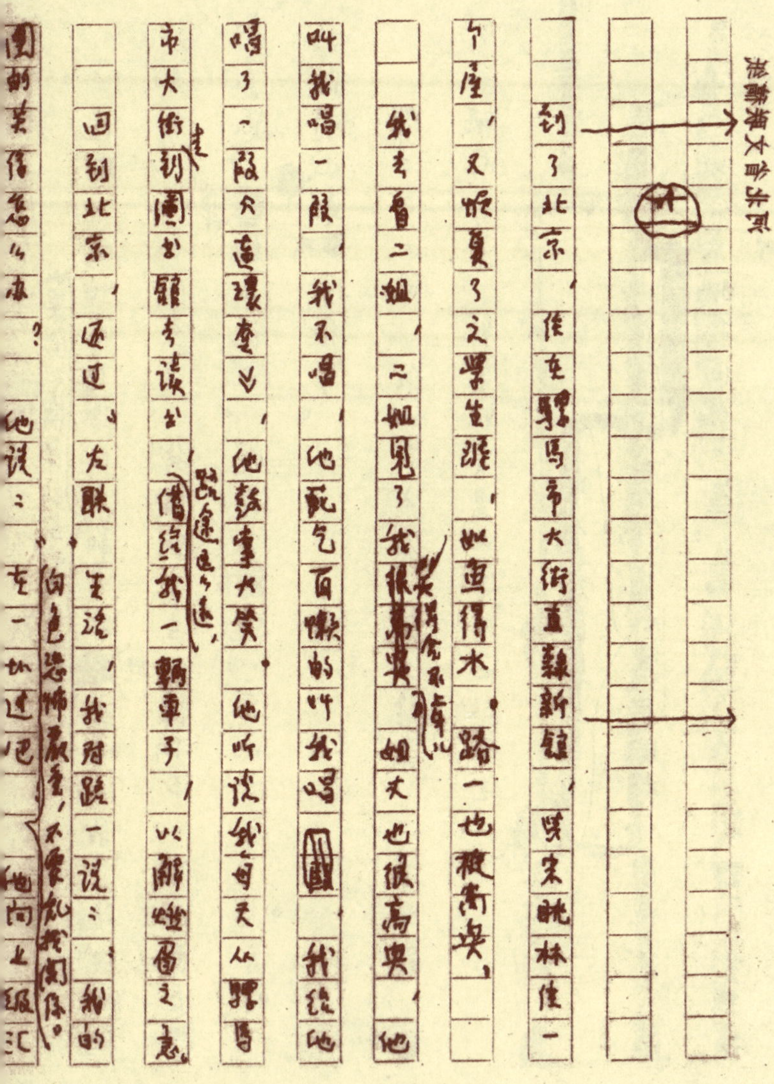

到了北京，住在騾馬市大街直隸新館，賢宋眺林住一

个屋，又恢复了文学生涯，如鱼得水，路一也很高兴，

我去看二姐，二姐见了我很高兴，姐丈也很高兴，他

叫我唱一段，我不唱，他就气百懒的叫我唱，我给他

唱了一段《连环套》，他鼓掌大笑。他听说我每天从騾馬

市大街到园子顾书谈书，借给我一辆车子，以解路途之意。

回到北京，还是去找王说，我附跪一说：我的

园的某位怎么办？他说：走一趟道吧。他向上级汇

轄了，給我指上面的關係，就此路一綫……

會館前兩層是……房大院，都是舊式房。屋裡桌凳都

很簡單，還常木嘴。年久失修，油漆都脫落了。窗戶都是木格子

糊紙，房租每月一元，還管水喝。這大概是过去的商人所

修蓋的，过厅中懸掛着蔣武芬、陳嘉楷……等名人書寫的

匾額，用聯合故鄉之誼。現在住着一些窮學生、亡命徒。

會館生活，和劉院不一樣，是絕對自由的，無人管理。

千里已經不在了，從東北轉赴四川之作。同住的有梁毗林、

段一鳴、許春楷……等。梁毗林和許春楷早畢業北京鐵路，都上中學，段一

鴻養病，不知道他的職業了。

25×20=500 (D80.9) 页

每天九时起床，洗漱之后，吃了早饭，骑上车子到图书馆去。存上车子，一进门先到报刊阅览室。随着翻阅息，有去找日本报的新闻，再看副刊，有什么文章。然后到取书处，写取书证，到大阅览室读书。大阅览室阳光充足，看那几条，这是几本书都没有。看到十二时，放下书到饮水处喝两杯开水，坐在长椅上休息一会。在这里经常遇见赵一、杜俊东……等二师同学，这一时期大部时间是读日本文学，并读有大作。下午再读一会儿书，三时出馆，骑车回宿舍，洗一把脸，休息一会，四时吃晚饭。晚饭以后就是休息时间了。

一般的是上午吃十二两食粮，下午吃十二两面条。十二

了著粥班在白七斤多，但是营养已经吃了，每天一个鸡蛋腰

费，还可以稍下三大枚，涮以打灯油。生活是艰苦的。

　饭做多事，换一个灯泡。多亏了去，经常到陶然亭散

步。当时的陶然亭，一片是芦塘，一片是荒坟，在荒坟中

觅得高君宇及石评梅女士合葬墓，读了碑记，石评梅写了一首好诗，刻在碑上。不禁肃然起敬。当时陶然亭也没什么可玩的，那么一些的黄土和碑记不知看了多少遍。每到石评梅墓，盘桓不忍离去。

　黄昏之後，夕阳西下，七八点钟回收工作，一直工作

到夜两三点钟才睡觉。夜晚多是写东西，有时写诗，有时

写文章。这一时期写了散文《塞外之幻》及《笔记》、《卢沟桥忏悔录》

读後等，发表在笔谈报上，刊物也都忘记了。

　此时胆子也都是人物、故事、骑着车子也横冲。一日，

骑车行经中天电影院门前的广场，前面一个挑着担儿走着的，因为心不在焉，也闹不清是我碰在他的担子上，还是他故意把担子一横，撞在我的车子上。花篮上的砂锅哗啦啦滚了一地，掌柜慌忙赶来，敲了敲，拣了拣，一共该赔他五块多钱，一摸身上没有带着，只好把笔记簿子押给他，回会馆取了钱来，还了他三块多钱，才算完事。腊瓜子太热了！

时隔不久，接张之湘自济南来信：他要来北京考中央剧院，我也在报纸上看见中央剧院在北京招生的消息。这时小南屋的屋瓦盖了，我搬进南屋，光线暗点，也还大阔绰。

[illegible]白日千[illegible]之迹[illegible]之[illegible]试

不出的高兴。我接他来到会馆，同榻而眠，他来带行李，

我们二人只有盖一条被子。还有一个同学陈崇伟也来考中央戏剧院。

考场设在一个中学里，我们一同报了名。

考试的那一天，早晨，我们一同来到考场，见到马彦

祥先生和向培良女士，他们都是主考人，我以为大有希望了。

结果他考上了，我未考上，陈崇伟同学也未考上。

选回湖南不久，他来信说，岳维瑾也到北京，

住西四前英子胡同公寓里。我就去看他，相见之下，各以

喜状，山东剧院毕竟不是我们呆的地方，还是回来好。

(D80.9)

25×20=500

北京市文联稿纸

岳雅琏住在公寓的后面一个小西屋里，很清静。这地方离图书馆近，我想搬来和他同住，他同意了。经过館一的同意，我搬到岗英子胡同公寓住，每天節约很多来往時间。吃饭在萬番饭馆立了折子，根据雅琏的習惯，每天吃两数饭，每数饭吃一小碗面，两个窝窝头，也是一角钱。

这一间房，每月四元，有电灯并有水喝，每人二元，也不算贵。一切按排停当，照常读书写文章。報上有修仲直日文学習班招生的廣告，（每学期学费四元。）我去報了名，每晚去学两个钟头的日文。当时因本翻译马列书籍较快，学会了日文，好读马恩原文。

一月，费隆涛分，（当时在香山慈幼院教书）

晚秋的话剧，我去了，忘记这出戏的名字。虞怀彼的头枝
倒底不同一般。
过了不久，宋老师来信，要文章，说是有个同乡王子
要在天津办个《北调》月刊。我把《父姐之》那篇小说，修
改了一下寄去了。不久刊物寄来，是个小册子。此后王子
要来信要文章，《北调》月刊办得不错，是鲁迅先生说过的。我记得公寒的《樱花》也是在这里发表的。
不过新文字占去一小半，文章都很简短，显得单薄了。
张之湘、岳雅琏等人，办山东剧院，说明这个剧院底
成功，一个高中的经费，养活九十个学生，他贫污不少，我
写了一篇字的文章，揭发山东剧院的阴私。正好张鸣琦先生也

25×20=500

回北京，我和桂瑾去看他。听说我要搞山东剧院的问题，他说：一把文章拿来！叫他给你们一点事做。我把文章给他送去，竟如石沉大海。我们上了他的当。张明琦先生是个老实人，他不会干对不起我们的事，甚至出卖我们。没来听说山东剧院闹起[illegible]风潮。

後来他说熊佛西先生要成立剧团，约我们参加。操持了一阵子也未弄成。後来，金擎野也打算搞剧团，也未搞成。那个年代，想成就一种事业是很难的。

这年冬天，我跟黄维瑾学会抽签，每天晚上把卖糖葫芦的老头叫进屋来，抽两把签子，赢两盘儿糖葫芦吃。抽得起劲了，老头找不到买卖，把一头头猪进来说说：黑儿里：小小拢来？"既然进来，就只得拖了，日积月累，欠下老账三百多铜元。也有好处，常吃山楂，我的胃病也轻了。这段生活，写进《烟囱》里。

穗珪的同事钟润華的爱人馬笋青在市政府做小事，住得离此不远，夜间常来坐坐，他会拉京胡，又引起我们的戏瘾，每天晚上唱两段，解解闷儿。

不久，山東剧院音乐系同学李志曾也回北京，他是学琵琶的。说他在剧院病，打算在协和医院治病，还谈到他的哥哥在监狱里，想借几块钱给他哥哥送去，我觉得实在为难，每月稿费仅够维持生活，那有多余的钱帮助别人。我问他老家情况，他说他是陕北人，那里正闹红军。

25×20＝500

女同学蒋爽也回北京，住四川会馆，我和维琏去看她。他是学青衣的。她住在一间大房子里，光线非常阴暗，白天也亮着电灯。她见了我们，很愉快地谈及当演员的情况，她觉得还不错，有些人在闹山东剧院，可见她混得不好。

这年，我和维琏同在会馆过年，来往的人不多，清平日子照常写文章读日文。丁浣川老师的夫人，路瑞来访，谈到了老师的狱中生活，现在谈她读了很多书，正努力学英文。她说她想跟我学日文，我同意了，并把日文讲义借给她。

这个年头，进步青年经过几年的监狱和被捕坐过监狱，是平常事，和以为

奇，第二师範的老师吴永宁、刘清泰都作了监狱，因此，

我对舊社会更增加仇恨。

这一篇文章，我把它交给文定尚以修改给他。後来，

他给了我两本刊物，是由师範大學出版的《今付月刊》。他说

这篇文章，吴承仕老先生看了，叫我转达你：写得不错，为了追求语言的美，在文法上有十一

点错误。当时因为在白色恐怖下，含蓄过甚，但还隐约看出

轮廓。文化大革命之后，由北京师範大學中文系米全顺同志找

到这篇文章，復制一份给我，看过之后，几乎看不出是什

么意思来，我把他保存在《文選》里，做为资料留给後

人研究。

页 (D80.6) 20×25=500

一將大狗這個人物在心中完成了，我寫了一篇文章，內容是寫軍閥混戰，此人殘奸良女的。寫成寄給大公報文藝副刊主編沈從文先生，他寄回來，並附回信說：這篇文章寫得不錯，但是太長，請你寄給蕭乾先生，我寄去了，杳無音信，後來不知怎么遺失了。抗日期間又寫了一次，是寫偽軍殘奸婦女，無處發表，後來又丟了。最後，這個人物典型保存在我的紅旗譜和烽火記之中。

日文學了將近一年，已經能讀書了，我到東單日文書店裡買了九本日文雜誌。在日文報紙上翻譯了九篇文章，寄給金潭燈，發表在北平新報副刊公綫綠軟德之上，他是副刊編輯。

这一阵写文章写得脑子有点昏，一日上街，我骑车去图书馆，路过西华门，慢慢悠悠看见前面有个老太太，端着一个小饭篮，慢慢走着。按理说我在该拐弯停车，或拐个弯儿过去。因脑子里飞在构思，不及拐弯，也未拐弯，正要撞在老太太身上，老太太自摔倒在地，小饭篮里盛着几个鸡蛋也未打碎，一个警察跑过来，把我们带到派出所。老太太也未怎么的，他训斥了我一顿：……你应该遵规而行……，甚责备别人，说我两人，也不知怎么，就碰在她身上了。警察放了我，心中懊丧，也未去图书馆，回到公寓里。过了几天，我买了两斤点心，去看了看老太

(80.9) 宣林　25×20=500

太太、老太太高兴的接待了，说：“看你也是一个老实人，还饶这个子么了。”我又陪了一会子礼，道了一会子歉。

六月，段瑞跑来告诉我：“陆川出狱了。”就住在附近的客栈里。我怀怕去看他。紧紧地握住他的手，不知说什么好。我向他道歉，在他住狱期间，也没得去看看他。他会意的说：“没有什么说的。”谈了一会子狱中岁月，看样子还不显得瘦。

一日，陆川夫妇来访，我跟雅琦做了个介绍，并请他们喝了汽水，在大酒缸上喝酒、吃萝卜馅饺子，说不出心里有多么高兴。

陆川约我一同住，一起找了会子房子，又觉得在一起住不好，也就算了。

时半日眼睛都痛得发酸，我要被搞了，我心中更焦心焦。

当时他已搬到城西骆驼庄住，每隔些时也得去看看。伸手一摸，裤袋里只有三角钱，如坐车去，只有去的车钱，没有回来的。当时我才买了一条葱绿的衣黄布裤子，脱了下来，润手，跑到当铺里去。老掌柜在高高的柜台上翻了一下，说说：“三毛。”回手就给我。我只好迎上去说说：“三毛吧！”一条裤子当了三毛钱，坐上车子到了骆驼庄。找到门牌号数，推门进去，跟一道面走出来。我哈哈大笑了，原来是一场虚惊。

时间已经到了中午，他陪我在门前的小饭铺里吃了饭。

(D80.6)　页　　25×20＝200

北京市文联稿纸

我告诉他，我的胃病又犯了。他也有些发愁，自己无钱治病，只好回家，先治好了病再说。此时正是一九三七年六月下旬。

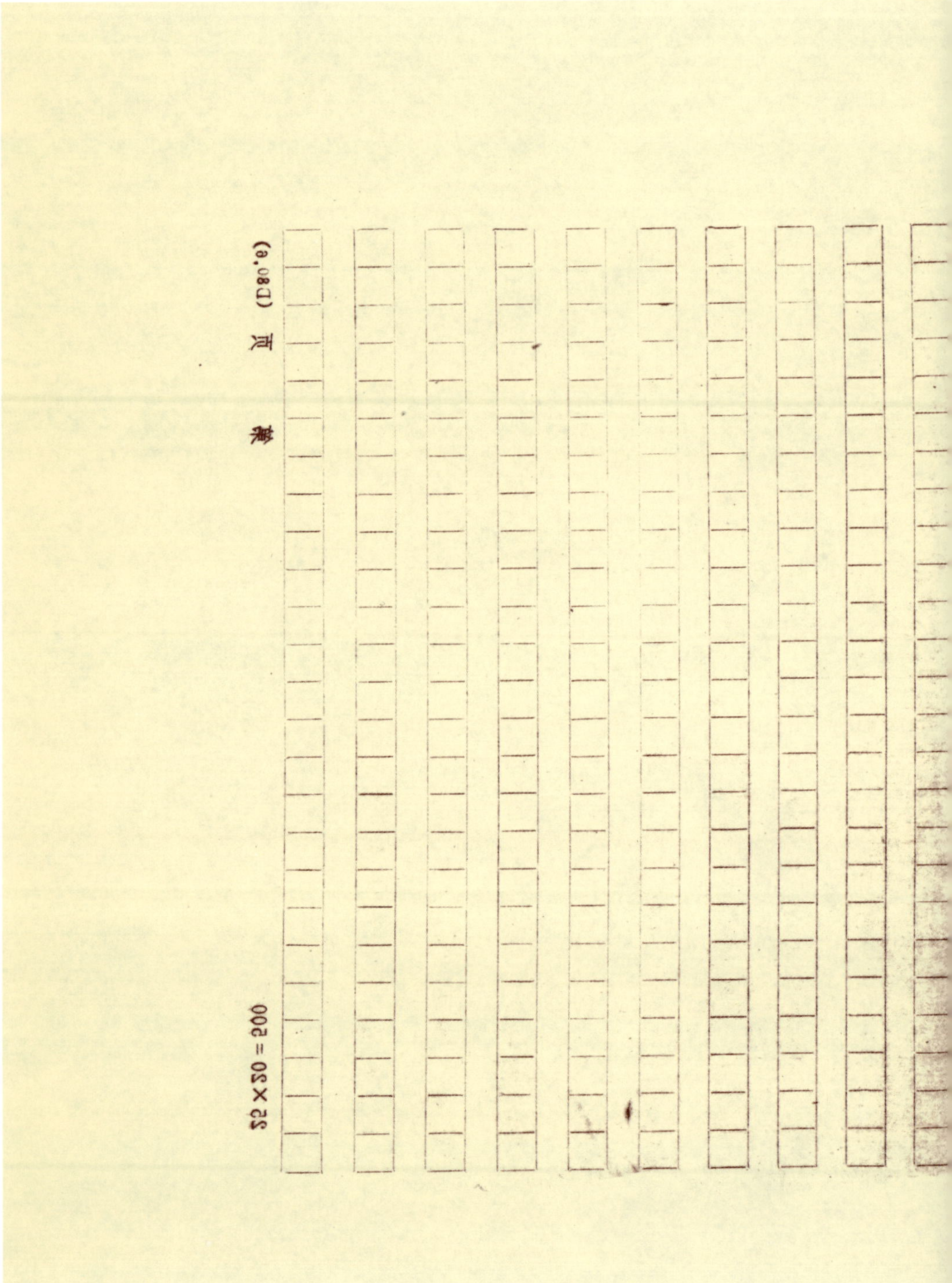

烈火青春

【精选】

[illegible]

烈火青春

我在白洋淀看到九分区政治部的同志，可以想像（司令部、政治部都转入地下）到同前敌人的气焰[redacted]时。吴之人同志派人把我送到黄（香、特子跟随他们，有些不便，）庄刘纪同志家里。

在刘纪同志家里住了几天，他谈了这几个月来新世纪刘北同志[redacted]的情况（怎样转到北京、破、路西），我也谈了路西根[redacted]据地反"扫荡"的情况。又回到我的老家梁家庄。回家之后，通过老朋友都看见的

住了几天，[redacted]同志，派遣着（团、都派到北京工作。）

自从敌人蚕食了蠡县，梁家庄村里没出过什么事情，两面（路东、路西都……区小队都转入地下。）

政权，人情还好，我在[redacted]村里住着也还[redacted]。我把家里存的书找出来，[redacted]有文学，也有社会科学。一个人在屋里翻〻看〻，时间[redacted]长了，（不能露面，不能见阳光，）也有些苦闷，但也没有什么办法。有一天，早饭以后，果鸿声站在大街上，朝着北胡同骂大街。骂了一会子街，又到我家里坐了一会，[redacted]红着个脸，眼皮也不抬一抬！嘴里嘟〻囔〻，好像有多么大的[redacted]委屈[redacted]。

后来，我打听了一下：我们本家侄子果大有当农会主任，（他是我在《红旗谱》上写冯大有的模特儿）果大有的侄子果运来，参加[redacted]村游击小组，平时就在果鸿声家睡觉；因为果鸿声的内弟在城里宪兵队里当特务，这样好像保险一些。但是事出意料之外，有一天黎明时分，果运来被城里的特务抓去了，至今没有放回来。这时就有人说，城里特务抓果运来时，果鸡声的内弟在村西里等着，脸上带着口罩。这样果鸡声就有嫌疑了，果鸡声指不过脸儿，因此说在北胡同口上骂大街，向果大有示威。他到我家来，也有用意：表示果运来被捕与他无关。

当时，我判断：此事在两可之间；也可能是果鸡声他内弟勾结，把果运来抓[redacted]去献功。也可能是他内弟知道果运来在果鸡声家里偷夜，就把他报告了，也就是说，现在还不能判断果鸡声通敌。

和果鸡声在一个村，有个叫梆树猪的，和伪乡政府的

宜孩班長王士奎是表兄弟。王士奎和我是高小同学。[redacted]柳树
楷的哥々柳長常在我家做些零活，两家合着买了一个骡子，
關係还不錯。但梁鸿春和柳树楷都不是正南巴北的莊稼人，
遊手好嫌，喝些小酒。他们也不反共（通敌），因为共產党在地下
还有一定势力，如果有通敌（以）[redacted]，就可以用手鎗隊对付他，
这小隊也可以在夜间把他揪出去活埋。但城里宪兵隊的[redacted]
特務头子常常偽装出城，包围村莊抓捕干部。就大隊有附
也打个小仗。两方势力相持不下。为此事，我曾寫过一篇散文
登在晉察冀日報上，署名金子家。原来在
一村里还有一个叫梁鍋的，[redacted]十七團当连長，也许是
因为環境惨酷了，被打懵回家。听说他在家里，也常来隊
怕他堅持不了，

谈。以来，我发现他先进，先进之后没再作——也亲有联系

了。

义井是老区，广大人民群众受了深刻的爱国主义教育。

村中群众条件是好的，村支部书记梁万来，村长梁振英都是贫农，已经转入地下。再者，我姐夫刘桂奎是有名的人物，联络员梁××，是个老实的庄稼人，也还是经过人送之学，去也不会出什么事。

还在北[redacted]平。我大侄子和二侄子都在北[redacted]平，故对心理的人们[redacted]，我们老四哥在村公所工作，村长作是两面的，情报也很灵通。

也都知道。再者，（我们老四家在村里是大户，）我担任了教育工作。根据以上条件，我

在村里争了居住证，合法存在，非法活动。

村北里据点伪军中队长姓蒋，不是铁杆汉奸。有时常

着伪军人到村里转转，也不问什么。我就在这个环境里工作下去，（因为他身上经常有什么油水，）

去，坐陪下去。但我不想和王士奎拉关系，因为的还是到北

手去。
这年冬天，我通过三哥向梁宝鉴借了那部《红楼梦》。<未
这部《红楼梦》我曾经看过一次，现在又把她借了来。这部
梁家珍藏有的《红楼梦》，是梁宝鉴的爷爷梁有蕃留下的，
梁有蕃是我们老梁家院里的家族长，我们
木版、十本、共八函。
当我上村塾时，常到村塾里来坐坐，当时他已
他爷爷[redacted]
经八旬有余，身体结实（有点驼背了。），白发红颜，说起话来，嘻嘻哈哈
[redacted]，满喜欢的。就是梁姓的家族长，但和霭可亲，他会
（三斋唐相著。）
念上九流、中九流和下九流，还会吹箫，会唱曲，给我们

20×25=500
(1)80.6 京

手稿复印件

唱过《大四景》。但他不是读书人，不讲孔孟之道。有时讲起《红楼梦》，说《红楼梦》以假隐村人，是教育人的。当时全村人都尊重他。

有以上的条件，我实在在屋里读《红楼梦》，写文章。因为黑暗搅乱地面，就是特务们常出来扫荡，也可隐容不迫[redacted]、就是不敢出，避得很草率，但这次[redacted]读得很细致，一直读了好几个月。

一在这个时期，村中发生了两件事：一件是。五、一、大扫荡之后，根据地变质了，大部份村庄的上排户推翻统治者，发，实行投敌撤派公款，我村也不例外。〔这个情节写在《翻身纪事》中〕因为敌人的力量很优势，我们也不理他们，以后和阶级矛盾，[redacted]保存力量，留得青山，花，不怕没柴烧。再一个问题是抗战几年来负担重，勤务多，小折城被踏，挖地道……等，人们把这些[redacted]问题推在村长梁振奥身上，再加上村干部有些强迫命令，对梁振奥有意见。我出面请停，暂时叫赵万增当村长；赵万增是我小学的同学，是党员，他[redacted]当村长，和梁振奥是一样。但是，跟赵万增谈了几次，他不肯干。当要，在这段情况下当村长是有危险的。——————

——为了搞经常鸡声和梆树梢，我曾经请了一次客，请他们喝了几杯酒、这也是……二、二。扫荡以后的新情况，把令风气倒退，恢复了请客送礼，我所以这样做，是为了我在村里太平无事。我的共产党员的身份在村里是秘密隐蔽的，便于以遮掩敌人耳目。因为我没在村里工作过，没得罪过人，做到天和、地和、人和。

张东辉手.

但是事出意料之外，有一天晚上，城里的特务来抓前任农会主任常明，常明未在家，没有抓住。常明家住在[redacted]错对过的东胡同里，离我家很[redacted]近。这件事情我是亲眼里揣揣的，叫我看看。当时，我考虑，老家总送不了家人，一定是村里有了通风报信的人；此人是谁，我圈定了三个人，一个是梁鸡声，一个是柳树楷，一个是田墨锦、柳树楷的可能性不大，梁鸡声也有可能，当时我[redacted]考虑是田墨锦，但也有可能，因为此人是个不懂事的人，喝大酒，反复无常，[redacted]因此我就不让他到我家来了。

既然有此事发生，我就不得不[redacted]注意了，把被[redacted]褥搬到北院，把[redacted]坑上高粱秫稭，此时方在冬天，天寒地冻，我守着洞口睡觉、读书写文章。此时常来往的人，有刘纪和刘田——[redacted]补研究敌情，[redacted]研究工作。

——有时到四姐家去住，除了四姐，还有三个小外甥，也挺方便，我好带，但不便于写文章。

——有时到黄花刘纪家去，经常是在黄昏时刻，在菌棲西边通过公路，半里路，有条林荫小道，到[redacted]辛集镇，我大姐家里。我叫外甥把村支部书记韩福全叫了来，他见我穿着猪皮毡绒棉袍，劈头就问："你现在[redacted]那边了"，

——他一下子把我问楞了，韩福全是一个老同志，歇过没

见过面，但我的名字他是知道的。我说：“你还不知道我？

我会上那边去？”

他听我的说话，便不再说什么，谈了会子交情，他说：

“你在路里同样[redacted]大点，得注意！”

东关镇是个大村子，有一千多户人家，人情直朴，不便久住。在黄昏时刻，通过北宋村西的一条小道，到黄龙刘纪家去。

刘纪同志把我按排在他三叔家睡觉，[redacted]回家吃饭。老人还是和和气气，当客人招待我，但读书、写文章不怎么方便。村子小，人情好掌握。都与大杨庄的

[redacted]刘纪[redacted]的老[redacted]更熟，和部深的父亲[redacted]大绅仕全交[redacted]有

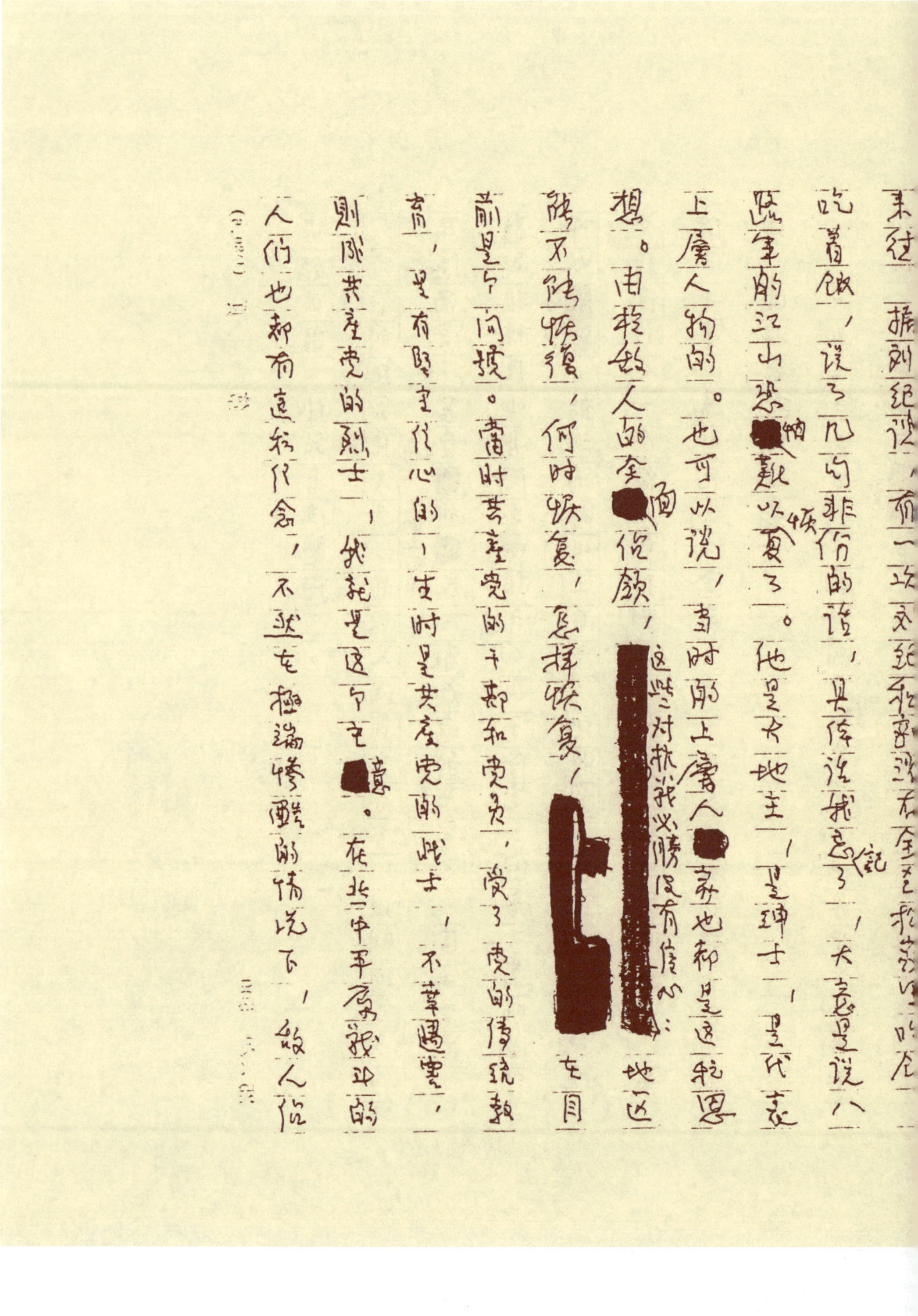

来往。振烈纪说，有一次文纪和家强在全之我家吃在
吃着饭，说了几句非们的话，只能说我忘记了，大意是说八
路军的江山恐怕[redacted]难以恢复了。他是大地主，是绅士，是代表
上层人物的。也可以说，当时的上层人[redacted]家也都是这种思
想。由於敌人的全[redacted]面侵欲，[redacted]这些对抗战必胜没有信心：地区
能不能恢复，何时恢复，怎样恢复，[redacted]在目
前是个问题。当时共产党的干部和党员，受了党的传统教
育，是有坚定信心的，生时是共产党的战士，不幸遇害，
则成共产党的烈士，我就是这个主[redacted]意。在北中平原我们的
人们也都有这种信念，不然在极端艰苦的情况下，一般人很

佔領區的工作就無法堅持了。

在刘紀家住久了，我就又回到老家去。但时间長了，东隧西会，甚至[redacted]村[redacted]人，都知道我在家了。這年冬天，薛陞根据周小舟同志的指示，到了保定，但是又有縣的关係可以[redacted]存身，敵領流離地过日子。他遇見了郭深，郭深把她交給南并人一个偽人員張樹穗，張樹穗把他帶回蠡县，交給王士奎。薛陞在王士奎家里住了几天，我到黄花刘紀家里，這样就把刘紀暴露了。

一九三三年四月，薛陞到了我家里。一天中午，我和刘紀、薛陞正在[redacted]里吃飯时。妻說：“我先挂上大门；

壬奎。（不声不响，）跑回来说：“王士[redacted]奎来了！”

——听得说，我与刘纪把屋子一收，慌忙（走出屋门，）爬上小东屋，房里屋走到我三哥院里。通过南街，跑到赵锁花刘通腾同志家里。当天晚上饭，通腾请我们吃火锅。娃女才结婚，老赖家郭[redacted]泡之来约，第二天上午，在泡之同志家里吃了一顿平盛的午餐。

——回家之后，问王士奎说什么来。薛聪说，王士奎见到饭桌上的碟[redacted]子，笑了说：“老是躲着我干什么？”表示不愉快。但是无论怎样，我（虽然有欲之他弱，是）[redacted]不能跟他见面的，因为他仍是一个特

政府的宣接班长，还不够"上层"的榜。但自此以后，王
去奎有一种错觉：认为我家里是敌之郡。我听刘田把蒋魁送回安平老家去。
一[redacted]自此，我不得不另辟蹊径：经黄苑向北去，约四五里，
就是大杨苑，王家南上，是我姥姥家。有一天，我去看了
首先到东院里想着[redacted]二舅，[redacted]我对二舅印像很深，未完叫这个
形像，就是按二舅的形像写的。二舅不在家，他到魏佐大家
表姐家去了。二舅母去世，只剩下三个表兄，福增表兄。
西院里，大舅[redacted]去世，大姨去世，表姐出嫁。二姨妈去世，
二舅去世，只剩下景文表兄，老马表兄；这几家人家都论
[illegible]

表嫂是妇救会主任。她是个聪明能干的人，而且能说会道，见了我表示欢迎。这时正有青救会和妇救会的两个干部在她家住，我了解到这儿是常住干部的堡垒户。中午，表嫂给我烧了白面饼，炒了鸡蛋。

大杨庄是个大村子，约一千余户，党的基础、群众条件都好，是我搞通讯时常住的。而且这王家角只是在这个大村子的一个角上。形势好，便于迴避。我在表嫂家里住了两天，就又回到黄花。

在这个时期，我写了几个短篇；一个短篇是反抗日人家的，以时代背景为模特儿写的。一个短篇是重现将大狗的；这个短篇一九三六年在北平时曾经写过，是通过将大狗这

沈蘇胡文齋出品

个人物，写蒋冯阎中原大战，蹂躏乡民，强奸妇女，无恶不

一万多字，寄给大公报文学副刊的编辑沈从文先生。他

没有用，写了一封回信[redacted]，大意是：……这篇文章写

得不错，就是长了一点，请你寄给萧乾先生……。当时萧

乾先生正编《水星》月刊，我把这篇文章寄给他，如石沉大

海，渺无音讯。就这[redacted]过去了几年，这个人物还活在我的心

中。我通过汉大狗这个人物，写伪军的行径，在日本鬼子的

庇荫之下，疯狂扫荡，强奸妇女，从来有了民族是非，掳

掠来归。也有一万多字。

一回是写鬼子第一，王士奎之[redacted]来，刘果家死，刘也王某里，

我三哥握住了他，他要求和我见个面，我三哥跟我商量，是否见他，我想了想见见也无妨，[redacted]能用就用，不能用是他也不敢惹了我。就在我三哥屋里见了面了：这时，他满脸怯黄，穿着灰黄破烂大挟襖。寒喧了几句，他表示对我和跪一替了意。我讲了世界大战的形势，苏德战场的情况，都是他要听搞明，很兴之作。

——他说：本来他是有这个意思的。八路军这日本鬼子夸了坚信，日本鬼子把他绑在木柱上，叫狼狗围咬他，把他[redacted]坏了……！

——我告诉他，即使不能过来，也不要干坏事，做个朋友，留条后路。——谈到这里，窗外有人走过，一边走着，一边嘴里砸着麽嘛，很不高兴。

这个人名字叫姚栋，是东平村我表姑家孩子，在城里当特务，他找到我大哥院里，我大哥拉住了他。他的意思是说我看不起他，不和他见面，很不高兴，我大哥安慰了他。

在一九四三年夏天，我方的伪军工作、城市工作，已经初步深入敌人的大小据点，有了影响。在伪人员中留以有个八路军的关系为荣，敌我力量的对比，在起着变化。

这时，这个区的副区长被敌人陈德

我在家里当着也很不安，吃完早饭，我就到我三哥院至，对门正在盖房，搬砖的搬砖，会泥的瓦泥，人来人往，我就藏在西屋的鸡伏棚里。这地方很机动，我三哥院子的后门，与我五哥院里相通，前街通后街，敌人从前街来，我可以通过后门，向后街出走。敌人从后街来，我可以跟在盖房的人群里，从前街出走。[redacted]——————

——我定下这个方案，我就睡在鸡伏棚的小炕上。我正在睡着，[redacted]听得布际步声、人声，走进插门。我探头一看，有伪军走进院子，这时我意识可走了。鸡伏棚外头，有个梯子，我就爬梯子上房，想越墙逃走。当我刚爬上[redacted]房沿，隔壁就在那边房顶上大喊："那里跑！"追着就跑过来。我急忙下

25×20＝500

了样子，要混在人群里逃走；这时候伪军把我抓住，我神情泰然自若，从容处之。不提防的伪军中有一个人说：“原来你在家里？”

我把底细说给他听，我说：“我早就不干了！”

这个人叫时敬文，曾经参加过剧社，他认出是我，说：“不要紧，我给你说说。”说着，伪军把我弄到院子当中，坐在木头上。这伙伪军也就有二十多人，大概是一个小队。他们守着被俘的连长，到西藏家来找洞，西藏家叫黑犊子，是个老僧侣家。

这时，一些工作人员也就上了场了，鸡鸣声也出面了。

一面给伪军们烧水，一面和伪军队长打交道。我就在一旁看着，思考着，直想逃走，但不得机会，伪军们大部份上了屋顶。村北商楼上的伪军也都到村里了。

——伪军们一边吃着饭，果鸿声一边和伪军队长要回这俘虏，我不知道敌人和他们怎么说的，也不知道花了多少的钱，敌人走时，就把我放下，伪军队长看了看我，点了点头，笑了说："你真能行！"

——伪军走了，果鸿声找我谈，笑了："钱很好敛！"

——这是当时的一种制度：在极端惨酷的情况下，八路军的工作人员，在那村被伪军抓住，如果能花钱赎出，这笔钱就出在这村的人们头

沉静温文的少年

上。从这里也可看出八路军、共产党与广大人民群众的鱼水之情！这也就激发我们的工作人员的彻底为人民服务之精神。

自此以后，我就不敢在家里睡了，转移到此胡同里一家贫农黑万喜家睡觉。黎明即起，背上一件农保到村北大闹沟里去，我经常一本书到园子里，[redacted]打开书本读书。

有一天，我正在读着，村里来了伪军，闹得鸡飞狗跳。我赶快离开这里，到更远的地方，一个杜树坟里，在树下读书。等敌人走了，黄昏时分，我回到园子里，谢家槐，有伪军到园里来找我。我回到村里，才知道是原先来的中一大队大队长

吕金亮被杀了，在家乡藏了好几天。黄经给我写下一封信，过去在十六队时，我认为此人不可[redacted]

叫我到城里一谈，我嗤之以鼻。

[redacted]靠，是P消息，如今果不出我之所料。

有一次，他来了，把我五哥抓住，误认为是我。查

到城里道上，才把他放回去。城里有些熟人，认识我的，到此时为止，我需要[redacted]离开这个地区了，也应该

都知道我在本乡。到北平去做我的工作，我派人到[redacted]黄花去，

[redacted]

把刘绍同去叫来，商量一下：这件事情需要和地方党取得联系，

[redacted]

免得发生误会，就决定去找九地委[redacted]宣传部长郭春园。

[redacted]

他在蠡县五区一带活动。他原来是蠡县的县委书记。

[redacted]

第二天吃了早饭，我们就上路了，一直向正东方向走去。到了卧牛庄，

也就到了黄昏时刻，遇着一个熟人，是县里小学教员陈桂棠。他问："你们来干什么？"我们说："来找郭春园。"

他说："那个好说，先到家来吧！"

说着，走到陈桂棠的家里，[redacted]进了栅门，进了二[redacted]，是三合子大院，走到北方上屋，看样子是一个富农人家。说着说，也就到了掌灯时分。家里人端上饭来，菜粥、窝头、一小盆炒菜，也就是家常便饭。就是家常便饭，吃着也是比香甜，因为肚子早就饿了。

吃完了饭，陈桂棠领我们到郭春园的办公室，也就是一家贫农的小北屋，一位老太太招待我们坐下。等了一会功夫，郭春园带着两个警卫员来了，见了我们说："你们早来了！"我说："我们等你半天了。"

情况紧急，见我们已经接头，他就走了。

——秘密时期，他接高级的负责同志，办公在一个地方，居住又在一个地方，是绝对秘密的，住址也不知道。办公都在夜间，有事情需要讨论的，在这个时间接头或是开会，开完会，就各自分头走了。

——我把在这儿寻找接头的经过，要到北[redacted]平去的话跟他说了，他不以为然，说："唉！我没有什么不诚恳的！"他曾跟我谈过，要留我在这里工作。但我已经接头的，这里到北平去。他也觉得更可如何。

——说了会子闲话，接头的人越来越多，我们也就先[redacted]锋了。

看天色已晚，

(a.0827) 三

走到大街上，已是三更时分，全村安静无声，人生地疏，无处可去，只好又走回到栈房来。走到门前，一推头门，已经落锁。无可奈何，爬墙过去，外院里静寂无人。推了推二门，紧紧闭着，隔着门缝看[redacted]里院没有灯光。我俩在院里楞了一刻，[redacted]看见头伏棚里有一盏亮光，推门进去，有两个牲口在槽头吃草，老长工在炕上打着鼾声睡着，我们俩人也就上[redacted]炕[redacted]，和衣睡在里边。走了一天，这时也真在累了，也就睡着了。

一觉睡到天刚黎明，老长工起炕，挑着饮牲口。又套車，赶车出去。这时，我们已经醒了，只是睡着[redacted]眼睛，

等时桃菜来叫我们吃饭。这时我想，这里睡着两个人，怎
长之路不跟[redacted]时桃带说吗？时桃带话不来叫我们吃饭吗？可
是，我们在炕上躺了半天，也没人来[redacted]面。只好自己起来，
推门一看，太阳已经老高。院中静悄悄无人，也不知时桃带
是否在家，也许她已经下地了，或者躲开了。她家里人，
我们也不认识，也不好要饭吃，只好走出这个家门。顺着
大街往南走，走不多远，有人从北往南飞步走来，一边[redacted]
走着，大声说着：“杀人来了！杀人来了！”（像）好故意对我
们说的。——————————
一听见此，我们也不知道杀人从什么地方来，什么兵

种，有多少人，也不好预防。只好就近走到一个栅栏里，是一家普通人家的小院，院中无人，我们就躲进一间破棚里，[redacted]坐在碾台上，屏气凝神，等待命运的判决。

等了一会，[redacted]听大街上[redacted]没有动静，[redacted]也没人声，我们就从院里走出来。走进一条小胡同，出得村来。顺着小道一直往回走，小晌午时分，走到荆卯村，在大街上遇着高小同学梁文阁，他一见到我就哭了，哭说："你们从哪儿来？"

我说："从卧牛庄来！"说着，走到[redacted]阁家里。这时，我已上有一天又[illegible]了一些，[illegible]

我與梁文園几乎同名同姓，在学校时都是以弟兄相称，他叫我大哥，我叫他小弟弟，關係比較親切。他喊母親：

"娘！朋友們来了，快給他們做飯！"

老太太說：（一步一步走过来）"咳！做飯，怎么做法！这去是么都有，厨下有肉，如今怎么做飯？"

文園說："不要外人，有什么吃什么吧！"

老太太还是不好意思的，搓着掛面條。

當时，遇到文園，走到他的家里，很覺温暖。这个情節存在我的心里十几年，我把他写进《红旗谱》中。

老太太做熟了飯，文園搬进一个炕桌，放在炕上，又端进一盆瑞面。餜了兩双筷子，两个饭盆，里边没有菜，也没有平的。至坚的朋友，也就没有说的了，自己动手盛饭，[redacted]慢慢吃着。那时不会强方北，慢慢吃了三大盆。

从荆郎走回家里，也就日落西山。刘纪只好住在我家里，我也只好陪他。第二天刘纪回去，我就又找了一个人家住宿，这个人就是过去一块闹过农园的老乃叔，他住在村北一座小土坯房里。过去除了种农还擀爆竹费，现在上了年岁，孤身一人，他更不去道门的[redacted]首，已经是七十多岁的人了。在一个晚上，我抱着被子走到他家里。老人弯着腰哈哈[redacted]地笑了，说说："咱们俩可有[redacted]好久不在一块了，咱们

在一块闹灾的时候——你才十几岁——如今你成了拆日百工
作[redacted]人员了，我也老了。没有说的，今天你来到我家里，一
切由我负责！你吃了饭没有？”

——“我没吃过饭了！”

——老人说：“哪，你就休息吧！”

——这两间小土坡土屋，里屋靠南有[redacted]个小土炕，东墙根放
着一个小桌，靠北墙放着一件破柜橱，一条凳子。外屋[redacted]盘
着一个小[redacted]锅台，一堆烟柴禾。可以说是家徒四壁了。小油
灯挂在墙上，发出微弱的光亮。

——老人把我的被子铺在炕里边，把他的被子铺在炕外边，
说：“时间不早了，咱们躺下谈话。”说着，脱鞋上炕，如有风吹草动，不要乱动，要听我的。

睡在被窝里，我给他讲了今子世界大战、抗战的形势。

“他眯眯糊糊地说：“老佛爷保佑，快把日本鬼子打出去，老百姓好过安生日子！”说着，他打着鼾声[redacted]睡着了。

我买了些细布，叫妻做身衣服，预备到北平去。一方面离开这个地方，避免特务的追捕，一方面去完成我的任务。我在老乃叔家住了九天。在一天的晚上，我们正在睡着，听得有人走近小屋，用手指敲着窗棂，我机灵[redacted]地醒来，才说穿衣起炕，老乃叔也醒[redacted]了，伸手把我按住，不叫我动。他[redacted]悄悄地起炕，从墙角里抽出他做爆竹时切纸用的

长把切刀，悄悄走出去，钻在小锅台上，舒起切刀，撑着
战斗的架势。等了一会，并没有动静，老人倒提了切刀走
进屋来，刀光闪着雪明，明晰可见。他说：“没事呀！睡
吧，孩子！——有人坏[redacted]进门来，我一刀切下他的脑袋！——
——话这么说，我再也睡不着了。我想有两个可能，一是
可能是坏人黑夜行事，走到这里闯闯路，这里从好的方面
想。再一个可能，他可能有特务到村北老家[redacted]提捕我。——
——第二天早晨，起炕以后，老乃就说：“另找地方吧，
孩子！怕是暴露目标呀！”——
——这天吃过早饭，我到离此不远的数缎村去，通过党组

我嘱咐通牖把李[redacted]

找到刘通牖同志家去，通牖一人在家。

[redacted]寓周同志叫[redacted]来，商量去北平的办法。过了两三天，寓周

来到通牖家里。他不同意我到北平去，叫我到他家去。他

家住在滦河南李崗村，家里织布，叫我跟他一[redacted]块织织布，给

钱的，[redacted]他可以掩护过去。我告诉他，我到北平去完成任务，

我把接收的工作移交给他谈了，他说：“既然如此，我跟

你一同到保定，送你上火车！”

[redacted]问题就这样定下[redacted]来。

我回到家里，出了两口袋米，筹足了路费。在一个晚上，穿上

新做的粹褂，我一人[redacted]带上一个包袱，走到赵铁花[redacted]。专找一班通牖的小

门已上拴，夜静，我不敢叫门，一个人坐着避旅店门

完走到後面，是一座小庵（的侧身），那还年轻，我把小包袱叼在嘴

里，两只手抱着墙角上了庵，轻轻跳下天井。走到庵门前，

一推，门闭着，呼地一声，门开了。里面没有灯

亮，两个人正在睡着，听我进来，遍摸火柴，点了灯亮

儿，寓周也花醒了，说："啊哈！明天一早啊实开拔走！"

第二天早晨，遍赶了一锅小米粥，我们喝得饱饱的，

走出门去，直奔保定城。

时正六月天气，天气不热，也不太冷了。大田里的庄

稼，已有大腿高，小苗还爬在地皮上。今天天气清爽，中

午时分走到大庄镇。自从在保定读书时，每次到了大庄，照例吃一[redacted]块锅饼卷咸牛肉，因为这是自古以来有了名的。坐在茶桌上，吃饱了饭，又喝了一壶茶，就開始向保定进发。

黄昏时分，到了保定南大桥，向站岗的日本鬼子行一鞠躬礼，通过曹昆花园，到了車站，住在会仙客栈。

这时的会仙客栈，已经不像以前，我们就住在一间大屋里。靠北一条大炕，已经坐了不少人，看样子都是一些乡下人。坐在大炕上，叫了两个大盘面，一人吃了一个。

吃完了饭，付了店钱，也就天黑了，我们合衣头朝里伏在炕上。[redacted]也很有手镯，也不离店簿。墨闭说说。夜间钟声一响，我们就到車站，站務員要，你在墙角里一蹲：……

——他一說，我也就明白了，是不叫我出面的意思。

——大概有後半夜了，車站上鈴声响了，雲周拉了我一把，兩人出溜炕來，穿上鞋子走向車站。到了候車室，買票的人並不多，雲周站隊買票，我就站在墙角里，背朝外站着。雲周買好了票，說：“你給我五块錢吧！我要把錢回去！”

——我是一個擔心的人，雲周送我到檢位，這是救命恩人，我不應該忘了給他回去的路費。雲周跟着我过了柵欄口，剪了票，我們在夜晴中握了一下手，就此分手了。

三十而立

[精选]

三十而立

(一)

现在是我二十九周岁的冬季了，明年就三十周岁了。

原来的地委书记吴立人，已经调动了，至于为什么调动的，也无人谈起。现在的地委书记[redacted]陈广春，是从七地委调来的，组织部长是陈鹏，宣传部长是郭春图。地委有个秘书，就是谈过的那个，是王金山，组织部有个干事是王力，宣传部有个干事是月指。此外还有几个工交人员，当时的一个地委，也就这几个人。公安局长是王冀农，前面已经谈过。

[redacted]地委正在开会，因为我初到这里，至于开的什

么会，我也无从知道，只看见尹指同志聚精会神地伏着吃饭桌写文件。目不暇给，笔下句句，一看就使人觉得是一把干练的能手。

早饭过了，午饭还未到，忽起来了一个消息：敌人来了！说声来了，老周儿他娘立刻揭起炕席，打开洞口。尹指同志手忙脚快收拾东西，陆续进入地道。这条地道很长，爬了老半天也爬到头，可能是通街道上的大地道。但并不宽绰，弯着腰像蚕，老是蹭着地道里的土墙。

当然，一说敌人来了，心理上会有一种紧张情绪；究竟来了多少敌人，是日本鬼子还是伪军，也不知道。在地

25×20=500 (D80.9) 页

道里屏氣凝神地蹲了一会子，只觉得空氣懑闷、潮濕，很不舒服。听得叫我们上去，才一个个从洞口里鉆出来，拍打拍打身上的尘土，出了一口長氣。這是一家老堡壘户，也是他委闻会办公的地方。

刘家營村中群众基礎雄厚，向来没出过什么岔子。下午春園叫我到他住的地方聊天；我把北京之行，刘太行山向[redacted]晉察冀整部[redacted]匯報、刘纪被捕等事跟他说了，他说：

"哪，你就該到北[redacted]平去了！"

我说："不去也就没有什么意思了，齐燮元、刘彤刚等人都下台了……

他说：“现在城工、敌工需要，有刘瑞华的关系，你还是应该到北平去！”

我说：“我一到北平，就有人在刘瑞华家[redacted]打听我的消息，谁知道是什么人？”[redacted]

春阁在屋里地上走来走去，咂着嘴儿考虑，老半天才说：“当时，你就不应该接受这个任务，你在艺中做文化工作是有了名的，在敌人那方面早就知道了，一旦落入敌手，那就不堪设想了。[redacted]赤霞之、刘雁等人都下了台，刘瑞华不同意你去，其中必有原因，既然如此，你就不必去了。”停了一刻，他又说：“你就在这里帮忙吧！”

谈说到这里，也就算是一段落了。

(D80.9) 页　25×20＝500

但是春園猶地又想起一件事情，他說：“唔，外面的組織部長是刘仁同志，[redacted]这个人[redacted]（原则性很强，）脾氣很大，你得考慮：……”

我說：“考慮什么？”

春園說：“現在他还管城工部，你已經接授了[redacted]任務！”

我說：“我接授任務时，是接授了陳齊斎元的工作，同齊斎元已經下了台，再去也就没有什么意思了！”

春園还是有所猶疑，低一會子头，揚一会子头，深思良久，才下了決心。坐在椅子上說：“寫个电報吧！……”

他說寫就寫，餘起筆来，寫了一个簡要的电報稿叫我看。

电報的头一句是：“刘仁同志：罪因特務[redacted]逮捕来

此。北平[redacted]情况有变化，[redacted]不能去了……”他写完了，交给我看，说：“就这样交啦？”

我点头说：“费心！”

这个问题就这样定下了，我的心上也像是一块石头落了地：我是在白色恐怖之下做过工作被捕过的，特别，尤其日本特务，他并没有感觉。

关于工作问题，[redacted]春阁的意见，暂在宣传部帮助工作，至于将来到那个地区，可以[redacted]叫我[redacted]挑，[redacted]关于工作问题，我倒没有更多的考虑，反正我是下乡来体验生活[redacted]，[redacted]准备将来写长篇的。

25×20=500　　稿　　页　(D80.9)

後来春園又问我：五、一反扫荡时，回了家没有出来的老同志还有谁，我想来想去，还有杨循没有出来。他问[redacted]他过去做什么工作，我说做報社的编辑，他说写信把他叫来。

当时九地委还有个团结報社，社長是刘锡庚，杨循只到團结報去。根据春園的意见，地委出一个党内刊物，叫我编。出一个文艺刊物，叫刘锡庚编，至於两个刊物的名字，我都不記得了。

地委会研究，將慶春和陈鹏同志找来了。[redacted]宣傳部这一撤，轉移到戴家先，房东像是个贫农，（老头是拐腿）團结報九个人住在

北屋，我住在东屋，东屋有一个最好的地道，据说是[redacted]

[redacted]村长的堡垒[redacted]户。奇怪的是这样人家，出秀出一个好姑娘，十六九岁

年纪，细皮薄肉的，就是有些发胖了。後来有些风言风语：说她叫灵芝，

和村长亲着。这事倒與我们无关，可是这姑子出来进去，

[redacted]左顾右盼，似[redacted]是意有所瞩，我心々[redacted]打定主意：不理她。

但这倒是一个有特色的女人，将来写在长篇里，是一个[redacted]

[redacted]人物，我还得注意观察一下。

这时青年在联大毕业，在这党委宣传部做了一阵工作，

也来九地参加工作，地委叫他到青苑县[redacted]政府当民选科长。新世纪的小鬼们和几个人到延安去了。

据他说，千里、穆苓、陈霞都过来了。新世纪和火线合併，崔嵬当社长。

在这个村住了一个时期，[redacted]转移到[redacted]高佐村。这就

(E)80.6　页　25×20＝500

是前面写过的，三十年代的蠡县县委书记马永龄的家乡。不由我想起故友情[redacted]他留下了一个
老支部，群众基础[redacted]雄厚。我们的房东[redacted]，老两口守着一个守
寡的媳妇，[redacted]一个小孩子。据说老人的儿子是个小学教
员，才牺牲了，儿媳妇守着孩子，也不敢出了，一家老小一天家唉声叹气，闷闷不乐。
青壮劳动力，如何生活呢？也怪可怜的。
这时，王书堂也来宣传部工作，现在叫王森林。他是保二师的老同学，当时是党支部书记，他原
来是游击第二师的政治部主任，师长殷应雷，曾经加高[redacted]蠡
暴动。一九三八年，整顿部队时，说他的[redacted]部队纪律不好，带着
党籍被枪毙了，这是一个冤案。殷应雷被枪毙，王森林的
工作也就不干了，现在也是安平中学。一

有三个人，倒有两个人不了解情况。眼看着尹指[redacted]忙的，
我们俩帮不上手，怪不好意思的。尹指叫我们俩挖地道，
我们俩就挖起来，大概挖了七八天，也就挖成了，把口留（洞）
在炕箱上。森桂[redacted]巧，弄得不赖[redacted]不透水的。但是勤
土量很大，我们俩一筐一筐地往外抬，铺了[redacted]院子。
这时，朱子强也过来了。听说周小舟叫他当地委，程
子华同志不同意，（说他没有基层工作经验，）叫他当路委。他自己的意见，先搞调查
研究，了解了解情况。乔园叫他到留史去，留史是个大镇子，
过去是华北皮毛集散之地，现在还是五天两个集日。目前
[redacted]流通都是伪联合银行钞票，边区票不得不压缩，叫他
去调查一下情况。再一个问题，就是两面政策问题。他也

（D80.9）　25×20＝500

乐意干，住了几天就走了。

因为我没事干，尹达叫我做一个第二次政治攻势总结，叫王森楼出差。我说："能材料来！"

他说："什么材料？"

我说："参战的总结报告呢！"

他说："没有。"

我说："二次攻势我没[redacted]参加，再没有材料，叫我怎[redacted]么做总结？"一句话弄得他没有话说，当时我认为他给我小鞋穿。

这时刘锡庚选了文艺刊物的第一期稿子来，因为丢事，我就翻了翻，正在翻着，跑一来了。自从"五·一"大扫落，他一直在献县活动；跟地又款[redacted]贩卖牲口为生，为朋好友，在献县一带交下几个好朋友。跟一我在这几位朋友家里打游击。

他在八分区起，和[redacted]八分区交建会陈角在一起。有一次他和陈角被敌人包围了，他舞着一把硬刺刀搞楼二十响，陈角舞着一把三把盒子，俩人一块往外冲，陈角牺牲，他冲出来了。因此离开献县回到蠡县，来到九地委，因他也跟春园很熟。我们俩一同看这份稿子；其中有一篇好的，是常征写的一篇小说，有几篇意见相同，也有争议。

一月哲见我们俩[redacted]互相争论，他说：“那不是叫[redacted]来审查

(D20.9) 页 25×20=500

的，人家刘锡庚当过秘书长……

我想，不叫审查，送到宣传部来干什么？当过秘书长就能编出好刊物来？我很不高兴，把稿子甩在一边不管了。但，因此我第一次开始考虑实际工作和人事关系问题，开始感到过去[redacted]看过的书本上的问题，与实际工作是有[redacted]距离的。

这倒不要紧，路一些次回来，与青园之间有一事纠[redacted]纷；有一个姓齐的女[redacted]人，是冀中社编辑周竟陵的爱人，周竟陵在时[redacted]，就和路一好。后来周竟陵牺牲，因路一远在献县，[redacted]又和青园好起来；有时给青园[redacted]做些吃的，送点点心，写了两篇小文章，叫我给她编在刊物里。现在路一回来了，她又跟路一闹纠纷，我实在看不惯，给青园写了一封信，并把我的意见告诉路一，此事算是告一段落。後来，这个女人[redacted]只跟一个分区参谋长结婚了。这件事情，可能在她的脑子里也影影绰绰，因此也不和我来往，也见不着面了，一直几十年没有来往。直到一九八四年，我已经七十岁的人了，她才托人捎了一个信问我好，大概她是[redacted]明白过这个理儿来了。[redacted]

[redacted]

宣传部在这个时期，总是在这个狭小的地区活动：高伉、刘家营、戴家花……来回转移，五六天就要转移一次，一般的是在晚饭以後，等到天黑下来的时候，才开始活动。这个狭小地区的伏点，是在高阳、蠡县、肃宁三县之间[redacted]

的空隙地带，离三个大据点都远。不足之处，是敌人在南莲子口楼了一个比较大[redacted]的据点，指挥这个地区的岗楼上的敌伪军。但是我们的敌伪军工作、城市工作[redacted]进一步深入了。已经在岗楼、据点中发展了关系（利用关系），[redacted]还发展了一些党员。这是党、抗日政权、团体、能够存在，而且取得胜利的决定条件。但我不能更具体的说明这个[redacted]问题，因为我没有参加这项工作。

正在刘家营住着的时候，宋子强回来了，时间不长，都写了两篇文章；一篇是关于目前金融流通的情况，从这篇文章看，目前是以敌人的联合票为主，边区票已经处于劣势，转入地下；所谓处于劣势，一方面是我们主动收回一部份，烧了。当然也不会完全收回来，收不回来的，群众还秘密保留，他们相信在这伟大的民族解放战争中，共产党不会失败，终有胜利的一天，在这种情况下，边区票还在秘密流通。

另一篇文章，是关于两面政策的调查；有了两面政策，一方面可以麻痹敌人，一方面保证了抗日政权的存在；村联络员一般的是党员、抗日干部，是有民族气节的人，没有民族气节的、处于中间派的人，是绝对少数。因此对于我们基本是有利的。

[redacted]这篇文章中还有[redacted]附近几个尚未接触的敌伪军工作的调查。

我以这两篇文章为主，加上两篇别的文章，编成了第一期刊物。春阁给我的、娃娇的[redacted]那个女人的两篇文章，也不成文章，我也没有用。

在边区生活中出刊物，当然是油印。因为王金山对党内刊物[redacted]还重视，叫最好的一个刻字员刻字的，装订成册[redacted]

[redacted]，厚薄也像一本小书。

由于这[redacted]本小书，他要分配了千张的工作，到萧宁那去当秘书去记。临行把他的钢笔送给我，当然这不是一支贵通钢笔，这是他在导航社工作时，黄敬同志打发专人[redacted]送天津买回来的。当时干部流行的一句话：钢笔、手錶、表，干部三件宝。他把这支[redacted]笔[redacted]送给我，我只好送他一部份钱，因为他是来假路人，[illegible]家远，手里[redacted]很有钱花[redacted]。送走了子强，第二天，森桂就回来了，吃了晚饭，我们又要转移。转移之前，当然有一番准备；时在隆冬，也就把所有的衣服都穿在身上，再把纸本、墨水、钢笔……包一个小包袱，把把绑在腰里。

这一天出发的时候，[redacted]已经是天黑了，也有一些风，但[redacted]并不大。当我们走出村庄[redacted]，觉得风好像是[redacted]有点[redacted]

摘

脸，天上没有月亮，也没有星星。平常的夜晚，有风、

没有月亮，也没有星星，这本来是常事。尤其在游击区，

干部们一般的是昼伏夜出，夜聚明散，只有夜间是属于我

们的，所以我们也没有特别地注意。

我们三人照样行路，一边走着，风渐渐大起来，天也

更加黑了。从心理上说，天上似乎是有形云密布，这时天道更加黑起来，当然

是用眼看不出来的。这时，对于天气并没有在意上搁。可是，越走，风越

大，天道越黑。走着走着，逐渐起了风声，夜更加暗了，

伸手不见五指，天也更加冷了，我们还是照常走路。

出乎意料之外，风声大作了，空中似有鸣鸣作响。不

用线伸手不見五指，睁起眼睛什么也看不見了，连丁[redacted]付边
的东西也看不見。在这种情况下，不用说用眼看，用脚摸也
摸不着路了，只有在漫漫野地里走，至於脚下是什么土地，是
翻耕地，还是未经耕过的土地，也不知道。好像瞎子走路，現在
一样，甚至还不如瞎子，瞎子还有[redacted]一根棍摸着路走，
我们连一根[redacted]棍也不如。至於方向，一出刘家营村，我们就
朝东北方向走，走十几里路，就到高佐村了。可是我们也[redacted]現在究竟已
经走到什么地方也不知道。
[redacted]暴風卷起飞[redacted]尘，天黑得像黑锅底一[redacted]样，四处没有人声，
连[redacted]犬吠之声也听不見。眼也睁不开了，眼窝里像是一个小

土蘑菇。這时，我们不敢向前走了，因为在我们这一辈子，还未经过这样的夜晚，这倒底是怎么會事，誰也不知道。于是我们三个人蹲下来，停了一刻，商量一下，[redacted]究竟应該怎樣对付这种特殊情况。

在[redacted]是風中，想说一句話，都得用很大的声音。商量来商量去，只有一个问题需要注意：就[redacted]是不要掉到井里去！

於是，我们伸開胳膊，互相攥上[redacted]膀子向前走。走着走着，只聽的眼鏡啪的一声碰在东西上，他伸手一摸，是一棵樹。有樹，有樹就有林[redacted]，有了希望了，我们继续向前走。

也不知走了多[redacted]少时间，森桂迟疑说："那边似乎有几棵樹人影，我们就向那里暗的树影走去，果然是几棵小杨树。森桂伸手向旁边一摸，他说："有一面墙！有墙就有房，有房就有村。"

我们就在这里蹲下来，顺着树干向上一看，天上有几个蓝色的小灯。我惊叫[redacted]了："喔，那是飞机！"

月揩说："飞机？这样天气怎么有飞机？"

后来我才想起来：那不是飞机，那是大风吹动树干发出的磷火。

停了一刻，森桂说："你们等一等，我倒前边去看一看。"

他去了一刻，又走回来说："这是一个村头！"

(1950.9)

25×20=500

户族说："是一个[redacted]村莊？"

森桂说："是！一个村庄，我隔着墙头一看，[redacted]窗户上还有灯光！"

我们一齐走出来[redacted]，我们找到村莊了！

我们一同走过去，户族隔着墙头喊了一声："老鄉！這是什么村？"

屋里有个老漢，嘆着嘴不说："啊！高佐呀！"

好熟悉的声音，就像是我们的老房東。

说着，老漢慢慢走出来，开了大门，揉着眼睛一看，哎哎大笑了说："原来是你们啊，有什么说的，快進来吧！"

我们跟着老房东走进庵里，在灯下一看，我们浑身是土，〈上下都是黄

我们舒起苕帚，互相扫了扫，扫得满地是土。老太太给我们烧水洗脸，喝了开水。尹捂说："怎么刮这么大的风？"

老房东说："谁知道呢？[redacted]真是百年不遇[redacted]呀！"

天这么黑，风又是这么大，你们是怎么〈走来的？

尹捂说："谁知道呢？我们糊里糊涂[redacted]〈地走到这里……"

说着，我们三人抱膝大笑，森桂说："真是百年不遇[redacted]！"

老房东脸啥大笑，说："我说一句话，你们准不信，日本鬼子要完，你看他们一团漆黑！"

又说了一会子笑话，躺在房东炕头，就睡下了。这件事情是年

(D80'9) 页 25×20=500

輕人不好理解的：抗日时期，尤其在地下工作时期，睡觉没有被子，也没有枕头。有时睡在房东的热炕头上，有时就睡在冷屋子的凉炕上。

第二天，起炕之後，到大门外一看，大風平息。满街上全是黄沙，墙根下黄[redacted]沙厚厚的，[redacted]原来是一場蒙古風。

後来才知道，就在这天的晚上，千里的爱人摻苓，正在代卯县的一个[redacted]区里当妇救会主任，晚上由这村轉向那村时，中途摔在井里。井中水浅，没有淹死。雖然连声喊叫，但天黑風大，田野無人。[redacted]天冷水凉，怎样忍受，是難以想像的。第二天被人救上来，睡在老鄉的炕上，老鄉们喂湯喂飯，也没有救好，第三天就死去了。

在高岗住了一个时期，听说要开省委书记会议，叫宣传部到佐卿将集中。我和森桂、尹哲一同到佐卿去，道儿不远，一天也就到了指定的村庄，住下来等着开会。会议就在一间普通的老百姓的大屋子里[redacted]：[redacted]有几件桌椅條凳，靠窗户一条大炕，人们都坐在大炕上。

会议由晓虞春同志主[redacted]持，议题有两个：一个是国际形势，主要就是第二次世界大战的形势：英、美、法……等盟国开避了第二战场，对于日、德、意法西斯，绝对不利。再一个就是说了一个笑话；美国援助苏联十万双皮鞋，说着，

原稿纸 文联出版

人们就由不得唉々大笑起来。時慶春同志谈了一些资料性的材料，以備下級干部们用。中心是回忆百團大戰的輝煌戰果。

第二个内容：是專门对[redacted]反動派蔣介石的，從張蔭梧、石友三、朱怀冰的磨擦，談到皖南事变……皖南事变之後，我们新四軍又成立了五个师，谈了一些俱体人名職務，又谈了一些资料。

这个会議[redacted]，因年深月久，详细情况，我也記不清楚了，會場[redacted]氛是叫我唱了一段戲，唱了我的拿手好戲：当时我才三十岁，年[redacted]強力壮，錚出我的銅錘嗓子，唱了一段盗御馬，之後，当我唱完《坐寨》之後，出乎意料[redacted]，人们一齐叫好，掌声不绝。一齐喊着："再来一段！"

"五、一"反扫荡之後，我也好长时间不唱了，于是鼓足劲又唱了一段《盗马》。唱完之後，人们笑得前仰後合的。

郭春园同志很是高兴，大笑之後，他说："看果就同志这个气魄，这是能来配合咱们这个会的，瞻老在前，同志们干吧！"

……

怜庆春、陈鹏同志也嘻笑不止，陈鹏同志说："其中剧团的团长到了我们这里，将来把敌人打退，我们要好好的开展戏剧运动。过去我们不敢留他，怕留也留不住！"

说着笑着，大家高兴不止。这句真浅，在家乡的地方戏中，也不过是河北梆子、老调、丝弦、哈哈腔、大秧歌，有时在河北梆子中夹演皮黄，如谭金子的古城会等，真正的铜锤花脸，人们还没有听过。这也是我第一次在九分区初露头面，各路委员都知道果城会唱戏了。

散会以后，三三俩俩各回原地；我和蕴路，要去纪家罗岐、刘锡庚同回蠡县。（日暮出发）三个人蹓蹓跶跶，说[redacted]不[redacted]，脚下细细[redacted]，黎明时分[redacted]，走到一个村中，这个村正是刘锡庚他爱人的村。我只知道他爱人叫大章，不知道她的名字。刘锡庚[redacted]领我们到大章家里，一进大门是三合子高楼房，四方小院，老太太才起炕，一見女婿來了，喜出意外，趕快抱柴來做飯。

　　才洗完臉，還沒吃飯，大街上有人扯開嗓子大喊：“老鄉們！快起炕呀！敵人來了，夜敵走呀！”喊聲劃破了靜謐的天空，老太太停止燒火，睜大了眼睛說：“怎么着，先下地道吧！”

　　二話不說，老人收拾東西，跟着老太太走進東屋，進了里間，打開牆上的洞口，一個個下了地道。地道里很寬綽，也許是通大地道的。後來劉錫庚知道，我們也不問了。

(D80.6) 页　　25×20=500

深一脚浅一脚的走了一夜，饥也饥了，渴也渴了，才决定下脚来吃饭，又来[redacted]了敌人。这不能说不是倒楣，其实在这出这，已经是家常便饭。宋鼎岐和刘锡庚，一躺下就睡着了，我则不然，想睡也睡不着，张惠耳朵听着，有人遥闻大步，通通通地走进来，又通通通地走出去[redacted]。我心里想：这可坏了，一定是日本鬼子来了，到各屋查看，搜获敌情呢，也可能是住在这个院里了。去可如何，只有听从命运的判断。

我[redacted]合紧眼睛，想睡着了才好呢。谁知越想倒越发睡蒙蒙眬眬地也睡不着。只听得地面上有人走过来走过去，走过来走过去。我想：没错，一定是住上敌人了，出出进进的，我聽不着觉，可是宋羅岐一边睡着打起鼾声，我真有点生氣，要是叫人听[redacted]见了怎么办？我伸出手去拧了他一把，他嘖嘖嘖地说了两句什么，又睡着了。唉！命运哪，只有凭着命运了！这時我翻腸攪肚，好不難受！怎么办呢？只有挨时间等敌人走了。可是敌人要是逼老太太说出洞口怎么办[redacted]？那就不堪设想了！翻过来一想：解放区的人民是有骨性的，有个十五岁的小孩子，被敌人用刀剁去半截手指头，他偏得死去活来，都不说出洞口。有个老太太被敌人活埋，黄土埋到胸口，她都不说。可是，要被敌人破坏了大地道怎么办呢？

我躺在地道里，思想连翩，理想力和连想力，极端活

蹦起来，想着想着，我由不得啧地笑了。那里的事，这不
是做起小说来了吗？
　　反正，不论怎么，糊里糊涂，也不知换了多少时间，
才听得老太太在洞口叫：“敌人走了，出来吧！”
　　我们一听，翻身起来，相继钻出洞口。睁睛一看，太阳
已经大半西了。据老太太说，敌人并未来家，那是老太太
爱护干部心切，又怕敌人来，坐立不安，走来走去。老太太一说，我又
张开嘴大笑了，我好像是做了一个梦！
　　老太太手疾脚快，拿面，擀面，抱柴禾做饭，手努着
做了一大盆面条汤。走了一夜路，一天未吃饭，一见面条，

伸手抄起馒馍，吃了一盘又一盘，真是狼吞虎咽。不多一会功夫，个个撑了个肚儿圆。

老太太在一旁看着，由不得笑出来说："吃饱了，一天一夜没睡觉，快躺在炕上睡吧！"

朱罗岐说："不，我们早睡下两天的了！"

刘锡庚也说："我们快敞开这里，到了兴县也就好说了！"

他们俩都要走，我也不好说不走，只好走了。（快这样，这是六十年前时代，一般出在六十年前，要是今天，就默默了。）这时已是黄昏时分，各人提出小包袱，鞠躬行礼，向老太太道了谢谢。老太太摆着手笑吟吟地说："不用，不用！一切为了你们身体平

(9.081) 稿　　25 × 20 = 500

平安哪！”

我们辞别了老太太，出门上路，两脚如飞。三更时分，到了蠡县边界，前面就是潴泷河，过了河就是高阳北边的绪口村，这里人熟地熟，一切都好办了。可是，当我们走到河边，要过河时，看见河水面上有星光闪闪。时已交隆冬，早已结了冰，那里来的星光？

宋罗岐说：“不错，是发了即凌水——又在冰上发下水来了！”

刘锡庚也说：“可能！”他找了一个树枝来，试了试说：“不深，也不过有脚面深！”

说着，大家脱鞋、脱袜子，挽起棉裤腿，涉水过河。水虽不深，却正在冬天。脚一着水，尤其两脚走在冰上，如刀割[redacted]，如[redacted]割脚心。我咬紧牙关，一步一步走过河水，用袍子擦了擦脚，穿上袜子，再穿上鞋，出了一口长气，算是又过了一道难关。

我们[redacted]一步一步走上堤岸，堤下不远，就是绕口村。站在堤上一望，村中死寂寂的，没有一点灯火。就是夜晚，此时的村中，也该有些犬吠或是村里人的脚儿声，如今死寂阴森，不似寻常，其中必有异常。

宋景岐说：“可能把隔的敌人[redacted]到这个村子了！”

(D80.9)　25×20＝500

19

刘锡贵说：“不错，可能是！”

圆周，我[redacted]们决定不进村，从缩口村西，远远地绕过去。再走十几里路，就是刘家营。当我们走到刘家营，到了老圈儿家门口，窗上还亮着灯。我们轻轻敲了大门，有人通通地走出来，开门一看，在暗影中看见老圈[redacted]儿的影子，他在朦胧中一看是我们，开了门，一同走进屋里。老圈儿睁大眼睛说：“你们打那儿来？”

宋罗岐说：“我们从佐卵来。”

老圈儿说：“没碰上敌人？”

宋罗岐说：“没有。”

老图儿说："敌人正在扫荡，我们既不敢睡觉，又不敢点灯，我才点上灯抽袋烟，赶上你们来了。你们从那儿过的河？"

朱罗娘说："绪口。"

提到这里，老图他爹从炕上站起来说："敌人正在在绪口，你们怎么过来的？河上才发了即凌水！"

刘锡说："我们踩着冰水过了河，看着绪口情况不对，既无灯火，也无人声，我们没进村，从村西里绕过来……"

提到这里，老图他娘坐在炕上，伸起两个巴掌拍着说："你们命大呀！看着吧！这日本鬼子，胜不了！八路军败

(D80.6)　页　　25×20=500

萧乾文学馆藏

不了！"说着，老太太连[redacted]忙出蹦下炕来，说々々快去々驾
吧，我给你们[redacted]烧水做饭！"

第二天，尹按、森桂也就回来了。我们在刘家憩休息
了几天，听说鑫张々妻在戴家花园召开扩大会议，我们也
就到戴家花去听他们的会[redacted]。我们依然住在吴芝[redacted]家[redacted]，
我们住东屋，刘锡庚住北屋。

在路李村大会上，宋罗岐传达了地委会的精神，传达
了一些具体材料。因为开展第三次政治攻势，不传达具体
材料，这级干部手里很有武器。宋罗岐告诉我，叫我在会

上淡々，我没有答应，他也跟刘锡庚淡了，刘锡答应淡了。

有一天下午，會快要開了，刘锡庚还没有来，我出于好意，又走回去叫他。我走在窗户根底下，叫："刘锡庚！"屋中無人應声，我连叫："刘锡庚！刘锡庚！"还是无人应声，我開门進去，老头在外屋[redacted]鋪上了一個草墊子，一人一人躺着。我走到东間屋里，刘锡庚在炕上[redacted]睡着，灵芝那姻子她得到[redacted]满足，做張致，在炕上坐着，两人相隔半尺远，見我進去，假[redacted]伸手打了一個呵欠。刘锡庚合緊眼睛，依然不動，我看到这个情况，心中已經明白，转身走出来，回到会場去。

自此，我就知道刘锡庚和这女人的关係，知道灵芝这

个妞子是个什么人物了，也就知道这是一家[redacted]子什么人家

[redacted]了。

大会过去，我把这件事跟尹哲说了。尹哲抿着嘴儿，也不吭声，也不说什么。男女关系，尤其和普通老百姓的姑娘发生男女关系，在当时和现在不一样，那是一个问题的。尹哲持这么一个态度，我心里很不舒气。这也说明：他们是一伙，我们是外人。事情很小，也使我另见一处天地，我就在党内这些年了，书本子上的东西知道的多，人与人的关系知道的少，我不能不承认这个问题。再一个问题，在白色恐怖之下的[redacted]党内关系，[redacted]到了抗日期间，统一战线[redacted]时期，

党内的人事关系，已经有了[redacted]变化。这一点，在我来讲，是一个进步。

大会开完，宣传部也没什么事情可做，我跟香园说了一下，就到盘路六区去参加第三期政治攻势去了。

当时的盘六区，就是[redacted]留史这个区，区委书记是李悦农，当时叫李由。敌工部长叫齐峻岩，组织部长刘彦平，其他的干部，我就不知道是叫什么名字了，一共十几个人。大家商量：先从留史这个村做起。在一个晚上，在学堂里招开群众大会，也就是工、农、妇、青、自卫队的人们，未见有儿童团参加。

对群众的宣传，主要讲蒋介石。李悦农指大家精神讲

25×20=500 （D80.9） 页

了议。因为是工农干部，对这方面的材料知道的也少，他讲不透，讲的也不多。

李悦农讲完，我这个讲这个不讲，我那个讲，那个不讲，互相推让，最后叫我讲，我就站出去讲了；我從某一次国共合作開始，讲到“四、一二”反革命政变，国共分家，十年内战中，蒋介石殺了五十万共產党员。直到双十二事变時，张学良、楊虎城两将军强迫蒋介石和共產党订下協订，停止内戰，一[redacted]致抗日。因蒋介石不遵守统一戰線原则，内戰内行，外戰外行；從張蔭梧、石友三、朱怀冰和八路军搞磨擦，讲到皖南事变，项英同志牺牲、葉挺将军被捕，死于他的[redacted]屠刀之下……现在，他[redacted]（退到大后方，坐山观虎斗……

我是知识分子，村里知道的也多，讲起话来很通俗易懂。讲话之后，群众报以热烈的掌声。再者，自从抗战开始（在根据地，在群众中）讲共产党的事多，讲日本鬼子的情景多，而且是耳闻目睹。讲蒋介石的事少，只怕破坏统一战线。今天讲起来，人们算是知道蒋介石是个什么人了。群众一齐骂道：“这个死兔崽子！”“一听就知道他不是好东西！”

闹完了会，还不能在这个村睡觉，黑夜行军，走出十几里去睡觉。睡觉之前，齐谈岩同志找了一小瓢梨来。

我说：“找这干嘛？”

"他說："一搞政治攻勢，敵人就發覺我們了，一但敵人包圍村莊，我們就得下地道，敵人不走，我們好吃呀！"

從此可知，那些干部在遊击区活動的困難。当时干部帶手表、電棒，也是為了下地道，在地道里时间長了，好知道时间。作家，不到基層工作中去，這些事情是不知道的。

和他們在一块活動了兩天，了解到当时的区級干部，大部份是农民出身，有的粗通文字，有的不識字。夜间到一个村莊，把群眾招集起來，找这个人講，这个不講，找那个人講，那个不講。他們做實際工作很好，不長于文詞。有的講起來，几句話就講完了，不能發揮，不能要與感情之相結合。于是，我提出意見，為人写一个讲话稿，有的能写，有的不能写。我把他们的讲话稿一个个改写了，并教他们读讲的方法，每人练习几遍。这样一来，果然好了，开群众会有话讲了，而且增长知识，

，[redacted]入耳动听。

关于向岗楼进攻，我们[redacted]选择了离家不远的岗楼。调集区小队，还有几个村的游击小组，自卫队、妇女自卫队，还有小学生。在夜色中接近岗楼，各人找到隐蔽地。李悦同志先讲话：“岗楼上的军们听着！今天我们对你们讲讲话，叫你们明白国际形势国内形势，日本小鬼子，人心不足蛇吞象，他已经打到南洋群岛，战线太长，人力财力不足……，

25×20=500

(D80.6)　页

他们支持不了几天了……！

他一讲话，伪军们开始放枪了，伪军一打枪，周围的乌枪土炮，手榴弹一齐响起来。响了一会，伪军不打枪了，人们也不打枪了。又开始讲起来，有人讲百团大战的，有人讲百团大战的，意思就是说，我们还有这个力量，五一大扫荡的形势改变了……

尚楼周围，男人也讲，女人也讲，小学生们也讲，讲着，又喊起口号：

“打倒日本帝国主义，把日本鬼子打出中国去！”

“中国人不打中国人！”

"你們要嘗後果，跟着小日本侵略的下場！"

人們這么一喊，周圍的村莊上一齊喊起，由近及遠，傳遍了蘭樓。人民就象的大海，淹沒了蘭樓。趁此機會，李悅很同志傳命令："一齊撤退！"

於是人們在黑暗中，各自散去，向周圍快走。路上，我遇着一個婦女自衛隊的隊長；中年人，腰裏扎着皮帶，背着一個手榴彈袋。見了我，嘻嘻笑着，說："我撿了五顆手榴彈！"說着，把五個手榴彈的鐵環子放在我的手裏。大步走着，還嘻嘻笑着。在星光之下，在薄明中，我看到她卓壯的身軀，勇敢的氣魄。

25×20＝500
(1980.9)　页

回到循营地，我问别人，这个人是谁，他们说：这就是咱这的妇女积手英雄，他丈夫叫戴朋，在县里工作。这位女积手英雄，平时在村里工作积极，伺候伤号、掩护干部很[redacted]热心，搞担架更积极。我又收集了一些材料，写成《翻身记事》中的李园大嫂，《隋家中的華》是[redacted]。

根据过去的经验，搞一次政治攻势，伪军们在要一个时期，而且有些内线关系趁此机[redacted]會进行政治活动，进行工作。汉奸、反动地主们也老实一个时期。

经过参加这次政治攻势，我深刻地体会到人民战争的[redacted]威力，一片汪洋大海。可惜前两次攻势，我没有参加。如果參加了，一定能得到一些深刻的体会。

正在进行政治攻势，敌人也扫荡过来。有一天早晨，我们还没有吃飯，敌人突然来了。我们急忙撤到地道口，房东老太太赶快到门口放哨。这时，突然之间，跑进一个五十多岁的[redacted]人，掄起大鎬在地上敲着說：“这有没有地道！”

我们一看，這是一个漢奸便衣隊，李竣茂同志舒出手槍，跑出去把他抓住，关在小屋里，等敌人过去，我们審問了他；他是本村人，因為没飯吃，当了漢奸，随敌人出來扫荡，我们把他擊毙了。後來，宋羅岐同志批评了我们。

25×20=500　(D80.9)

说我们并没有枪毙人的权力，这是有规定的。但，这个汉奸，我们并未杀错。

这是一支远来的扫荡队，扫荡过去了。我们就想解开许村这个岗楼，路委政之干事刘小芜也同意，因为[redacted]他已了这个岗楼，[redacted]根据他的意见，这个岗里的之作已经成熟了。

经过路委的同意，决定教训敌人一下，攻是提开了一个会议：廿四区队的负责同志，路大队的负责同志，这些人我都不记得了。此外区小队副政委，李悦农同志，刘小芜同志，我也参加了。研究了步骤，方法、先由村联络员跟内线关系商量，因为他是黎明道班崗的，当面砍明，[redacted]保证给他一千五百块钱，[redacted]并保护他的家属，[redacted]他同意了。好意也同意了。

校里，偷劫驻大队、区小队、廿四区队来了一个连，隐蔽在附近村庄，规定了时间，由联络员带领区小队接近崗楼，崗兵見来了人，放下崗梯，其他武装也放下崗梯，疾驰前进。内线关系带区中队上了崗楼，放了一声炸弹，所有武装一涌而进。汗到各个房里，伪军们听到炸弹声，睡意惺忪，惊訝而起，还未舒起武器，我们的武装已经进了他们的房门，把枪照準他们，喊着：“不要動！交枪不殺！”

(D80.6)　页　25×20＝500

这样，半个钟头解决了战斗。

总结这一次经验，决定了[redacted]敌工工作、内线关系、伪军内部的生活规律的熟悉，内部情况的调查。是关键，这一次武装活动，又招来一次县城里的敌伪军的出动。我们的武装没及早撤出这个地区，惹动附近村庄的群众[redacted]坚壁清野，收扫荡[redacted]。

(D80.6)
25×20=500

四十而不惑

［佚］

梁斌百年
誕辰紀念

一个小说家的自述

梁斌 著

天津出版传媒集团
天津教育出版社

图书在版编目(CIP)数据

一个小说家的自述/梁斌著. —天津:天津教育出版社,2014.2
ISBN 978-7-5309-7544-2

Ⅰ.①一… Ⅱ.①梁… Ⅲ.①梁斌(1914~1996)—回忆录 Ⅳ.①K825.6

中国版本图书馆CIP数据核字(2014)第028646号

一个小说家的自述

出版人	胡振泰
作者	梁斌
项目统筹	王轶冰 谢芳
责任编辑	强华 田昕
装帧设计	郭亚非
插图作者	黄培杰
出版发行	天津出版传媒集团 天津教育出版社 天津市和平区西康路35号 邮政编码300051 http://www.tjeph.com.cn
经销	新华书店
印刷	天津金彩美术印刷有限公司
版次	2014年3月第1版
印次	2014年3月第1次印刷
规格	16开(787×1092毫米)
字数	460千字
印张	63.5
定价	145.00元

前　言

梁斌是当代杰出的人民作家，他一生献身于中国革命事业，是忠诚的共产主义战士、文学巨匠和造诣精深、风格独具的书法家、国画家。

梁斌于1914年4月18日生于河北省蠡县梁家庄一个农民家庭。他从少年起就受到革命文学的熏陶，是革命文学引导他走上了革命的道路。1927年，正值革命处在低潮时期，十三岁的他便加入共产主义青年团，开始了革命生涯。他积极参与组织农民开展反割头税斗争。他和同学们一起，走上街头，张贴标语，飞行集会，誓死抗击日寇，为保定二师“七六”学潮奔走呼号。学潮失败之后，他流亡北京，参加左联，一面博览世界文学名著，一面以杂文为武器，继续坚持斗争。1937年5月，他返回故乡，参与组织第一支抗日游击队，武装保卫家乡。此后，他一手持枪，一手秉笔，担任新世纪剧社社长和冀中游击大队政委，带领剧社，自编自导《爸爸做错了》《五谷丰登》《抗日人家》等多部话剧、歌剧，宣传革命，鼓舞群众，并培训农民文艺骨干，使一千七百多个乡村剧团活跃在抗日炮火中，这创造了世界戏剧史和世界战争史上的奇迹。抗战胜利之后，他自告奋勇，随军南下，领导了新解放区的剿匪反霸和土地改革工作，为建立和巩固新政权做出了贡献。中华人民共和国成立之后，他呕心沥血，创作出史诗性的系列长篇小说《红旗谱》《播火记》《烽烟图》和《翻身记事》《一个小说家的自述》等作品，教育并影响了几代人，在中国现代文学史上占有重要地位。

梁斌既是作家也是战士。他说：“我是六十年一贯制，为真理而战，为真善美而战，并用我的作品参与解放全人类的斗争。”他满怀激情地投身中国人民的解放事业，无论是在白色恐怖的铁窗下，还是在抗日的地道里；无论是在新世纪剧社的舞台上，还是在发动土地改革的群众运动中，他始终站在风口浪尖，与反动势力作艰苦卓绝的斗争。即使在“文化大革命”期间，《红旗谱》被宣布为大毒草，他遭到残酷迫害，也没能动摇他的理想和信念。他用要他交代“罪行”的纸笔秘密写作了长篇小说《翻身记事》，显示了他崇高的品格和凛然的气节。

梁斌的《红旗谱》被誉为里程碑式的作品。它是一部中国农民觉醒与奋斗的宽广壮丽的史诗；它强烈的民族风格和昂扬气派标志着五四以来中国新文学回归本土、回归民族文化的重大成就；它慷慨悲歌、燕赵风骨式的悲壮美别开生面，创造了审美新境界，独步文坛，鲜有来者；它所塑造的以朱老忠为代表的中国农民文学典型，不仅丰富了当代文学人物画廊，而且振聋发聩，至今巍然屹立，无可比肩。

梁斌的贡献，还在于他的长篇小说《红旗谱》《播火记》《烽烟图》《翻身记事》，几乎全景式地记录了中国共产党领导的新民主主义革命的全过程，艺术地再现了中华民族崛起的伟大力量，以他笔下人物的命运，展现了马克思列宁主义与中国革命实践相结合的艰难历程，揭示了中国农民只有跟着共产党才能得到翻身解放，共产党也只有动员起最广大的人民群众，投入中国社会的伟大变革，才能实现民族复兴和国家强盛的梦想这一真理。

梁斌的贡献，还在于他的文学精神至今烛照文坛。他是人民的儿子，他的创作是为人民的，他始终将自己的笔根植于群众的土壤之中。为了创作《红旗谱》，他舍弃了个人利益。他不顾个人安危，潜入敌后采访抗日军民；为了“补上”土改那段生活体验，他放弃解放区安全的社会环境，毅然随军南下，率领工作组开辟新区；为了集中精力写作，他三次辞官不做，无欲无求，自甘寂寞，只事耕耘，不计收获，精益求精，死而后已。他将自己七部书的手稿全部无偿捐献给了现代文学馆。他说：“我的文学是为人民的，我的手稿也是属于人民的。”

梁斌的贡献，还在于他创立了红色文人画。他一生创作了八千多幅书画作品。他心怀天下，以人民忧乐为己任，所作每幅书画，几乎都承载着他作为革命者的理想和寄托。他的书画作品继承传统，开拓新境，技艺独造。他的笔墨所获，大气磅礴，明快空阔，滋含丰富，简洁鲜活。如专家所说，梁斌之作愚去智生，俗除清至，思维超常，特立独行，出于红色战士的信念，绘出红色革命情愫，形成了独具魅力的绘画语言和艺术风格。

梁斌精神、梁斌文学、梁斌艺术，已成为中华民族宝贵的精神财富。在纪念梁斌百年诞辰的时候，我们重温他的文学和艺术作品，回顾他所走过的生活与创作的道路，深感研究、学习和发扬梁斌文学精神对于繁荣文学创作的必要。这就是今天我们邀请专家学者，校订编辑《梁斌全集》《红旗谱》纪念版、珍藏本《一个小说家的自述》《梁斌传》和《百年梁斌》的动意。我们希望当代青年，特别是文学青年，更全面、更系统、更深入地了解梁斌，了解梁斌的作品，因为梁斌的作品中大写着我们中华民族的伟大精神。

由于水平所限，我们的工作或有不全面、不完善之处，恳请海内外专家，四方友人，不吝教正。

天津梁斌研究会

2014 年 2 月

一个小说家的自述

梁斌 著

目录

童年〔〇〇一〕

初出之犊〔〇四三〕

青春似火〔〇八九〕

烈火青春〔二三三〕

三十而立〔三二三〕

四十而不惑〔四七五〕

童年

一

儿时的回忆,就像吃蜜一样的甜美。

儿时,自从我懂得思索的时候就想:是母亲亲,还是父亲亲?我幼稚的心灵里,想过来想过去,总觉得不是一般长的距离;这是因为我自幼吃母亲的奶,在母亲怀里酣睡的原因。这是感到母爱的开始,母亲陪我一块儿玩儿,或是牵着我的手到大街上去玩儿,到谷场边上玩儿;农村的谷场,场坡上的垂柳,杜梨,场坡上有五棵大杜梨树,长了满树的杜梨,形似圆钮。一到秋天就熟了,孩子们爬满了树,去摘杜梨。

自从我三四岁的时候,才跟着父亲到附近三里的辛兴镇上去赶集。今天回忆起来,我愿意跟他去赶集不是为了别的;到了集上,他老人家就让我趴在卖豆腐脑的担子边,吃一碗豆腐脑,或是买一个大火烧,夹上熟肉,搂在怀里,一边走一边吃着。当然,豆腐脑里那种醋蒜的香味,和家里的菜粥不是一样的滋味。火烧夹肉和家里的棒子面窝窝头也不一样。这时我才感到父亲给我的一点温暖。

母亲对人是善良的,我还记得对门的嫂子病了,揭不开锅,母亲常偷偷地给她粮食。请了大夫来,就住在我们外院里,我们替她待客。等她好了,找了我母亲来,趴在地上磕头,说:"谢谢大娘!"直到现在我还分不清这是同情还是人道主义。父亲则是严峻的,脾气大,爱骂人,一骂起街来震天响,很粗暴。他骂街也不管大事小情,他的烟袋一时找不到就发脾气,一时

找不到老鼠夹子了，也骂一顿街。当他张开大嘴骂人的时候，母亲就低下头，扭过脸去，一声不响，而且也不流泪。等父亲的火气消了，还是和颜悦色，和好如初。她说："他是那个脾气。"

有时我也想到他为什么这么大的火气？这就是所谓中国封建社会的产物，家长专制，凡事他说了算。儿子们只有听着，妇女们在家庭在社会上没有说话地位，只有劳动的份儿。

再一方面：我的家庭是当辈起家的；祖父的时候有八亩地，当我父亲离开学房，当家主事的时候，有二三十亩地，养着一头驴。当我母亲到我父亲家里的时候，日子就过得去，不愁吃穿了。当我能记事的时候，家庭经济发展时期已经过去，只能维持现状了；其中有三十五亩地，每年向人家交租。人口多，嚼用大，只有土里刨食维持生活。当初，日子的升发都是由他一人操持着。因此，父亲有无上权威，当他一闹起脾气的时候，我的母亲就说："人的禀性难移呀！"父亲的这种秉性，就是这样来的。

但是，他从幼年直到老，都在劳动，是个勤俭持家的人。全家人都在这一点上对他原谅、隐忍。

我于一九一四年生在北中国的一个偏僻乡村里。在我幼年的时候，这个小乡村，只有一百二十户人家，平均每家五口人，才有六百口人。自此二十几年以后，直到土地改革，就有了七百五十口人，平均每人三亩半土地。全村人家都是务农，自古养种土地，精耕细作，周围几十里地是有了名的。因此，本村地主富农多，中农多，贫雇农占少数。有两家地主兼营花庄，其中一家还在镇上兼营铁器铺。此外有一家小杂货铺，一家人炸馃子卖。

高阳布是全国驰名的，我们这个小乡村离高阳县城只四十里路。布棉商人，从天津运来洋线——他们是直接同外国人打交道的。布棉商把洋线分放到附近农民加工织布。在我们这一带，差不多有三分之二的人家织洋布，作为农家副业。当时一进乡村，满耳机杼声。

因此我家也织洋布；农闲季节，全家人浆线络线，一派忙碌景象。到了秋去冬来的季节，把布、棉花分给各房孩子大人们做冬衣。

在我幼年的时候，听我父亲说过：我的祖上是山西忻州人，明朝年间迁居这里。当时梁、宋、孔、赵四家是联了宗的。直到现在遇有红白喜事，四族人家都是礼尚往来。不过自从我童年时候，姓孔的已经绝了后，姓赵的姓宋的还只剩几家，全村大部分人家都姓梁。从此，也就可以知道，从山西过来的时候，这四家人是一块来的，像亲弟兄一样，在这里建了一个小居民点，后来就叫梁家庄。那时的河北平原，恐怕还人烟稀少呢！四姓弟兄，从山西忻州远走河北，落脚此地，也不知过了多少穷愁日子。我是这么想，四个家族就像《红旗谱》中，朱严两家、朱老明、伍老拔、朱老星，几个家族的关系一样，有福同享，有祸同当。

在我年幼的时候，村北和村东还有两大片梁家老坟，年深月久，已成乱冢，无人管理，只有几棵小树和一株老杜树，在日暮夕阳的时候，有一群乌鸦在树上呱呱地乱叫。这种日暮鸦鸣的印象，概括在《红旗谱》中。

虽然如此，祖坟上还有几十亩营地。用这些出产，每年清明佳节，全族子孙还集在一起，吃一顿坟社会——一顿猪肉打卤的面条，可是女人是没有份儿的。

吃完了面，一群青年人，用食盒抬上供献，扛上铁锹，到老坟上去上坟，所谓上坟就是往坟堆上培土，压上几条白纸。培土的意思很明白，压白纸条，直到现在，我还不知道是什么意思。我估计过去这些白纸条上还印上“钱印”。后来，年久月深，人们连“钱印”也不打了。这种风俗，也就没有人明白是什么意思了。也许还有挂孝的意思。

我的孩童时期，对于吃会，对于上坟，都是乐于参加的，那是一个玩耍的机会；孩子们到一起，又打又闹，最后分一点供献吃——一块小饼卷上一点炒鸡蛋。

在我的记忆里，吃会后来改成每家分二斤白面，再后来连二斤白面也不分了。老坟上的土地出息，也就被同族的恶霸们据为己有了，也无人敢说话。自此，我对农村的恶霸开始理解。

我母亲来到我父亲家之前，曾经有一个先母，是西百尺王家，是个财主。老外祖是个有名的正骨医生，他有一副尸骨，用以教导弟子，桃李满门。先母生了两个哥哥，三个姐姐。我母亲亲手服侍大了这几个孩子，她自己又生了一个姐姐，三个哥哥和我，兄弟姊妹共十人。作为一个旧社会的家庭主妇，她得服侍大十个子女，还有男婚女嫁，生活的担子有多么样地沉重呀！可是自从我能够记事的时候，我没有听过她道过一声烦劳。只是抱怨我父亲爱闹脾气，说："年幼时候我不怎么的，我老了，受不住了……"说着，掉下几滴眼泪。有一次，我见她一个人站在后院的台阶上偷偷地哭泣，也不知为什么。我在一旁看着，幼稚的心灵上有些难过，也痛哭了一场。后来听说因为三哥当兵，一个月不来信了。

关于家庭经济发展，也有几种说法：一种是，要发家，种棉花。自古有"金束鹿银蠡县"之说，是种棉起家的。另一种是，父亲沾了我姥爷王家的光。据我所知，我家从历史上未做过生意。但是后来，父亲和我大哥二哥都上了年岁，三哥当兵，四哥读书，全家三四十口人吃饭，不得不雇佣长工。但我家的生活，并不比一般中农人家好：经常是煮一大锅菜粥，一箅子窝窝头，半锅熬白菜。一年到头，逢年过节只吃几顿白面。

我从三周岁才有记忆，我记得清楚的，是我母亲叫我吃奶，说："来吧！吃一口吧！"邻家嫂子说："有多大了，还吃奶？还有水儿吗？"母亲说："四岁了（虚岁），哪里还有水儿，干嘬呗！"

在我的记忆里，四岁的孩子，确实不小了。母亲的奶，也确实没有水儿了。不过每次骑在母亲的大腿上，用两只小手捧着母亲又白又胖的乳房，含着乳头，那是人类至高无上的优美的享受，是母亲赐予子女的伟大的母爱。

再一个记忆里，是在一次吃晚饭的时候，父亲坐在一边，母亲坐在一边，我坐在中间。吃着饭，父亲说："我这就七十了……"说着，看了看我，笑着说："既来了，就有份儿呀！"当时，我不明白，后来才知道旧社会分家产是按股份的。

母亲笑了说："大了能当个小学教员就行了！"这是母亲对我最高的希望。又说："宁折十年寿，不受老来贫呀！"母亲在担心她的儿子受穷哩！当时她年纪已经不小了，还是天天带着几个嫂子下地劳动。当然，她想不到他的儿子十三岁就加入了共产主义青年团。"儿孙自有儿孙福，何必爹娘作马牛"。如今子孙们都在过着社会主义的幸福生活。

在我的记忆里，我母亲和几个嫂子、姐姐、侄女，都穿着青蓝色粗布旧的衣衫，有的穿得破破烂烂的。她们各有各的性格、思想和命运。我非常同情这些旧社会的妇女。

我二嫂在炕头上躺了半辈子，成天价吃药。我把她的形象、思想等写进《烽烟图》中。

再一个最早的记忆，是母亲叫五哥和大姐家外甥小个儿和我一起去接三姐回家；三姐夫是个酒徒，游手好闲，喝大酒，把二三十亩地喝光了，三姐也得了精神病。那已经是数九寒天的时候，村外结了厚冰。我和五哥、小个儿三个人，在冰上拉着拖床，到赵锻庄去。

只隔一里地，把拖床搁在村边上，到了三姐家里。一进屋门，四壁皆空，门上连一个布帘也没有，炕上只有两只旧板箱。

五哥和小个儿抬到村口，放在拖车上拉回去，我和三姐在后头跟着。三姐多可怜呀！她没有子女，孤苦伶仃，一直在我家住了一辈子。后来，三姐夫来我家帮工，不辞而别，去当了兵。我在《红旗谱》中写的那个冯大狗，就是他的影子。

再一个记忆最清楚的，从我能记事的时候，我家就是个大家庭：五个哥哥，四个姐姐，六个嫂子；大哥只有两个闺女，没有儿子，娶了一个姨太太，还是没生儿子，又生了一个闺女。姐姐们都出嫁了，两个大侄子都结婚了。侄子侄女，外甥和外甥女……一大家子人；遇上村里唱大戏，孙男娣女都来到了，就有四五十口人吃饭，真够热闹的。

从我记事，我大侄子和二侄子都已结了婚，他们都大我十几岁，侄子媳妇见了我，也叫我六叔。大侄女和二侄女也都结了婚，也都叫我六叔。可是我才有几岁，大街上人们见了我，都说："别看萝卜不大，长在辈儿上了！"不过，她们虽然叫我六叔，我并不觉得是尊重，因为弟兄姊妹十人是两个母亲生的，在感情上就有不同。

在我的记忆里，我父亲一直是个庄稼人。他一年三百六十五天，一直在劳动。睡到半夜还起来去筛草喂牲口，登梯子上房寻觅一遍，只怕有偷盗。大年初二就开始捻绖子、打苇箔。地里、园里、场里，哪里也离不开他，他不去看看，就不放心。他的经典就是"勤俭持家"过日子。在半条街上，谁不会过日子，他就不跟人家说话，还背地里骂人"好吃懒做"。

大哥好像比我年岁大很多，自幼跟他外祖学会正骨，当了一辈子医生。常有人把病人抬到门上来，请求医治。或是把大哥请去，一住就是两三个月。也不要钱，逢年过节，都有人送礼，他从不拿到自己屋里，而是送到我父亲屋里。如果是点心的话，我母亲就给大哥送一包去。

在我的记忆里，大哥经常不在家，出去治病。因为是大家庭，吃不上穿不上，不如出门行医。

二哥是个庄稼人，做了一辈子庄稼活儿。他有两个儿子，大儿子当了兵，后来当排长。二儿子上北京师范，后来当了小学教员。事儿不大，他就觉得心满意足了。

二哥这人性格很狭隘，不识大体。我四哥说："那年闹兵乱，全家人都走了,他叫人背了两口袋麦子,背到自己屋里。"《红旗谱》中冯焕堂,就是他的影子。

在我小的时候,大哥二哥屋里都有油醋瓶,自己养鸡。我曾看见过,大嫂和二嫂把门一关,用窝窝头喂自己的鸡。人们常说:"家该分了,不分,柴米要遭瘟。"

我自小喜欢三哥。三哥上过高级小学,当过兵,后来当过上士排长什么的,没当过什么大官,在一个农场里当过庶务。性格很豪放,有大心胸,没有干过大事情。

我不喜欢四哥。四哥上过中学,后来又上过测量学校,当过测绘师,善良本分,但没本事。性格很执拗,胸无大志。

五哥上过村学,十五岁离开学房,就学耕地。他是我儿童时代一块儿玩耍的伙伴。他是一个心灵手巧的人,什么都能做,比如:木作,打铁,锔盆碗,化铜补锅……我喜欢五哥,他做了一辈子庄稼活儿,为人憨厚,老实。

大姐嫁了一个烟鬼,据说从十九岁就抽大烟。大姐拉扯着几个孩子,过着穷愁日子。大外甥女儿一直在我们家里,住到出嫁。

二姐嫁了一个老同盟会会员。清朝末年,在保定武备小学堂毕业,是个民主主义者,回家拉过大庙里的神胎,参加过反袁护法,被捕入狱。出狱后去云南,参加了滇军。后来当过团长,当过保定警察厅长。

四姐嫁了一个医生,但不学无术,不懂医理。不懂装懂,说话咬文嚼字。

家人虽多,但我父亲有几条老规矩:不许赌钱,不认干亲,晚饭以后,大门落锁,不许出门。不许睡早觉,有谁睡早觉,父亲就隔着窗子喊:"还不起呀?老阳晒着屁股了!"

我写这一段回忆,不是如数家珍,而是对我此后的文学生涯、塑造人物性格,有一定的影响。有人说:"出生在大家庭的人,塑造人物性格就多。"我认为不无道理。我也说不清把哪一个人的性格写在哪一个身上。

《红旗谱》一本书,三十二万字写了十八个人物。

在我五岁的时候,我就开始识字了。

我家外院,有一棵大槐树,树底下,有两间北房,村学就在这里,一共有十几个学生。似乎我父亲曾跟我说过,他管过村学,大概是学董吧!

这个村学里,有一个好老师;白净脸儿,两撇八字胡子,高高的个儿,穿着长袍。我每次到了学堂里,他就喜欢地抱起我来,写几个字儿教我认。开始是一二三四五……后来是人手足刀尺……

这个老师很聪明,性格明朗,说话不带土音土调。我每天中午到他那里去,他一准是吃饺子。总让我吃几个又白又胖的饺子,还蘸上一点儿醋蒜,很香。

当时虽然幼小,意识里也这样想过一下:这样能干的人,怎么窝在这儿教几个小学生?我母亲曾跟我说过,他考过秀才,没有得中,后来在新军里当连长,因为加入了革命党,受过查拿。他就在这儿教书了,一共教了二年,就不见了。这个人姓田,叫田策宣,全村人都跟他叫田先生,是跟孙文革命的。母亲说,孙文是革命党,故乡的人们叫他"孙大炮"。

这是当时的记忆,说也奇怪,一个四五岁的人,怎么会注意这些大事,也许是好奇吧!这在当时的乡村里,都是新鲜事儿。

田先生在我们村里教了两年书,影响不小,一直流传了几十年,人们都忘不了他。今天来看,因为他是革命党,能联系群众的原因。后来他在盐务上做了事情,曾经遇到邻家一个叫赵玉衡的,去卖小盐,他向前叫了一声:"啊!田先生!"田先生只说了一声:"哎!以后别弄这个了!"也不抓人,也不罚款,盐务上是不许农民制卖小盐的。

人的一生,童年时候的记忆最深刻;我在故乡度过了整个童年时代,如今年近古稀,对故乡的一草一木,人是人非,脑子里还是清晰的。

乡村的孩子没有玩具;母亲上庙买个小木床、小木匣,放在炕上,就是唯一的玩具了。有时买一只木枪木刀，那是绝无仅有的事。

夏天不穿衣服，爱光着屁股在大街上玩；在车沟里爬。搂一堆土，挖一个坑，尿上尿，再用土埋上，拍一个泥馒头，这就是自制的玩具。农村人不讲卫生，也不知道孩子们是怎样长大的。

有时光着屁股，在黄土堆上滚。又干净，又凉爽。搂一堆黄土，拍一个大土堆，再用手掏空，掏一个土窑窑，这就是艺术的杰作。

这种玩耍，一般的是在母亲的看顾之下。我的小名叫"魁"，一会儿不见，母亲就会喊："魁呢？小魁！"父亲时间长了不见我，也会问母亲："小魁呢!"母爱，父爱，这就是父母亲子之间的情感吧！当我一听到母亲父亲在喊我，我就很快地跑到他们的面前。

母亲不叫我离开她：一来怕出事，一来也怕丢失，说："不要到村外去，村外有'撒迷糊药的'。"据说，有一种药，在孩子头上一拍，就迷糊住了，跟着人家走了，会卖到远处，尤其是女孩子，可不能叫人家迷了去。不让远去，又没有人一块儿玩儿，有时就叼着指头玩儿，有时就哭。母亲见我哭就说："饿了，摊个鸡蛋吃吧！"就掀开炕苇，抓出一把秫秸穰，拿把打浆糊的铁勺子，倒上点黑色的棉籽油，就着炕洞门，点把火摊个鸡蛋，拿半个窝窝头，坐在炕上吃。油摊鸡蛋，在乡村里是好东西。

今天回忆起来，冬天也爱哭，不知为什么，老是爱哭。今天回想起来，还是冷的原因。我父亲一年里也就是过年的那么几天生起几天炉火，一过正月十五，就止火了，屋子里老是冷冷清清的。一般人家，那就不用说了。中国的北方兴烧炕，用烂柴火烧炕，叫做"炕热屋子暖"。

虽然如此，乡村里的孩子，一过五岁也就不满足炕头上和土堆上的玩耍了；喜欢在大街上看打铁的，看铸犁铧的。看着铁匠怎样拉着风箱把铁烧红，用大铁榔头在砧子上打铁，蹦出五光十色的火花，好像放礼炮一样。

有时也过"老抢儿"，一来就是一大群，几十口子人，大男小女。在村边林子里住下，就提着口袋进村讨米，不给还不行，他们要抢。在旧社会，捐税奇重，有的地方水旱虫灾，碌碡不翻身，颗粒不收。全村的人只有在官府起了文书，全村大小，出门乞讨。人们也都可怜他们，给个一升半碗，这是常有的事，人们也不以为奇。此事，在《红旗谱》中只写下几句。

乡村里的孩子，一过六岁也就管不住了；一会儿跑到这里，一会儿跑到那里，东西南北地总是跑着玩儿；我们村里唯一的文物是奶奶山；这座奶奶山不知建于何年月，据说明朝重修的。一个小山丘上，有一座奶奶庙，庙里头有三座奶奶神。那是缺孩子的人们烧香许愿求孩子的地方。庙前有两棵古柏树，树下有一座大铁钟，时间长了。这是唯一游览的场所，看看大庙，大庙上的红绿琉璃瓦，庙脊上的装饰。直到我的幼年，这座庙里泥塑的三尊神胎，还栩栩如生。不过奶奶的衣物和庙里的墙画，都已经褪色了，庙顶上的黄琉璃瓦，还闪闪发光。

庙脊上有一个黄琉璃小庙，据老辈人们传说，过去这座小庙里曾经有一只金鸡。鸡叫头遍以前，这只金鸡先跳出来打一声长鸣，全村的公鸡才开始叫晓。后来从南方来了一个“南蛮子”，把金鸡拐跑了。自此，每天黎明，小庙里也没金鸡叫了。

在我还小的时候，四哥对我说过：“那座铁钟上铸有文字，说，奶奶山前后有官地四十八亩……后来被东头财主家据为己有，以势压人，霸占官产。”这件事情相传几百年，直到现在还在乡村里传说着。后来据同学赵万增说：“不是四十八亩，是一百亩。”

我母亲也说过：“……那座铁钟，人家要砸钟卖铁。你父亲出去拦挡，争吵起来，动了武，打起架来，也被人家打了，头破血流的……那个大铁钟被人家砸了，卖了……”

那时，我虽然孩提时期，自此懂得乡村恶霸的厉害，牢记在心上。几十年后，凭着这个传说，写出《红旗谱》第一章“朱老巩大闹柳树林”的故事。

儿童一到五六岁，就知道找个伙伴了，好在一块儿玩耍，不论男孩子女孩子。我的小伙伴是个邻家小姑娘，她叫蕊珍，跟我一般年岁，一般高，梳着两条小辫子，小嘴唇，白四方脸盘。我很喜欢她，她也喜欢我。她母亲和我母亲也很好，每天吃了饭站在门口，总是互相问一声："你吃饭了！""俺吃了，你们呢？"这时她总是站在母亲跟前，我也站在母亲跟前，拉起母亲的褂子襟，她看看我，我看看她。自此，我俩就成了好朋友，几乎每天在一块儿玩儿。

比方她家做的辣菜，她母亲常是端一碗来，给我们尝尝。她家缺少绿豆吃，我母亲就挖几升绿豆给她家送去。两家人家是和好的。

每年一开春儿，村北里大苇塘上就开冻了，长出一棵棵紫根绿苗的苇笋——乡村里叫苇榷榷。才一出土是紫红色的芽芽，白色的根，搁在嘴里一嚼，甜甜的，是孩子们最爱吃的。

每天吃了早饭，我们俩就到一块儿。见面就说："咱们今天做什么玩儿?""咱们去掰苇榷榷吧！"于是，手拉着手儿，走出通向村北的小胡同，走到村北的大苇塘上。弯下腰来掰苇榷榷，一边掰着一边吃着，说着话儿。直到掰满了一口袋为止。有时踩着苇地上的泥，把鞋子都踩湿了，还是舍不得离开。村北里大苇塘上的榷榷，又粗又甜。村西和村东苇塘上，我们也去过，苇榷榷长得细，而且甜味不足。

当时掰苇榷榷这种玩耍，也不是一帆风顺的。当你低着头正在掰着的时候，苇塘主人，那个老头子若是看见了，离老远就伸起脖子大喊："你们又在掰我的苇榷榷，那一个苇榷榷就是一个大苇子呀！看我非打你们不行!"说着，手里拿着铁锹，抬起脚就赶过来。到了这刻上，不管是真是假，我们就连说带笑地仓皇逃跑了。走到一个没有人的地方，土坡下头，并排坐下。一边说着话儿，晒着太阳吃起来；春日的阳光，是那么清新，那么暖和。直到心满意足，才站起来，拍拍身上的土，走回家去。

在大苇塘上的玩耍，不只掰苇椎椎，还劈苇叶，五月五包粽子。苇地边上有各色的小花。可以刨苇根，有手指头粗，白色的，一吃有甜味。苇地里有“喳喳唧”鸟儿，在苇子上架巢下蛋，不过那很不好找，走得远了很害怕，抬起腿赶快跑出来……儿时对于大苇塘是有感情的，不知不觉写进作品里。水坑、苇塘，不知写了多少次。

在春天，除了掰苇椎椎就是挑菜。最早出土的是苦菜——乡村里人叫“曲菜”或是“曲曲菜”。这种野菜，我们村边上没有，就得出去几里地。有一天下午，我们俩商量好，每人提一个篮子，走出南街口，一直向东南大道上走去，走出二三里地。在野地里寻到一片片的曲菜，又新鲜又嫩生。我们弯下腰去拔呀，拔呀，谁也不说什么，一直拔满了篮子。直到觉得身上有点凉了，抬头一看，圆大的夕阳落在西方，照得半边天通红。她猛地笑了说：“唔？天黑了，快回家去吧!”

我直起腰来，对着西方那个鲜红的夕阳，迟迟地说：“谁说不是呢！”又念着歌谣：“老阳没，老狼背着小狼过!”这首童谣，也写进《烽烟图》里。她撅起小嘴头儿，歪着脑袋说：“甭那么说吧！说得别人心上寒森森的……”

两个人一边说着话儿，一边走着，天就黑下来了，一直走到漆马马黑。在黑暗中，对面走过一个人来。碰了面儿一看，正是五哥。他脸上不高兴地说：“天黑了还不回来，爹正骂街呢！”伸手挎起我们俩的篮子，往回走。

他一说父亲正在骂街，我心上直发抖。五哥大步走着，我俩就小跑蹓丢儿。走回家去，一家人正围着炕桌吃饭。父亲耷着脸。母亲说：“天黑了还不回来，叫别人揪心。快来吃饭吧！”

我想不到的是，第二天嫂子们都很高兴。她们烙了秫面饼，把苦菜洗得干干净净。把饼上抹上大酱，卷苦菜吃。这是不常吃的饭食，这顿饭一大家子人吃得很高兴。

以后就是掠柳芽儿，掠榆钱儿。

柳树上长出的绿芽，是一种很好的菜；我们俩挎着篮子，到村北的柳树底下；在我的记忆里，那时我就会上树了。脱下鞋子，爬到树杈上，把柳枝掰下来。她在树下，把柳枝捡在一起。等我爬下树来，我们对着脸儿坐下，把柳芽掠在篮子里，提回家去。

这也会受到嫂子们的欢迎，它的吃法，另是一样。把柳芽洗净，用开水焯过，拌上醋蒜，搁上一点香油儿，就着玉米饼子，才好吃呢！

不要听到搁香油就觉得了不起，那时乡村里人吃香油，和城市人不一样。每天早晨，卖油人把铜钲一敲，人们就提出油罐儿，打上一两或是半两。舀油不用勺子，是用秫秸秆串上一个制钱，用铜钱挂油。虽然如此，那一点香油，搁进柳芽里，冲鼻子香。我这么说，你可不要笑，这完全是真情。

在乡村里，柳芽长出来的时候，榆钱儿也就长出来了。我又得施展爬树的本领，为了榆钱，我能爬很高的树，掰下一串串的榆钱。我们一人抱着一抱，这个不是当菜吃，把一朵朵的榆钱搁进嘴里嚼着，很黏，带着一点甜味。什么是榆钱儿，就是榆树花儿。此事在我的《红旗谱》里也出现过。

等麦苗长起来的时候，我们又该去挑“老鸹筋”了：像一只小手巴掌一样的野菜，有锯齿状的小叶，长在阴湿的麦垄里。这种菜是炒着，用高粱面饼卷着吃，有点儿苦味，不太好吃。野菜嘛，又不是花钱买的。

再有两种菜是难吃到的：一种是苜蓿，长在人家地里，当做牲口的饲料，那是有主儿的，我们也有办法得到。我们假装在地头上走路，一个人离远看着人，一个人瞅个冷不防跑过去掠几把，掠一褂子包。然后撒腿就跑，跑远了俩人再分，嘻嘻笑着拿回家去。苜蓿也是炒着吃，也有一点苦味儿，但很好吃，是不容易吃到的。

扫帚苗，是一种好吃的野菜，但不多见。大部分是长在人家园子里，很难得到。因人家等它们长大了，经过编制，用以扫院子，或是扫场什么的。唯一得到的办法，就是偷。见人家园里没人，掠一褂子包，返身就跑，一直

跑得喘不上气来。俩人得到胜利，就咕咕地笑一会子，手拉着手儿走回家去。这是最好吃的一种野菜，可以说是野菜之王吧。洗净，用开水焯过，拌上黄豆面，拌上蒜泥，用红高粱面饼卷着，香喷喷的，又可口又好吃。可是有一样，人家一看扫帚苗被人采了，要站在井台上高声骂街。这时，我们就假装不知道，没事人儿一样。

有一天，蕊珍提着篮子来找我，说："今儿个咱们去挑什么菜？"我想了想说："咱们去挑面条棵吧！"于是俩人牵着手儿，溜溜达达往梁家老坟后头去。那地方有一片沙坡，沙地上长着这种菜，因为不怎么好吃，也没有人理它。我们俩说着话儿，采了一大篮子，才坐在土坡下头休息。我们发现坟池里长出红色的喇叭花，叫"黑老鸦喝喜酒"。还有"米布袋"，我们采了好多回来。

我们俩背靠着土坡，并排坐着，牵着手儿玩。喝一会子喜酒——那种花的把儿有一种甜味——吃一会子米布袋，这两种玩意儿写进《播火记》里。

不知怎的，我的心上生出一种念头，也许是媒人来过，要给我提亲的原因吧；我笑着说："我心里想着一件事儿。"

她说："什么事儿，你说吧！"

我说："我要是说了，你可不要恼！"

她说："我不恼，你说吧！"

我羞羞惭惭地说："将来咱们俩要是成了亲，有多好呢？"

她笑了说："敢情那么好，来，咱就拜天地吧！"她又哗地笑了说："媒人也给我提亲呢？来吧，咱俩将来一块儿过日子！"

我说："来吧！咱俩拜！"

写到这里，我久久地想这个问题：孩童时期是不是有爱情？我想是有的，有爱也有情。两个人在一块儿时间久了，就会发生一种爱恋的感情。夫妇的观念还不懂得。

说着，我们俩站起来，互相歪着头儿笑着。我说：“来吧！咱俩拜！”

她说：“可是，一个看的人儿也没有？”

我搬了一堆坷垃，说：“大的就是大人，小的就像小人儿。一个，两个，三个……一大群人看着！”

她又说：“没有天地牌儿！”

我又从老坟上搬了一块砖来，戳在中间，说：“这就当个天地牌儿，不当吧！”

说着，她笑了，说：“来，咱拜！”

我说：“拜吧！”

她说：“将来，年岁大了，你可不能后悔！”

我说：“谁要后悔，天打五雷轰！”

她说：“一百年也不能后悔，磕了头就定下了！”

于是，我们俩牵着手儿，一同跪下，磕了头。不知怎么，她半痴半笑。

于是，我们互相依偎着，坐在坟坡下头，并排坐下。她把手搭在我的肩膀上，我把手搭在她的肩膀上。好像心里有多么得意似的。

说也奇怪，自此以后，她忘不了我，我也忘不了她，更加亲密了。有时在睡梦中，也会看见她。

二

当麦穗长齐的时候，忽然四哥从保定来了一封信——他在保定一个教会中学里读书。信上说，他得了一种病，叫盲肠炎，说是要在肚子上开刀。这在我的家庭里来说,好像一块巨石抛进了深潭里,水花四溅了;大男小女都面露惊慌之色。在那个时代的农村里,只知道有伤风、肚子痛……谁又知道又有什么盲肠炎哩?谁又知道在肚子上开刀会落个什么下场呢?父亲走出走进,唉声叹气说:“命运哪!该着河里死,井里死不了啊!”母亲流着眼泪,痛哭不止。大哥、二哥也都面带愁容。四嫂那就更不用说了,整天在屋子里哭哭泣泣,好像出了塌天的大事情。

大哥见母亲流泪,他说:“净哭有什么用,那就去看看吧!到底是什么病!”

母亲说:“我早想去看看,孩子病了,在医院里……”

父亲又发开了脾气,说:“这么远的道,又不是走亲戚,半天就能回来,保定离我们这儿七十多里地,少说两三天才能回来。”

大哥说:“多远也得去呀!四兄弟得了这样的病……”说着也流下了眼泪。

为了四哥的病,一家子大小不安,一直吵了几天。可是谁也说不清这盲肠炎是什么病,谁也不知道怎么办好。最后还是大哥下了决心,说:“去!去看看,一百里地也得去看看!”

父亲也不再反对了,说:“去吧,不然将来你娘落后悔!”

母亲听得父亲这样说,才面有喜色,说:“我说也是,不然以后落后悔,说什么我也得去看看!”

最后才商量好了,二哥赶大车,大哥陪母亲一起去,母亲要带上我一同去,我高兴极了。那天晚上,二哥亲自喂牲口,为了出远门,特别加了草料,喂上小米——在牲口来说,这是最好的料。

第二天,三更时分,母亲早早起了炕,把我叫醒。母亲穿上新洗的褂儿,给我穿上新衣裳。嫂子们做了一锅浓浓的小米粥。半夜里吃饭,我还不习惯,望着香喷喷的小米粥,我一点儿也吃不进去。

大哥和二哥扫了大车，搭上篷子，挂了帷帐，铺上褥子，车尾巴上拴上槽子，草包。母亲叫我上了车，天还黑着，满天星斗。

二哥摇了摇鞭杆，大车赶出梢门。走到村外，父亲和五哥送到村口才回去。

初夏季节，晨风拂面，吹得满身凉爽爽的。我还没睡醒，直眨巴眼睛，母亲说："看！盹盹神儿还没有走，来，到娘这儿来，接着睡吧！"她把我的脑袋放在她的腿上。

也不知走了有多远，在睡梦中只听得车轮轧触大道，咕咚咚响着。大车忽忽悠悠地向前进行，我随着车身有节奏地摇晃，仿佛是睡在摇篮里。鹁鸪鸟在大柳树上一声声地叫着。我似睡似醒地在蒙眬中，听着车轮的轧道声，听着鸟儿的欢叫，余音绕耳，两种声音的合奏，仿佛是一种古老的音乐，有说不出的韵味。我年纪尚小，虽然不懂得什么是音乐，但那声响，那次远行，是我一生难忘的，我把这鹁鸪鸟的叫声，写进《烽烟图》中。当我一觉醒来，已是残月西沉，太阳还没出来，东半天云彩里已经露了红，映着满天彩霞。

在大车上睡得很美气，多咱想起来，多咱都觉余味无穷。直到现在上了年纪，想起来还觉得美乎乎的。

大哥坐在外辕上抽着烟。二哥坐在里辕上摇着大鞭，路程远，二哥轰着牲口直跑，颠得大车哗啦啦地响着。

正是柳叶青青季节，麦子被风吹起了漩涡。

大车走到正午，在一个叫大庄的镇上打了一个尖。大车赶进一个大店里，二哥忙着喂牲口，大哥买了一包咸牛肉末——大庄的咸牛肉是远近有名的，还有烧饼。吃了烧饼，喝了开水，一顿饭算是吃完了。

吃完饭，就又上路了，下午早早到了保定。远远地看见大街上的电线杆子。大街上人多，车马也多。在我的记忆里，我们并没有走大街，就来到一个所在，有许多西式房子，可能是医院的外院。我们把车卸在那里，喂上牲口，不一会儿工夫，大哥领着四哥走出来。四哥提着一壶茶，拿着几个茶碗，见了母亲，笑嘻嘻地问候。母亲问他：“你病好了？”

四哥说：“已经开过刀了，小手术，开了刀就好了！”说着，掀起衣襟叫母亲、大哥、二哥看他的伤疤。

母亲看了伤疤，才放心地笑了，说：“咳！可没把一家子人吓死，好了就好，我们也松心了……”母亲不住地嘻嘻笑着。

说着，大哥、二哥也高兴。二哥喂着牲口，说：“守着外国洋人的医院，有多么大的病也不要紧啊！”

今天回想起来，四哥治病的那个医院可能就是保定西关思罗医院，因为在保定没有第二家外国人开的医院。说了一会儿话，四哥叫了饭来，每人一碗面。

吃了一些东西，四哥领着母亲和大哥，到第一楼、天花市场去。

乡下人说话：“轻易不上府，上府赶得集上。”街上人多，车马也多，除了人力车，还有洋式马车。铃声丁冬响着。

第一楼是保定的热闹场所，也叫劝业场。楼上楼下，洋广杂货，各式布匹，小孩儿玩具，真是眼花缭乱。大哥买了几匣子糖果点心，说是带回去叫老人和孩子们吃。四哥给我买了一个小皮球，这是乡下人罕见的。

看了几处商场，又坐上洋车回来。

早早吃了晚饭，母亲带我到东厢房里去。那是一溜三间大房，一条大炕，地上摆着桌椅板凳，都新新鲜鲜的。好像人家也才吃完饭，正在拾掇碗碟。来往的人大都是二三十岁的女人，穿着各式长裙。见了母亲也不打招呼，母亲问了几句什么，就领我出来了。今天想起来，那些人可能是修女。她们看不起这乡下老太太。

这天晚上，没有住店，我和母亲就睡在大车上。二哥不睡，抽着烟筛草喂牲口。大哥坐在地上，背靠着车轮睡着。天还不明，二哥就套上牲口赶路了。我还是睡在大车上，枕着母亲的大腿，忽忽悠悠地睡着。

中途打了一个尖。下午太阳老高就赶到家了。

大车进了院子，嫂子们都出来接，把点心盒子拿回屋去，分给孩子们吃。父亲一见母亲高兴，也就喜笑颜开了。大嫂、二嫂、三嫂、四嫂都到母亲房里围着问长问短。大嫂问："到底四兄弟得的是什么病？吓得一家子人五迷四倒的！"

母亲说："一家子放心吧，不是什么大病，开了刀就好了！"

四嫂听了，不敢明笑，用手捂着脸，笑意满面。

一场虚惊，算是过去了。

下了车，我带上小皮球去找蕊珍，我想她见了我一定笑起来说："你可回来了！"我会把皮球给她玩儿，她也一定会高兴。

其实相反，当我一进她家的大门，静悄悄没有声音。我喊了一声："蕊珍！咱们去玩儿吧！"

蕊珍只是隔着窗户上的小玻璃说："俺不玩儿了。"我也没听清楚，只是往屋里闯，闯到屋里一看，蕊珍正坐在炕上玩儿，她母亲站在地上裁衣服。蕊珍见了我说："俺不玩儿了！"

蕊珍母亲也不像往日那么和蔼，似乎嘻嘻笑着说："蕊珍大了，不跟你玩儿了……"

我还不知道是什么意思，手上拿着小皮球晃了一下，笑着说："看！小皮球！"

蕊珍母亲说："小皮球也不玩儿了，你自己玩儿去吧！"

我还不知道她是什么意思，又说："两个人玩儿好！"

她母亲脸上还是笑，说："蕊珍大了，不跟你玩儿了，闺女和小子一块儿玩儿烂脚丫儿！"

那时年岁虽小,也懂得一点事情了,脸上的笑容,一下子收起来,返身走出来,回到家里,满脸不高兴。母亲见了,说:“怎么了?那么不高兴?”

我说:“蕊珍不跟我玩儿了!”

母亲说:“蕊珍闺女大了,干什么老跟你玩儿,又有皮球了,你自己玩儿吧!”

母亲虽然这么说,我心里还是解不开扣儿,闷着头儿想:“闺女家大了,不跟小子玩儿,为什么?”

一直到今天,我才明白过来,可能我跟蕊珍假拜天地的事,蕊珍跟她母亲说了。

蕊珍不跟我玩儿,自己怎么玩儿?吃了晚饭,还是闷闷不乐。坐了一天大车,身上也累了,就早早睡了觉。不知怎么,脑袋一着枕头,就做起梦来。我梦见蕊珍来找我,我们俩在院里拍皮球玩儿,看谁拍得多。我由不得嘎嘎笑了。

母亲还没有睡,她问我:“怎么了,在做梦?”

我一下子醒过来,说:“我梦见蕊珍了!”

母亲说:“怪不得,俩人好得一个人儿似的!”

一觉睡到大天明,当我醒来的时候,一家子人正在吃早饭,我穿上衣服,吃着饭还在想蕊珍。玉米面窝窝,白高粱米饭就着熟咸菜,往日吃着怪香甜的,今天觉得满口苦。

吃了早饭,抱起皮球,走到大街上,站在蕊珍家门口,等她出来,她也不出来,觉得百无聊赖的。穿过胡同,走到村外,张眼一看,芦苇高了,柳叶绿了,微风吹着,柳枝摇摇摆摆,芦苇被风吹得弯下腰又直起来。

大道边谷场上,兰芳爷爷和几个人正在戳土炕搭苇棚,我问兰芳爷爷说:“这是干什么?”

爷爷笑哈哈地说:“要过‘四月四’了,搭个舍茶棚!”

故乡风俗，每年农历四月初四，城里有城隍庙会，每村农民都放工上庙，沿途村庄都搭起茶棚，给上庙会的人们喝茶。

我看了一会儿搭棚的，又到大苇塘边上去玩儿。苇地边有一个小水塘，塘水绿油油的，澄清碧绿，能看得见水里游鱼。我觉得挺好玩儿，要有网能捕住鱼才好呢！我蹲在塘边上，看了好半天，怪有意思的。这不过是一点幻想，小小人儿怎么能捕住小鱼呢？

无法逮住鱼，我又走回来看搭棚。直到天晌午，苇棚搭好了，里外两间，中间有隔扇。等我吃了晌午饭回来，隔扇上挂上了城隍爷的神像，一个老头，三绺长须，怪善意的。

兰芳奶奶又在神像前放上供桌，桌上搁上罄。桌前铺领席子，隔扇后头也铺两领大席。

棚子搭好了，又过了一天，就是四月初四。

这天早晨，我早早起了炕，跟着母亲到舍茶棚去烧香。母亲穿上新洗的衣服，拿着一把香，穿过小胡同。烧香的人很多，都是老太太大嫂子们，带着孩子。到了舍茶棚口，兰芳奶奶笑了说："你这早就来了？"神桌上摆着供献，一支蜡烛。棚里香烟缭绕，香味扑鼻。

母亲说："早烧香早行好啊！"说着，走到神桌前面，点着香，插在香炉里。拜了一拜，跪下磕头。兰芳奶奶举起木槌敲得罄儿当当地响。那捆香火上，一缕缕青烟袅袅上升。

这天早晨，晴空万里无云，一家子人吃了一顿饺子。二哥套上大车，父亲、母亲、五哥……一家子人坐车去上城隍庙；城里道上行人很多，缕缕行行，有步行的，肩上背着褡裢。也有坐大车的。有一个人，走几步趴在地上磕一个头。我问母亲："这是干什么？"母亲说："这是为爹娘许下愿了。还愿哩。"每过一个村庄，大路旁边都有舍茶棚，可以喝茶——以柳尖代茶——也可以烧香磕头。

一进城门，那人可就更多了，真是摩肩接踵。有小孩子、老太太、老大爷、大姑娘、小媳妇。

进得城来，把大车停在木货市里；木货市那个大呀，有门、窗、桌凳、檩、梁……应有尽有。木货市一旁就是石头市；有石碾、石磨、杵大米的臼、石桌、门墩、石头猪槽……各样的石器，真是大开眼界。

二哥卸下大车，喂着牲口。父亲、母亲、五哥，一块儿去上城隍庙。城隍庙旁，有卖香的，用大车拉着。父亲买了一大捆香。带着我们上砖阶盘道，有百八十级。砖阶两旁坐着好多要饭吃的花子，有年老的婆婆、爷爷，有拐腿的，残膀子的，有瞎了眼的，穿着破烂的衣裳，都是无计谋生的人。有的袒着胸怀，手持鞋底拍打着，拍得胸脯红红的，喊着："老爷！老奶奶呀！舍给我个钱吧！"也有的手里持着一把刀，喊着："老爷，我要拉了……"人们跟这些人叫"要小钱儿的"。每人面前放着一个柳条笸箩，笸箩里都放着一些钱。他们用这种方法唤起人们悲天悯人的思绪，央求施舍。母亲手里拿着铜钱，看着哪个最可怜，就给他三两个。今天想起来，这真是一个旧社会的写照啊！

上了很长的砖阶，就是一个酡红大门，门上悬着匾，写着"城隍庙"三个大字。进了大门，两旁是厢房；进了二门，两旁也有两溜厢房；上了石阶就是大殿，门前有香火池；池里有香火熊熊烧着，满院子充满了香烟的气味。父亲把那捆香，抛进熊熊地烧着的香火池里。走进大殿，正座上是城隍爷的塑像，是一个粉面长须的老者，戴着官帽。供桌两旁，有和尚哱经，敲着木鱼。母亲把三炷香燃着，插在香炉里，跪下磕头；父亲、五哥也跪下磕头；我也跪下磕头。但那时我还不懂什么是"神"。大殿墙上画着壁画，画的都是阴曹地府的故事，因为受了烟火的熏染，也看不清楚了。两旁有几个黑脸长发的，龇牙咧嘴的大将，手持长矛大刀，这都是城隍爷的卫士。

在正殿烧了香，又到东西两厢烧香，一进门都有香火池。厢房里也有泥塑和壁画，画着阴司里的故事：有抱火筒的，狗舔磨研的……据说，他们在人间做了坏事，到了阴曹地府里，都要受罪。还有判官，睁圆两只眼睛，查看生死簿。有一个厢房里，塑了头牛，嘴里叼着刀子，跪在阎王爷面前告状……走下台阶的时候，母亲说："猪羊一刀菜呀！杀了耕田的牛是有罪的，它要到阴曹地府里去告状。"

整个城隍庙，泥塑也好，壁画也好，都是阴间的故事，无非是宣扬惩恶劝善、轮回的观念。回忆当时，虽然年纪幼小，也懂得要做好事，不要做坏事，做了坏事没好下场。这些泥塑、壁画，也表现了封建时代一些乡村艺术家们的本事。

从城隍庙往南去，就是戏楼，戏楼上正在开锣唱戏。舞台有一人高，人们都是立着看戏，互相拥挤，挤来挤去，好像大河里的翻花。看戏的人太多，简直挤不进去。戏楼周围都是摆小摊卖吃食的；卖糖果的，卖爬糕的，卖冰水的，手上敲着铜碗，唱着。卖包子的，棚前摆着笼扇，上面放着热腾腾的肉包子。喊着："看吧，好大的个儿呀！"戏楼上敲着锣鼓唱戏，楼下一片叫卖声，真是好不热闹。

还有卖木头做的刀枪的，用红绿染色画着。一个摊子一个摊子的挨着，颇引孩子们的注意。母亲给我买了一把木刀，一个小鼓。我心里高兴极了。

从戏楼往东去，就是南北大街，大街上搭了苇棚，还用布帐罩着。有卖布匹的，有卖鞋的，有卖香草的，还有卖胭脂宫粉的，一边卖一边唱着。人来人往，甚是热闹。看了半天，也没买什么东西，母亲买了几包香草，拿回去给孩子们缝荷包。

大街南头，是骡马市场；有各种各样的骡、马、牛、驴，人们三三五五地围着，翻着口齿，斟酌价钱。

据说这是五天的庙会，骡马市、木货市、石市，要延续一个月，要唱一个月的大戏。

看了骡马市，也就到小晌午了，转身向回走。走回木货市，二哥还在喂着牲口。父亲又在石头市里买了一个猪槽，费了很大的劲儿才装到车上。

看看太阳，晌午歪了，二哥套上大车，坐在车上往回走。这时肚子已经饿了，但是我家有个老规矩，无论赶集上庙，无论天有多晚，都不在街上吃饭。父亲有个说法："在饭馆里吃顿饭，要花多少钱，回到家里弄斤面擀擀，孩子们也能喝上口汤。"

上了庙回来，舍茶棚还是不拆，几天之内，还是有过往行人，来来往往，烧香喝茶。隔扇前头烧香磕头，隔扇后头，老大爷们老太太们，坐在苇席上码纸牌、赌小钱，一直热闹好几天，好像过节日一样高兴。在这几天里，我总是围着舍茶棚玩儿，也不寂寞。

上"四月庙会"，每年一次。上了今年的，想明年的。上了明年的，想后年的，像过年一样。

蕊珍不跟我玩儿了，我就和邻家孩子们玩儿；成天价围着这几个大苇塘转。在大水坑里洗澡，摸泥鳅，捞鱼。我对苇塘有着深厚的感情。我的作品中，有几处是写大苇塘的。那时每个村都有大苇塘。苇，在农民的生活中起着重要的作用。比方，家家用的炕席是苇子编的，家家的屋顶，是苇箔子盖的，农民是离不开苇的。

我家另外一条规矩：无论大人孩子都得参加劳动。

我从五六岁开始见习劳动：母亲带嫂子们去摘棉花，也给我腰间抽上一个小包袱摘棉花；母亲和嫂子们去摘豆角，我也提个篮儿去摘豆角。但那时我还是太小，贪玩儿。摘着棉花、豆角，就去逮蝈蝈。我从小就喜欢养蝈蝈。五哥会插笼子，编蝈蝈葫芦。

那年我养了几十个蝈蝈，秋天喂葱、北瓜，冬天喂小米粥。天气冷了，我就把蝈蝈葫芦搁在热炕头上，它们一直在叫。那年冬天，天气太冷了，我就把它们搁在被摞子底下。当我回家，听不见蝈蝈叫了，翻开被摞子一看，都闷死了。被摞子底下不透空气。为此，我哭了半天。割麦子、割谷子时，我去捡麦穗、谷穗。

到了七八岁上，就跟着我四哥、我二侄子、我五哥去打花尖。

虽然当时我二侄子上北京师范，我四哥也在上第六中学，但学校放假时，他们回家都得参加劳动。他们每人掐二垄，我掐一垄。棉花要打三次尖，第一次和第二次是掐了高的留矮的。立了秋了，就高矮一齐揪了。当四哥和侄子浇菜时，我去改畦口。

剔棉花苗，是我和五哥的活儿。当棉花刚出土，就开始剔苗。剔出矮小的，留下茁壮的，便于耪头遍棉花时留苗。这种活儿多是小孩子们做，因为大人站着做不了，弯腰时间长了腰疼。小孩子们蹲在地上做这种活儿最方便。我们这一带是产棉区，家家的土地有三分之二种棉花。所以在小孩子们来说，每天剔棉花苗，打棉花尖是大活儿，这活儿要干好多日子。一天活儿做下来，也觉得腰疼腿酸。

收秋季节，庄稼人叫大秋。削高粱割谷一类的活儿，我还是干不了。我最喜欢干的是刨红薯。在我小的时候，人们只是种上二三亩地的红薯，为了吃个稀罕。那时红薯是好东西，多咱吃多咱愿吃。不像大跃进时，大部分土地都种红薯；红薯干，红薯饼子，红薯面条，吃得人们不愿吃了。

刨了红薯，就刨萝卜，刨红萝卜，刨白山药。用小车推回家去。我五哥推着，我在前头拴条绳子拉着。有时候我父亲也参加。做这种活儿，别人是不参加的。

我自幼参加劳动，因此，在我的几部长篇中，都有写劳动的场面。

五哥拉着我做活儿是有条件的，我提出刨完萝卜得给我逮红靛。

刨完萝卜的时候，棉花开得白花花，棉花叶子红了，正是过红靛的时候。午饭以后，叫上几个同伴，把网下在地角上，从那头轰起，轰到这头，赶

到地角上。有时候能捉到很好的红靛。我幼时最爱捉红靛养红靛。还听到很多关于红靛的传说,我把这些往事写在《红旗谱》中。

乡村里有一句老话,叫做“七月十五定旱涝,八月十五定收成”。农民种地并不是一帆风顺的。在我的记忆里,我的儿童时代,不是旱就是涝,要不就是虫灾、兵患。一年到头,没有松心的时候。

旱灾:那时人们打不起井,乡里人常说:“宁盖三间房子,不打一眼井。”人们只是在菜园子里有个小井,浇不了多少地。一过播种季节,天还不下雨,人们就着慌了,就请“张老爷”。直到现在,我还不知道这“张老爷”是什么神仙,大概是管降雨的吧。一到请“张老爷”时,附近各村的大车,全村的人们都出动了。车上放着锣鼓。人们借这个机会赛车,看谁家的大车跑得快。早晨出发,一直跑到十几里地的潘营村。各村的锣鼓就在大街上敲打起来,热闹非凡。

据说,潘营村要去几个人,到马耳山桃花洞去取圣水;把水盛在瓶子里,几个人替换着提回村,水不能落地。回来供在“张老爷”神前。人们坐在大车上,敲锣动鼓,再把“张老爷”请到辛兴镇上。辛兴镇的人们用轿子抬了,到各村游行。轿子到谁家的门前,摆上小桌,桌上有供献香炉,烧上三炷香,磕三个头,今天游了这村,明天游那村。三天之内如下了雨,还愿唱戏。

涝灾:我村在潴泷河与唐河之间,差不多二三年一场大水,有时小涝,五谷减产,有时大水,农民劳动一年,颗粒不收。在我们那一带,民国六年发大水,一九三九年水涝时,平地水深齐腰,没有收成。只有梨、小鱼丰收。

虫灾:虫灾出在伏天,有一寸那么长的黑色蛆虫,多出在谷地。人们在地边上挖上壕,然后用鞋底子拍打。我五哥手巧,发明了一种虫车:把煤油筒破开,两旁钉上车把,安上轱辘,车上钉上一个树杈,在谷垄里一推,树杈把两谷垄上的虫子扫进车里,到了地头上,埋在土坑里。

遇上虫灾，人们只有在“虫王爷”面前许愿，三五天内收回虫子，给“虫王爷”唱大戏，三天不见效，再续三天。说也奇怪，有一年出了虫灾，人们许了愿，三天头上刮了一场大风，虫子都钻进土里。（其实这也不是神气，是该化蛹了。）人们高兴地唱了四天大戏。但是像这样的情况不多，多有不应。

蝗灾：多出在伏天。蝗虫有两种，一种幼蝗，一出来像满地牛粪，逐渐成长，成为蝻子。人们对它，没有办法，只有扑打，也难灭绝，直到把禾叶吃光为止。一种是飞蝗，有时铺天盖地飞过来。这时，人们就把它们轰走，无法消灭。

有一年飞来一批飞蝗，不落在庄稼地里，只落在苇塘里，人们以为有了神力，其实这只是一种特殊的情况罢了。

一旦出了虫灾和蝗虫之后，经常是全家出动扑打，以我和我五哥当先。有时捕了飞蝗炸了吃。全家会餐，比鱼还香。

除去以上几种灾荒之外，就是兵灾。军阀混战，年年打仗，一打起仗来，就向村里要兵、要车、预征钱粮。

我的童年时代，身受灾荒之苦，也看到农民生活之不易。尤其是谷贱伤农，农户破产，土地兼并，农民沦为乞丐。灾难深重的中国农民的形象，在我的脑子里太深刻了，我把它写进《红旗谱》中。

我最喜欢看戏，因为儿童时代的农村，没有什么文化生活。

有时来个变戏法的、玩猴儿的、拉骆驼的，儿童们和大人们围上看。有时也来个说书的、打落子的、唱布袋戏的。人们围上看了，给几个钱。

我们村里有一个丝弦子弟班。后来三里以外的辛兴也有了一台丝弦，一里之外的赵锻庄有一台河北梆子，五里外的北沙口有莲花落，十里之外的南许村有“五虎”（赵匡胤过小金桥）。人们也是变着法儿地搞点文化生活。当然，那时还是旧的东西，封建的东西。

我们村里的子弟班，有二百多年的历史，也出过一些名角。出名的老生是梁云章，唱得好。他和有名的老调演员周福才是拜把子兄弟。春冬两闲时，过年时，村里人们一商量，各家出钱唱戏。演员们唱罢回家吃饭，取个热闹罢了。他们拿手的戏是《闹花园》、《王小打鱼》、《五台山》、《伍子胥过江》、《大破天门镇》、《反云南》、《打棍出箱》、《错中错》、《背棒槌》。在我的记忆里，戏唱得还不错。除老生梁云章之外，文丑有赵群僧，青衣梁昀，花旦梁宝玉，彩旦王云香，武生梁福友……都是拿得出手的角色。每年春冬两闲时，有人赶着几辆大车来，请去唱戏。

辛兴，是个大镇子，有几家大买卖，最爱唱戏，差不多年年唱戏。有一年，连唱两台：先唱了四天河北梆子，有时兼唱几出皮黄戏。我最爱看的是：《小放牛》、《辕门斩子》、《金水桥》、《藏舟》、《蜈蚣岭》。皮黄戏有：《斩蔡阳》、《古城会》、《单刀会》。有名的坤角叫孟月楼，红净是齐金子。

唱完了这一台，紧接着又唱了第二台，叫做“古板”，也就是北昆。有名的角色是白玉田、白玉生、侯永奎、韩世昌、郝振基。在我的记忆里还有一出戏是《游园惊梦》，这出戏不常看，所以记住了，别的戏因为不好懂，所以记忆也模糊了。这话说来，也是五十年前的事了，虽然我那时仅是个六七岁的孩子，但看完这两台戏，感觉得很不相同。河北梆子，腔调高亢，但身段随便，乡土味浓。昆曲音韵美，舞蹈多，身段大方。尤其是那个吹小喇叭的，能不换气地吹许久，这些都留在我的记忆中。

看戏，往往是住在我大姐家，看完戏，大外甥把我送回家。

此外，赵锻庄年年唱戏祭“雹神”。时间多是七月十五。因为乡间有句“七月十五定旱涝，八月十五定收成”的老话，所以七月十五这一天是要唱戏的。

有一年唱的是老调梆子，名角是周福才。印象最深的是《铁官图》，也叫《崇祯甩靴》，就是崇祯吊死在煤山上的那一段。周先生一人站在桌子上,唱一百零八句,句句字正腔圆,台下的观众纹丝不动。这情景是不可多得的。乡村的草台子,上头唱戏,底下观众经常是前挤后拥,挤得不亦乐乎,而周福才能唱得台下鸦雀无声,可见其功力之深。据说他的拿手好戏是《劝军》,曾经唱得一营军阀队伍哗散了。

我还到过舅家的大杨庄看戏,看过哈哈腔,《高文举座花亭》、《窦娥冤》。到沙口表兄家看戏,到南沙口的四姐家看戏。童年时代的我是个戏迷,只要能看到的就去看。童年看戏,对我此后文章风格的民族化和乡土气息是有关的。

三

当时风俗,农村中儿童八岁入学,我也是八岁进的村学。这一年的老师有两个,讲旧学的老师是张维四,讲新学老师是梁正堂。张维四当时已有七十多岁了,秀才出身。梁正堂可能是高小学堂毕业。我父亲听说是张维四去了,请他吃了一顿饭。梁正堂年纪轻,不在人们的话下。

开学的那一天,母亲给我戴上花帽子,穿上新衣服。全村学生一共有十几个人;人去齐了,老师在北墙上贴上一个红帖儿,写上“大成至圣先师孔夫子之神位”,叫我们按高矮排上队,跪在地上磕了三个头。叫做“拜孔子”。

在我们家乡有一句老话:“中华民国大改良,拆了大寺盖学堂。”我们这个学堂是个奶奶庙改造的;分内外两间,坐北朝南。里间一个小屋,靠北墙一条土炕,是张老师的卧铺,周围摆着小桌。外屋是一间大房,西墙上挂着一块大黑板,砖砌讲台,窗子是古老的窗棂,糊上白纸。

书桌是一尺多宽的小木桌，三尺多长，没有抽屉。板凳有半尺多宽，三尺多长，两个人一个小桌，坐一条凳子。桌凳很陈旧了，似乎是没有油漆过。据说是一个农民犯了什么法，受罚来的。张老师只给小屋里那些大学生讲书，讲些《论语》、《孟子》什么的。大屋里的小学生，也不分班次，有的念修身，有的念国语。一年级似乎只我一人，年岁最小。我带了一本一册国文去了，讲完了课，梁正堂教算术，给我学阿拉伯数字。

上学下学我和五哥同往同来。第一课是“人、手”。第二课是“足、刀、尺”。第三课是“山、水、地”。这几课母亲教我念过了，今天从第四课讲起“井、田、石”。讲到“田”字，我笑了说：“糖就是甜的。”惹得人们哄堂大笑了。

讲完了课，就是写大字。老师给我打了仿影，我第一次学描影，用的粉帘纸。老师教怎么拿笔，怎样写字。

中午不休息，吃完饭就到学校去，自己写大字。等老师睡醒了，再讲一课，就游戏；有的跳绳，有的捉迷藏。

那时的乡村小学不放暑假，收麦时才放“麦假”，以利农家收麦。收秋时放“秋假”，以利农家“收获”。乡村里农民，叫做“抢秋夺麦”，是农忙季节。我家习惯，收完秋，割完麦，全家吃一顿饺子。一家笑哈哈地说：“场光地净衣裳破的时候了，吃顿饺子吧！”吃了饺子，就去上学。

当时村校，早晨有早学，晚上有夜学，都是高声朗诵，自习。

今天想起来，一年中只念了一本国文，学了加减法，此外无所进益。

第二年张维四因年老不教了，只梁正堂一个人教。梁正堂是我村有名的刀笔大先生的儿子。我们有大先生和二先生两个恶霸，调词架讼，走动衙门。是全县有名的乡绅恶霸。我县的大盗张九成骑马过我村都得下马参拜。因此，家里不叫我上村学了。五哥也离开学校学耕地。

四哥把外院北屋打扫干净，放上两只桌子，凳子，教我和我侄女二人读书。我读四册国语、五册国语。也只是讲一遍,背一遍,背写一遍。也不学算术。人少,闷得慌,记忆力不好,觉得很笨。家中农活儿多,三天打鱼,两天晒网。一年来进步不多。

第三年的村学老师叫赵老固,五十多岁,是个罗锅腰。是南沙口村齐振楠、齐振林的学生。前清末年,齐振楠是个举人,齐振林是个秀才,是有了名的人,齐振楠过世早,齐振林是保定“小武备”毕业。后来当过保定陆军大学校长、陆军次长。当时哥儿俩在家里开学教书,附近十里八里的青年人就学读书。他的学生,我村只有两个,一个是梁泮公,一个是赵老固。据说赵老固是开过讲的。

全村学生也只有十几个,不分班次,有的念修身,有的念国语。上午讲一课书,背了,背写了,就写大仿。当时,我开始临柳公权。

赵老固不会算术,不学算术,人们有意见。他就叫他兄弟赵书祥每天中午来一会儿,教教算术。

下午讲一课书,就念千家诗:“春眠不觉晓,处处闻啼鸟……”书只有一本,大家围着,像唱歌一样,但是知其音,不知其义,也不讲。

有时有卖笔墨的,是衡水人,叫彭占奎。他一来,人们就挺高兴,可以买笔买墨。赵老固为了学生们方便,就多买下一些,盛在木匣里。当学生们向他买时,他就多要一些钱。后来学生们有意见,他就买些李子、桑葚叫学生们吃。

学校破烂不堪,也无人管理。当时的学董是梁老洪,正娶了一个外宅,外号叫“小旗下”。赵老师说:“管学堂干吗,这就要生个大胖小子了!”梁老洪就是我村梁旅长的父亲,是梁庄村长的本家侄子。

“小旗下”不知何许人。我村有个姓傅的,可能是在安新做买卖,从教堂的孤儿院中领出来的媳妇,不缠足,大脚板,像是“旗人”。高个儿,长得也不难看。后来姓傅的因病去世,“小旗下”跟着一个守寡的婆婆过日子。

村长梁老其是跟傅家对门。此人是我们村里头号的大恶霸，外号二阎王。在辛兴集上开花庄，每逢大集，他背着大秤在棉花市里一走，凡是梁家庄的棉花，他把签在棉花包上一插，不论价钱大小，就成了他的了，无人敢呲声。

开始，梁老其和傅家婆婆靠着，后来和“小旗下”明铺夜盖。

傅家独门小户，也无人敢惹。梁老其在傅家抽大烟，拉赌局，抽些头钱给傅家，也够吃够烧的。

梁老洪娶过“小旗下”，梁老其不满。梁老洪娶了外宅，老婆和孩子们也有意见。因此，旅长派人把父亲接去，儿子们就轰着“小旗下”走。“小旗下”只好回到婆婆家里，向梁老其哭诉：“人，不要了，他手里还拿着我的金银首饰和二亩地的文书……”因此，梁老其的儿子们拿着刀子在梁老洪门口骂了一趟街。梁老其吃饭的时候把筷子在桌子上一拍，说：“谁去跟他要回这金银首饰和二亩地的文书？”儿子们无人哼声，只有老五去了。

老五去了，旅长热情招待，然后叫来马弁们拉着他去洗澡。老五腰里带着手枪，说什么也不敢去，转头跑回家来。可是这件事还不算完。

那年夏天中午，放学回来，路过傅家门口。看见一群马队把梁老其家包围了。其中有一个人，白净脸，八字胡子，很像田先生。回到家里，我就说：“田先生来了，田先生来了！”我二侄子说：“是吗？在哪里？”我说：“上傅家去了！”他说：“我去看看！”说着，就到傅家去了。一进屋，马队就不让他出来了。

原来这个人不是田先生，是全县有名的马快头张福奎。这个马队就是县里的马快班。梁旅长告了梁老其贩卖大烟，贩卖枪支，派了一个副官，带着马快班来剿梁老其的家里。果然剿出了几支大枪，熬烟锅，大烟枪，大烟灯。把梁老其带走了，打了官司。

这事还不算完，这年除夕晚上，马快班又来剿了一次家。梁老其的儿子们预先有防备，也没剿住人。自此，梁老其打了官司，住了监狱，败了家了。只剩下四十亩地，一家人不够嚼用的；大儿子出外了，四儿子和老五下关东了，孙子们都当了兵了。妯娌们各回娘家，家败人亡了。

这是一场地主阶级的内讧，全村农民莫不拍手称快，我家也是几辈子受欺侮的，我虽然年轻，也懂得一些事情了：封建恶霸，霸房，霸产，霸人，压迫农民，不如封建军阀的厉害，恶霸和军阀深刻地教育了我。我把它作为一个故事写进《烽烟图》里。

这年秋天，奶奶山上出了圣水。东头财主梁老高提议重修奶奶山，上排户都同意了。

保长柳栓成拿了一把大镐去刨奶奶山上的影壁，几镐下去，发现有水，于是大喊："出了圣水了！""圣水"能治百病，于是惊动全村的人来施舍香钱，烧香磕头取圣水，三里五里的人也来了，香火大盛，重修奶奶庙开光唱戏。

后来听说是东头财主梁老高算了一个卦：要是在村东南角上立上个魁星阁，他这个财主要发多大。所以在奶奶庙背后修上了一个魁星阁。圣水是预先埋好的罐子。从此，我认识到封建势力利用迷信蒙混农民，无恶不作。

一到冬天，就盼着放假，放了假也就离年近了。童年时代最有兴趣的，是过年。

临年，有个腊月二十三（农历），糖瓜祭灶，灶火爷上天。家家祭灶，盼灶火爷"上天言好事，回宫降吉祥"。

二十四，是家家忙，又做豆腐又扫房。

于是赶年集，买年画，买花炮，搭神棚，擦灯盏……

腊月三十，燎草，起五更，吃饺子，穿新衣，拜年……正月十五敲大鼓，赶旱船。我把这一系列的我们祖先留下的古老的民俗，写进《红旗谱》中。

二姐家大外甥玉昆老是来信，叫我父亲到北平去住几天，于是我父亲决定要去北平看看二姐。家里没有什么好拿的，煮了几方子肉，焖了肘子，冻好了，用蒲包包好。过了年，二侄子到北京去上学，带父亲和我一同去。

家里的大车到保定去拉煤，顺便送去，住在保定府南大街的万顺老店；万顺老店有一个老掌柜，有几间小房子，是我四哥和二侄子常来常往的地方。因为是熟客，老掌柜开了一间小北房，扫了炕，搬上小桌……热情招待。二侄子把三哥叫了来，他在军队上当排长，穿着一身灰色棉军装。当天晚上，有二侄子的两个同学来，三哥叫了一桌菜，摆在炕桌上，请他们喝酒。

第二天二侄子领我去看他的同学，进了高台大门，一进号筒，就听到满宿舍里月琴声，二胡声，京胡声……与乡村的学校有显著的不同。今天想来，可能是育德中学。

第三天早晨，吃了早饭，二侄子带我们上火车，当时火车分头等，二等，三等，以外就是兵车。我们坐了三等，也就是硬座客车，人并不多，都有座位。也就半天时间，到了北京西站。

下了火车，二侄子带了东西，出了车站。雇了两辆人力车，我和父亲坐一辆，到了隆福寺大街路南一个大门停下。进了大门，路东一个小门，一个小院，两间小北房，一间厨房。

二姐见我们来了，格外高兴，出门迎接。二姐穿着朴素，父女情长也没客套。

屋里也没有什么装饰，里屋一条大炕，外屋一张小桌，两把椅子，一个床铺。也就是一般人家的过场。看起来二姐夫的官并不大，据说在当团长。

中午了，二外甥玉田回来，和我一般年岁，问了姥爷好，也不说什么。大外甥下学回来，十七八岁年纪，笑笑哈哈，问寒问暖，颇知礼节，很是腼腆。穿着一身旧棉布袍子，脖里缠着长围巾。看见父亲来了，一家子高兴。

第二天，大侄子来了，穿着军装；他在警卫营当排长。父亲是庄稼人，他们也没什么说的。过了几天，大侄子和二侄子带我们去逛天桥、大栅栏。当时的大栅栏人很多，挤挤擦擦。天桥有五方杂耍，玩戏法的，耍拳术的，唱小戏的……热热闹闹。

中午在一个小饭铺里吃饭，叫了一桌子菜，还有两个人陪客，大概是大侄子的同事。见人家有吃羊肉涮锅子的，大侄子说："怕爷爷嚼不动，要不咱也吃涮羊肉！"

大侄子陪客人喝酒，我和父亲只是吃菜。也就是一般饭菜，没有什么特别。

二姐家生活，也就是一般平民生活。我们带去的肉，每顿饭挖一点给父亲热热，也不买肉，从无一顿特殊的饭菜。唯一有特点的菜是酱豆腐，我还从来未吃过。二姐是家庭妇女，也做不出什么好菜。对二姐做的炸酱面，过去我还没有吃过。对此，父亲感到不满足。

有时，早晨起来，出门到大街上走走，父亲从袖筒里拿出一个剥好的橘子给我吃。可是，这橘子是什么时候买来的，我还不知道。

大外甥陪我们去中天电影院看过一次电影，名字是《风流顺子》。是无声的外国电影，可能那时中国还不会拍电影。他还领我和二外甥去洗过一次澡，价钱每人是十六铜元。这是乡村里没有的。大外甥还给我买过一包油炸辣椒花生米。

大侄子陪我和父亲看了一场戏，那时座前有小桌，可以喝茶。园内有卖花生瓜子的，有卖糖葫芦的。茶役可以把手巾把从这头隔着满园客人扔到那一头，使人称奇。用他的手巾擦一次脸，给两大枚小费。可是，不擦也得擦。座客一旁有军警席。

二姐带我和父亲去逛过一次隆福寺庙，和乡下的庙会无大区别。二姐给父亲买了两个柳条簸箕，给孩子们买了泥娃娃等各种玩意儿。二侄子领我们逛了一次万牲园,看了各种动物,现在想起来,就是“动物园”。

二姐十分俭朴,从无一点外花钱。每天不是吃面条就是吃烙饼、饺子。

住了十来天,父亲就要回家,在那里也闷得慌。临来大外甥把他的一叠图画和图画纸给了我。那天晚上已经打好网篮,二外甥知道了,哭着要。为此,父亲闹了一顿脾气。

第二天,本来打算大侄子送我们回保定,为了他有免票。起床以后还不见来。大外甥跑到学校去打了电话,说是临时变卦,因事不能去了,由二侄子送我们回保定。

回到保定,还是住在南大街万顺老店,还是那位老掌柜招待我们,因为是熟客,既热情又慷慨义气,我把他写在《红旗谱》和《烽烟图》中。

三哥来了,买了一些日用品,打了一个包,雇了一辆单驴轿车。第二天,别了三哥和二侄子,回到家乡。

回到家里,即到村学读书。虽然自小未至京华,回忆此次赴京,没有什么特殊的印象,唯一的印象是这个大外甥刘玉昆,性格柔和,为人热情。年岁不大,却气度轩昂,未曾说话先笑,成天朝气蓬勃,富于进取心,与二侄子精神面貌不同, 当时我想他将来一定成个大人物。听他和二侄子的谈话,二姐夫不打算叫他上大学,说:“我的钱是卖命来的!”他舍不得花钱。父亲对此次赴京,亦未感到什么新奇,他一生勤俭持家,却对二姐的俭朴不大满意。可能二姐夫对他们的生活开支有所限制吧,我是这么想的。

村学中还是那个赵老师,还是那十几个同学。经过一年多的学习,最要好的同学是袁保瀛,家庭是中农,在乡村中是老实人家。他提出今年暑假去考县立高小,我同意他的意见。

这一年是一九二五年,国民军开始北伐,在乡村中也有一些震动,主要的是广大农民群众反对军阀张作霖的统治。暑期将临的时候,传来一串雷声,上海发生了“五卅”惨案,英国鬼子和日本鬼子镇压工人运动,杀死工人领袖顾正红。乡村中人们，也不知道从哪里传来的这个消息，算是一个新闻吧！可以说是不胫而走。我们的赵老师，虽然不通新学，说起这个问题，也是谈虎色变的。我年岁虽小，亦感到义愤填膺，同仇敌忾，当时的乡村里还不知道什么叫做帝国主义。

赵老师出了一个题目，叫做"试述上海'五卅'惨案"，叫我们每人做一篇文章。激于反帝的热情，这篇文章是用了力的。当赵老师看到我这篇文章时，说写得不错。他坐着一个柳木圈椅，把右腿翘在桌子上，用着读古文的腔调，拉着长声在读呢。

到城里考学的时候，是我大哥领我去的。袁保瀛的四爷带着袁保瀛，他是一个乡村里医生。

到了城里，住在兴茂源杂货庄。袁保瀛有一个干哥哥是这个大杂铺的二掌柜。待我们很客气，特别腾出一间小房给我们住。吃饭就在衙门口的小饭馆里。说也奇怪，虽然吃的一般饭食，炒饼烩饼，芝麻酱面，其滋味之美，比北京的饺子还高一等。当然，我二姐是家庭妇女，更做不出这样的饭来。

县立高小是我县最高学府。高台大门，宿舍是一排排的，讲室是玻璃门窗，墙壁是用白粉刷过的。我们报了名，等了两天就开始考试。课目是算术和作文。说也奇怪，那个作文题目就是"试述上海'五卅'惨案"，算术题也一般，我并未费力就交了卷。

发榜的那一天，保瀛的四爷和我大哥领我们去看榜。一见我们俩的名字，都上了榜，他的名字在前，我的名字在后。我大哥当着人张开大嘴笑哈哈地说："高榜得中啊！"保瀛的四爷也说："在全县来说，这就不易啊！"

这年我是十二岁，自此也就结束了我的童年时代。

初出之犊

一

考上了县立高小，一家人都高兴。四姐朝我笑着说："小魁去吃白面卷子去了！"乡村里的庄稼人是不常吃白面的。

秋季入学，嫂子们为我洗衣服，打点被褥，做了新被子。唯有母亲保持沉默。到城里去的那天早晨，母亲哭了，抽抽咽咽的。她舍不得最小的孩子离开她身边。为此，父亲又发了脾气，说："他去求学上进，又不是去进监牢狱！"虽然这样说，母亲还是哭。我觉得没可不可儿，拿起笤帚给母亲扫地。

袁保瀛家套上牛车，走到我们门口，五哥和四姐搬起铺盖，送我上车，母亲只站在台阶上，睁着两只泪眼送我。当时我也没有想到，她的小儿子果然离开她的身边了。

那天是一个艳阳天气；高粱红了，棉花白了。我们坐在牛车上朝城里大道上走去。除我和保瀛以外，还有梁兴旺，坐着大车，一同走着。

一进城门，城门楼上的野鸽子，一群群地扑啦啦地迎风盘旋飞舞。一路秋日景色，曾经在我的文学作品中，几次出现。

进得城来，一条南北大街，两旁店铺栉比林立。到了大慈阁，往西就是县衙前街，石牌楼往南去，路西高坡上有一座高台大门。牛车走到门口，搬着铺盖拾级而上，有一个门房，老头在门口站着。不打招呼，走了进去。一条长长的甬路，尽头是校长室。往南一条甬路斜穿过去有一个大荷花池，尽头就是账房院。到了账房，账房先生看了班次及寝室号码，交了学费。我还记得每半年学费三元，每月膳费三元。随后搬着铺盖，到宿舍第三排，一个大房间，三间房的一个大通铺，可盛十四五个人。梁兴旺住在前二排，那里是新盖的宿舍，五个人住一间房。门前是一个大操场，有篮球架子，排球网子，单杠，双杠，称得起是全县的最高学府。教室都是坐北朝南，有廊。

新来的同学们来来往往，旧同学们见了面，互相问候一声："好拜！""好拜！"直到现在我还不知道是什么意思。

才入学的几天，梁兴旺带我们游遍全校：通过大操场，往南一个圆门，过了圆门就是荷花池大院。靠南有界墙，有圆门相通，是花园。说是花园，路东一大片地方种了蔬菜，有北瓜，有韭菜……靠东，路旁有两棵大木槿花树，开着浅紫色的花朵，有几盆仙人掌和铁树……也无人管理浇灌。全校各地有大马榕花树，开着红色的伞形小花，香气扑鼻。我把它写进《红旗谱》的第一部和第三部中。

花园隔壁是圣庙：莲池大院有小门相通，圣庙的墙壁都是红驼色泥，砖漫院子，野草丛生，有几棵古老的柏树，遮得满院子郁郁苍苍。院里有一个大的四方砖台，台上是正殿，大牌子上写着"大成至圣先师孔夫子之神位"，此外还有一些小牌位。知道的有"乡贤李恕谷"的牌位和"乡贤颜习斋"的牌位。还有一些牌位就不知道了。

东西两厢也有一些牌位，那些名字，我们都不知道。

往南过了界墙，就是畔池，有小桥流水，池边一些不知名的野草。出西门有一石碑，刻着"文武百官至此下马"。

圣庙的建筑是古老的，无重修的痕迹，古柏很粗，长得很茂盛，估计在大明年间所建，年久失修，确不失为古拙。梁兴旺介绍说："每年旧历八月二十七日县长祭孔，各校教师学生陪祭，还可以分到肉吃。"

从校长室往北有一条甬路，路东是大厨房，路西有圆门，有四方小院，正北有才盖成的双层小楼，题名"尊经阁"。南边是第五教室。东房是宿舍，西房是大饭厅。

教室和宿舍都是玻璃门窗的平房大院，宽敞大方。

才开学的几天，学校一派兴隆气象，人来人往，喜气洋洋。旧同学们虽只一个多月不见，都有如隔三秋之感。黄昏时分，太阳正西，操场上有玩篮球的，有打网球的，有赛跑的，大都是旧同学，新同学没有参加的。

过了两天，要开“公卖室”。在楼院第五教室西头的两间小屋里，是学校预先从保定把笔、墨、纸、砚各种东西买来，由各班推举代表卖给大家。如：报纸、毛边纸、大字笔、小字笔、字帖、笔尖、小刀……卖的时候，你推我挤，吆吆喝喝的。

买到东西之后，就是订本，准备记各科笔记。

以上这些开学的准备工作，都由旧同学带领。

我被分在二十二班。开课的第一天，不讲功课，叫做讲“规矩”；按课程表上的次序，由老师讲学校的规矩，也讲一些团结、友爱、互相尊重等。

校长王聘之讲第一课，那是一位胖壮的老先生，很和蔼，很有学识。姓张的先生有两个，一个老张先生，一个小张先生。老张先生叫张宅安，教算术，小张先生叫张化鲁，教国语，他是才来的。沈鄂如先生教地理、历史，也教唱歌，任艺圃先生教公民，也教习字、国画。陆翰屏先生教博物，也就是动植物学。

张化鲁先生最年轻，他是第二师范毕业的。高高的个儿，人也长得很俊气，讲国语就像唱歌一样，嗓音悦耳。有一次他问我：“你认识梁蕴璞不？”我说：“是我侄子。”陆翰屏先生讲课时，语言稳重而清晰……我们一边听老先生讲，一边记笔记。

在村学的时候，我老是觉得自己很笨，背书很吃力。到了高小，也不背书，也不背写，我倒觉得聪明起来。主要是老师讲得好。

尤其是国语，我的进步很快，每礼拜六下午是作文课，上礼拜六作了，下礼拜六发，老师按成绩的优劣，按次序发给。第一名是我们班年岁最大的刘维崇，第二名发给年岁最小的我。我是我们班里最小的一个，也是全校的排尾，自此以后，我更加努力，我的一生，能成为作家的原因，也就自此开始。习字、图画、音乐也有兴趣，尤其图画也见才华。

开学不久，一个老师叫刘显增，代替老张先生教我们算术。后来，又来了一个宋卜舟先生，教我们英语。陆翰屏和张宅安先生陆续离校。据说是有人在保定成立了一个大中职业学院，请他们教书去了。刘显增先生、宋卜舟先生都和我哥和我侄他们是老同学。尤其宋卜舟先生与我四哥是“金兰”之交，与我此后走上文学道路是有关系的。他们都是保定第二师范的学生。

星期六作文课完了，都成帮结伙地回家，我和梁兴旺、袁保瀛一同回家，把一礼拜穿过的衣服包个小包袱，提在手里，溜溜达达，一边说着笑话，就回了家。我村离城十八里地。

到了家里，我母亲非常高兴，说：“你五哥到赵锻庄打鱼去了，你去拿鱼吧！拿回来给你炖鱼吃！”说着，递给我一个小竹篮，只半里地，到了赵锻庄那个大水坑边。五哥正站在划子上撒网打鱼，见我远远走来，笑了说：“正好打住一条大鲤鱼……”他把划子渡到岸边，提了鱼篓子跳上岸来，从鱼篓里取出一尾金尾红腮的大鲤鱼，笑了说：“拿回去吧！”他就又跳上划子打鱼去了。

妈妈炖上鱼，一会儿工夫，满屋子清香。在我的记忆里，少年时代在县立高小读了三年书，差不多隔一个礼拜回一次家，嫂子们给洗洗衣服，妈妈给做点好吃的。学校伙食并不好；早晨吃小米干饭，北瓜菜汤；中午吃馒头、咸菜、小米饭汤，晚上吃菜粥、棒子面窝窝头。礼拜日改善伙食，吃顿面条或包子。人多，伙食单调，所以每到礼拜六，老想回家，学校伙食不如家常便饭好吃。

我和袁保瀛一人找了一个小罐，炸了一些酱，还炸上了些青辣椒搁上，带回去用馒头蘸着，改善一点伙食。

那个时代学生年岁大，最大的有宋鹤梅、宋如梅弟兄，我年岁最小，毕竟吃力，秋天将去的时候，我的下巴底下长了一个大疙瘩，俗名“乍腮”，我只好回家调治。大夫给开了方，给了一些黄药面，泼上水，用毛笔蘸着抹，一直病了一个多月才好了。功课落了好多，村学底子不好，初学的功课跟也跟不上了，只好把东西取回来，退学。

这年冬天，家居无事，母亲教我珠算。有天下午听说农民柳根儿的闺女出嫁，我去看了。奇怪！闺女出嫁，竟无花轿，也不穿新衣服，连一件新洗的衣服都不穿。

柳根儿是穷人家，屋无一间地无一垄，靠拾秋拾麦过日子。一辆大车停在门前，也无戏子喇叭。因与众不同，我到他家去看了，闺女长得干瘦，也未梳头，也未洗脸，一身常穿的蓝布衣服。她痛哭不止。穷苦人家，四壁皆空，连个陪嫁的包袱也没有。妈妈拿了一个污旧的梳头匣子，说：“你拿着这个吧！”闺女哭着说：“我什么也不要！”坐在大车上就走了。甚为凄惨。一般像这种情况属于买卖婚姻。

我在一旁看着，觉得穷人家的闺女出嫁竟然这样！同情之心黯然而生，偷偷地滴下几滴眼泪。后来，我把这个情节写进《播火记》的大贵娶亲了。

二

过了年，母亲劝我说：“你还去城里上学吧！”

四哥到城里去了一趟，跟老朋友们说好，先上预备班，等到暑假过了升入正班。

入学时，我去找袁保瀛，没有见着。他母亲说："他不去上学了！"我只好和梁兴旺一同去，后来听说，袁保瀛转到刘铭庄小学去了，可能乡村小学花钱少一些。自此与保瀛隔离，与梁兴旺同来同往。

预备班的教室是第五教室，就在楼院里，尊经阁对过，宿舍在楼院东屋，三间大房子，一个通铺。此处不方便的地方就是离厕所很远，夜间人们偷偷地到西边的墙角下去尿尿，后来门前放上一个尿桶。

预备班的功课，就是初级小学四年级的功课，把各种功课熟悉了一遍，打下了基础，并不费力。预备班中多是走读生，有本城的，也有围城附近的，现在工作着的同学，有傅铎同志。

这年是一九二六年，"北伐"的消息偶有所闻。

有一天，我二侄保琦来了，在刘显增老师屋里谈着。我估计他今年也要毕业了，可能是找事情做。临走，把几块钱存在刘老师那里，随用随取。

刘老师和宋老师同住一屋，里外间，就在第五教室东头，是两间小屋。因与两位老师有些瓜葛，到他们屋里去的也就多了。有时我哥和我侄子他们来了信，也拿去叫他们看看，有时我给他们写的信也拿去叫他们看看，请求指教。有一次二侄来了一封信，是指导我怎样学习的，要点是仔细听讲、记笔记，刘老师看了，对宋老师笑了说："这是侄子吹叔叔！"因我二侄比我大十几岁。

常出入于二位老师屋里，见到宋老师西墙上贴着一幅大画：是一只雄劲的右手攥着一只火把，火焰熊熊地烧着，给人以力量。于是我的脑子里画上一个问号，这是什么意思？

宋老师桌子上戳着一溜书，其中有一本绿皮金字，印着"苏俄新经济政策"，当时我还不懂，也猜测不着这部书的内容，但对"苏俄"已经有些印象了，说是俄国经过了十月革命，打倒资本家和地主，实行了无产阶级专政……我在暗暗幻想着：城市里没有资本家，乡村里没有地主，那将是一个什么社会？

张老师在校务会议上提出来，要成立图书馆，老师们都同意了。从保定买了很多书，老师们也把他们的书捐出来，有《东方杂志》、《学生杂志》、《创造月刊》、《创造周刊》、《小说世界》、《儿童世界》……就在我们宿舍的南头，三间大房子里，放上很多条案和板凳，书就摞在周围的条案上，也无人管理，随意阅读。但我不记得有各种报纸。这也算是一种新气象吧！

自此，我开始读书了。先读的有《小朋友》、《儿童世界》，后来又读《小说世界》。

在我的记忆里，那时候学生们读课外书的还不太多，只是弄功课。尊经阁小楼上，是毕业班——十九班和二十班，有一个同学叫李屡信，每天黎明，他就早早起来趴在书桌上扯开麻沙嗓子高声朗读。差不多每天早晨被他吵醒，想要起吧，伸头一看，天才麻麻亮，想不起又睡不着了。说是讨厌，人家在读书，说是不讨厌，心里也实在不高兴。也不知他是一种什么意思？也许是他们这一年级该毕业了，在母校的时间不多了，想把功课弄好吧！也许也有显示自己的意思。但在我的记忆里此人年岁大，并不露聪明。

时近暑期，有一天我在宋老师门前经过，见屋里有很多人，我也推门进去。见宋老师墙上贴着几幅宣传画，是印刷品，有报纸四开张那么大，着色石印。宋老师正在讲着，哪是帝国主义，哪是军阀，哪是政客，哪是土豪劣绅……说是北伐军进展很快，要打倒帝国主义，打倒军阀……宋老师用教鞭指画着，讲着，同学们呆呆地听着。讲的都是新词，是过去没有听过的。人们也在唱着歌："打倒列强，除军阀！除军阀！……"

有一次我到刘老师屋里去拿钱，他问我："你花完了吗？"他这一问，把我问住，我也不知道花完了没有。因为我二侄子并没有告诉我他给我存了多少钱，我就说："花完了！"其实，我只在他那里拿过三次钱，每次一百多铜元。他既问，我只好说是花完了。我想，我应该有所计算。

暑期，考完功课，我就回家了。在家里读书或写文章。在城里买不到《创造月刊》，只能买到《儿童世界》或《小说世界》。我翻来覆去地看每一本杂志的稿约，写了一篇文章，给上海《小说世界》投稿，没有投上。

乡村的夜晚是静谧的，我把软床搬在院里大椿树底下，躺在软床上看着湛蓝色的天上，一个一个银色的星星，看着看着就睡着了。第二天，我还没有醒，大街上卖油的铜钲开始敲响了。在迷蒙中，听见有一个人站在台阶上说话："六舅！还不起？"笑笑哈哈的。我睁眼一看，是大外甥玉昆。我睡得实在太甜蜜了，他叫我，我也没醒，翻了一个身就睡着了。谁知这是最后一次见面了。

据说，他是骑驴子从保定来的。可能是昨天到了他们家里赵锻庄，今天一早到了我们家里，跟我父亲要了五十块钱，就走了。谁知此一去就见不着面了，他和一个朝鲜人到了广东，到黄埔军校学习。二姐只这两个儿子，玉昆偷偷地去了，她日夜想念，每天晚上哭湿半截枕头。

袁保瀛不到城里读书，也不见我的面了。我闷得慌了，有时去找梁兴旺，他长得很漂亮，中等身材，长圆脸儿，雪白的。我到他们家里去过一两次，他呼我"盟弟"。我想，既是当家，叫什么盟弟。因为他父亲的关系，我们俩的脾气合不拢。我不喜欢乡村地主、恶霸、土豪劣绅。我家虽然也是土财主，但和穷人有来往，和地主没有来往。所以，和梁兴旺的关系，始终不像和袁保瀛一样。

暑期过完，我和梁兴旺到城里高小，到了学校先看榜，我是预备班甲级第一名。分在第二十三班，住在后排的大号里。

看功课表上，是宋老师担任国语，又来了一个刘老师，叫刘毓奇，他见了我的面，问："你认识梁蕴璞吗？"我说："是我侄子。"可能是我大侄子的朋友。

二十三班还是一年级，我算是留了一级，今年十三岁，比去年聪明多了，各种功课都跟得上，但是英文还是吃力。

最出色的功课是作文；我们班里年岁大的是曹牖民，可能大我三四岁，发作文的时候，他老是获得第一名，我老是获得第二名。其次是图画。

担任图画课的是张化鲁老师，担任习字课的是任艺圃老师。这两门功课进益较多；铅笔画已经画得像样子了。大字还是临柳公权，已经批“甲”字，贴在教室后边的墙上，但是据我看来还是没别人写得好。我班有一个同学叫王国屏，写“郑文公碑”，写得很好。再一课，手工比较好。我已经成了大学生了，但是全校排队的时候，还是在末尾。

当时，正课是上午四节，下午两节。早晨有早自习，可以随便温习功课。直到冬季，有晚自习课，晚饭以后，自修两点钟才回屋睡觉。

城里学校，没有什么玩儿的，同学刘金田，用白纸糊了一个小盒养蜂，养蜂也不是养蜜蜂，是养回回花上那个牛犊子蜂，黑色的，个儿挺大，实在可笑。

农历九月，南关有庙会，照例放假一天。那天下午，太阳平西时分，我到大庙会上去逛会，走到热闹当中，好像是开了一个大会才散了，人们都仓皇奔走，我捡得一张用红纸油印的传单，偷偷地带回来看了。是国共合作……东征……西征……北伐……国民革命就要成功，封建军阀就要打倒……这件事情使我动了深思。

这年冬天，同学曹牖民和张金锡找我结“金兰”之交，还给了我一个红帖子。当时，我思想上还没有这个需要，不过既然有人叫，也不好推辞。

一九二七年，正是我十四岁。已经是二年级了，住在前排小号——五个人一屋。张化鲁老师教水彩画，大有进益。张化鲁老师是个出头露面的人物，王聘之校长很看得起他。因为年纪老了，想把校长一席推给他，在会议上一提,张化鲁推辞,推给任艺圃。据说,张化鲁推辞是个礼让,任艺圃就接过来了,当了校长。同学们传说着:王聘之是个好好先生,任艺圃实际上是不孚众望。化鲁老师也只好如此。

这年早春,同学范振声介绍我参加了国民党,只是说了一声,我答应了,记得当时是个高潮,有一群人,有人拿到一个小本,是“总理遗嘱”,我没有拿到。但是人们都在念着:“余致力国民革命,凡四十余年……”在一个礼拜的日子,我正从宿舍出来,路过操场,有人在背后拍了我一掌,我回头一看,是范振声。他拉我到圣庙里,四棵大柏树遮得院子郁郁葱葱,他牵着我的手在平地上走来走去,谈了会子革命形势。问:“你愿打倒帝国主义呗?”我说:“愿!”他又问:“你愿打倒封建军阀呗?”我说:“愿!”他又问:“你愿打倒土豪劣绅呗?”我笑了说:“当然愿意!”他把我手一攥,咬紧牙关,说:“咱不参加那个了,我介绍你参加共产主义青年团吧!”我答应了。这个不是一般的答应,而是出自肺腑。对于帝国主义、封建军阀、土豪劣绅,我早就恨透了。心中非常高兴,几乎说不出话来。走回宿舍,盖上被子睡了一觉,浑身火热,心里想:我已经是一个共青团员了!当时的这种幼稚的心情,几十年来不能忘怀,我把它写进《红旗谱》中。在我的一生中,这并不是一个平常的日子。

但是,参加国民党一事,一九四二年大整风时我照样交代了,找了很大的麻烦。时间只有一个月,其实也不知道算是参加了还是未参加。后来有人告诉我:咱县国民党中并无你的名字。

此事不久,从天津来了一个人,白净脸儿,大背头,高高的个儿,据说是北方局的视察员,叫翟邵池。在尊经阁楼下讲了一次话,时在夜晚,点着一盏煤油灯,灯光不亮,扑朔迷离。只有稀疏的几个人,看不清楚。主要讲国民党现状……是各阶级民主革命的联盟……共产党员可以个人身份参加……听了这次谈话,我的心上像开了两扇门照亮了。此后,我才明白。后

来有几位老师都是跨过党的。可是,在大整风中都挨了“抢救”。但在“文化大革命”中,并不算回事,因为在“毛选”中讲明白,这个问题在四一二反革命政变之前,并不算一个问题。

此人后来又来过一次,在第三教室开了一次全校的师生大会,介绍翟先生讲话,讲的是“北伐战况”,中心讲铁军叶挺,及汀泗桥之战,及五省联合总司令孙传芳的垮台。此人长得漂亮,讲话有声有色,煽动力非常之强。据说此人后来被捕,不知所终。

后来又来过一个人,是本县的,叫梁鸿济,是北方局的视察员。此人后来在抗日初期曾经共过事。

大概是五月的一个傍晚,马榕花正开的时候,范振声叫我说:“在刘老师屋里开会。”屋子在第三教室的东头。

当我走进刘老师屋里,天已黑了,桌子上点着一盏小油灯,互相间似乎看得见面影,也似乎看不见。人数不多,有十来个人。

刘老师说:“……当北伐军打到长江沿岸的时候,眼看革命就要成功,新军阀蒋介石勾结帝国主义和封建势力,叛变了革命,回过头来,张开血口,屠杀共产党员和工农群众——用机关枪扫射共产党员。国民党大清党。自此,宁汉合流,国共分家了……我们要拿起武器战斗了!”

刘老师一阵话,像轰雷一样从头上击下来,使我的头脑发蒙了!因为过去听到的是:蒋介石是北伐的总司令,是革命的;把他的儿子送到苏联去学习,而今竟然叛变了革命,与工农为敌了,我的思想好像从高崖跌进深渊。四一二反革命政变和马日事变,好像一棵荆棘刺在我的心上。我把它写进《红旗谱》中。

自此以后,我埋头读书,沉默良久。后来,传说郭沫若发表了蒋介石十大罪状!出国了。本来要到苏联去,后来到日本去这个问题,虽然使我痛快,亦使我悲伤,因为宋老师是拥护创造社的,我也是沉浸在创造社的书籍的大海中。

五卅惨案纪念日，我们全体师生走上街头，贴标语，散传单，高呼："打倒英国帝国主义！""打倒日本帝国主义！"号召全国国民不买英国货、日本货。队伍走到义聚元、谦益厚……的铺子门口，我们一拥而进，翻箱倒柜，去检查英国货、日本货……喊着："要把他们烧掉。"

在这半年里，虽然我们沉浸在政治生活中，但，功课并未荒疏，因为都想着升学。我开始读书，读《晨报副刊》、《创造月刊》、《我的幼年》、《反正前后》……我侄子寄给我一本鲁迅的《坟》，我不能完全读懂。

小字有进步，大字写得像个样了。水彩画也有进步……

放假回家，正好家里种了二亩瓜。毗邻是老乃叔的地，也种了二亩瓜。

老乃叔是会做爆竹的，每年冬天，他烧炭，做爆竹。我常看他用麻秸秆烧炭，看他做爆竹。因为不会过日子，很好的日子也过哗啦了。老人虽然开瓜园，却不常在园子里，有时老乃叔的外甥女儿也看瓜园。十七八岁的姑娘，长长的大辫，飘儿飘儿的。我侄子说她很讨厌，我倒是不，觉得有些爱慕之情。因为年轻好学，尚无恋爱的心思。也有一次，在回家的路上，我赶了她一程，没有赶上，她逃跑了！我侄子从北京带回来一部《诗经》，我躺在高窝铺上读《诗经》。

那姑娘在窝铺下养了一群小鸡儿，嗞嗞地叫着。

我们种的是金瓜，籽儿是卖香水的从家乡带来的。其实没有几个是金瓜，都是大柳条香，成熟晚，而且不甜。老乃叔种的是三白，早熟，而且甜。所以狗獾子光吃他的瓜，不吃我们的瓜。吃，不只吃一个，它闻闻这个有香味了，啃一口。又闻闻那个，有了香味啃一口。有天早晨，老乃叔在地里摘了一大堆破瓜，在高窝铺地下一扔，生气说："吃吧！"其实凡是狗獾子咬过的瓜，都是熟而甜的。

我们虽然种了二亩瓜，可也没有卖过，只是有人在地边过，说："买个

瓜吃！”我就让老乃叔卖给他，因为他是穷人家，是以此为业的。只有摘得多了，二哥和五哥担到集上去卖。

有一次我和二侄子摘了一麻袋瓜，二人抬着往家走。其时北风起了，雨云上升，可以不走。走到半路途中，大雨倾盆而下，淋得我们像水鸡儿一般。抬回家去，分送街坊四邻，当家当户的。

这一段瓜园生活，我写进《红旗谱》中。我把老乃叔的形象性格摄入老驴头的形象性格之中。

暑假将尽，二外甥来信：自四一二反革命政变之后，玉昆无有消息。二姐想儿想得头发都落光了……我看了后，心里非常难受，四一二反革命政变，死了多少共产党员？他在黄埔军校，难道能逃出蒋介石的天罗地网吗？此事，我写进《红旗谱》中。我心里老是想着玉昆的形象性格，对蒋介石其恨难消！我把玉昆的形象性格摄入运涛的性格中。

下了一场小雨，我和二侄子把缺苗的地方，补种了晚玉米，他用小锄挖了坑，我搁上两颗玉米，然后用脚掩上，不几天工夫，小苗出土了，才出土的苗儿，有多么喜人呀!

老乃叔做饭有时给我做上，经常是片儿汤和疙瘩汤，我不好意思多吃，只吃一碗。老乃叔做饭也很简单，他在小窝铺下挖了灶，安上个小锅，舀上两瓢水，摘几根长豆荚，用手掰掰，扔进锅里。和点面，擀成片儿，用手撕得一片一片的，扔进锅里，抓上一撮盐。也不搁油醋，吃起来有一种菜叶和麦子面的自然香味。

中午，有时家里送了饭来，孩子们一手挎着个小篮，一手提着个小罐，小米饭汤，棒子面窝窝头，拌豆角，农家饭食，要多香甜，有多么香甜！

瓜园生活还没有过够，秋季开始，我和二侄子也就该去上学了。

到了学校，先去看榜：是甲等第四名。心里有些不满足，我在县立高小上了三年学，考了五次——毕业考试未贴榜，落了一个甲等第一名，其余不是第二就是第三名。其实我也不很用功，只是期考前几天努力背诵一下，作文努一把力，就行了。这学期的学生会，选举我当了卫生股长。

自从这学期，开始升入第二学年，明年就要毕业了！我的兴趣没有转变，依然是国语、习字、国画、手工，对唱歌也有兴趣。英文、算术用力不小，成绩不佳。

宋老师讲国语，不再讲课本，而是用讲义了。他自己还刻蜡版，油印，发给我们读。讲朱自清的散文、郭沫若的诗等名作家的作品。

我还是努力读书，读冰心的《寄小读者》、《繁星》、《春水》以及创造社的东西，此一时期，我接受了革命的浪漫主义。有一次，我到宋老师屋里去，他打开小柜拿出一本小书，内容是日本共产党人在树林中给同志们讲话的讲稿：阶级，阶级斗争及无产阶级专政。这是我第一次读社会科学的书。

此时，临日本画家马徐维邦铅笔画帖，很有进步，笔放得开，似有石涛八大之意。大字亦有进步。

团的生活，悄悄地转入地下了。有一天，同学李履信来到学校，在宿舍坐了一会儿；他才从保定回来，说有天晚上，国民党正开着会的时候，被封建军阀包围了……组织上宣布：毛泽东同志领导了秋收起义，领导起义的工人、农民、士兵上了井冈山，和朱德同志会师。要建立井冈山革命根据地，以后要打土豪分田地了。因为四一二反革命政变，群众运动一时冷清下来。

瓜园生活，在我的一生中，留下很深刻的印象。有一次我星期六回来，放下背包，到瓜园去看：罢园了，瓜棵堆得一堆堆的，只剩下几棵大玉米，高窝铺也没有了，一片寂静。只是那个姑娘的面影，还出现在我的眼前。

这学期终结，正值大雪，二哥赶着大车进城，一来买麻饼喂牛，二来是为了接我回家。当我回到家里，一进屋，母亲正在炕上躺着。见我进来，悄悄地从炕上爬起来。我说:“娘! 怎么了?”母亲用手摸着我的头顶说:“不怎么的,只是觉得不好……”

自此以后,母亲有时在炕上躺一会儿,有时在屋里、在院里走走,不下地劳动了,家里的事也不管了。

过完寒假,进入最后一个学期了。

在这个学校生活、学习了三年,一谈起毕业,觉得怪留恋不舍的。为了升学更加努力读书,但是别的功课不见有突飞猛进,只是水彩画另有新的进步。有一次我到张化鲁老师屋里去交图画,见有客人,化鲁老师说:“画几张好画吧:王老师要结婚!”自此,每画必入成绩室。这个王老师就是博蠡中心县委书记王志远,过去在天津工作,被捕入狱,挨过电刑。我用一张图画纸画了一张画:正面画的城墙,一个城楼;一个水沁门。左方一个大土坡,一条人行大路,路旁一溜子大杨树。秋天了,杨树的叶子红了,黄了……坡下湖波掩映……这张画被乡村师范的张微星老师拿去,贴在教室后面墙上,一时群情大哗,都知道我会画画了。这张画题的是“秋风红叶”。

这学期化鲁老师教了两首好歌:一首是《踏青》:“……南园春半踏青时,风和闻马嘶……”这首歌可能是一首词谱成的。一首是《雪》:“……深山鸟飞绝,万径人踪灭,梅花万村遥明月。”曲调有点昆曲味道。学了三年音乐,只有这两首歌是我一生难忘的。

毕业之前,北伐军到了我的家乡,把电台支在校园的梢门地下。一天下午,学校当局说要打仗,宣布放假。我和曹牖民一同回家,回到村边,已是日落西山时刻。周围已经挖了护村壕,影影绰绰看见有人在高坡上走过,我喊了一声,他走近一看,是邻家海水叔,他伸手拉我上了坡,长叹一声:“咳! 又要打仗啊!”回到家里才知道村北里挖了战壕! 从石家庄一直挖到天津。这一带人们,谁也知道奉军纪律不好,奸骗妇女,无所不为。还说村北的战壕挖得很深,还有小屋,把村民的门板摘去盖小屋。人们恐怖万状。

一家子人商量了一下，嫂子们各回娘家。我和四嫂跟病中的母亲到随东村我五嫂家去。堂兄黑铁背着我母亲前边走，我和五哥提着水壶，抱着东西，五嫂、四嫂跟着。路上逃难的人络绎不绝。这是一幅农村流民图啊！

五嫂家是善良的人家，有祖父祖母，有叔叔婶子。只是有母亲没有父亲。祖父祖母都有七八十岁了。祖父看牲口棚喂牲口，祖母和母亲就伴住一个屋，还有一个弟弟和我是同学。叔叔是个和善的庄稼人。我们一来，添了半家子人，每顿饭饽饽是饽饽，菜是菜的，好像待客一样。兵荒马乱之间，老祖母每天走出走进，心神不安。晚上人们都睡觉了，她还不睡；一个人坐在院里蒲团上，伸直脖子听着远处动静，闷得慌了，就走进来坐在母亲头前拉一会子闲话。说："我听得西南上有鞭子响……"母亲说："可能是过兵车吧！"老祖母说："大街上有一阵狗叫……"母亲说："荒乱年头，说不定有多少人睡不着觉呢？"说一会子闲话儿，老祖母又回到院子里，仰起头看看星星，又伸直脖子听着远处的动静。

在五嫂家一直住了十来天，也没什么事做，心上有些烦，我想回家去。母亲说："还不知道打仗打得怎么样？"老祖母说："怎么了？有什么不舒服，叫你嫂子侍奉你！"我听了很不好意思的。过了几天，我才回去。

回到家里，家乡还在战乱之中，奉军还在前面的村里。五哥说："有一天在福友家吃饺子，正在包着，奉军进村了，他们放下就跑了！"

天气热了，我想到屋顶上去睡觉，父亲不让我去，说："万一夜间有个动静，可是怎么着！"四哥说，有人告诉他，二哥趁家里无人时，把两口袋麦子背到自己屋里去。我听了非常不高兴，这个人就是这么小气，他的眼目中，只看见他的两个儿子，从不把弟兄们放在眼里。

北伐军一营人住在我们村里，说是冯玉祥的军队，人们都高兴，军纪好，车上拉着给养。有一个营长，在村北里用望远镜指挥战斗，用迫击炮轰走了前村的敌人，人们都高兴。第二天，北伐军要移防，紧追敌人，保长叫各家磨面，以供军需，有的磨一百斤，有的磨五十斤。

北伐军过去，我又回到学校，在战火匆匆中进行了毕业考试。在发文凭的那天会上，任校长讲了话，毕业生代表也讲了话，当唱毕业歌的时候，我暗暗地流了几滴眼泪。母校是我一生革命征程的起点，一生文学事业的摇篮，对这里的一草一木，我都有着深厚的感情。在这里学习了三年，我要离开她了，很有些恋恋不舍的意思。在战乱中，保定的育德中学、同仁中学，下乡招考，我考上了育德中学。

三

二哥赶着大车来到门口，帮我搬了行李装在车上，再去辞别我的恩师们；我走进化鲁老师的屋里，他见我进去，站了起来，我向他行一鞠躬礼，他摸着我的头顶说："你要走了？"

我低下头，合着嘴巴说："是！"

他说："你是有绘画天赋的，要好好学习，'法'在乎上，要看好画帖，临好字帖，艺术这一行，就是勤奋，是无止境的……"说着，低了一下头，又说："去吧！"

我又鞠了一个躬，走出来，到宋老师屋里。一进屋，他就站起来，说："你要走了？"

我说："家里来人接我，我要离开老师了！"说着流下眼泪。

他走过来，问："你能升学吗？"

我毫不犹豫地说："能！"

他摸着我的头顶说:“文学是一生的事业,我喜欢文学,但无所成就。小弟弟,希望你努力前进,能登上山顶。求学问的人,好比一个财迷的老头,捣粪捣出一个小钱儿,也拴在辫子绳上。要一点一点地积累。你今年,十几岁?”

我说:“十五岁!”

他说:“你才十五岁,五年之后,十年之后,你大学毕业的时候,才二十几岁,‘高山仰止,景行行止’啊!希望你能成为中国的作家!”说着,转回身在他的书橱上捡了一抱旧杂志,有《创造月刊》,也有《语丝》。他说:“放在我这里也无用,你拿去翻翻,也许有好处……”又说:“问四哥好!”

我接过书来,行了一个礼,就走出来。

坐上大车,回到家里,一进屋,看见母亲躺在炕上。见我进来,用手支起身子,说:“你回来了?”

我说:“回来了!”

母亲也没说什么,看样子她的病有些重了。我走向前去,扶住她睡下。

母亲有时睡在炕上,天气好时,可以出来走走。四姐夫的父亲是这一带有名的妇科医生,他也学医,但不高明,可是自动地来看看,开个方,吃点药。母亲有点儿喘,有一天她叫我看她的手,手心红晕,手拇指比别人有点儿大。这就是一种病的象征,但那时还不知是什么病。

一个暑假过得很快,看看就要开学了。嫂子们为我拆洗被褥,做了两身衣服,准备去保定上学。母亲听说我去上学,叫我到她跟前,攥住我的手说:“魁呀!我这么病着,你就走啊?”说着,深陷的眼窝里滚出几个大泪珠子。

我不知如何,低下头,不说什么。慢慢走出来,站在台阶上,陷入沉思,是去是不去,就在这一刻之间。正在这时,二哥抖着两只手,一步一步走过来,见我呆呆地出神,他说:“六兄弟!看咱这一大家子人哪,都要张着嘴吃饭哪……这一口袋黄谷，拉到集上，只卖五块钱哪！”

他这么一说，我眼前真的看到这一大家子人，苦扒苦掖地辛苦一年，不是容易。育德中学是私立的，学费多，每年要交五十块钱。加上伙食、图书、衣物……每年要用去一百多块白洋，才能过去。想到这里，我的前心立刻贴到后心上，本来求学心盛，到此也就化为乌有了。自此，我下决心不再去耗费一家人的血汗，但自此两目茫然，不知所以，我的前途怎样，只有依靠我自己的努力了。

因为母亲的病不能远去，我的日常工作，也就是伺候母亲，买药，煎药。有时伴着母亲说话，有时煎着药，也读着书。我写了一篇农村题材的小说，寄给上海《小说世界》，无有回音，我也不觉得失望，我知道作家一行，不是一件容易事，况且今年只十五岁，以后的日子长着呢！

有时闷得慌了，就到大街上走一走，在蕊珍她们门对过大木头上坐一会儿，想一会儿写文章的事。偶尔，我的视线穿过蕊珍家的大门，可以看到她家的台阶。无意之间，看见蕊珍从台阶上走过去，似乎是她已经看到我。不一会儿工夫，她又走过来，将进门的时候，一手按着门栏，转回头来看着我笑了笑，一刹那间，我的心上跳动了一下。

她已经出落成大姑娘，也该是十五岁了，长得高高的个子，大眼睛好像会说话。她的笑容，是我一生难忘的。自此，好像旧事重提，她老是伴随着我，在梦中也会看见她。她笑的影子，老是在我眼前晃着。

母亲的病越来越重，四姐夫也常来看看，但总治不好。大哥的意见，要请北宗村大医生齐麟年看看。据说，此人是秀才出身，有学问。医道渊博，就是不好请，吃的不用说，他要抽大烟。所以病轻的不请他，病重的，这边还未送医生，那边病人就没了气了。所以他经常说：“三服药下去，好就好了，不好也就完了！”因此病轻人们不请他。

四哥打扫了一间小南屋，拆洗了干净被褥，把大姐夫请了来，买了二两烟膏，熬好了。大哥和大姐夫坐车去请大大夫齐麟年。果然请来了，六十多岁年纪，花白头发，一个大高老头，穿着一身紫花裤褂，一手提着个小包袱，一手提着条大烟袋。走进屋里，坐在炕沿上，我斟了一碗茶捧给他。他上下看了看我，嘻嘻哈哈笑着说："咱们不是外人，论表亲你们应该跟我叫表舅。"于是我们就跟他叫表舅。可能他和西百尺大哥的姥姥家是亲戚。

喝了一碗茶，抽了一袋烟，他说："咱们先看看病人！"大哥和大姐夫领着他到北屋去。母亲见大夫走进来，用手支着身子，慢慢坐起来。表舅坐在炕沿上，拿过枕头摸脉，摸摸这只手，再摸摸那只，说："看看舌头！"母亲张开嘴，伸出舌头，叫他看了看。他问："大便怎么样？"四哥说："一天一次。"又问："小便怎么样？"四哥说："多！"

他睁着眼睛看了看母亲的脸色，"唔"了一声，提起脚跟走出来，腿脚挺利索。回到南屋，脱鞋上炕，打开小包袱，戴上老花眼镜，拿起一本手抄本的书，翻来翻去，翻来翻去，翻了半天，才就着炕桌开方子。我瞄了一下那本书，是《医林改错》。

五哥拿方子去取药。

中午饭是四碟菜，大米稀饭，在乡村里，就是好饭食了。第二天送他回去，大姐夫也跟着车走了。表舅临上车时说："吃着好就多吃几服，不好，我再来！"看样子也是平易近人的。

吃了几服药，也不见功效，也不好，也不坏。直到秋天，母亲嫌家里烦，就把她搬到小东院的小西屋里。有一次四哥跟我说："我给咱娘端尿盆时，有甜味，莫不是糖尿病？"

我不懂医理，也摸不清是什么病。

母亲的病不好，心中烦闷。有时到地里劳动，有时读书，无意中看见四哥大橱子里有《水浒传》、《三国演义》、《儒林外史》、《二十年目睹之怪现状》，还有一些油印的国文讲义，《古文观止》什么的。我心里非常高兴，就一直伴着母亲读书，四哥也不说什么。

看书闷了，就到蕊珍她们门对过大木头上坐一会儿。偶尔也会看见她走过去，看我一眼，似有笑意。时间长了，她的心上似乎有了意了，自幼青梅竹马的感情，在心中燃烧起来，我的心上十分高兴。于是我每天到那地方站一会儿，她在一定的时候在我眼前走过，转过脸来，看我一眼。

时届中秋，三哥回来了，穿着一般的棉军装。刚下车就去看母亲，坐在母亲头前，握起母亲的手。母亲哭了说："我着实想你呀！"三哥说："我这不是回来了吗。"

自此以后，主要是三哥和四哥伺候母亲的病，我和五哥参加田间劳动。这真是一个劳动大军：大哥、二哥、五哥。还有大嫂、二嫂、三嫂、四嫂、五嫂……削高粱割谷，把大秋抢下来。一家人为母亲的病心中沉重，但是劳动起来还是蛮有力，抢秋夺麦。

日子还得过呀！

有一次，表舅来了，给我带来一个用红席篾编的非常精致的蝈蝈葫芦。他看了看四姐夫的药方，纳闷说："怎么小便多还利小便呢？消渴症！"他表示很生气。表舅虽然抽大烟，但思想开明，为人正直，生活也很朴素。他常对我说："你父亲不叫你上学，财迷打底儿！学医吧，先读《雷公药性赋》。"他收我为徒了。

后来，我把他的形象写进《翻身记事》中。

可是，四姐夫是至亲，他既然热心给治病，也不好说不叫他治。除他以外，四方的医生都请到了，但是病还是不见好。这年冬天的一个晚上，我正睡着，父亲叫我，说母亲不好了！我急忙起炕，走到小东院里，大哥二哥……大嫂二嫂……屋里屋外挤满了一家子人。我走过去，攥住母亲的手，眼里掉下泪来，母亲也哭了说："我那亲人们，你们怎么叫我好了哇？"大哥劝她："好好养着，把家花完了，也得给你治病……"

母亲合上眼，休息一会儿，唏嘘不止。

时间有后半夜了，不见怎么，大哥说："不怎么的，先去睡觉吧！"一家人闹了一场虚惊。

自此，蕊珍娘也常来看母亲，坐在头前说一会子闲话。有时鸡才下了蛋，她两手捧着，拿了来叫母亲喝。还常来求我给蕊珍的哥哥写信，有一次还特拿来一些小礼物——一包冰糖。有时也谈到蕊珍，说她会读书了。她这种行动，我是会意的，但我不敢设想，因为农村社会是复杂多端的。

有人提意见："给老六娶媳妇吧！冲冲喜，病人就好了。"我也愿意结婚，大家庭，结了婚，就有屋子、有炕的了。于是，媒人们就上门了，今天这里的来了，明天那里的来了。有人给说北张村的，是个十六岁的小姑娘。母亲叫二哥去打听打听。二哥去了，村头有个打鱼的，二哥问这个姑娘长得怎么样？打鱼的说："长得怎么样，有鼻子有眼儿就是了！"回来一说，母亲不高兴，因此也就作罢。

对于这种凭媒妁结婚，我心里有点儿悬。但在旧社会都是凭媒人介绍结婚，也无可奈何。

有一天，蕊珍母亲来叫我，到她们家去看蕊珍哥哥的回信。我跟她去了，她搬了一个凳儿放在窗台下头，叫我读给她听。正在读着，蕊珍从屋里走出来，用手拄在台阶上，对着我嘻嘻笑着。她母亲见了，说："快屋里去！快屋里去！"她只好走进屋里。可是看完了信，她母亲又叫我到屋里坐了一会儿；我在屋子这头，她在屋那头，不住地嘻嘻笑着，我摸不清她是一种什么心情。我不敢走过去和她说一句话。但是，她母亲能给我们这么一个机会见个面，也就是不可多得了。坐了一会儿，辞别蕊珍母亲走出来，也说不出我自己是一种什么心情。

自此之后，街巷之间的青年人们，传说我和蕊珍好，在乡村中，这是不好的，是栽面儿的事，我只好回避。可巧，在这时候邻家嫂子来看母亲说：

“来给你们提一桩亲事，给六兄弟说说蕊珍吧！”说着，哈哈大笑，母亲也笑了。邻家嫂子说：“蕊珍说：‘人家六哥哪样都好，人有人才，文有文采呀！’”说着，又拍着两手哈哈大笑。我在一旁看着，也不知怎么好。

关于蕊珍的问题，在我的大家庭中成了谈闲话的话题。大侄女说：“离着远点也好啊！”听了人们的议论，我的心上不知所以。

有一天，在母亲屋里没人的时候，她跟我商量：“咱们寻了蕊珍吧！”

因为我心中同意，也未说什么。

但是，因此母亲发生了误会：她老人家认为我不同意了！

不久，有一个媒人说了吴村姓郭的姑娘，姐儿三个，这是一个老姑娘。二侄女婆家是吴村，满口称赞这姑娘长得有多么漂亮，一家人同意，母亲听说也同意，也未征求我的意见，就换了帖子了。谁知一事做错成千古恨，我与蕊珍再也到不了一块儿了！此事过去了几十年，如今年已古稀，儿孙成群了，我的心上还在想着她，两地相隔，想见一面也难呀！我把这种悬念，写进《红旗谱》与《烽烟图》中。

炕上有病人，地下有愁人，一家人为母亲的病愁苦不安。实在无法排遣这种愁苦时，我就在父亲屋里读书。

一九二八年的新年，是在闷闷不乐中过的；一家人扫房，蒸饽饽、糖瓜祭灶，搭神棚，燎星星草，吃饺子……这一年，我为半个村子的人写了春联。我写了“革命”两个大字贴在大门上，人们看了都很奇怪。老昆爷家娶孙媳妇，求我写帐心，我在历书上查出“绳其祖武”四个大字，上款写上“大德望昆翁孙公子花烛之喜！”下联写了众乡谊的名字。三哥看看笑了说：“怎么孙公子呢？是令孙。”我笑了笑，另写了一条。我把这两件事情合起来写进《红旗谱》中。

在苦闷中，我没忘了革命，经常宣传革命的道理。在大木头上坐着的时候，遇上赵二卯，这个人是个穷人，能说会道，我跟他说：“毛泽东和朱德在井冈山会师了,要打土豪分田地了。”他说:“哪里的这么回子事?你不愁吃,不愁穿。我们饿得大小耗子嗞嗞地叫。革命,割个蛋吧!”我苦口婆心讲了一些革命道理,他都不相信。我把他写进《红旗谱》中。甚至谈到长疮流脓的事情,意见也不一致。我说:“长了疮,要把它捅开,把脓水洗去,新肉就长出来了。”他说:“人家都说,围脓长肉呢!”农民是实际主义者,这种人要经过多种实际革命的教育,他的传统观念才会被冲破。根据这个道理,我写出老驴头、老套子这些人物。

实在苦闷了,也到老宠叔家去,他哥叫秋场。弟兄二人,不是扛长工,就是打短工,每年下天津卫办画。老宠婶子心灵手巧,会剪窗花。我给他讲:苏联无产阶级掌政,打倒资本家和地主,他都相信。讲将来要打土豪分田地,要穷人有地种有衣穿。他说:“你这孩子是老实人,我听你的话。”谈到“小旗下”的孩子瞎锁,他说:“当年老傅在安州做生意,我们去打短工,住在他家里,他从‘养生堂’里花钱领出这个媳妇,才生下这个小子,又白又胖。当我抱着他的时候,看见他眼里好像有个蝇子翅膀,后来就瞎了。想不到如今母子分离。自从梁老其打官司以后,‘小旗下’就嫁在保定,嫁了一个开糖摊的。”

他还给我讲过一个故事:安州大地主陈殿华,当年乾隆驾临白洋淀,陈殿华接驾,管了皇家上下人等吃了一顿饺子。有一次这村唱戏,有人对戏班上的文丑说:你要在戏台上说几句“嘻嘻嘻哈哈哈,我是安州陈殿华”,我就给你十吊钱。这个文丑也不知道陈殿华是个什么人物。照样说了。当时陈殿华正在台下看戏,他一生气,把脚一跺,打发护院的砸了戏箱,不许他们再唱。

梁老宠是个有思想的农民,又正直,又聪明。他给我讲的故事写进文章里。

人家过正月十五,我也过正月十五。大街上照样敲大鼓、跑狮子、赶旱船。全家照例过小年，吃饺子。炕上病人还是不见好。

过了年，家里就操持给我结婚，心上茫茫然不知怎样好，打不定主意，是结婚好，还是不结婚好，也就由着去吧。大哥就跑着订官轿，订厨师，订戏子喇叭，订家伙碗碟，求人做伴郎，订了几辆大车。一应上下忙了个不了。他还领我到城里买了两双鞋、两双新袜子，买了被面，还买了一顶大礼帽。买回来后，母亲一看不喜欢，被面是一蓝一红，褥面也是素的，母亲是喜欢大花儿的。

四姐给我买衣服料子，先跟母亲商量好；马褂是黑缎子的，大夹袄是浅灰花丝格的，都如母亲的意，笑了说："一辈子就这么一回事呀！"

婚期就到了，二哥上集买菜。厨师们也来盘锅台。

我的结婚，是根据汉族古老的习俗进行的：天小晌午，一群送嫁妆的就来了，抬箱的、抬柜的、插瓶镜子、叩盒叩碗，还有一架座钟。总理先生请他们赴席。那天晚上，堂兄铁哥做炮手。头一声炮响，赶车的、抬轿的、戏上的、行锣执事上的，一齐赴席。我陪二位伴郎吃饭，有鸡有鱼……不比一般客饭，但也不太好，都是闷子垫碗。

第二声炮响，叫我穿戴整齐，戏子喇叭跟着，到同族当家礼拜。

第三声炮响，大车和轿都集在门口，我坐上轿子，伴郎、戏子喇叭的、行锣、执事、炮手等，都坐上大车。车水马龙，吹吹打打一直奔吴村而去。一进吴村，大炮响了，吹着打着进了村，围村转一周遭，到了丈人家门口停住。伴郎请我下轿，走到丈人家里，先入席饮茶。伴郎和招待人员们说些客套话，即上菜，喝酒，互相礼让。席间一个老农民进来，向我敬酒，口称"姑爷"。向伴郎们敬酒，然后退下，这就是我的岳父。时间不太长，菜就上完了。这就是所谓"大席"。

过去常听得人们说，"大席" 上有几十个菜："四干"、"四酸"、"四甜"、"四辣"……而今天却只十几个菜就完了。这就是因为岳父家是个中农，他办不起大席。

第二天早晨，黎明起炕。铁哥就走进来，跟伴郎们商量时间，出了大门就放了一声炮，新郎新妇上轿，男女两方的大车赶到门口，男方的在前，女方的在后。

第二声炮响，敲起大锣，吹吹打打地前进。

当进了我们的村，围村转了半圈，到门口停住，我即下轿。家里人把小轿抬进里院，新妇才下轿入房。然后就是拜天地，是新妇的事，我不参加。

女总理兰芳奶奶，站在台阶上，指挥拜天地和客人开席等事。全村有礼节往来的，即开始来送礼，一般的是五十个铜板，凡是来送礼的，都坐席吃饭。是米面卷子和素菜。午席以后，女方客人即开始退去。下午无事。

因为家中有病人，晚上也无人闹新房，同族的一些青年，坐了一会儿就走了。

我之所以写出结婚的全部经过，是因为我在《红旗谱》的三部书中，与世推移，写了几次结婚，但各有不同。

当新妇拜见我母亲时，据说我母亲并不高兴，因为我的新妇长得并不是出色的。

四天以后就是回门，我去岳父家里住了三天就回来了。

大家庭里，结了婚倒是有好处的，有了自己的房子，有了自己的炕了。旧式结婚，也不过如此，也无所谓爱情。自此以后，我的心上也就把蕊珍放下，想也想不上了。

我结了婚，也没冲了喜，母亲的病反倒越来越重。四姐夫还是常来，齐麟年表舅束手无策。四姐也来了，住在小东院的北屋里，随时侍候母亲。我和五哥，还是照顾田间庄稼。

直到八月中秋，削高粱割谷，大秋正忙。有一天，我正在母亲头前读书，她向来对我的新妇一字不提，她不喜欢。

父亲走进来，手里攥着一把红枣，笑着说："你吃一个甜枣吧！才摘下来的。"

我见母亲有笑意，知道她想吃。我拿了一个碗，把红枣洗了，叫母亲吃。谁知只吃了一个，就咳嗽起来，咳嗽了又咳嗽，忽然一口鲜血吐出来，头往枕头上一沉，就断气了。

我慌了手脚，跑到院里大喊："娘不好了！"四姐跑过来看了看，大哭起来。不一会儿工夫，香哥来了，铁哥来了，兰玉哥也来了……

他们把母亲抬回家去，抬来一张床，停在堂屋里。穿上装裹衣裳，戴上黑纱头巾，头巾上一块玛瑙。

兰芳奶奶来了，指挥停灵破孝，打发人通知亲戚家。灵前放上一个小桌，摆上香炉拱献，铺上干草，男左女右，全家举哀，大哭起来。

门上挂起"撮钱"（一束白纸条），全村人都来吊孝。黄昏时分，一家妯娌姑娘们到招魂庙招魂。

第二天大姑家表兄、二姑家表兄都来吊丧。大杨庄大姨和姨姐来了，三友表兄也来了，在灵前哭哭泣泣。

停灵三天，晚上入殓，没有买棺，就用给父亲准备的棺木，又厚又重。一家人和亲戚们围绕着，三友表兄拿了一个碗，盛上水，用一块新棉花沾着水，在母亲脸上擦着说："小姑姑！洗洗脸吧！洗洗脸去见人哪！"这个礼节叫做"净面"。

然后把尸首抬进棺里，用木钉钉上。第二天众乡亲们抬了棺木停在小东院里。过年过节上供烧香。

经过三天的丧事，一家人的嗓子都哭哑了。自此以后，我就成了没有母亲的人，可也了却了一桩大事。人，到老来总有终结吧！

有时和父亲一块儿吃饭时，想起母亲，我就想哭。父亲安慰我说："别哭啊，已经缺了业可怎么着呢？"

我把这种古朴的民俗，写进《红旗谱》和《烽烟图》中。

母亲去世，一家人收秋打场。

收秋完了，我在自己屋里读书、写字画画。我找到一部小画谱临摹。苦闷了，就到村北里黑炭叔家去“顶牛”（一种赌钱的方法）。黑炭叔比我大几岁，母子二人相依度日，房无一间，地无一垄、靠拾秋、拾麦、打短工过日子，是赤贫。这是我工作的对象，我向他宣传社会主义、共产主义，他都能接受。不过，我们这个村是个富村：地主多，富农多，中农多，贫雇农少。讲究精耕细作，全村已有三十七辆大水车。工作进行很难。我把黑炭母子写进《翻身记事》中。

我还研究了一家地主梁老高，几年之中跳出了封建的剥削方式，到了资本主义的剥削方式，种到七百亩地，都打上水车井。围绕农业开办商业和作坊；开粉房，用花生饼喂猪，积肥。开油房，用豆饼喂牯牛，积肥。开轧花房，把皮棉打包，下天津卫，和外国人打交道。类似这种剥削方式，在我们县有南庄杜家，刘铭庄王家，已经形成一种势力。我把这种研究成果，写进《红旗谱》中。他家大儿子就是梁鸿文，二儿子就是保怀。我不过加以概括罢了。

这年冬天，同学沈炳南来访，对我说：“你是团员，要组织串联反割头税运动！”我参加了，在一天深夜，我和梁老宠把红绿纸印成的传单，贴遍全村。我二哥安上杀猪锅，自己杀猪，引起各家自己安上杀猪锅。

腊月二十七日，城里大集，趁着集日开大会，砸了盐店，到县政府请愿，要求县长出来讲话，免收割头税……我把这场轰轰烈烈的农民运动写进《红旗谱》第二卷中。

包割头税的两个乡绅，又告了状，张化鲁老师和小陈村的一个乡绅顶着打官司。对于革命群众没有镇压，这是一场胜利的斗争，是公开合法斗争的典型。

割頭稅
割頭稅無理!!

这年除夕，我和三哥在父亲屋里坐着。三哥说："母亲去世，还叫老六去上学吧！我还出去……"父亲答应了，他没有说什么，就这样决定了。

过了年，四哥到城里去了一趟，找到他的换帖弟兄宋老师，他已经当了教育局长，他同意我去补习功课，准备暑期考学。二哥套上大车，拉着小柜和行李，送我到城里去上学。到了学堂门口，我先到对过的教育局去找宋老师。宋老师说："正好，来了一个丁老师，文学上是有造诣的，你去吧！"他写了一个短简给我，我走出教育局，刚到学堂门口，遇上老同学董廷璧，他还没有毕业。领我到账房报了到，交了费，分派了住房号数，编在二十八班。他帮我把行李和小柜搬到房里去，住前排的小号。

这时校长是蒋冠五，级任老师是丁浩川，都是第二师范毕业的学生。

我下决心投考第二师范，必须把作文、算术、小字补习好。大字和画画是我的爱好，我还不忍丢掉。其他课程，随班听讲。

丁老师讲国文确实出色，他也是拥护"创造社"的，第一课就讲郭沫若的《棠棣之花》，随后讲郭沫若的诗《女神》。有时他自己写了文章给我们讲。

他讲书，还满带着感情："明月何皎皎，白杨声萧萧。阿侬妹与弟，离别在今宵。今宵离别后，相会不可期……"他讲书像唱歌一样，使人爱听。

在他的引导下，半年中我读了很多书。鲁迅的《阿Q正传》及他的其他短篇小说，郭老的《前茅》、《恢复》，蒋光慈的《冲出云围的月亮》以及辛克莱的《屠场》等等。他号召每天读一百页小说，他读得了，我读不了，只能读五十页，理论书籍只能读二十五页，还囫囵吞枣，不能真懂。

半年之中，算术课，我背过了《难题三百解》，从四则杂题到繁分。小字学赵孟頫，写得也像个样子了。大字和图画也有进步。

光阴似箭，半年的时间，眨眼之间就过去了。我又随着二十八班和二十七班举行了一次毕业式，蒋锡鹏老师还新谱了毕业歌。唱着歌，我又流

下了眼泪,旧社会无情,如大海茫茫,何处是岸!

这两班学生毕业,下班同学很不客气,抢住前排小号,毕业同学只好赶忙离校,或搬离房子。那天中午,我们几个人把小柜和行李搬到校长室,这天晚上,我们就在校园里的麦堆上休息,蒋锡鹏老师陪着我们,呼吸着新麦子潮润的香味,说些难离难舍的话。母校啊!我是多么不愿离开你呀!但是,又不得不离开,奔我的前程。

我们暂时分散,各回各家。按规定日期,都到这里集合,雇了一辆骡车,到保定去。

骡车一直赶到第二师范门口,我找到老同学曹牖民、刘金田,就住在学生公寓里。他们领我到公寓委员会,交了费,领了住房号数。每天五角大洋,管吃管住,很方便的。

这次考试,只考一班学生——四十个人,报名的却有两千五百人,无不咋舌。虽然难如登山,我也只好拼了。

第一榜考了二百三十人,我考在五十多名,还是有希望的,两位老同学都为我高兴。

第二天两位老同学找到我说:“衣服要穿干净些,动作要像个样子……”他们帮我洗衣裳,到大街上理了理发,买了一双新鞋子。刘金田帮助我分析学校当局的政治形势,说校长张陈卿是国民党的西山会议派,训育主任张维斌是改组派,第二场的口试,可能是张维斌主持,他要问你:全中国人民的领袖是谁?你就说是汪精卫,骗他一下,你就考上了,老朋友的话,我记在心里。

第二场是体力测验——验肺活量。智力测验——迷津。最后是口试,果然是张维斌,果然是问这一个问题,我照刘金田的意思答复了。他又问:“为什么?”我机灵地说:“因为他是为人民谋幸福的。”

到了放榜的那一天,三哥和一个同事也来了。人们集中在学校门口,等待看榜。把榜一贴，我看到榜上有名，落在十三名，一时激动，我几乎流出眼泪。三哥也很高兴，同事的笑着说："这无论如何是凤毛麟角啊！"

三哥领我去洗了澡，一同回漕河农场，这时他在漕河农场当庶务会计。

在农场住了几天，又回老家。我莫名其妙，我考中第二师范，家中人竟是无动于衷。如果有我母亲在的话，她老人家不知有多么高兴呢！

四

第二师范，秋季始业。

我与刘金田、曹牖民雇了一辆驴车，同往保定。中午在大庄镇打尖。我们都不在店里吃饭，怕店家把赶车的伙食钱摊在我们身上，只是买了两个大火烧，夹上咸牛肉，吃了，又喝了两碗水。大庄镇的咸牛肉是有名的。

过午时候到了保定第二师范，先到注册科查了班次和斋舍，是第十二班，住四斋一号。里屋是宿舍，外屋是自修室，一屋住十六个人。

暑期后又招了一班自费生，是十三班，两班是同年级。

保定二师的校舍是最讲究的：南斋五排，都是坐北朝南，两出水的瓦房，两面有窗，屋前有廊。五斋前面是大饭厅，过了饭厅有界墙，有门相通。出了门是大操场，有篮球架子、足球网子、单杠、双杠。

往南去是花园荷塘，无人管理，也荒芜了。

如今的大门，还是当年的大门。进了大门，两棵大叶杨还是当年的大叶杨。长廊如故，廊东是图书馆。往北去正面是大礼堂和北操场，东边的两层楼房，便是当年的北斋。本校有图画教室、音乐教室、理化教室……俱全。据说是仿照日本建筑的。中华人民共和国成立以后盖了楼房，已经失去当年的面貌。

学校是完全官费，书籍衣物自理。规定每月五元伙食，扣去五角，归图书费。早饭是稀饭馒头，中午晚上都是四个菜。

中等学校的功课，我完全跟得上，唯有英文、代数占去我大部自修时间。

开学以后，十三班同学朱瑞祥介绍我参加了反帝大同盟。当时血气方刚，有“命”就“革”，也不管三七二十一。我还保持读课外书的习惯，曹牖民送给我十几本书，其中有郁达夫的《沉沦》，蒋光慈的《战鼓》等。

有姓刘的一个同志约我到煤矿上去工作，我觉得年纪尚轻，不能养活自己，如何进行工作？再说，考上第二师范不是容易的，先念一阵子书再去不迟。

一九三一年春天，才向曹牖民和刘金田转移了团的关系信。先填了一张表，在盥漱室后面的养病室里，举行了一个仪式，团负责人刘光宗主持了会议。说明共青团的工作情况，谆谆告诫要保守秘密。曹牖民和刘金田做了介绍，我向党表示了决心——我将为共产主义事业奋斗终生。

会开完了，我说明我在蠡县共青团的工作情况，因为年纪轻，对于党的一些手续和原则还不清楚。在第二师范，我过了最严格的组织生活，每礼拜开一个小组会。要汇报工作，做批评与自我批评，常有党的文件阅读。有一次读完，搁进袍子口袋里，学校不许穿长衣服，正上着课，训育主任带着校工搜查，吓了我一身冷汗。

功课照常进行，费力的功课还是英文和代数。有趣的功课，还是图画——开始学素描，画石膏像。

自此开始读苏联革命文学：《毁灭》、《被开垦的处女地》、《夏伯阳》、《士敏土》、《铁甲列车》、《铁流》等。

每礼拜一开一次周会，不是校长讲话，就是训育主任讲话，有一次张陈卿讲话，大骂共产党："……你马克思哩，牛克思哩，不合中国的国情，你是站不住脚的。"话声未完，有人把凳子一踢，咣啷一声，整个礼堂起了共鸣。

我的心上立刻有反应：问题开始了。第二次周会有人在门口贴了小型传单，宣布张陈卿的罪状。

暑期将到，高级班同学毕业。他们的意见：趁着他们还在，把张陈卿轰了，不然，他们走了，我们就遭难了。这个意见，我们同意了。

毕业班和老师们开联欢会，同学们缠住老师们延长会议时间，一直到十二点钟以后，城门已闭，他们回不了家了——在城里，他们都有家——只好睡在学校。

睡至三更时分，全校电灯忽亮。我刚起来，同学王育傑来叫我："梁维周快起，在礼堂开大会！"

这时门外大喊："到礼堂开大会！"

人们纷纷起床，向礼堂走去。路上看见校长门前、训育主任和教务主任门前、会计科、大门口，纠察队都已站上岗，手里拿着军棍和教育枪。据说已割断电话线。

大会开了，有人站在主席台上宣布学潮开始。第二个人宣布了张陈卿的三大罪状，最大的罪状是贪污。继续有人讲话。最后宣布了护校委员会的名单，这是学潮的领导机构，其中有我的名字，既然有我的名字，我也长了长精神豁出去干了，有敌无我，有我无敌。最后决定派代表团到北京招待新闻记者，争取社会同情。再派一个代表团赴天津，向教育厅告状。

回到宿舍，稍事休息，天也就明了。我们班是个落后班，需要充分地发动群众，我把全班召集到一个宿舍里，站在凳子上讲话，同学们大眼儿瞪着小眼儿，一齐看着我。我既然暴露了，再也秘密不住了，干吧！先干到底再说。

学潮继续了三四天。

河北教育界分两派，留美派以梁子青为首，留法派以张建庵为首，目前正是张建庵为教育厅长。张陈卿是留美派的，不是张建庵的属下，这都是预先研究好的。代表团到了教育厅，一告就准了；张建庵在第二师范当过校长，二师的情况他熟悉。撤了张陈卿的职，委任张云鹤为第二师范的校长。当时张云鹤正在河北大学当教授。

代表团回校，全校大哗，欢声雷动。立即派代表欢迎张云鹤来校。为欢迎张云鹤来校，开全体学生大会，张云鹤表示愿与学生会合作，把第二师范办好。他根据学生会的意见，挂牌开除四个国民党员的校籍。这是开天辟地的，历来每个学期开除三四个共产党员，今天开除了四个国民党员，人心大快。三百多同学中，有共产党、国民党、国家主义派、青年党……公开选举学生会，我们得了一百八十多票。

张云鹤来校，活跃学术研究，是一次思想大解放。开了两次音乐会，一次是河大同学表演的音乐会，一次是蒋风之南胡独奏音乐会，都获得同学们的好评。

随后，社会科学研究会、文学研究会、世界语学会、武术会……如雨后春笋。学术空气真的浓厚起来。

暑期我未回家过暑假，被选为公寓委员，管小卖部。

今年我正进入十八岁，身体特别强壮。摔跤时全班人没有一个摔过我。打篮球不打两个钟头过不了瘾，进入乙级校队。中午饭一顿吃十五个馒头。今年厨房有节余，打了一次牙祭：死面卷、炖猪肉，我一下子吃了十一个卷子。下午，天下大雨，我脱光了身子，在院里洗了个大澡。晚饭也未吃，窗也未关，躺在床上睡了一夜。第二天早晨一起，两支胳臂抬不起来，早饭也未吃。我知道是受凉了，到街上去泡了个大澡，才好了。但是肚子隐隐作痛，大便不下，勉强下来，有黑条。

同学任兴国见我病了，给我叫了一辆洋车，到大街上，请药铺里坐堂先生看了看，抓了两服药。他给我煎了，吃下去就泻肚，把吃的东西都泻出来，才好了。但自此以后，一直拉稀，消化不良。

公寓小卖部，有张志忱、刘国士和我。张志忱管贩运，我和刘国士管门市，卖糖果、点心、汽水。王育傑告诉我：要从小卖部拿出一些钱，作为党的活动经费，我照办了。

招生过后，有人叫我到北斋去，我去了。屋里坐着一个人，我知道他是特委负责人习从珍。他问："你没有回家？"我说："没有回家。"他说："不回家要好好工作，不然就打屁股！"我笑了笑走出来。

自此，我有时去工厂农村找个工作对象，谈谈时势、政治，交个朋友，在一块儿洗个澡、吃顿饭，但大部分时间，还是读书。这时，我正热衷于普罗文学。

开学以后，来了几个共产党员的老师：国文教员周永言、英文教员刘清泰、历史教员肖振清、地理教员张明、音乐教员郑志、体育教员马相伯和朱恩奎。周永言老师来了以后，不再讲那些旧文章，开始介绍日本现代文学，讲平林泰子的短篇小说、藏原惟人的文学理论。我也读了藏原惟人的《文学概论》。

据说刘清泰在高级班讲第三国际出的英文刊物。

肖振清用辩证唯物论的方法讲历史，张明老师讲地理也很新鲜。体育教员马相伯是北京体育界的名流，当然要受欢迎。据说高级班有个共产党员的国文老师张博生，讲书也挺不错……

来了一批新的教员，学生们的精神面貌也为之一振。北方局的内部刊物《红旗》也能看到。组织上在内部募捐，印了一批社会科学讲义，有六七本，每本四十页至七十页，每天晚上读一本。自此，我读书的兴趣转移了，开始读大本书，读社会科学；当时读书，不完全懂，我把几本文学概论或几本社会科学概论同时读，读了这本读那本，这本书上不懂的，读那本书上就懂了。读了各种历史唯物论和辩证唯物论。当时这些书，大部分是从日文转译的。我还读了日本诸侯津南雄的《社会进化史》，甚为有益。读鲁迅译的卢那察尔斯基的《艺术论》，因为是直译的，很难读懂。

我叫我三哥买了一批书：河上肇的《政治经济学》、恩格斯的《家庭、私有制和国家的起源》、列宁的《国家与革命》、马克思和恩格斯的《共产党宣言》。当时，《政治经济学》读懂一半，《家庭、私有制和国家的起源》能够读懂。我喜欢《共产党宣言》这本书，觉得能读懂，今天想起来，不一定能够懂。此外，还读了一些哲学书籍。

当时还不懂得改造世界观，实际上起了这个作用。读了这些书，我才懂得革命文学，下决心做一个革命作家；开始记笔记、记日记。再者，读了这些书，支持了我几年写文章，也支持战争年代工作中的观点、立场、方法。

好日子不长，这年九月十八日，发生了沈阳事变。第二天中午，还未下课，听到这个消息，人们一齐拥到图书馆。有人站在桌子上，读着这条消息：日本鬼子炮轰北大营、兵工厂……没等说完，人们跳起脚来，高呼："打倒日本帝国主义！""把日本鬼子赶出去！"义愤填膺，同仇敌忾。

自此以后，天天报纸上的头条消息都是中日战争。东北军请示国民政府，蒋介石不准抵抗，等待国联调查团来华。再一个说法是"攘外必先安内"，也就是说先剿共，后抗日，人们都不服气。

于是，学生会请求开军事课。学校当局请了一个当过师长的人讲军事课。成立了学生军，开始军事训练，准备开赴前线抗日。

每天下午课毕，同学们三三两两，携带着传单粉笔，到工厂、农村进行宣传鼓动工作。有一个礼拜日，臧伯平同志带着我和千里，到城北宣传，走到一个地方：青灰抹墙，我以为是个煤厂，我们买了烤红薯，把传单贴在大树上，千里站在门口，出来一个人给一张。我伸头一看，不是煤厂，里头挂个大牌子，是保定第六中学，我拍了他一下，回头就跑。千里一边跑着问："跑什么？跑什么？"我说："叫人家逮住了呢？"千里说："还不叫抗日吗？"抗日救亡运动走上高潮，千里开始写诗。

一九三二年，春节以后，日本关东军侵占了祖国的大片土地，更激起青年们的热情，志存中学涌起了学潮，驱逐镇压抗日的校长张澍。

有一天，学生会派出二十多个人到南关码头，检查日货，我也参加了。路上有人告诉我，要借此开展码头工人工作。校长张云鹤也亲自参加了；我们把船工和码头工人召集在一起，向他们宣传抗日救亡的大道理。有人从日本田中奏折谈到灭亡朝鲜琉球，谈到灭亡满蒙，灭亡华北……自此以后，南关码头工人开始动起来。

南大桥飞行集会和西郊飞行集会，我也参加了。

保定学联在南关开了保定学生抗日救亡誓师大会，保定各校学生参加。高呼口号，此起彼伏。第六中学的一个国文教员做长篇演讲："……同学们呀，日本鬼子要灭我们的祖国，灭我们的种呀！我们每个人要准备一把小刀子呀！割断日本鬼子的喉头呀！"抗日救国的形势，高涨起来。

有三个高级班的同学，到第六中学去写标语，被逮捕送到公安局，我们列队到公安局门口游行请愿，高呼口号，要求释放抗日青年，校长张云鹤出面把三个同学要出来。后来，又有两个低级班同学到东关兵营做士兵工作被捕了。有一天，日本特务来校逮捕张明；张校长一面和特务们打着交道，张明同志越墙逃走。我莫名其妙，光天化日之下，如何来了日本特务？可能因为他是朝鲜人。

正在抗日救国的高潮中，有山雨欲来风满楼之势，我介绍王致民入团，介绍史纪勋加入社联。这时，我的病越来越重；每天下午发冷发烧。身上有雪花形红点，显然瘦了，头发脱落，也细了。我给我三哥写了信，他到保定接我回去。陈建民给我开了关系信，并带回一包传单。

回到家里，一个人住在小东院里，读书、养病。我骑着车子，到城里乡村师范，找到马永龄，交了关系信和传单。他带我到城墙上散步，一边走着，一边谈着，这就算是接上团的关系了。他未给我编小组，单线领导。

胃病显然是重了；消化不良，吃什么拉什么。我二哥领我到北宗村，请齐麟年表舅看了看，吃了几服药，也不见功效。这种病一直闹了十几年，中华人民共和国成立以后才好了。现在才知道是伤寒。我母亲的病是肺气管扩张和糖尿病。

不几天曹牖民来找我，说："学校说要有兵乱，提前放假。"他们都回来了。

消息陆续传来：河北省政府宣布解散第二师范。不久，《保定日报》宣布了第二师范的三十名共产主义思想犯、五十名嫌疑犯。

嫌疑犯中有我的名字。保定安上了蒋介石驻保定行营，要大力镇压抗日救亡运动。

继续来的消息是：反动军警包围第二师范，形势危急，保属特委号召募捐，帮助二师同学。我和曹牖民到处奔走募捐，送到县里去。二师同学在危难中，笔者写到此处，我的心还在颤抖。此后，长时间听不到消息。

听说蒋东嵎回来了，我急忙走到西百尺村，去找他打听消息，据说：当局一宣布解散第二师范，留校代表团即搬回学校，派交通队下乡，或写信召同学们返校护校。只回去了五六十人，即被反动军警包围，断绝米面柴草的供给。吃完了米面，又吃了打死的几十条看家狗，挖食了荷塘的藕。又武装购进十袋面（西下关街有一个小米面铺），吃完了十袋面，又通过士兵关系派出一个人去购进一车面……在一个黎明，反动军警即开始进攻……蒋东嵎藏在储藏室里，直到黄昏时分，他偷偷地越墙逃出，才回

来了。一边谈着，两人相对而泣。

八月，有人击毙县马快队长张福奎，全县人民拍手称快。此事我写在《播火记》和《烽烟图》中。

该年九月，发生了高蠡暴动。我们那一片村未得到通知，我和曹牖民、刘金田、张金锡、马绍光都未得参加。

暴动的地点：宋洛曙在孙、宋、杨、马庄一带，刘双四在北新庄、大杨庄、万安一带，杨万林在荆丘、玉田一带，王彧在高阳南北辛庄、河西村、边渡口一带。此外还有博野、安新等地，离得远，消息听不到了。

红军到处，开仓济贫，打死地主，收缴枪支。当时只知河北红军司令员是湘农。政治委员贾振丰，政治部主任鲁夫是二师同学。白军骑兵十七旅，击溃红军于南北辛庄之间。白军逮住红军了，用刀砍，用铡刀铡，把人头挂在树上，挂在城门上，严重地镇压了农民的抗日救亡运动，其用意也就可知了。

听到这些消息，我一个人跑到高粱地里大哭一场。

高蠡暴动过去以后，我到县里跑了好几趟，打听马永龄，打听不到消息。后来听说他参加了高蠡暴动。以后，又听说他被捕了，但不知详情。自入团以来，四一二反革命政变，是刺在我心上的第一棵荆棘。二师"七六"惨案是刺在我心上的第二棵荆棘。"高蠡暴动"是刺在我心上的第三棵荆棘。

自此以后，我下定决心，挥动笔杆做刀枪，饱含着辛酸向敌人战斗！

一二反革命政变
惨案
暴动

青春似火

一

二师学潮和高蠡暴动过去，革命的情绪在我心中燃烧，战友们的牺牲，使我心神安静不下去。这年冬天，我怀着火热的心胸，把带回来的书籍又看了一遍。勉强过了新年，过了十五。别人过年是高高兴兴的，我过年老是觉得心情沉重，怏怏不乐，像有一块石头在头上压着。老父亲以为我病重了，给我煮了几个鸡蛋。表兄海成说："青年人不要迂拙，有什么事说说就好了。"他们不明白日本鬼子的进攻，蒋介石打不倒，是我一块心病。失学失业，是我对旧社会最大的仇恨。我无法说清。

过完了年，我叫妻子给我浆洗衣服，拆洗被褥，我要出门。她做着被子流下了眼泪，说："才在一块待得热热火火的，又要走！"她未读过书，也不会说出抒情的话。

有一天，我到辛兴镇的店里雇了一辆小驴车。第二天早上搬上我的行李、书籍，离开我的家门。老父亲流着眼泪给了我一点钱，说："你上哪里去呀？"我说去找我二姐夫。其实我也不知道我应该上哪里去。

初春天气，小驴车拉着我的行李和书箱，忽忽悠悠，走在大道上，迎着青天上几朵白云，向北走去。到了保定，住在万顺老店。老掌柜还是热情招待。第二天，我找到同班同学赵风鸣，他家住在西关。到了门口，我敲了一下门，有一个老太太走出来，问我找谁。我说找赵风鸣。她进去了，不一会儿工夫，赵风鸣出来。见了我，脸上没有笑容，紧紧拉住我的手走进去。叫我坐在他的小屋里，叫他母亲烧茶给我喝。他问："你什么时候来的？"我说："昨天。"他又问："住在什么地方？"我说："住在万顺老店。"他又问："你来干什么？"我说："来看一看我们的母校……"谈到这里，他不由得流出两滴眼泪。说："不用看了吧！什么也没有了……"据他说："七六"惨案，当场牺牲了十几个人，五十余人被捕，四个人受伤……十三班同学赵吉祥叛变了，还有那个厨工头儿也叛变了。报纸上登了我的名字。他说："你不能在此处久留，这里安下了蒋介石的驻保行营……走吧，你走吧!"说着，他泪流满面。

赵凤鸣仅仅是一个第二师范的学生，不在什么组织，谈起母校，尚且如此。我的感情，那就不用说了。但，我努力哽住，不哭，也不流泪，有些话，也不能跟他说，我就走出来了，他送到门口，说："你明天就走？"我点了一下头，就离开了。

出了门向西去，到西下关街口，回头看了看，他回去了。我沿着西下关街走去，路过育德中学时，门旁还是放着两排人力车。再向南去，就是第二师范的墙垣，颓塌了一大溜子。再向南去，师范学校的大门紧闭，门前冷冷清清。我心中默念着："母校！我的母亲!"我在母校，不及二年，读了党的文件，过了极严格的团组织生活——每礼拜开一个团的小组会：汇报工作，汇报思想，开展批评自我批评。学习了如何保密，如何进行工作。

走到水磨，我在水磨旁停了一刻，看着河水跳过闸板，泛起一片水花，回首第二师范校舍的上空，一片死寂，无有烟火。

当我通过南关公园的时候，一片荒凉，无人管理。

时近中午，在南大街的一个小饭铺里，吃了一碗面条。肚子不饿，吃也吃不下去。

回到万顺老店，躺在炕上，自己寻思：既然上了黑名册，也就不便找人，不便久留了。整整睡了一个下午，晚饭也未吃。

第二天，天还不明，我就醒了，一直躺到黎明，心中想着：上哪里去呢？别处无路可走，只有去北平了。

黎明即起，拿小铁盆打水洗了脸，在店门口买回几个烧饼充饥。天大亮了，我叫上一辆洋车拉上行李书箱，付了店钱，别了老掌柜，到车站去。

在车站上买了票，无车，心中很是焦急。等了老半天才上了车。隔着车窗，看见赵凤鸣来送行，我走下车来，向他告别。他紧紧握住我的手，说："祝你行程平安！"说着，汽笛响了。我急忙返身上车，隔着车窗，挥了一下手，再向赵凤鸣告别。谁知此次见面是最后一次，不久他即因病去世了。古人云："一辈同窗十辈亲。"我与他仅是一般同学，尚且如此，当我想起那些被杀被捕的战友们，真是心如刀割，此仇不报，实无天理！

中午时分，车到北平西车站。我雇了一辆洋车，到地安门外银锭桥，后海沿鸦儿胡同十二号。拽了一下门铃，等了一刻，我三哥走了出来，说："进来吧！"他替我提了书箱，我搬了行李，走了进去。

一进二门，平房大院。姐夫刘耀奎正在北房台阶上站着，见了我，笑了说："大兄弟来了，怎么也不来个信？"

我说："当我离开家时，我还没想到北平来。"

刘耀奎说："你想到哪儿去？"

我说："我也没想到到什么地方去。"

他不由得哈哈大笑了，说："你初出之犊啊！我曾跟赫仲青说，叫你上育德中学去，他说你年纪大了，你今年多大岁数？"

我说："虚岁二十岁！"

刘耀奎高大个子，头上稍有几根白发，结实的腰板，一看就像是受过军事训练的。据说他是前清末年保定小武备毕业，与孙岳同班同学，拜把兄弟，是个老同盟会员。曾参加反袁护法，被捕入狱。出狱后去云南，参加蔡锷之滇军，和我县刘云峰在一起。后来和孙岳在一起，孙岳说："三兄弟还没个饭碗呢?”叫他当保定警察厅长,这是一个肥缺。门炳耀想拿他这个肥缺,叫他去洗澡,说:“你干这个干什么,跟我去当团长吧!”他就跟他去当团长,门炳耀拿了他这个警察厅长。但他多咱一谈起此事,就一笑了之。据说:此缺如满一年,也就够过一辈子的了。

我来了之后,二姐并不表示高兴,二外甥刘玉田跟我同岁,也不凉不酸的,看样子都不能做主。玉田早就失学,学过养蜂,养蜂失败,就家居无所事事,据玉田说,北伐军到了北平的时候,曾经有一个南方人给玉田写信,玉田去了。那个人说:“玉昆到河南去了,最近你们见不到他。”我听了此事可疑,上河南去,怎么不能给家里写信?据我估计:最好的猜测是出国了;最坏的猜测是死于四一二反革命政变,或是死于广州暴动。几年之后,又有人传说,是在外蒙古工作,都不确切。

二姐家住七间北房,三间东房,我与三哥就住在这三间东房里,倒也方便。刘耀奎黎明即起,打扫庭院。养着几十箱蜂,每天饭后看蜂。

一家人很是俭朴:早饭窝窝头、馒头、咸菜、稀饭;午饭有时吃饺子,有时吃面条,或是炒一两个菜。二侄子保琦当小学教员,有时来看看。当他们商量我的前途时,三哥和保琦一致叫我上学。我的意见,能在图书馆看书就行了。这事当然他们是不会理解的。找了一个中学,搬去住了几天,学生少,是新开办的,没有什么意思。保琦领我考了郁文大学。郁文大学是北平有名的野鸡大学,交了学费就行,上不上课,也无人管,没有什么意思。我又搬回二姐家中,也无车子,徒步走着上北京图书馆去。

费了几天工夫,我摸索到去北京图书馆的道路:沿着北河沿往东去,过银锭桥,往南,穿过胡同;从集贤饭店往南去,穿过什刹海,越过马路,有一条小胡同,拐弯抹角,走到北海前门;往西去,过金鳌玉栋桥,就是金碧辉煌的北京图书馆。门口挂着一块大牌子,进了红漆大门,甬路两旁,是两片草地松林。据说这座图书馆是用发还的庚子赔款建成,富有民族风格。

当时建成不久，大理石台基，屋顶是飞檐斗拱、红绿琉璃瓦建成。进门时有守门人给一个圆铜牌，上有号码。一楼有报刊阅览室，有中国的和世界上有名的报刊。二楼有借书处，木橱中存放卡片，翻着卡片找到你要看的书，写在取书证上，交给取书人。就到大阅览室，窗明几净。找到号码，坐下等着。大型书案和圆形座椅都是菲律宾木的。不一会儿工夫，有人推着小车，送了书来。阅览室中鸦雀无声，是一个读书写文章的好地方。据说原来在北海中，名北海图书馆，后来移于此，藏中外文书及古籍数十万册。我当时觉得能找到这么一个地方，比上什么学校都好，于是喜不自胜。因为没有车子，每天吃了早饭，即来到这里，中午走回去。姐夫刘耀奎见我吃苦耐劳，也很高兴。我把这段生活写进《烽烟图》中。

特别高兴的事情，是不几天工夫，在这里遇上二师同学陈建民、魏思荣、杜俊实（他在一个中学里当小职员），他们也常到此处读书。陈建民是二师“七六”学潮中唯一通过士兵关系出来的，魏思荣是唯一跳墙逃走的，游过小河时被打了一枪，也未打着，他算是有幸者。几个人到了一块儿，或坐在松林中谈心，或跳过石栏，往北有一堵高墙挡住去路，我们就搬砖搭桥，越过湖水，到北海中游玩。

我又通过他们找到王致民的下落。他住在中南海南岸的茂对斋，我去了一看，是两个八角亭子，门上挂着一个牌子“中华国乐社”。当时，他们几个同学住在一起，他们上中华中学。那天他们吃饺子，他们请我一块儿吃。另一个亭子里做厨房。据说是他一个叔伯哥哥帮他接的关系，叫王黎民。

当时我多方考虑，接关系最好躲开二师同学，因为保定被捕了五十多人，一旦事发，不是玩儿的。所以我曾在王致民处取文件看，不和他、不和陈建民等接关系，以免扯起了瓜葛。因为此时蒋孝先的宪兵第三团已经开到北京，当我们去图书馆时，那些穿绿呢军装的宪兵们，正在金鳌玉栋桥附近做巷战演习。那时正是年富力强，青春似火，颇有初生之犊不怕虎的意思。

在图书馆看了一阵书，还是三十年代中国文学，苏联初期革命文学，及俄罗斯批判现实主义的书。我开始写文章向平津各大报纸投稿。在大公报发的两个短篇，一篇是《芒种》，是写贫农新麦登场，地主少爷来索债；一篇是《农村的骚动》，是写盐巡到农村剿捉制私盐的盐民的。学习鲁迅先生的杂文，写了《蜂群与中国社会》，刊在《世界日报》副刊上。还写了《狗》，因有人辩论，写了《再谈狗》。刊在《世界晚报》副刊上。提出辩论的人，是于永学，是《保定学生》的编辑，曾见过一次面，但未说过话。写文章多在晚上，每天晚上写两三千字的文章，第二天就寄出去。有时抄一遍，有时连抄也不抄。第一次得到稿费是喜不自胜的。

一天上午，我在屋里读书。门铃一响，我走出去一看，是我的老师丁浩川。他衣着朴素，穿着一条旧学生裤子，白布衬衣。我紧紧和他握手，问："丁老师什么时候来的？"他说："不久。"他还说，白色恐怖严重，在布里高小待不住了，带着他的爱人回到老家，做了一阵子石友三的工作，未成，便来到北京了。因为他的内兄与我三哥是同学，他得知我住在这里。他还说，当他一下车的时候，遇上他的学生，到车站上接人，碰巧遇上他了，接上了"左联"的关系，现住在沙滩的公寓里。见到了老师，我非常高兴。第二天我即到沙滩的一个公寓里去看他。通过他，加入北平左联，并答应给我接共青团的关系。他也是第二师范的学生，但与现在二师被捕学生无关系，我也很放心。自此，每天在图书馆相遇，并一块儿读书写文章。

这时路一也来北平。据他说原来在蠡县县委工作，因白色恐怖，县委受到破坏，跑到北平来。穿着一条旧学生服裤子，白布衬衣，戴着一顶小白帽，先是住在同乡沈鸿熙家里，后来住在中国大学附近，也是每天在图书馆相会，也在"左联"工作。他原在泊镇师范读书，因为闹学潮，失去学籍，在本县工作一时，现在流亡北平。

此时为各方流亡学生会聚北平之盛。有一天,建民告诉我二师流亡同学想开一个会,在正定会馆。到时我就去了,召集人为高级班同学王振明,参加的有陈建民、魏思荣、杜俊实、庞俊喜等。开会的大意是:二师虽被解散,我们还要继续干,要筹备一个刊物。开会的地点就在正定会馆的一间闲屋里,既无桌凳,又无床铺,兽蹄鸟迹,颇感凄凉。

这个时期的日常生活:上午到图书馆,先到报刊阅览处,看看今天有无刊出文章,然后取书,到大阅览室读书。累了有时和建民、浩川,或是路一在松林草地上谈谈读书和写文章的事。有时越过石栏游玩;有时在苇塘中钓鱼,能钓到很大的鱼。

在这一时期我读了很多书,热衷于俄罗斯文学。托尔斯泰、屠格涅夫、涅克拉索夫、普希金等人的作品吸引了我,也有日本左翼文学。我连读三遍《复活》,读了几遍《猎人笔记》,也读《蟹工船》及《没有太阳的街》……读革命文学像喝了醇酒一样。因为四一二反革命政变、二师学潮及高蠡暴动的影响,我想写一部长篇,因为生活沉淀不够,技巧不够,很难写成。学鲁迅写杂文向旧社会反击则很顺利。

一日,我正在大阅览室伏案读书,见有人穿黑色学生服散发宣传品,我捡起来一看,是"大东亚共荣圈"。在光天化日之下,日本特务竟敢公开活动,无人干涉。有时日本飞机在北平城上空盘旋俯冲,放射机关枪。更有甚者,驻通州日军,开着铁甲车向北平进攻,何基丰旅起而还击。

在这里,我不能忘记《大公报》的副刊编辑何心冷先生,世界日、晚报的副刊编辑左笑鸿先生,在那个年代,他们能刊出我的短篇、小品和杂文,是我感激不尽的。因为我的文章都是有的放矢,不是无病呻吟。我为了纪念山海关失守,长城各口——冷口、喜峰口之战,凭吊那些为保卫祖国而战死者,写了一篇《新麦子面纸》,为这些无家可归的"野鬼"鸣不平,为国民政府不支持长城各口抗战鸣不平。

一九三三年上半年，冯玉祥先生与共产党合作，兴起张垣事变，同盟军参与冷口及喜峰口与日军激战，吉鸿昌部收复多伦，朱庆澜等第三派人士，在北平成立后援会，为义勇军办伤兵医院。国民政府不但不予支持，还以同盟军妨碍中央政令为名，调集七十多个旅围攻同盟军，同盟军受到重大威胁。冯玉祥先生只好回泰山读书。

一日，有四十军的两个青年军官来访刘耀奎。一个是团副史祝三，一个是营长李振清，当时他们住在通州。谈及蒋介石下令四十军进攻同盟军，并答应给四十军军长庞炳勋当察哈尔省主席。在高级军官会议上，旅长陈春荣提出反对，被撤职了。因此，史祝三和李振清同情陈春荣，想不干了。刘耀奎劝他们干下去，并介绍我跟他们谈谈，按当时的形势，谈得很投合。后来才知道，这部分人原在孙岳部下，后来归冯玉祥指挥，阎冯对蒋作战后归蒋介石编遣，编为四十军。当年刘耀奎曾在孙岳部下当团长，李振清曾给他当马弁，陈春荣和史祝三给他当排长，都是他的老部下。在这几天里，日本飞机不断扰乱北平上空，并打机关枪，引起中国人的激愤。中国的中下级军官为国家民族的存亡，都有所考虑。

当团长的时候，刘耀奎不会理财，他的薪俸都给李振清保管，李振清替他做些小生意，才有了今天这么一点小家当，所以被认为知己。

我跟他们谈得很欢洽，曾谈到国共关系，日寇侵华，有志之士应关心国家大事。并谈及个人前途，介绍他们读进步书籍，开了书单，他们说回去时买着。李振清约我到他那里去，我也答应了。

自此以后刘耀奎有明显的左转，对共产党的政策有好感，叫我给他讲社会进化史及辩证唯物论。在这一时期通过他认识刘云峰及李锡九、李梅、杨子函、何湘泉……他们都是老同盟会员。

刘云峰字晓岚，曾为滇军的梯团长，与朱德总司令共事，后来为北伐军的前敌总指挥，因与蒋介石不睦，下野不干了。白净面皮，稀疏的头发，

湖色夹袍，尖皂鞋子，飘飘然有仙意。

通过刘耀奎明白了育德中学的来历：当年在保定的老同盟会员每人捐了几两银子，成立了育德中学，校长为陈幼云。后来的育德中学，校长为王国光，此时成立的勤工俭学留法预备班。再后来郝仲青当了校长，开始还是革命的，北伐成功以后，育德中学向右转了，跟了蒋介石。

刘耀奎还曾参与滦州起义。

此后，四十军移防察哈尔。但庞炳勋未当了省主席，主要是冯玉祥先生不同意，说他不够封疆大吏，省主席委了二十九军军长宋哲元，以便保存一些抗日力量。

当时李振清营移防察哈尔城南之龙门坡山地。可能，李振清回去以后，跟营政训员王建翚说了，我要去他那里。一日接到王建翚一封信，说他是个传事兵。我回信说要去看他，他又回信说不让我去。我觉得这事不对头，写了一封信给李振清。不几天，李振清为此事派副官贾钟奇带一个白上士专门来此说明此事；王建翚并非传事兵，而是一个中央派来的政训员。见了耀奎口称刘团长，而且表现得非常亲热，可知也是他的一个老部下。从这个问题可以看出四十军的官兵与中央派来的政训员之间，是有隔阂的。

贾钟奇是清苑人，以同乡之谊，代表李振清再次约我去他那里，这算定下了。我将此事告诉路一，路一认为这是一个很好的机会，就坡骑驴，开展四十军的工作。要抗日就得拉起一竿子人来，真是“小伙子壮睡凉炕”，青春烈火，什么都不怕。

秋末，李振清派白上士来接我去龙门坡。白上士蠡县洪善堡村人，是同乡。又和路一见了一次面，谈了一些工作方法上的问题。面不要大，主要着重做李振清的工作，先突破一点，以免出事。即打点行李，随白上士在北平西站上车。车到居庸关，见到詹天佑的铜像，壮我行色。望此去有成，出关之后，便是长风白草，一片塞外风光了。到了宣化，我自己在酒楼上吃了一顿饭，白上士找到李振清，见面后稍事寒暄，就骑马随他到了龙门坡。第二天，因水土及气候的关系，感染了风寒。李振清借给我一条灰布棉袄，说是丝棉的，还借给我一顶军帽。刘营副借给我一条灰布单裤，罩在黑棉裤外面，俨然一个“丘八”了。

营副叫刘振东，原是军长庞炳勋的一个马弁，当过连长，现在当营副。两人睡三间两头，李振清住西头屋，刘振东睡东头屋。因他住家里，我就住在他屋里。

营部组织：副官处里还有两个上士。除白上士外还有一个李上士。书记处，有一个上士。书记长姓杨，任丘人，回了一次家，又带回一个青年学生当贴写。医务处里有一个医官，几个医生。这些人除医生外都在营部吃饭，每餐一桌菜，喝兵血是公开的。

我初步了解了李振清的企图：他想补习中学功课，我就给他开了书单，买了初中地理、历史、算术。他学习地理、历史还可以，学算术有些吃力。此外帮他读报，讲社论，讲时事。我把重点放在讲时事，讲进步的社论上；订了两份报纸，《大公报》和天津《益世报》。当时《益世报》对抗日救国问题还敢讲几句话，有进步社论就仔细讲。

经过了解，他正在读高语罕的书信，厚厚的一本，是有进步意义的。我常鼓励他的进步。他是贫农出身，每次谈到农民问题，他都能领会。此人忠于刘耀奎，他是刘耀奎一手提拔起来的，他对刘耀奎有好感，是有渊源的。过去在保定驻防，开拔时，委李振清为留守司令，李振清将半车皮面粉运到北平刘耀奎家中，这在旧社会不过是一点小意思。既有这种关系，我就可以大胆地向他进行工作。在营部中贾副官是李振清的知心人，与刘振东、杨书记长、刘医官之间，似有些隔阂。据刘医官讲他的太太的伯父，和刘耀奎是老朋友。无论怎么样，我来此进行工作，只可以利用，不参加他们之间的斗争。

有一天王建犁来请我去吃饭，正赶上我给士兵们上完课回来。他问：“上的什么课？”我说：“算术课。”他说：“你还要上政治课哟！”我不理他，毫不犹豫地跟他去了。心理上有单刀赴会的意思。路上经过一个小村庄，农民正在村边打场。到了他的住处，也是住在老百姓家里，除他之外，还有一个人，并带着一位太太。桌子上摆着钢板蜡纸，是正在写宣传品。中午饭，他们做了几个菜，有些南方味道。吃完饭，王建犁送我回来。

塞外天寒，逐渐冷了。李振清给我买了一件毛衣，刘振东给我买了一条线毯。但李振清暗示我不愿同刘振东在一起学习，这使我很是为难。此事刘振东似有所感觉，后来再学习时他就不来了。

李振清的一个亲戚送了她表妹来，好像是在家里出了什么事情，和一个排长结亲，互换庚帖时，也叫我参加书写，因我在家时向来没书写过这种东西，只好照着贾副官的写。此时史视三去中央军校受训，来信时，李振清叫我帮助写回信，这倒没有什么难处，还写过一次给王建犁的信，因王建犁的闺女死了。我体会他们借这个机会，试验一下我笔下的功夫。在这一点上，我当然免不了有些书生气。

白上士因为是同乡，他知道我们村里的一些情况，知道我们村里有一个在山西军姓梁的旅长，误认为和我是本家。笑了说：“你也是想着闯呀！”还说：“你弄了，你干不了！”我会意，但我未回答他。他还说徐永昌骂过刘耀奎，从此我也就知道他当兵多少年了。这时冯大狗这个人物逐渐在心中成长。

这时，渺茫之间，听说叫李上士到连里去，他不去。此时，关于我的安排，在营部里有些议论。但我不理睬，因为我是来工作的，我并不想做他们的官。

可是，李振清在思想上很有些提高，有一次谈到“福建事变”，他毫不犹豫地说:“离得近了,我们也干!”我听了这句话,心上有些沾沾自喜。这两个月的工夫没有白费了。

有一天,李振清带着士兵们在大街上游行示威,反对吸大烟,喊:“吸大烟的人,断子绝孙!”士兵们拿着小旗,在大街上贴标语。我对这个问题有两种猜测:一个是冯玉祥先生带兵的作风,不许抽大烟、娶小老婆;另一个是刘营副、杨书记长、刘医官可能在一块儿抽大烟。不久,来了个穿便衣的人,跟李振清谈话,李振清也跟我说:“这咬人的狗,可不露齿呀!”因此,我有这些推测。

据贾副官说,李振清还有一些迷信,每年关公忌日,他把关羽的像贴在墙上,面对关羽的像静坐,一天不吃饭。他为人正派,不吸烟,不喝酒。贾副官为人也很正派。据了解,这一部分人是从河北起来的,传事兵中就有两个是蠡县南旺村人。

房东的邻居有个姑娘,长得白皙的面皮,高个儿,很是俊俏,常抱着孩子来玩儿,手上戴着一个金戒指。刘医官装逗着孩子玩儿,把她的戒指拿到手里,好多日不给人家。那姑娘只好托官太太们跟刘医官要,说:“不要逗人家,良家妇女!”此事叫刘医官的太太知道了,才算罢休。这就是调戏良家妇女。用这个素材,后来写了一个短篇,叫《塞外樱花》,我忘记在什么地方发表了。

此时四十军有移防的消息,传说蒋介石叫移防南方去“剿共”,庞炳勋说:“四十军多是北方人,移防南方,水土不服,有困难。”后来得了一个折中方案,移防河南。

刘营副带人去河南看房,李振清叫我回北平看看。到了宣化,我买了一篓葡萄,作为礼物。到了北平,下车到刘耀奎家,见刘耀奎一人在,二姐带二外甥到老家结婚。刘耀奎问了一些四十军的情况,我告诉他了。

第二天,我到直隶新馆,向路一汇报,路一对我的工作很满意。他住在一间小北屋里，一桌、一凳、一副床板。一被一褥，别无长物。我与他同榻而眠，两人盖一条被子。

第四天，中午时分，我到西车站，四十军的军车正在站上停着，士兵们在站台上来来往往。上了车，到了营部，李振清、刘振东、贾钟奇、杨书记长、刘医官……行李都铺得好好的。白上士、李上士……传事兵们也在这辆车上。李振清反复问刘耀奎的情况，我代刘耀奎问他好。

军车是四等车，见车就让，车行甚慢，几天才到河南确山县的明港镇，在此下车。与李振清住同院。

自从移防河南后，不知怎的，李振清长期不学习。据贾副官说，李振清借着我的名字支了一百块钱，我说我不知道。李上士说："住闲也有住三个月的吗？"他认为我是找事干的，也好，我也未向他说明，也不能说明。

此时闽变失败。李振清带部队出去了几天。贾钟奇对我说是去"剿匪"，但未说明剿什么匪。当他回来以后，贾钟奇埋怨说，费了很多子弹，打了很多老百姓，他似有不满之意。

李振清长期不学习，我心上有些发烦。此地冬天也多雨，未见下雪，大街上甚是泥泞，行人多穿"泥几儿"。有踩高跷的，沿街唱戏，叫做"唱四街"，也是庆丰收的意思。冬天天气比北方热，白菜大葱都在园子里长着，青枝绿叶的。车站上有暗门子，也有烟花馆。

有一天早晨，我尚未起床，在睡意蒙胧中，有人给李振清打来电话："你那里有共产党没有？"李振清说："没有啊！没有啊！"我听得清清楚楚，但保持镇静。我估计打电话的人，可能是团长朱家邻，此人是河北满城人，是刘耀奎的一个老部下。

过了两天，我跟李振清表示：要回北平，回家过年。李振清坚决留我，说："当中士吧！有两个兵的名字也不补了，还不够你花？"我说："我不是来挣钱的！"他看我去意坚决，只好派白上士送我回北平。

临行，李振清送我三十块钱，钱虽不多，我还得要，回北平后好花。书记处的上士买了一斤麻糖送行，贴写杨迺功沏了一壶茶，说表示一点意思。

坐四等军车回北平，车上无烟火，甚冷。有一个传令兵用大衣兜了煤来生火，木柴不干，也生不着。车上有两个年轻的官太太，身穿锦缎旗袍，带着几个皮箱。忽然来了一群大兵，拥拥挤挤，有的躺在椅子上，有的坐在椅背上，故意作乱。车到郑州，两个太太下车，说是皮箱被割了，丢了五十块钱和几件衣料。

车行两天两夜，才到北平。下车之后，住打磨厂一家客店中。白上士约我到花街柳巷去玩玩，我回绝了。到二姐家中看望，二姐已经回来，并娶了儿媳妇。因不便打搅，就住在王致民处。

王致民住沙滩公寓，他一个人住一间大房，一条大炕，很方便。他说："明天鲁迅演讲，你去不？"我想了一下：河南之行，余惊尚未息，不愿再遇上别的麻烦，所以没有去。

隔了几天，我去看路一。他当时是北方"左联"的总编辑，主编《北辰报》的副刊《熔炉》。我在他处住了几天，他的生活很简朴。

二

农历新年到了，回家过年，看看我的老父亲。还是穿着我的旧鞋子、旧棉袍，没有做官，更谈不上衣锦还乡了。坐夜车到保定，下了火车，不敢进城，路经保定公园，在南大街上买了几只煮鸡，几瓶酒，雇了一辆洋车回家。

回到家里，家人看到我的穷酸样子，谁也不表示欢迎。嫂子们刮着凉风，说："贴上个签儿就是北平来的呀！"妻子向我说："你怎么不买点东西回来。"她一问，我也猛醒过来，我应该给老父亲买几斤点心、给孩子们买点糖果回来，其实比买鸡和酒也多花不了多少钱。只因不愿入城，只买了鸡和酒回来，孩子们围着，大哥撕一块鸡肉给孩子们，说："行了，去吧！"我说："我未入城，只买了几瓶酒回来。"大哥不高兴地说："那是灌的！"父亲在一旁听着，我也没有什么说的。我的心上并不觉得冷落，心想：我是革命去了，不是做官去了。当然，我没有做了官，一家人是不会理解的，父亲和大哥更不会原谅我。

四哥也回来，他在南京土地局做事，回家看望。带回各色的点心和糖果，一家人欢迎，孩子们也高兴。我想我不应该回家，我是革命去了，不应回家受此冷落。当然，这是不会被家人了解的。

过了年，过了正月十五，我和四哥回北平去。住在二姐家里，西屋二外甥住了，我和四哥住在大客厅里，看得出是临时的安排。

四哥住了两天，就南去了。我在北京图书馆附近，西华门大街六十一号公寓里找了一间小南屋，房租每月二元，管水喝。搬家的时候，姐夫和姐姐都无挽留的意思。

从公寓往西去，不远就是北京图书馆。徒步来往，也很方便。公寓对过，有一个小饭馆，立了折子，就在那里吃饭。

在北京图书馆遇着二师同学陈鉴民，他刚从老家回来，我约他来同住一屋，他也挺高兴。自此又过起文学青年的生活，读书写文章，自学世界语，每天早晨高声朗诵。

有一天，陈鉴民笑着对我说："又来一个同学，叫杨仁廷。"他说杨仁廷，我不知道，搬来之后，一见面，是二师学生会主席严恒恭。大高个子，一年不见了，今天见面格外亲切。

一日，同学袁宝昆来访。据他说他上温泉中学来，停学不上了，现正在他的老师家里住着。我请他在小饭铺里吃饭。吃着饭,他说他的老师是个女的,很喜欢他。吃饺子时,老师家人每顿饭吃五六个。他一吃就是两碗,引起笑料。他没有谈离开学校之后怎么办。

自此,每日和杨仁廷、陈鉴民、袁宝昆、魏思荣、杜俊宾等人,在图书馆相遇,说说笑笑,一无顾忌。今天想来,这不会不引起特务们的注意。西屋里搬来一个人,探头探脑的。

有一天,二师同学郭晓岚来访,他是二师开除学籍的学生,正在上清华大学。这次见面,我和鉴民都很高兴,一同去北京大学,往访毕业同学王喜顺,他是历史系的学生,他请我们看了电影,吃了饭,到课堂看了功课表,约我们去听课。直到下午才回来。晚上,我们又畅谈往事,读诗,直到深夜才睡下。

刚睡下不久,公寓里的小孩子在院里大喊:“陈先生！有人叫门,直骂街！”

我立即披衣起床,说:“鉴民！慢开门。”

鉴民心上也有所警惕,说:“就说咱们是表兄弟！”

我起来后,即到旁边倒塌的小屋里,我想越墙逃走,雪滑,爬不上去,即速跑到厕所里,蹲在茅坑上。不一会儿工夫,鉴民去开门,只听得说:“你找谁呀?”“你想在这里睡觉啊！”说着,几个人踏着皮鞋声,叽里呱嗒地走进来。一边走着,一边说话。我想:“这不是熟人吗。”就从厕所里走出来,回到屋里。一进门,一个人手里拿着一只手枪对着我,说:“你姓陈?”我说:“我不姓陈,我姓梁！”见屋里有几个穿黑大衣的人,翻箱倒柜,这时我心里猛醒:“啊！这是一群特务,我们被捕了！”

前几天才住进那个房客,探头探脑,我们也没注意,现在才明白了。

特务们弄着我们走出来,登上汽车,还说:“我们不是土匪,不要害怕。”我们也不知怎么说好,我十四岁入团受党的教育,既然被捕,也就没

什么可怕的了！

汽车到了打磨厂，叫我们下来，住进一家旅馆的二楼。房分里外间，里间一只大床，我们三人就躺在这只大床上，各人想着各人的心事。特务们搭了几个床铺，把门口挡上。还说："要是逃走，把口笛一吹！"我心里说："不用狗日的说，只要有机会，我就要跑！"这时我清理了一下思想：要是从四十军跟来的，危险不大。要是从保定找来的也无话说，要是在北平跟踪的，那就有一番较量。

特务们安置停当，过了一会儿，把鉴民叫出去谈话，我就睡着了，在睡梦之中，听得外屋啪啪地拍着桌子，把我惊醒了。鉴民走进来，还在出着长气，气得满脸通红，连头发根里都涨红了。他看了看我，还在闭着嘴生气，他撅了一下嘴，看了看我，我看了看他，我在做着准备。

特务们没有找我和郭晓岚谈话。

第二天早晨，特务们叫了一桌饭，叫我们一同就餐。满腔心事，吃也吃不下去。特务们笑了说："都饿了，是吃不下去呀！"

吃完了饭，即叫我们下楼。又上了汽车，不一刻工夫，在汽车行进中，看到大门口挂着一个大牌子"北平市公安局"。我不由得啊了一声，想："进了公安局！"

汽车停住，叫我们进了一间小屋，门口挂着一个小牌子："候讯室"，我明白了在此候讯。

待了一会儿，叫陈鉴民出去，又叫郭晓岚出去。时间并不太长，叫我出去，走进对过一间大屋子里。中有长案，案后坐着一个老头，旁边坐着一个公务员，执笔做记录。这个老头就是法官了。他问："你姓什么？"

我说："姓梁。"

他问："叫什么？"

我答："梁维周。"

他问:“你在北平干什么?”

我答:“来北平考学。”

他问:“你住在什么地方?”

我说:“原住后海鸦儿胡同十二号,我二姐家中。后来搬到西华门大街六十一号。”

他又问:“你参加过什么组织?”

我说:“我参加过文学研究会。”

就此为止,我的答复是有用意的,答梁维周,不答梁斌,以免他找到我的文章做证据。答考学比答在图书馆读书好,在图书馆读书的,多是“左倾”学生。答原在鸦儿胡同十二号住过,是希望他去搜查,二姐夫就知道了,好想办法营救。他问参加过什么组织,是不能承认的,直至住了监狱。在二师范时参加文学研究会,我是积极分子,公开组织是瞒不住人的。

问完,把我们引进北去的一个角门,是平房大院。先进一个屋子里,叫我们把腰带、钱,都存下来。然后把我们押进正北三间大屋,一条大炕,挤着一堆犯人。东西两屋都有木栅相隔。进门脱鞋上炕,我不由得蔑视地一笑。老看守瞪直眼睛,说:“这是入了监狱了,还笑!闹CP来么?”看守们都穿黑色棉制服,棉大衣。他说:“闹CP,十八九岁的大姑娘都枪毙了!”

这时,我才明白,入了拘留所连笑的自由都没有了。

中午饭是棒子面窝窝头,和手指一般的一条咸菜,还有菜叶汤,但喝汤不能吃菜,吃菜不能喝汤。晚饭、早饭,一天三餐照旧。狱友们可以谈闲天,说笑话,老看守从不禁止。还不时发出警惕:“人事复杂,不要谈自己的事,不要谈家里的事,防止受骗。”

狱友中有一个王以哲部下的伤兵,因为拦挡王以哲的汽车,要求安置,受了拘留。还有一个开鲜果铺的。他说:“跟咱交朋友,入青帮当老大不能当老二。”后来进来一个四十多岁年纪,细高个儿,穿着一件灰色短皮袄。他说他要去反省院的，我明白他是一个政治犯，而且是一个软骨头。

拘留所长穿着一件黑布大衣，一步一步走进来，手里拿着两卷佛经交给那个政治犯，说："看看吧！受用无穷呀！苦海无边，回头是岸啊！"说着，念着阿弥陀佛走出去了。他的头像是一个出家人，善眉善眼的，我根据他的形象，写了《烽烟图》中的老狱长。

如果有存钱，还可以从饭馆里叫饭吃。我存钱不多，每天中午叫一碗面汤，就着窝窝头吃。

每天放两次茅：上午十点一次，下午四点一次。

有一天，进来两个衣冠楚楚的人物：三十来岁数，穿着呢子大衣，皮鞋，戴着大礼帽。老看守把他们关进木栅。这两个人闭气凝神，若无其事地坐在炕沿上。老看守拿了两个小木牌来，挂在墙上，说："这都是平头！"说着，用粉笔把木牌上头画了一横道。此时我才明白，这不是一般的犯人。后来有人传说，这两个人是吃平汉路的扒手。

一天，他们偷偷地抽起烟来，烟的来历，据说是放茅的时候，他们从老看守的身边蹭过，用两个指头从老看守的衣袋里一夹，就夹出纸烟和火柴来，表演了一下他们的基本功，传为笑料。但他们自己并不觉得怎么的，老看守也只是笑了笑。

有一天，约摸十点钟工夫，老看守叫："梁维周！有人找！"

我即下炕穿鞋，走了出去。有人领我走出大院，向南去，穿过长廊，走进一个办公室里。椅子上坐着一个人，中等身材，蓝绸袍子，尖皂鞋子，见我进去，站起来说："我来救你来了！"家乡口音。

听他说话，就是有来历的。我脑子里反映出一连串的联想：二姐夫的朋友中，有一个齐振林，是段政府时代的陆军次长，他的第四个儿子齐之举此时正在公安局做第三科的科长，我估计正是此人无疑了。他开口就问："你参加过什么组织？"

我说:“我没参加过什么组织。”

他说:“那,你在北平干什么?”

我说:“我来北平考学,开始住在我二姐夫刘耀奎家里,后来搬到西华门大街六十一号……”

他问:“刘耀奎是共产党吗?”

我说:“那,我怎么能知道?他是官僚!”

他又说:“你没参加过什么组织,怎么到了这儿?”

我说:“那,我也不知道,我参加过文学研究会……”无人打我,我当然不能承认什么。有人打我,作为一个革命者,我也就算忍了!

……

他翻来覆去问我,我翻来覆去回答他。他既然说是来救我,又无人打我,我当然不能承认参加过什么组织。问了我半天,也该吃午饭了,我说:“晌午了,该吃饭了,过了时间饭就凉了。”

他说:“你回去吧!”

有人领我回来,人们正在吃饭,说是吃饭,也不过是一手拿着窝窝头,一手拿着咸菜条而已,并没有使过筷子。这也是狱中生活的特写。

拘留所中生活最难过的是寂寞,一天二十四小时,叫你睡十二小时,不睡也得睡。炕虽不小,人也太多,挤得不行,跳蚤虱子浑身蹿,想睡也睡不着。白天无事就拿虱子,我脱下毛衣,在一件毛衣上就拿下五十多个虱子。这是春天,要是夏天,还不知道有多少臭虫呢!

白天无事就编口供,这么想想,那么想想,编了很多词。又过了十几天,有人叫我:“梁维周!你的事儿完了!”

我出溜下炕,走出来,先到办公室取了衣物,系上腰带,走出小门,到对过一个办公室里,有人在办公室里站着,说:“你侄子来领你来了!”

他拉开抽屉,取出一张纸,纸上有几行字。仔细一看是我的口供,叫我签字画押。我写上名字，打上手印。桌子上有两张纸，是我侄子的笔迹，打了两个铺保。

我侄子从里屋走出来，说："走吧！"我就跟他一块儿走出来。到此我才明白，蹉跎一月之久，他们找不出我犯罪的证据，只好取保释放。

回到二姐家里，姐夫、二姐、三哥都高兴。二姐说："你三哥买了点心、火烧、肉，去看你了，人家不让看，以为犯了什么大罪呢！"

听他们的话头话尾，方知道托了许多人，才把我放出来的。

第二天，我到直隶新馆去，看见路一、千里等人。他们告诉我，同一天晚上，也搜查了直隶新馆和其他几个地方，二师流亡北平的同学，差不多都被捕了。有几个人关在监狱里，至今没有放出来。我到西华门大街六十一号去，杨仁廷不在了，陈鉴民的被盖书籍也不见了。我的被盖书籍撒了满地，我把它们收拾好，弄回二姐家去。

在二姐家住了几天，又回家去看了看我的老父亲。见我回家，一家人都高兴。妻子见了我，泪流满面。最难过的是，昌儿还未长大，她又怀了孕。昌儿无奶吃，只是哭，我见了心里也很难过。妻子年纪还轻，弄着两个孩子。大家庭，各人管各人，孩子也无人管。我到辛兴镇上，买了半斤白糖来，给孩子吃。再喂一些棒子糊糊、小米饭什么的，凑合着长大的。

革命在前，心中有事，我放不下我的文学事业。老家不是久留之地，我又回到北平，住在二侄子教书的二十四小学。侄子住里屋，我住外屋，依然读书写文章。老家不能久留，保定不能待了，北平又曾被捕，如果再被捕就不好说了，只好出省。此时，我虚岁二十一岁，实岁只有二十岁。年纪轻，无有生计，如何是好！我甚至想去当佣人，既不耽误读书，闲时还可写文章。一天，黄昏大雨，千里给我打电话，叫我到直隶新馆，听电话似乎是有事。我骑上二侄子的车子去了。中途大雨，车子又漏了气，我找了一个修车铺，一为补车胎，二为避雨。补好了车胎，大雨也小了，我继续赶路。天黑下来了，车子无灯，只好慢慢走。到了直隶新馆，衣服都被雨淋湿了。见到路一和千里，千里说："你今天看报了吗？"

我说："没有！"

千里说："有一件大事，你没看见！"

原来报纸上登出了山东剧院招生的广告，这确实是一件大事，最吸引人的是"完全官费"。再者，学习戏剧对文学也有益，也是一个新的课题。大家在一起说说笑笑，谈论了一番，直到夜深才睡觉。这一夜还是和路一同被而眠。因为谁也没有第二条被子。

第二天，吃过早饭，我们三人又一同跑到图书馆，到报刊阅览室，看了那则广告，又走出来，坐在草地上，谈论了一会儿，最后定下来："一块儿考！"别的不用说，"有饭吃了！"

我侄子给我造了一个假文凭。我和路一、千里一块儿报了名。

考场设在一个中学里，考试的时候人并不太多。戏剧学校毕竟与别的学校不同，有三个人监考，临时出题，随便念了一段台词，做了一段表演，哭、笑……我照样做了，觉得做得并不好。

看榜的那一天，我们三个人一同去了。在北平只考了二三十个人，榜上有我的名字，没有他们俩的名字。但，我并不觉得高兴，他们俩也无所谓，因为还可以继续文学事业。

通知上说明，何日在车站集合，坐火车到济南本校。

离开北平的那天，朋友们都来送行，只是没有千里，他没有说他去干什么，也许是因为工作的原因吧！行李很简单：一个书箱，一个铺盖卷。在一节车厢上贴着一个条子，"山东剧院专用车"，我手持通知书上了车。车上的人并不多，有一些道具：刀、枪、剑、戟之类。坐了一会儿，隔着车窗看见从车站那头跑过一个人来，近了一看，是千里。我急忙下车，和他握别，他泪湿了眼眶，和我紧紧握手。我问他："你怎么过下去呀？"

他说："我就这么过下去呗！"

他小我两岁，我问的意思，是你将怎么生活。大概他也感到生活之路是艰难的。他低下头，不再说什么，我也不说什么。在这样的社会里，我们都无法生活下去。汽笛响了，我急忙上车，回过头摇了摇手，叫他回去。火车开动了，他的两只眼睛还直盯盯地望着我。

这天下午，车抵济南，下车后有大汽车来接。汽车在济南城里孔庙门口停下。孔庙的大殿改作宿舍，殿很大，能住几十个人，每人一块床板。安排下铺盖，晚饭就到对过大院的食堂去吃：八人一桌，四菜一汤，看样子伙食不错，据说是五块钱的包饭。

坐了一天车，身体乏力，早早就睡觉了。

第二天，黎明即起，洗了脸，在院子里漫步读书。有一个职员装束的人，走近来看了看我的书，又走开了。

这是一个大院，中间有个泮池，池中有流水，水中有藻草游鱼。院中铺有石板，石板下有水哗哗地流过。泮池南边有一片小杨树林，再往南有一座二层小楼，是院长王泊生的寓所。院子西边有二层小楼，是教师宿舍。院子后面有一小巷，《老残游记》中的高升店就在此小巷中。

宿舍对过是一个小剧场，可容五百人，小巧玲珑。剧场两侧是各科教室，每个教室可容十数人。女生宿舍在剧场的三楼。

据说崔嵬、魏鹤龄、蓝苹诸人，皆是数年前出自此处，叫做山东实验剧院，院长是刘大悲，教务长是王泊生。中间停了两年，现在是第二次开办，叫做山东剧院，后台是韩复榘。

第二天，同学陆续入校。我与床铺毗邻的同学岳雅珪、吴弢沿街北去，街上皆铺有石板，石板下皆有流水，居民将石板揭起，淘米洗菜。《老残游记》中所说："到了济南，家家流水，户户垂杨……"是一点不错的。

走不多远就是大明湖。湖畔有一图书馆，看来规模并不大。

鹊华桥,不过是一个土桥而已。桥畔有黑白妮说书的地方,现在是一个烧饼铺。湖滨有游船,任人租用。离此不远,便是“历下亭”。通过湖面,远望城堞起伏,有水沁门,来往船只穿门而过,景致幽静。天色晚了,未能游湖,好在日子长着呢,以后漫游不迟。

第二天,全校师生游千佛山,此山高八里,在城南不远。山上庙宇不少,松风贯耳。游山途中,大家分食水果油圈。

过了两天,叫每人填写一张表格:姓名、年龄、籍贯……想学哪一门。我填上想学老生。分好组一看,分在花脸甲组。甲组是铜锤,乙组是架子花脸。我有些失望,当时我的思想还是反对封建旧戏,喜欢话剧,想不到排出课来,中国戏剧是主课。话剧不过是这些功课中的一门。

学院分为两系:表演系与音乐系。

院长王泊生原是北京某校戏剧系的学生,京东望族,熊佛西先生的高足,在戏剧系学习时,即主张学京戏。据说他的主张与同学们有矛盾,被同学轰出来,在北京韩家潭租下房子,安下家,延师学戏。后来居然下海成名,他的主戏是《西蜀梦》和《打金砖》。有民族主义思想,受到顾颉刚先生的赏识。他的主张是“新歌剧运动”,融京剧、昆曲、地方戏、话剧、歌曲于一炉。他认为京戏有黄钟大吕之音,可以代表中华民族的气魄,所以总的功课以京戏为主。话剧的课程由吴瑞葱先生讲,头一课讲了日本菊池宽的《父归》。齐鲁大学教授马彦祥先生兼课,主讲《戏剧概论》。张鸣琦先生讲《化装术》和《舞台装置》。卢淦先生讲《艺术论》。有名的戏剧教师有:“老水仙花”,已经六七十岁了,我忘记了他的名字;昆曲教师田瑞亭;青衣教师关丽卿等。

花脸甲组教师是张永奎,原是学老旦的,后来改学花脸。第一课是《二进宫》,第二课是《坛山谷》,唱腔身段都不怎么的。由前清供俸张伯亭教舞蹈。北平的脸谱专家汪鑫福教脸谱,也教舞蹈。武功一开始打“么二三”,

“下腰”，“扳腿”，已经二十一岁的人了，这是一个难点，但也有成效。

昆曲第一课是《弹词》，第二课是《关云长单刀赴会》。我嗓子还好，京戏昆曲学得都不错，高腔《油滑山》，不得要领，记不住，也学不好。

京戏的基础课是《二进宫》，昆曲的基础课是《弹词》，都学过了。

开学十八天，演出过一场戏。赵荣琛和郑继生的《武家坡》，郎定一和李平寄的《红鸾禧》都得到好评。他们都是北平人，自幼看戏、学戏。不久，又排了一出《鸦片战争》，是王泊生的新作，把京剧和话剧结合起来，演出效果还不错。

一九三四年秋天，接得三哥从老家的来信，说：“……县里的马队来抓你，望吾弟格外小心！”等语。我来济南一为避难，二为就食，所以不敢和地方党组织发生联系，有事还和北平的路一通信。

千里来信：他考上了技工学校，有饭吃了。后来当了电工。

这年的冬初，老家寄来了棉衣。冬季，我和岳稚珪、张之湘到民教馆剧团去看了一出《少奶奶的扇子》，很为羡慕。山东女师的业余剧团，借我院的剧场演出《雷雨》，演得也不错。这一时期正是济南戏剧运动的全盛时期。除此之外，进德会还有哗哗话剧团等业余剧团。由于这个原因，使我学旧戏的思想，发生了根本的动摇。我想不是我一人，还有一部分同学，思想上也有了动摇。

一九三五年的农历新年，我们在山东进德会演出，主角多是教师，我们只有演龙套的份儿。这次演出，我看到了王泊生的《逍遥津》、《西蜀梦》、《打金砖》、《贩马记》、《酒楼》、《珠帘寨》等，演得不错。看了马彦祥先生的《坐宫盗令》、《乌盆计》。看了朱桂芬老师的《打渔杀家》、《朱砂志》，也还好。据说，张永奎老师演的《坛山谷》不怎么样，其实，好坏由他，我也不在意。

虽然如此，还是耐不住这种心情，每天下午，由剧院坐车到进德会，稍事休息，在后台吃晚饭，由附近的饭馆送去。有一天吃锅贴，一时送不来，人们就用筷子敲碟子敲碗，叮当乱响，直到剧场上了座，饭还没吃完。这就是这种不满心情的暴露。

一九三五年的春天，国民党《中央日报》上登载了王泊生的“上中央建设中央剧院意见书”。说明他要一心投入国民党的怀抱，大搞封建旧戏。我与岳稚珪、张之湘、吴밧在济南的一个报纸上出了一个副刊，叫《剧与文》，有小报一版那么大。第一期出版就轰动了全校，都知道我们会写文章了。在这期上还刊登了我的一篇散文《塞外风光》，是写我的宣化之行的。此外，还写了《姐姐》、《夜之交流》几个短篇，都是用礼拜六和礼拜日的时间写的。

岳稚珪原是定县平民教育促进会剧团的成员，张之湘是济南文化馆戏剧组的成员，吴밧原是济南一个报纸的记者，因为一篇文章引起教案，砸了饭碗，才考入山东剧院。这些人，都是与旧戏无缘的。

刊物一出，提高了我们的身份，觉得扬眉吐气了。学校当局也出了一个副刊，头一篇文章是谈《红鸾禧》，是同学张光中写的，与我们针锋相对，这时，我与岳稚珪、张之湘、吴밧酝酿成立话剧团。

话剧团的酝酿，使一些人动了脑筋，有的人有所冲动。有一天，我和岳稚珪到张鸣琦老师家去，他和卢淦老师住在一起，几个人谈了一会子成立话剧团的问题。张老师说：“好！井水不犯河水，各干各的！”出乎意料，他表示支持我们。中午，张师母还亲自做了便饭，请我们喝了一点酒。

这好比在静水池中投下一块瓦片，涌起了波圈，一圈套一圈，人们思想上都有所考虑。正在这时，路一自北平来信，说金肇野要来济南搞木刻展览，可在济南师范图画教员张某处见面。我去了一趟，门开着，屋里放着画案，就是没有人。因为没有人，等时间长了也不好，我就离开了。回到剧院，又给路一写了一封信，说明情况。路一回信，又改变了一个地方，我去了，见到金肇野同志。有几个人正在布置会场，我和他握手寒暄了几句。因为要上课，我就离开了。这时，我的心上发生了很大的矛盾，想离开剧院。回来后，又给路一写了信，也给在烟台的曹牖民写了一封信，说明要离开剧院的意思。不几天，路一回信，叫我回北平。牖民也来信，叫我去烟台。我还有一个想法，济南是个好地方，气候温和，很少风沙，图书馆附近还有一些出租的房子。我想在济南过文学生活，但又怕不能养活自己。下定决心，要回北平去。

这时，礼拜六演出，排了我的戏，是《二进宫》，因为心中不静，我忘了戏词，胡琴拉了三个过门，我才想起来，心中非常懊丧。王泊生在老生教室发了大话："不要为政治牺牲，没有这么个地方，你们到哪里去研究戏剧！"

我怕矛盾激化，如果陷在济南，一点办法也没有。因为济南没有亲戚也没有朋友。我下决心回北平去，和岳稚珪商量，他也同意了。我找到训育主任谭伯玉，说明要退学的意思，谭伯玉说："觉得不合适，可以回去！"听了这话，我的身心轻松了很多。

第二天一早，我收拾书箱，打点行李，吃过早饭，叫了一辆人力车，到车站买了票，上车回北平去。

到了北平，住在骡马市大街直隶新馆，与宋兆林住一个屋，又恢复了文学生涯，如鱼得水。路一也挺高兴。

我去看二姐，二姐看见我笑得合不上嘴。姐夫也很高兴，他叫我唱一段，我不唱，他死乞白赖地叫我唱，我给他唱了一段《连环套》，他鼓掌大笑。他听说我每天从骡马市大街走到图书馆去读书，路途这么远，借给我一辆车子，以解燃眉之急。

回到北平，还过"左联"生活，我对路一说："我的团的关系怎么办？"他说："在一块儿过吧！白色恐怖严重，不要乱找关系。"他向上级汇报了，给我接上团的关系，帮助路一编刊物。

会馆有两层平房大院，都是旧式瓦房。屋里桌凳都很简单，陈旧。房屋年久失修，油漆也都脱落尽了。窗户都是木格子糊白纸，房租每月一元，还管水喝。这大概是过去的商人大贾们修盖的，过厅中悬挂着刘春霖、蒋式芬、陈嘉楷等名人书写的匾额，用以联合故乡之谊。现在住着一些穷学生，亡命徒。

会馆生活，和剧院不一样，是绝对自由的，无人管理。千里已经不在了，从东北转赴四川工作。同住的有路一、宋兆林、段一鸿、许春楷等。宋兆林和许春楷都上中学，段一鸿明说养病，不知道他的职业是什么。

我和路一每天九时起床，洗漱之后，吃了早饭，骑上车子到图书馆去。存上车子，进门先到报刊阅览室。看头版消息，有无抗日前线的新闻，再看副刊，有什么文章。然后到取书处，写取书证，到大阅览室等读书。大阅览室阳光充足，窗明几净，连一点儿声音都没有。看到十二时，放下书到饮水处喝两杯开水，坐在长椅上休息一会儿。在这里经常遇上路一、魏恩荣、杜俊宾等二师同学。这一时期大部时间是读日本文学，并记有卡片。

下午再读一会儿书，三时出馆，骑车回会馆，洗一把脸，休息一会儿，四时吃饭，晚饭以后就是休息时间了。一般是上午吃十二两烩饼，下午吃十二两大面条。十二两等于现在的七两五，饭量算是可观了。每天一角钱的膳费，还可以省下三大枚，用以打灯油，生活是艰苦的。

饭后无事，擦一会儿灯泡。无处可去，经常到陶然亭散步。当时的陶然亭，一片是芦塘，一片是荒冢，在荒冢中寻得高君宇与石评梅女士合葬墓，读了碑记，不禁肃然起敬。石评梅写了一首好诗，刻在碑上。当时陶然亭也没什么可玩的，那么一片荒冢和碑记，不知看了多少遍。每到石评梅墓，盘桓不忍离去。

黄昏之后，夕阳西下，七八点钟开始工作。一直工作到夜两三点钟才睡觉。夜晚多是写东西，有时写诗，有时写文章。这一时期写了散文

《塞外之行》及笔记《卢梭忏悔录读后》等,发表在《华北日报》上,别的也都忘记了。

此时,脑子里都是人物、故事,骑着车子也构思。一日,骑车行经中天电影院门前的广场,前面走着一个卖砂锅的,挑着担儿,因为心不在焉,也闹不清是我碰在他的担子上,还是他故意把担子一横,挂在我的车子上。花筐上的砂锅叽里咕噜滚了一地,警察慌忙赶来,敲了敲捡了捡,一共该赔他三块多钱,一摸身上没有带着,只好把笔记簿子押给他,回会馆取了钱来,还了他三块多钱才算完事。脑瓜子太热了!

时隔不久,接张之湘自济南来信:他要来北平考南京中央剧院,我也在报上看见了中央剧院在北平招生的消息。这时小南屋的房客走了,我搬进南屋,光线暗点,也无大关系。

按规定的日子,我去东车站接张之湘,见面之后,说不出的高兴。我接他来到会馆,同榻而眠,他未带行李,我们二人只好盖一条被子。还有一个同学陈紫萍也来考中央剧院。

考场在一个中学里,我们一同报了名。

考试的那天早晨,我们一同奔赴考场,见到马彦祥先生和白杨女士,他们都是主考人,我以为大有希望了。结果他考上了,我未考上,陈紫萍同学也未考上。

送张之湘回济南不久,他来信说,岳稚珪也回到北平,住西四前英子胡同公寓里。我跑去看他,相见之下,难以言状,命运相同,山东剧院毕竟不是我们待的地方,还是回来好。

岳稚珪住在公寓的后院一个小西屋里,很清静。这地方离图书馆近,我想搬来和他同住,他同意了。经过路一的同意,我搬到前英子胡同公寓,每天节约很多来往时间。吃饭在万椿饭馆,立了折子,根据稚珪的习惯,每天吃两顿饭,每顿饭吃一小碗面,两个窝窝头,也是一角钱。

这一间房，每月四元，有电灯并有水喝，每人两元，也不算贵。一切安排停当，照常读书写文章。报上有张仲直日文学习班招生的广告，每学期学费四元。我去报了名，每晚去学习两个钟头的日文。当时日本翻译马列主义书籍较快，学会了日文，好读马列主义。

一日，傍晚时分，宋卜舟老师（当时在香山慈幼院教书）与我二侄来约我去看唐槐秋剧团的话剧，我去了，忘记这出戏的名字。唐槐秋的演技到底不同一般。

过了不久，宋老师来信要文章，说是有个同乡王子云在天津办了个《北调月刊》。我把《姐姐》那篇小说，修改了一下寄去了。不久刊物寄来，是一个小册子。此后，王子云常来信要文章。我记得《塞外樱花》也是在这里发表的。《北调月刊》办得不错，是鲁迅先生说过的。不过新文字占去一小半，文章部分显得单薄了。

张之湘、岳稚珪等人离开山东剧院，说明这个剧院办得不成功，一个高中的经费，养活几十个学生，他贪污不少，我写了一万字的文章，揭发山东剧院的阴私。正好张明琦先生也回北平，我和稚珪去看他。听说我要揭发山东剧院的问题，他说："把文章拿来吧，叫他给你们一点小事做！"我把文章给他送去，竟如石沉大海，我们上了他的当。张明琦先生是个老实人，他不会干对不起我们的事，甚至出卖我们。后来听说山东剧院闹起查账风潮。

后来他说熊佛西先生要成立剧团，约我们参加。操持了一阵子也未弄成。金肇野也打算搞剧团，也未搞成。在那个年代，想成就一番事业是艰难的。

这年冬天，我跟岳稚珪学会抽签，每天晚上把卖糖葫芦的老头叫到屋来抽两把签子，赢几只糖葫芦吃。抽得熟了，老头找不到买卖，就一头碰进来说："梁先生！你叫我来？"既然进来，就只得抽了。日积月累，欠下老头二百多铜元。也有好处，常吃山楂，我的胃病也轻了。这段生活，写进《烽烟图》中。

稚珪的同事舒润华的爱人马军青在市政府做小事，住得离此不远，夜间常来坐坐，他会拉京胡，又引起我们的戏瘾，每天晚上唱两段，解解闷儿。

不久，山东剧院音乐系同学李志超也回北平，他是学弹琵琶的。说他正在闹肺病，打算在协和医院治病。还谈到他的哥哥在监狱里，想借几块钱给他哥哥送去，我觉得实在为难，每月稿费仅能维持生活，哪有多余的钱帮助别人。我问他老家情况，他说他是陕北人，那里正闹红军。

女同学蒋奕芬也回北平，住四川会馆，她是学青衣的。我和稚珪去看她，她住在一间大房子里，光线非常阴暗，白天也亮着电灯。她见了我们，很腼腆的，谈及演《岳飞》的情况，她觉得还不错。有这么多人离开山东剧院，可见办得不好。

这年，我和稚珪同在会馆过年，来往的人不多，清平日子，照常写文章读日文。丁浩川老师的夫人段瑜来访，谈到丁老师的狱中生活，说他读了很多书，现在正努力学英文。她说她愿跟我学日文，我同意了，并把日文讲义借给她。

这个年头，进步青年住监狱，是平常的事，不以为奇。第二师范的老师周永言、刘清泰都住了陆军监狱。因此，我对旧社会更增加了仇恨。

路一要文章，我把《夜之交流》修改后给他。后来，他给了我两本刊物，是由师范大学出版的《伶仃月刊》。他说，这篇文章，中国大学教授吴承仕老先生看了，叫我转达你：为了追求语言的美，在文法上有十一点错误。当时因为在白色恐怖下，含蓄过甚，但还能看出轮廓。“文化大革命”之后，由北京师范大学中文系朱金顺同志找到这篇文章，复制一份给我，看过之后，几乎看不出是什么意思来。我把它保存在《文选》里，作为资料留给后人。

冯大狗这个人物在心中完成了，我写了一篇文章，内容是写军阀混战，“丘八”强奸民女的。写成寄给《大公报》“文学周刊”主编沈从文先生，他寄回来，并附回信说：“这篇文章写得不错，但是太长，请你寄给萧乾先生。”我寄去了，无有音信，后来不知怎么遗失了。抗日期间又写了一次，是写伪军强奸妇女，无处发表，后来又丢了。最后，这个人物典型保存在《红旗谱》和《播火记》中。

日文学了将近一年，已经能读书了，我到东单日文书店里买了几本日文杂志。翻译了在日文报纸上的几篇文章，寄给金肇野，发表在《北平新报》副刊“绒线软语”上，他是副刊编辑。

这一阵写文章写得脑子有点发热。一日上午，我骑车去图书馆，路过西华门，恍恍惚惚看见前面有个老太太，端着一个小笸箩，慢慢走着。按理说我应该扳闸停车，或拐个弯过去。因脑子里正在构思，不及扳闸，也未拐弯，正好碰在老太太身上，老太太横倒在地上，小笸箩里盛着几个鸡蛋也未打碎，一个警察跑过来，把我们带进派出所。见老太太也未怎么的，他训斥了我一顿：“……你应该鱼贯而行……”其实并无别人，只我两人，也不知怎么，就碰在她身上了。警察放了我。我心中懊丧，也未去图书馆，回到公寓里。过了几天，我买了两匣点心，去看了看老太太，老太太高兴地接受了，说：“看你也是一个老实人，还拿这个干什么？”我又赔了一会子礼，道了一会子歉。

六月，段瑜跑来告诉我：“浩川出狱了，就住在附近的客栈里。”我慌忙走去看他。紧紧地握住他的手，不知说什么好。我向他道歉，在他住狱期间，也没得去看看他。他会意地说：“没有什么说的。”谈了会子狱中岁月，看样子还不显得瘦。

一日，浩川夫妇来访，我给稚珪做了介绍，并请他们喝了汽水，在大瓷缸上喝酒,吃韭菜馅饺子,说不出心里有多么高兴。

浩川约我一同住,一起找了会子房子。又觉得在一起住不好,也就算了。

我忘记是谁告诉我,说路一被捕了,我心中非常心焦。当时他已搬到城西骆驼庄住,无论如何也得去看看,万一被捕,好设法营救。伸手一摸,裤袋里只有三角钱,如坐车去,只有去的车钱,没有回来的。当时我才买了一条葱丝绿的卡其布裤子,脱了下来,熨平,拿到当铺里去。老掌柜在高高的柜台上翻看了一下,说:“三毛!”回手扔给我。我只好送上去说:“三毛吧!”一条裤子当了三毛钱,坐上车子到了骆驼庄。找到门牌号码,推门进去,路一迎面走出来。我哈哈大笑了,原来是一场虚惊,我才放下心来。

时间已经到了中午,他请我在门前的小铺里吃了饭。我告诉他,我胃病又犯了。他也为我发愁,自己无钱治病,只好回家,先治好了病再说。此时正是一九三六年六月下旬。

三

回到老家,第二天早晨我迟起了。一家人吃了早饭,我还在炕上躺着。两只眼睛睁得圆圆,盯着我的两个书箱。大书箱里是我保存的书籍,小书箱里盛的是我的文稿。我的胃病又复发了,消化不良,身上显然是瘦了。疾病在挡住我的去路,但自从得了这种病,好一个时期,坏一个时期,一直没有好过。我下定决心:一面治病,一面收集二师学潮和高蠡暴动的素材,这两个事件,在民间传说着,传得越久,它的传奇色彩,也就更加浓厚。此外再争取时间读书。一往直前,只有前进才是出路。

岳父知道我病了，叫内兄担来两笸箩鸡蛋，每天吃几个。老父亲给我买了团粉和挂面，也不叫我下地劳动，养病的条件算是有了。但我的经验，真正有了病，要想治好也不是容易的。四姐夫医术不高明，我只有跑到离我村五里的北宗村，找表舅齐麟年，开方吃药。我一边吃着药，养着病，一边读着书，把《三国演义》、《水浒传》、《红楼梦》等书重读了一遍。

麦收过后，内兄赶着大车把我接去，给我治病，请大夫吃药。叫我住在场院的小东屋里，夜间在场院里放上一张床，躺在床上，看着星星。妻坐在床边，握着我的手，讲着农村里的传奇故事。这时我才感受了夫妻之爱，好像《播火记》中的大贵和金花一样。

住了几天，病情稍有好转，内兄才把我送回家去。直到秋天，我才能够做一些零碎活路；如摊场，翻场，签高粱，搬玉米秸子，参加一些轻微劳动，食量也有所增加，消化机能也有所增长。但只能参加半天，或是一会儿，稍感不适，就休息了，回家读书，或是上杜梨树吃杜梨。这种东西酸酸的，有助于消化。根据我的经验，这是一种养慢性病的好方法。

场光地净了，家里也就没有什么活儿做了，一个人待着也闷得慌。我洗了洗脚，穿上一身干净衣服，到西百尺村去找蒋东嵋。他村离我村有八里地。一进村，我就打听他家住处，找到了他家的瓦楼大门。当我向前敲门的时候，他走了出来。一看是我，眯着眼睛笑了，伸手拉住我，说："是你！忙家来！"他拉着我走进他的小屋子里。也像是结过婚的，新橱子新柜的。叫我坐在炕沿上，喝白开水，他问："怎么样，听说你们在北平搞得不错，你自小会写文章！"

我把北平日本特务的活动，飞机的袭击，日本兵开着铁甲车进攻北平城，东北军旅长何基丰与日本军一战，把日本鬼子打回去等等讲了一遍。

他听到这里，睁大了眼睛，说："这么厉害？看来北平没有多久了！"又问："你就这么回来，路一呢？"

我说:“我回家治病,他还在北平工作。”

说了会子关于中日战争的话,才把话头转到二师“七六”学潮,经过一个时期的沉淀,认识也比较准确了,经过对证,整个二师学潮的经过,大致如此:

主要矛盾是蒋介石的“不抵抗政策”和“攘外必先安内”政策与广大人民群众抗战救亡的矛盾。

一九三二年,东北三省已经沦陷敌手,日寇已经到了山海关及长城一线。在河北省来讲,保定学生抗日救亡运动已经走上高潮,联合成立了保定学联领导机构。国民党反动派为了镇压保定的抗日救亡运动,在保定设立了蒋介石驻保行营,以钱大钧为主任。宪兵第三团也开来了。

四月,当局宣布:因兵乱提前放假。同学们纷纷回家,成立了留校代表团,住在校长张云鹤和国文教员夏云僧办的保定日报社。当局遂即宣布解散第二师范,在《保定日报》宣布了三十名共产主义思想犯,五十名嫌疑分子。留校代表团立即撤回学校,写信或下乡召回在乡同学回校护校,才回来了五六十个人,反动军警立即包围了学校,断绝了米面柴菜的供给。校内同学在护校委员会的领导下,组织了纠察队,以教育枪和武术刀枪武装了自己,在校墙周围站岗放哨,并展开对白军的工作。

校内学生吃完了米面,吃了几十只打死的看校狗,挖食了塘内的藕,吃了树叶。决心坚持到最后的胜利,又武装到西下关街买了十袋面,十袋面并吃不了多长时间,保定学联发动学生们投烧饼,并从河北大学投大饼。留校代表团又派人通过士兵的关系到南关购了一车面。大车经过二师门口,纠察队武装将这一车面粉抢进去。当时留校代表团估计:敌人已经到了长城一线,坚持抗日救亡,正义在我们一边。但当局的反动政策不变,又组织学生的家属向学生做工作。陈鉴民通过士兵关系逃出。魏恩荣在站岗时越墙跳过小河时,被打了一枪,没有打住,逃走了。在此时反动当局下了毒手。

在一个夜间，王孟环正在北操场站岗时，在夜暗中看见有人窜上墙头，他举起大刀，大喊一声："看刀！"砍下白军半个膀子，白军遂即打了他一枪，把他打倒。白军用挠钩扒倒一段墙，这时有人大喊："同学们哟！敌人来了，快过来哟！"一阵喊声，同学们手持武器跑过来，在北操场打了交手仗，同学们气力不支，即退到第二道防线（大礼堂门口），又退到第三道防线（图书馆门口），贾良图同志即死于此处。

最后退到教员休息室，见有一同学手提肠子爬进休息室，破口大骂："蒋介石准备当汉奸了！"

这时敌人即跳墙而进，蒋东嵋趁混乱之际溜出来，向南去，藏在储藏室里。等夕阳西下时，他从储藏室里溜出来，跳过短墙，顺着大街往南去，走出危险地带。创作《红旗谱》第三卷时，我把蒋东嵋这段经历写在张嘉庆身上。

一边谈着，一边流着眼泪。经过反复订正，二师"七六"学潮的史实算是明确起来。当然民间还有不少传奇性的传说。

此案当场牺牲了十六七人，伤四人。通过士兵关系出走一人，越墙逃走一人，从医院里逃走一人，叫陈锡周。

两个人谈着，也就中午了。老同学不外待我，吃了一顿家常便饭：杂面汤，小米面窝窝，葱花炸辣椒。吃完饭，我就辞别回家。但我没有立刻就写，主要因为语言和技巧的不足。写作《红旗谱》时，我把这些史实和传说经过综合概括和艺术加工，写进第三卷里，因为它带着广大人民群众的抗战救国的企求与希望。

我虽然在家里治了半年病，但脑子里在构思，手不离书本，一有机会就宣传共产党的抗战救国的主张和共产主义。

在家里过了年，病也就好一些了。听说路一也回家了，后来在北关小学教书。家居也实在沉闷,我就到北关去找路一;到了北关街口,往北大街路东一个大门,院里有三间北房。当我走进去的时候,他正给学生们教课,这是一个初级小学,有一二十个学生,和普通乡村小学一样。他见我走进去,立刻放下教鞭,走过来握住我的手,喜出望外,说:“你来了,我想去找你呢!”说着,从屋里走出一个人来,是高小的老同学吴永绅,后来叫吴廷华,三个老同学到了一块儿,真是说不尽的高兴。经过攀谈,得知吴廷华也在西百尺小学教书。路一是经过同学鲁志兼介绍来此教书的。我说:“教这么个小学干什么?”他说:“我在这里这么一住,拿什么做掩护?”廷华也说:“我们都是不得已呀!”

路一和廷华,都是在几年前奉党的命令投考泊镇师范的,他们为开辟津南地区,费了不少血汗。廷华曾经当过津南特委的组织部长,路一因领导闹了一次学潮,被开除学籍。东奔西走,如今又到了一块儿。

说着话,路一亲手做熟了午饭,烙白饼,炒鸡蛋,吃着,小米稀饭也就熟了。乡村里这是上等的饭食,我们吃得饱饱的。

我和廷华在北关小学住了两三天,畅谈国家大事,中日战争,北平面临的形势……以及本县党组织状况:一九三二年发生二师学潮、高蠡暴动,一九三三年保属二十几个县的党的领导被叛徒范陈训破坏,直到如今,只有一些零散的党员还在活动,面临的问题是如何恢复党的组织领导。廷华还提议印刷游击战术讲义,没有武装怎么抗日呢?

第二次到路一处,又遇上张青季的堂弟张知吾,他长得高高的个子,俊俏的脸,原来在铁路上当乘警,因形势紧张,也回来找党的组织。他是一个团员,我也是一个团员。

我县风俗,每年农历四月初四,城里有城隍庙大会。农家吃饺子放工,男女老少到城里逛会,沿途都搭棚舍茶。这天早晨,我早早吃了饭,走到路一处,一进门,廷华、知吾、路一正在屋里坐着,谈论如何建立党的组织。正

在谈着，青季也来了。

青季在县立高小教书，他说他的育德中学同学侯卓甫来了，他在保属特委工作，并带来四份文件。我说：“那我们就该成立支部！”廷华拍手大笑：“正是这样，我们先成立一个蠡县中心支部。”谈起建立支部，个个愁眉苦脸变为喜笑颜开，我们是多么希望有党的领导啊！

正在城隍庙大会上，我们在路一处住了几天，经与侯卓甫协商，成立了蠡县中心支部，在国难家仇的当儿，迈出了一大步。自此以后，我与廷华、知吾经常住路一处，无处搭铺，我们就和衣睡在学生的课桌上。在一起谈论如何开展农村抗日救亡运动。目前急需筹办的是抗日救国会。说也奇怪，过去在家里愁闷，吃好的喝好的，都吃不下去。自此以后，心情愉快，每天吃大饼、小米稀饭，都香甜得不行。眉宇之间那个疙瘩也散开了。

卢沟桥一声炮响，政治形势起了急剧的变化。我们急于联合有志之士，开救国会筹委会；会议就在高小学堂的楼下教室里开，参加的人有：教育局长梁范民，高小校长梁度在，高小教员梁则先、郑厚庵、刘通牖，开明乡绅全老松。我和路一参加了。会议由梁范民主持，路一就关于目前形势和建立抗日救国会的必要做了讲话。

这里需要补一笔的是梁范民和全老松这两个人。梁范民过去曾加入共产党，后来丢了关系，但始终作为同路人做了很多工作。去年曾有一日本特务打扮成僧人模样，坐着驮轿子，从定县顺着公路来到蠡县，住在宴宾楼，耀武扬威。全老松正在宴宾楼住着，看不过眼去，心中一气，到公安局叫了几个警察，他手持大棍把那个日本鬼子轰跑了，是一个有民族气节的士绅，在这个会上，他们俩发言较多。

敌人打到家门上，赶紧发动群众，开展抗日运动，保家卫国，这是一致的，但是这个团体究竟叫个什么名字，却发生了分歧。我的主张叫“蠡县各界抗日救国会”并成立区乡组织。全老松主张叫“蠡县后援会”。不提“抗日”，不提“救国”。他说：“要是引起国际交涉，那就麻烦了！”实际上只发发通电，发发宣言，也顶不了什么事。为了统一战线的关系，梁则先、刘通牖、梁范民都无一定的意见，我们则坚持到底，最后还是全老松让了步，我们胜利了。就叫“蠡县各界抗日救国会”。

救国会成立，号召力量也就大了，高小教员刘子持、齐净溪、刘同会、刘曦亭都参加了。

蠡县建党较早，过去发生过博蠡运动和高蠡暴动，党的基础比较雄厚。救国会一成立，四乡失去关系的党员、爱国人士、同乡同学，来来往往，都来联系，自动成立区的村的救国会，很快形成一个工作局面。

我们现有的会员分成四个队，每区一个宣传队，下乡宣传鼓动广大农民起来抗日救亡，并联系一些抗日的骨干。四区这个队有刘通牖、刘纪、刘金田、吴廷华和我，每人一辆车子，走遍全区，每到一个村庄就在十字大街上吹奏口琴，高唱救亡歌曲，人集得多了，开始轮流演讲。在高蠡暴动之后，还是一件新鲜的事情，听讲的人并不太多。第一天中午是在刘金田家里吃饭，第二天中午是在刘纪家里吃饭，第三天中午是在我家里吃的饭，都当客人招待。形势有利，救国会发展很快。河北省政府在保定召开后援会，我们派郑厚庵去出席。

在紧急的时刻，我们是多么需要领导呀！但是侯卓甫不来了，我们不明白目前的形势，朝着什么方向发展。商量的结果，叫张青季到保定找他父亲张化鲁，通过张化鲁找寻保属特委，当时他父亲正在省教育厅当督学。不料当天去了，第二天早晨就遇上日寇飞机狂轰滥炸，人心惶惶，也未得活动，就骑着车子跑回来了。

迎着敌人的进攻，我们决定召开全县救国会员抗日救亡誓师大会，并通知县政府、公安局、财政局、建设局、教育局等各科局参加。大会在戏楼召开，到时各区村会员、各种局，连警察、保安队都来参加，来参加大会的人成千上万。统一战线、抗日救亡开始深入人心。

路一主持大会，几个人讲了话，青季讲了保定之行及飞机轰炸保定，台下群众连呼口号："打倒日本帝国主义！""中华民族解放万岁！"呼声响彻云霄。会后在大街上游行示威，这个大会对于广大群众的发动，有很大好处。

但是，我们还是没有上级党的领导，问题来了，不知道怎么解决。在这种情况下，我们还开了支部会，讨论了怎样建立抗日武装：以刘曦亭为大队长，廷华为副大队长，通牖为政治部主任，路一为副主任……先有了官再组织串联兵，设法弄武装，这也算是一种武装准备吧！

抗日力量在全县活动着，扩大着。

有一天，廷华对我说，他在杨村四存中学师范班读书时，有个老师叫温建功，是个老党员，现在省政府民训处当秘书长，民训处长是张荫梧，在那里是否可以找到党的领导。当时我认为可以去一趟试试，张知吾也同意。

在一天的早晨，吃了饭，我们就骑车出发了。蠡县离定县一百二十里，小晌午就赶到了。到了民训处，先见到前博蠡中心县委书记王志远，他在那里当秘书，说了几句话，就找到温建功同志。高高的个子，白净面皮，是一个青年哲学家，北平法商学院的教授。见到我们，很是热情，我们说明来意，他对我们谈了目前抗战形势：由于不抵抗政策，日寇进攻神速，现在已经进了天津和北平，从平汉、津浦两线进攻，中央军不战而退，杂牌军也顶不住……总之形势不好。说完了，他征求我们的意见，是不是见一见张先生。在当时的情况下，我们认为见见他对于取得合法存在是有利的。这也是统一战线工作。

张荫梧系晋系军阀，曾当过北平市长，阎冯倒蒋时，他是阎锡山在津浦线的前敌总指挥。失败后，他在山西军阀中站不住脚步，于是下野归家，在博野杨村办了一座四存中学，兼有师范班，培养私人势力，企图东山再起。后来当了定县、博野、蠡县等七县专员，抗日战争开始，兼任河北省政府的民训处长，又当了督战队长。因为羽毛未丰，他不得不与共产党合作。在温建功、王志远等同志来说，是在那里搞统战工作。

我们同意见张荫梧之后，温建功同志即去做安排。时间不长，勤务兵在院里石桌旁摆了几个凳子。随后张荫梧走出来，温建功同志即招呼我们出来就座。

张荫梧是一个彪形大汉，戴着眼镜，脸呈黑褐色。温建功同志叫我们做了自我介绍；我们说是蠡县救国会的，来取得联系，请示机宜……张荫梧确实有大人物的气魄，从容举动，谈吐亦不俗，一字一句地谈了一套抗日的大道理，他明白说明在斗争里需有理、有利、有节……还是为了发展他的个人势力。

谈完了，我们到大街上吃饭，吃了饭回来，又找老吴的老师徐靖远谈了谈。他是东北人，九一八事变后，曾经搞过义勇军，因不能存在，才跑到关西来，在四存中学教书，在游击战争训练班教游击战术。此人是个活跃人物，一见了我们，眉开眼笑，大说大笑，很像一个跑大海的。我们说明来意，还没谈到本题，北方炮声响了。他愣怔了一下，走出去了解情况。回来仓促地说："敌人到了望都了，我们要搬家，你们回去放手搞去吧！"一边说着，脸色苍白，摇着右手。

我们一听，有些吃惊，实在无法，事情还未办成，也只得回去。定县城里是个四十里的大城，城里都种着庄稼，我们走出闹市停下车子，静听北方的炮声，已经很近了。骑着车子走出城外，月亮已经东升了，困难当头，连月亮也不明亮了。心里发急，两脚蹬着车子，骑得飞快。乡下的公路不平，坑坑洼洼的，所以我们不断地摔跟斗，摔倒了爬起来又跑，也不知道跑得多快。过安国县城的时候，城门大开，只有两个站岗的，来回踱步，因为我们不想进城，也不理他们，他们也不盘查我们。炮声响着，什么也顾不得了。

骑车跑到南城门，遇上芳州和则先，骑着车子迎头跑出来，见了我们停住车子，我们也停下车子。则先说："你们不要进城了，叫汉奸杀死你们！"我们也不理他，骑上车子进城，到了城门口，遇上一队马队、一队车子队从城里跑出来，行色仓皇。保定失守，这些做官的人们也不知如何是好了！

我们到了高小，校门大开。我推着车子走进去，曦亭、青季，静溪、子持、刘同会等十几个人正在荷花池畔听炮声。曦亭和青季一人手里提着一支枪。看见我们回来，都很高兴。正在谈论定县之行，衙门口里饭馆的跑堂的送了信来，说："县长跑了，公安局长也带着保安队跑了，只剩下一个分队……"

我们不禁愣住，曦亭说："要紧的是，这个当儿我们应该怎么办？"青季说："我们缴他的械，成立游击队！"大家一致同意。说去就去，开动脚步又去了。在我的记忆里，这时只有十几个人。

来到公安局门口，大门开着，门口冷清清的，无有一人。静溪拿过冲锋枪，说："我在这里站着岗，他们要是追你们，我就开枪。"曦亭打头，一齐走进去。见有一人，正立在办公室的砖台上听炮声，是警察长陈金波。曦亭大喊："保定失守，敌人来了！是抗日的跟着走，不抗日的把枪放下！"

陈金波走向前来，弯腰说："好说，国难当头！来，拿枪吧！"他走回办公室，取出钥匙，开了枪库。枪就在架上，我们每人拿了几支出来。陈金波还说："还有子弹！"我们跟他到办公室，他开了小柜，取出子弹，我们用衣襟兜着，匆匆走回来，在校长办公室里点了数，共是七十二支。说也奇怪，有了枪了，人也不知从什么地方出来了，每人一支，都背起枪来——形势逼人，救国会员们都来取得联系。保定失守之夜，蠡县的第一支游击队诞生了。以上这一段生活经历写进《烽烟图》里。

正在此刻，电话局送了信来：高阳来了电话，国民党九十一师从安新顺河而下，要在蠡县住几天。我们商议：游击队才成立，人枪不多，算是有了一个很好的基础。九十一师军纪最坏，我们碰不过它，如果被他们吃掉，那就坏了。经过商议，不如撤出城去。后来决定撤到青季他们村里——河南里蔺岗村，这村里曾经有过一个老支部，群众基础好。

时间紧张，说动就动，游击队站队，报了一下名，就出发了。我与廷华到北区联络会员，送信。我们两人拿着一个救国会的旗子，虽然有月亮，但是深一脚浅一脚的，也看不清楚，行动慌张，也找不见道路，慢慢地走。时正秋天，到了村里，大街上静静的。廷华一人回家，我走到门前，小门关着。我挺着身子提起插管，开了小门，又把门关上。一家人静静睡着，我走回屋里，取出我家唯一的一支大枪，拿了一些钱，也未和妻子谈什么。国难当前，妻离子散，也没有什么说的了。

我隔着窗户叫三哥，说："保定失守了，正过兵呢！"当时我三哥是村救国会的负责人。我村离保定只七十里。我一人出来，直奔西百尺村，这时天大亮了。走到廷华家里，他正在炕上躺着，见我来了，拿出一块钱，叫家里人去买了半块钱的面来，擀了一大盆面条，我们吃得饱饱的。时刻紧急，也不觉得困，也不觉得累了。到了学堂里，告诉他们保定失守的消息，救国会转移到蔺岗村，抬起腿来径直去了。

路上溃兵很多，败阵之师，狼狈不堪。有一个大兵要看我的旗子，我展开让他看，他见旗上写着"救国会"三个大字，便也无话可说。走到我们村街口时，一群人集在街口上看过兵，都在关心着国家的兴亡。三哥也站在那里，见我过去，向我打招呼，我走近前去，他把几粒子弹递给我，也没说什么。

我们过了潴泷河，过了李岗，就是蔺岗村。游击队住在一个场院里，屋里铺着干草，人们睡在干草上。直到目前为止，为了工作，为了国家大事，不停脚地跑了一天一夜，但我还不觉得累，还是精神十足的。祖国在危亡中，我连命都不要了，何况付出一点血汗。

稍事休息，听说张化鲁老师回来了，我们喜出望外，因为我们都年轻，没有武装斗争的经验。张化鲁老师上了年岁，是有经验的。说着，张老师就来了。我正在门口擦枪，但是他没和我们打招呼，就走到里间屋里去了。和曦亭说了一会子话，就扬长而去了。没有和我们握一下手，说一句话，使我们很失望。

后来，听说张化鲁请客，只请了张青季那些高小同事的，没有请我、路一和廷华，我们都是他的高足，为什么对我们这样冷淡？其实并不奇怪，张化鲁离开我们之后，曾当过育德中学的训育主任，当过河北省教育厅的督学。他一步登天了，还娶了小老婆。高蠡暴动时，县委曾写信叫他回来，他不回来。后来，他脱离了共产党，加入了国家社会党，腐化了。

此次见面，并没有说一句有用的话。但是他说了不少泄气的话。说这么干法不行，那些人只不过写写文章而已。所谓那些人，不过指的是我、路一和廷华吧！

后来据青季说，这个人死得还不错。他到了郑州，当了二十九军李虎臣的游击队的师长，攻道清路时牺牲了。

我们的游击队在蔺岗住了十几天，只是向各大户要些粮食，心里架着火，亦不知饥饱。等九十一师过去，我们的队伍又回到城里，住在高小里。工作已经成了一个局面，区村救国会的人，来来往往。汇报工作，请示工作。但是我们还是找不到党的领导，形势不明，我们心里还是犯嘀咕：米面吃完了，我们没有公开的名义不能征粮。曦亭带着枪到县政府要了十几袋面来。

开了一个救国会的扩大会议，多是一些骨干。此外有平津流亡学生参加。大会在楼下教室里开,几乎坐满了。全老松的儿子全耀华,激昂慷慨地讲了话,说:“日本鬼子来了,我们每人拿一把小铁锨,三面磨成刃……”郑村的一个女大学生周静舒也讲了话。大会开得很热烈,但不涉及目前形势和路线,还是解决不了问题。

周静舒的爱人,《大公报》的记者小方,放了一个烟幕弹说:“日本鬼子一来,就像拉大网,你们这些人就像网兜里的鱼……”

动摇人心,有很大的破坏性。

廷华提议,还是找温建功同志,找个独立大队的名义,谋求公开的存在,目前民训处就在石家庄。否则,一百多人、枪暴露在地上,无法存在。

这个提议,招来许多误会。有人认为我们要逃跑。刘通牖的意见是日本鬼子一来,凫着呛水上,到平津去……人们的思想像一锅沸水,煮得滚来滚去。我和廷华、知吾,下决心到石家庄去。当时青季不在,路一也无可如何。

但是,听说我们要去,度士、静溪、同会、子持等也要去,他们不是党团员,受不到约束。

第二天吃了早饭,我们三人骑车出城,路一和春原送出南门以外。

四

国难当头,心似油煎,两腿蹬着车子,箭儿似的向前飞驰。北方炮声响着,马路上溃兵夹杂着逃难的人们,大车、小车,挑担的,步行的,仓仓皇皇,尘土飞扬,亡国的景象,我把这些写进《烽烟图》中。

到了石家庄,市里冷冷清清,找不见民训处,说是到峦城县去了。此地离峦城不远，我们只好追到峦城县。到了峦城县，又说到彭城镇去了。直到此时，我们心里可就没有主意了。要想回去吧，已经出来这么远。要说到彭城，再找不到怎么办？心里翻上倒下，心急如焚。最后才下了决心，直奔彭城镇去。到了此刻，我们和度士、子持、同会分道扬镳，他们有他们的道路，我们有我们的任务。

彭城镇是一个大镇，地属磁县，即古磁州，自古磁州窑是有名的。镇上一座一座的瓷窑，烧缸瓦瓷器之类。我们找到了民训处，见到温建功同志，他还是热情招待，说起话来，不紧不慢的，讲了抗战情况；他说中央曾派冯玉祥先生来保定坐镇指挥，他虽然有指挥千军万马之力，无奈刘峙、关麟征等中央军抱不抵抗主义，二十九军自长城各口大战之后，又在平津大战，伤亡甚重。其他杂牌军亦无可奈何，只有溃退之势，无有招架之功，日寇顺平汉、津浦两线进展神速。“等着吧!八路军开始挺进敌后……”说着，他掏出手绢，滴了几点眼泪。又说：“你们既然来了，也见见吧！”我们听温建功同志的口气，也就答应下了。他引我们见了张荫梧，廷华是他的学生，还是由廷华说话，简单干脆地汇报了我们的工作，扩大了救国会，发展了武装，就是没有公开的名义，不好存在，要求一个独立大队的名义。

张荫梧正在招贤纳士，收集溃兵，建立自己的武装，对于我们的到来当然是欢迎的。听了廷华的汇报，讲了他对抗战的看法，对于公开的名义，究竟怎么办，容后商量，也算是一个圆满的答复。

听了张荫梧的谈话，我们心上半信半疑，只有依靠温建功同志，因为他是一个老党员，而且在学术界是有影响的人物。我们先找地方吃了饭，初次吃到一角钱一个的大烧饼，五分钱一大碗的鸡蛋汤，也就吃饱了。

我们又找到王志远同志，据说李宪周同志也在这里，他是民训处第二大队的大队长——保定失守之夜，张荫梧命令七县保安队和警察跟随他撤退，编为部队。李宪周是蠡县的一个老党员，老同志是可靠的，现住彭城东门外紫竹林山坡上,我们就投奔了他去。

紫竹林有一座大庙,第三大队就住在这个大庙里。李宪周同志就住在大殿上,刘通牖也在那里,也不知怎么,他倒走到我们前面。李宪周是李岗人,张知吾是蔺岗人,他俩是熟悉的,经过介绍,李宪周同志也就热情招待。战争期间,居处简陋,地上铺着草,人们都坐在草上。我们把见温建功和张荫梧的情况跟他们说了,他们很是兴奋。李宪周同志军人出身,曾在蠡县公安局当过督察长,后来在安国县当公安局分局长。他把胸脯一拍,说:“弄好了,我也回去干,谁愿当亡国奴呢!”

我说:“那就好了,你回去了,我们的游击队又可以扩大了!”因为他是军人出身,有战斗经验。

李宪周同志以客情相待,早饭吃稀饭馒头,还有熟肉。午、晚饭都是小米干饭、菜汤。只是北方炮声响着,溃兵就像大河流水一样向下哗啦,亡国奴的帽子在等着,人心惶惶,茶饭无心。尤其我和廷华、知吾,重任在肩,如何完成实在无有把握。

等了几天,我对廷华说:“你回去问问建功同志,能办不能办,能办就给个独立大队的名义,不能办我们也就该回去了。”他去找温建功同志,回来说:“有希望!有希望!”

又等了几天,炮声越来越近,画着太阳的飞机到处搜寻扫射,事情还是没有眉目。我心中烦闷,局促不安,几个人在一块儿坐一会子,谈一会子,有时我一个人出来走走。有一次我刚从紫竹林山上下坡,迎面来了一个人,是贾振丰同志。贾振丰同志是保二师高级班同学,高蠡暴动的河北红军第一军的政治委员。过去没有说过话,见了面也无法谈起,走过去了,他回头看了看我,我也回头看了看他,还是无法说话,自此,我明白此处工作基础深厚。博蠡暴动的军事负责人张兆丰同志就是磁县人。

有时,我和廷华、知吾商量,办不成我们就回去吧!可是战事详情不明，沿途溃兵和土匪很多，地主武装和民间的大刀会也起来了。三个人长途跋涉，如何走法？不能预测路上要出什么事情，谈到这些，三个人相对无言。

猛然间，炮声从正东方向响起，日寇已顺铁路攻过磁县。民训处的通知：全军开拔，到林县去。我们无依无靠，无处可去，也只好跟着宪周同志去林县。出了村有一条小河，第二团团长徐靖远，拿着旗子指挥部队过河。这时西风紧了，天气渐渐凉下来。走着山间小路，山坡上满树柿子红。今年是好年景，可是国家多难，人民愁肠不安。

我们走在漳河的北坡上，有农民在山路旁卖鸡，一毛钱一只，行色倥偬，也无人去买。山坡陡峭，山下漳河弯弯曲曲，有小船摆渡行人，行人多挤着过河。飞机在天上盘旋，船在河水中颠簸，离远看去有一个人，一个站脚不稳，掉进河里，在翻花之中露了两下头顶，就淹没不见了，也无人打捞。在战乱之中，死个人也真是容易！

廷华听说徐靖远升任团长，此人山东人，老党员，曾在东北搞义勇军。我们即离开宪周，到徐靖远的团部去。徐靖远嘻嘻哈哈，表示欢迎。吃饭时同桌吃饭，共有七八人。也只四碗素菜，米面卷子，没有饷银，看起来经费是没有来源的。

这个团部，也只一个团长，一个副官姓苏，是保定育德中学的学生。此外还有几个排长，连官带兵不过七八十个人，除了几个青年学生，也就是那些保安队和警察什么的，没有看见成排成连的队伍。我们在这里也只是做客，吃了饭没有什么事做，回又回不去，实在糟心，但也无法，只好混日子，到县城外去听听炮声。此时溃兵太多，也不是有计划的撤退，只是成排成班的往南一跑，据说他们要到郑州集结，真是一撤千里呀！

有一天，我们正在团部跟徐靖远闲谈，忽然走进几个大兵，为首的一个穿着一件呢大衣，手持盒子枪，见了徐靖远，上去就撸住了他的领口，说:“跟我们走！”我们一看是高小同学宋潮海,听说他在三十二军当连长。我们说:“宋潮海！你干什么？”

他冷静了一下,睖着眼说:“你们在这里？”时间仓促,也没有多说。

宋潮海还是不放松，拉住徐靖远就往外走，其余几个也拉开枪栓突着。徐靖远手足无措,也只好跟着走,急急慌慌脖子脸都红了。扭过头看着我和廷华,意思是叫我们说话。我对宋潮海说:“潮海！你可不能胡来！”一边走着,宋潮海举起枪来,指着房上说:“你们看！”

我抬头一看,民军都上了房顶,卧在屋顶上用枪瞄着。看形势我们也就无话可说了。大概是这样子,张荫梧的办法,是沿途收集溃兵、通讯器材、枪支弹药。此次是和三十二军的溃兵发生了冲突,要收编宋潮海他们,宋潮海不让,找到徐靖远他们团部的。

宋潮海拉着徐靖远到了城外,才松了手。握住我和廷华的手,颠了两下,说:“老同学！国难当头,时间要紧,也就不多说了！”说着,带起他的人,扬长而去。

我们和徐靖远回到团部,他拍了拍袖子,摇了摇头,没有说什么,也算是一场虚惊。

过了几天,张青季来了,这是我们想不到的。据他说,我们离开之后,粮秣办公费什么的都无法筹措,只有每人带着自己的枪回家,分成小组,夜集明散，做些游击战争的训练。他和培德中学校长段维霄的儿子段伯宇,拿着段维霄的信,找到张荫梧,到了民军司令部。我们听说家里有了安排,也就放下心来了。又说了一会子如何弄名义,如何回去。这时敌人进攻甚紧,人心惶惶,温建功也顾不上我们的事了。

有一天,我们正在大街上走,偶尔看见二师同学朱瑞祥,穿着一身灰布军装,他是参加了二师“七六”学潮的,被捕坐了几年监狱。国共协定之后,彭德怀同志给万福麟写了信。出了狱,参加了五十三军。我在《烽烟图》

中写江涛、运涛出狱是有根据的。

我和廷华拉着瑞祥在一个小饭馆里吃了一顿饭，谈了一会子前线情况。据他说，在蒋介石的“不抵抗”政策之下，前线上的指挥员和士兵无法打仗。日寇进兵神速，不打吧，眼看大片国土沦陷于日寇铁蹄之下；打吧，枪炮弹械政府不补发，伤兵呻吟，无有医药的来源。他说了一声：“我们这就亡了国了……”说着，号啕大哭起来。我们流下几滴眼泪，抽抽咽咽的。我叫了几个菜，叫了一壶酒，请他吃了一顿饭。他握手道别，说：“我们要在郑州集结。”说着，又对着我的耳根说：“到了大后方，我就到延安去了！”

送走了瑞祥，我和廷华说：“我们还不如到延安去呢！”廷华闷着头不说什么。话不用明讲，路途遥远，川资如何筹措，怎样去法，又是一个问题了。

天气凉了，每人发了一身军装，细布马裤，是干部服装，是向县政府要来的。把车子卖了，自己出钱做了一条棉被，我还做了一身棉大衣，准备过冬。

有官没兵，也无战事，无事可做。向地方上借了一些乐器锣鼓、胡琴之类，成立了一个俱乐部，叫我当俱乐部主任，领导着人们拉拉唱唱，这个我倒内行。忽然之间出了一件事情，据说徐靖远在前方的游击队，和日本鬼子打了一仗，得了一匹日本战马，被别的游击队司令员抢去，牵到后方去献功。徐靖远得到通知，大发雷霆，派人在大路上截着，真的截住了，把两三个人和一匹马弄到团部来。徐靖远是要审问他们。苏副官在俱乐部里放上一个桌子，几个凳子，把当事人拉来，跪倒地上。徐靖远气得变貌失色，拍着桌子审问，叫我做记录。人们也算有了事，神乎其神的，围着站脚助威，风云雷雨的，很像一个阵势。吓得那个人跪在地上，咧开大嘴求饶：“靖远呀！靖远呀……”听口气又像是老朋友一般。一个眼不防，一个展排长拿着一把剃头刀，偷偷地一下子割了他半个耳朵，鲜血直流。

徐靖远一下子黄下脸来，连忙走过来，拉起他来，走到另一个地方，请医生缝耳朵，养伤。他对苏副官说："弄不好，我要得罪几十个朋友！"原来他们都是东北人，在关外一同搞过义勇军的。

徐靖远给那人养了一阵子伤，养好了，又在一起和医生照了相，连同那匹战马送走了，才算了事。

过了一个时期，后方又来了一个沈司令调查此事，徐靖远擅自解说，说自己处境困难："……日将暮尚未举火，天已寒尚未着棉衣呀……"也确实如此，除了我们几个人穿上了棉衣之外，其余的人还穿着几层单衣。

此事过去，人也熟悉了，徐靖远分配我和老吴的工作说："此去西山十几里路，有个桃园集，桃园集以上有个桃园沟，看看道路，有无有饮水。"等等。又说："希望你们创造一个新八路。"

我们领了命令，即去桃园集，是个山村大镇。我们找了联保主任，找了一个闲院的两间小屋，一条土炕住下。要了米，自己支锅做饭，八路军得有个八路军的样子。我们住了几天，向西去搜寻桃园沟的地形，一条大沟直通太行山上。走出几十里路，就是山沟小道，深山之中，有一个大水池，水质清凉……过了几天，我们回去向他汇报，他沉默着点头称是。老吴说："徐老师对太行山的地理形势很熟悉，是有心人哪！"

徐靖远听了两句奉承话，笑了说："对于太行山的企图大有人在啊，赵桐在平西，刘伟在唐县，我就在这里。"林县地方四围高山，中间平原，盛产五谷小麦，是一片打游击的好地方，原来他们是早有打算的。西部有高山，夜间灯火通明，叫"金灯山"，是寺庙群。

汇报完了，我们又回到桃园集，试着深入工作。有一天早晨，林县城方向嗡嗡之声不绝于耳，爆炸声远远传来，据说日本飞机轰炸林县城。过午时分，青季手里提着几条鱼，仓皇走来，述说日本飞机轰炸林县不亚于轰炸保定，他爬到墙根底下，一声爆炸把他颠起二尺高，飞机走了，他赶忙离开城里，到这里来。路上有一个小孩提着几条鱼卖，给了他两角钱买了来，原来山里人是不吃鱼的。说着，他躺在炕上睡了一大觉。

我和廷华炖鱼，焖干饭，等青季醒来，我们饱餐一顿。

过了几天，炮声从东南方向传来，日寇已占领漳德。民训处命令：全军转移山西陵川。我们又不想去，还是想回去，情况不明，又回不去。此事，我们回到林县后，和宪周做了商量，宪周也想回去。于是，我们又离开徐靖远，回到李宪周的第二大队。因在此处不是久远之计。

跟着队伍向西南方向移动，路上经过大合镇，是个大镇子，我们买了一些日用品。从大合镇往西去，是大合沟，是林县通陵川的山沟小道。走了两天的行程，到了平顺县的一个镇子，第二大队就住在这个镇上，此处离陵川有三四十里路。战争情况不明，无法工作，想回去又回不去，实在使人心焦。

民训处到了陵川，正式挂牌子："河北民军总指挥部"，张荫梧自封为"总指挥"。

过了几天，我们派廷华到陵川去找温建功同志，回来说，温建功的朋友闻允志，在林县建立了"林县政治处"开展地方工作，叫我们到那里去。我们也想去林县，看机会回蠡县。我和廷华、知吾，又回到林县。

林县"政治处"住在城东上庄村，我们见到闻允志，交他看了一封温建功的信，他说："好吧！先住下再说！"据说闻允志是天津法商学院的教授。中等身材，清瘦的个子，表现很精干，说话是南方口音，是个老共产党员。

政治处共有二三十个人，战争期间，尚无一定编制，愿来就来，愿走就走。附近也有孙殿英的部队，据说李锡九老人在孙殿英处主事，张微星老师就在那里。有的人在政治处待几天，又到孙殿英的队伍里去，也有孙殿英队伍的人，到民训处来。无工作日程，我们只是这里看看，那里瞧瞧，消磨时间，听听战争消息。

过了几天,张青季和荣士林、杜俊宾也来了。荣士林是高小同学,杜俊宾是二师同学,都是熟人,是共产党员。闻允志、魏十篇、黄伯梁、张青季组成政治处的核心。魏十篇是育德中学的学生,是个共产党员。据张青季说,河北民军总指挥部内部国共两派斗争激烈,不相上下,张荫梧采取平衡手段。

战争过去了,漳德林县有一时的平静,无事可做,我们几个人就商量今后怎么办。商量来商量去,下定决心要回去。有一天,我们打好背包,也未告辞,走出大门,一直往北走,走出了一里多路,闻允志又派人把我们追回去。回到闻允志屋里,他说:"怎么就走?"

廷华把我们出来的企图说了,又说怎么到了这里,如今战事打过去,我们要回去。闻允志说:"你们不能走,我这里缺干部。"

我说:"我们家里铺着摊子,出来几个月了,事情办不好,不回去对不起同志们,将来见了面无话可说。"

闻允志又说:"那是道义,这里的工作要紧,不能走!你们不能走!"

我说:"允志同志不是外人,我们说了吧,我们出来找党的关系,家里的工作在等着。"

闻允志又说:"这里有党的关系,不过我不能发展党员,很快就想办法。"

说来说去还是不让走,我们又提出工作问题,他说:"工作很快就解决!"反正说什么也不叫走。

过了几天,政治处决定成立一个工作团,指定去元康村开展地方工作。成员有我、张青季、吴廷华、荣士林、杜俊宾,以张青季为团长。有工作做了,我们也高兴,打起背包就走,经过大合镇往东去,走五六里地就到元康村,那是个大村子。到了元康村先找联保主任,给找了一个大庙做住处。大庙坐北朝南,一间很大的庙,毗连两间小屋。我们在东头搭了一个大草铺,靠北墙盘了一个火炉,做饭炒菜都是自己。

谈到工作,先在全村贴一些关于抗战和统一战线的标语,又开了一个小学堂,桌子板凳都是联保处借的。分担课程:国文、算术等,也讲中日战况,统一战线,由我讲社会进化史。小学生陆续增多,穷人家孩子,不花钱能上学读书,没有不愿来的。我们借此宣传抗战救亡,不敢深谈,怕把群众吓跑了。

这时闻允志回陵川一趟,由陵川去晋城。据说北方局在晋城,负责人是朱瑞同志。闻允志汇报了工作,要了一批干部回来,为首的是杨波。也分到我们工作团两个,一个叫张亚夫,一个叫刘清训。人来得多了,向联保处要了一个做饭的,就地挖锅做饭。时值隆冬,也便于取暖。

不久,张青季到壶关去了一趟,廷华和知吾也先后去壶关。

据说地委机关在壶关,地委书记是顾大川同志。这事他们既不跟我说,我也不好问。只是跟张亚夫谈了谈我的历史,要求接党的关系。他回答很简单:“得经北方局批准。”我一听得经过这么复杂的手续,也就算了。我还怕接上关系,再回不了蠡县了。

这时林县政治处建立了党的支部,杨波是支部书记,吴廷华是组织委员,张青季是宣传委员。据说,杨波和吴廷华在发展组织上意见不一致,杨波有点关门主义,为此在壶关地委打过官司。

抗战初期,外来人做地方工作很难,群众不了解你,不接近你。只有一个杨文卿,是个中学生;一个申德甫,是北京辅仁大学的学生,田家井人,是天主教培养出来的。他们常到我们这里来,我和老吴到杨文卿家里去过一次,是个上中农人家。也到申德甫家去过一次,在南边的大山里,我们走了三十多里路才到他家,他不在家,他父亲正在担粪,爱人穿着旗袍,是个中农人家。离此不远,有一座小教堂,申德甫是个天主教徒,这一带教会势力很大,在深山里盖起教堂来,发展教徒。申德甫的爱人也是一个知识分子，当然也是一个天主教徒了。因为申德甫不在家，他爱人招待我们吃了一顿中午饭——一大碗玉米菜稀饭，我们就回来了。

杨文卿带着他的侄子，参加了我们的工作团，我们表示欢迎，这样慢慢扩大地方力量。不过我们曾听他们说过，他用通信社的名义——蓝衣社的地方组织，告过一个乡绅。我们弄不清他的历史，不便深谈。为此，他哭了一场，又搬起铺盖回家了。

有一股地方队伍来参加，大概有二十多人，我们收下了，当我们下乡工作的时候，他们又逃跑了。可能看着我们的生活不像兴旺发达的样子。初期的工作是困难的，很打击我们的情绪。

据说，一九三七年的冬天，张荫梧和温建功到武汉去见蒋介石。康泽扣住温建功，不让他再回民军，因为他是广东人，叫他回广东去，他到山西去了。后来听说，因敌人飞机轰炸牺牲了，这是可惜的，他在民训处的统战工作是有成效的。

蒋介石又给了张荫梧几个人，给了些钱，给了些给养。张荫梧到八路军办事处要干部，给了张存实，他是一个老党员，属于西北军的，是张知吾的伯父。

张荫梧回来后，叫张存实当教育长，他不能掌握全面，和张荫梧没有深交。自此以后，国民党在民军逐渐得势，向右转了。以前，领导机关认为民军是华北抗日的友军，显然是错了。

民军开始定军衔，张青季是少校，我和吴廷华是上尉。发了一次饷，我和老吴每人七元钱，钱虽不多，在这种情况下，不无小补。

徐靖远回林县，在政治处住了几天，也没有带队伍，就到林县去了。这人活动能力很强，他和林县地方武装的领导人常静安交好，搞起来一股武装，还开了训练班。政治处当时有意叫我去，后来也不知为什么没有让我去。

旧历年各工作团在上庄集中过年，总结工作。说是过年，连一点肉也没有吃，还是小米饭熬菜汤。大年三十晚上，房东每人给了我们一碗饺子吃。我见到王志远同志，他是在西丰镇工作团。大家又酝酿回冀中的问题；因温建功同志不在了，王志远、张青季、吴廷华、张知吾，都同意回去。魏十篇不同意，他害怕再闹一个大血案。我是坚决要回去，因为不回去，对不起同志们。只是酝酿了一会子，也没有落实。

过了年，我们又回到元康村。高小时的老师刘馨南，也从陵川来到元康，是张存实介绍来的，他也愿意回去。

我又和张知吾去了一次陵川，见到张存实，他说，你们回去吧！那边已经建立了一些外围武装。他说："你们是不是见一见张荫梧？"我想，见了也无益，他已经向右转了，我们就不见他了。据说此人鸡鸣即起，练八卦。刚愎自用，野心很大。

我回到元康后，正是元康南部地区敌人进攻，有一股土匪队伍退到离元康三四里的村庄，我们恐怕他们开到元康，但也没有什么办法。商量来商量去，了解敌情要紧，于是我自告奋勇到那个部队了解敌情，联保主任也同意。这时也就晚饭以后了，青季写了一封公函，借了一个保丁，提了一个马灯，照着路去了。

走到半路途中，我又想到："不是正式队伍，他要扣起我来怎么办？土匪队伍扣起我来要枪要钱怎么办？"想到这里，我心上有些迟疑；想回去又不好意思，我把心一横，硬着头皮去了。到了那个村庄，大街上冷冷清清，没有人影。走着，过来一个军官模样的人，带着一个人，似乎是警卫员。见了我们，问了一声："干什么的？"

我说："我是元康工作团的，我们来联系一下，打听一下南边的敌情。"说着，我把信交给他。

那个军官模样的人，接过信去，就着灯明看了一下，抬起头，思索了一下，说：“这敌情么，向铁道西边出击，我们就撤过来了……”以下再无话说，也没有意思叫我们休息一会儿。我看他也不大了解敌情，我道了一声烦劳，就回来了。

路上走着，我考虑着这次行动的冒失。回到元康，廷华也说：“你去了，我们很不放心，你回来了，我们就放心了！”是的，我们在这里人地生疏，工作没有基础，不应该有这么冒失的行动，这应该作为一个教训吧！

过了几天，政治处决定吴廷华、刘清训组织一个工作团，到林南去。后来听说建立了一个林南县委，廷华任县委书记。

五

过了阴历正月十五，王志远同志到陵川去了一趟，从陵川回来，他决定回冀中去，带着他的三个学生，徐宗义、刘冷君、张日升。青季、知吾，皆奔走相告：要回冀中去，这是一个好机会。廷华也回来了，准备一同回蠡县。因为他们都接上党的关系了，活动来活动去还是回不去，只我和馨楠一同跟王志远同志回去。志远又和杨波打了一次交道，杨波承认我们是党员，关于我们在这里的工作用电报拍过去。

这时春天回暖，大雁北飞，满地的麦苗也返青了。我把我的大衣换了青季的棉袍，穿上我的便衣，启程北返。知吾惜别依依，托我问他的女友秀峰好。一路同行的还有李华民——高个子，尖脑瓜，黑胡子，穿着个灰布袍子。人个子高，袍子短，好像打着个伞。传说此人是个托派，不知真实否。他也带着几个学生。

我们离开后，据说青季、廷华、知吾被停止了党籍，原因是未经北方局批准。据说后来知吾到新四军去了,因肺病去世。后来徐靖远投奔了国民党,架起电台收集情报,过黄河时翻了船死于水中。

几个月来,走山路也惯了,一说回去,真是健步如飞。走了两天,到了民军乔明礼旅部。乔明礼五十多岁,是个矮胖子,他笑笑哈哈地接待了我们。当时民军经济困难,也没有什么好吃的,吃了一顿米面饸饹。

第二天,继续登程。志远忽然感到不适,走路也慢了,怎么也跟不上。李华民横眉瞪眼地说:"那,在革命中牺牲个人不是么,耽误着大家都走不了!"我见李华民态度不好,说:"我们不跟他们一块走了!"志远也说:"填上咱们的护照!"他从衣袋里掏出一张石印的护照,馨楠就着膝盖写上。这时,志远的学生张日升不辞而别,跟着李华民走了。

走了两天,到了一个镇子,敌人刚刚扫荡过,烧了很多房子,炭火还冒着烟。我们不敢前进,就又返回乔明礼旅部,乔明礼问我们:"怎么又回来了?"我们说遇着敌人正在扫荡。他说:"那个不要紧,敌人在山那边,你们从山这边过去就完了。"休息了几天,我们继续前进,走到原来那个镇子,敌人已经扫荡过了。据说前天杨秀峰司令员来慰问群众,这里已经到了杨秀峰冀西游击区的边界。我们找了一个小饭馆吃饭,里边一条大炕,我们脱鞋上炕,歇了歇脚,吃了一顿白面饼卷鸡蛋。正吃着饭,老掌柜和儿子打起架来,母亲流着眼泪,声声喊着:"儿!我的好儿!"喊声很是凄凉。

饭后,我们继续前进。走着走着,志远又说不好,头晕,两腿走不动,两个人架着他,一走一哼哼。黄昏时分,太阳落了,我们走到一个村庄,已是暮霭渐落,炊烟渐起,山村没有店房,找了一个农家借宿。先把志远安排在炕上睡下,向房东打听这村有没有医生,房东说:本村无有医生,离此三里地的村庄有一个医生。宗义和冷君去请医生,我和馨楠买米做饭。

饭做熟了,志远不吃,我和馨楠先吃。正吃着,宗义和冷君手里提着一个纸灯笼,请了医生来,是一个六七十岁的老者。我们请老医生吃饭,老医生说："饭吃过了，先看病要紧！"说着，坐在炕上摸脉；摸摸这只手，再摸摸那只手，他沉着脸，吊着眼睛，摸了半天，说："咳！出门万事难呀！走吧，跟我去拿药。"他道了姓名，说："不求别的，将来你们这个派儿兴发了，不要忘了我就是！"我说："夜黑天，走三里路不是容易，我们忘不了你老人家！"

医生看着病，宗义和冷君连忙喝了两碗稀粥，拿起灯笼，去送医生，买药。等买了药来，我和馨楠煎了药，叫志远喝了，把他安抚好，我们才睡了觉。

我一觉醒来，窗子还黑着，我问了一声："你好一点吗？"

志远也醒过来，说："我睡了一觉，觉得好一些了。"

我叫醒馨楠、宗义和冷君，说："他好一些了，我们走吧，前面就是东阳关，此处不是久留之地。"说着，大家起炕，辞别了房东，道了烦劳，出门上路。走到天色黎明，到了东阳关。宗义说："你们在这里等一等，我俩前面看看再说。"说着，宗义和冷君匆匆走去，时间不长又匆匆而回，说："是一条明光马路，快走！"说着，一齐下山，走过马路，我站在马路上，向西看了看，又向东看了看，没有人影，又爬山坡。放开脚步，飞腾而去。一上了山，我问志远："怎么样？"志远说："累得出了一身大汗，我好了！"馨楠、宗义、冷君张开嘴哈哈大笑。张日升此时不知在何处。

往前走，就到辽县境内，据说八路军先遣部队到了辽县，本来我们想去联系一下，打听一下抗战形势，因志远身体不好，也就作罢。天暮走到松烟镇，山村小镇，敌人才走，大街上冷冷清清，想打听一下路都找不到人，都钻到大山里去了。

我们坐在村北的大石头上歇下脚，夕阳照在西山上，满目荒凉，空无一人。抽袋烟的工夫，走过一个老人，带着一个中年妇女，妇女抱着一个小孩。我走上去问："老爷爷！我们上元氏赞皇怎么走？"

老爷爷咳嗽了一声说："上赞皇？跟我走吧！"

我们跟着老人向东走不多远，开始下山。天已黑了，星光之下，还看得出山路小道，两旁的山坡上林木森森，豹子吼吼地叫着。老人说："野兽多呀，要小心！"说着，从腰里掏出三截鞭，向前一抖，哗啦一声响。

山路太陡，有石级，拾级而下。一直走到黎明，晨光曦微时分，到了赞皇之桃树坪。从松烟镇到桃树坪，整整四十里，一夜走了四十里山路。

大街上，饭馆开了门，刚刚生火。我们走进去，坐下休息吃饭，吃着饭掌柜的说：昨天晚上有两个八路军睡在村东的小庙里，被坏人杀了，抢了三支枪去——听着使人毛骨悚然，这一路行走，真不容易！

吃了早饭，继续行路，这里已经是冀西游击区的根据地。虽然大山，也是丘陵地带，还是羊肠小路，既然到了根据地，我们也就放心了。据说：敌人才扫荡过，司令部和政治部已经转移到元氏县，要开展元氏工作。

当天晚上，我们住在县政府，第二天进入元氏境内。走了一天，到了元氏县政府，天也黑了。县长姓姜，正是馨楠的老同学，和馨楠寒暄了几句，殷勤招待。晚饭做了一大瓦盆面条，我们吃了，又解饥又解渴。沉沉地睡了一晚。

第二天吃过早饭，姜县长给我们找了一个老头带路，走不多远，也就是平坦道路了。走到太阳平西，远远看见铁路的桥梁。老头说："有人问，就说是朝山的！"走近铁路，正好空无人影，我们从桥下走过去。走出四五里路，是一个大村子，找了一个饭馆。饭馆院里有一棵大树，树下摆着几张方桌，我们坐下来休息，吃饭。吃了饭老头辞别我们回去。天近黄昏，此处是近敌区，我们不敢在这里过夜，继续行路。走出十几里路，到了无极县境内，天已大黑了，周围的乡村里，响起鸟枪土炮，通通响着，村民在看家护夜，我们也不敢进村。

兵荒马乱年头，去年的棉花柴还没有拔，我们就在棉花秸地里过夜。四周不静，睡也睡不着。繁星照着，天光似水，我们两个人一对，背靠着背取暖。天刚黎明，即开始上路，这一天走进藁城县境内，下午就到了刘冷君同志家里。

三合子旧砖房，看样子像是个中农人家，刘冷君同志的老母亲把我们让进屋里，烧水做饭，亲切招待。这个年头儿子回来了，老人心里当然高兴。这虽然不是我们的家，也就像到了我们家里一样，感到温暖。把心放平了，休息了两天。第三天上路，一天走到深泽县城里。第二天走了一百三十里路，回到蠡县城。

回到城里，在大慈阁前找了一个小饭馆住下，吃饭休息。因不了解情况，志远回博野去，后来当了博野县的县委书记。我先回老家看看。回到家里，已经是面目全非，弟兄六人分居了，孩子们分在小东院里，老父亲一人住在门房里。妻见我回来，眼里含着泪，把香炉放在桌子上，烧了三炷香，跪在地上磕了三个头。兵荒马乱之间，我走的时候也没对她说，今天回来了，她当然高兴。在旧社会，一般的人不了解革命者的心情。

第二天，三哥找我解释一家分居的过程，我也无话可说。孩子们分了三十多亩地，几间房子。孩子们小，妻还年轻，地是怎么种，不种又吃什么？我是在家过日子，还是外出抗日？心里翻上倒下，不得安宁。想来想去，国难当头，抗日要紧。我在家里住了几天，总觉得不是滋味，青春似火，在胸中燃烧，我不能离开抗日队伍，打出日本鬼子是每一个中国人的愿望。

回到县里，路一已经调到人民自卫军政治部工作，住安平县的黄城村。曦亭调到深县当县长。我既然回来，就应该和他们见一面，交代一下出去这几个月的情况。我借了一个车子，跟沪之一同到了黄城，见到路一。正在院子里说着笑着，从屋里走出一个人来，抬头一看是千里。他是日本鬼子占了北平城，才跟着大车回到老家任丘县，又经老家来到黄城找路一。时隔数载，久别重逢，说不完的话，一直谈了好几天。路一说："自从你们去了，我每天担着心，你回来了，他们都平安，我的心就放平了！"

路一的工作是主编《红星杂志》，后来千里分配到《自卫报》当记者。

我一人骑着车子到深县去，到了深县县政府，见到曦亭，我向他交代了这几个月的情况。我能够回来，能够再见到面，他也觉得很高兴，只是此后能在一块儿工作的机会不多了。曦亭不在屋时，我隔门缝看见里屋有一个青年妇女在睡着，曦亭不跟我说，我心里自然明白。这天晚上曦亭叫我和他的警卫员一块儿睡觉，我心里更加明白了。

第二天吃了早饭，我骑车子回黄城去，出村时风并不大，越走风势越大，大风夹着黄沙，刮得忽忽响着，眼睛都睁不开了。但我并不觉得倒霉，我能够回来，能够见到路一和曦亭，尤其能够见到千里，这是我一生的一大快事。

以上这段生活，写过一篇《夜走黑虎岭》。

六

从林县回来，老朋友刘通牖、梁则先、李芳州都很高兴。当时通牖在高小当校长，则先、芳州当教员，他们给我安排了戏剧讲座，给学生们讲课。在吃饭时，我见到知吾的女友刘秀峰，一个漂亮的姑娘，我向她说明知吾的近况，并代为致意。

在一天的上午，天气晴朗。炮声响着，通牖领我到新世纪剧社去。

新世纪剧社是一个自由结合的艺术团体，第一任社长是张春霖，一个高个子青年人，长得文质彬彬的。社员都是一些青年学生、小学教员，其中有高小时代的同学齐祖耀、傅铎、张振山、刘纪，见我来了，都拥到屋里来，一一握手，表示欢迎。当时的剧社共有二十多人，虽然有几个女同志，但除彩云、段森两个人能演戏以外，别人都不能演戏，只有男扮女装，沈雁同志演青年妇女，郭克同志演老太太。振山演老人和日本鬼子，祖耀和傅铎能演多方面的角色，是我们的台柱子，刘纪管总务，王文波、振山搞舞台装置，还能写标语、画墙画。凑凑合合的一台戏。

剧社住在西小街上，一所土坯小房里。生活是简朴的，每天三分钱的菜金、二斤小米。没有时间表，自动地进行工作。时间不长，张春霖同志去考抗战学院，我是剧社唯一的党员，唯一上过戏剧学校的人，所以由我当社长和导演，演出的时候还当舞台监督。这年我是二十二岁，其他人年岁都不相上下：祖耀比我大一岁，光人才十七岁，彩云、段森才十二三岁，是一个青年人的团体。

每人一辆车子，衣服被褥都是从家里带来的。沿村演戏时，车子后头驮着幕布，担着汽灯，服装是在村里借用的。当时他们已经能演《察东之夜》、《放下你的鞭子》，哑剧《擦镜子》，还能说大鼓书。下乡沿村演出，一直到博野、清苑边境，当时保定是敌人的重要据点。

县委书记是郭春原同志，过去我们曾在一块搞救国会和游击队。他找我谈过一次话，意思是说，剧社局面小，工作不多，叫我到青年救国会去。当时我认为我学过文学，学过戏剧，有工作做就算了，局面大小还在其次。

这年我闹了一次病，是疟疾，不得不回家养病。五一节将到，他们派一个小同志李洪声叫我回去，安排五一节的节目。五一节要演新戏，我写了第一个剧本《爸爸做错了》。这个剧本，素材出在廊坊；日寇将至，一个乡绅领着众乡绅打着日本旗迎接"皇军"，并以酒席相待。夜间日寇要花姑娘，……赶着两个姑娘满街跑，群众起来，把日本鬼子打死，两个姑娘跪在父亲面前，哀告："你做错了！"父亲低下头，流着眼泪说："做错了！做错了！"情节并不太复杂，在艺术处理上，陡起陡落，赢得广大观众的欢迎。重要之点，在于主题的积极性，及乡绅的典型性，也显示了广大人民群众抗日救亡的精神。

这出戏与京剧名演员女老生卢桂芬同台演出，在演出中，台下观众不停地鼓掌，引起轰动，并连声呐喊。我自幼看戏以来，没有见过观众热情这么高，卢桂芬自此服了话剧。老朋友梁则先、李芳州深为叹绝。这出戏打下了我在新世纪剧社工作的基础，此后的几年中，全冀中区的县、区、村剧团相继演出，不下千百场，成为保留节目。

冀中抗联会王林、孙犁同志来社访问，我们请他们讲话，孙犁同志谈了旧瓶子装新酒的问题，我无多考虑。王林同志谈了话剧地方化的问题，使我深思；抗战是长期的，敌占城市，我占乡村，我们也不打算到城市里去演出。我们演出的对象是农民；战士是农民，干部大部分是农民，我们就为农民演戏。当时我还没看过斯坦尼斯拉夫斯基的书，但我已经懂得文学创作上的现实主义，就地取材，以农民的生活、斗争、民俗，提炼出广大人民群众所喜闻乐见的表演体系。语言不用京白，不"撇京腔"，也不用土腔土调，采取一种折中的办法，提炼出一种特有的舞台语言。当时，我有了这种想法，而且慢慢摸索，企图达到这种目的。

社员们除傅铎和郭克同志演过文明戏外，没有受过戏剧训练，没有学过音乐，只有简单的乐器——一只口琴，一把四弦。这样在工作上是有困难的，我只有给他们上课，讲戏剧概论、化妆术、舞台装置。把家里的一些旧书刊拿去，叫他们看，增加一些文学素养。我也不懂音乐，只有向兄弟剧团学习。

居处狭窄，在院子里排戏也不方便，后来我们就搬到南大街路东一家棉花店里，里外两层青砖大院，军队搬走时打扫得干干净净。当我走进梢门的时候，大土匪张福奎的儿子张喜禄正在院子里站着，在高小时期，我们曾同过学，穿着军装，据说在军队上当担架排长。他撅着嘴，也不说什么，我也没有理他，分明是不高兴呗！在这里吸收了两个新社员，楚萱和齐之达。

一个团体二十多个人，各人有各人的脾气性格，时间长了就会出问题。有男有女，就会出男女问题。抗战初期，乡村里对自由恋爱还看不惯。在院子里放上两张桌子，大家围桌坐着，我先讲了话，试验着开展批评与自我批评，批评会老是保持一团和气是不行的。你一言，我一语，不紧不慢地开下去。当时有的同志还不能接受这种马列主义的方法，自言自语：“揭露吧！揭露吧！”

有人不高兴，批评与自我批评还得进行，没有这种武器不能保证团结，也不能进步。我想不到傅铎同志不辞而别，他到高阳县的部队上去工作了。一个剧团缺少了一个台柱子是可惜的，但他走了，也没有办法。我跟郭春原同志说了一下，通过妇救会把女同志做了调整。

有一次，我们正在戏楼上演着戏的时候，有人看见傅铎同志偷偷地在台下看戏，我叫人把他拉回来，他觉得有点不好意思。抗战初期，开展批评和自我批评也不是一件容易的事情。后来傅铎同志成了出色的演员和戏剧家。沈雁同志做了部队上的宣传工作。

听说敌人要进攻，各机关团体暂时转移到乡村里去。我们转移到仉村，住在学堂里，睡在课桌上。仉村群众愿意看“新剧”，请我们吃四碟四碗的席，有肉、有海带。后来，我们又转移到城南五庄，曾演出翻译的苏联戏《小金子》，白军追捕红军，路上遇着一个小姑娘，用怀表引诱这个小姑娘说出红军的去路，小女孩说不知道，也不要怀表。戏虽小，政治意义很深。乡村人看了抗日的新剧，很觉新鲜。

我们也曾试验白天演戏，因为是麦秋季节，虽然敲锣动鼓，来看戏的人还是不多，大部分是老太太和小孩子们。

麦收以后，回到县城，也就该准备“七七”的节目了，我又写了一个剧本《血洒卢沟桥》，是以二十九军团长吉星文血战卢沟桥为背景写的，演出

之后，也颇受群众的欢迎。从此，我意识到民族矛盾高过于阶级矛盾，演抗日戏，是颇得人心的。

“七七”过后，路一带着冀中区党委的信，来蠡县县委，调新世纪剧社去冀中工作。县委同意，当然我们也无意见。临行，通牖同志嘱咐了很多话，则先也依依不舍的。

区党委的代号叫“教育股”，住在任丘县的出岸村，工、农、妇、青、团各群众团体，干部学校，也住出岸村。冀中行署住大曹口，司令部和政治部住青塔村。我们就住在出岸村东南角上一个祠堂里；正殿做排演场、会议室，东厢房做女宿舍，西厢房做男宿舍，没有床板，搭草铺睡觉。正殿西头有两间小屋做厨房。抗联会主任史立德同志热情招待，抗联会组织部长任志远同志是高小的老同学。宣传部长是高铁英，也表示欢迎。

第一次演出是和政治部的火线剧社同台，还有农民表演少林拳。我们演出了《爸爸做错了》和《血洒卢沟桥》，观众是当地附近村庄的群众和当地驻军，在演出过程中掌声不绝，引起观众的轰动。第二天，我同高铁英同志见了面，他笑着说：“你的脑子是怎么长着的？”后来史立德同志对我说，

当时也引起一些人的怀疑：“要是没有问题，怎么能演得这么好？”当然，在抗日时期，对于汉奸的混入，应该引起高度警惕，但也不能无原则地怀疑，新世纪剧社的同志们，历史是清楚的，是在根据地有家有门的。历史证明，当时的不少怀疑是多余的，连反“托”问题也算在内。

时间不长，教育股派人叫我。我到了教育股，找到秘书李春兰同志，他是一个胖胖的青年人，据说原来是定县的县委书记。他把桌子放在炕上，就着窗户取光，站在炕上，弯着腰笑着说：“梁同志！你的党的关系来了，你的声誉不错！”我一听，就知道是县委关于我的工作情况做了介绍。

当时路一同志住在抗战学社，他是代表教育股领导青塔书店和报社的。我常去借书看，或是探讨一些戏剧文学上的问题。

为了促进社员们的团结进步，每天早晨进行学习：我给他们讲毛泽东同志的辩证法唯物论，也说不清自己是懂还是不懂，就给别人讲，现在想起来很是好笑。后来刘纪同志从青塔书店买了一批《近代史》来，每人一本，每天早晨围桌坐着，进行学习、讨论。有天早晨，我们正在学习，有人推门进来，是区党委副书记鲁贲同志，他眉开眼笑地说："好！我们还没搞呢，你们就搞起来！"

有一天，王林同志带着一个人走进来，白净面皮，中等身材，像是一个大学生。看了看我们的会议室，翻了一下资料。看了看我们的厨房锅灶，看了看我们的宿舍，就走出去了。过了几天王林同志问我："你知道那是谁呀？那就是黄敬同志！"我说："你为什么不做介绍？"他说："怕你们拘束。"这年黄敬同志正是二十六岁，二十六岁当区党委书记，执掌冀中游击根据地的一个局面，也真是不简单！尤其在这样一个抗日的前哨阵地。据说他在北京当过学联主席，领导"一二·九"、"一二·一六"学生运动。还当过市委书记。

过了几天，王林同志传达黄敬同志的意见，对于我们的工作大加赞许。史立德同志也叫少先队学习我们的工作方法。

从蠡县移到出岸村，离白洋淀近了，同样三分钱的菜金，生活得到改善，鱼便宜了，每天可以吃到小鱼。

十月的一天上午，史立德同志叫我到教育股开会。同去的有任志远、禄开山、弓彤轩等人。会是在黄敬同志屋里开的，黄敬同志说要成立北上工作团，到苏桥去建党。他谈了那一带的风土民情，"十年九不收，收一年吃十年"。阶级悬殊，土地兼并，有几十顷、几百顷的大地主……一个大学生把那一带的政治、经济情况讲得头头是道，使我心悦诚服。最后，告诉我带剧团同去。

这时区党委的组织部长是张钧同志，据说是培德中学摇铃的，眼睛有点不得劲。

教育股给我们派来一个党支部书记，叫张波，是一个忠厚老实的青年人，但不懂得业务。给我们发了棉军装，发了枪械子弹，还有手榴弹。在村里借了两个骡子，一个骡夫。刘纪去定做了两个骡驮子，驮上幕布道具，担上两个汽灯。就在一天的早饭后出发了，中午在史家庄村公所吃午饭。

我们走在大清河的大堤上，河堤两岸，长了两溜子几搂粗的老柳树，时正西风紧吹，柳丝飞舞，黄叶纷纷地落地。初次出征，到远处工作，同志们都很高兴。头里打着一杆大旗，唱着救亡歌曲，一路走在大堤上。路经新镇县，在县政府小做休憩，县长同志热情招待。新镇县原名"瓜子蠡县"，是河北省最小的一个县，连四城四关才有三十七个村，没有区级设置。

从新镇县城往东南去，就是三地委驻地，女地委书记董汝勤同志接见了我们。她长方脸型，戴着眼镜，用着山东口音给我们讲了苏桥地方政治经济情况。这是一个水旱码头，码头工人很多。但是到了苏桥，正东方向有枪炮声，日寇正在进攻胜芳。胜芳离此地才四十多里，群众正在做着战争准备。

董汝勤同志长期做着党的工作，是一个职业革命者，曾在天津市、洪湖特委工作过，中华人民共和国成立后病逝于北京。

我们在苏桥戏楼上演了三个晚会；观众是码头工人，当地农民及驻军。我们在此地演了《放下你的鞭子》，在演出过程中，台下观众久久不能平静，当演到老艺人打他的女儿时，台下一青年上台拦阻，台下呼声不绝。当老艺人作揖敛钱时，台下纷纷投掷铜元，亦有抛银元者，可见群众抗战热情之高。崔嵬同志写出这个出色的戏，表现了他的艺术才能。

敌人进攻紧急，我们不得不离开这里，到雄县演出。雄县县政府出面招待，每天早晨推一车子馒头来，作为早餐，还有菜汤，社员们都很高兴。一天早晨，我拉刘纪同志到麦场的麦秸垛后头谈话，发展了第一个党员。

张波同志也同意，那时还没有规定必须有两个介绍人。

从此前往霸县五分区驻地演出，此地已经深入平、津、保三角地带。五分区政治部主任杨友民同志出面招待，说："早想请你们来工作，不过这个地区直到现在还不巩固——是游击区。"

我们给五分区部队及群众演出几个晚会，杨友民同志要派部队护送我们到安新县，我们说不用送了，他说还是送去好，此地不比别的地方。到了城门口，有小学生排队欢迎，在城里大街上贴满了红红绿绿的标语："欢迎新世纪剧社！"我们住在董家花园：里院四合子大瓦房，外院一个大荷花池和苇塘，围墙是酒坛子砌成。一个天津的普通碱商，竟有如此豪富。我就住在池边一个水榭上。

我去拜访四地委书记罗玉川同志，我说："你们太客气了！"他说："不欢迎不成运动！"

四地委宣传部长阎怀德同志，是高小时代的同学，蠡县辛兴村人。高小毕业后，曾到布里高小补习班学习，是党调去的，为了开辟蠡县东部及高阳西部一带地方。我从山东剧院回来，他正家居，辛兴村离我村三里路，多咱见了面，谈一会子党的工作问题；在辛兴村东，大石桥北边的苇塘边上，大树底下促膝相谈；因蠡县县委被破坏，心上有些苦闷，唱一曲《窦尔敦盗御马》，两人捧腹大笑。我此次来四地委，因他不在家也未见到面。他于一九四一年到山里养病，反扫荡时夫妇两人同时牺牲了。

正北方向有放枪炮声，我到地委机关打听情况，罗玉川同志正在打电话："……唔？把大树放倒在河里，阻止敌人汽艇前进！唔，打桩，打上几排桩……组织渔船和大抬杆，不叫敌人进白洋淀……"他正在指挥民兵勇敢作战。大抬杆就是打水鸭子的枪，这就是白洋雁翎队的前身。

罗玉川同志说："敌人五路围攻开始了！"

大院里很冷清，只有几个警卫人员来来去去。我回到董家花园，依然准备今晚的演出。吃完晚饭，正北方枪声正紧，离此地只有二十多里，戏快开幕了，还是没有人来看。我们沿街敲锣打鼓，召集群众，还是来人不多，不过我们照常演出了。回到董家花园，罗玉川同志派人送来了一个短简，催促我们离开这里。我们去人到县政府要了一只大船，几只小船。照常睡觉，但是水榭上很冷，睡也睡不着。三更时分，我们就起床了。叫傅铎同志押着骡驮子沿堤走回出岸，我们坐船穿过白洋淀，在同口镇下船，在村公所吃午饭。村公所在一个四方大院里，大院中间支着两个大笸箩，盛着大饼，用棉袄盖着，一个老人守在旁边，说："吃吧！吃吧!门外有卖小鱼的，吃着方便。"

我拿了一张大饼，到门外买了几大枚的小鱼，卷个大喇叭，两手拿着吃。吃完大饼，喝了一碗开水。回到出岸村，第二天傅铎同志才赶着骡驮子回来了。

回到出岸村，休息了几天。一天早晨教育股有命令，敌人五路围攻，我们要转移驻地。第二天早晨，早早起床，打好背包，和抗联会的大队人马一块儿出发，途中遇上报社的、青塔书店的大车，背包的、挑担的，几路人马尘埃蔽天，浩浩荡荡，一直走了一天。走到肃宁县，才说是军事演习，看起来是不成功的，太笨重了，打游击这样不行。第二天又往回走，中午饭炖了一大锅肉菜，我向史立德同志提了意见，史立德同志说："群众跟着我们，行军劳累，吃一点吧！"

回到出岸，工作团由五分区转到二分区，剧团又回到蠡县工作，中途走着遇上四分区的队伍，四路纵队开往二分区。到了蠡县城，还住在西小街那座小土坯房，城已拆了，以免敌人占据。群众在破路，改造平原的地形，挖交通沟使日寇坦克车、装甲车行动不便。平原上不比山丘，改造了地形地貌，准备和敌人长期打游击仗。

以上这段生活，写进《两走白洋淀》里。

这时张荫梧的民军,王长江旅进驻了博野县,政治部主任是张存实。张存实到了冀中,先去见黄敬同志,冀中军区委任张存实为二分区副司令员。蠡县各团体在高小开会,欢迎张存实。为时不久,张存实做好了王长江的工作。用大兵包围,强迫民军放下武器,开赴南北沙口村一带整编。民军张伸翰团,开赴津南开展工作,名为津南自卫军,张仲翰同志是司令员。

张青季和荣士林、杜俊宾在王长江旅做政治工作。后来张青季和荣士林转到导报社工作,杜俊宾转到行署工作。张青季曾来剧社看我,似乎有点情绪,也没有多谈。

有一路敌人从定县出发,进攻安国。从安国进攻博野。博野距蠡县只有十八里路。蠡县各机关团体转移到城南的南庄村。迟至黄昏时分,我才出城,城外有些游击队把守。回头看县城上空,有几处信号枪的彩火,汉奸已经到了城里,蠡县城就此失守。

我们到了南庄,已是黑夜了。没有吃饭,找了一个人家的土坯小屋,铺上一些玉米秸,就地睡觉,一觉睡到大天亮。在这里住了几天,听说又要转移,我把几件衣服交给郭寿卿,后来郭寿卿掉队了,这几件衣服就丢在这里。

剧社从南庄转移到城东三十余里的王家营村。我借便回家看望,正在那天晚上,四分区的部队和二分区部队进攻蠡县城。杀声震天,围城附近群众也呐喊助威,由近及远,直到半夜喊声不绝。据说此次战斗,攻进城里,因战斗力不足,解决不了战斗,又撤出城来。无论此次战斗方案妥与不妥,士气之盛,群众之勇武,看出人民战争的威力了。

在王家营住下来,我们照常进行工作,同志们到附近小学里去教歌、写标语、画墙画。千里写了一个活报剧,我们白天在庙台上演出,观众也不少。县救亡室晚上点着汽灯在街头上演讲。抗战救亡,各人都出一份力。

一天早晨,正西方向有隆隆的响声,吃过午饭方知是敌人汽车、坦克车的声音。太阳平西，我们撤出王家营。出村时游击小组已在村东挖下掩体，手里拿着手榴弹，说："你们走吧，我们给你们掩护一下！"

此时离此不远的大王村开始战斗，敌人包围了四分区的一个机枪连，双方机枪扫射声，和飓风一样响。机枪连被敌人消灭在这里，敌人用机枪扫射机枪连阵地，把屋檐都掀掉了。剩下来几个人藏在柴火垛里，才免于难。

我们过了潴泷河，稍作逗留。在夕阳的光辉中，可以看得见敌人在大堤上的活动，敌人的飞机来送东西，飞得很低很低。

这天晚上，我们宿在一个村公所里。村公所里烙饼的烙饼，擀面条的擀面条，一片忙碌景象。军事共产时期，吃饭不要钱，只开下一个白条。

我们回到区党委，知道贺龙同志带领百二十师挺进冀中，在群众中流传着贺龙同志的一些佳话。成立了军政委员会，贺龙同志任主任。敌人知道百二十师来到冀中，尾随跟追，差不多每天晚上行军。晚饭以后，各机关团体在村边上集合，贺龙同志讲话，然后开始行军。三路纵队，两边是军队，把群众团体夹在中间，一行军就是跑，跑得腿肚子痛，百二十师的同志们管这叫做行军的政治工作。每个晚上跑个百八十里地。有时一边走着就睡着了，有时在大街上一停步一边就睡着了。拂晓走到一个村庄，街头有卖炸馃子的，有卖馅饼的，找到房子才能入宿营地。有一天，早饭刚熟，敌人包围上来。一人挖上一碗饭，边吃边跑，一颗炮弹打过来，落在旁边，炸起黄土落在身上。

后来，我们不得不离开部队，住在蠡县的东莲子口村，整训学习。县委委托我们出了一个小报；给了一部收音机，一块钢板，油印。齐祖耀和王诺移住齐家营村。县各机关团体开会时，我也参加，曾提出几次建设性的意见，县长祝玉璋很不高兴，春原跟我谈话，不叫我们起主要作用了。为此，也不叫我开会了。

过了一个时期，区党委稳定下来，住在高阳县的边渡口村。我曾回去了一次，并和百二十师的女作家莫耶同志谈过一次话。看了百二十师战斗剧社演戏。妇救会给了我们一个姓冯的女同志，后来不辞而别，回到天津去了。

鲁贲同志跟我谈话，叫我们到蠡县、清苑之间去工作，说那里是个空隙，有一个特派员在那里，我答应了。百二十师贺师长请地方干部吃饭，我也去了；在一个四方大院里，放着一院子方桌，每桌上了四盆菜，烧猪肉、炖鸡块、烧丸子、炒鸡蛋，张开大嘴吃也吃不完，最后叫着口号突击，才吃完了。冀中自此有了大小灶之分，也开始了请客，用洗脸盆盛菜，过去是没有的。

我回到莲子口村，向同志们传达了区党委的意见。但是敌人老是扫荡，总也过不去。刘纪同志一个人过去了，后来在清苑县抗联会任主任。

年节，我抽空回家，看了看我的老父亲，八十多岁了，一个人住在我的小门房里。战争期间，屋里没有炉火，八十多岁的人了，一个人冷冷清清的，我心里很难过，也没有办法，但生活提高了，吃轮流饭，弟兄们每家管一集，每逢集日给他买点鱼呀肉的。听说妻常跟老人吵架，有时对吵对闹，我听了很是不高兴，但也无可奈何。

在家里过了一个古老的年节，兵荒马乱年月，妻还年轻，孩子们又小，地都荒着，长了大深的草。村里代耕的也不好，吃什么喝什么呢？使我放心不下。我跟五哥说：“孩子们小，咱俩一块过，帮我照顾一下吧！”五哥说：“各人有各人的打算呀！”他不答应。我又找到三哥，三哥唔唔哝哝说了几句什么话，也不答应。有一天晚上想起来，很是难过，就此硬着心头，离开家乡，回队工作，顾家不能报国，报国不能顾家，这家也不要了。

想起我的家，又放心不下，这年春天，我又回过一次家，借邻家水井浇了浇小麦，正在浇着，有一个人走近来，说：“县委捎了信来，叫你去谈工

作。”我把铁锨交给邻居帮助看畦,到了县里,找到春原。春原说:“我们跟黄敬同志谈了,叫你去十一大队工作!”

我说:“我是学文学的,没有搞过军事。”

他说:“去吧,将来你是文学家兼军事家。把城郊大队和几个区小队也编给你。”

听他的口气,黄敬同志已经说了话了,我不得不去,只好去了。

七

当时十一大队住潴泷河南岸的张家庄,直接上级是二分区游击总队。大队长是吕金亮,是一个白麻子脸的高个子中年人。大队部有三个参谋:周文光、李洪涛,还有一个姓刘的,我忘记他叫什么名字,是旧军人出身。周文光是县委王之同志的内弟。李洪涛是蠡县潘营村人,据说是东北讲武堂毕业,曾与吕正操同志同学,在东北搞过义勇军,被捕投敌,敌人把他派回来,投靠吕正操同志。吕正操同志对他有所警惕,把他寄押在蠡县监狱,清狱时把他清出来,放在大队上当参谋。

我是政治委员,政治处有个除奸干事,叫李希固,是我高小时代的同学,是个老同志,曾参加过高蠡暴动。

到大队后的第一个工作,是改编城郊游击大队,大队长是李则寒,是高小二年级的同学,但不熟悉。总支书记姓康,是个五十多岁的小知识分子。共有四五十个人枪,改编成特务中队。因为这个队里旧军人多,也有兵痞流氓,适合于做这种工作。李则寒任中队长,姓康的就放在政治处当总支书记,后来回家不干了。

几个区的小队陆续开来，共编了三个中队，一个特务中队，中队下有小队，每个小队有三个班，共有三百多人枪。做这个工作大概用了一个多月时间。因为吕金亮常不在队上，也没法商量，凡事我说了算，工作倒很好做。

不过对于吕金亮这个人，我始终有怀疑；他没有文化，也不像一个农民，有人说他和本村一个姑娘靠着，很像一个流氓。骑着一辆车子，挎着一支盒子枪。据说他是王之同志的换帖兄弟，参加县委，但他没有一次和我谈过工作，连面也都很少见，既不懂军事，也不懂政治。后来就不来了。

县委分配来一个总支书记，叫任庆波，是抗战学院才毕业的学生，也不熟悉部队工作。又分配来郑银甲、邓扶轮、张德育三人，都是青年学生，分配到政治处当干事。

李洪涛这个人，很熟悉军事，但是吊儿郎当地不管什么事。据说他老婆从东北找来了，就住在张家庄。我曾去看过一次，把窗子用席头遮着，屋里半明不暗，她侧身坐在炕上，见了我们也不说一句话。从侧面看，影影绰绰很像一个高丽人，因此发生一些怀疑。怀疑之点还在于李洪涛，成天价醉醺醺，他的手枪，谁愿跟他换，他就跟谁换。他的子弹，谁愿跟他要几粒，他就给几粒。当时是干部三件宝：钢笔、手枪、表，像命根子一样，他的表现，异乎寻常，但是没有任何证据说他是奸细，只好坐观鱼龙变化。后来百二十师给训练游击干部，就叫他去受训。

大队的素质并不坏，多是农民，也有旧军人、小知识分子，不常打仗，也不知战斗力高低。总是在潴泷河两岸游动，没到围城附近去过。

到一区去过一次，住楚岗。除了上军事课以外，我亲自给他们上政治课，讲阶级、阶级斗争和无产阶级革命，现在想起来有点教条主义，可是也有用，十几年以后我曾遇到一个游击队员，他还记得。

游击总队来了一个通知，叫成立除奸小组。我把大队集中起来，讲了一次:“谨防奸细混入……”那天晚上,睡到半夜里,从村西里传来一声手榴弹的爆炸声,把人们惊醒了,查了查是少了一个游击队员,拖枪逃跑了,无疑是一个汉奸。他是辛兴村人,父亲是个卖烧饼的,姥姥家是刘家坦。我叫小队长章士明带人去追寻。章士明到他姥姥家去找人,不慎走了火,打在他舅舅的腿上。他回来后也不报告,刘馨楠同志找了来,也没别的办法,汉奸未捉到,还得给人家花钱治伤。

高小同学楚国屏,是我的换帖弟兄,请大队干部吃了一顿饭,他还是那样腼腆。据说离开高小以后学过兽医,中华人民共和国成立后逝于北京。

从楚岗到洪善堡, 这是一区与安平县接壤的一个村。在这村住了几天,同学宋士英请我吃饭,我不想去,拉拉扯扯地才去了。据说宋士英毕业后到西口去学买卖,事变后才回来,这人老实本分,看家当像是中农人家,他是一个农民。

从洪善堡闸回张家庄,二地委书记李雪峰找我谈话,批评我说:“鲁贲同志叫你们去蠡县与清苑之间,你们为什么不去? ”还说:“工作有公开的,配合秘密的。你们不去,工作上的损失由你们负责! ”我坐在一旁听着,没有说一句话。游击环境,一个剧团没有战斗力,又无战斗经验,你叫我们去,在敌人纵横扫荡之下,能过得去吗? 过去了又依靠谁? 这个话存在心里,我并未说出口来。事情也就算过去了,他也没有说处分我。

政治处送了一个人来,是一个青年学生,叫刘之家,十九岁,是高中生。他是从北京出来参加抗日工作的。他到保定第二师范找到齐家旬,齐家旬给了他一个手绢,上边写着“朱焕昌”三个字,这是五分区司令员朱占魁的代号。当时送冀中很不方便,就放在政治处工作,以观后效。

上级派来一个大队长,叫罗澄明,湖南茶陵人,曾参加茶陵暴动。是侦察兵出身,在百二十师当过侦察连长,也无战斗经验。他说话人们听不清,人们说话,他也不懂,不熟悉地理民情,无法指挥战斗。

接县长一封短简，他们要在侯家佐开一个会，叫我们警卫一下，我们即开到靠河北岸的侯家佐村。时在六月，麦梢未黄，丰收在望，潴泷河两岸，树木成林，郁郁苍苍。

那天早晨，炊事员搬柴火做饭，我拿了两个鸡蛋，叫他给我冲在碗里，坐在炕沿上喝着。侦察员走进来报告：隔河对岸，发现敌情。我说："有多少人？"他说："有村子树木挡着，也看不太清楚，看样子有三百多人。"我说："再去侦察，有多少敌人，什么兵种，侦察清楚！"

说着，我叫刘参谋来，命令把部队集合在村南，大堤下头。堤上有大杨树，树下有柳子，就埋伏在堤坡上、柳子棵底下，不显山不显水的。

我们站在堤坡上的大树后头，看着对岸敌人的活动。用肉眼可以看见穿黄衣服的敌人，背着机枪，从村后转过村前，越过堤岸，趟水过河，大摇大摆地走过来。我对罗大队长说："怎么样？打吧！"

罗大队长伸手打了一枪，游击队开始瞄准射击，枪声通通地响起来。听着枪声，可以听得出枪的年龄，老得快掉牙了。敌人连隐蔽也不隐蔽，抱着机枪，嘎嘎响着往前跑。教导员刘锡华受了伤。我们没有机枪，压不住敌人的火力，我说："撤退吧！"老罗点了一下头，我发了命令："以班为单位，到刘家营村东集合！"我从堤上跑下来，饲养员牵马在堤下树丛中等着，我拉过一匹马骑上，扬鞭打马，直奔刘家营跑去。我骑不惯马，颠得厉害，连早晨喝的鸡蛋汤都吐出来了。

骑马跑了十几里路，一直跑到刘家营村东大柳树林子里，把马拴在树上，休息一刻，游击队员们三三五五地跑上来，坐在大柳树底下休息。

时间已经过午，村支部书记刘廷贞和妇救会主任刘秀芳来了，问中午饭怎么吃法，是自己做还是叫群众做了送来。我侧起头看了看太阳，已经晌午歪了，说："敌情不明，吃饭已经来不及了，敛点干粮来吃吧！"时间不长，村里送了几筐干粮来，有棒子面窝窝，有高粱面饼。游击队员们每人拿

起两个，嚼着，喝着凉水。

这时发现四分区就在距此三里路的中莲子口村。

游击队员们一边吃着，一边借了铁锨、大镐来，在墙头上戳窟窿，做工事。侦察员报告，东南方向发现敌情，我把刘参谋叫来，叫他去与四分区联系，问他们这个仗打不打，打，我们配合一下。不打，我们自作主张。时间不长，派去的人满头大汗跑回来，说："他们不打！"

距大柳树林子向前数百步，有一个黄土墙圈，我指挥一个中队去做工事。偶尔东南方向，有一个敌人的骑兵小队远远跑来，我叫罗大队长发命令："准备战斗！"

那个敌人的骑兵小队，一直向这个方向飞跑过来，罗大队长发了命令："正前方，敌人小队，瞄准！射击！"

枪声一齐响了，但是敌人听到我们的枪声，毫不理睬，一直跑过来。四分区不打，我们也不想恋战，因为敌人的后续部队还是很多的。我叫罗大队长发了命令："撤退！南莲子口集合！"

我没有骑马，带着游击队员们，从中莲子口村西里，踏着麦田插过去，一直走到南莲子口村北里，我站在村头歇了一下，看着游击队员们都赶上来，才进村宿营。这时已经夕阳西下，炊烟渐起，暮霭降临。农家赶着车的，牵着牛的，从地里走回来。战地的人们，天天枪声炮声也听惯了，虽然看见来了这些游击队，也不怎么的。

吃了晚饭，和衣躺在炕上睡了一大觉，时过子时，刘参谋走进来，把我叫醒。我翻了一个身，问了一声："什么事？"

他说："侦察员报告，听着东南方向，有敌部队走过去！"

刚听完这句话，我猛地坐起来，说："把队伍拉出去！村东柳子地里集合！"这时已经三更以后，我怕敌人包围村庄，不及和罗大队长商量，把人们叫起来，在夜色中直奔村东走去。南莲子口村东，都是沙土地，人们因地制宜，都种柳子，形成一片灌木林，是春冬之间的青纱帐。

到了村东，我在柳子地边上等了一下，看着游击队员们一队队地隐没在柳子林里，我才带着人们走进去，找了个合适的地方，坐在沙土堆上。遥望蓝色的天上繁星点点，夜间不许抽烟，人们也只有屏气凝神，听着远方的动静。直到黎明，刘参谋才带着侦察员走回来，说："我站在离敌人不远的地方，听着敌人一队队地走过去了……"他说着，抿着嘴笑着，好像是说："今天我们又胜利了！"又说："看天色明了，我们才走过去看，公路上有鬼子的皮鞋脚印，还有马蹄印，有马队也有炮队。"

天大明了，和罗大队长商量，大队暂住张家庄。

郑银甲回来了，昨天在侯家佐一战，他仓促走出村外，把我的车子和毯子都丢了。我们在高小时期曾是同学，我什么也没有说，也无可如何。

昨天打了一天仗，跑了一天路，人们满身汗水污垢。看今天没有敌情，要求在潴泷河里洗个澡，我答应了。刘参谋把大队拉到河套里，放上岗哨，几百个人，跳到河里洗澡。我也脱光了身子，跳到大河里，带着游击队员们游过河去，又游回来。范县长带着人从这里经过，他看见这几百人的光屁股队伍，大吃一惊，走过来看。他一眼看见我，伸出指头指着我哈哈大笑，说："你真会玩呀！二十多岁的人了，不是小孩子了！有你这样的政治委员？游击总队知道了，不批评你才怪呢！"

因为我光着屁股，也不敢出水，只是嘻嘻笑着。范县长看着这一幅游击队出浴图，哈哈笑着走开了。

在张家庄住了几天。侦察员孙福基说："有人报告，刘家营有一支六转，五十粒子弹，可是起呀不起？"

我毫不思索地说："起，当然起呀！"

孙福基是刘家庄人，离我村只有半里路，幼时常在一个大水坑里洗澡。此人聪明机智，善于办案。过了两天，果然拿了一支六转来，手枪还是黝黑黝黑的。

第二天,老友刘九皋带着一个人来,叫我去吃饭,我跟他去了,当时的乡村饭馆也没什么吃的,吃了一碗烩饼。走出饭馆时,九皋说:“这事情就算完了!”我也没问他什么事,我想就是这支枪的事,说:“算了吧!”我们是为了起枪,枪起出来,也就算完了,不必节外生枝。也不知道这家枪主是地主还是富农。

几天之后,孙福基又办了一个案,西河村有人轧花走私,孙福基把他抓了,罚洋五百元。

有一天,县政府叫我开会,我去了。只有秘书李珊州和刘通牖,我忘记通牖做的是什么工作。谈话的中心是游击队起的枪和办案所得交县政府,游击队的一切开支由县政府拨给。当时还是游击天下,一切事务尚无具体规定,我对这个问题也无考虑,我没有同意他们的意见。原因是游击队的枪都来自民间,游击队并没有多少开支,只是每人每天三分钱的菜金,一月一元钱的零用钱;一年一套棉衣,两身单衣。用办案卡私的钱,也就够了,而且可以灵活运用,比由县政府拨给方便多了。这只是我的内心活动,并没说出口来。今天想起来,当时我的态度很生硬,不好使人下台阶,也是我处事接物没有经验,不够灵活。这也许是一个文人的特点,这个缺点一直保留到现在,有人说,人的禀性难移,也就表现在这个地方。

麦穗黄了,芒种季节就要到了,游击队从河南里开到北区,住黄庄,准备麦收到来有人把小麦运往保定。这个任务就叫“卡私”。黄庄离大百尺敌人的据点很近,采取秘密方式;游击队白天不出门,站岗放哨都穿便衣。

第二天早晨,我早早起炕,走出东街口,张眼看去,平原上一片金黄,麦穗随风起浪。远近的村庄上,树林掩映着农舍,青葱翠绿。自此出去三里路是西百尺,西百尺往东三里是大百尺据点。西百尺往西三四里路是北宗村,北宗村离黄庄约三四里路。我围着村转了一周遭,看了一下地形,一旦有事,好考虑战斗方案。

在这个村里住了三天,第三天早饭以后,孙福基喊着报告走进来,一屁股坐在炕沿上,说:“大汉奸吴发起每天从大百尺出来,到西百尺来抽白面……”

我一听,说了一声:“吴发起?”就愣住了。吴发起这个人,在我脑子里是有印象的。原来他是城里宴宾楼饭馆的跑堂的,日本鬼子占了县城,他在日本宪兵队里当了特务,经常领着宪兵出城抓干部,是有了名的大汉奸,人民恨之入骨。谈到这里,我叫炊事员打了四两酒来,炒了两个鸡蛋,放在炕桌上。

孙福基一见酒菜,瞪大了两只眼睛,说:“这是干什么呀?”

我把俩酒杯擦干净,盘腿坐在炕上,说:“听到喜讯,我很高兴,咱俩喝一杯……这吴发起?”

孙福基说:“唔,他每天到西百尺来抽白面……”

我说:“他每天走出据点来抽白面?”

孙福基说:“是,我想擒住他……”

说到这里,我拍了一下桌子,说:“好!先侦察清楚,时间、地点,要掌握住规律。”

过了两天,一天下午,孙福基兴高采烈地走进来,说:“就是这样,时间、地点都侦察清楚了。”

我把两手一拍,说:“好,擒他!”

我让警卫员叫了刘参谋来,和孙福基三人研究了这个战斗方案。孙福基要带一个小队去,我说不行,那样你就捉不住他了,只可以带两个人去,穿便衣,带短枪。我们又反复考虑,这个方案才定了下来。

第二天清晨,我早早起来,围村转了半圈,西百尺村北方向都无变化。刘参谋把一个中队放在前方的坟群里,坟上有几棵老杜树。又把一个中队放在北宗村边，北宗与西百尺之间，有涯道相通。孙福基也带人出发了。其余的队伍就放在黄庄村边，隐没在树林里。田里浇园的照样浇园，锄地的照样锄地，和往日无异样。

一切安排停当，我回去吃了早饭，又回到村边上，走来走去，看着西百尺村头有无变化。一直等到中午，不见有动静，我又回去休息了一会儿，才回到村边。

直到太阳平西，西百尺村头，突然发现有敌人的车队出现，刘参谋发出命令："注意！正前方……瞄准！"

敌人不明白我们的部署，一直向西北方向追来，前方坟地里的中队开了火，敌人不顾我们的火力，一直向黄庄和北宗方向追赶，北宗的小队又开了火，刘参谋也发了命令开了枪。敌人是车队，不便作战，被我们打了回去。

时间不长，孙福基左手提枪，右手拉着吴发起的领口，从北宗村的大道上走过来，侦察员用枪突着吴发起的后背，几个人都满头大汗。走到跟前，孙福基用力一搡，把吴发起摔倒在地。吴发起在地上打了一个滚，跪在面前，说："政委饶命！"

我没理他，一个汉奸，理他作甚。叫刘参谋发命令，把前方的中队和北宗村头的小队叫回来，进村点火做饭。这时已是日落西山，天将黑下来。吃过晚饭，集中队伍转移到桑园村。

到了桑园村，叫了刘参谋来，说："这个大汉奸怎么处理？"

刘参谋仰起头来，哈哈大笑，说："汉奸落在我们手里还有什么说的，给他盖上个土被子吧！"我毫不犹豫地说："好！你们去办吧！"

当夜圆月当空，就在桑园村北，沙土地上的一棵歪脖子老柳树底下，挖了一个长方形的土坑。刘参谋来叫我说："你去看看这个稀罕吧？可是百年不遇的！"我随他们去了。几个人拉着吴发起，到了村北地里那个老柳树底下，刘参谋说："你下去吧！"吴发起悄悄地跳下去。刘参谋说："躺下吧！"吴发起好像有些委屈，慢慢躺下。几个人扬动铁锨，从脚那一头锄土埋上，吴发起瞪圆两只眼睛看着天上，也不吭声。一直等到把土埋到胸口，他大概是感到时间不长了，也许是感到罪恶的沉重了，张开嗓子大喊："我去背日本鬼子那机关枪！"

刘参谋一边锄土，哈哈笑着说："晚了！晚了！"

一直看着把最后一锨土埋在他的脸上，我才离开那棵老柳树，走回宿营地。

今天回想活埋吴发起这件事，没有报告县政府，也未曾报告县委，当然当时各种规定还没有那么严密，我自己就做主了。今天想来，也许是不合法的，好在我们是游击队，不是正规队伍。做这件事情的时候，也忘记了罗大队长在不在队伍上，似乎是他去开会了。

时至三更时分，我们未曾睡觉，调动队伍转移到古灵山村，怕敌人赶上来包围我们。

古灵山村是该县最靠北的一个村庄，再往北去就进入清苑县境内了。这个村也是刘参谋的老家，第二天中午，刘参谋在他家请吃饺子。穷苦人家，请吃顿饺子不容易，我给了他家一些粮食。

在这个村一直住到麦收以后，卡住了不少走私人。他们趁着夜晚担着小麦走向保定，当时把这种行为叫做"资敌"，不过是把小麦没收罢了，也不加处理，因为这些人都是一些落后农民，为了赚一些钱罢了。

从古灵山转移到大杨庄，一天中午，来了一个村干部叫我，说是县委等我，我跟他去了。走到村东一个人家，一溜子大北房，没有院墙，门前一棵大树，树下放着一张方桌，几条凳子，周围都是旷野。他叫我坐在凳子上，也不说什么，就走到北屋里去，叫出县委书记郭春原，宣传部长王福禄。一边走着，哈哈笑着，一齐就座，也不说什么。有人从北屋端出饭来，八碟八碗，也无非是鸡、鱼、肘、肉，还有一壶酒。春原给我斟上一杯酒，举杯让菜，大家一齐吃起来，吃了个酒足饭饱。春原从口袋里掏出一个条子交给我说："把这几个人抓起来！"还说了几句叫我帮助地方工作的话。

我看了一下，共是七个人，都是大杨庄出名的地主，为首的一名是全老松。县委交给的任务，我也没有问是什么罪名，回去安排这一工作。把周参谋、刘参谋、李参谋叫在一起，谈了任务，做了部署。黄昏时分，分头动手。我去抓全老松，一进梢门，宽宅大院，村干部们也出面作保。所有犯人都抓获了，交县政府处理。怎么审的，我也不知道，一般的是每人罚一支大枪，我也不知道为什么罚一支大枪。县长还叫全老松当征（兵）献（金）扩（兵）委员会的主任，抗联会主任李志远不同意，两个人犯了争执。

后来才知道，这几个地主在村里把持政权，弄得村干部们不好做工作，借这个机会打击一下地主阶级。今天想起来，这就是统一战线下的阶级斗争。

过了麦收，游击队又回河南张家庄驻扎，一直住到七八月，大庄稼都长起来了，滹沱河和潴泷河都发了大水，水深齐腰，农民们眼看着种了一年的庄稼都被大水涝坏，有人跺脚大哭，别的不用说，用什么交公粮呢！干部群众无不仰天长叹。

县政府叫处决三名罪犯，我叫除奸干事李希周去执行这一任务。也不知为什么，他把所有在押的犯人都拉到大堤上去。枪毙三个人，叫十几个犯人看着。枪声一响，所有的犯人都惊跑四散。只好把大队拉出去，到田里搜捕。因为发了大水，犯人们跑也跑不远，在高粱地里谷子地里找到了。只有三个人无有下落，这件事情无法向县政府交代，使我无可如何。

这天，我正坐在屋里闷闷不乐，李希周悄悄地走进来，黄着个脸问我："怎么办哪？"

因为我对此事不高兴，也不理他，只是背身坐着。

他见我不理他，站了一会儿，把脚一跺，说："我去背日本鬼子的机关枪去！"说着，转身走了出去。

因为是老同学，我对他无可如何。一直到这天晚上，侦察员报告："大百尺据点着了大火，十数里外火焰通天！"我急忙起身，到村边大堤上去看，北方天上明火执仗，命令把大队拉出来，但是不见李希周。在大堤上站了一会儿，看没有什么变化，也只好罢了。

第二天才知道，昨天晚上李希周只身一人到大百尺敌人据点去，夜深人静，据点周围都有沟壕，壕里有水，他围村转了一周遭，进不了村，把村边几垛柴火烧着了。老同学，老党员，参加过高蠡暴动，竟这样鲁莽，也没有处分他。我给县政府打了个报告，做了检讨，也就算了。

刘云家在政治处工作得不错，我叫他到小队上去当指导员。教导员李宗哲把他发展成党员。

秋天了，平原上一片汪洋大水。今年有两种东西丰收：鱼多、梨多，高粱和大麻收了一些，其余五谷籽粒不收。

游击队转移到齐家庄高小，会计老薛同志来报告：罗大队长老是借钱喝酒，他们不敢说，叫我说说他。此事，我是政委，责任在我，只有我说得了。思前想后好几天，我才找他谈。他是农民出身，还不能直说，先说闲话，说来说去，才说到借钱上。我说："你已经借了三十块钱了，不能再借了！"不说还罢，我这一说，他把脸一板，说："三十块钱？我值得多！"说完，把屁股一拍，走了。

到此为止，我也不能再找他了。他是老红军，参加过农民暴动。我们花钱回家去拿，他花钱到哪里去拿？想到这里，也就算了。

县长范菊秋来队，喝了会子白开水，一边喝水，一边谈着。说在侯家佐打的那一仗挺好，不然他们就被活捉了。我请他吃饭，有鱼，有肉，有酒。吃了饭，集中游击队员们讲了一次话，他很高兴地回去了。

刘光人同志从张岗来，说调剧社回区党委去，还说他已经入了党。区党委现在住张岗镇。但是，他没有带区党委的调令来，人调走不了。我给区党委书记黄敬同志写了一封信，最后还说，我也不愿做武装工作，我愿做党的文人。

这封信发了不久，区党委派张震同志带区党委的信来，我把信交到县委，这才生了效。郭春原同志来队，给政治处开了一个会，我做了交代，并提议提拔中队长韩振纲当大队长；这人贫农出身，先当游击队员，后来当过班长、小队长，现在当中队长，战斗勇敢，政治上坚定。

我还未离队，县政府和百二十师三支队的一个战士发生了纠纷。我忘记这个战士在地方上犯了什么错误，范县长当面批评了他，他不承认错误，而且态度不好，范县长叫脱了他的军装。这一下引起这个连队的反感，把范县长弄去打了一顿，又把十一大队给县政府警卫的那个中队缴了械。当时，我觉得都是在共产党的领导下，发生这个纠纷是不应该的，于是给地委书记张雪峰写了一封信，这封信写得有些情绪。当时范菊秋同志住在东五夫村养伤，我曾去看他，确实打得不轻。

我要离开家乡了，借这个机会回家看看我的老父亲和孩子。一天早晨，我从齐家庄走过留史镇，刚走到水边上，看见同乡宋来子撑着一只小船，他看见我，笑了，说："来吧！正好，我要回去！"

我坐上他的船，一同回家去。秋深了，水也清了，可以见到水中游鱼。平地水深齐腰，小船一直穿过北沙口的村边，到了我们村边上下船。走到门口，老父亲正在门口坐着，见我回来，由不得笑了，孩子也跑过来搂着我的腿，说："爹回来了！爹回来了！"妻听得说，也从屋里走出来看。中午给我包了饺子。

我在家里住了三天，到弟兄各院看了看，因水涝成灾，家家院里连一点柴草都没有，又吃什么烧什么哩，由不得心上犯了忧愁。第三天上午，我正在门口站着，有卖葡萄的过来，恰好在门口放下担子，我买了三斤葡萄，给我父亲送去，老父亲很高兴。当我回到屋里取钱时，我妻变了脸色，顿顿摔摔，表示拒绝。我一时气愤，抓过来打了她几下子，她大声号哭。几年以来，我深深尝到这个没有感情的夫妻的滋味，也无可如何。我还听说她和老父亲对打对闹，心上很不高兴，下午我就回去了。

我没等得解决范县长的问题，就离开十一大队，回冀中区党委去。据说，后来为这件事情开了一个会，至于这个会是怎么开的，我也完全不知道。据说发生这件事情，是因为县政府里有地主的原因。据我所知，地主是没有的，地主成分的知识分子是有的。但我有一个明显的感觉，老八路是在十年土地革命中建设起来的，冀中政权和军队是在抗日战争中，民族矛盾高过阶级矛盾，在统一战线政策之下建立起来的，作风上有明显的不同。贺龙同志率领百二十师在冀中，是有战功的，打了几次大仗，稳定了冀中局势，人们也就没有话说了。

在十一大队这段生活，写了《游击队之歌》、《黄庄之战》两个短篇，都是用第一人称的手法写的。

八

这次一同回冀中的，有刘光人、张震、傅铎、齐祖耀、王法曾、姚呐、刘田、王文波等十几个人。把刘之家也带上，因为放下他我不放心。齐之达、董国钧留在蠡县工作。回冀中的人集中在齐家庄高小，路经南庄村，这个村里有几个有名的大地主，我们住在一个大地主的庄户上。这个地主倒是与众不同，有几套大院子，但人口很少，也不知道逃到哪里去了。我们到这里看看，到那里看看，见到有两间房的仓库，不知是什么人把门打开了，就进去看了看，也没什么好东西，不过是一些被褥毡毯，衣物什么的，也没有人管。有人从库里拿出被褥铺着盖着，我也拿了一条花格子的夹被，一条棉被套，找一个女同志铺在地上缝着。一个地主媳妇和县政府秘书李蔚林的老婆走进来，一边走着，两个人嘀嘀咕咕地说着，看样子是不高兴。李蔚林的老婆说："算了！叫他们做上吧！"我听了觉得怪不好意思的。

南庄往南，直到武强康北代村，是一片汪洋大水。在南庄找了一只大船坐上，直奔武强县划去。中途划到一个村庄，把船靠岸，想吃午饭。庄稼都被大水淹没，村里连一点柴草都没有，只见有几个不大的麦秸垛。村干部撕了一些麦秸，烙了几张饼拿来，也没有汤，也没有菜。我们没吃饱，也不好意思再要了。路上遇着几只大船，给军队送粮的，送柴的。年久月深，我忘记从南庄到康北代村走了一天，还是走了两天。

康北代村是一个大村子，冀中军区司令部、政治部、区党委、抗联会各团体都住在这个村里。贺师长已带百二十师回延安。百二十师在冀中打了几个大仗：宋村战斗、南莲子口战斗、齐会战斗等。最后牵着敌人的鼻子过了平汉路，进了太行山深处，又打了一个陈庄战斗。老八路的战斗作风，惊天动地；尤其宋村战斗，黎明时敌人包围上来，司令员贺炳彦同志，两脚站在马上，边跑边喊："老乡们哟！敌人来了，快起来哟！"英雄气概，辉耀天日。自此以后，冀中部队也学会打游击战和运动战了。每次战斗结束，群众都以猪、羊、鸡子慰劳。军民关系如鱼得水，没有这样的群众基础打不了这样的胜仗。没有这样的军队，群众的战时生活也就无法保证。

百二十师在冀中，给冀中人民留下不可磨灭的印象。百二十师给了冀中一个团，和王长江旅合编为警备旅。冀中军区给了百二十师三个旅；高士一旅跟着走了，江东声旅也过了路，江东声个人带着一个警卫员跑回来。柴恩波旅投敌叛变了。贺师长要了我们的女演员李彩云和黄秀。他张开口要,我们不好意思不给。

到了康北代,安顿住下来。见了史立德同志,他很高兴,说:"这是一班人呀,怎么不调回来。我倒没想调回你来。"说着大笑不止。我又到教育股去看黄敬同志,见了面也未说什么,握握手,表示高兴。周小舟同志见了我,笑笑说:"你的信写得不对,那不是那么回事么!你不该悲观,我们党正在发达兴旺吗!"我只好接受他的批评,其实我给张雪峰的信写的完全是事实,只不过是有点儿情绪。黄敬同志叫我开单子,派人到天津买了一些布匹、化妆品什么的。

时间不长,刘纪同志也回来了,楚黄也回来了。公安局给了一个女孩子,叫薛坚,是个青年党员,不用明说,是来做工作的。妇救会给了几个女孩子,张彤和萧林,条件都很好,能演戏唱歌。张何、李建国条件不太好,我也不好意思挑剔,反正以后再处理吧!

此时青季、士林都在报社当编辑,常见到面,路一也回来了。

王林同志来剧社当副社长,我们表示欢迎。他拿出两块钱,叫我们吃肉,我们借机会过"复活"日。我去教育股请黄敬同志来讲话,当他来时,我正讲着,我想等我讲完时再请他讲。不料,眨眼之间,他又走了。此事,几十年来,多咱想起来,是我心中的内疚。区党委书记来了,我应该停止讲话,让他先讲,他讲完了,我再讲,这就好了。再者,他来了,应该请他就座,没有座位,他就站着,这也不好。不过在那个年月,人们习惯坐在地上,或者站着,别人站着可以,不应该叫区党委书记站着。

中午会餐,吃了一顿炖猪肉,那个年头鱼便宜,肉便宜,鸭梨丰收,梨也便宜。

我叫刘之家当指导员,区党委组织部把我叫去了。小韩跟我谈话,说刘之家来路不明,要停止党籍,我只好服从。

第一个戏排路一写的《运粮船》，由我导演，由张震、郭濯、萧林主演，这个戏的细节，我忘记了。是以冀中大水为背景写的，有敌伪的纠葛，有老头，有少女，倒足够一台戏。但演出以后，群众不太喜欢，主要原因是萧林的口音不对，她是河南人，河南口音也很难一下子矫正过来。既然排出来了，又不好不演，就演起来了。她用十足的河南话讲台词："……没有吃的，掠了一把榆叶……"成了一时的笑话。

因为排戏、演戏，日子长了，我和萧林同志熟悉了。有一天早晨，我刚洗过脸，她悄悄地走到我的屋里来，也不打招呼，就坐在炕沿上，拿起笤帚给我扫了扫炕，笑着说："我戏演得不好。"说完，两只大眼睛水灵灵地盯着我。

我说："你演得不错，语言问题，我慢慢给你矫正。"她说："我说的是家乡话。"

我说："你自幼说家乡话，改学河北话不容易，学北京话容易，因为北京话和河北话近似。"

说到这里，她不好意思地用两只眼睛盯着我说："那，你教给我？"

我说："我教你国语拼音字母，你学会拼音就好了。"

说到这里，又说了一会子闲话，她说："我走了，也该吃早饭了。"说着，姗姗走去，我站在台阶上，看着她的背影走出大门，才走回来。这个女孩子身材适度，脸儿长得不是好看，但也不难看。嗓音很好，会唱很多救亡歌曲，很爱唱歌，而且唱得很好听，是一个好演员，她窈窕的身姿给我留下深刻的印象。

当时没有档案，根据妇救会提供的材料，我知道她是河南密县人，开封师范的学生。在河南确山县的新四军后方留守处参加的工作，后来到延安抗大学习，由抗大分配到冀中工作，三个人一块来的，两个男同志，一个女同志。根据她自己说今年十七岁，按她的学历，却不像。

吃早饭的时候，我把饭碗搁在地上，蹲在地上吃。她也走过来，把碗放在地上，跟我一块儿吃，并且又说又笑。

《运粮船》主要反映的是冀中大水之后，广大人民群众支援人民子弟兵的情景，及途中遇上伪军，双方激战的场面。此后又写了敌我的纠葛。演出以后，有人说好，报社编辑周竟陵同志说："这戏作为一个案头剧可以，搬上舞台有些勉强。"我自己也有这个感觉，因为路一没有舞台经验，写出来的剧本，有些情节使我难以搬上舞台。有的地方，我只好加以修改，萧林的河南腔台词却至今传为佳话。

《运粮船》演出以后，赶排王林同志写的《夏伯阳》，这是《夏伯阳》那本书中的一个故事。这个戏的情节是夏伯阳将军的老战友安得泰违反群众纪律，抓了农民一只鸡。政委让把他吊在一棵树上，准备给予处分。农民也打着小旗来请愿。夏伯阳将军来了，说这是我的老战友，是有战功的，犯一点纪律，不能吊在树上。政委只好从轻处理，群众也无话说。原书的情节，是政委把安得泰搁在监狱里，王林同志改编时，把他吊在树上。

分配角色时，齐祖耀演夏伯阳，刘之家演政委，傅铎演安得泰，角色分配得够硬的，而且都是熟练的演员。

这出戏由我亲自导演，排练得比较细，演出很认真，效果比较好。在这出戏里，透露出祖耀的表演天才，他再现了夏伯阳的性格、形象和气魄，风骨嶙峋，俨然夏伯阳复生，观众看了一致叫好。

剧社成员分散活动了一个时期，接触了生活，在表演上都有不同程度的提高。

方强同志带工作团来冀中，帮助司、政两部整训部队，成立整训兵团。来人要求我们给他们演出一个晚会，我答应了，与火线剧社同台演出，我们演出了《夏伯阳》，台下叫好不止。

方强同志派人送给我一小包冰糖，我接受了。想全剧社分着吃又太少，我打定主意把它吃了。跟房东借了一把小锤子，正在炕沿上砸冰糖吃。

萧林同志不声不响，走了进来，坐在炕沿上，同我一块砸冰糖吃。吃完冰糖，满脸笑容伸出手来，要和我握手，说："谢谢。"我很不好意思地伸出手去，轻轻握了她的手。我当年二十四岁，成年之后，还未握过一个女孩子的手，不由得满脸通红，连脖子都发热，心口突突地跳着，第一次尝到初恋的滋味。

她坐在对面的椅子上，红着脸儿，笑了说："你说我是学文学还是学戏剧？"

我说："你就学戏剧吧！"

她说："那，该你多费心了！"

我说："那还有什么说的。"

今天没有要紧的工作，也没有人来，我们俩又说又笑，在一块儿玩了半天。午饭以后躺在炕上，睡也睡不着，一个女孩子的印象占据我的脑海，忘也忘不掉，挥也挥不去，我正陷进热恋的海洋之中。

大概是秋天喝开水少的原因，我闹开了暴发火眼，两只眼珠发烧，发红，很是难受。她又慢慢走进来，问："怎么了？"

我说："两只眼睛发干，疼。"

她说："我去给你打一点开水来，用热气熏熏就好了。"说着拿把茶壶到厨房打了开水来，倒在一个饭碗里，说："来！熏熏！"

我爬起来，坐在椅子上，用两只手护着眼，正在桌子上用热气熏着，范瑾同志走进来。

范瑾同志是黄敬同志的爱人，才从延安来，分配在导报社工作，担任党总支书记，和剧社是一个支部。见我老是用手护着眼用热气熏，问："怎么了？"

我说："疼！"

她这是第一次来串门，我因为眼病，也不能很好地跟她谈，她见有一个女孩子在我身旁，也不好意思久留，说：“你们谈吧。”说着，就往外走。

我因为熏眼，也没有送她。今天想起来，是有些失礼。大概她也意会到我和萧林同志的关系。

过了两天，我刚从外头回来。一进屋，萧林一个人正在屋里偷偷地看我的日记，我笑着没有说什么。她不由得红了脸颊。我说：“你想干什么？”她说：“我看看！”说着，她一直埋下头去看。因为这一阵子的日记，写我们俩的事多，我觉得怪不好意思的，可我也不能不让她看。

没有不透风的墙，虽然保密，时间不长，这件事情就有人知道了。有一天我正在屋里写什么东西，舒营悄悄地走进来，笑笑说：“你甭跟她，她头儿太多。”

舒营跟萧林年岁差不多，是去年入社的。舒营的话，我不以为意，因为我还没有恋爱的经验，认为只要她爱我，别的问题都好解决了。舒营说了几句，笑嘻嘻地抬起腿就走了。

舒营刚走，萧林就走进来，满脸通红，变态失色，说：“她狗拿耗子，管不着这个，咱们俩的事情已定了。”说着又生气，愤愤不平，对舒营深为恼怒。

我就坡下驴说：“我对你讲明白，我家里是有老婆，但是没有感情，可以离婚……就是有一个小孩子。”

她说：“能离婚就行了，别的，我管不了那么多！”又说：“就是有一点，你比我大五岁……”

对于恋爱，我确实没有经验，舒营来谈，不是恶意，我应该就此停止和萧林的关系，因为她已经提出来了年岁上的矛盾。但是我恋恋不舍。因为有了爱情，好像花儿有水来浇灌一样，我努力工作，努力学习，孜孜不倦，一天价精神十足。区党委开宣传会议，叫我和高铁英去参加。还有一次区党委请客，也叫我去了，心上说不出的舒畅。

冀中农会开代表大会，约我们给他们演戏，见下边送来的农产品堆积如山，我写了封信，跟他们要些农产品，不过是一些茄子北瓜什么的，也没有什么好东西。农会副主任田志中说："他们来吃可以，我们不给！"一封开玩笑的信，讨来无趣，甚觉没意思。

警备旅驻地离此不远，大概有八里地，邀我们去给他们演戏，我们去了，演了两个晚会。曾见到旅长王长江、政委刘子奇，副旅长张存实过路西去取服装，没见到他的面。他们给了我一身深蓝色棉大衣，一顶棉军帽。

天气凉下来，区党委发了棉军装和棉被，人们都挺高兴。

秋去冬来，区党委考虑到冬季反扫荡的问题，据史立德同志说，要把我们送到路西晋察冀分局去，当时叫北方分局，代号是教育委员会。

时令转入冬天，党总支书记范瑾来了一趟，为剧团建立独立支部填了表。委任光人当党支部书记，张震任宣传委员、我任组织委员。那时还不兴选举。周小舟同志给路西三分区政委王平写了一封信，嘱我必要时可以找他。不几天就出发了，出发时有两个病号，张彤精神失常，原因不明，沿途用担架抬着。舒营感冒了，两个人架着走路。夜行军仆仆风尘，经过急速地奔跑，张彤一边走一边说胡话。舒营一边走一边喊："梁社长呵！梁社长呵！"在夜暗中行军，尘土飞扬，行色匆匆。说也奇怪，不知怎么的天明到了二分区住地，两个病人都好了。直到现在我还莫名其妙。也许经过急速的行军，出了一身大汗就好了。

二分区政治部主任甘春雷同志招待我们，我们给他们演了戏。演戏的那天晚上萧林觉得不好，没有去，在家休养。开幕之后，我看没有什么问题了，就回去看她，谈了一会儿，也没什么。据说被舒营发觉，惊叫道："梁社长回去了！""梁社长回去了！"

甘春雷同志看了戏之后，很觉满意，给社员们讲了话，对《爸爸做错了》大加赞赏。

我到二地委去，见到地委组织部长孙铭同志，他跟别人介绍说："这是十一大队政治委员梁斌！"我在十一大队时，和游击总队的来往信件，都称我为政委，县里都叫我政治主任，因为不是我的本行，也不打算干多久，也满不在乎，此事直到如今亦未得到解决，无论怎么吧，流水落花春去也！

我在二地委办了手续：一是开条子借了五百块钱，一是请游击总队派人送我们过路。对于送我们过路，孙铭同志没有意见。对于借钱，他说："你们的人过路跟我们借钱，你们的团体过路也跟我们借钱……"究竟为什么这样，我也不知道，只好一笑了之，反正这是上级交代的，与我无关。

第二天到了游击总队，见到大队长罗澄明，也见到参谋李洪涛，他们都调来工作了。因为是熟人，也未问他们任什么职务。跟他们接洽了送我们过路的问题，他们圆满答应了。李洪涛还说："你嫂子也来了，家去吧，叫你嫂子包饺子吃！"说话是很热情的。

可是，和李洪涛这个人是最后一次见面了。他原来在东北被捕之后，归顺了敌人，又被敌人派回来的，他的老婆就是朝鲜人，是一个奸细。这年冬天敌人从东北给他来信，被公安局查住了。当押他到路西去的时候，由骑兵押送，叫他骑着一匹马，走到辛乐县附近，他骑马逃跑，跑到辛乐县城里去了。后来他的老婆被枪毙了。写到此处，我出了一身冷汗，在我身旁卧着一只老虎，我长时间没有发觉。

在二分区住了几天，到二分区剧社找到社长路坎，把千里叫回来；他是去年参加工作团到二分区去的，没有回来，暂在二分区剧社工作。这次他愿回来，我们也愿带他去路西。还吸收了一个从北平来的女同志叫文英，长得牌面不错，但是不会演戏，还吸收了一个女孩子叫郭志，是一个农村青年党员。

张彤和舒营的病都好了，给过路做好了准备。

在一天的晚饭后，全体社员集合。罗澄明同志带着几十个人来，看样子也就是一个小队，铁路自然是不难过，我也就放心了。薄明中行军，脚步走得不紧不慢，黎明时分，走到铁路上。当时铁路两旁，还没有沟墙，平平坦坦的，走到铁路上，我们两脚蹬在铁轨上走了走，向北望了望，又向南望了望；没有火车来，也没有敌人把守，我们平平安安地走过去了。这是我第一次过路。

我不记得过了铁路吃了饭没有，经过一段敌占区，初更时候走进一个大村庄。进了村敲门找房做饭。一时之间，全村大惊，以为是敌人来了，跳房的跳房，逃跑的逃跑，闹得鸡飞狗跳。我们还不知道是怎么回子事。

我们本来打算在这个村休息几天，中午时分，县里来了人，告诉我们说，你们不能在这里住，这里离敌人只有五十里路，敌人说来就来了，是很危险的。此村名下河镇，是山边上一个大镇子，每年五月有骡马大会。我们家乡一带的人买骡马、石料，都上下河镇。

到了山边上，远远看见山峦起伏，山坡上有一幢幢的石头小屋，有红色的倭瓜爬上屋顶，离远看去甚是好看。人们都跑出去看山，我心上还在想着萧林的身体，走去看她。屋里无人，她一个人在炕上躺着，我摸了一下她的前额，握了一下手，还是有点热乎乎的。我叫她出来走走，到了大街上，走进一个小饭馆里坐下，叫了两个菜，叫了二两酒。我给她斟上一杯，自己也喝了一杯。喝着酒，她似有笑意。一边喝着，一边谈着，她由不得脸颊绯红。她喝一点儿酒，出了一点儿汗，我替她高兴。喝完酒，吃了一点儿东西就回来了，我把她送回屋里，看着她躺在炕上，我给她盖上一条被子。在她头前坐了一会儿，就走出来。

我忘记是走了一天还是两天，山路难行，我骑着一匹马。太行山的山头，都是光秃秃的，山岩嶙峋，没有林木。风吹黄草嗤嗤响着。一个下午，走到三分区住地，人们歇下来。我骑马去下山，因为无事，下了山也未见到人，就跑回来了。

罗澄明同志说："好吧，我们也就送到此处，你们走吧，祝你们一路平安！"喊着："欢送新世纪剧社！""欢送新世纪剧社！"

我说："谢谢！"随手扒下他的棉大衣，穿在我身上。摘下他的军帽，戴在我头上，两个人换了，他也满不在乎。我为了他的大衣厚一点。我和他握手道别，眼看他们沿着山路走了回去。夕阳衔山时刻，我们住在一个小村里。山坡上的小山村和平原乡村不一样，住得不集中，总是这里三家那里两家，天黑了，炊烟渐起。满山的牛羊，顺着山路走回来，走到家门，自行归栅，说不尽的山家情趣。

走山路和走平原上的路不同，走了两天，腿脚都疼了，上炕都费劲。搬截了一些山柴，借了房东的锅，烧了热水，洗洗脚再睡。还是在平原上的老习惯，宿营之后，轮流巡哨，一觉睡到大天亮。起了炕洗洗脸，就吃早饭，饭也与平原上不同；平原上的早饭，一般的是小米干饭熬菜汤，山里吃早饭，一般的是土豆熬棒子面糊糊。

第二天早晨，房东嚷着有人偷了他房顶上的柿子，我们叫各组查清昨天晚上谁放哨，谁偷了人家的柿子，查了半天也查不出来，只好罢休。山坡上一棵棵大柿树，一过秋天，满树柿子红，山家都把柿子摆在房顶上，山村都无围墙，到底是谁拿了也说不清楚。

第二天过了一个山梁，就是娘子矶。这一带是大河滩，河滩上都是石头子，这里石头子与别处不同，不是有尖的，就是三角的，平原上穿的薄底鞋，脚一踏上去，疼痛难忍。山里人都穿厚底鞋，石子路也走惯了，我们不习惯。

过了娘子矶，走过六七里路，就是娘娘宫。这村在北山坡上。传说康熙皇帝经过这里去朝西顶，见一女孩子在河边洗衣服，长着很长的指甲。康熙很是喜欢，传旨选宫，地方官立刻修娘娘宫。等康熙回来，住在这里，幸此女郎时，指甲已剪去，也不好看了。因此，未带回宫去。这个女孩子在娘娘宫中老此一生。不过是传说罢了。

路上经过边区政府的行政学院，我们在那里演出一个晚会。遇上李公朴老先生，他带着抗战建国教学团从大后方到延安，又从延安到晋察冀边区。看了我们的戏，很觉满意说："你们也到大后方去演演吧！"光人的老师黄雨秋先生对《爸爸做错了》一戏很觉满意。

走到土门林，也就离教育委员会住的村庄不远了，又走了几里地，有一个大村，教育委员会的招待所就在这里。我们跟招待所的负责同志办了交涉，说是来教育委员会的，要求住在这里，他们同意了。

第二天，吃过早饭，我骑马到教育委员会去。走过一段大河滩，又走进一个山沟。大概走了十几里路，到了一个大村，叫史家寨。我打听到教育委员会的住处，是一个瓦楼大门，我把马拴在门口树上。门口有站岗的士兵，我向他说明来意，他进去通报了，叫我进去，我走了进去，是四合子大瓦房，一个大地主的宅院。我走进北屋东头，一个女同志，穿着马裤腿灰布军装，高个儿，短发，穿着朴素大方。她用北方话问我：哪儿来的？

我说："冀中来的。"我把介绍信和一卷表格递给她。

她看完了信说："你们住在哪儿？"

我说："住在招待所。"

她说："我们没有写信，你们就住下了？"

我说："住下了。"

她又翻看了一下那些表格，说："你先回去，过两天再来，我们商量一下。"

我说："好，过两天再来。"说着，我走了出来。一个偌大的北方分局，人员这样稀少，我心中称奇。这个女同志，后来才知道是聂元帅的夫人张瑞华。

我拉马走了一截路，出了山沟，到了河滩上才扳鞍上马。我用脚磕了一下马肋，打了两鞭子，想叫马跑两步，不料那马踢了一下后腿，打了一个立桩，一下子把我从马上撷下来，因穿着棉大衣，也未摔得怎么样。奇怪的是那匹白马，把我摔下来之后，也不跑，也不奔驰，乖乖地站在那里，等我骑它，可能是嫌我打了它吧！

那匹马四只脚不紧不慢走着，我不打它了，老伙计了，我不愿叫它闹脾气。刚刚走到村口，远远看见一个熟人从西边走过来，仔细一看，是我的老同学曹牖民。离老远，他瞧着我笑，走得近了，握紧我的手，抿嘴笑着，说："在这里遇上你了！"说着他把我的手握得紧紧的，我们已经几年不见了。

我说："我也想不到遇上你！"我紧紧握着他的手，仰起头哈哈笑着。

曹牖民同志是我高小时代的同学，而且是金兰之交。后来在保定二师同学，二师解散，他教了二年书。后来刘老师把他叫到烟台去，在烟台中学工作了几年。他在烟台中学工作的日子，我正在山东剧院。后来遇上七七事变，他和刘老师辗转到了延安；刘老师到延安中学当校长，他就到陕北公学学习，后来在报社工作了几年，派回冀中工作了。这次见面，说不出心里有多么高兴。

我们俩在街头站着说了一会子话，最后他问我："你在干什么？"

我说："我正在冀中搞一个剧社，为了回避敌人的冬季大扫荡，过路西山地来，到了北方局，还不知怎么着。你呢？"

他说："还说不定，到了冀中再说。"

我说："那好，以后我们就在一块儿工作了！"

他笑了说："你搞得还不错！"说着，就分手了，我去放下马，回到我的住处，把去分局的情况同光人和刘纪谈了。

乍从平原到山地，觉得特别新鲜。平原上是一望无边的黄土大地。山里是大山包包，小山包包，还有很高的大山峰，仰起头也望不见山顶。山上有各式各样的石头。长圆形的石头子，在平原上叫老鸭枕头，小孩子们捡着一个，心里说不出的喜欢，到了山地里，这样的石头子是车载斗量的。黑枣在平原上是稀罕东西，到了山地里，五分钱就能买一堆，红枣、柿子、柿饼、核桃，各种山货，可多哩。

在招待所住了几天，没有事，我就去找萧林同志，一生没恋过爱，如今一天不见她，就空落落的。两个人从这个山头走到那个山头，买点红枣儿，一边走着一边吃着。两个人协议：将来结了婚，把她母亲从家里接出来。这个人的好处，就是坦白。在几天的谈话里，我知道她曾和新四军留守处主任有过爱情关系。那个主任的爱人为此和他打架，打得不可开交，她不得不离开此处到了延安。从延安到冀中的路上，两个男同志和她都有爱情关系。她有个口风，说："为的快乐呢！"从此，我就知道她的恋爱观不正确，是"杯水主义"。论理说，到此我就应该和她断绝恋爱关系，可是那时我还没有这种经验，只是想：她过去的人儿已经离开了，她既然爱我，那又有什么关系呢。谁知自此就埋下了祸根，闹得很麻烦，这是以后的事情。

过了几天，我又骑马去北方分局，见着张瑞华同志。她说："你来了正好，我和彭真同志、刘仁同志商量了，叫你们到联大去。住在城南庄，成仿吾同志在那里。"说着，把那卷表格递给我，又给了我一封介绍信。我把那封信看了一下，分局叫"联大"给我们进行政治和文艺上的训练。

"联大"的全称是"华北联合大学"，是才从延安来的，中央教帮助敌后根据地训练干部。校长是成仿吾同志。这是一个响亮的名字，是创造社的名人，大作家。十年内战时，他在中央苏区当党校校长，长征到了延安，当陕北公学的校长，现在来到晋察冀边区办华北联合大学。

九

第二天，到了城南庄华北联合大学，转到文艺部。有一个冀中五分区的干部吴铁城在那里工作，他招待了我们。

华北联合大学才从延安来到晋察冀，是帮助晋察冀地区训练干部的。成仿吾同志是华北联合大学校长，带了一批干部和学生来到晋察冀。

文艺部部长是沙可夫同志，过去在上海，是有名的翻译家。副部长吕骥同志，在上海时是音乐家，现在是文艺部副部长，看起来还像是一个青年人。

在城南庄住了两天，这些领导人还没有见到面，忽然来了一个消息：敌人要进攻，我们要开始打游击。说走就走，第二天早晨就出发了。出发之前，站好了队，看样子文艺部学员人还不多。吕骥同志站在一个矮墙头上讲了话，大意是敌人这次进攻的企图，我们如何转移，最后讲一个干部犯了男女关系的错误，讲了他犯错误的根源。

讲完了话，队伍开始出发，文艺部、社会科学部等，还有校部，缕缕行行，看起来全校人还不少。出发的那天早晨，还是天朗气清，走不多远，群山上升起白色的云头和黑色的云头，离远望去，蒸腾而起，滚滚升上天空。这种奇观平原上没有看见过。走不多远，大风起了，云雾飞扬，下起鹅毛大雪来，风吹雪花，纷纷扬扬。队伍走在山坡上，羊肠小道，又下了雪，迈一步有很深的脚印。平常时期，萧林同志一行起军来，就唱救亡歌曲，人们也都跟着唱，此起彼落。今天却不唱了，大家合起嘴巴，弯起腰爬山路，也没有人说一句话。别人都穿着棉衣，背着棉被，我把棉被搭在马背上，牵马同行。

黄昏时分，走到一座山前，仰望山头，山并不太高，从山下走到山上，据说有八里地，名叫满山。此地落雪，随落随化，结下一层冰，又落下一层雪，走起山路，脚下滑溜溜的。上起山来，更是不好走，两只脚迈妥一步，再迈一步，走得很慢，一步一步走上山去。因为有走慢的，有走快的，队伍也乱了。走上山头，人马大乱，北风凛冽，甚为寒冷。我穿着大衣，还觉得冷，那些没有大衣的同志，更不知冷成什么样子。

雪天冰冻，上山容易下山难，两只脚一走一出溜。一个站脚不住，一出溜就到山下去了。有的人干脆坐在半山坡上出溜下去。两个骡驮子，走也无法走，也出溜下去了。我也坐在山坡上出溜下去。我眼看着成仿吾同志和他的爱人张琳同志也是出溜下去的。

队伍到了山下，也就放了羊了。可好，新世纪的同志们还在一起。回头一看，马上也没有我的棉被了，萧林同志责备我："也不好好照顾，看你还盖什么。"我也不说什么，这兵荒马乱年头，还分什么你的我的，谁拿去谁用吧，又有什么办法。

走了几里路，前面是个大村子，虽然三更半夜，有雪照着，倒也还能看得见。我们走进一座大庙里，院里有一垛一垛的荆条，把荆条铺在地上，人们坐在上头休息。有人带着洋火，把荆条点着了，人们围起来坐着，就火取暖。本来身上是冻的，一烤了火就热起来，浑身刺痒。偶尔看见刘之家同志的耳朵上流下粉条样的东西，郭克同志说："那是耳朵冻流了，不用动它，一动它就掉下来！"人们看了，无不咋舌。可以看出此地气候，冷成什么样子。

不一会儿工夫，管理员刘田同志和炊事员指南同志一人提了一桶粥来，说："土豆熬粥，吃吧！"

说着，大家一齐取出勺子小盘，准备盛粥吃。走了一天，也未吃饭，也未喝水，一见了粥，由不得饥肠辘辘。吃着玉米面粥，要多香甜有多香甜。尤其土豆，是平原上很少见的，今天吃起来，特别有味。

吃了饭，大家开始睡眠，有的坐着，有的躺着，也有人舍弃睡觉，弄着火，以免火灭天寒，把人们冻着，或者感冒。也有人睡醒之后自动交替弄火，好叫同志们睡好觉。这些工作都是自动进行，可见战争年代同志之间的友爱，也许是和平时代的同志们感受不到的。

第二天，天晴日出，整顿队伍，继续行军，走到中午时分，不过几十里路，风也不吹了，雪也不下了，天气也不那么冷了。我们沿着一个河谷走，谷里有一条小河，河边结冰，河里山水哗哗流着。河谷里都是一些大大小小的石头。石头虽多，我们并不觉得讨厌；大大小小的，各种形状，是平原上很少见的，也觉得稀罕。一路上经过大大小小的山，各种形态的山。太行山上的山峦有一个特点，除了山下大大小小的村庄上有几棵树，山上都是光秃秃的，林木很少，偶尔有几棵常青树，松树或柏树，但是很少。

长日行军，队伍也不成队伍了，三人五人，十人八人自由行走，倒也方便。后边有一个人，弯着腰，背着被包，把一块粗布手巾盖在头上，用军帽盖着，手里拿着一杆红缨枪，后头跟着几个人一步一步走着，这就是收留队长邢野同志。他是天津人，自幼喜欢演剧，曾参加救亡演剧队，到了延安，在鲁艺学习，如今到了前方来。

今天回忆起来，也忘记走了多少日子，走到平山县的上庄，文艺部就在上庄住下。这个村庄正在半山腰里，山下有一条大河，河水不分昼夜地哗哗流着。那种水流的响声很似山坡上的大叶杨，迎风响着哗哗不止。我在这个村庄子上住了几个月，这种哗哗的流水声，是我一生难忘的。

到了上庄，开始编队。部里的意见，要混合编队，也就是把延安来的、新世纪剧社、山西来的大众剧社，混合起来，编为两队。我们不同意，因为我们还有小鬼队，无人照顾。后来把延安来的编为一队，把新世纪剧社和大众剧社编为二队。我当队长,山西大众剧社社长支杰当副队长,校部派了乔道三同志来当指导员。

开始上课,分文学、戏剧、音乐、美术四系,根据自愿,把社员分配到四个系里。戏剧系里的教员有崔嵬、胡苏等同志。文学系里,沙可夫同志亲自讲课,还有何洛同志,别人我也不记得了。上午一堂课,下午一堂课,课堂就在谷场上。人们有的坐在板床上,有的坐在谷草上。没有讲义,教员一边讲着,学员一边记着。讲的课,在山东剧院时已经讲过了,我也没有记,因为已经熟悉了。一个星期上一次社会科学,要走八里路,到社会科学部去上课。

刘纪同志愿学社会科学,就分到社会科学部去了。

我们这个队,光人当支部书记,我当组织委员,张震当宣传委员。因为我当组织委员,经常填各种表格,没有地方填,就到女生宿舍去,有时就到一块谈几句,因此,我和萧林同志的关系逐渐明朗化了。学校发了一件大衣,一双袜子,我把我的大衣给她穿,她也不拒绝。爱情生活,自此开始了。

有一天,我到女生宿舍去看萧林,她正病着,横躺在炕上。我用手一摸她的前额,热乎乎的,像是感冒了。她说:"我头疼,你给我捏捏吧!"

我用两只手抚摸她的头,这时有一个小鬼,手里拿着一根玉米秸,开门进来,在灯上点火,小油灯挂在墙上,我也没有注意。

我用手摸着她的两个鬓角,一不留心,袖子划动小油灯,小油灯滚在地上,我又摸了一会子火柴,划动火柴,才找到小油灯,点着小油灯,挂在墙上。这时有人从窗台上咕咚一声跳下去。萧林说:"外边有人!"

我说:"有人又怎么的!"我想:为人不做亏心事,半夜里敲门心不惊。

出乎所料,第二天这件事就传开了,说我和萧林在屋里的时候,灯忽然灭了。光人说:"人家要拿绳子去捆你们!"千里也问我:"爱情到了顶点吗?"我对他们都无话可说。自此以后,闲言碎语,给我很大的压力。虽然有压力，我也不避讳和萧林同志的关系。萧林同志依然穿着我的大衣走来走去。我主动去找政治主任甘凌同志解释这个问题，说明我与萧林之间并无特别的关系。

甘凌同志曾在红军中当过某部队的政治委员，参加过长征，但为人古板。他说："说些无内容的话，无有关系……要是叫小孩子们看见，那就是个问题了……"

他一句话说破，两个人在一起的事，无第三个人作证。我心里发急，但也无话可说，单等清风明月，水落石出。

正在此时，社会科学部教员郑英年找萧林谈话，萧林也不拒绝。有一天晚上，我正在宿舍和萧林一起谈话，郑英年也来敲门，萧林在门外把他打发走了。此事萧林虽不明说，但也就明白了。萧林对我的爱情，有了三心二意，我还是一心痴情，不肯放手。剧社的人们为我抱不平，但在校部，在文艺部却无人帮助我。

萧林找我谈了一次话，说："我跟甘主任谈了，我们的问题，我负责任。"说着，微微笑着。这在今天看来，她对郑英年的进攻，有活动的意思。但在当时，我无有恋爱的经验，还是不肯罢休。

过了几天，萧林又病了，盖着被子，躺在炕上。三八妇女节那天晚上，我带队走十五里地，到校部去看戏，校部住在元坊。戏一开场，就很吸引人，但我心上还是放不下萧林的病，偷偷溜出来，迈开脚步往回走，两腿走得飞快，说是走，实际就是跑。跑回上庄，走到女生宿舍，萧林还是躺在床上，伸手一摸前额，还是热乎乎的，我说："你感到怎么样？"

她说："我心里热，想吃一杯冰！"

时季已经到了春天，哪里还有冰？我走出门来，走下河坡，在河边上走来走去，河水哗哗流着，找不到一块冰。我走回来，坐在炕沿上。我紧紧握着她的手，待了一会儿，我无可奈何地放开她，走出门来，向元坊飞奔而去，到了舞台底下，戏还没有散，我出了一口长气，坐在石头上，不一会儿工夫，戏就闭幕了。我立刻整顿队伍，向回走。今天想起来，我当时痴情得不知成了什么样子，不到三小时，走了三十里地，如果被人发觉，后果不堪设想。

为了这件事情，我找甘凌同志谈话，说明我与萧林的爱情是纯洁的，回去以后，我就可以离婚。甘凌同志为人朴素，但是在这个问题上他掌握得比较左，抗日战争是长期的，哪有不叫男女青年恋爱结婚的。当我谈到这个问题时，他坐在炕上，两手烤着个火盆，头上戴着个毡帽盔，正言厉色地说："你看看我，这不像个和尚。"

他说话不多，我也没有多说话，我知道我有缺点，因为我还没有离婚，我有自知之明，在这个问题上，条件不如郑英年。

春光明媚，大地回苏，又来了两个剧社：一个是平山的铁血剧社，一个是冀中的火线剧社。这时候面临着两个问题，一个是学校要留下我们七个人，一个是我们要离开学校，短期训练，无论文、音、美、剧，各种课程，每个人都有所长进，只有我一人，因为心上缠着萧林的问题，虽然沙可夫同志亲自讲课，但我的长进并不多，有时心上糊里糊涂的，七上八下。

因为来了两个剧社，社部不得不搬家，搬到小山下头，两间石头小屋里，心情苦闷，有时爬上屋顶，看看远近的山头和树木。一个星期日，我正在屋顶上瞭望，消散心头的苦闷，一大队的女同志来叫我："二队长！请你去开会！"

我想：星期日开什么会？我没有去。后来我问萧林："开了什么会？"萧林说："开了个座谈会。"我问她："说什么了？"她说："恋爱是有价的……"不用说，这是拆散我们的会。

甘凌同志通知我和光人，叫我们到校部去，组织上要和我们谈话，我们去了。校部在一个地主庄园，大院里放着一张桌子，坐着一个人，见我们来了，也不抬头，等了一会儿，他问："你对吗？"

我说："我有一点不对。"

他说："你有一点对吗？你玩弄女性，我们帮助郑英年同志！"又对光人说："你是尾巴！"说到此处，再也不说什么。

他不说话了，我们只好离开此地，往回里走。心里想，我与萧林的问题算是做了结论了，但是我还是不甘心。我要战斗，要背水列阵！一路走回来，谁也不说什么。

学校要人的问题已经明确，一要萧林，一要阎争。有一天校部召开会议，我没有去，独自一人在门前走来走去。萧林悄悄走来，笑着拍了拍她的口袋。我伸手一摸，是一个烧焦的热乎乎的窝窝头。她笑了说："你吃吧！"说着，就走开了。千里送鹅毛，礼轻情意重，看她还像是我的爱人。

事态的发展，越来越明确。有一天早饭以后，我心中烦闷，正坐在炕沿上出神，萧林开门进来，叫着我到房后头的山冈上，各人坐在一块大石头上。她说："校部叫我谈话，要留下我。"说着，不由得流下眼泪，说："在延安的时候，一对朋友，一个在前方一个在后方的人多着呢！我们……"她哭得像个泪人儿。

我却不由得笑了，算是惨笑吧！

她说："看你还笑？"

我为什么不笑？如果没有人从中介绍，她和郑英年也谈不了话。如果她不同意，也满可以拒绝。现在她已经成了两面人儿，却哭出眼泪来，叫我为何不惨笑！面临此景，我连一句话也没有说，站在小山头上，看她走着山上小径，踽踽地走去。

下午，甘凌和我谈了一次话，大意是自此以后，你们也就分开了。将来你成一个文学家，她成一个政治家。最后一句，似有些威胁："你要好好工作，如果工作不好，我们就派人把你换下。"

听了这句刺激人的话，我也没有理他，我不服气。

一队和二队毕业，部里会餐，一队和二队伙房各做几个菜：一队伙房做的是炖菜，量多质差。二队伙房做的是炒菜，量少质精。人们吃得不满意，引起很大的议论。这事虽然与我无关，但也联系到二队。趁此机会，我们请了一次客，煮大块的肉，蒸大个的馒头，请教员们吃了一顿饭。个个吃得酒足饭饱，把这顿饭叫做“冀中式”的饭。

因为毕了业，我们也就搬了家，搬到山南边一个小山村中。社部住了一个小院，院中一棵老山桃树，正在开着满树桃花。

因庆祝毕业，决定第二天吃顿肉。那天吃完早饭，我到校部去要回我的手枪。当我拿了枪走出大门，刚一出村，遇上萧林，背着被包，走出村去，我叫了她一声，她回过头来，问：“你来干什么来？”

我说：“去要回我的枪来，你来干什么？”

她说：“转关系，到社会科学部去。”

我说：“今天我们吃肉，你回去吃吧！”

我以为她不再回去，事出意外，她笑了说：“好！我跟你去！”

又说：“我得告诉校部!”我在那里等着，她走回去，不一会儿工夫，就走出村来，还满脸笑嘻嘻的。我们俩一同朝回走。

看她的样子，还像是我的爱人，可也说不一定。我说：“我给你背着被包！”

她把被包递给我，我把它背在背上。

正是四月天气，太阳高高照着，穿着棉衣，有些热了，由不得出了满头大汗，她解下毛巾，说：“擦擦汗吧！”我接过她的毛巾，擦着汗，很觉松软。我已经几年不用毛巾了，这块毛巾是她从大后方带到延安，又从延安带到这里来的。我用她的毛巾擦着我的脸，心中还有一点感情的余味。

这时，胡苏同志骑马走过，看见我们俩人，笑了笑，也没有说什么，似乎有些羡慕之情。

我和萧林走回社部，看见小郝正在给我打草鞋，她拿起来在脚上比了比，笑了说：“打小一点，给我！”

我送萧林到女生宿舍去，女同志们都欢迎她来过这个吉庆的日子。中午饱饱的吃了一顿肉菜。

下午，她手里拿着一件东西来找我，我们俩一同走到村南山坡下，坐在沙上。她拿出一件黑绸衬衫，说：“将来，如果我不能回去，就叫你爱人穿上。”又拿出一个小本子，说：“这个，我带着也没用，给你吧！”她用纸包好，递给我，我把它收下。直到此时为止，我还不相信，我们的爱情已临终结。

这天下午，她坐在沙上，我躺在她的身边，说说笑笑，聊了半天。太阳平西，有一个老年的农民，从山边小路上走过，看见我们，睁大眼睛笑了笑。萧林回过头来，对我说：“笑你哪！”

我说：“不是笑我，是笑你。”

这天晚上，吃了晚饭，她又来找我，我们俩一同走到村后小山坡的玉米秸上，说长道短，谈了一会儿闲话。湛蓝的天上，银星闪耀，直到夜深了，她说：“你送我回去，看着我睡下。”我送她回去，女同志们已进入梦乡，小油灯挂在墙上，袅袅地冒着青烟，我看着她睡下，吹熄了灯，关上门，走了出来。

我走回社部，光人和刘纪同志已经睡下，我也悄悄地睡下了。躺在炕上，仔细思量萧林的思想，不知我们的爱情将如何终结。

第二天，萧林还不走，我陪她坐在村后玉米秸上晒太阳，刘纪同志走过来，和我们坐在一起聊天，萧林说：“等我回去，组织上好解决我和老梁的问题。”刘纪说：“那个好说，只要你下决心回去！”

从这几句谈话里，看她的思想，看她的态度，似乎有那么一点真情实意，但也不一定，一年来她的思想反复无常，我们的事情，真也说不定落在什么结局了。

吃了午饭，她打好被包来找我，等我送她回去。我穿上新打好的布条草鞋，背上被包送她回去。送出村口，一直过一个小山梁，她说："你回去吧！"

我把被包递给她。

她说："把草鞋给我吧！"

我把草鞋给她穿上，亲手给她结上鞋带，我穿上她的破鞋。她看了看，微微笑着，表示满意。

就手，我把我的长裹腿也解下来，给她缠在腿上。

她紧紧握了握我的手，转身走去。走不多远，又转过身来，摆摆手儿，笑了笑。我站在那里，看着她走去，越走越远，直到走过山头。

虽然如此，直到此刻，我还是猜不透我们的爱情会落在什么结局上。真正的恋爱生活，在我的一生中，只有这一次。无论如何，她作为生活的一部分，支持我写出三部《红旗谱》中的爱情生活。

这天下午，沙可夫同志来看我们，坐在小院里，谈了半天笑话。第二天早晨，我去回拜。一进石头小屋，沙可夫同志和吕骥同志正在吃饭，他俩穿着和我们一样的粗布棉袄，用洗脸盆打来棒子糊糊，用茶缸盛着，拿小勺一勺一勺地吃着。一边吃着，一边和我搭讪，问长问短，多是工作上的事，我一一答复了。

晋察冀军区政治部的抗敌剧社来文艺部演出，抗敌剧社是大剧社，演出了一个晚会，效果很好。正社长姓白，副社长汪洋，我们向他们祝贺，打算向他们学习一个时期，他们同意了，文艺部也同意了。

我们即准备行装，办好手续，跟他们同行。一同走到晋察冀军区政治部的组织部，转了关系。组织科长顾宁同志热情接待，就手从铁桶里舀出一碗白开水，放在我的面前。我用两手端起这碗温开水，仰头喝下去。虽然只是一碗开水，也说明了组织部门对干部的关怀，我感到浑身温暖。

过了几天，到附近地方演出晚会，也排上我们的节目。他们的节目排在头里，用我们的戏压轴，我心里很觉不安。“抗敌剧社”是边区的大剧社，“新世纪剧社”在路西里则默默无闻，如果“抗敌”的戏一闭幕观众散了场怎么办？如果我们的戏一开幕观众散了场怎么办？为此，我们只好拿出拿手好戏《夏伯阳》。

还好，“抗敌”的戏一闭幕，观众还等看我们的戏。当《夏伯阳》一开场，台下观众稳坐如山。从夏伯阳出场，观众都静静地看着，一直看到闭幕。我们胜利了，大家都感到高兴。

第二天，汪洋同志对我说，你们可以自己工作，完县有个演出任务，我们写封信，你们去吧。我们答应了。到了完县，演出了一个晚会，和在路东一样，得到预期的效果。

在完县住了几天，姚呐说他有一个同学叫刘鸿声，就住在附近，他要去看看。我们答应他去了。回来时他把这位同学带来了。他是保定第六中学的学生，会画画，我们把他收下了。又在附近招了几个社员：女同志胡汐，小鬼杨沙、臧辉、臧云。还收了一个农民，当炊事员。

回来的路上，经过完县的北大悲村，冀中军区的后方勤务部就住在这里。我们和他们取得联系，并准备给他们演出一个晚会。除奸部副部长阮慕寒和后方勤务部部长出面招待了我们，请我们吃了一顿丰盛的午餐，一个桌上几盆大菜。因为是冀中的机关，我们感到特别温暖。到了更换衣服的季节，给了我们几十套军装，换下穿了一冬的棉衣。我们想就住在这里，不再到别处去了。

我带了一个小鬼，到北方分局去，请示行止。先到了晋察冀军区政治部组织科，见了顾宁同志，在那里给分局组织部打了电话，正好是张瑞华同志接电话，她听说我是梁斌，就说：“黄敬同志在这里，你跟他说话吧。”

我听说是黄敬同志，心里一时高兴。我跟他通了电话，黄敬同志说：“你们住在哪儿？”

我说：“住在北大悲村后方勤务部。”

他说：“好！回我们家吧！先到这里来，我看看你们。”

我说：“好，我把剧社带去吧。”

给黄敬同志打了电话，我的身上如释重负。飞步走回北大悲把剧社带回来，在组织科转了关系。从北大悲到史家寨有一条小山沟，沟中有一条小溪，我们踏着小溪上的石头小路到了史家寨，这是一个大村庄，我们就在这里住下了。

秘书长姚依林同志出面接待我们，说：“……我给你们作两个报告。”在几天里，我们听了姚依林同志的两个报告，演出了一个晚会，即移居离此十几里的土门村招待所。第二天，黄敬同志骑马来看我们，见了面就问：“有结了婚的吗？”我没有来得及回答，我与萧林的事，他似有耳闻。

今天太阳很好，搬了一张桌子，两把椅子，放在门前的广场上，黄敬同志坐在椅子上。我把剧社的人们招呼来，围着他又说又笑，他说，区党委的住地在曲阳县的李家台村，他叫我们到李家台去。直到晌午，黄敬同志才打马回去。

我们在招待所住了几天，分局来人，说要开会，叫我们演出一个晚会。我们很觉为难，两个汽灯坏了一个，只点着一个汽灯，演了一个晚会，台上半明半暗的。时届春耕，我们就演了一个春耕的节目。

招待所叫我们给他们演出一个晚会，杀了一头猪，请我们吃了一顿猪肉馅的大包子。第二天，我们就出发到曲阳县去。

队伍走过一个山梁，有一个大山村，适逢大集。我们把骡驮子拴在大榆树林子里，赶个大集再走。山村大集也有不同，有卖红枣的、卖核桃的、卖柿饼的……也有卖石器、木器的，多是一些山货。我们也趁这个机会，买些东西吃。

正在这时,来了一架日本鬼子的飞机,擦着山头飞过来,飞得很低很低,围绕大集盘旋。人们一见飞机,皆惊慌四散,我也趴在坑壕里。日本飞机丢了几颗炸弹,一颗炸弹落在我的身旁,几块弹片和黄土落在我的身上。骡子受了惊吓,挣断了缰绳满山乱跑。幸好,骡子没摔坏,几个人跑上山去,把骡子牵回来。

战争年代,飞机和炸弹也不是罕见的东西,飞机飞远了,人们对于这场轰炸哈哈大笑,重集队伍继续行军。

途中经过王快镇,这是一个比较大的山镇,山下就是滹沱河,河畔尽是平整的良田。一般都是种稻,也种五谷杂粮,是山地的谷仓。走了几天才到曲阳县的李家台,我们就住在这个山村里。

回到区党委,刘纪和光人到联大去办理手续。回来之后的一个晚上,把我叫到屋顶上,谈了到联大的经过。其中也谈了我和萧林的问题,说是联大党委给了我处分。这个处分当时我就没听清,也不知我为什么受到处分。为此,我给甘凌同志写了一封信:一谈我与萧林之情,二谈联大不应该给我处分。第二年王林同志对我说,为我与萧林一事,区党委给联大提了意见。黄敬同志对我说,区党委取消了对我的处分。

有一天,黄敬同志和彭真同志来到剧社。一进大门,警卫人员就上了房。一边散着步,彭真同志问我:“他们跟你们要小孩子,你们给了吗?”我说:“给了!”可见事情不大,还经过了分局。

在李家台得到休息。

有一天,区党委通知开会,我和光人去了。会场在一棵大柿子树下,那棵柿子树的叶子密密层层,像一个大圆盖。放着一张桌子,两条凳子。张国坚同志和周小舟同志坐着,别人都站着,人并不多。

张国坚同志宣布开会,说是“同志审判会”,我参加这样的会,还是第

一次。旁边站着一个三十多岁的中年人，个子不高，惨白的脸儿，听候审判。他叫孟继光，过去是冀中三地委一带的地委书记。王林同志曾对我说过：他为了和马彤君结婚，害了原配妻子，但得不到证据，只好蒸骨验尸。蒸骨验尸之后的结果如何，我没有听到说过。

今天开会，周小舟同志作了长篇发言，因年久月深，我已记不清了。周小舟同志发言之后，孟继光紧跟着问："我要是承认了，我光荣呗？"脸色几乎变黄了。

继续发言的有冀中农会副主任田至中，此外发言的人并不多，也是不知案情底细的原因。

据说第二天就把孟继光处决了。还听说孟继光被处死之后，马彤君曾到他的坟上，徘徊良久，不忍离去。

十

关于萧林的问题解决了，使我的心上少了一个赘瘤。说句实在话，为了迷恋这个女人，少读了多少书，少写了多少文章？在剧社里降低了我多大的威信！姐夫刘耀奎曾说："女人是祸水！"我说："不对，坏女人才是祸水呢！"此话可能有些道理。自此以后，这种蠢事我再也不干了。我深深地记在心上。吃饭香甜，睡觉也安然了。

李台是山下平川上一个静谧的山村；村外有很多大树，有松树，也有杨树。还有很多青色的大石头，土地也很肥沃。在李台看见史立德同志，也看见妇救会的韩超新同志和老同学杨循同志。他们都住在抗联会里，当时这个后方机关，好像人很少，似乎没有看见别人。虽然几个月不见，却有如隔三秋之感。当时正在麦收，我们和其他机关一同去帮助秋收。还出了一个小报，我还写了一篇小文章。韩超新跟我说，杨循在杨村读过书，是张荫梧的学生(张派)。当时，他认为是有问题的，我却不以为然，他是一个老实人，是我的老同学。此事我并未跟杨循说。在这个时期张荫梧正跟八路军闹摩擦，"张派"这个名词不是一个简单问题。在张荫梧的家乡，为"张派"问题杀了很多人。从今天看来，似乎是有些扩大化吧！在张荫梧办的学校里读过书，也成了"张派"了！张荫梧的老家博野县为此杀了很多人。因此，这个县里，我们的人站不住脚了。

为了今后的工作问题，我去拜访黄敬同志，征求了他的意见。他沉思了一下，说："你们不只是唱唱歌，演演戏。你们要像一只老母鸡，孵出一窝小鸡。"他的话深入浅出，一句话点出重点，我一听就明白了。但是那时我还不晓得他这一句话的重要，他指出了游击根据地的文艺路线问题。

在一天的晚饭之后，我叫了刘纪和光人，走到村西，躺在沙滩上休息。太阳压山，夕阳映在村树上。麦秋将过了，晚风微微吹过来，颇觉得凉爽。我们互相交换着意见，你一言我一语地谈着；这像老母鸡一样地孵出一窝小鸡的工作方法，将要怎样实现？最后得出一个结论：要培训基层干部，训练区村剧团的团长、导演和主要演员，以便巩固、发展区村剧团。

我又找到周小舟同志，把这个意见跟他谈了。他满口答应，笑了说："好吧，就是这么办，把村剧团的干部做短期训练。"他这么一说，这个问题算是定下来了。

当时的工作方法，简单干脆，没有那么烦琐，说干就干。于是决定傅铎、沈雁、张震等五六人到路东招生，由我带领。轻装便步，由交通员带着手枪护送。此时麦秋已过，气候渐热。黎明时分到了铁路上，敌人开始在路旁挖沟，但还不阻碍交通，没费什么事，就过去了。这是第二次过路。从山地走到平原，说不出心胸有多么开朗。土地上有新割的麦茬，大庄稼还没

有长高,在太阳下闪闪发光。

当时,司、政两部,区党委,正住在定县的庞村,庞村是个大村庄,麦收刚过,平原上气候干旱,也有些炎热了。我们见到了区党委的组织部长刘亚球同志。据说他是湖南人,矿工出身,性格很直爽,老八路,处理问题有些像包公,不留情面。我们向他汇报了来路东的工作,要赴各县招生。他同意了招生,但不同意带组织关系,我们也只好如此,分头下去。

我分配到深泽县招生,从定县走到深泽,是一天的路程。当时深泽县的文建会(全称是深泽县各界抗战建国联合会)住在城东的马里村,我找到这个村庄,找到了县抗联会。当时只有一个部长在家,中等身材,干瘦脸。我向他说明来意,住在一间大北屋里,倒很舒适。在一块儿住了几天,但他不跟我谈工作,也不见他有什么动作。生活不错,因为小麦才下来,每天请我吃凉面条。我向他提出意见,他说:“你不带组织关系来,我们怎么向县委汇报?怎样进行工作?”我听了,倒也觉得如此,不带党的关系来,怎么向县委谈工作,只好回区党委组织部取关系;一个人头顶炎阳烈日,一日之间,回到定县庞村,区党委驻地,向刘亚球取党的关系,他觉得无法推辞,只好答应了。一个人又回到深泽县马里村。在炎热的夏天,一个人独来独往,在游击根据地里也是有危险的。那位文建会的部长才领我到另一个村庄去找县委,去谈汇报。得到县委允许,才开始进行招生工作。人地生疏,没有选择,只是说明条件,由他去调动。我在这县招了几十个学生,有男孩子,也有女孩子。文化水平不齐,都是参加剧社的,也有村文建会的。

招来的学员,在区党委驻地集中,约一百多人,男学员多,女学员少。编好了队:五人一个小组,派一个组长。二十五个人为一个小队,派一个队长。由我亲自领导。

长途行军,轻装,每人背一个小包袱,也就是两身衣服罢了。

这么多人,从平原向西路去,不是一件简单事情,得由部队护送。出发之前，站好了队，由我讲了话，大致是：以小组为单位，以小队为单位，互相联系，互相照顾。遇上情况不要乱跑，跑散了就丢失了。路上没有开水喝，只好喝凉水。要遵守纪律……太阳平西，吃了饭就出发了。将到铁路旁，便停下步，开队长会，传达情况。开组长会，做了传达：一，敌区行军保持镇静。二，遇上情况，要集体行动。三，不要跑散，在敌占区跑散了是危险的。重新嘱咐了一遍。

开了小组会，继续前进。暗夜行军，悄悄地就过了铁路，没有发生什么事故。

到了路西，住下之后，区党委叫我们住李台东南边一个村庄。我们找到山那边一个村庄，离李台也就有那么十几里。属曲阳县，才打扫干净，区党委又来人，告诉说："那个村庄你们不能住，是由前哨部队住的，不然敌人来了是很危险的。"把我们说了一顿。并指定剧社和训练班住在山这边一个村，叫韩家峪，是一个大村子。

在山地不比平原，人多了，不容易一下子弄到这么多粮食，我只好走了几十里路到冀中行署粮食科去交涉，接待我的一个年轻人，表示不负责任，无法解决。我向他发了脾气："一百多人要饭吃，不负责任怎么解决，怎么办？"他和别人去商量，结果借给了五千块钱，买点粮食凑合着，将来怎么解决再说。

我用一个小包袱提着票子往回走，我自幼还未经手过这么多钱财，很觉放心不下。我停住步，打开包袱看了看，一百块钱一捆，少了一捆，心里惊慌，立时冒出满头大汗。走了一会儿，又停住步，再数了一遍，又多了一捆。又走了一会儿，心中还是不放心，又停住步，打开包袱数了一遍，才放心了。真是，不当家不知柴米贵，我几乎有些精神恍惚了。一负上责任，这事故就大了。

粮食问题解决了，被服问题还没有解决，学员都未带被子来。我又去找行署主任徐达本，当我走到他的办公室，正好黄敬同志也在那里，我向他们汇报了招生情况，提出问题。我没敢提出被子问题，只提出衣服问题。

黄敬同志沉思了一下，笑了说："有身衣服固然好啊，站上队一看，整整齐齐，买去吧！"他说完了，徐主任不表示意见。黄敬同志又说："梁斌同志知道吗？为吃粮问题毁了很多老百姓呀……"

他一说，我也觉得心中不忍。山区粮食困难，此后吃粮都是从铁路路东面送来。由路东各村群众每人背四十斤粮食，编成班、排、连，由县长带队，部队护送，从路东越过平汉铁路，送到路西。这么庞大的队伍，有时一边打仗，一边行军，才从路东把粮食送到路西。当时，办这个训练班真是谈何容易。

抗日期间，财政粮食困难，我是知道的，也就无话可说了，有困难自己去克服吧！一个人默默地走回来。三个月的训练班，无有被服，学员们要凭着一身衣服过夜，俗语说，小伙子壮睡凉炕，其艰苦情况可知。不过在抗日期间，这种生活情况并不罕见，游击区的干部有好多是这样过来的。

一百多个学员虽然不多，麻雀虽小，五脏俱全，各种事物并不简单：由千里当宣传科长，经管刻印教材。光人当组织科长，经管组织生活，审查学员，发展党员。姚呐当教务科长，经管教务。把功课分为两段；前一段是理论：戏剧概论、导演、舞台装置、化装。音乐课分为两门，一是识谱，一是指挥，贯彻全程。齐祖耀和郭濯当参谋，时时注意军事情报，准备敌人的进攻，打游击，管理生活。

一切准备齐了，就开课了；我自己担任讲戏剧概论，此外还有舞台装置、化装、导演等课。深入浅出，讲些常识罢了。一边搞训练班，剧社的工作就停下来，因为有的人讲课，有的人还要管理队上的工作。

讲完了理论课程，开始排戏，一边排一边讲。

粮食不足，有时吃面条，大部分吃小米糊糊。韩家峪一带，满山遍野的枣树，到了秋天，枣儿半青半红，临风摇曳，逗人食欲。山村习俗：过路的人允许吃，但不允许拿着走，想吃多少都可以，你拿着走，他不干。学员们吃不饱饭，经常上山摘枣充饥，引起疟疾，差不多有一半学员患病，只好请区党委的医生来治病，吃奎宁或是打针。有一个学员因病送到医院里去，医治无效，因此丧命。这也无法，抗日期间，药品是困难的。因此，那个医生来了，我就请他吃好东西；有时炖鸡，有时炖肉，干部们也一块儿吃点儿，以保证身体健康。药品都是从敌区买来的，是不可多得的。

西北战地服务团团长周巍峙同志来了，我请他给学员们谈了谈，讲了一次话。后来王林同志才说是他请来的。

训练班一直开到秋末，天将凉了，正好区党委转移路东，剧社和训练班也随着转移到路东去，排成长队，跟随军队过路。到了路边上，又停了下来。可能是因为骡驮子不稳吧，黄敬同志问我："这些棉衣怎么办？"我急中生智，说："叫学员们每人扛一件吧！"就这样，把一百多件棉衣带过路东。到了路东，把学员们排的戏做了十次公演，实际上没有演十次，把好一点的学员留下几个，充实剧社，其余的就各回各村，算是撒下一把金黄的种子。

这年秋末，文建会开代表大会，我参加了。被选为文艺部长，副部长是张青季。刘纪被选为组织部长，副部长是刘玉璋，是个女同志。主任是史立德，副主任是王林、路一。路一还兼宣传部长，副部长是高铁英。

选举之后，青季甚为不满，因为文艺部这一摊儿，过去是由他领导。如今我当了正部长，他是副部长。当我和他在一条炕上睡觉时，他嘟囔不止，我也不高兴，劝他到联大去学习一下，工作也方便。听了我的话，青季和刘玉璋就去联大学习了。刘玉璋因身体不好，死于山里。

黄敬同志说："文建会名流太少！"这次文建会的改组和加强，预示冀中农村文化运动的繁荣。文艺部经管文学、戏剧、音乐、美术，实际上是整个文学艺术的领域，部下无人，我只好使用新世纪剧社这个“老母鸡”。我上任后的第一个指示是“停演封建旧戏”。话剧、歌咏、舞蹈一马当先，宣传抗日、革命，反对封建、顽固、汉奸卖国贼！

文建会决定出版《冀中文化》，这是个综合性的文学艺术刊物。发了我的一篇《论民族形式问题》，此外还转载了周扬同志的、茅盾同志的，都是同一性质。再出版一个《文化工作》，是文化工作交流的性质。文艺部又出版一个《文艺学习》，是纯文艺性质的刊物。

为了辅导区村剧团，新世纪剧社出版了《歌与剧》，为了开展诗歌运动，出版了《新世纪诗刊》。

为了出版这些刊物，文建会宣传部下边成立了一个编辑室，当然在游击环境中，不可能设立铅印厂，都是刻钢板写蝇头小楷油印，新世纪剧社出版的《歌与剧》，也是自己油印、装订，推着小车送到交通站，发送各专区、各县文建会，一直送到村剧团。印刷数量不够，各专区、各县文建会还要大量翻印。学员下去了，拿到这本小书，就可以唱歌排戏了。

文艺部还决定在部队、农村、学校建立工农兵文学通讯小组，培养工农兵业余作者。

这时村中剧团开始活跃，墙画、标语遍村皆是。

在几年中，《文艺学习》和《歌与剧》在游击根据地起了相当大的作用，尤其是《歌与剧》，深入农村，密切配合了工作。各村剧团，都视为珍宝。

为了应付敌人的冬季大“扫荡”，把新世纪剧社的人分成小组，到各专区，就地开办小型短期训练班，帮助地方文建会培训村剧团的骨干，这个方式对于加强村剧团来说，起了很大的作用。也叫同志们有深入农村生活的机会。光人带一班人到了八分区，祖耀带几个人到了六分区，千里和几个人在七分区，人们都下去了。

把文艺部和剧团的工作安排好，也把自己的事情安排了一下。自幼受了托尔斯泰和高尔基的影响，读了两本《给青年作家的信》，忘记是在哪一本上，教青年作家准备几个笔记本子。一个本子记录语言，群众语言，或是书上的好的语言；一个本子记录人物，部队上的战斗英雄，乡村里的抗日模范；一个本子记录民间故事、好的情节。我在乡村的集上买了三个精致的小本子，开始了文学创作的准备。这个准备工作，使我积累了大量的材料。那是青年时代，记录一遍，也就可以记在脑子里了。

此时，地方上正在搞统一累进税，政治部民运部长杨友民等在大街上领导宣传统一累进税的好处。《红旗谱》中朱老明这个人物，就是在这个时候听到的：饶阳县东张岗村，地主掌握政权，把统累税弄在穷苦老百姓身上，害得群众寻死上吊。程子华同志派黄敬同志前去调查，回来之后对我说的。我把这个故事记在小本子上。

此外读了一些好的剧本，《大雷雨》油印本就是这时读的，还读了一些文学作品，当时书少，读起来也细心。深入生活，收集资料，从这个乡村走到那个乡村；从村剧团到小学校、村工会、村农会、识字班……踏踏实实地做创作准备。

这年冬天写了一个短篇《烧桥》，刊在《冀中文化》上，是写两个青年怎样研究、设法烧掉敌人的桥梁。是用群众语言写的，引起人们的议论。当时写文章多是用五四以来的文学语言，或是叙述用书本语言，对话用群众语言。乍用群众语言写文章，人们还不习惯。

周小舟同志委托我考察一下农村救亡室的情况，我走了一些村庄，做了一些调查，写了一篇文章，刊在《文化工作》上。

剧社各个小组春节前回来，过旧历新年。上级规定：每人二斤肉二斤白面。除夕晚上，区党委召开干部会议，我去参加了。组织部长刘亚球代表区党委讲话，大意是对干部们表示慰问，其中有几句话说："……组织上不能鼓励大家离婚，但是抗日战争是长期的……"此时党通过青救会和妇救会下达一个指示："男女平等，自由恋爱，结婚离婚自由……"此外还有一个精神："女子有继承权。"两种决定对于妇女解放，巩固根据地，起了很大的作用。但是对于我来说，恋爱已经不是什么好事情，耽误工作不用说，精神上的消耗也是严重的。离婚也大非易事，工作紧张，为个人事情再消耗一些精神，也实在犯不上了。但这个指示在农村起了很大作用，过去是封建婚姻，现在的青年男女，都是一对一对的。

过了年排了一个戏，是《驿站》，是从苏联翻译过来的。由胡汐和刘敬贤主演，我亲自导演，这个戏排练的时间长，演出效果还不错。情节是在一个小车站上，一个伤兵遇上一个地主妇女。这个地主妇女要把这个伤兵打死，两个人开始搏斗……

这年春天我写了一个剧本，是歌剧《抗日人家》，刊在《文艺学习》上。后来交音乐教员陈春耀谱曲。在这个空隙间，想排《雷雨》，因火线排了《日出》，我们不排一个，也不能旗鼓相对。但我总觉得在解放区演这个不妥，亦未实现。

光人从三分区回来，带回一个女孩子，大眼睛、长条个子，长得很漂亮，据说她迷住好几个大干部，行署主任李耕涛同志叫她蓝印，她都不干。因为以前有个女孩子叫薛坚的和光人好。现在他又和这个叫林薇的女孩子有了恋爱关系，这就不好办了，使得光人上不来下不去。开始接受审查，区党委组织部叫支部书记郭克与姚呐负责此事。因为不叫我管，我也无法插手。

我的日常工作，还是打算怎样演出。从夜校到剧团收集资料进行创作。这个时期，我也考虑到千里孤身一人，日夜创作，我把穆玲给他说了，穆玲同意，千里也同意，两人谈得很欢洽。作为一个老朋友，也算尽了我的责任了。但是有一点：穆玲过去和青季有过关系，这我就管不了那么许多了。青季去路西学习，谁知他是不是回来，是不是能回来？

这个问题解决了。有一天，千里和穆玲正在屋里炕上并肩谈着，女演员秦令英走进去一看，回过头呜地哭了。千里把这件事告诉我。一个剧社里有男有女，有大有小，慢慢来吧！

我嘱咐千里，写一个关于工人的剧本，准备五一上演，他答应了。

一九四一年夏日，决定开办大型训练班，成立文艺干部学校。校长是史立德，我担任副校长，由我管理一切。教育长是高铁英，组织科长是郭克，宣传科长是远千里，教务科长是姚呐。高铁英特别跟我谈了一次话，说他不懂得，不愿管事，我也不勉强。特别请王林同志来讲课。

文艺部下达一个通知：专区文建会文艺部长、各县文建会文艺部长都带队前来，随班听讲，因为他们一般的不太懂文艺。

总结一年来培训工作的经验：除必要课程外，一开始就排戏，一边排戏一边讲戏剧课的常识。在音乐方面依然讲识谱和指挥。傅铎、沈雁、张震依然做队上的工作。三百多人分做两个队。因为这些学员有一部分是来自游击区，我给冀中公安局长张国坚同志写了一封信，请他帮助。他派来三个干部，一个秘书米力同志，一个组织干事周永同志，两个人都是女同志。此外还给了一个管理科长姓谢。麦秋以后青纱帐期间开学。在平原上办训练班，不得不随着机关转移，但是生活条件比在山里方便多了，吃食不用说，走到哪里，可以向房东借被子。青纱帐期间，住安平县的北郝村。北郝村是一个大村子，村外有很多的老柳树，郁郁葱葱。周围有土堤，用以防水。他们在土堤一侧大柳树下，挖成阶梯形，学员们拿个小木板或是草墩子搁上，坐下听课，好像阶梯教室，怪好的。

把工作安排好了，依然做我自己的事情。

傅铎同志来了一个客人，是博野县人，姓宋，是他姐姐的公公。一个老者，六十多岁年纪，劳动者，宽额，尖下颏，一缕稀疏的胡子，身体很是矫健。他是为儿子的事情来冀中打官司的。

我和他谈了几天，才知道他的二儿子宋鹤梅是我高小时代的同学，参加过博蠡暴动，打死本村一个地主，跑到深县去。深县县委为了稳妥，把他掩藏在一个土匪家里。不巧，正值县队剿匪，把他拿住了，当做土匪办，解到保定。老家的地主知道了，告他是共匪，这就不好办了。

过堂问供时，有人盯着，不承认也不行。他干脆地承认了。被判处死刑，立即执行。他立在汽车上，沿途走着，高呼："打倒国民党！""中国共产党万岁！"甚是英勇。

他的第三个儿子叫宋汝梅，也是我高小的同学；抗日战争开始，他在区里当自卫队大队长。有天晚上，他送几个干部过路，这时敌人已经设了据点，占了公路，他把手枪插在腰里，和那几个干部走出大门，说："到了路边上，不要发慌，听我的。我在前头，看看路上无人，拍三下掌，你们就走，我要是不拍掌，你们就停住，我要是往回跑，你们要跑在我的前头。"

说完了话，大家一齐上路，夜是黑暗的，星子照明大路。将到路边，其他的人停住，宋汝梅走向前去。路旁有个小瓜铺，是一片甜瓜园。当他走到这个小瓜铺时，小瓜铺里开了枪"当！当！当！"三枪之下，宋汝梅应声倒地。那几个干部，听到枪声，也就往回跑了。

出事的第二天早晨，这位老人和区长去看出事的现场；老人看过来看过去，在死去的儿子身边找到一粒子弹，他安谧不知的把这颗子弹掖进衣袋里。

恰好，大队副的姐姐家在敌人据点里，他姐姐和姐夫常来往于据点和家乡之间，于是他怀疑这个大队副是个内奸。

他的提法是县里接受不了的。他又拿出这粒子弹，正好这粒子弹是大队副枪上所用的，于是老人更加坚定无疑地认为打死宋汝梅的一定是大队副。他虽然有此证据，县里还是接受不了，因为事前事后这个大队副毫无可疑形迹。

老人又提出第二个证据：

在出事以前不久，宋汝梅曾带着村里的游击小组去卞和。

走到漫洼野地，听到一辆大车走往敌区，他喊：“站住！干什么的？”

宋汝梅带着游击小组走向前去一看，正是大队副的姐夫赶着一辆大车，车上拉着棉花。他想走往敌区。宋汝梅说：“走！轰到大队部去！”

他姐夫无奈何，只好轰着大车走到区里，轰到自卫队大队部。大队副一见，就傻了眼了，事到如今，又如何办法，别的不用说，这一辆大车和这一车棉花得值多少钱：这一下他姐家就倾家荡产了！

大队副想不出别的办法，只有托人向宋汝梅求情。宋汝梅说：“他资敌，是不能允许的！”

大队副又托人说：“这是我的姐夫，你抬抬手吧！你一抬手，就过去了。你不抬手，孩子们吃什么，喝什么呢！这一家人不就哗啦了吗？”

中间人给他把话说尽了。宋汝梅还是不干，他跺了一下脚说：“皇上犯法还与民同罪哩！何况是他姐夫？”他肯定是不放。于是，就把这个大队副得罪了。

老人说到这里，他流出眼泪说：“谁拿锄谁留苗，这会儿县委是至高无上的权威。他们说不行，就不行。我只好告御状，上告！”

就这样，老人孤零一人，来到冀中打官司。区党委听说了，黄敬同志还请他吃了一顿饭。

但是，老人并没有谈到他的大儿子是怎么死的。我知道老人的处境是艰难的，儿子们牺牲了，留下几个守寡的媳妇和孩子们，将何以为生！虽然如此，老人精神矍铄、达观，毫无一点悲怆的情绪。当然他也会明白，他这样的老烈属，政府是不会不管的。

老人豪迈的性格感动了我。因此，我要以他为模特，创造一个高大的农民形象。

在几天里，我和这位矫健的老人，谈来谈去。我明白：这是一个刀刃上的题材，我还能把他放过？

于是，我构思了《三个布尔什维克的爸爸》这个短篇。

写他的大儿子宋友梅参加了中国大革命，在四一二反革命政变中牺牲了。写了反革命蒋介石，破坏国共合作，回过头来，屠杀工农群众。老人徒步千里去探监。

写他的二儿子宋鹤梅参加了高蠡暴动，当了红军大队长，老人扛上铡刀随儿子出征，在辛庄战场上大显威风。我以丰富的联想力和想象力，塑造这位老人丰满的形象、性格。

大暴动失败以后的悲惨情形，宋鹤梅被捕，押于保定监狱，临刑高呼："中国共产党万岁！""打倒国民党！""打倒日本帝国主义！"

写了三儿子宋汝梅死于抗日战争，与他的经历差不多相同。

在这个短篇里，朱老忠、大贵、二贵、三贵，这几个人物就形成了。这个短篇写了一万多字。

这个短篇叫王林同志看了，他说："尘埃太多，擦得不亮！"我就体会成写得不够精练。于是，我又反复修改，后来登在《冀中文化》上。

文艺干部学校，自然有郭克、傅铎、张震、沈雁等人管理。光人此刻因为林薇的问题，只有靠边站了。这个问题，我没有管，是史立德他们管的。我抽空写了这个短篇。有时，他们跟我汇报一下。我亲自讲了《戏剧概论》和导演。学员们说我不够卖力气，这也难说，几年以来，老是吃小米干饭和菜汤。小米的营养虽好，但老是吃这个，时间长了，胃口也就不好了。有时吃几口小米饭，喝一大碗菜汤，因为菜汤里有些白面，有时也有些白面疙瘩。这样，我的身体渐渐不行了。再者，老是长途行军，体力不济。

有一天早晨，我觉得身体不好，在炕上躺了一会儿。当我一起炕的时候，一脚没站住，倒在地上。我的女秘书走过来，把我扶上炕，我陷于迷糊

之中，休克了。女秘书赶紧叫人去请医生，医生来了，给我打了一针，躺了半天才渐渐苏醒。后来又叫医生来，女秘书叫他再打一针，医生悄悄地说："只不过是些吗啡！"当然，在根据地，药品都是从北平、天津入口的，使用的人，是有一定限制的。像我这样的干部，是得不到高贵的药品的，我也不妄想，就慢慢养着吧！

女秘书看我的病情一时难以恢复，叫我离开干校，另找了一个地方，安静地休养。那是两间西房，屋里放着两张床。管理员刘田端来半桶白面，还为我找了一个做饭的老师傅。也无非是烙饼、面条，我不记得吃过饺子。女秘书常来看我，扫扫地，烧壶开水什么的。

这时，大姐家的外甥不知道怎么找来了，在犬牙交错之下能从老家找到这里，也就不容易了。他有些难言之隐，看我病着不好张口，后来毕竟跟我说了：他哥哥小个儿，不知为什么事情，叫区小队弄走了，一去无有音讯，他也未说明是怎么死的。大姐夫抽大烟，从来不劳动。小个儿自小是个小跑慌子，好吃懒做，也不劳动。只是和大街上那些游手好闲的人们一起鬼混。要说他走敌区，他也不去。要说他当汉奸，他也没有这个胆量，这个我是知道的。但在这战乱之中，又有什么办法？使我甚是焦心。

更有一件事，使我心中过不去。就是小个儿死了之后，有一个药铺里学买卖的，叫小斋，说小个儿生前借了他八十块钱，还有借帖。这借帖，谁知是真是假？小个儿生前又没说过。此事使我难以平静，但也无可如何，因为蠡县家乡已经被敌人占领，成为沦陷区了。县里虽然有几个熟人，在这敌我交错之中，也不知道人家能管不能管。我再三思索但也无可如何，只有吞下这口气，忍了。

那个外甥住了几天，见我也说不出什么，就不声不响地回去了。在这样复杂错综的社会情况下，谁又有什么办法呢。

那个女秘书倒也不错，每天来看看，扫扫地，坐在床头上说一会儿话。

说实话,她是有意的。有时也说到一些她过去的历史,解释她没和谁有过什么关系。这事情也就明了。但是有了萧林的教训,她整整耽误了我一年的时间,使我有难言之苦,我也就不敢再试罗网了。真是"一朝遭蛇咬,十年怕井绳"。当然,我并不是说,我永远不再解决这个问题了。由于有党的政策摆着,"反对封建婚姻;结婚离婚自由",这是我永远也忘不了的。

等我病好了,干校又转移了地方,大概是安平之羽林村。我住了两间大北房,很是敞亮。这时有一位路西抗敌剧社来的副社长,到火线剧社来要他们的一个主要演员凌风,因为过去两个剧社有过来往,所以过路来住在我处。我不得不解囊招待,没有别的,每天中午,也只是一碗烩菜,价值三角。吃饭时,还把八分区文建会文艺部长张君迈叫上。吃了三天之后,张君迈就说了话了:"你也不能老是这样,招待一顿,也就可以了!"说句实在话,除了住在羽林村,当时的解放区,在别处还吃不到呢!

那位王副社长见冀中的孩子们长得好,他找了几个男孩子,几个女孩子。过路时未带上,过路之后,他又叫刘仁同志来信,叫我送去。这几个孩子,我又未见过,也不知在哪村,这个任务,我是完不成了。

羽林村有几个大地主,有一个地主的子女都抗日,在村文建会,写墙报,还会唱有意义的戏曲。有天晚上,这个县文建会的文艺部长杨光同志请大家观看他们的演出;就在地主的三间大客厅里,大哥和二哥操琴,三妹和四妹粉墨登场,唱了一段《打渔杀家》;大姐演萧恩,二妹演贵英儿。一时锣鼓喧天,丝竹动耳,演得很不错,在解放区也是难能少见的了。我们也就优礼有加,称赞几句。

他们还叫我看了他们的墙报稿。从此,使我看到抗日民族统一战线的威力无穷;这样富贵的人家居然也参加抗日,在根据地也是不多见的。据说后来,抗大三团动员他们参加剧社,人家不同意,抗大三团死乞白赖,并答应给马骑,人家才答应参加了。后来听说,不知姊妹两个之间,是哪个得病死了。这也是可想而知的,游击生活风风雨雨,金玉之家的女儿,吃小米干饭熬菜汤,是养不活他们的。不过,能参加抗战,不当汉奸,也就是好的了。

青纱帐期间,孙犁同志来了,文建会叫他跟我们一起打游击。别的不用说,这吃食就难调剂,在没有办法的情况下,我叫供给科长老谢给买了一碗腌鬼子姜,也是一种咸菜,但和腌萝卜不一样。

根据程子华同志的意见,冀中搞了《冀中一日》,我是文艺部长,但因行政工作缠身,未能参加,孙犁同志主其事。这是一个大工程,也是一个很有意义的事;稿件来自各方,一麻袋一麻袋地往这里运,得有多少人看这些稿子呀!现在的人们是不可想象的。孙犁同志弄完了这个工作,才到我这里来的。

但是,孙犁同志来了不久,区党委通知,敌人将有大规模的"扫荡",叫我们跟着三十三团打游击。一声令下,我们干校,也就投入大规模的反"扫荡"之中;这也出乎意料,青纱帐期间,向来敌人是不敢进入心腹地区"扫荡"的。这一次,敌人敢于在青纱帐期间深入根据地的心腹地区,兵力之强,可想而知了。不过敌人对于这久经游击战争的八路军,也无可如何。

我们跟着三十三团从这块高粱地,串到那块高粱地。从这块玉米地走到那块玉米地。敌人想找主力军决战,但总也找不到。

不知为什么,又叫我们化整为零,离开部队分队活动。这一切安排都由郭克、张震、沈雁他们办理,我就不管了。我带着校部这一摊人到深泽县之铁杆镇,这是一个大村庄,周围都种高粱玉米,是天然的青纱帐。白天,没有敌人,我们就在坟池里树底下,不时派出侦察班的人(学员)出去侦察一下。说真的,谁也不知道敌人在哪里,敌人也不知道我们在哪里。夜间,睡在高粱地里,跟老乡借来被子,铺在地上,又闷又热,哪里睡得着,可睡不着又怎么办?睡到清晨,满身的露水,苦不堪言。现在想来,那也是一种锻炼吧!

不知什么时候,孙犁同志离开我们,不辞而别了。可能他看我们这种打游击的办法有些不可靠。

第二天一早,听说敌人"扫荡"过来,我们慌忙吃完早饭,就扑往村南的青纱帐里。把我衣袋里最后的东西——一个小笔记本和一些什么东西,埋在一棵大树底下,就钻进那深深的高粱地里。我们在这里地理不熟,又不知敌人从哪个方向来。这里走走,那里走走,直到小晌午,我趴在一块高粱地里。当我趴着的时候,老谢——那个供给科长出现在我的身旁,他手里拿着一支盒子枪和我并排趴着,朝着一个方向。我说:"你把那个拿起来!"

他说:"不!这就要用着了!"

我的泪水一下子流出来,他是张国坚同志派来保护我的。张国坚同志是冀中公安局长兼区党委社会部长。他这样关怀我,社会部这样关怀一个文艺干部,怎么不使我掉泪呢。不用说,他在别的时候也偷偷随在我身旁的。

听着有人跑过来,我们向那边走了几步,高粱仗子一响,敌人一枪打过来,从我们头上盖过去。这时有一队人跑过去,鸡鸭乱叫。我们还不知道前面就是一条大道,有敌人跑过去了,他们也是害怕八路军的。

敌人"扫荡"过去了,我们又回到南郝村上课。因为敌人青纱帐期间出来"扫荡",这是一个不寻常的事情,按过去的规律,敌人在青纱帐期间是不出发"扫荡"的。因此人们心里都不安然,在我的心里也拿不定。人们就开始酝酿,结束这次训练班。

高铁英听说要结束,他笑着说:"留下明一吧!"

明一是长得很大方的一个女孩子,是个学员,这时,我的思想上对于这问题,好像有些淡然。当然,我不会对高铁英有什么成见,是对“女人”这个问题上有了成见了。因此,我也不多考虑这个问题了。

过了几天,他又说留下另一个女孩子,那个女孩子长得还好,一对喜溜溜的大眼睛,她是铁杆的,他和她一块儿打过游击,他笑笑说:“我们已经有了关系了!”

我无法,只好留下,但不在新世纪剧社,留在安国剧社,将来他们恋爱成功再调来,如果不成功也就算了。就这样决定下了。

在一天上午,把学员们集中在南郝村的广场上,我讲了话,说明敌人的“扫荡”,再说也秋凉了,人们都没有多带衣服,宣布训练班结束。叫各县的学员到供给科去领菜金和粮票。

讲话之后,有的高兴,愿意早回家。也有的流眼泪,他们都在敌占区,来一次不是容易,尤其是女学员,把大辫子也剪了。回去之后,日子不好过。再就是觉得时间太短,学的东西不多。这也无可奈何,在游击活动中办训练班,整天价东游西荡;走到这里上几天课,走到那里上几天课,能学得多少呢?不过,导演学到了,识简谱学到了,歌咏指挥学到了。因此可以预示冀中平原的乡村文化将有一个大的繁荣。

烈火青春

一

还是秋黄季节，河北平原上满地金黄，正是农民的丰收季节。割谷子的割谷子，砍高粱的砍高粱。敌人“扫荡”过了，司、政两部和区党委集中在安平的彪家村。训练班结束了，剧社又恢复了日常工作。开始排演光人写的《风雨之夜》。

这个戏写的是在一个风雨的夜晚敌人来了，党组织为了保护人民生命财产的安全，派出联络员和几个上年岁的绅士与敌人周旋，拖延时间。八路军来了，把日本鬼子打跑。这出戏由于在雨夜之中，风雨闪电，演出效果很好，是由齐祖耀导演的。

但是光人的事情还没有完：因为他以前与小薛有那么一阵暧昧关系，去年到三分区开训练班时，又和那个女孩子有了恋爱关系（这个女孩子，我想起来了，叫林薇）。这个问题在现在人们眼里不算什么，但在当时就不好办了。幸运的是小薛这个女孩子，是个老实人，不在里头掺和，她要是在里头一搅和，这个问题就不好解决了。

目前要弄清的问题是：到底光人和林薇发生关系了没有？组织部长是个老矿工，一根筋的脾气，他的鼻子两边有两条斜纹，他要是一笑，就好像哭一样。因为他不是本地人，很严肃，跟他打交道，有时弄得人哭笑皆非。

在韩家峪开训练班的时候，他叫我到李台去，当时我不知道他为什么叫我，心里有些嘀咕。去了以后，跟他见了面，才说叫我汇报一下乡村救亡室的问题。本来这项工作不属文艺部领导，是宣传部的事情，他叫我汇报。正好宣传部长周小舟同志叫我调查总结过一下救亡室的工作，刊在《文化工作》上。到了此时，我不由分说，向他汇报了，因为他不管宣传工作，汇报完了，也不置可否，不说不笑。因此，我也摸不透他的思想，无法应付。这时，到中午了，他忽然大喊了一声："警卫员！拿饭来吃！"

他的警卫员是一个小鬼，挎着一支盒子炮。叽里呱啦地跑过来，探头探脑地看了看，又跑回去，端来了几个菜，还有大米饭，这是区党委的伙食。他拿起筷子晃了一下，说："吃吧！"他还是不笑。我不言声儿拿起筷子吃饭，因为害怕，也说不清这顿饭是什么滋味。饭将吃完，他又扯开嗓子大喊了一声："警卫员！炒个辣椒来！"因为他是湖南人，喜欢吃辣椒。

时间不长，警卫员又端来一小盘辣椒。辣椒是青的，我吃了一口，因为吃不出是什么滋味，也就没有吃。

吃完饭，我问："刘部长！还有什么事？"

他把头一晃，说："没有什么事！"

我说："那，我就回去了！"

他淡然地说："你回去吧！"

我悄悄走出那间农家的小屋，抹了一下额上的汗珠，出了一口长气，撒开步子走回来，我算是过了这一关。

我在这里夹叙了这个人物，是我在前边忘记写这个有特点、有个性的人物。就是他，抓住光人和林薇的问题不放；下边，支部书记郭克和支部委员姚呐，也就更加卡住不放了。当时，姚呐软磨硬泡叫林薇承认发生了关系，郭克和姚呐也说他们俩发生了男女关系。林薇无法，只得承认了。

光人大怒，把脚一跺，说："林薇！你说说细节！"

这时，林薇张口结舌，无话可说，她说不出细节。因为无有这回事，于是她大哭起来。

此后，也就无人说话了。但是因为有小薛的问题，光人的问题还是过不去。我在此处写下这件事，无非是为了叫后人知道：从封建婚姻、媒妁之言争取到今天的自由恋爱、自由结婚、自由离婚是不容易的。

因为我是社长兼导演，是管行政、管艺术的。光人和林薇的事情，也未经过我，我也不问，由党组织去处理好了。

在这个时间里写了一篇论文《论民族形式问题》，刊在《冀中文化》上。这本书，在“文化大革命”以前还找到过，王林同志拿着这本书找到我，说：“看看你的文章吧！”

我看到这本书，还有两本《文艺习作》，如见故人，当然高兴，毛边纸、油印，已经过去了二三十年，保存到现在，实在不易。当时我的想法：“既然找到了，就不会再丢了。”因此，我没有把这篇文章抄下来，也未详细看。但十年内乱，不用说是抗日时期，连中华人民共和国成立以来十七年的文化事业都搅了个片瓦无存。这几本油印小书也就更不存在了。

我今天还记得，这篇文章是以冀中的风物写成的，比如：过去人们常写的“多福多寿多男子”等年联就要写成抗日革命的对联。于是文艺部就下一个通知：叫各县、区、村文建会编写抗日革命的年联。再比如：农村中过新年时，大街上都挂“路挂”，上边画着各种戏子人儿。文艺部就通令各县、区、村，把路挂上贴上一层纸，写上抗日过年的标语。此外，旧社会的狮子、旱船、“五虎”、少林、音乐会、大鼓会都为抗日服务。这篇文章，在加强宣传工作，移风易俗上起了很大作用。主要还是文艺部下了通知，有各级文建会的组织保证。在这篇文章中还谈到旧瓶子装新酒及文学语言问题，艺术上的民族化问题。

写完了这篇文章，文建会又开会，研究开各专、县文建会汇报会议的问题：叫文建会各部做总结，在大会上报告。这样一来，我就作难了，我自十九岁开始写文章，未做过行政工作，也未做过总结，不知总结怎么做法。

思来想去，还是不能下笔，只是在大的方面规定了几个项目，文学方面：《文艺习作》的出版和“工农兵”文艺通讯员的活动。戏剧方面：新世纪剧社的工作，村剧团的活动。音乐方面：新世纪剧社音乐组的工作，村剧团及歌咏队的活动，夏夜音乐会的活动。美术方面：剧社美术组的活动，农村标语、墙画的活动。此外还有《歌与剧》的出版，对各村剧团的帮助。但是实际内容还是不得要领。

宣传部的总结是高铁英做的，整整齐齐地写了一大本子。我翻了一下，前面一个帽：政治大道理，下面只是主客观条件、优点、缺点、经验教训、模范例子、特殊问题。也就是当时人们常说的“主、客、优、缺、经、教、模、例、特”。刻板，一般化，没有什么新鲜东西，我觉得这样做不好。但有些政治理论，我还是应该学习的。

我在几条大纲上想想写写，今天添上一部分，明天添上一部分，慢慢写吧！这时，我尝到一种滋味：没做过官，连个总结也不会做。别的部门都有个副部长，文艺部连个副部长也没有，没有助手，只好首长负责，亲自动手了。

新世纪剧社发展到七十多人，当时得应付节日节目，每年三八妇女节、五一节、七七纪念日、八一建军节，以后就是年节。剧社除了文学创作组（管写剧本）、音乐组（谱曲、歌咏队的辅导）、美术组（写标语画墙画）、小鬼队（歌咏及跳舞）、戏剧队外只有二十多个人，一年到头，忙不过来。我想再添一些人，分成两个队，一个队排演，一个队出去演出，这样一来，质量就提高了，而且排演的时间可以长一点，也就不那么匆匆忙忙了。

我把这个问题想好，到区党委去找宣传部长周小舟。周小舟同志听后说：“你上哪里去演？如有地方演，你弄一个剧团、两个剧团都行！”

这时，我哑口无言。

现在回忆起来，我才想到，由于敌人的“蚕食政策”——敌人势力从边沿地带逐步向内地蚕食，心腹地带已经很小了。冀中游击根据地处于敌人势力包围之中，只剩下定县东部，安国的滹沱河以南，蠡县、博野的潴泷河以南，肃南、深北、饶阳等地，各个县城还有敌人占领，县城与县城之间，还有公路相通。就是再大的剧团，也无用武之地了。在这一点上就是政治家和艺术家的不同。艺术家一头钻进艺术里，排戏唱歌，精益求精。政治家要照顾到军事、政治、经济、文化、教育……全区一盘棋。但是，这一点在当时我是体会不到的。因为一天忙到头，使你考虑不了更多的东西。

这时演出了沈雁写的小调剧《参军》，是民族形式的小戏；演出之后，群众报以掌声。那天我正在后台，政治部宣传部长张仁槐同志，亲自到后台找到我说："很好！很好！"博得群众的热烈欢迎。

正在这时，又出了一个事故：宣传科长翟晋阶和抗联会主任史立德到剧社来检查工作，方法是由各队各班检查领导。事情既不经过我，我也只好听候检查；我只知道班里队里叽叽咕咕，但不知道他们谈的什么问题。在闲谈之间，有时谈着几句当时的流行政治讽刺话，我听着好像说我有点教条主义。检查完了，也没有跟我谈，一走了之。

这时，剧社女生班说的一些闺房闲话传到外面，传为"奇谈"，我很生气，这是一个把柄。再者，史立德给王林和穆玲说亲，穆玲不同意，也是一个原因。

对这次检查工作我是有意见的，心气不舒，于是就找到宣传二部，女科长董汝勤在屋里，她就是我前面写过的那个女地委书记。我对她说："我不干了!"

她咕哝了几句，也未说出什么话。到底这一次为什么检查工作，检查工作结果怎么样，是应该跟我说的。他们不跟我说，把我蒙在鼓里。于是，我又找到周小舟。当我走进他的屋里，他正在洗脸，我说："我想到高中去当国文教员！"

他一边洗着脸，一边说："你是艺术家……"就再也不说什么了。

我心里还是有点儿闷，于是我又找到总支书记黄志恒。他外号叫小黄，我把意思跟他说了，他说："不，有总支呢！"他们既然都这么说，我就没有办法了，只好听之。

自从光人和林薇的问题发生之后，区党委秘书李春兰开始追求林薇。他追求林薇的细节和过程我不知道，从耳旁风里听说，追得很紧；有时李春兰骑着高头大马来看林薇，送东西，送毛衣什么的，林薇还是不干。因为林薇是党员，黄志恒也亲自动员林薇，黄志恒又叫我动员林薇，我把她叫到村外头去，跟她说了，她摇摇头，还是不干，眼里流着泪。

后来，又听说林薇嫌李春兰长得胖，李春兰就吃泻药。黄敬同志知道了，把李春兰呲儿了一顿。

又听说，林薇躺在炕上自言自语："你哭，你哭，你哭吧!"她究竟说的是谁？人们只是在一旁笑，谁也不说什么。

依我的看法，春兰和林薇，可以说是门当户对的。李春兰长得比光人甜润，曾当过定县县委书记。现在是区党委秘书，比光人强多了。但是，她心里既然有了光人，也就铁石不入了。这是一个插话，也是新世纪剧社历史上所有的吧！

现在看来，这个小孩子够可怜的了，到了哪里都有人追；听说有个地委书记送给她一顶蚊帐，当时在根据地里一顶蚊帐是不可多得的。可是，她也不干。

这时，家里的妻带着一个孩子找来了，领她来的人是村里的一个流氓，因此，我很不高兴。住在八分区文建会主任高铁岭家里。吃了一顿饺子，就叫她们回去了。正在青春年少，又该怎样应付呢！

检查完了工作，已经是场光地净了，根据区党委的意见，我们由抗联会转移到区党委，李春兰告诉我们，此后不叫我们跟抗联会一块儿了，跟区党委一块儿。而且给我们增加了四个菜，叫我、刘纪和光人吃，按当时来说，这是中灶。此外还有一些闲话。

我们从安平县的彪家，一夜之间走到定县的庞村，也是一百多里。

庞村是一个常往的村庄，从彪家到庞村已经是黎明时分。大街上有卖炸果子的、卖馅饼的，有钱的人都可以暂时果腹。但是，我向来是不吃的，因为我是社长，我有钱吃东西，叫别人看着，我觉得脸上过不去。

我们的剧社向来是这个作风，只要一住下，音乐组立刻外出教歌，到农民识字班、妇女识字班、青年会。美术组去画墙画、写标语，文学创作组立刻读书或是写剧本，小鬼队到小学校去教歌或跳舞。戏剧队到村剧团辅导，而且数年如一日。这就是当时的老八路作风。凭着这种联系群众，为群众服务的作风，新世纪剧社在冀中区广大人民群众中，享有很高的信誉。

当时，过的是军事共产生活，每月一元钱津贴。一年一身棉衣、两身单衣。一天二斤小米，三分钱菜金，因为年轻，日子过得舒畅而愉快，成天唱唱哈哈，无忧无虑地在广大群众中进行工作。

在庞村开了文建会的汇报会议，到会的人，有各专区、县的文建会主任、文艺部长。在这个会上，我听了他们的汇报，其中也有乡村文学艺术活动。一边听着，一边记着。开完了会，夜间点着小油灯，把听来的材料填在我的提纲里。睡一会儿，吃了早饭，就又开会。到了晚上，我就又写我的总结，或是改写那一部分。几天之后，居然装成一册，厚厚实实的一小本子；这样写总结，材料来自下边，情况是真实的、具体的。预先做好的总结，是从上而下的，鸿篇大论，讲大道理，不关痛痒，是空洞无味的。自此，我学会了做工作总结。要想做总结，必须预先调查研究，这是我自己悟出来的道理。

在总结报告中，为人瞩目的是全冀中区共有村剧团一千七百多个，大部分村剧团拿到剧本之后，能自己导演、排戏、上演。一部分剧团能识简谱、指挥。离敌人据点近的地方,村村有标语、墙画。文学通讯小组在个别机关、部队、乡村有,并不普遍。当我做总结报告到此处时,全场鼓起掌声。尤其讲到有少数剧团演出,岗楼上的伪军也换上便衣出来看戏时,全场鼓起持久的掌声,欢笑之声不绝于耳。

大会一致认为,在深悬敌后的游击根据地,在毛主席的敌占城市、我占乡村的重大决策下,乡村文艺运动搞得这么红火,是历次国际战争中史无前例的;第一次世界大战中无有,第二次世界大战中、苏德战争中也是无有的。这个工作,一是有中央的领导,再就是区党委,我特别提出黄敬同志简要、通俗、深入浅出的文艺理论的指导。冀中区各级文化界抗战建国联合会、新世纪剧社和我个人不过是做了一些具体工作。最主要的是冀中区广大人民群众在日日夜夜的炮火声中的战斗精神,使村村都能看到戏,遍地歌声。这也是党的进一步依靠群众和统一战线政策的硕果。

大会盛赞《歌与剧》的出版。

大会将开完,区党委黄敬同志提出,村级文建会要改为文建小组,原因未谈。我体会是村级文建会成员多是知识分子,而且出身于地主富农家庭,势力太大了,对于农会和工会(雇工)的领导有些削弱。在村级无有调查,在各专区、县的抗日建国联合会(工、农、妇、青、文、武、回)主任,大部分是由文建会主任兼任。原因就是当时的农民干部、雇工干部、文化政治水平还低。改组的含意就是"进一步依靠基本群众",这是一个历史问题。

这时,已经是民主大选举之后,区级以上是三三制政权(即开明地主、进步人士、共产党员,三位一体)。

大会开完,我回到剧社,王林同志也来剧社,此外还有刘纪和光人,大家都觉得口里素,王林说:"我会炒鸡!"条件是得有一只鸡,半斤香油。于是大家凑钱,打了半斤香油,买了一只鸡。王林同志挽上袖子,烧开锅,拔了鸡毛,剖开鸡肚子,洗净、切成块。又叫光人找了一个炒菜的小铁锅,用三个砖头支上，烧起火来。王林同志把香油倒在锅里，把油烧开，搁上花椒、盐，把鸡块倒在小锅里，呲溜一阵响，只觉异香扑鼻。再搁上葱、姜等，他用筷子在锅里搅了几下，然后倒在小盆里。也不知是谁从公安局要了一瓶酒，这是卡私来的，当时根据地是不允许造酒的。一边吃着，一边喝酒，真是美味无穷。其实，今天想来，有一只鸡，半斤香油，不仅是王林同志，任何一个人也会炒出好菜来。不过，在当时来说，能吃到这样的酒菜，已经是不容易了！

过了几天的一个晚上，我外出开会，回来晚了，刚睡下不一会儿，有人提着灯笼进来说，司令部有通知，叫集合。在夜暗中，我只好懵懂地起炕穿衣，打被包，到门外集合，站好了队，一起到集合场去。人们已经站了一大片，等了一会儿，不声不响地开始行动。多咱行军也是这样，不知敌人来自哪个方向，也不知到什么地方去，反正有人指挥，有人领路，就跟着走吧！

没有表，也不知到了什么时刻，由于睡得晚，我还没有睡醒，一边睡着，一边走着。只觉得浑身无力，走路有点吃力。但敌情紧急，怎么也得走啊！直到黎明时分，过了东内堡，我觉得浑身发软，实在走不动了，对刘纪同志说："你们走吧！我不走了！"

他说："怎么，走不了怎么办？敌人在后头追着！"

我说："浑身发软，无力，我走不了了！"

他说："再走十几里，也就到了，到彭家营！"

我说："十几里也不能走了！"

说着，经过一个小村庄，刘纪同志也不知如何，只好把我放下。走进一个小栅栏，是一个茅草小院，三间正房，一间小东屋。刘纪喊了一声大娘，说："借个房子住住，我们有个病号，歇歇脚！"

解放区的群众是热爱八路军的，有一个老太太，走出来看了看，说："来吧！有房子！"她二话不说，把我领进小东屋里，屋里放着一些农器家具，有条小炕，一头放席篓子，一头是闲炕，这好像是一间闲屋。无论怎么，我把被包打开，上炕睡下，把被子盖在身上，枕上书包，就睡着了。一觉睡到中午，房东老太太把我叫醒，我睁开眼睛一看，老太太端了一碗菜粥来，说："先吃点吧！吃了再睡。你看，这出门在外的……"老太太说着，流出眼泪来。

我说："谢谢你，老太太！"翻过身来，趴在书包上，端着那碗菜粥吃着。农家饭食，别有风味，棒子面稀粥，搁上干菜叶、山芋，还有甜疙瘩，吃起来香甜无比。我稀里呼噜地把这碗稀粥喝下去。老太太又端了一碗来，笑着说："你吃吧，还有啊！"

我又把那碗菜粥喝下去，把碗放在炕沿上，翻过身来，躺在炕上，才觉得身上有点气力了。一直躺到下半晌，刘纪同志开门进来，说："怎么样！走吧！"

我爬起炕来，打上被包，一出门见有一匹小毛驴，是刘纪同志牵来的。我向老太太道了烦劳。老太太笑着说："没有说的呀！你们八路军是打日本的，什么都好说呀！"

我走出栅栏，骑上那匹小驴，刘纪同志在前面牵着，一直走到太阳平西，才到了彭家营。当时我也莫名其妙，为什么一下子就身上无力了？这是我自参加抗日工作以来没有遇到过的。一直到我四十三岁，第一次住进医院的时候，检查身体，照大相片，才发现我的左肺上角有一块疤，这是肺病，已经钙化了。这肺病也不知道是什么时候得的，也不知道是什么时候好的。

在安平县的彭家营住了几天，此处离城三十多里，隔河对岸就是南、北郝村，从此处往北走十几里路，便是彪家。在这个村里住了几天，又到彪家住了一个时期。那时"新年"在人们脑子里的印象还是不深的，在彪家过了春节。

在这个时期写了五幕话剧《堤》。这个剧本的背景是一九三九年的大水。这个时期的地方工作是雇工增资斗争。地委书记吴立人同志曾跟我讲了白洋淀人民打堤的情景;我根据这个故事,构思了这个剧本。敌人决堤放水,淹了锁井四十八村,党组织根据两面政策的原则,派出地方士绅严知孝出面与敌人周旋,要求为了这一方人民的利益,修上堤,好叫农民种上小麦。敌人同意了修堤,我方叫联络员通知各村出工修堤。我方秘密派民工运料。

在修堤的晚上,民工们正在休息的时候,一个朱老忠式的人物对民工们讲了“高蠡暴动”的经过;在这个剧本里已经出现了严知孝、冯贵堂和李德才这几个人物。

其中贯穿了增资斗争,就是一个雇工一年工资二十五元斗(二十五元钱,二十五斗米)。所以也曾写出对立面冯贵堂式的人物,二贵和庆儿这些人物,并写出地主调戏珍儿。这些人物,在这个剧本中即已形成。

我写完这个剧本,曾叫刘纪同志看了,他看完之后,笑了说:“这好像是一个小社会!”但当时,我不保证这个剧本的成功,因为剧本的成功与否,必须经过舞台实践,才见分晓。

写完这个剧本之后,我们开始向八分区(即过去写的三分区)游动,到了八地委,地委书记罗玉川同志(即过去写过的四地委书记)、地委宣传部长阎子元同志表示热烈欢迎。罗玉川同志亲自给社员们作了报告,我们即随八地委一起行动,所谓行动,也就是打游击。

这时,陈春耀同志已经把《抗日人家》谱成,由我导演,楚萱同志和张文苑、霍明同志主演。开始在饶阳演出,观众是地方部队和附近村民,当然是很多的。

这出戏的第一幕是母亲忙着给下地锄地的弟弟做饭,一边做着饭一边念叨,因忙于村中的工作,地里的草都荒了。第二幕是在外面忙于抗日工作的哥哥回来，母亲告诉他：你弟弟年岁小，地种不过来，庄稼都荒芜了。哥哥说村里工作忙不过来，与母亲发生争执。一家人坐下来，认真研究，既要做好抗日工作，也要种好地，不然吃什么穿什么哩！用什么交公粮哩！这个剧情在冀中区是有概括性的。

剧本演出之后，阎子元同志笑着说："这种情况，我们已经纠正了！"我笑了一下，也没有说什么。我不能跟他说，文学艺术不能对号。因为写这个剧本时，我还在七分区(即过去写过的二分区)活动。在艺术上的原则问题，不能和做地方工作的同志发生争执；因为他们是做地方工作的，而戏剧毕竟是艺术，它所反映的问题，当然是现实中普遍存在的，不然，怎么有了典型化呢？戏剧艺术也毕竟是一种专门的学问，这种学问和做地方工作不同。我做了几年的地方工作，也深知这个道理了。

但是这个歌剧在当时并不受工农兵群众的欢迎，因为他们看过话剧、河北梆子、京剧，他们还不能欣赏歌剧，所以，戏演完，却听不到观众的掌声。这是自从我们演戏以来，出乎预料的事情。

这时住在大曹庄，和骑兵团住在一起。政治委员杨经国看完了戏就到后台来看我，他说："戏演得好！"我说："不好。"他说："要反'扫荡'了，跟我们一块儿反'扫荡'吧！有枪、有马。"

反"扫荡"时有枪有马是一个好条件。可是，我们有男有女，还有小鬼，都没有骑过马，怎么反"扫荡"？于是，我就回绝了。

杨经国同志为人英俊，二十多岁年纪，他是吕正操同志的六九一团的地下党员，是吕正操同志从西安八路军办事处要来的青年干部。这是我们第一次见面，握手言欢。想不到这也就是最后一次见面了！

演完这个戏，我又写出五幕话剧《五谷丰登》。这个剧本的背景是根据区党委的指示精神写的。大概是一九四〇年，冀中青救会和冀中妇救会同时下达了一个指示：反对封建婚姻，提倡男女平等，婚姻自主。因此有的村中男女青年都是一双双一对对的，据当时调查，辛乐县一个村里有一百二十对。这也是从老苏区总结来的经验：一个政权问题，一个土地问题，一个自由恋爱，三个问题解决了，就保证了革命根据地的巩固。

这出戏由林薇和刘敬贤、秦龄英同志主演，我亲自导演；在这个戏里，出现了冯老锡的姑娘雅红和任老拔的儿子小囤的恋爱的情节。也出现了冯老锡给几个姑娘说亲，姑娘们不去，要求自由恋爱，使冯老锡左右为难的场面。

这个戏演出之后，曾邀集饶阳县各群众团体座谈，大家一致认为这是一个好戏。因为自此以前，他们还没看过在舞台上正面演出自由恋爱的场面，也就是说，广大青年男女都希望冲出封建婚姻和媒妁之言的牢笼。我写这个剧本，也是受了《大雷雨》的启示。

演完这个戏，我们转移到滹沱河北岸献县的岳家庄。途经大尹村，此村周围有很多高大的白杨树，大叶子闪着明亮的光辉，风一吹过来，哗啦哗啦地响着。一看见这高大挺拔的白杨树，我的身上就有劲了，我喜欢这种能够代表我们祖国象征高大的白杨，所以在我的文学作品中，无论是在《红旗谱》中或是《翻身记事》以及其他作品中，总是忘不了把这高大的白杨树写进去。

在岳家庄得到暂时休整，在休整期间，炊事员指南和老姚大显身手，变着样地给我们做好吃食。比如小米可以做成窝窝头，小米也可以换成杂面，那时吃杂面汤和窝窝头就是最好的饮食。吃白面时，可以烙火烧，做豆腐脑儿等，反正变着花样吃呗！

在岳家庄一直住到桃李花开的时候，这些日子，大家读书写文章，这是抗日工作以来过得最好的一个春天。我的房东是一个慈祥的老太太，她见了八路军就喜欢，给我烙秫面饼，做杂面汤吃。此处的酱油是有名的，秫面饼烙得又薄又筋道，与别处不同，尤其是杂面，这一带的和饶阳杂面一

样，既细又有味，是远近驰名的。当时给男孩子娶媳妇，先问会不会擀杂面。一直到现在，发展到装盒出售，甚至精装出口，这是民间工艺的历史发展。

岳家庄村北是一片梨树林子，这个林子连绵不断，大概纵横三五十里那么大，一棵棵的梨树把枝条垂在地上，像一个大伞盖，大概是因为那些枝条经不起历年梨子的重压，都弯回地上。正在梨花盛开的季节，就像一大片白花花的海洋，蔚为奇观。这种景致，只有在北京时看到阮玲玉主演的影片《香雪海》中看见过。因此，我在几部书中都写到梨林和梨花，这是因为我对于梨林有了深厚的感情。

这时村中的人们正在每棵梨树根下拍土台，防"步蛐"。"步蛐"是一种爬虫，在春天生长，是有害于梨花的。他们把土台拍好，还用铁锨切得明光光的，使"步蛐"爬不上去。他们还在这广阔的梨林中挖下地窖，等敌人一来，就争先恐后地爬进梨林深处的地窖中去。村剧团也有时在这地窖里排戏。

每天，我在读书之暇，就到这个广阔的梨林中散步；在清晨，可以闻到一种清香，可以看到有的梨花逐渐开放，也会看到有的梨花逐渐败落或是凋谢。我想将来一有时间我还要画画，画梨花、桃花和杏花，这虽然不是我们的国花，但这是人民群众所喜欢的家乡的花。可是没有想到，当我开始拿起笔画画的时候，只学会画梅花，却没有学会画梨花，这是一件遗憾的事情。

在岳家庄的休整，使我的身心有很大的恢复。不想好日不长，区党委通知，叫我去彪家开会，第二天我就去了。在一个四方大院里，放着一张小桌，小桌前横放着一捆捆的高粱秸。大家都坐在高粱秸上说些久别重逢的话，说不出有多么高兴。人陆续地来得多了，多是各个机关团体的负责人。人来得不少了，报告人还没有来。李春兰站在桌子一边，说："别的时候，都是报告人等着听报告的人，今天是听报告的人等着报告人。"话声刚落，吕正操司令员快步潇洒地走进大院，高高的个子，两只大眼睛，他代表区党委作了报告。

报告中首先谈了国际形势和国内形势，最后谈了冀中区目前的军事情况，说敌人从武汉周遭调来军队，将有大量的鬼子兵“扫荡”冀中区，区党委要求各级、各机关团体彻底坚壁清野，化整为零，轻装反“扫荡”。并说敌人是骑兵、汽车、坦克车的闪击战，我们是轻装，脚丫子闪击战。要进一步依靠群众，和群众在一起反“扫荡”等。

这一次动员报告与各次动员报告精神都不一样，似乎是将有一场大风雨来临。听完报告，和其他团体的同志交换了一下意见，就往回走。今天想来，当时的心情并不沉重，就好像《打渔杀家》中萧恩对教师爷说的：“要打，就好像小孩子过新年穿新鞋一样。”并不觉得什么离奇，因为在抗日游击根据地中，反“扫荡”已经成为家常便饭。我一个人，一边想着，一边走着。路上又遇上吕正操同志，我问他：“哪一带是空隙地带？”他说：“献县的××村一带就是空隙。”说着，用手画了一个大圆圈。

日暮回到岳家庄。第二天，开了一个全社大会，传达了吕正操同志的报告精神，动员全社同志，鼓起勇气面对这一次空前未有的大“扫荡”。传达完了报告，分班讨论。然后，我和刘纪、郭克同志听了各班的汇报，最后的结论是分组活动，因地制宜；因为吕司令员说献县某村一带是空隙，我就提出叫林岩带着小鬼队到这一带去。此外，凡是石德以南属于六分区范围的，到石德路以南去；是定县一带的人，到定县一带去；是蠡县一带的人，回蠡县一带去。我和刘纪同志带陈春耀、王敏、段森到深北县去。分配好了，把幕布、道具、服装，甚至连棉被什么的，做了一次彻底的坚壁清野。原来我买了六尺蓝色细布，想做一个衬衣，过夏天时穿在身上，交到被服厂去做，也不知道做成了没有，就无法问了。当时都穿土布，买一点细布不容易。

我和刘纪几个同志一块到了深北县——也就是深县的北部。在这里过的五四青年节,参观了阅兵式;民兵的队伍经过我们面前时,看到民兵队伍中都是十七八岁的大姑娘,男孩子们都已经参军了。女孩子们都穿短衣服,有的腰里缠着皮带,有的抽着布带,背着木枪,打着裹腿,一队队走着,甚是英俊。这时,画家田零正在这里深入生活,看见冀中的女孩子们长得又白又胖,不由得嘻嘻笑着。他是来自山区,没有看见过冀中妇女们这种牌面儿。

看完阅兵,我们就到石德路旁的“爱护村”去。这时,夕阳西下,暮霭尚未降临,路上遇着深北县县委组织部长,我忘记他叫什么名字。他才从那村出来,见了我们,笑着说:“等晚上再去呀,怎么这会儿就去!”意思是说,怕暴露目标。到了“爱护村”,正好我们有一个会计是这个村的,姓朱,我忘记他的名字。据他说,七分区在五一节那一天就开始了大“扫荡”。

走过这个村时,大街上还冷冷清清。等晚上分头去吃派饭,就把一个大饭桌围满了,有区干部,有县里的干部,有分区的干部,还有冀中的干部,使得房东端饽饽端菜地忙不过来,为了这次反“扫荡”,都集中到这里来了。吃饭回来,我和刘纪同志商量:这么多人集中在这里反“扫荡”不行,我们还是另找地方,因此下决心回到岳家庄去,回到岳家庄,再想别的办法。于是,我把身上最后的一个挎包,里面盛着我最喜欢的几本书,还有我写的剧本、白纸本、铅笔、钢笔、墨水等,都交给会计老朱同志保存了。在抗日时期,这就是我的全部家财。

第二天一早我们就起身了。一天之中,穿过饶阳县境,越过滹沱河,黑夜间到了岳家庄。这时,村庄还在安睡中,我们的行动,引起全村的狗叫。敲开妇救会主任的门,她给我们做了饭吃,安排了宿处。妇救会主任是个高个子的女同志,三十多岁年纪,能说能道,还能办事。她头发很黑,面皮长得很白,在我的脑海里留下深刻的印象,她的爱国主义热情,使我一生不能忘记。

我们在岳家庄住了几天，听说，我们越过滹沱河的第二天晚上，敌人就封锁了滹沱河堤，在大堤上五步一个岗哨并有灯笼火把。我们要是晚过一天，就过不来了。

又过了几天，听说骑兵团曾连夜三次想冲过石德路到冀南去，都未冲过去，被敌人击垮在石德路旁。政委杨经国牺牲，军马在野地里满世界奔跑。为此，我曾三两天未睡好觉。在冀中这么一个游击根据地，成立一个骑兵团不容易，如今被敌人打散，实在可惜。后来，王林同志曾写了一篇文章：《十八匹战马》。

陆续听到的消息，就是日军司令官冈村宁次坐着飞机在空中指挥，以十万兵力在心腹地区“扫荡”，铁壁合围、梳篦、反复剔除，要民伕修公路、岗楼。广大人民群众，在炮火硝烟之中，不堪其苦。卫生部把药品藏在棺材里，埋在坟池里，都被敌人挖出来了。军区政治部宣传部长张仁槐同志牺牲，据说在石德路附近钻了地道，被敌人发觉，无法，只好饮弹而亡。我听了之后，流下了眼泪。抗三团团长王树藩被捕叛变。当时，我也很难想象新世纪剧社的同志们是怎么进行反“扫荡”的。

冀中区处于大兵临境，大部队和领导机关已经转移到外线作战，我们也无可如何了。在岳家庄住了几天，我们就越过肃河路到了肃宁县的北部。在肃北住了几天，遇上任（丘）河（间）大（城）联合县文建会的一个干部，名叫文波，他也是训练班的一个学员，据他说任河大一带还好，我们就想跟文波一起到任河大去。刚走出村庄，又想到：这一次到了外线，打游击还不知打到什么地方去，带着一个女孩子很不方便。于是就叫刘纪同志带着段森回到蠡县去，蠡县也是敌人确保的地区，还好一点儿。我和陈春耀、王敏跟文波到任河大去。

一路平安，初夏天气，小麦割完，庄稼还未长起来。傍晚时分，到了文波的家里，此处皆用土坯盖房，离远看去，一簇簇黄色的村落。文波的家是个平房大院：三间大北房，两间东房，两间西房。家里人口并不多，见到文波的母亲，一个慈祥的老太太；父亲五十多岁，但身体还健壮。中午睡一觉，睡醒之后就大喊："文波！套拖车！"他要下田耕地，该种晚田了。他家养着一头大黄牛，看来像是中农人家。

我们在他家住了几天。高粱米饭，玉米饼子，腌咸菜，农家饭食，倒也可口。听说离此不远，有个学员叫马秀兰，我去看了她。母亲去世，只此一人，住着三间大北房，她见我来了，没可不可儿的。说了一会子话，她的意见是训练班开的时间太短，学得的东西不多。这也无法，在游击区办训练班，又能怎么着呢？

一会儿，她买来了菜，包了菜馅饺子。日寇正在集中兵力"扫荡"冀中区的心腹地区，这一带边远地方就显得空阔了。只看见远处敌人的岗楼，但是敌人不常下来，村里人们的生活，男耕女织，倒也是一番自然景色。

听说司、政两部都过来了，住在离此不远的村落上。在一天的早晨，吃了早饭，我就去了。想知道一点反"扫荡"的消息。到了那个村庄首先找到的是区党委宣传部长周小舟同志。我向他说了反"扫荡"的经过。他说，去跟吕司令员谈谈吧！他在头里走，我在后头跟着，找到吕正操同志屋里，说："有客自深北来！"

吕司令员的两只大眼睛依然是那样神采炯炯，笑着说："好！有客自深北来！"

当我叙述从深北到岳家庄敌人如何封锁了滹沱河、如何反复梳篦"扫荡"、骑兵团如何被敌人击垮在石德路旁、杨经国同志如何牺牲的经过时，他的两只大眼睛眨巴眨巴，笑着说："胜败乃兵家常事，不足为戒！"他绷紧嘴巴，有气愤的意思。

在吕司令员那里待了一会儿，又到青救会待了一会儿，不知道他们从

哪里弄了一个罐头来,是一个水果罐头,各人分吃一点,我已经几年不吃糖,在抗战中这也是难能可贵的了。

我在周小舟同志处吃了饭,他说:"我给你写上,叫各个县委照顾。"他给我在日记本上写了几句话,话虽不多,是手迹,在当时也是有用的。

大概太阳平西时分,司令部通知他们集合。我出了大门一看,司、政两部,各群众团体,四路纵队走过来,尘土飞扬遮蔽天日,颇有"车辚辚,马萧萧,行人弓箭各在腰"之感。

我只好走了,找到陈春耀和王敏一同朝安新方向走去,路上遇着青救会的眼镜刘(我忘记他的名字),他带着几个人和几只枪也到安新去。但因为他们睡在地上不起来,我们没有一同走,我们走得快一点。

我们兜了一个大圈,经过安新、高阳,到了蠡县的东莲子口村,找到炊事员刘指南。他家算是一个穷人家,只有两间土坯小西屋,两间小北屋,一个老母亲和一个妹妹。在他家住了几天。离此不远就是大王村,找到刘光人同志。我把陈春耀安排在指南家,带上王敏回到老家。太阳平西出发,走了半夜才走到北沙口村(此村离我村只五里路),深夜中,没有一点光明,也没有一点声音。只听得一种通通的响声,声音很小且钝,我们朝着声音走去,看见有一点灯亮儿,是一个油房,有个老头正在砸油槽,便向他说明,求他领我们到梁家庄的路上。因为离开家乡几个年头,群众把大道挖了,改造地形地物,老样子已经不存在,认不出路了。

老油匠把我们领到去梁家庄的大道,我就熟悉了,让老油匠回去了。走到村东口,我就认出来了。乡村在沉睡中,悄悄走到我家门前,大门紧紧闭着,不能叫门,因为村北就是岗楼。我转了一个圈,走到院墙西边,爬墙过去,院子里还是没有一点声音。

老父已于一九三九年去世,三姐住在父亲屋里。我走到门口,"三姐!三姐!"连连叫了几声。猛地,三姐从屋里跑出来,叫:"小魁呀!我那亲人,你打哪儿来？”说着，拿出钥匙，开了北屋门，找到火柴，点上灯，说：“他们走了，一个人也不在家！”

屋子是空的，妻不在家，孩子们也不在家。我开了大门，把王敏叫进来。三姐给我们做了饭吃，一边做着饭，一边说：“人家把猪也杀了，又要去找你呀！”看样子，她很不高兴，也不知道是什么原因。

过了几天，妻带着孩子们回来，三姐说：“她回来了，我不管了！”看样子还是不高兴。

在家里住了几天，村长梁振兴来了，联络员梁小芬也来了，对我这次回家都客客气气的，说：“住着吧！保证没有问题！”城里和岗楼上的敌情来往，联络员常来报告。这时，刘纪也回来了，回到他的老家黄家庄。郭濯也回来了，他是西百尺人。他把管理员李振远带了来，但不留在他的家里，送到我这里来，我把他安排在南沙口村我四姐家里。我四姐夫被敌人刺死，留下几个孩子，他家有一个小药铺，一对药柜子，李振远会一点儿中医，就当起坐堂先生。把陈春耀安排在辛兴村我大姐家里；外甥把村支部书记韩福全叫来，让他把陈春耀安排在染房里，因为陈春耀是南方人，口音不对，染房里的人都是山西人，杂在一起，也可以混过去了。因为敌人常出城“扫荡”，我就从辛兴、南沙口、黄家庄等几个村庄常来常往，打着游击过生活，这里已经是敌占区了，敌人常趁黎明时分出来包围村庄，抓捕干部。每天吃了晚饭以后，人们就坐在门前互相议论：今天哪个据点增兵多少，可能朝哪个方向出发“扫荡”；今晚是下东洼还是下北洼睡觉。游击区的人民，会判断敌情。

刘纪来了，刘敬贤也从老家刘苍来到这里，得知张振、沈雁等同志都回到家乡。齐祖耀住在敬贤家里。刘纪和敬贤帮助我在南院东屋里挖了一个洞，但挖得不好，洞口既是明的，也没有出口，但总比没有好吧！正在挖着洞，段森也来了，她手里提着一个小包袱，装走亲戚。她家离开城里，住在城南边一个小庄上。

谈起地道，也有一段斗争的历史。这是一九四〇年，地窖开始出在蠡县三区，高蠡两县交界处。因为那几个村庄是十分区（五分区）和九分区北部干部常来常往的交通要道，敌人来了，房东常把干部藏在菜窖里。后来就开始挖地窖藏干部，敌人来了，在窖口堆上一些柴草，把敌人瞒过去。后来又有人把这家地窖和那家地窖连在一起，就成了地道。这是平原上敌我斗争的一种自然发展。

可是，九地委书记吴立人知道了，说这是“退却路线”，报告了区党委，区党委组织部长刘亚球来调查，骑着车子走到潴泷河岸，将要涉水过河时，敌人来了，人们放下车子就跑，他一下子发火了，说：“他妈的！见了敌人不打还跑！”他打了几下，打不过，也就跑了。

因为敌人的“蚕食”政策，蠡县已经成为敌人的确保地区，公路、岗楼遍地皆是，党的工作和政权、群众团体不得不转入地下，分散活动，集中开会。夜间活动，白天隐蔽。这是平原游击战争的一种正常规律。吴立人也认为是“退却路线”。因此，把王夫同志的县委书记给撤了。

直到一九四一年，军委书记、军区政治委员程子华同志召开会议，听了汇报，他果敢地下了结论：“没有地道不能坚持平原游击战争。”于是，区党委下了指示，在全冀中地区开展大规模的地道斗争。

王夫同志被撤职，新的县委书记王进学来了，把已经转入地下的工作方式重新转入地上。党、政、军、民各个机关在一个村里办公，于是被敌人包围，发生了齐家庄惨案：县长王志远阵亡，王进学头上挨了一枪，整个大队被敌人消灭了。自此，蠡县局势大变：“五一反扫荡”前夕，老同学、蠡县县长祝玉璋被敌人包围，他们凭高房作战，直到剩下最后一颗子弹，不得已饮弹而亡。祝玉璋牺牲之后，教育局长董国钧接任，他曾参加过新世纪剧社，现改名林里青。前几天，刘纪还看见他，问：“怎么样？国钧。”

国钧说:“怎么样?看吧!今晨穿上鞋和袜,不知今夜脱不脱。”一边说,一边嘻嘻笑着。

他手里提着一把盒子枪,吃饭放在桌上,睡觉放在枕下,枪不离手,手不离枪。就是这样,他也被敌人包围了,他和教育局长张轰同志藏进地窖里,但是这个地窖没有出口,敌人找到地窖口,大叫:“缴枪!缴枪不杀头!”这时,他只好叫张轰出去,缴枪投降,伪说地窖里头没有人了。敌人不相信,向地窖里投了一个炸弹,把董国钧炸死了。

董国钧之后,是任薰,后来被敌人俘虏了。四年之中,牺牲了四个县长。

当时,蠡县共十八万人口,从一九四二年到一九四三年共牺牲区级以上干部八十余人。博野县共十五万人口,自一九四二年到一九四三年共牺牲区级以上干部一百二十余人。几年来坚持平原游击战争的经验是头颅和鲜血换来的,不容易!有参加过长征的老干部说:冀中“五一反扫荡”,比二万五千里长征还要残酷。

在故乡,游击生活是很顺利的。

故乡是革命的老根据地,群众基础好,直到青纱帐期间,更便于隐蔽。再就是人熟地熟,便于回旋。

老家离城里据点十八里,离大百尺据点十二里。村北有一个岗楼。有一条从蠡县通往高阳县的公路。村里应敌是两面政策,两面负担,负担虽然重,群众生活倒也还能过得去。

在历史上,为这两面政策的形成,也有不少周折:当敌人才占领时,是不允许群众给敌人送粮食的,罪名是“资敌”。而且凡是从据点里出来的人,都认为是有问题的。为此,敌人常出来烧杀抢掠,使群众受害尤深。因此党决定了两面政策,就是允许群众给敌人送东西,建立联络员,支应敌人。这样就成了两面政策两面负担了。可是对据点里出来的人,还是有怀疑的,当时也实在分不清楚。

我有时在南沙口四姐家住几天,此村离我村五里,有一条小路相通,这条小路是走熟了的,幼时常走着这条小道去耕地。到四姐家去看戏也走这条小路。如今,又走着这条小路打游击。

四姐夫被日本鬼子用刺刀刺死,留下三个小外甥,大外甥不过二十岁,那两个外甥不过十几岁,种着几十亩地,有车有牛,还能过得去。因为是舅舅的老朋友,他们对李振远当客人看待。过农历四月二十八,五夫村大庙会,四姐还给李振远做好的吃,还给了李振远一件衣裳,这是民间风俗。李振远有时出去给群众看病,可以诊脉,可以开方下药,人缘还不错。

当我到南沙口村时,该村正在"祈雨",龙王庙前插上大旗,男男女女都来烧香,敲锣打鼓,香烟缭绕。我很觉奇怪,为什么乞起雨来,这是在抗日战争以来没有过的。我问外甥,他悄悄地说:"县委正在这村开会呢!"真是能人出能事,以祈雨迷惑敌人,也算是传奇性的故事了。

有时到辛兴镇大姐家住几天。辛兴镇离我村三里,有一条小路通过岗楼和公路。大姐夫不在世了,大外甥小个儿也不在了,剩下两个外甥。陈春耀在大姐家吃饭,在染坊铺里隐蔽,把两只手搓上染色,腰里系上围裙,像染布匠一样。

经辛兴到黄家庄有一条小路,从南宗村和北宗村东边穿过去。我有时到刘纪同志家去住几天,刘纪同志家里是三合子小砖房,一个小院。老父亲很开明,对朋友招待很周到。老母亲也很和善。刘纪的爱人是一个大家闺秀,长得挺大方。朋友们来了,烧水做饭,也很辛勤。

从黄家庄往东三里,是小百尺村,郭濯同志家里,我也去过。

不过离大百尺据点太近,不能久住。

在日寇统治之下,共产党人有这样一个环境,也算令人满意了。

有一天我正在家里,大杨庄全耀东来了,他手里提着一只盒子炮。他是全耀华的兄弟，大绅士全老松的儿子，原在抗日中学工作。虽只一面之识，既然来了，也只好招待了。

中午，妻为他包了饺子，正在吃着，门外有人大喊："敌人来了！"仓促之间，我们每人端起一碗饺子，出门往东跑，出了东街口，进入青纱帐中，走到一个邻家的瓜园里，坐在小窝铺上，把那碗饺子吃了。听说敌人还在村里闹腾。当时城里据点，有一个大汉奸叫郑国治。这个人是日本宪兵队的特务，经常带着敌人出城包围村庄，逮捕干部。

邻家大叔见我们来了，也很高兴，摘了几个甜瓜叫我们吃。他是才从关东回来的。他说，关东也有抗日军，经常从村子里出来，在屯子上做宣传。

直到太阳西下，耀东才回大杨庄去。我也就不留他了，因为我这里，也不是保险之地。不料想，这也是最后一次见面了。后来，他进了太行山，在一个山坡上休息，鼓捣他那支枪，一个不提防走了火，子弹打起一块石头，崩在脑袋上，因此殒命，正当年轻，也怪可惜的。

有一天晚上，我到刘村去，通过岳父家的人，叫了姓彭的一个同志来；他是我的高小同学，现在报社工作，因犯眼疾到深北治疗，后来回了家。我看他的意思是想给他鼓鼓劲，不要灰心丧气，想不到这也是最后一次见面；后来，王士奎把他接了去，把他祖父和妹妹也带了来，在北平新民会给敌人办了一个刊物，还写了一篇文章《批判毛泽东新民主主义论》，口气不小。

在家里住了一个时期，听到一些风言风语说我妻和弟兄各院都闹不合，父亲在世，和父亲对吵对闹。父亲不在了，三姐搬过来，也是为了看顾她，因为她年轻，孩子又小，这是一件好事。可是，她不理解三姐的意思，对我三姐态度不好。弟兄们分家时，父亲说明：每人每年给三姐二斗小麦，二斗杂粮，八十斤柴火。可是，到了现在，父亲不在了，谁也不给。我见家里有玉米，就量了二斗给三姐背过去。

我妻知道了，脸红脖子粗，大耍脾气。当下，我很想打她一顿，可是孩子大了，看着也不好。再说，我一年到头在外工作，这个家还依靠她管，无论怎么吧，凑合过去算了。

在家里住着总是一夕数惊，有一个老同学是城里北关人，叫王士奎。他原来在游击军工作，后来跑到城里投了敌。为此，孟司令员写了几封信叫他回来，他也不回来，在伪县政府当了宣抚班长，常带着敌人出城“扫荡”，给敌人做些归顺工作。既然不回心向善也就算了，他还总忘不了旧情，到东乡时，总要到路一家里看看。他到北乡时，总要到我家里看看。姓彭的就是他拉着归顺敌人的。我不敢跟他见面，见了面怎么办？因此，我想转移一个地方，在一个地方久了不好，目标也大。

王敏要回家，给他换了一身农民衣裳，叫他回定县老家去了。

通庸带着抗中校长李之瑾、王之来家。家里没有酒，我妻烙了白面饼，炒了蒜苗，招待他们。临走时，我说：“再来，预先告诉我一声，买点肉。”王之说：“我们带点来不行吗？”我说：“也行！”说着，高高兴兴地走了。无论是在白色恐怖下，还是在抗日战争时期，同志间的友谊总是真挚的。

从五月开始反“扫荡”，直到如今有两个月了，也没刮过胡子，长了三寸长髯，穿上家常便服，和普通农民一样。时间长了不见光人，也很想念。在留史镇大集的日子，我背上一个褡裢，去赶留史集。此镇离我村十数里，自古是皮毛集散之地，五天两集日，一个大集，一个小集。

路上经过戴家庄岗楼，我大摇大摆地走过去，旁若无人。虽然强敌压境，集上也甚是热闹，铁货，木市，肉、菜市，人来人往，熙熙攘攘。赶集，褡裢里没有一点东西也不好，当我拐过弯，到了菜市，买蒜苗的时候，集上哄嚷：“敌人来了！”那个卖蒜苗的老人竟看出我不是普通百姓，说：“有事办办，没事赶快回去吧！”可见无论怎么打扮，还会被群众认出。等敌人过去，我就混进人群，吃了一点东西，出了东街口。到大王村去，也就三里地，到大王村东南角，路北有一个大四方梢门，门前是一个大开洼，长着几棵大杨树。梢门里是个大院，光人从小北屋里走出来，把我迎进去，祖耀正在屋里坐着，是一个小闲屋，屋里并无桌凳，只有一条小土炕，屋角上挂着蜘蛛网。

我放下褡裢，坐在炕沿上休息，说了半天话，也无非是在反扫荡中的一些遭遇；我躺在小土炕上睡了一觉，也就太阳平西了。天热，晚饭在院子里吃，因为村东头有个岗楼，我们都用很小的声音说话。

因为光人是个大家庭，他在家里也不占地位，做不了主，不把我们当客人招待，只吃窝窝头，喝菜粥和老腌咸菜。吃了饭，我们商量了一下今后的打算，想先到七分区，从七分区找到过路的途径，到路西去。中间，把穆玲她家里当做一站。

吃了早饭，背上我的褡裢往回走，一路上平安无事。

回家之后，又把刘纪同志叫来，商量了一下，打算把他和刘田放在路东做收容工作，也没有通知郭濯，带上陈春耀和李振远一同到东莲子口刘指南家里集合。

到刘指南家里住了几天，在一天太阳西下的时候，我们出发了。一同出发的有陈春耀、李振远、我和女同志秦龄英。夜间行路，衣服脱光，还脱了鞋子，只穿裤衩，怀里抱着衣服鞋子，行色匆匆。黑夜间到了仉村，老友沈介维同志出面招待，在黑夜里吃着窝窝头和菜粥。正吃着，村西响了几声枪，沈介维跑进来，仓促地说："敌人下了楼了！"我想：夜间敌人为何下楼？当时，脑子里异常机灵，不管三七二十一，我说了一声："回东莲子口集合!"把碗筷一扔，开腿就往村东里跑，情况紧急，谁也照顾不了谁。在青纱帐中，而且是在黑暗之中，也找不到路，经过一块高粱地和一块谷子地，一直向东跑去，跑了大半夜，才跑回刘指南家。点了点人数，缺李振远和秦龄英。他们不回来，我们也睡不着觉，一直坐在院子里听着四方的动静，等了好久，他俩才跑回来。进了院子，李振远还呼哧着。

这次行动计划没有成功。

在刘指南家里住了几天，我又回到老家，一直住到七月。一天中午，从门外走进一个人，一进门就说："我来找梁斌同志！"说着，从衣袋里掏出一个小日记本。

我走出去一看，是个青年人，高个子，脸上有几点麻子，本地口音。我说："我是梁斌，你有什么事？"

他递过那个小日记本，我接过来一看，日记本上写着几行字，是周小舟同志的笔迹，说：新世纪的人员，能在本地分配工作就分配工作，不能分配工作的，就送过路西去。我问那个人："你叫什么名字？"

那个青年说："我叫高权衡，是南许高家庄人，在警卫营当宣传干事，周小舟同志叫我送信来的！"

我问："过路，怎么过法？"

他说："好说，跟我去吧！"

我立刻把刘因叫来，让刘因跟刘纪他三叔（是一个老贫农）推上小车，假装做买卖，通知所有社员，到东莲子口村刘指南家里集合。我也做了准备：把妻给我做的夹被和小夹袄包了一个小包袱。

一天上午，我和高权衡一起出发了，刚刚走出门外，妻又把我叫回去，笑笑说："你还要俺们呗？"

当下，我也没说什么。她千不该万不该和我的老父亲对吵对闹，她千不该万不该这样对待我的三姐。我已经下定决心，迟早要跟她离婚的。

在游击区行动，常来常往，已经习惯了，在敌人的统治区里，如入无人之境。天小晌午，到了刘指南的家里。来集合的人中还有远千里。同行的人中还有游击队上的一个老部下李聚魁，共二十余人，我们都听高权衡的指挥。

在一天晚上，高权衡来了，说明天准备好饼干，后天到肃宁北部集合。第二天，指南给我们要了白面来，开始烙饼；他们和面，我烙饼，李聚魁烧火。烙完了饼，又切成棋子块，在锅里烤干，然后装进干粮袋。

第二天晚上，集中在刘指南家小院子里，共有三四十人，多是冀中各机关团体的，有认识的，也有不认识的。正值七月暑天，炎热蒸人，每人喝了几口凉水，就出发了。高权衡在前头领路，我们在后头跟着。指南和他的老母亲送到村口；想不到这是和指南最后一次见面。写到这里，我不禁流下了眼泪。他作为一个青年农民参加了抗日战争，给我们做了几年饭，接受了党的教育，入了党。"五一反扫荡"时回家，当了村支部书记。一九四四年一月被敌人围村逮捕，绑在梯子上，用火烧死。

我们于一夜之间，走到肃北的一个大村庄，如今也忘记叫什么名字了。在这个村子里，见到火线剧社社长苏禄同志和火线剧社的一部分人。还有新世纪剧社的几个人，总共四十个人，记得有齐祖耀、刘敬贤、刘光人、远千里等。

在这个村子里住了五六天，人也集合齐了，一天的下午，就出发了。人们陆续出村，不下六七十人。村里的人们站在村口，看着我们的队伍走出村去。大概他们也有一些惊讶：平时大街上见不着一个人，说个出发，就有这么多人。这也是自从"五一反扫荡"以来，几个月中总结出来的经验。

当我走出村口时，有一个老太太走上来亲切地说："你这么大年纪了，还跟着他们干什么，快回家吧！"

我听了老太太的话，走过去对准老太太的耳朵说："老太太，我还不老，不到三十呢！"

老太太攥住我的手，眨巴着眼睛从上到下看了看我，悄悄地说："好！好啊！八路军净能人哪！"

当我离开老太太时，眼里流出了眼泪，扑簌簌落在怀襟上。我的眼泪不只是对老太太流的，是对冀中几千万广大群众流的，有这样好的群众，才有了这么多的八路军和共产党。没有这么好的群众，在十万鬼子兵的"扫荡"之下，怎么能还有我们八路军和共产党？

老太太说八路军中有能人，一点不错，我们这一次行军，是由几个交通员领路的。这几个交通员都是农民打扮，穿着农民的衣服，脸上被太阳晒得黑黝黝的，伸出粗大的胳膊，手提一把盒子炮。不走大路，不走小路，穿过一块高粱地，又穿过一块谷子地。时正深秋，在骄阳下高粱晒了红米儿，玉米也干了，花红线儿，蝈蝈儿不断地叫着。虽然在青纱帐中行军，有时也会看到不远的地方矗立着敌人的岗楼，向我们瞪着两只鬼眼睛。但是几个交通员如入无人之境，把大机头扳开，带着干部们长驱前进。

入夜，走到白洋淀的大树刘庄。在黑暗里，坐在大堤上歇了一会儿。交通员说，前几天夜里，火线的几个同志和新世纪的几个同志在此处与敌人遭遇，火线的陆苓同志当场被打死，新世纪的罗平同志跑下大堤，跑到苇塘边上被敌人击中牺牲。当交通员讲到此处时，因在黑夜，我也没有看出苏禄同志脸上有什么表情，当然也免不了流下眼泪，话又说回来，在大"扫荡"中每村哪天不死几个人？

陆苓同志是上海人，由上海赴延安学习，参加了西北战地服务团，来冀中工作，是火线剧社的导演，与苏禄同志是夫妇，方在盛年，来日方长，便死于敌人的枪下。据说当时过路人无不可惜，把一条红绫大被盖在她的身上。

罗平同志是河南人，到延安参加革命，随联大社会科学院来晋察冀，毕业后分配到新世纪剧社工作，是我们的小鬼队长，擅长绘画、音乐。他画的宣传画，淡彩、浓墨，甚为新颖。他谱的曲，高昂而响亮，他谱的《青年颂》，响彻冀中的大地。写到此处，我很激动，年轻的战友，我的年轻的伙伴！你安睡吧！我和新世纪的同志们是永远忘不了你的，你带的小鬼队都已成人，十几年前的小鬼邢皓已经当了战斗部队的师政治委员，其他的人有的见过面，大部分失掉联系了。你在冀中还打了几年游击，把鲜血流在冀中的土地上，将万古流芳！

这天天明，走到白洋淀边的端村，我们就在这个村里睡了一大觉。吃了饭，也就太阳老高了，到了淀边的大街上一看，人来人往，有挎盒子的，有背大枪的，不是八路军，就是干部。这时五分区的干部、武装，九分区的干部和武装大部集合在这里。因为这里有水淀，有纵横四五十里的大苇塘。因此，不得不考虑：敌人要是来了怎么办？这里的地理民情我们不熟悉，村级干部也不熟悉，钻地道，不知道哪里有地道；下淀，不知道哪里有船。正在考虑着，看见九地委秘书王金山，带着几个人走过来。我睁着眼看他匆匆走过，他连头也不回，我紧赶几步，也没有赶上，很觉索然无味，我和王金山曾有一面之识，我们从冀中来到九地委，你连一点地主之谊也不尽，实无天理！

我站在淀边上踌躇，一眼望去，柳丝狂舞，黄叶纷飞，淀水秋深，芦花白了，蓼花红了。敌情虽然紧张，但是渔民照常在淀中治渔。在那广阔的淀面上，渔船点点，有打鱼的，有叉鱼的，有起虾篓子的，有下迷津的，有扳罾的……忙个不停。水乡景物虽别有不同，但在这戎马倥偬之中，亦无心欣赏了。

我正在淀边出神，看见老同学王冀农同志远远走来，他现在是冀中公安局的科长。我走向前去，和他打招呼，他问："你在这里干什么？"

我说："准备过路，在这里集合，我们还没找到住的地方，找王金山，他不理我们！"

他热情地说："那好说，跟我们吧！"还是老同学，他一下子伸出热情的手来。

我握着他的手说："那，我们怎么办？"

他说："你们晚饭后在这里等吧！"说着，匆匆而去。公安局的人们在这兵荒马乱时刻，更得保护人民生命财产的安全，他们是忙碌的，我也不好多打扰他。

这时，我心上一块石头落了地，走回去跟千里、光人他们说了，大家都挺高兴。

到了黄昏时刻，吃了晚饭，走到白洋淀边；这时已是夕阳西下，西方一片片彩霞迎风飘动，照射在淀面上，潋潋滟滟，反映在淀里的芦花上，斑斑斓斓，如入神景。大家说说笑笑，似乎忘记了反扫荡。王冀农同志坐着小船，还带着几只小船划过来，说："走吧！"

我们上了那几只小渔船，村里的同志划动船只，直向水淀对面去。到了对岸，已是夜幕降临。苇塘岸上，早有人把苇席、棉被运了去，这是我们办不到的事情；因为我们没有下级，王冀农同志到了哪里，哪县有公安局，到了哪村，哪村有公安干事，为他们照料一切。自然，我总结了一个经验，同样的工作还是有个岗位好，文化、文艺人员到了哪里，有个熟悉的同志还好，没有熟悉的同志就难了。比如今天，如果遇不上冀农，又有谁把我们引到这个保险之地呢？冀农同志告诉我们说，敌人来了，就往苇塘里跑，敌人的机枪，打出五十步，子弹就无力了。

淀岸上都是野草，我们把席子铺在野草上，铺上被子睡着。可是蚊群飞舞，嗡嗡有声，夸大一点，白洋淀的蚊子就像蜻蜓一样，叮得人皮肉疼痛，要想盖上被子吧，又觉太热。只好穿着衣服，睡在被子上。勉强睡着，第二天一醒，天已黎明，太阳还未出来。满淀雾露，衣服也潮了，被子也湿了，浑身是水，痛楚难忍。

我们把被子叠好，坐上小船回到村上去吃早饭。

第二天，我们就在村里睡，淀边上的蚊叮实在难忍。

大概是第三天，司令部有命令：做三天的饼干。我从村公所要了白面，烙饼、烤饼干。当天晚上，司令部有命令：在淀边集合。听命令，我们挎上小包袱和干粮袋，走到淀边上，只见淀中尽是小渔船。我们坐上小渔船，一直向苇塘里划去，过一个大淀，又进入一个小淀；过了一个水湾，又过一个壕沟。淀边上尽是荷花，有的荷花谢了，就剩莲蓬。壕沟里，淀边上，尽是菱角和鸡头，因为战乱，村里人还未收拾。

我们就在一个大苇塘边上下了船，进入苇塘。怪不得白洋淀的苇、席这么出名，一棵苇子有手指头那么粗，有一房那么高，而且长得密密实实。我们立都无处立，坐也无处坐，只好把苇子踏倒，睡在上边。

在几天里，饿了吃口饼干，渴了喝几口淀水，闷了在淀边上玩一会儿，淀边上长满了各色的小花；有金色的小花，有蓝色的野菊，还有蓝色的药葫芦芍小喇叭花，要不就坐在苇上说会子笑话，或是在淀边上捕捉游鱼。

第三天，太阳平西时分，司令部有命令：今晚出发。一路行军，只有喝凉水，没有热水喝，不能失掉联系，在敌占区行军，失掉联系是很危险的。

说着，各自打包袱，绑鞋子，就出发了。走到淀边，淀边尽是小渔船。我们坐上小船，小船顺序而行，一直向西方划去，途中遇上一个小岛，岛上尽是野树和苇坨。绕过这个小岛，也就到了淀边了。

上了岸，才见有军队护送。据说此次过路的有三百多干部，由三个连护送，单路纵队长途行军。在苇塘里的潮地上钻了三天，没有吃一顿饱饭，体力已经有所消乏。但一出苇塘，天高气爽，老秋景色。高粱熟了，谷子黄了，一路走着，秋色宜人。只是口太渴了，虽然没有水喝，但是路旁有大的西瓜，小的甜瓜，已是深秋，塌了秧子，完全覆在地面上，有长形的，也有圆形的，有花皮的，也有白皮的。谁都知道那是甜的，垂涎欲滴，但没有一个人去摘取。这就是我们共产党八路军的纪律性，绝非日伪军及国民党军队可比，这也是我们在反“扫荡”中能够取得胜利的一个保证。

初上路时，日还在西山。走了不到四十里地，我的腿关节稍觉疼痛，越走越痛，实在难忍。在黑暗中，看见在我前面走的是光人，他的背包上拴着一块毛巾。当我伸手去解时，他摇着背膀不叫我解下。我强摁着他，才解下来，捆在我的腿上。这时，敬贤又递给我一根棍子，才能照常走路了。

一路走着，看见远近敌人的岗楼，也许那些敌人和伪军看见我们的队伍大，不敢开枪，一开枪就打起来了，否则，又该怎么解释呢！

行军并非苦事，尤其我们已经有所锻炼。但今天行军走走跑跑，跑跑走走，实在消乏体力，也无可如何。路上，忽然遇上二师同学李林亭，现名李耀之，原是十八团的政治委员，现在由他护送我们。多年未见面，今天仓促见面，只是哈哈一笑，屈膝弯腰一笑而已。

一直走到后半夜，大概也跑了七八十里路了，李根远找我说："社长！我走不了了！"

在黑暗中，我仔细看了看他，说："走不了了怎么办？"

他说："我困，我想睡一会儿！"

这时，我横了一下心，说："哪！你睡吧！"反正在游击区打游击惯了，他会想办法找到队伍的。他悄悄地钻进高粱地睡觉去了。

走不多远，前方停住步，我们也停下来。说实在话，我们这一伙都跑累了，就停在玉米地里，脚步一停，人们就都蹲在地上了。走得浑身大汗，肚子里饥也饥了，渴也渴了，随手拣了一个嫩玉米棒，掰开就大口大口地吃起来，敬贤见我吃东西，问："梁社长，你吃什么？"

我说："嫩玉米，吃吧！又解饥，又解渴！"

但还没等我吃完一个，队伍又开始前进。此时，肚子还是渴，嘴唇发焦。当走在大道上的时候，看见车沟里有星星，我心想：有星星就有水！我一下子爬下去，用手扒开车沟边的草，摁下脑袋喝了两口。时间仓促，尝不出是雨水还是马尿，也不知道是什么滋味，但我还是觉着没有解渴。

又跑了一阵，前边传话，到了铁路边上了，准备过路。也不知是哪个“精明人”找了这么一个过路的地方，不靠南也不靠北，正是漕河车站，而且正在车站的栅栏口上。当我们走在栅栏口的时候，车站上的敌人就开了枪了，敌人的机枪焦脆地“嘎嘎”响着。人们一时慌张，骨碌碌地跳进铁路旁的大沟里，那沟也太深，大概有一房那么深，有一丈多宽。人们努力往上爬，我爬了几下，爬不上去。这时身上也实在累得无力了，既然爬不上去，我就坐在地上歇了一会儿，等歇足了再上。这时有一个人正在沟上头，手里提着一支枪指挥，在枪声炮声中，也听不清他说的是什么。恍惚之间，我看见西坡上有一个树杈子，有一个人蹬着树杈子爬了上去。

说时迟，那时快，我站起身，憋足了力气，猛地跑上去，一手扒住树杈子，一手扒住了那个人的脚，那人一脚爬上沟沿，一脚刚离开树杈，我一下子跑上去，伸手扒住他的脚，他不让我扒，用力一带，一下子把我带上去了。说来奇怪，也不知道这个人怎么这么大的力气，在夜暗之中，我看不清这个人是谁，而且双方正在作战，机枪还在响着。

我一上沟，撒腿就跑，在黑暗之中眼看着左边倒下了一个，右边又倒下了一个。脚下是沙土地，跑起来也太费力。猛地，我也扑倒在地上，但是我的神智很清醒，此地离车站已经远些，我镇静住精神，不着慌，不着忙，伸手摸了一下腿，并无潮湿，嗅了嗅也无血腥味，感到脚脖子有些疼痛。坐起身来，用手一摸，是脚脖子直了，我用手一扳，咯吱一声，脚脖子弯过来了。我站起身，又朝前跑去，把枪炮声丢在脑后。

走不多远就是一个小村庄，可能是才下过雨，村口积水成河，有大腿那么深。一边趟着水，一边用手捧起水喝，喝了一捧又一捧，一直喝个饱。走过大街时，天已放亮，出南街口时，有人担着筲，牵着牛，到井台上打水饮牛。我又弯下腰去，把嘴巴伸在筲里，喝了几口水，又凉爽又解渴。抬头一看，庄南有一个岗楼，岗楼南边，不远就是封山的大沟。

我们的队伍,一直朝岗楼走去,岗楼上也无动静,也不响枪。交通员到岗楼里看了看,无人。把梯子背出来,叫我们过大沟。真是,八路军有能人呀!

过沟有两个办法:一个梯子,一条大绳。我们是爬梯子上去的,祖耀在我前面,我在祖耀后面,刚上了梯子,伪军从西边跑过来,就向我们开枪了。原来岗楼上已经接到电话,就到西边路口上等着去伏击我们,不提防我们并未走大路过沟,而是在岗楼下边过沟的。

西边又开火了。敌人有一挺机枪,我们有一挺机枪,敌人可能是一个中队,我们有三个连,三个连中有一个新兵连,一边打着枪,一边向敌人喊话:"中国人不打中国人!"

上了沟是一小片高粱地,李耀之同志实在走不动了,他站在那里,说什么也不走了。警卫人员们劝他:"政委!快走吧!敌人来了!敌人来了!"可是,说什么他也不走了。

当时,我曾走过他的身边,按理说我应该去劝劝他,可是双方的枪声响着,仓促中,我也没有这个心力了。反正后面还在队伍,他还得指挥队伍呢!

走不多远,就是一座八里高的山梁。走上山坡,我也实在走不动了。火线剧社的音乐教员张刃先同志说:"梁斌同志,来,我给你提着这个小包袱吧!"

张刃先同志给我提着那个小包袱,我手里提着一件蓝布小夹袄,一件小夹袄实在没有多么重,可是此时在我手里很有分量,实在是累了。

走到半山腰, 千里正睡在一块大石头上。一个战士走过去踢了他两脚,说:"他妈的!正打仗呢,你睡觉。"

苏禄同志笑着说:"老梁!看,就剩下我们俩了!"

睁眼一看,人们都上了山,只有我们两人压后阵了。当然,山下还在打仗,部队得掩护我们上山。

跟李聚奎在一起的一个青年人，被打倒在半山腰里。

一步一坎坷，好不容易才走到山顶上，向下一看，人们都已经下去了。俗话说，上山容易下山难。我手里拄着那条棍子，一步一步地往下移，右腿疼痛难忍，好不容易走下山，已经是早饭时分。山下有个小村庄，我拿出一角钱，买了五个鸡蛋，摁窝儿把它喝下去。坐在地上歇了一会儿，太阳升起时，才一群群一伙伙地走向集合点。路上还是饿着肚子，浑身酸软无力，实在走不动了。路旁搭着小棚有卖挂面的，一角钱一碗，只几根面条，喝进肚里，也顶一点事。

天小晌午，走到义县的北水峪村才停下脚。屈指一算，从昨天黄昏走到现在，共是一百四十里路。

二

下了山，又走了二十来里路，在北水峪住下来，李聚奎找我说："跟我一块来的那个人，在半山腰里被敌人打倒了！"

我说："我也看见了，快派人去找吧！"叫李聚奎快去跟部队首长说，派人去侦查。这时，我连走几步路的力气也没有了。

部队立即派出侦察员，扮成农民模样，背着一个挎筐，拿着一把镰刀，到那个山坡上去找。那个青年人正躺在山坡上，见来了人，说："老乡！救救我！"侦察员说："好，你等一等，晚上来救你！"

第二天早晨，才用担架把那个青年人抬回来，放在院子里。我去看了看，脸色煞白。医生来看，我对医生说："快弄点饭吃吧！有什么吃的？"

医生说："有什么吃的？小米呗！"

我说:“伤员,一天一晚不吃饭了,调剂调剂吧!”

医生冷淡地说:“无法调剂。”

这时才知道,掩护我们下山的那班战士,被敌人俘虏了。

到第三天,李振远左手抱着一捆韭菜,右手拿着一把小锄,一步一步地走回来。据他说,在山边上一打仗,有一部分干部和部队没能过沟,隐蔽在青纱帐中,直到今天晚上才过沟了。

我们在北水峪住了好几天,这个回来,那个回来,就是不见齐祖耀回来。当时,我们和光人合计过沟的时候,祖耀在我前面,我在祖耀后面,怎么过沟以后就不见了?后来,我才想到:过沟以后是一片平地,种着高粱,可能是因为太乏累了,走不动了,隐藏在这片小高粱地里,后来被敌人俘虏去了。

此事直到过了一年,才不出所料,他被敌人俘虏之后,弄到东北的煤窑上,给敌人挖煤,后来从东北跑回来。

住了几天,我们从北水峪起身,向完县的北大悲进发;自从进山以来,一路上的秋景并不好,那山坡上的梯田里,长着稀稀拉拉的几棵庄稼,高粱长得不高,谷子弯着腰,都不如平原上的庄稼那么茂盛。山里人向来是糠菜半年粮,把柿子、枣和糠秕碾成炒面,拌着树叶吃,能吃上玉米干粮的就很少。

进了山了,心上也就踏实了,没有敌情和危险了。慢慢走着。中午时分,停在一个小庄子上,找了一个人家休息吃饭。那人家有一个老人,一个中年妇女,两个小孩子。当我坐在炕沿上休息的时候,房东正在堂屋里吃饭。

我站在隔扇门口瞄了瞄,他们围着饭桌吃饭,每人端着半碗菜汤,说是菜汤,也不像菜,好像是树叶,不是槐叶,就是杏叶。山里人是不吃香椿的,有时却吃嫩生的臭椿叶,一个地方一种习惯罢了。

他们手里端着树叶汤,小饭桌上放着多半碗“挪糕”——用糠面糊成的稠粥。喝几口汤,用筷子抹一点“挪糕”放在嘴里。那个大小孩还对弟弟说:“你让爹先吃!你让爹先吃!”那个壮年妇女说:“忙吃吧!”话虽这么说,可是她还不吃,在一旁看着老人和孩子们吃饭。

我在一旁看着,心里很是难受:山里地少人多,今年又是艰年。一家人守着多半碗“挪糕”,哪能吃得饱?脑子里在转着:敌人大扫荡,今年年头又不好!我自幼爱吃零食,经过这个现场教育,自此以后,有钱不愿花,也不想吃零食了。

到了北大悲村,停了下来,到冀中后方勤务部去打听了一下,程子华同志回来了,他是今年春天带队南下讨送的,现在才回来不几天,在这天晚上,我去拜访了他。

当我到了他的住所,他正在一盏小油灯下吃饭。桌上摆着一碗烩菜,一小碟大酱,两三个馒头,几棵干葱。当我走到他的跟前时,他还把葱沾着大酱吃馒头。看见我就问:“你们都过来了?”

我说:“是周小舟同志叫我们过来的!”

他说:“应该留在地方上,等我们再过来……”说到这里,他再也不往下说了。停了一刻,脸上像在沉思。又说:“干部们来了都找我……”

可能他这时还不知道:司、政两部和区党委,打游击到了平原地区,这时少奇同志从新四军回延安,路过平原区,视察工作,遇着黄敬同志,把他留在平原区建立平原局。这时中央已经打电报给区党委,委程子华同志为冀中区党委书记了。但不知为什么,这个消息干部们已有所知,他还不知道。一个第三联队的首长,吃起饭来如此俭朴,我的心中也实在不安。再者,从他的谈话看,冀中这片游击根据地,能存在不能存在,也在两可之中了!

说了一会子话,我把一个单子给他,他看了看说:“你要枪套?我们又没有硝皮厂!”

看他不耐烦，我也没有说什么，就走出来。这时我的心上有一种预感。冀中区已经被敌人全面占领，北岳区也被敌人蚕食得很严重，今天程政委又是这样一个表情，将来这晋察冀边区根据地是个什么局面，也就难说了。以上这种情绪，是我在当时的真实思想。今天想来，当时是幼稚的了！

我们离开北大悲，向康县的北洪城进发。

到了北洪城冀中区党委的后方，住了下来。当时区党委人还不多，只是安了一个摊子。不几天工夫，沈雁和张霞过来，他们穿着洋布衣裳，戴着洋草帽，都有良民证（居住证），是用公开合法的方式，从老家走到保定，从保定过来的；进山时找了一个村庄的联络员，联络员领他们过了岗楼和大沟……两人说着，嘻嘻哈哈的，很是高兴，高兴的是平安地到了山里。

过了一些日子，女同志胡汐过来了。据她说，她曾经打游击到了我的家乡，在我家里住了一些日子，同时还有穆玲和穆修姊妹，后来林薇也到了蠡县。住了一个时期，他们离开我家，跟着四十二区队打游击，曾遇到周小舟同志，小舟同志看他们无处存身，叫他们到敌人的大据点里去隐蔽。他们离开部队到穆玲的家里住了一个时期；因为想到大据点里去，几个女同志又离开穆玲家里，想到蠡县去找刘纪；在一个夜晚，她们找到一个村庄，找了一个领路的，领她们过岗路，没有过去，还遭到那个小子的污辱。她们又在穆玲家里住了一个时期，林薇就离开她们回正定老家去。她这一去，直到如今没有消息。至于在这样兵荒马乱的情况下怎样回到老家，也是很难想象的。

胡汐和穆玲辗转回到蠡县，刘纪同志给她们办了居民证，送她们到保定。胡汐的父亲在保定第六中学教书，她在父亲处住了几天，过路回到山里，到了北洪城。

刘纪和穆玲在她姑家住了几天，穆玲看姑妈不待见，离开姑妈家到北京一个亲戚家里住了几天，也不是久远之计，又回到保定，从保定过路西，到山里来的。

最后过来的是林岩带的小鬼队,当敌人反复扫荡时,他们正在献县,他们在广大群众掩护之下,经过严峻的考验,后来辗转到了白洋淀,跟着送电料的商人,经过保定南大桥下那条小路过了保定,到了山里。

小鬼们一见了我一齐拥上来,有的牵着我的手,有的搂着我的脖子,高兴得哈哈大笑。林岩却不然,他跺脚大哭起来,说:“你们都回家了,我们在敌人反复扫荡下,好不容易过来了!”他一边说着,跺着脚,流着鼻涕大哭一场。我在一旁看着,也很觉为难;当时认为那几个村是空隙,谁又知道来了十万鬼子兵,十万鬼子兵扫荡冀中的中心地带,哪里还有空隙。这件事情,直到“文化大革命”时期,他还念不绝口。我对他很有意见,我认为他不应如此。

社员们在敌人的大扫荡中,各有各不同的遭遇。张震混在群众中,伏在麦田里。由于敌人的大包围圈、小包围圈、鱼鳞式的包围圈,使他无处可走,结果被敌人把群众和他一起兜了去,轰到一个大院子里,有几个伪军看守。群众也无可奈何,当伪军们不注意的时候,张震一声大喊:“跑哇!”群众一呼噜地惊飞四散,张震也就跑出来了。

杨庆位和有位姓赵的(忘其名)都被敌人抓了去;杨庆位因为年纪小,被释放了。姓赵的是被村干部取保释放的。

在北洪城住了几天,听到有敌人进山扫荡的消息,叫我们到完县隐蔽。到完县县委办手续,过去听说有一个第二师范的老同学杨世杰在该县工作,我打听了一下,他们说不在这县工作,是在一分区工作,也就罢了。

出面接待我们的,是一个瘦眉窄骨的中年人,他没有说是什么职务,我们也没有问他。他的意见说:现在青黄不接,叫我们帮助区里搜集粮食,好有饭吃。饥荒年头,藏着很多粮食,是不允许的。并谈,反扫荡要到边沿地带去……

我们就打算到刘宏声同志他们村去，因为他们村处于边沿地带。一边走着，看着山坡上的庄稼还没有熟，却遇到一个苹果园；说也奇怪，大山里为什么有这么一片苹果园哩？一定是书香人家，有懂得园艺的人。因为好奇，停住步，一人买了一两个，边吃边走。到了一个村庄，已经是中午了，住下来要粮做饭。管理员洪发找村长要粮食，等了一会儿，来了一个五十多岁的人，左手挎着一个簸箕，右手提着一个秤盘，耷着脸说："今天你们走到这里，不叫你们吃饭吧，不好，我敛这个粮食，真是损德！"说着，很有些不满意。原来这粮食是按两敛来的，可见此地群众的困难了。

我们也觉为难，不吃饭吧，已是中午了。要吃饭吧，这样的烦心饭，真是令人难以下咽。

买不到菜，房东院里有一棵小榆树，同志们上树掠了一些榆树叶，和玉米面拌在一起，蒸"苦力"吃。一边做着饭，知道九分区司令部也住在这村，我去拜访政治委员王奇才。正好离此不远，王政委很客气地接待了我，谈了一些九分区敌人扫荡的情况，我跟他说，我还要回到分区去，他也同意。一边谈着，才知道他们中午会餐，论理说，他们应该留我们吃饭，可是无人说话，又有什么办法。

当我走回来的时候，"苦力"也蒸好了，不知谁找了几头大蒜来，新玉米面拌上嫩榆叶，搁上大蒜，也怪可口的。吃了两碗"苦力"，又喝了一碗开水，这顿饭也就算吃饱了。

吃完了饭，继续行路，一边走着，肚中有隐痛，越走越厉害，我明白这是十几年来的胃病复发了。我用手按着肚子，走不多远也就到了刘宏声他们村了。正好刘宏声和他的爱人楚萱也过路来，正在家里，我就住在刘宏声他们西屋，趴在炕上睡了一觉，胃病也就好了。

刘宏声端了一碗面汤来，用小碗端来手指粗的两条咸萝卜条。这是待客的饭，从此也就看出山里人的生活不如平原上。我们的人自己起火做饭。

在这里住了几天，也不见宏声家里人照面，我有些奇怪。听说扫荡过去了，跟村里要了一匹马骑上，回到北洪城去。到了北洪城，郭克说宏声他们家里有事，说宏声的父亲、伯父、叔伯弟兄几人被县公安局拘留，走到山边上遇着情况，他伯父和弟兄们，都跑了，只剩宏声他父亲，走上山去，口吐白沫而死，据说身上没有伤。

火线剧社的人也回来了。冀中区已是岗楼林立，公路如网，剧社回不去了，有此机会正好到联大文学院去学习，苏禄也同意，于是两个剧社一同到“联大”去。一路走着，遍山枣树，枣儿红了，又酸又甜，我买了一些枣面，装在粮袋里，预备饿了的时候吃。

到了联大文学院，联大的同志们抱很欢迎的态度，他们关心冀中的“五一反扫荡”，我住在老同学乔道三的屋里，晚饭吃的是黑豆和红高粱的窝窝头。据说现在不比往年，往年还能吃到小米，今年联大吃的是牲口吃的花料（黑豆和红高粱），喝菜叶汤。

文学院召集同学们开了一个会，叫我和苏禄报告反扫荡的经过。据说边区政府对冀中过来的人，也是格外看待的，吃饭时加一点菜。

成仿吾校长听说我们来了，也很高兴，请我们吃饭，并约沙可夫同志作陪。

把社员们安排在联大文学院，我到边区文联去看孙犁同志。边区文联住在半山腰上一个小村庄里，对于这个小村庄的位置，我现在已经忘记了。

我记得在这里没有见到更多的人，除孙犁之外，还有田间。当时孙犁正在编一个什么刊物。我住在这里无事可做，就想写点东西。过去写的短篇《三个布尔什维克的爸爸》不够丰满，还想再写一篇。我要了纸笔，开始写起来，补充成中篇，共五万多字，十三节。

在这个中篇里，严知孝这个人物出场了。写成朱老忠给严知孝家扛长工。严知孝的儿子在保定第二师范读书，因“七六”学潮，被军警包围。严知孝叫朱老忠到保定去看望，因而参加了对二师学生的援助，于是他的思想得到进步。

朱老忠从保定回来，高蠡暴动就起了。

朱大贵当了高蠡暴动的大队长，朱老忠也扛上铡刀片随朱大贵出征。写了辛庄会战。失败后，朱大贵在路上被捕，押在保定行营。过堂问供时，朱大贵慷慨陈词，死而无怨。行刑时站在汽车上，高呼共产党万岁。

在这几年的写作中，从写剧本到写小说，我总算摸到了人物的典型化，和群众语言的提炼与运用，写出民族气魄和广大群众喜见乐闻的东西。

年深月久，过细的情节，我也不清楚了，写完之后，交给孙犁同志看。

孙犁同志向我说：“老梁！你身上带着钱吗？”他一说，我就明白了。我说：“我请你们吃肉！”

于是，在一个夜晚，我和孙犁、田间，走着山坡上的羊肠小道，出去二三里路，到了一个小村庄。走进一个农民的房子。屋角上支着一个大锅，煮着一大锅肉。买了几角钱的肉，蹲在锅旁吃着，这个年头吃肉真正觉出肉的香味。

在文联住了几天，我是受优待的，吃了几天大米饭，才回大伙房吃饭。

回到北洪城，刘亚球和周小舟同志也过来了。有一天，我到周小舟同志屋里，正在谈着女同志到大据点去的问题，刘亚球走进来，见了我劈头就说：“新世纪剧社，这几年做了什么工作？”而且疾言厉色。我听了一声不哼，周小舟同志反倒笑了说：“还是做了一些工作！”等刘亚球走出去，周小舟同志问我：“老梁！家里能住吗？”

他既然这样问，我只好说：“能住！”

他又问我:“你到敌工部去谈谈吧!”

这时党组织鉴于敌我情况的变化,要加强城市工作和敌工工作。第二天,我就到敌工部去。走到敌工部,一个细高挑儿,四五十岁的人,头上戴着帽盔,身穿蓝色大褂,两手捧着一把红枣,盘腿坐在屋廊下。一边吃着红枣,他问了一会子有什么城市关系,说:“你做上层工作吧! 和敌人上层人物交朋友……”也没有说更多的话,这算是交代了任务了。当时,在敌人占领区来说,这个任务对我来说,还是合适的,他没有具体说,我也就明白了。

正在这时,又有敌人进攻的消息,于是机关上早发了棉衣和山鞋,去进行反扫荡。我带着管理员洪发和农会的老秦等几个人,一同到平山去。当时,我正年轻力壮,总算一下棉被、棉衣、鞋子,也有二十七斤。身背二十七斤行李,每天九十里山路。路上到一个农民家里吃派饭,吃和上山豆角的玉米面饼子,能吃好几个,有一点咸味,而且又香又甜。

路上遇上合作社的几个人,认得的有梁耀同志,一边搭讪,一边走着,天黑以后,将到陈庄。梁耀同志说:“怎么样,老梁! 这晚饭怎么吃法?”

我沉思了一下,看天色已晚,吃派饭已经是来不及了。我说:“找个方便地方吃吧! ”

对于陈庄这个有历史意义的村庄,我是有敬仰之情的。第一,她是深山里的重镇,大村庄;第二,一九三九年,贺龙同志带领百二十师在这里进行了陈庄战斗,打败了日本鬼子。

走过陈庄大街,已是灯光明灭,我们走进一家小馆子,是一个包子铺。老掌柜热情招待,吃了一顿羊肉大葱馅的包子,油水不小,而且挺香,可与保定的白运章相比,但是味道不同,因这是大葱羊肉。吃完了饭,老掌柜嘻嘻笑着说:“怎么样? 同志们,我们尽可能搞得好一点,吃嘴头的人们会知道的! ”

说句真实话,抗战几年来,我还没吃过这样的包子,可是人家不要粮票，只好叫洪发到村公所去领了小米来，给人家折价，这是犯纪律的事情。不过半路途中，天道又晚了，也无可如何。

到了滹沱河岸，稻子已经成熟。我们沿岸西行，到了平山县里的大山里，找了一个小村庄住下。身上无带着书，也无带着纸，不能做什么事情，除了吃饭，也只好在院子里散散步，和老秦等人聊闲天。也不过是谈些反扫荡中的见闻和惊险趣事。在这几天里，洪发不辞而别，并且把我的钢笔带走了，幸喜他没有把我的手枪带走。我过去都把他当做老实人，不知他为什么走了，他到哪里去，想回到冀中去又怎么过去？

在平山住了一些日子，情况也就过去了。据说边区党校也在平山，史立德、高铁英都在这里学习，走到那里，见到史立德了，没见到高铁英。史立德同志领我到山坡上一个小馆子里，我请他吃饭他不吃，只是怏怏不乐，坐在板凳上发呆。他说他不好，好像是有病，叹声说："我们这就回不去冀中了！"我想他是为这件事情发愁。是的，冀中是块好地方，是富庶的地方，我也要回去的，虽然说是敌人统治了冀中区，有冀中的良好的群众条件，抗战的火把是不会熄灭的。

临行，我给他十块钱，就分别了。虽然十块钱不多，但是到了山里，离家里远了，他也是乐于接受的。

回来的路上，路过一个山口，在那里遇到一个工作人员，他问我："刘澜涛同志的队伍在哪里？"我告诉他说我不知道。他指着对过那个山口说："晋察冀军区司令部在这里。"

这时聂荣臻同志调延安去了，程子华同志代理政治委员兼司令员，我又想去看看程子华同志，其实可以不去，又想到以后的机会也就少了。想着，我走到对过的一个小山沟里去，走不多远，路南里有个小梢门，门口站着一个卫兵，我说："我找程子华同志！"他问："你是哪里来的？"我说："我是冀中来的！"他把头一摆，说："进去吧！"

我走进小梢门，就是两间小北屋，一进门，看见程子华同志就在屋里坐着，他见了我，惊奇地问:“你怎么知道我在这里？”

我嘻嘻笑着，也没有说什么。说实在话，程子华同志在冀中的工作是有威信的，他除了管军队，还领导经济斗争。我虽然是文艺界一个小干部，在冀中这块前哨阵地上共同战斗了几年，我还是愿意见他一面。

谈着，从里屋走出一个人来:中等身材，戴着一顶八角军帽，看样子不过四十岁。程子华同志介绍说:“这是萧副司令员！”

我向他弯腰行礼，今天见到久闻大名的萧克同志，觉得甚为荣幸。他笑着向我点头。

年深月久了，我忘记和程子华同志谈了一些什么话，时已中午，警卫员叫我去吃饭。饭棚就在院里，有两张长桌，地上放着一个大笸箩，盛着一下子掺着豌豆的小米干饭，还有菜汤，我今天高兴，吃得特别多。

吃完饭，我告别子华同志走出来。

回到北洪城，已是冬天了，机关也建立起来了，人也多了，组织部的张敬同志、报社的朱子强同志，都过来了，到了一块儿，也不过是谈谈反扫荡的经过，都表示庆幸。可惜的是政治部宣传部长张仁槐同志，宣传部的沈蔚同志，都在反扫荡中牺牲了。

有一天，小晌午时分，太阳正好，我坐在院子里，把手巾铺在地上，把手枪拆开，把零件用布擦过。正在擦着，背后有人说道，“秀才造反，三年不成”！我回头一看，正是九地委书记吴立人同志。吴立人同志，在北京时是见过面的，后来他到顺直省委工作，抗战时期在抗战学院工作，抗战学院结束，来冀中工作，分配在九地委当书记，也好久不见面了，现在他来区党委汇报工作。

我急忙把枪装好，和吴立人同志一块儿在村道上走着。他说他汇报完了工作，要回九地委去。我说我也要回去深入生活，写文章。他说:“你写文章在这边不好吗？”

我说：“冀中人民在水深火热之中啊！战地生活，我舍不得丢弃。”

他说：“也好，我们就一同回去！”

又聊了一会子闲话，就此决定，跟他一起到九地委去。从此，我即做回冀中的准备；和别人换了衣服，做老百姓装扮，把吃饭的小铁碗、小勺送给张敬同志。还辞别了子强，子强不同意我回去，但我下决心一定回去。再说敌工部已经跟我谈了话，我接受了任务，这当然是保守秘密的。

在一天下午，吴立人同志带着两个警卫员，我跟他们一同出发：一路上和他谈论一些文艺上的问题，他原来是保定育德中学的学生，毕业后也到了北京。他也常出入于直隶新馆，穿着一件破短大衣，因为不知他的底细，也很难和他搭上话。后来，他还到前英子胡同公寓里找过我，问我是不是愿去博野四存中学张荫梧那里去学军事，也很难谈到一起，主要是互相不了解。

一路走着，我给他讲了两个《聊斋志异》上的故事，他也很爱听。日暮时分，走到一个村庄，就在这里住下来，也就到了根据地的边沿地带了。一直住到第二天中午，吃了饭，开始动身，入夜时分进入敌占区。这次行军共有六个人，除我和吴立人，两个行署的会计，他们是到肃宁县取账目的，也都带有手枪。

两个警卫员，右手提枪，一个在前领路，一个在后头跟着。因为是敌占区，大家都张目凝神，脚步匆匆。也不知道两个警卫员什么时候把路踩熟了，暗夜之中，途中并未路过一个村庄，就走在一条小河的南岸。

离远看见前方的天空，有浑黄的天色，不用人说，这就是河北平原上敌人较大的据点保定了。

时间已经是半夜时分；天上灯光照耀，我们悄悄地走在河边的小路上，明亮的流水哗哗响着。这条小路就是白洋淀的商人向山里送电料和药品走出来的。反扫荡以后，不少人跟着商人走着这条小路到山里去。在这一点上，商人们是有功的。当然，他们也是为了赚一点钱。

我们手提着枪，悄悄走过铁路，脚下没有一点声音，只听得远近村庄上的犬吠。河流，和河流边的小道，在夜暗中是明显的。离此不远，就是保定南关那座铁桥，桥上电灯明亮，但是看不清有人无人，我想一定是有人的。吴立人同志说："跟紧！不要失掉联系！"说着，不约而同地咯吱一声，把大机头扳开。

这时大家都屏气凝神，准备战斗。可是，当我们走到桥下时，桥上并无声息，我们也就平安通过了。直到此时，大家才松了一口气：我们穿过了敌人的重镇保定城。

在夜暗之中，我们又走出十几里路，到了一个大敞洼里。停住步，开始休息，我的心上暗自嘱告："天哪！我又回到冀中的怀抱！"

我们就在此宿营，可是，在夜间也不知道这是一个什么所在，只知道这是一大片麦田。我们把土向周围推了推，盘曲在麦田中睡下。

一直睡到太阳露头，抬起头向南一望，不太远的地方，是一座岗楼，还在晨曦中睡着。等太阳起来的时候，在北边有几辆载重汽车驶过，是一条公路。这时我已感到处境的艰难，但也无可如何，我相信同行的人们也有相同的想法。

我们还是躺在麦田里一动也不动，直到太阳小晌午的时候，从岗楼上下来了几个穿黄军装的伪军，拿着枪在野地里打兔子。这时我们也就感到敌情就要来了，用不着发命令，我们一个个匍匐在麦田里，两手端着枪，对准准星缺口，准备战斗。眼看着那几个伪军向北兜了一个圈，又向南走去，我们才算松了一口气。

我们一直在麦田中待到太阳半西，一个警卫员悄悄走进西边的一个小村庄去，等太阳下沉的时候，他带着一个人走来，那个人左手挎着一个篮子，右手提着一个罐子。警卫员招呼我们走过去，篮子里是大饼和碗筷，罐子里盛着小米稀饭。我们就在这漫洼野地里吃了一顿饭。至于这个警卫员怎么进了村,怎么找到人,怎么做了这顿饭,我们完全不知道。可以看出这个警卫人员的本事了。

吃完了饭,也就夕阳西下了。我们整顿了一下行装,拍拍身上的尘土,向东方走去。不远,是一条小河沟,在夕阳中,可以看出水面上结了薄冰,但水并不深,我们只好脱下鞋袜和裤子,破冰过河。

当我用脚跟敲开薄冰,蹚水过河时,才感到其凉刺骨。但这在敌占区,并不是难克服的困难,咬紧牙关蹚过河,立定脚跟,涮了脚,穿上鞋袜,穿上裤子,也就夕阳西下了。

我们开始在漫地里跋涉,在夜暗中也找不到道路,也许警卫员们认为这样遇不到人,更为安全一些。

直到三更时分,我们走进一个村庄,找到村公所要饭吃。村公所给我们做了小米稠粥、老咸菜,我们一边吃着饭,吴立人同志对村公所里的人说:“等我们走了,你们再去报告!”从此看来,这还是敌人占领区。到此为止,这一天算是吃了两顿饭。

现在想起来,在仓促之中,也不知道是吃饱了还是没吃饱,我们就匆促地离开这个村庄。他们报告了或是没有报告,我们也不知道。在夜暗中,手提了枪匆匆走去。直到天将黎明时分,才住进一个村庄。警卫员敲着一家小门,等了一个时候,走出一个老汉,开了小门,亲切地把我们招呼进去,走进小北屋,看样子这是一家老堡垒户,这时我们才放下心来,这算是到了老家了!

在我的记忆里,自此我们就和吴立人同志分手了,也不知道他住在什么地方,我估计他住的地方可能比这个地方更秘密一些,更保险一些,这个问题在游击区是常例:比较负责的同志,都有比较秘密的堡垒户,而且有较好的地道。一般的过往客人,都是住一般的堡垒户。在我的记忆里,我的地位观念，就是这样产生的。自从加入共青团之后，没有心思计较地位高低，只要有工作做，能革命也就可以了。但到了这时分，就有地位高低之分了。

在这家往得很好，家常饭食，村长（这时已经是两面政权了）还给提了一块肉来，说："有敌人吃的，没有咱们吃的吗？"炖了一锅肉，我们和房东共进午餐。

在这里住了几天，又转移了一个地方；一个小栅栏里头三间土坯小房，房东只有一个人，五十多岁年纪，只穿一身黑布棉裤袄。他给我们做饭吃，还常介绍一些敌人的情况。在他的口吻之中，了解到他是清苑县有名的老同志刘光玉同志介绍入党的，是一个老党员，这个村庄就是刘光玉同志的村庄。我们都放下心来，这就到了老区了。

几天之后，在一个晚晌，吃饭之后，来了一个警卫员叫我们出去，吴立人同志就在栅栏门口等着，说是要到分区去。我们辞别了这位慈祥的老贫农、老同志，又开始暗夜行军。天色黎明时分，到了白洋淀。沿着一道堤走着，到了大苇塘里。这时已经是冬天了，芦苇都干黄了，在风前抖着白色的芦花。

芦苇丛中，搭着几个窝铺，这就是九分区在前方的司、政两部，见我们来了，他们从窝铺里钻出来，围着吴立人同志问长问短，问世界大战的情况，有什么好消息。吴立人同志不做介绍，我也不认识他们是谁。

三

我在白洋淀看到九分区司、政两部的处境，可以想象到目前敌人的气焰正在嚣张。司、政两部转入地下。看样子跟随他们有些不便，吴立人同志派人把我送到黄庄刘纪同志家里。

在刘纪同志家里住了几天，他谈了这几个月中新世纪剧社同志怎样转赴京、津路西的情况，我也谈了路西根据地及区党委的情况。住了几天，又回到我的老家梁家庄。回家之后，通过老朋友郭春原的同意，派遣希周、郭濯到北京工作。

自从敌人蚕食了蠡县，梁家庄村里没出过什么事情，县委、县政府、县大队、区小队都转入地下。两面政权，人情还好，我在村里住着也还安心。我把家里存的旧书找出来，有文学，也有社会科学。一个人在屋里翻翻旧书，时间长了，不能露面，不能见阳光，也有些苦闷，但也没有什么办法。有一天，早饭以后，梁鸿声站在大街上，朝着北胡同骂大街。骂了一会子街，又到我家里坐了一会儿，红着个脸，眼皮也不抬一抬，嘴里嘟嘟囔囔，好像有多么大的委屈。

后来，我打听了一下：我们本家侄子梁大有（他是我在《红旗谱》写冯大有的模特儿）当农会主任，梁大有的侄子梁运来，参加村游击小组，平时就在梁鸿声家里睡觉；因为梁鸿声的内弟在城里宪兵队里当特务，这样好像保险一些。但是事出意料，有一天黎明时分，梁运来被城里的特务抓去了，至今没有放回来。这时就有人说，城里特务抓梁运来时，梁鸿声的内弟在村西里等着，脸上戴着口罩。这样梁鸿声就有嫌疑了，梁鸿声抹不过脸儿，因此站在北胡同口上骂大街，向梁大有示威。他到我家来，也有用意，表示梁运来被捕与他无关。

当时，我判断此事在两可之间，也可能是梁鸿声与他内弟勾结，把梁运来抓去献功，也可能是他内弟知道梁运来在梁鸿声家里宿夜，就把他抓走了，也就是说，现在还不能判断梁鸿声通敌。

和梁鸿声在一块儿的，有个叫柳树楷的，和伪县政府的宣传班长王士奎是表兄弟。王士奎和我是高小同学。柳树楷的哥哥柳长常在我家做些零活儿，两家合着买了一个骡子，关系还不错。但梁鸿声和柳树楷都不是正南巴北的庄稼人，游手好闲，喝点小酒。他们也不通敌反共，因为共产党在地下还有一定势力，如果有人通敌，县委可以用手枪队对付他，区小队也可以在夜间把他掏出去活埋。但城里宪兵队的特务头子郑国治常带伪军出城，包围村庄抓捕干部，一夕数惊。县大队有时也打个小仗。两方势力相持不下。为此事，我曾写过一篇散文登在《晋察冀日报》上，署名金子家。

村里还有一个叫梁黑锅的，原来在十七团当连长，也许是因为环境残酷了，怕他坚持不了，被打发回家。听说我在家里，也常来谈谈。后来，我发现他酗酒，酗酒之后说胡话，也就不理他了。

蠡县是老区，广大人民群众受了深刻的爱国主义教育。村中群众条件是好的，村支部书记梁万来，村长梁振兴都是贫农，已经转入地下。联络员梁芬，是个老实的庄稼人，也不过是给敌人送送柴草，也不会出什么事。再者，我姐夫刘耀奎是有名的人物，还在北平。我大侄子和二侄子都在北平，敌对心理的人们也都知道。再者，我们老梁家在村里是大户，我接受了敌工任务。我四哥在村公所工作，村公所工作是两面的，消息也很灵通。根据以上条件，我在村里弄了居住证，合法存在，非法活动。

村庄里楼上伪军小队长姓蒋，不是铁杆汉奸，有时带着伪军到村里转转，也不问什么。我就在这个环境里工作着，生活着。但我不想和王士奎拉关系，因为他身上没有什么油水，目的还是到北平去。

这年冬天，我通过三哥向梁宝鉴借了那部《红楼梦》。这部《红楼梦》我曾经看过一次，现在又把它借了来。这部梁家庄仅有的《红楼梦》，是梁宝鉴的爷爷梁友肃留下的，木版、小本，共八函。梁友肃是我们老梁家院里的家族长，我们叫他老爷爷。当我上村学时，常到村学里来坐坐，当时他已经八旬有余，有点驼背了。身体结实，白发红颜，谈起话来，嘻嘻哈哈，满乐观的。虽然是梁姓的家族长，但和蔼可亲，他会念上九流、中九流和下九流，二十四属相等。还会吹笛，念唱曲，给我们唱过《大四景》。但他不是读书人，不讲孔孟之道。有时讲起《红楼梦》，说《红楼梦》以假语吓人，是教育人的。当时全村人都尊重他。

有以上的条件，我安然地在屋里读《红楼梦》，写文章。因为里院挖下地洞，虽然特务们常出来扫荡，也可从容不迫。尽管是木版书，雕得很草率，但这次读得很细致，一直读了好几个月。

在这个时期，村中发生了两件事。一件是“五一大扫荡”之后，根据地变质，大部分村庄的上排户推翻统累税，实行按亩摊派公款，我村也不例外。（这个情节写在《翻身纪事》中）因为敌人的力量占优势，我们也不理他们，以缓和阶级矛盾，保存力量，留得青山在，不怕没柴烧。再一件事情是抗战几年来负担重，勤务多，如拆城、破路、挖地道等，再加上村干部有些强迫命令。人们把这些问题推在村长梁振兴身上，对梁振兴有意见。我出面调停，暂时叫赵万增当村长；赵万增是我小学的同学，是党员，他当村长，和梁振兴是一样，跟赵万增谈了几次，他不肯干。当然，在这种情况下当村长是有危险的。

为了笼络梁鸿声和柳树楷，我曾经请了一次客，请他们喝了几杯酒。这也是“五一大扫荡”以后的新情况，社会风气倒退，恢复了请客送礼；我之所以这样做，是为了我在村里太平无事。我的共产党员的身份在村里是无法隐蔽的，但可以依靠群众，遮掩敌人耳目。因为我没在村里工作过，没得罪过人，尽量做到天和、地和、人和。

但是事出意料，有一天晚上，城里的特务来抓前任农会主任常明，常明未在家，没有抓住。常明就住在错对过的东胡同里，离我家很近。这件事情就是在我的眼里插棒槌，叫我看看。当时，我考虑“无家鬼送不了家人”，一定是村里有了通风报信的人；此人是谁，我圈定了三个人，一个是梁鸿声，一个是柳树楷，一个是梁黑锅。柳树楷的可能性不大，梁鸿声也有可能，当时我考虑梁黑锅，可能性不大，但也有可能，因为此人是个不懂事的人，喝大酒，反复无常，自此我就不让他到我家来了。

既然有此事发生，我就不得不注意了；把被褥搬到后院，把门口堆上高粱秫秸。此时方在冬天，天寒地冻，我守着洞口睡觉、读书、写文章。此时常来往的人，有刘纪和刘田。一块儿研究敌情，研究工作。

有时到四姐家去住，除了四姐，还有三个小外甥，也挺方便，书好带，但不便于写文章。

有时到黄庄刘纪家去，经常是在黄昏时刻，在岗楼西边半里处，有条庄稼小道通过公路，到辛兴镇，我大姐家里。我叫外甥把村支部书记韩福全叫了来，他见我穿着绸面驼绒棉袍，劈头就问："你现在在哪边？"

他一下子把我问愣了，韩福全是一个老同志，虽然没见过面，但我的名字他是知道的。我说："你还不知道我，我会上哪边去？"

他听我的说法，便不再说什么，谈了会子敌情，他说："你在县里目标大点，得注意！"

辛兴镇是个大村子，有一千多户人家，人情复杂，不便久住。在黄昏时刻，通过北宗村西的一条小道，到黄庄刘纪家去。刘纪同志把我安排在他三叔家睡觉，回家吃饭。老人还是和和气气，当客人招待我，但读书、写文章不怎么方便。村子小，人情好掌握。

刘纪的老父亲和郭濯的父亲都与大杨庄的大绅士全老松有来往。据刘纪说，有一次刘纪和郭濯在全老松家里吃饭，吃着饭，说了几句非分的话，具体话我忘记了，大意是说八路军的江山恐怕难以恢复了。他是大地主，是绅士，是代表上层人物的。也可以说，当时的上层人家也都是这种思想。由于敌人的全面占领，这些对抗战必胜没有信心：地区能不能恢复，何时恢复，怎样恢复，在目前是个问号。当时共产党的干部和党员，受了党的传统教育，是有坚定信心的，生时是共产党的战士，不幸遇害，则成共产党的烈士，我就是这个主意。在冀中平原战斗的人们也都有这种信念，不然在极端残酷的情况下，敌人占领区的工作就无法坚持了。

在刘纪家住久了，我就又回到老家去。但时间长了，东邻西舍，甚至村里部分人，都知道我在家了。这年冬天，薛坚根据周小舟同志的指示，到了保定，但无可靠的关系可以存身，颠沛流离地过日子。他遇见了郭濯，郭濯把他交给南许人一个伪人员张树榕，张树榕把他带回蠡县，交给王士奎。薛坚在王士奎家里住了几天，就到黄庄刘纪家里，这样就把刘纪暴露了。

一九四三年正月，薛坚到我家。一天中午，我和刘纪、薛坚正在屋里吃饭时，妻说："我先拴上大门！"快吃完饭时，有人叫门，妻出去隔着门缝一看，原来是王士奎。不声不响，赶回来说："王士奎来了！"

听得说，我与刘纪把筷子一放，走出屋门，慌忙爬上小东屋，房串房走到我三哥院里。通过南街，跑到赵锻庄刘通牖同志家里。当天晚上饭，通牖请我们吃火锅。侄女才结婚，老亲家郭沪之来约，第二天上午，在沪之同志家里吃了一顿丰盛的午餐。

回家之后，问王士奎说什么来。薛坚说，王士奎见到饭桌上的筷子，笑了说"老是躲着我干什么"表示不愉快。但是无论怎样，我虽然有敌工任务，是不能跟他见面的，因为他不仅是一个伪县政府的宣抚班长，还不够"上层"的格。但自此以后，王士奎有一种错觉，认为我家里是敌工部。我叫刘田把薛坚送回安平老家去。

自此，我不得不另辟蹊径。经黄庄向北去，约四五里，就是大杨庄，王家角上，是我姥姥家。有一天，我去看了看。先到东院里想看看二舅，我对二舅印象很深，《红旗谱》中，朱老明这个人物，就是按二舅的形象写的。二舅不在家，他到魏家佐大表姐家去了。二舅母去世，只剩下三友表兄，福增表兄。两院里，大舅去世，大姨去世，表姐出嫁。二姥爷去世，二舅去世，只剩下景文表兄，老马表兄；这几家人都沦为贫农。景文表兄是个老实人，是党员，在村公所工作。表嫂是村妇救会主任。她是个聪明瞭亮的人，而且能说会道，见了我表示欢迎。这时正有县青救会和妇救会的两个干部在她家住，我了解到这几家是常住干部的堡垒户。中午，表嫂给我烙了白面饼，炒了鸡蛋。

大杨庄是个大村子，约一千余户，党的基础、群众条件都好，是我搞游击队时常住的。而且这王家角只是在这个大村子的一个角上。形势好，便于回旋。我在表嫂家里住了两天，就又回到黄庄。

在这个时期，我写了几个短篇。一个短篇是《抗日人家》，以张化鲁为模特儿写的。一个短篇是重现冯大狗的，这个短篇一九三六年在北平时曾经写过，是通过冯大狗这个人物写蒋、冯、阎中原大战，蹂躏乡民，强奸妇女，共写了一万多字，寄给《大公报》“文学周刊”编辑沈从文先生。他没有用，写了一封回信，大意是：“……这篇文章写得不错，就是长了一点，请你寄给萧乾先生……”当时萧乾先生正编《水星》月刊，我把这篇文章寄给他，如石沉大海，杳无音讯。虽然过去了几年，这个人物还活在我的心中。我通过冯大狗这个人物写伪军的行径，在日本鬼子的压制之下，疯狂扫荡，强奸妇女，后来有了民族觉悟，携械归来。也有一万多字。

但是好梦无常，王士奎又来到梁家庄，到我三哥院里，我三哥招待了他。他要求和我见个面，我三哥跟我商量是否见他，我想见见他也无妨，能用就用，不能用量他也不敢怎么我，就在我三哥屋里见了面。这时，他满脸焦黄，穿着灰花丝格大夹袄。寒暄了几句，他表示对我和路一皆无歹意。我讲了世界大战的形势，苏德战场的情况，希望他弃暗投明，做些工作。

他说，本来他是有这个意思的。八路军给日本鬼子写了黑信，日本鬼子把他绑在木柱上，叫狼狗咬他，把他吓坏了。

我告诉他，即便不能过来，也不要干坏事，做个朋友，留条后路。谈到这里，窗外有人走过，一边走着，一边嘴里砸姜磨蒜，很不高兴。

这个人名字叫姚林，是东平村我表姑家孩子，在城里当了特务。他找到我大哥院里，我大哥招待了他。他的意思是说我看不起他，不和他见面，很不高兴，我大哥安慰了他。

在一九四三年夏天，我方的敌伪军工作、城市工作，已经初步深入敌人的大小据点，有了影响。在伪人员中皆以有个八路军的关系为荣，敌我力量的对比，在起着变化。

这时，这个区的副区长被敌人俘虏。

我在家里待着也很不安，吃完早饭，我就到我三哥院里，对门正在盖房，搬砖的搬砖，和泥的和泥，人来人往。我就藏在门旁的头伏棚里。这地方很机动，我三哥的院子的后门，与我五哥院里相通，前街通后街；敌人从前街来，我可以通过后门，向后街出走。敌人从后街来，我可以混在盖房的人群里，从前街出走。

我定下这个方案，就睡在头伏棚的小炕上。我正在睡着，听得有脚步声、人声走进梢门。我探头一看，有伪军走进院子，这时就无处可走了。头伏棚外头，有个梯子，我就爬梯子上房，想越墙逃走。当我刚爬上房沿，伪军站在北边屋顶上大喊："哪里跑！"说着就跑过来，我急忙下了梯子，要混在人群里逃走，这时被伪军抓住，我神情泰然自若，从容处之。不提防伪军中有一个人说："怎么你在家里？"

我把居住证给他看，我说："我早就不干了！"

这个人叫张敬文，曾经参加过剧社，他认出是我，说："不要紧，我给你说说！"说着，伪军把我弄到院子当中，坐在木头上。看伪军也就有二十多人，大概是一个小队。他们弄着被俘的区长，到西邻家来找洞，西邻家叫梁轮子，是个老堡垒户。

这时，一些应敌人员也就上了场了，梁鸿声也出面了。一面给伪军们烧水，一面和伪军队长打交道。我就在一旁看着，思索着，找空逃走，但不得机会，伪军们大部分上了屋顶。村北岗楼上的伪军也来到村里。

伪军们一边吃着饭，梁鸿声一边和伪军队长讨价还价；我不知道张敬文和他们怎么说的，也不知道花了多少伪钞，敌人走时，就把我放下，伪军队长看了看我，点了点头，笑了说："你真能！"

伪军走了，梁鸿声找我，笑着说："钱很好敛！"

这是当时的一种制度，在极端残酷的情况下，八路军的工作人员，在哪村被伪军抓住，如果能花钱赎出，这笔钱就出在这村的人们头上。从这里也可看出八路军、共产党与广大人民群众的鱼水之情！这也激发起我们的工作人员彻底为人民服务之情。

自此以后，我就不敢在家里睡了，转移到北胡同里一家贫农梁万喜家睡觉。黎明即起，背上一件农具到村北大开洼里去，我经常带一本书到园子里，在小井台上去读书。

有一天，我正在读着，村里来了伪军，闹得鸡飞狗跳。我赶快离开这里，到更远的地方，一个杜树坟里，在树下读书。等敌人走了，我回到园子里，邻家说，有伪军到园里来找我。黄昏时分，我回到村里，才知道是原来的十一大队大队长吕金亮投敌了，在宪兵队当了特务，并给我写下一封信，叫我到城里一谈，我嗤之以鼻。过去在十一大队时，我认为此人不可靠，是个流氓，如今果不出我所料。

有一次，伪军来了，把我五哥抓住，误认为是我。走到城里道上，才把他放回来。城里有些熟人，认识我的，都知道了我在本乡。到此时为止，我需要离开这个地区了，也应该到北平去做我的工作，我派人到黄庄去，把刘纪同志叫来，商量了一下。这件事情需要和地方党取得联系，免得发生误会，就决定去找九地委宣传部长郭春原。他在蠡县五区一带活动。他原来是蠡县的县委书记。

第二天吃了早饭，我们就上路了，一直向正东方向走去。到了卧牛庄，也就是黄昏时刻，遇着一个熟人，是县立小学教员张桂荣。他问："你们来干什么？"我们说："来找郭春原。"他说："那个好说，先到家来吧！"

说着，走到张桂荣的家里，进了梢门，进了二门，是三合子大院，走到北方上屋，看样子是一个富农人家。说着话，也就到了掌灯时分。家里人端上饭来，菜粥、窝头，一小盆炒菜，也就是家常便饭。虽然家常便饭，吃着也无比香甜，因为肚子早就饿了。

吃完了饭，张桂荣领我们到郭春原的办公处去，也就是一家贫农的小北屋，一位老太太招呼我们坐下。等了一会儿工夫，郭春原带着两个警卫员来了，见了我们说："你们早来了？"我说："我们等你半天了。"

张桂荣见我们已经接上头，他就走了。

秘密时期比较高级的负责同志，办公在一个地方，居住又在一个地方，是绝对秘密的，任谁也不知道。办公都在夜间，有事情需要讨论的，在这个时间接头或是开会，开完会，就各自分头走了。

我把在区党委接受的任务，要到北平去的话跟他说了。他不以为然，说："唔？我没有什么不诚恳的！"他曾跟我说过，要留我在这里工作。但我已经接受任务，还得到北平去。他也觉得无可如何。

谈了会子闲话，看天色已晚，接头的人越来越多，我们也就告辞了。

走到大街上，已是三更时分，全村安静无声，人生地疏，无处可去，只好又走回到张桂荣家去。走到门前，一推梢门，已经落锁，无可奈何，爬墙过去，外院里静寂无人。推了推二门，紧紧闭着，隔着门缝一看，里院没有灯光。

我俩在院里愣了一刻，看见头伙棚里有一点亮光，推门进去，有两个牲口在槽头吃草，老长工在炕上打着鼾声睡着，我们俩人也就上炕，和衣睡在里边。走了一天，这时实在累了，就睡着了。

一觉睡到天刚黎明，老长工起炕，挑筲饮牲口。又套车，赶车出去，这时，我们已经醒了，只是眯着眼睛，等张桂荣叫我们吃饭。这时我想，这里睡着两个人，老长工能不跟张桂荣说吗？张桂荣能不来叫我们吃饭吗？可是，我们在炕上躺了半天，也无人来照面。只好自己起来，推门一看，太阳已经老高。院中静悄无人，也不知张桂荣是否在家，也许他已经下地了，或者躲开了。

他家里人，我们也不认识，也不好要饭吃，只好走出这个家门。顺着大街往南去，走不多远，有人从北往南疾步走来，一边走着，大声说着："敌人来了！敌人来了！"好像故意对我们说的。

虽然如此，我们也不知道敌人从什么地方来，什么兵种，有多少人，也不好预防。只好就近走到一个栅栏里，是一家普通人家的柴草小院，院中无人，我们就躲进一间碾棚里，坐在碾台上，屏气凝神，等待命运的判决。

等了一会儿，听大街上无有动静，也无人声，我们就从院里走出来。走进一条小胡同，出得村来。顺着大道一直往回走，小晌午时分，走到荆邱村，在大街上遇着高小同学梁文周，他一见到我就笑了，说："你们从哪儿来？"

我说："从卧牛庄来！"说着，走到文周家里。这时，我心上的一块石头才落了地，因为早晨还没有吃饭。

我与梁文周几乎同名同姓，我的学名叫梁维周。在学校时，都是以弟兄相称，他叫我大哥，我叫他小弟弟，关系比较密切。他喊母亲："娘，朋友们来了，快给他们做饭！"

老太太一步一步走过来说："咳！做饭，怎么做法？过去桌上有酒，厨下有肉，如今怎么做饭？"

文周说："不是外人，有什么吃什么吧!"

老太太还是不好意思的，摸索着擀面条。

当时，遇到文周，走到他的家里，很觉温暖。这个情节存在我的心里十几年，我把它写进《红旗谱》中。

老太太做熟了饭，文周搬进一个炕桌，放在炕上，又端进一盆汤面。拿了两双筷子，两个饭碗。果然没有菜，也没有干的。

至亲的朋友，也就没有说的了，自己动手盛饭，慢慢吃着。那时年轻力壮，整整吃了三大碗。

从荆邱走回家里，也就日落西山，刘纪只好住在我家里，我也只好陪他。第二天刘纪回去，我就又找了一个人家住宿；这个人就是过去一块儿开过瓜园的老乃叔，他住在村北一座小土坯房里。过去除了务农还擀爆竹卖，现在上了年岁，孤身一人，他是千香门的道首，已经是七十多岁的人了。在一个晚上，我抱着被子走到他家里。老人弯着腰哈哈地笑了，说："咱们俩可有好久不在一块儿了，咱们在一块儿开瓜园的时候，你才十几岁，如今你成了抗日的工作人员了，我也老了。没有说的，如今你来到我家里，一切由我负责！你吃了饭没有？"

我说："吃过饭了！"

老人说："那，你就休息吧！"

这两间小土坯北屋，里屋靠南有个小土炕，东墙根放着一个小桌，靠北墙放着一件破柜橱，一条凳子。外屋盘着一个小锅台，一堆烂柴火。可以说是家徒四壁了。小油灯挂在墙上，发出微弱的光亮。

老人把我的被子铺在炕里边，把他的被子铺在炕外边，说："时间不早了，咱们躺下说话。如有风吹草动，不要乱动，要听我的。"说着，脱鞋上炕，睡在被窝里，我给他讲了会子世界大战、抗战的形势。

他迷迷糊糊地说："老佛爷保佑，快把日本鬼子打出去，老百姓好过安生日子！"说着，他打着鼾声睡着了。

我买了些细布，叫妻做身衣服，安排到北平去。一方面离开这个地方，避免特务的追捕，一方面去完成我的任务。我在老乃叔家住了几天。一天晚上，我们正在睡着，听得有人走近小屋，用手指敲击着窗棂，我机灵地醒来，才说穿衣起炕，老乃叔也醒了，伸手把我按住，不叫我动。他悄悄地起炕，从墙角里抽出他做爆竹时切纸的长把切刀，悄悄走出去，站在小锅台上，拿起切刀，撑着战斗的架势。等了一会儿，看没有动静，老人倒提了切刀走进屋来，刀光闪着窗明，明晰可见。他说："没事呀！睡吧，孩子！如有坏人砸门进来，我一刀切下他的脑袋！"

话这么说，我再也睡不着了。我想有两个可能，一个可能是工作人员夜行军，走到这里，问问路，这是从好的方面；再一个可能是特务到村北各家搜捕我。

第二天早晨，起炕以后，老乃叔说："另找地方吧，孩子！怕是暴露目标啦！"

这天吃过早饭，我到离此不远的赵锻庄去，通过常征找到刘通牖同志家去，通牖一人在家。我嘱咐通牖把李宪周同志叫来，商量去北平的办法。过了两三天，宪周来到通牖家里。他不同意我到北平去，叫我到他家去。他家住在潴龙河南李岗村，家里织布，叫我跟他一块儿织织布，络络线的，也可以掩护过去。我告诉他，我到北平去完成任务，我把接受敌工部的任务跟他说了，他说："既然如此，我跟你一同到保定，送你上火车！"

问题就这样定下来。

我回到家里粜了两口袋米，筹足了路费。在一个晚上，穿上妻新做的裤褂，我一人带上小包袱，走到赵锻庄。当我一推通牖的小门，门已上闩。夜静，我不敢叫门，一个人围着通牖的住宅走到后面，是一座小屋的后身。那时还年轻，我把小包袱叼在嘴里，两只手抱着墙角上了房，轻轻跳下天井。走到屋门前，一推小门开着，呀的一声，小门开了。里屋没有灯亮，两个人正在睡着，听我进来，通牖摸火柴，点个灯亮儿，宪周也就醒了，说：“睡吧！明天一早咱就开步走！”

第二天早晨，通牖熬了一锅小米粥，我们喝得饱饱的，走出门去，直奔保定城。

时正六月天气，天气不热，也不太冷了。大田里的庄稼多已有大腿高，小苗还爬在地皮上。今天天阔气清，中午时分走到大庄镇。自从在保定读书时，每次到了大庄，照例吃一顿烧饼卷咸牛肉，因为这是自古以来有了名的。坐在茶桌上，吃饱了饭，又喝了一壶茶，就开始向保定进发。

黄昏时分，到了保定南大桥，向站岗的日本鬼子行一鞠躬礼，通过曹锟花园，到了车站，住在会仙客栈。

这时的会仙客栈，已经不像以前，我们就住在一间大屋里。靠北一条大炕，已经坐了不少人，看样子都是一些乡下人。坐在大炕上，叫了两个大碗面，一人吃了一碗。

吃完了饭，也就天黑了，我们头朝里和衣伏在炕上。也没有手续，也不写店簿，付了店钱。宪周说：“夜间钟声一响，我们就到车站，站队买票，你在墙角里一囚……”

他一说，我也就明白了，是不叫我露面的意思。

大概有后半夜了，车站上钟声响了，宪周推了我一把，两人出溜下炕，穿上鞋子走向车站。到了候车室，买票的人并不多，宪周站队买票，我就站在墙角里，背朝外站着。宪周买好了票，说：“你给我五块钱吧！我买把锁回去！”

我是一个粗心的人，宪周送我到敌占区，这是舍命陪君子，我不应该忘了给他回去的路费。宪周跟着我过了栅栏口，剪了票，我们在夜暗中握了一下手，就此分手了。

四

上了火车，车上人并不多，我找到一个靠窗的座位。不巧和一个日本军人坐在一起。在抗日战争中，一个抗日战士和一个日本军人坐在一块儿，这是我想也没有想到的。但我并不觉得害怕。相反，却引以为自豪。我现在好像孙悟空钻到牛魔王的肚子里去了。

六月天气，车里还不觉得热。车声隆隆，向北平驰去。我的两只眼睛注视着每个座位上的人，有老人，也有小孩子，我在猜测着他们的思想活动，看着敌占区的人们到底和解放区的群众有什么不同，我心里在勾画着每个人的脸谱，准备将来写文章。中午时分，到了北平。下了车，随着拥挤的人群走出西车站。

我雇了一辆人力车到北城去，一路走着，通过前门箭楼到后门鼓楼，那些古老的建筑，看不出有什么不同，依然故国风光。到了烟袋斜街，在路南一家小门上找对门牌号数，按了门铃，听得有人走出来。门开了，二姐夫站在我的面前，他哈哈大笑着说："我以为是谁，六兄弟来了！"他依然故态，还不显得老。

他带我走进去，是一所小院，三间小北屋。里间放一张大床，一张书桌，外屋放一张方桌，东墙下支着一张板床。已经没有过去的局面和那个气魄了。当然，那一堂硬木家具也没有了。后来听说卖了九千伪币，补助生活了。

二姐见了我，嘻嘻笑着。还没有坐下，她又说："我正等着你，你就来了。闷呀！我闷得慌呵！"

我说："早想来看看你们，几年不见，又经过这么大的变故，不知道你们怎么过日子。"

姐夫说："怎么过日子，还不是出卖为生？"

谈到这里，我说："你也不找一点事儿干？"

他叹了一口气，摇摇手说："咦！不行！不行！日本人的饭咱算不吃，饿死我也不吃！"

说着，二姐笑嘻嘻地叫我吃饭，炒了一碟青菜，高粱面和小米面的煎饼。我说："白面大米没有了？"

姐夫说："也有，少了，多是杂合面，还有豆饼。不能自由买粮食了，配给什么吃什么，老了老了该受罪了！"

吃完了饭，也没有休息，我们做了一番长谈。经过长谈，知道他的老同学齐燮元，当了华北治安军司令。刘彤刚当了伪冀东保安司令。杨子函、何湘泉等人也都在齐燮元部下做了官。还有一个老同学在伪天津市政府当了秘书长。我说："你也该找一点事做！"

他说："日本官咱算不做。他们叫我到集贤馆去，每月给点生活费，我还不至于饿死，不去。不要看他们现在耀武扬威，将来有人饶不了他们！"说着，甚为气愤。

据我所知，他和齐燮元在小武备学堂，是同班同学。和刘彤刚是老朋友，他是蠡县大围丁人。过去在后门大街开一座大杂货店，兼营出放银钱账目，差不多每天见面，喝茶谈天。

经过了解，这位老人民族自尊心还是很强的。过去储蓄不多，现在伪币膨胀，目前已经是度日维艰，度月格难了。他的儿媳是蠡县城里四大城绅之一王凤盈的孙女，看他家日渐萧条，已经离婚了。儿子决心不做伪事，但也漂流在外，混点儿生活。

通过他了解，他的朋友，我县望族齐振林的情况。这位老人也未做伪事，但受日本人的尊重，参加过一些日伪的活动。他的儿子有做伪事的。

又谈了一会儿家常琐事，他问我："你来干什么？"

我说："我来看看北平的社会，准备写一部书。"

他说："不止此吧！你要注意，你穿的这衣裳不行，你得入乡随俗。要细心呀！"说着，我仔细看了看我的衣服虽然是细布，但做法、样式依然是解放区的形式。

吃了晚饭，又谈到深夜才睡觉。夜晚，大街上还有卖硬面饽饽的，卖糖葫芦的。

第二天早晨，我早早起了床，走出门去。沿着烟袋斜街往西去，后海沿上还是那些老柳树，海中荷花盛开。经过摄政王府，到了小市。小市上还是那么热闹，硬木家具、衣服鞋袜、笔墨砚台……还有很好的砚台，因为不好带，也没有买什么，只买了一件旧绸质衬衣。回来穿在身上，问："看，怎么样？"

姐夫说："这就行了，穿八路军衣裳在这儿吃不开，还会惹出乱子来！"他把这朴素的衣着叫做八路军衣服。

他虽然是武人，还是每天看书。墙上还挂着那把宝剑，他还是每天练太极剑。因为不做事，门庭也冷落了，我在这里住了一阵子，也不见有人来。

我在这儿天里，差不多每天清晨去逛早市。有时到鼓楼后身去看杂耍，听相声。那个有名的相声演员小苹果还在，据说张傻子因为讽刺日本人被抓起来了。我一方面观察日伪统治下的北平社会，一方面和在汉沽长芦盐运署的侄子宝珍通信联系，我想到他那儿去看看。

在根据地，几年不看电影，我又到中天电影院去看了一次电影，影片的名字我忘了。电影不分场次，电影开演之后，买票进去，找个座位坐下，愿意看到什么时候就看到什么时候。其实看一遍也就完了，也没有什么好片子，观众也不多。

报纸上载着，中国旅行剧团来平演出，我也去看了一场；演的是秦瘦鸥的《秋海棠》，郑正秋主演。这出戏里虽然没有出现日本鬼子，但是那个老军阀的行径，对于日本军人、伪军们的霸道行为，还是有些影射，在敌占区来说，还有一定的积极意义。

夏天，什刹海正热闹。闲来无事，我也去逛了一趟，在那些老柳树下，有摆摊卖东西的、唱小戏的、卖各种吃食的。还有日本马戏团，围着布篷，有人站在门口，大声喊着，招徕观众。我花几角钱买了票，走进门去，观众寥寥无几。有日本女演员躺在方桌上，用两只脚蹬车轮。比中国马戏团演员蹬罐子的技术差多了。还有日本的小女孩子，手持折扇唱日本曲子，也听不出是唱的什么。演了一场空中飞人，我没有见过。最后是日本马戏，比起中国马戏的技术差远了。演得不好，也没有嗤声，演得好时亦无人叫好，情绪冷落。对于敌对的东西，中国人是不买账的。

在北平住了十几天，无论在大街或是小巷，所看到的中国人都是皱紧眉头过日子，没有喜笑颜开的。有一天，我正在屋里坐着，一个老太太手托着两个香瓜走进来，说："这是今天买来的香瓜，请你吃吧！"

二姐说："你们生活不是容易，快去卖吧，我不吃。"

老太太把香瓜放在桌上，二姐又叫她拿走。两个人打打呱呱的。经过了解，才知道是这家人家无以为生，二姐借给她几块钱做个小生意，混碗饭吃。在敌伪统治之下，人们的生活是极端困难的。

我正在二姐家住着，有人在同乡郭耀宗家打听我的消息。郭耀宗在北平教书，是郭沪之的哥哥。姐丈把这个消息告诉我，我怕出事，就决心离开这里到汉沽去。

在一天的早晨，我离开北平，到东车站登上火车，小晌午时分到了汉沽。汉沽是天津东边的一个小车站，下了车找到长芦盐运署。是一所大建筑，我走进大门，在门房的小窗口打问梁宝珍的去处，他在盐警队上当一名小队长。正在谈着，大侄儿梁宝珍从里边走出来，笑了说："叔叔来了！"说着，满面笑容。十几年不见，他的面貌还没有改变。

我说："早想来看看你们！"

他说："我还有一点事情办办，你先头里走吧！"

说着，走到大门口，指着向东去的一条大马路说："你就沿着这条大马路往东去，走到第五座小楼，就是我的队部，你就在那里等我，一会儿我就回去了。"他这么些年未回家，乡音还未改，还是朴朴实实的。

我在大门口雇了一辆人力车，沿着那条大马路走去。走不多远，就有一座耸立的小楼，离此不远，也就走到盐田上，一个个的大盐坨在太阳下闪着白光。走到第五座小楼，我下了车，走出一个伪军模样的人物，我说我从北平来，是来找梁队长的。

那人问："你是他的什么人？"

我说："我是他的叔叔，来看望他的！"

那人上下打量了一下，说："看样子你比他年岁小！"

我笑了说："我是他的小叔叔，比他小十几岁！"

那人把我领进小楼，走进一间不大的房子。屋里一张书桌，一张小床，这可能就是他的办公室了。那人给我打了水来，我洗了一把脸，坐在椅子上休息。不一会儿工夫，侄儿就骑车回来了，进屋就说："我接到你的信了，知道你要来。"说着，叫进一个人来，说："我老家来了人了，告诉家里做饭！"

他问了一会子老家的人们，我告诉他老祖父已经在一九三九年去世了，别人还都结实。太阳正午，他说："咱们家去吃饭吧！"

说着，走出小楼，往北走过一段路，路旁是不太深的水池。水池北边，有一簇土坯小屋。他就住在三间土坯小屋里。进了屋，侄儿媳妇正在灶膛门口烧着芦柴做饭，见了我，笑了说：“六爷来了！”里屋有两个男孩，一个女孩。侄儿说：“六爷来了，问爷爷好！”孩子们都点头叫爷爷，问好。孩子们都是普通穿着，不像少爷打扮。侄儿在家里是结过婚的，在北京警卫营当排长时又娶了一个二房。因为他久不回家，也没人说，也没有人理他。自己在外头混生活，看样子生活并不富裕；屋子里也没有像样的摆设，也就是一般穷人家的势派。

午饭是一般的炒菜，没有肉。馒头是白馒头，外头包了一层白面皮，里头包的是红高粱面，可见敌占区的人民生活的困难。当我吃饭时，孩子们在一边看着，我吃完饭，孩子们才吃。

吃完饭，我慢慢走回去；一面走着，一面仔细观看这一大片盐田，盐田上一堆一堆的高大的盐坨。通过大小渠道，引起涌水，流进一方块一方块的盐池里，也就是晒三四天，盐质就在盐池里结晶，盐工们用刮板把盐刮起，刮得一堆一堆的，再装筐抬到盐坨上去。我站在盐田边，看着盐工们操作，他们都赤着背，戴着草帽，太阳晒得背膀黑黝黝的。

盐田的路边上长着不高盐蓬和小草，因盐质过多草木是不易生长的。

我回到那座小楼，是一座两层小楼，像是一座别墅，都是才盖成的。海滩上风很大，吹得电线哧哧作响。我回到那个小屋里坐了一会儿，躺在床上睡了一大觉。

我在这里住了几天，看他们既不上操，也不上课，只是看守盐田。说是一个小队，也不过是十几个人。他们可能是一些老兵，没有年幼的人。无所事事，差不多每天晚上都到侄儿家里去打牌。我试着接近他们，谈一些解放区的事情，他们都不知道。他们是属于盐运署的巡逻，不是战斗部队，这个工作也就没有什么意思了。

有时，我跟侄儿谈一些问题，他也不在意，只是说：“能吃饭就行了！”他胸无大志，也不想干什么。

因有人到天津去，托他从商务印书馆捎了两部书来，一部是巴尔扎克的《欧也妮·葛朗台》，一部是《贝姨》，我就躺在床上看这两部书。

有一天，不知为什么，侄儿打了一个盐巡。可能是勾结老百姓偷了盐走了。我告诉侄儿，不要打人，要留后路，日本鬼子是待不了多久的。他也同意我的意见，通过他了解这些盐都是由盐运署运往日本的，只有一小部分运往内地。目前解放区都是吃自己熬的小盐，过去农民是没有熬制小盐的自由的，现在都可以自己熬制小盐了。

有人到海上去，侄儿拿了五块钱，买了五块钱的鱼。在此住了约一个月，没有吃过肉，只吃了这一次鱼。也就看到他们的生活是困难的。

盐巡们过五月五，这是一个传统的民族节日，这天中午，他们叫我跟他们一块儿吃饭，有酒、有鱼、有肉。吃完饭，回到屋里，侄儿说给了他们五块钱。在敌人统治之下，盐巡的生活也不富裕。他不像那些伪军特务，也不下乡扫荡。

每个小楼距离都很远，盐巡们亦无法接触，工作无法做，我每天仔细读着这两部书。商务印书馆的书印刷、装帧古色古香。

大概在这里住了一个月，此处没有日本鬼子，生活倒很平静，没有工作可做，我也应该回去了。当吃着饭的时候，侄儿媳妇说："爷爷给老大买双鞋来吧！"侄儿给了我一大包虾米；路旁的水池里虾子很多，可以捞出来做海米。也可以放在铁筒里，再搁上一些盐，用木棍搅搅，就做成虾酱了，他们食用这些自制的虾酱。

离开汉沽，中午时分，到了北平东车站，下了火车，站台上有伪警察盘查行人，我把我的小包袱打开，解开那包虾米，我抓了一大把虾米往那个警察口袋里装，他闪开身子说："不要！不要！不要！"

这么一点东西，我也知道他不要，只是玩儿一个把戏罢了。

回到二姐家里，二姐问长问短，问孩子们好吗，生活怎么样。我说："敌占区，也不过如此吧！还不和这里一样！”

第二天清晨，我又上小市，打算给孩子们买两双鞋，我忘记问清要多大的，买了两块花布寄去，给孙女做两件衣服。

又和姐夫谈了两天，他还是和过去一样，对八路军有好感，是靠近共产党的。我问他是不是愿意到解放区去，回老家看看，他说：“看看再说吧！”

再住着也没有意思了，我离别二姐和姐夫，回解放区去；在西车站买了车票，一路平安，小晌午到了保定。下了车，路过栅栏口时，我把小包袱举得高高的。在会仙客栈门口雇了一辆人力车，经过南关公园，过了南大桥，出市区时，有一个日本鬼子的岗亭。拉车的老汉说：“下车行个礼！”

车到岗哨跟前，车停住，我下了车，给那个日本军人行了一个礼，又坐上车一直向解放区跑去。

黄昏时分，到了黄家庄刘纪同志家里。刘纪同志和他的老父亲照常招待。我倒觉得有些不落意，经北平回来，也没带些稀罕东西来。住了几天，回家去看了看，因为我不在家，城里的特务也不来抓我了。虽然如此，也不便久住，我又到大杨庄景文表兄家去住，正遇上县委书记宋罗岐在表兄家里住着。宋罗岐同志是个青年人，学生出身，有一定的文化，工作做得还不错。我跟他谈了北平社会情况，他也谈到，看样子敌人的局面是难于支持的。光是北平天津这几个大包袱就够日本鬼子背的了，难怪在麦收秋收时节敌人出城抢粮食。

青救会那个干部姓李，妇救会那个干部姓黄，莲子口人。他们俩也常在这一带活动，有时来住几天。表兄和表嫂有时觉得不耐烦。本来是三合子砖房，后来把东屋子也拆了。他家只有一个闺女，也住不了这么多房，免得人来人往有麻烦。这种意思，我是明白的，但是他们不说。

有一天中午，听说敌人来了，我们三人跑到老马表兄院里入了地洞；

地洞不大,没有出口,是用高粱秆棚的顶。按一般来说,这样的地洞,并不是好的,不过有胜于无。

时间不长,表嫂来叫我们,说是敌人走了,是来村公所催送面和肉的。

这一阵没有什么事情做,没有书读,写文章也不方便。我就想该到路西去了,向领导机关去汇报北平之行,确定工作方法和方针。

我回了一次家,拿了一点钱,就到桑园交通站。桑园交通站是一个大站,干部们东来的西往的都在这里集中。我在那里住了几天,站长派一个交通员刘健带我过路,这是一个身强力壮的青年人,满脸黑胡楂子,夜间行军,走了两个晚上,在铁路边上的一个村庄住下来。等不几天,在一个漆黑的晚上过路了;到了护路沟旁,正好路西有人过来。在夜暗中,仔细一看,是老人,他问:"你去干什么?"

我说:"我去了一趟北平,观察了一些情况,过去汇报。你去干什么?"

他把嘴头对在我的耳朵上,说:"国坚同志派我出去,到大后方去。"又说:"你过去干什么?听说敌人要扫荡!"

谈到这里,我又有些犹豫,不过去吧,已经走到这里,要是过去吧,又怕遇上扫荡。最后还是决定要过去。我握紧老人的手,说:"那就再见了!"

在夜暗中,钻进柳树丛中,握紧一条大绳,出溜下大沟去,又拉紧大绳爬上沟去。这护路沟本来是没有的,即便有的地方有,也没有这么深,没有这么宽,这也是敌我斗争的新发展。

这次过路还是顺利的,黎明时分也就进山了,当时还没有封山沟。我先到了区党委,这时区党委已经和晋察冀分局合并。熟人不多了,我先去看了周小舟同志,他已经和张仁槐同志的未亡人结婚,正在新婚燕尔。又到边区文联去看孙犁同志,正赶上他们中午会餐,吃了一顿大米饭,一人半碗熬猪肉。

孙犁同志把几期《晋察冀文艺》给我,小本、油印,上头连载了我的《父亲》。孙犁同志说:“行了,老梁!都好!”

说好,当然我高兴,过去都是写短篇和杂文,这是我的第一个中篇。去年我存在这里一些东西,我问那个管理员要,第二天孙犁告诉我:那块绸子给田间的爱人葛文做了一件衣服,那件夹被青纪拿去了。有些布,我们分了。分了就分了罢,反正都不是外人。

沙可夫同志叫我住在罗东那里,好像是个招待所。一间小西屋,支着几扇门板,正在夏天,那个女房东,因为发疟疾,天天坐在台阶上哭。一只小猪老是钻在小东屋里,饿得吱吱叫,影响我的睡眠。

才来,是拿我当客人看待的,每天吃大米稀饭。时间长了,也就到厨房里去吃大锅饭,常吃玉米面窝窝,中间包上点儿瓜馅,也不难吃。轻易不进山,进得山来,请孙犁吃了一点东西,有邓康作陪。我记得买了一只小猪腿,一点肉,还有酒。

崔嵬同志来访,我请他坐在门板上,说了会子闲话。见我正在看《欧也妮·葛朗台》,他拿过去看。这么看,那么看,爱不释手。

问:“还有什么书?”

我说:“还有《贝姨》。”

他又拿过去看,这么看看,那么看看。临走时夹在胳肢窝里带走了。我也没有说什么,老朋友了,有什么说的。无疑,这两部书在边区是唯一的。

我忘记是因为什么原因,叫我搬到牛栏村去住。牛栏是个小村子,只几家人家;沙可夫同志住西屋,我住在一间小东屋里。这间石头小屋没有窗子,屋里有一条小炕,我就睡在这条小炕上。面临着一条小山沟,沟里有石子,清冽的山水哗哗流着。

屋里有一张小桌,每天,我趴在这张小桌上写点东西,写了什么东西,我也忘了。

每天晚饭后,我就坐在河边的石头上洗洗脚,洗得干干净净的。一来洗脚，二来取凉。洗着脚，我仔细观察那些大石头，各式各样的大石头。要是在平原上，这些大石头都是值钱的，到了山里就不值一文钱了，因为到处是石头，大石头，小石头，有的是。

说也奇怪，石头缝里能长出大柿子树，树上结实累累。柿子在平原上是稀罕东西，在山地里就不算什么了。

我好像是在这个小屋里待了很长时间，我忘记是为了一件什么事情，又到联大文学院去了一趟，夜间和邓于澄同志住在一块儿；一条土炕，炕上铺一些茅草，就在茅草上睡。第二天早晨和甘凌同志等一块儿吃饭，吃的炖杂碎，也有几块肉。看样子联大的生活条件太困难了，据说要停办。只剩下教育学院，培养一些教员。

大概是因为冀中区党委和晋察冀中央局合并的原因吧！我也不知道到哪里去汇报，也找不到哪一个人了。时间不长，柿子红了，秋天也就到了。果然传来一个消息，说是敌人要进攻，要用牛刀子战术，周小舟同志那里没有信来，我也只好等着。

有一天上午，我正在沙可夫同志屋里聊天，周巍峙同志来了，谈了会子敌人进攻的问题，沙可夫同志说："你跟他们一块儿去吧！"吃过午饭，罗东同志给了我一个被子，田间同志给了我一个日本大衣，这都是准备过冬的。我就跟周巍峙同志到西战团去。

西战团也是分组活动，把我和一对夫妇带着一个小孩子，一个青年，还有一个炊事员分在一组里，大概也是有一点照顾的意思吧！

一件大衣，一条被子，但是找不到一条绳子，走起路来只好用两手抱着。当时正是年轻力壮，也满不在乎。跟着他们的队伍一直往北走，经过一座大山，说是叫大黑山，从山下走过，又是一个悬崖峭壁。我们坐在峭壁下休息，抬头望着峭壁上的树木枝丫。炊事员忽然发现了一件什么东西，用手指着说："看！猴头！"

我抬头一看，在峭壁上的树根之下，有一个猴儿脑袋样的东西。炊事员攀藤爬树而上，把那个东西拿下来。他们说，这就是猴头蘑菇，煨上鸡汤，是佳肴美品。我没有吃过鸡汤，没有吃过猴头蘑菇，也不知道是什么滋味。看他们为得到这个东西喜出望外，也就知道这不是一般的东西。

队伍经过五台山下，也就到了雁门关外了。我们找了一个小山村住下。这时，在雁门关外也就到了秋后了，有炊事员做饭，日子过得很平安。我听说孙犁住在离此不远的地方，大概有五六里路，我转过一个小凹，走到那个村里，和他见了一个面。还见到一个女同志，可能是文联的，她在附近的村庄上当文书，深入生活，她叫齐会。

据说，雁门关外有一种特殊的风俗，就是结婚时吃糕。于是大家酝酿着吃一次糕。炊事员要来了黍子米，我们就推碾子罗面，由炊事员做糕。在一天中午，糕做好了，一吃，原来和平原上的油炸糕一样，豆馅，没有糖，以黍代糖，也有一点甜味，而且香脆适口。

我一个人在这里挺苦闷，我给孙犁写了一封信，意思是想和他一块儿去。不巧，信寄出去以后，我们就转移到孙犁那个村去了。和孙犁见了面，他说："接到你的信，我去了一趟，没有见到你。你就和他们在一起吧！我们还不知道怎么着呢！"

在这里，我们又和西战团集合了，要向繁峙县转移；抱着我的被子，走着山沟小道。夜行军，小道坎坷不平，爬山越岭，实在不容易。爬过一个大山坡，天将黎明，到了一个小山村里宿营，这就是繁峙川的南坡。

睡了一大觉，第二天起来，炊事员熬了一大锅山药豆稀粥。这时在平原上土豆是稀有的，我吃了好几碗，吃得饱饱的。

中午饭吃莜麦面和豆角搅"苦力"。莜麦面也是平原上没有的，吃起来很香，我很爱吃，吃了两大碗。

在雁北吃莜麦面有很多讲究，最讲究的吃法是搓"猫耳朵"，"搓面条”，用羊肉汤浇着，那才美气呢！一般的吃法，还可以蒸疙瘩吃。

碰巧，转过一个大院，就是晋察冀军区政治部敌工部。我一面碰上史立德同志，他问：“你来干什么？”

我说：“我接受了任务，到北平去了一趟，来向冀中敌工部汇报。”

他说：“冀中敌工部不存在了，合并了，咱们谈吧！”

经过谈话，才知道他是敌工部副部长了，部长是厉男。我向他们汇报了北平之行。当我谈到刘耀奎的历史情况，以及他的老朋友齐燮元、刘彤刚等人，他们都鼓掌大笑。史立德同志伸出手来一抓，说：“抓住不放！”

厉男说：“这倒是一个好对象!”

他们鼓励我，一定叫我回北平去。我说：“做武装工作我不懂，我打算做城市工作。”

史立德说：“这就是城市工作！”

就这样定下来，要我回到北平去。但并未立刻成行，又在这里住了一个时期。因为敌人扫荡中心地带，这里正是空虚平静的。别看繁峙是山区，据说川下很富。再一个特点，此地是早穿棉、午穿纱、抱着火炉吃西瓜，此地的西瓜可以放到冬季。

敌工部的人，也到川下去。他们从川下抓来了一个老头。有六十多岁，带一个三节鞭，没听说是个汉奸。有人报告他是一个土棍毛包，白日行劫，危害地方。他们把他牵到山崖下枪毙了。

秋末冬来，雁外地方，更是冬天来得早，敌工部的人们都穿上棉衣了。史立德同志给了我二百块白洋。谈了一些城市工作的方式和纪律：一个是单线领导，一个是关系不必太多，重要的可靠的关系有两三个就行了。然后，又介绍一个人：五十多岁年纪，不像是农民，也不像是工作人员，倒像是一个普通商人。这个人也姓梁，五十多岁，黑黝黝的。敌工部把我交给他了，叫他把我送到太原，再换车回保定。

厉男同志说:“这个人也就是个一般关系,到了太原,你就甩开他就行了。”谈到这里,我又愣住,既然不是可靠的人,把我交给他干什么?但到此时,也就无可如何了。

这位梁先生把我领到另一个村庄,住在他岳父家里;只两间小屋,一个老头子,并没有别的人。梁先生给我量了尺寸,说给我做一身细布棉衣,好走敌区,天也冷了。

他这位岳父,年纪老了,也无所事事,成天价躺在炕上抽大烟。我也没什么事,只是拿着那几本小刊物,几篇稿子翻来翻去。从村公所要点粮食,做点饭吃。

史立德同志又来看了我一趟,嘱咐了一些事情。我把我的被子、军大衣、刊物和稿子都交给他了。没有想到,后来他们把这些东西坚壁在这里,也就一去不复返了。

过了几天,这位梁先生来了,带了一身黑棉布衣服来。我穿在身上,他离远看了看,说:“还好,一绺长髯……”他又摇了摇头说:“只是不像老农民,就当是商人吧!”

自从“五一反扫荡”,我的胡子没有剃过,直到如今,也有三寸多长了。

他领我下山,到川下去;果然,川下都是平地,土地肥沃,秋天过了,高粱五谷也都收割了。他把我领进一个不大的村庄,两层院落,里院是瓦房,雕梁画栋。进了屋,有一条小炕,红漆柜子。炕箱上油漆彩画,完全是山西的生活习俗。

中午,一个中年妇女端进一个四方木盘,四碟小菜。又端进一铜勺面条,还有碗筷,说:“请客人用饭!”就走出去了。

勺里有面,碟里有菜、有炸酱,我饱饱吃了一顿炸酱面,只我一个人吃,也无人陪伴,可以想见,这并不是常吃的饭食。

下午无事,我仔细端详这家人家,不像是商人,也不像是农民,还是不得要领。第二天，吃过早饭，我们俩就出发了，平川不像山地，走起路来健步如飞。路上走到一座小城，门上写着："明月堡"三个字。不是县城，可能是一个镇子，我们没有进去，从城外走过去。好像是中午没有吃饭，太阳平西时分，走进一个村庄。

刚进一个大门，从门里走出一个人来，五十多岁年纪，瘦眉窄骨的。他们两人碰面就嘻嘻哈哈说话，好像是很熟悉的老朋友。说着，走进新盖成的五间大北房，有一个老太太迎出来，他说："来客人了！"

说着，把我领进东头屋里。那个人对老太太说："不用闹饭了！"说着，梁先生拿出这二百块白洋去，两个人一同走出去了。

这五间大砖房格局另有不同，三间堂屋，两头是住室。一切梳妆用具却都放在堂屋里。站在门口一望，堂屋西头，摆的是新油漆的家具，还有衣镜粉盒什么的。可能是新娶的媳妇。

不一会儿工夫，老太太领进一个客人，有七八十岁年纪，可能是老太太的弟兄，两个老人说了一会子家常话，山西口音，我也听不清楚。听出了几句，好像是这位老者叙说他的生活情形，说在家里连豆面也吃不上。

黄昏时分，又来了客人，老太太领进一个十七八岁的小媳妇，穿着丝质外套，黑绸长裙。小媳妇给老者下拜，老太太说："这是客人！"

小媳妇也给我拜了一拜，因不知此地风俗，我也不知怎么好，只是脸上表示笑意，哈了一下腰。可能是老太太的孙子媳妇。

上灯时分，老太太端进一个木盘，四碟小菜，又拿碗筷，端进一铜勺面。说："客人请用饭！"

山西风俗，不用炕桌，我和老人盘腿对坐吃饭，也不说话。对一个八十多岁的老人，也不知说什么好。

吃完了饭，小媳妇进来捡了食具。老太太又进来，拿起扫炕笤帚扫了炕，铺上两床卧具，就退出去了。今天晚上，就我和老者同屋安歇。

第二天早晨，我早早起了床，在堂屋里梳妆台旁洗过脸，等吃过早饭，梁先生和他的友人也就回来了。他把三叠伪钞递给我，说："这是三百，你见见数。"我也未见数，就塞进衣袋里，随他走出门来。门外有两辆自行车，一人推起一辆，走出大门。他那位朋友，一直送到村外，拱了一下手，说："祝一路平安！"

我弯下腰，笑着说："谢谢！"

太阳小晌午，到了崞县城。我们先进城，把车子放在一个熟地方，又到防疫站打了防疫针，给了一个白纸片，是注射证。日本人的规定，不打防疫针，不准上火车。

走出城来，买票上车。等不一刻工夫，火车来了，旅客纷纷下车，当我们要准备上车时，有一个伪警察要盘查我们。那位梁先生握住警察的手，取出五元钞票说："同志，同志！方便方便！"那个警察得了一点小便宜，也就溜开了。日本人的规定：坐火车只准带二百元钞票。

我把梁先生拉在一旁，小声说："你怎么跟他叫同志呢？"

那位梁先生红着个脸，也说不出什么。因为急于上车，我也没有多说，叫他警惕这一点，也就是了。

上了火车，因为是始发站，客人也不多，找了一个座位坐下。他的错误行为，使我心中郁闷不乐，这样是会出岔子的。

这列火车，从崞县开行，一直到夜黑天才到了太原。下了火车，要进城找旅店；城门口站着一个岗兵，也不知是日军还是伪军。他说："鞠一个躬？"我们俩朝岗兵鞠了一个躬，也就进了城了。

大街上路灯半明不暗，屋檐下和墙角里黑糊糊的。敌伪统治之下，太原城是一座死城，找来找去，找了半天，才找到一个旅店。开了一间小房，炕上没有被褥，只铺一张席子，我们只好躺在席子上过夜。

屋子里没有炉火，炕又是凉的，只觉浑身发冷，睡也睡不着。躺到黎明时分，梁先生早起了炕，打开窗户，喊："小鬼！小鬼！"他可能也没睡着觉。

听到他喊小鬼，我一机灵从炕上坐起来，急忙出溜下炕拉住他到账房里，算了店钱，就走出来。在马路上走了一截路，找了一个没人的地方，说："你怎么叫'小鬼'呢？"

他咕嘟了一下嘴说："这地方是叫'小鬼'！"

我心里有些气愤，但也不能多说。我只知道南方人跟小孩叫"小鬼"，没有听得说过山西人跟小孩叫"小鬼"的。但时至此刻，也无可如何，只好先找地方吃饭。

吃了饭，向车站走去。路上经过妓院门口，看见有年轻姑娘在院里晒太阳，穿红挂绿的。梁先生笑了说："这地方可有好女人呀！"

我没有想到，他怎么说出这个来，他是一个商人，流氓，无疑了，怪不得厉男部长告诉我，到了太原，你就撇开他，这是有一定道理的。

走到车站上，买了车票。我说："谢谢你，回去吧！"

他说："你给我五十块钱吧！"

我只好数出五十块伪钞递给他，他说："回去了给我来封信，我就不介记了！"

我紧紧握了他的手，说："谢谢你！"

他嘻嘻笑着走开了。我在候车室走来走去，等待上车。不一会儿工夫，在栅栏口排队检票，我见每个人都拿出防疫证，我也取出防疫证。那个检票员看了我的防疫证，撅起嘴，一脚把我踢开，不许我上车。

我看了看我的防疫证，是"九月七日"。日本人规定：注射防疫针后，过一个礼拜才能上车。我在候车室徘徊良久，考虑应付办法，那个梁先生已经走了，我未到过太原，人地生疏，此处既无亲戚，也无朋友，如果陷在这里，那就不堪设想了。想到这里，心如油煎。但并不焦灼，却处之泰然，因为我已胸有成竹。

我在车站附近找了一个小客店，走进柜房里，老掌柜要看我的居住证，我递给他看，他问："客人从何处来？"

我说："从繁峙来。"

他又问："到何处去？"

我说："到保定去。"又说："到繁峙看了看山货。"

说着，那个老掌柜写了一个纸条："梁富贵，从繁峙来，到保定去。"转身贴在墙上，随后把我领进一间小客房，有一个伪军正在炕沿上坐着。

这时，我心上有些不安，日本占领时期，客栈里都安插特务，这个老掌柜把我的来龙去脉贴在墙上，可能他对我有所怀疑。看院里有几张藤椅，我走出来，坐在藤椅上，考虑怎样对付他。

正在这时，从门外走进一个卖糖葫芦的老头，一手提着篮子，一手掂着签筒。见我在靠椅上躺着，走近了顺过签筒来，笑了说："抽一把解个闷儿吧！"

我见机行事，机灵地跳起来，笑了说："好！碰碰我的运气！"说着，挽了挽袖子，嗖，嗖，嗖，连抽了三把签，夹在左手缝里，眯着眼睛，对着太阳，一支签一支签地看。看完了三把签，我张开大嘴哈哈大笑了，笑得前仰后合的，说："好运气，赢了你老头!"

老头笑着看完了签子，笑了说："好！我活该输给你了！"说着，提过篮子，叫我捡糖葫芦。

我付了钱，捡了三支糖葫芦。这时老掌柜和那个伪军都围上来看。我伸手递给老掌柜一支，老掌柜不吃，我死乞白赖，打打咕咕地让给他一支，他一边吃着，也哈哈大笑了。

我也递给那个伪军一支，他高高兴兴接了过去。

卖糖葫芦的老头，笑着问我："你老贵姓？"

我说："贱姓梁！"

老头又笑了说:“梁掌柜胡子三两根,一定要吃点儿好东西!”

说着,几个人同时哈哈大笑了。

我在北京的时刻,住公寓时,学会了抽签,这点生活也用上了。我会导演,刚才算是导演了一出戏。到目前为止,可不知这出戏灵不灵。

吃完了糖葫芦,斜起脑袋看了看,日头正午,也该去吃饭了。我把小包袱交给老掌柜,存在柜房里。走出店门,找了个小饭铺,客人不多,找了一张桌子,坐在凳子上。跑堂的伙计走过来,问我吃什么东西。

我说:“你卖什么吃的?”

伙计说:“没有别的,捞面、水饺。别的也没有。”

我说:“给我来三十个水饺吧!”

我一个人趴在桌子上,仔细端详那张防疫证:九月七日。我从衣领上摘下别针,用针尖把“乚”刮了去,只剩下“一”字,就成了九月一日,正好相差一个礼拜的日子。就是用针刮的地方,起了一点毛,也许夜间上车时看不出来。

这时我的心情有些轻松了,跑堂的伙计端上水饺来,我先掐了一个饺子尖搁在盘子边上凉一凉,开始吃饭。吃了几个饺子之后,那个饺子尖也就凉了。我掐了一点面,放在防疫证上起毛的地方,用指甲盖光了光,那纸毛儿也就没有了。这顿饭吃得特别香甜,我坐在凳子上停了一刻,向伙计要了一碗原汤喝了,洋洋得意走回小店。走到柜房里一看,墙上那个纸条也没有了,我问老掌柜要了那个小包袱,走回客房,坐在炕沿上休息。

直到黄昏时分,我付了店钱,辞别了老掌柜,走向车站。

我坐在候车室等车,心上考虑着:如果是上午上车,恰好今天晚间到保定,在车站上停一刻,黎明时分离开保定城,一个人也看不见。赶在如今上车,正好明天中午到保定,这又是一关。正在想着,时间到了,站队上车。这趟车是通北京的,客人拥挤,我顺利地通过检票口,上了火车,找了一个座位坐下。坐不一刻，火车开行了。

离开了太原，我的心情特别轻松。

沿途上车的客人挺多，车中拥拥挤挤的，温度升高，很觉燠热。有一个少妇，把外衣脱了，露出大红的衬衣。人们的视线都朝她射过去，那少妇长得很漂亮，脸儿长得很丰满，可能是一个伪军家属。

车到保定，也就是十点多钟了，太阳高照，青天白日，我大摇大摆走出车站，雇了一辆人力车到南关去。车过南关公园，正面走来了交通员刘健，两臂倒剪，用绳子绑着，后面跟着两个骑马的伪军。过路时就是他送我的，如今他被捕了。

当我和他走碰了头，他转过脸来，睁着两只大眼睛看着我。我掏出手绢，把脸一蒙，擦了一把脸，也就过去了。到了南大桥头，我又换了一辆车，回到根据地去。

到了大杨庄表嫂家里，正好宋罗岐在这里住着，因为他是县委书记，地方官，我把北平之行，进山汇报，西出太原以及在保定的遭遇，就当是说闲话一样，向他说了。论理说，我可以不跟他说，因为我的关系在敌工部。但谈一下也有好处，顶少往来敌区不致发生误会。特别是刘健被捕，需要及时进行营救。

顺便，我把在村里被伪军抓住的情况，也向他谈了。他对我在当时表现从容、镇静表示嘉许。他说，在敌人还未发现你的身份以前，不宜当面大吵大骂，激起敌人的愤怒，尤其是伪军，他们为的是钱，给他一点钱，他也就放人了。

他又谈到侯家佐惨案，这件事情是最近才发生的：青救会主任李绍光和常来这里住的那个青救会干部被敌人在黎明时分包围逮捕，两个人一见敌人就眼红了，认为最后的时间已到了，两个人破口大骂，被敌人一头攥着脖子一头攥着腿拧死了。直到最后大骂不止。

跟姓李的常一块儿活动的那个女同志，眼里含着泪花说："你要小心呀！你看老李！"说着，不由得掉下眼泪。

对于李绍光，印象是很深的，年轻、英俊、聪明伶俐。但是他的才能未得发挥，就与世长辞了。

我从大杨庄回到老家，托人买了点布，做一件棉袍，做北平之行，又给刘耀奎写了一封信。当然他也会知道我到北平的企图。他立刻回了一封信，说：不必来了，齐和刘都下台了，随着有几个朋友也赋闲了。但究竟发生了什么事情，他也未说明。他们都是北方军人，也许认为这样干下去，后果堪忧。

关于齐振林身上工作是很多的：他是前清末年的秀才，保定武备学堂毕业，当过陆军次长、保定陆军军官大学校长，桃李满门，朋友也多。但是，我做他的工作还隔着一层手，因为我和他无亲戚朋友关系。再说，李希周、郭耀、刘光人，几个同志都是齐家院里的外甥，人手也就够了。

晋察冀军区敌工部的工作人员柳谦同志来了，我把他安排在一个老堡垒户住了几天，我把李希周、郭耀的关系介绍给他。这样，我就不打算到北平去了，他也没有意见。

正在这时，刘纪被捕，县城里的特务从大百尺据点出发，直扑黄庄，包围了村庄，被逮捕了。特务中有一个熟人，叫鲁生光，是城里北关人，乡村师范的学生。当刘纪被绑着胳膊，坐着汽车路过村北公路时，鲁生光对刘纪说："走，去找梁斌！"

刘纪说："不，他不在家!"

鲁生光说："去！为什么不在家？"

刘纪瞪了他一眼，说："你留下一点好景吧！"

这是邻家一个抬粪的老头跟我说的，因刘纪常来，街坊四邻都认识。这位邻居跟我说："躲躲吧！家里待不住了啊！"

可是上哪里去呢？四姐家不能去了，因为南沙口村出了特务，和外甥们是同族当家，而且他也知道我常在四姐家住。刘纪被捕，黄庄虽然还有刘壮和刘田，也不能去住了。考虑来考虑去，带上几本书，带上纸笔，上大杨庄表嫂家去。本来还可以不在景文表兄家住，三友表兄、老马表兄家都可以住，但孩子多，不如景文表兄家条件好，因为他有三间大北房。但是，当我走到景文表兄家时，他把东头屋那条炕拆了，这分明下了逐客令。当我到了他家时，县妇救会主任管翼明，也在他家。她还看了我几篇文章，而且赞不绝口。她就睡在大柜上，我就和表兄他们睡在一条炕上。但也有不便，因为还有一个十六七岁的表侄女。

就这样，我有时趴在柜头上写文章，有时在窗台下晒太阳读书。

因为刘健同志送我过路，有感情了，如今他被捕了，我想到桑园交通站去打听一下他的消息。那天晚晌，当我把这个意思告诉表嫂时，表嫂趁势说："你甭来了！"

我听了就当是没注意，就走出来。天已黑了，在星明之下走了三里路，也就到了桑园村，走进交通站，站长老张，招待了我，问我从哪儿来，吃过饭没有。当我问起刘健同志时，他挓挲着手说："没有消息呢！谁知道他落在什么地方，这事非通过敌工不行！"

没有消息，又该怎么办？当时，我想住这里，人来客往又不方便，而且书籍、纸笔又未带来。我只好傻着脸又到表嫂家里。她是妇救会主任，是村干部，倒没有令人难堪的表示。

就这样我又住了一阵子，那天大集，我到集上买了一点肉来，表嫂说："你们俩吃饺子吧！我回家看看！"说着就走出去了。

这天，表兄也未回家吃饭，我与侄女吃了一顿饺子。

下午，表嫂回来，还带了她的弟弟来。他叫蒋宝田，推着个车子，他是我高小的同学。坐在一块儿，谈了一会子闲话，当然离不开城里和大百尺的敌情。他说:“你到我家去住吧!”他一说,我就明白了。他是西百尺人,是西百尺的两面政权的村长,西百尺距大百尺只三里路,我怎么好在他家去住,我说:“好!我还想到刘家营去,去找春原。”

说着话,表嫂买了梨来,用褂子襟兜着,放在大柜上。我是聪明人,她的用意我是明白的。关于梨,在中国有个古老的传说。因为那时我才二十多岁,侄女已经十六七岁了……表嫂有了怀疑,才出此计。为了破除她的怀疑,我拿起梨来,张口就吃,大口大口地吃。宝田不吃梨,在一旁看着。吃完梨,宝田动身要走,我也拾掇我的东西,跟着他一同走出门来,表嫂也没有挽留的意思。

我和宝田一行走着,一行说着,一直走到荆邱村西南,看日头西下,我说:“你回去吧!”

他问:“你知道路吗?”

我说:“你不知道我拉过游击队吗?”

他说:“那,我就回去了!”

我说:“你回去吧!”

宝田抬腿上车往回走,在黄昏中,我看着他的背影远了。我独自一人踽踽地走去。

一九三九年,我拉游击队时,常住刘家营,也有几家熟房东,关系还不错。到了刘家营,已经是三更时分,整个村庄沉寂寂的,灯火依稀。进了村,摸到老圈家栅栏,用手一推,还在开着,窗已暗了,已经睡了觉了。我敲了一下窗户,叫了一声:“大娘!大娘!”

屋里有人发出话来,说:“谁呀?维周啊?”

正是春原的声音。

三十而立

一

现在是我二十九周岁的冬季了，明年就三十周岁了。

原来的地委书记吴立人，已经调动了，至于为什么调动，也无人谈起。现在的地委书记张庆春，是从七地委调来的，组织部长是陈鹏，宣传部长是郭春原。地委有个秘书，就是过去说过的那个王金山，组织部有个干事是王力，宣传部有个干事是尹哲。此外还有几个工交人员，当时的一个地委也就这么几个人。

分区的公安局长是王冀农，前面已经谈过。

地委正在开会，因为我初到这里，至于开的什么会，我也无从知道，只看见尹哲同志聚精会神地坐在炕上，趴在吃饭桌上写文件，目不暇给，笔下匆匆，一看就使人觉得是一把干练的能手。

早饭过了，午饭还未到，忽然来了一个消息："敌人来了。"话声未了，老圈儿他娘立刻揭起炕席，打开洞口。尹哲同志手忙脚快收拾东西，陆续进入地道。这条地道很长，爬了老半天也未爬到头，可能是通街道上的大地道。但并不宽绰，穿着棉衣裳，老是蹭着地道里的土墙。

当然，一说敌人来了，心理上有一种紧张感；究竟来了多少，是日本鬼子还是伪军，也不知道。在地道里屏气凝神地蹲了一会子，只觉得空气憋闷、潮湿，很不舒服。听得叫我们上去，才一个个从洞口里钻出来，拍打拍打身上的尘土，出了一口长气。这是一家老堡垒户，也是地委开会办公的地方。

刘家营村中群众基础雄厚，向来没出过什么岔子。下午春原叫我到他住的地方聊天，我把北京之行、到太行山向晋察冀敌工部汇报、刘纪被捕等事跟他谈了，他说："那，你就该到北平去了！"

我说："去不去也就没有什么意思了，齐燮元、刘彤刚等人都下台了。"

他说："现在城工、敌工重要，有刘耀奎的关系，你还是应该到北平去！"

我说："我一到北平，就有人在郭耀宗家里打听我的消息，谁知道是什么人？"

春原在屋里地上走来走去，咂着嘴儿考虑，老半天才说："当时，你就不应该接受这个任务，你在冀中做文化工作是有了名的，敌人那方面早就知道了，一旦落入敌手，那就不堪设想了。齐燮元、刘彤刚等人都下了台，刘耀奎不同意你去，其中必有原因，既然如此，你就不必去了。"停了一刻，他又说："你就在这里帮忙吧！"

话说到这里，也就算告一段落了。

但是春原猛地又想起一件事情，他说："唔，分局的组织部长是刘仁同志，这个人原则性很强，脾气很大，你得考虑。"

我说："考虑什么？"

春原说："现在他还管城工部，你已经接受了任务！"

我说："我接受任务时，是接受了做齐燮元的工作，目前齐燮元已经下了台，再去也就没有什么意思了！"

春原还是有所犹豫，低一会子头，扬一会子头，深思良久才下了决心。坐在椅子上说："写个电报吧！"他说写就写，拿起笔来，写了一个简要的电报稿叫我看。

电报的头一句是："刘仁同志：梁斌因特务追捕来此。北平情况有变化,不能去了……"他写完了,交给我看,说:"就这样发啦?"

我点头说:"发吧!"

这个问题就这样定下了,我的心上也像是一块石头落了地。我是在白色恐怖之下做工作被捕过的,特务,尤其日本特务,他并没有睡觉。

关于工作问题,春原的意见是暂在宣传部帮助工作,至于将来到哪个地区,可以叫我挑。对于工作,我倒没有更多的考虑,反正我是下乡来体验生活,准备将来写长篇的。

后来春原又问我,"五一反扫荡"时,回了家没有出来的老同志还有谁,我想来想去,还有杨循没有出来。他问他过去做什么工作,我说做报社的编辑,他说写信把他叫来。

当时九地委还有个《团结报》,社长是刘锡庚,杨循就到《团结报》去。根据春园的意见,地委出一个党内刊物叫我编。出一个文艺刊物,叫刘锡庚编,至于两个刊物的名字,我就不记得了。

地委会开完,张庆春和陈鹏同志就走了。宣传部这一摊,转移到戴家庄,房东像是个贫农,老头是拐腿,《团结报》几个人住在北屋,我住在东屋,东屋有一个最好的地道,据说是村长的堡垒户。奇怪的是这样人家,出落出一个好姑娘,十八九岁年纪,细皮嫩肉的,就是有些发胖。后来有些风言风语,说她叫灵芝,和村长靠着。这事倒与我们无关,可是这妞子出来进去,左顾右盼,似是卖弄风骚,我打定主意不理她,但这倒是一个有特色的女人,将来写在长篇里是一个人物,我还得注意观察一下。

这时青季在联大毕业,在区党委宣传部做了一阵工作,也来九地委分配工作,地委叫他到青苑县政府当民运科长。据他说,千里、穆玲、张震都过来了。新世纪和火线合并,崔嵬当社长。新世纪的小鬼们和几个人到延安去了。

在这个村住了一个时期,转移到高佐村。这就是前面写过的,三十年代的蠡县团县委书记马永龄的家乡，不由我想起故友旧情。他留下了个老支部，群众基础雄厚。我们的房东，老两口守着一个守寡的媳妇和一个小孩。据说老人的儿子是个小学教员，才牺牲了，儿媳弄着孩子，也不教书了，整天价唉声叹气，闷闷不乐。一家老小并无壮劳动力，如何生活呢？也怪可怜的。

这时，王书奎也来宣传部工作，他是保二师的老同学，当时是党支部书记，现在叫王森桂。他原来是游击第二师的政治部主任，师长段石曾曾参加高蠡暴动。一九三八年，整顿部队时，说他的部队纪律不好，带着党籍被枪毙了，这是一个冤案。段石曾被枪毙，王森桂的工作也就不好安排了，现在他是宣传干事。一个宣传部里有三个人，倒有两个人不了解工作情况。眼看着尹哲怪忙的，我们俩帮不上手，怪不好意思的。尹哲叫我们俩挖地道，我们俩就挖起来，大概挖了七八天也就挖成了，把洞口留在炕箱上。森桂心灵手巧，弄得不显山不显水的。但是动土量很大，我们俩一筐一筐地往外抬，铺了院子。

这时，朱子强也过来了。听说周小舟叫他当地委，程子华同志不同意，说他没有基层工作经验，叫他当县委。他自己的意见是先搞一阵调查研究，了解了解情况。春原叫他到留史去，留史是个大镇子，过去是华北皮毛集散之地，现在还是五天两个集日。目前货币流通都是伪联合银行钞票，边区银行钞票不得不压缩，叫他去调查一下这个情况。再一个问题，就是两面政策问题。他也乐意干，住了几天就去了。

因为我没事干，尹哲叫我做一个第二次政治攻势总结，叫王森桂出差。我说："拿材料来！"

他说："什么材料？"

我说："各县的总结报告哇！"

他说："没有。"

我说:“二次攻势我没参加,再没有材料,叫我怎么做总结?”一句话弄得他也没有话说了。

这时刘锡庚送了文艺刊物的第一期稿子来,因为无事,我就翻了翻。正在翻着,路一来了。自从“五一大扫荡”,他一直在献县活动;路一他父亲以贩卖牲口为生,为朋好友,在献县一带交下几个好朋友。路一就在这几位朋友家里打游击。

他在八分区熟,和八分区文建会张角在一起。有一次他和张角被敌人包围了,他拿着一把德国造插梭二十响,张角拿着一把三把盒子,俩人一块儿往外冲,张角牺牲,他冲出来了。因此离开献县回到蠡县,来到九地委,因他也与春原很熟。我们俩一同看这份稿子;其中有一篇好的,是常征写的一篇小说,有几篇意见相同,也有争议。

尹哲见我们俩互相争论,他说:“那不是叫来审查的,人家刘锡庚当过县委书记。”

我想,不叫审查,送到宣传部来干什么?当过县委书记就能编出好刊物?我把稿子甩在一边不管了。但,因此我第一次开始考虑工作和人事关系问题。开始感到过去看过的书本上的问题,与实际工作是有距离的。

这倒不要紧,路一此次回来,与春原之间有一事难解难分。有一个姓齐的女人,是导报社编辑周竟陵的爱人,周竟陵在时,就和路一好。后来周竟陵牺牲,因路一远在献县,又和春原好起来;有时给春原做点吃的,送点点心。写了两篇小文章,叫我给她编在刊物里。现在路一回来了,她又跟路一难舍难分,我实在看不惯,给春原写了一封信,并把我的意见告诉路一,此事算是告一段落。后来,这个女人又跟一个分区参谋长结婚了。这件事情,可能在她的脑子里也影影绰绰,因此也不和我来往,也见不着面了,一直几十年没有来往。直到一九八四年,我已经七十岁的人了,她才托人捎了一个信问我好。大概她是明白过这个理儿来了。

宣传部在这个时期，总是在这个狭小的地区活动：高佐、刘家营、戴家庄……来回转移，五六天就要转移一次，一般的是在晚饭以后，等到天黑下来的时候，才开始活动。这个狭小地区的优点是在高阳、蠡县、肃宁三县之间的空隙地带，离三个大据点都远。不足之处是敌人在南莲子口安了一个比较大的据点，指挥这个地区的岗楼上的敌伪军。但是我们的敌伪军工作、城市工作进一步深入了。已经在岗楼、据点中发展了关系（利用关系），还发展了一些党员。这是党、抗日政权能够存在，而且取得最后胜利的决定条件。但我不能更具体地说明这个问题，因为我没有参加这项工作。

正在刘家营住着的时候，朱子强回来了，时间不长却写了两篇文章。一篇是关于目前金融流通的情况，从这篇文章看，目前是以敌人的联合票为主，边区票已经处于劣势，转入地下。所谓处于劣势，一方面是我们主动收回一部分，烧了。当然也不会完全收回来，收不回来的，群众还秘密保留，他们相信在这伟大的民族解放战争中，共产党不会失败，终有胜利的一天，在这种情况下，边区票还在秘密流通。

另一篇文章是关于两面政策的调查。有了两面政策，一方面可以麻痹敌人，一方面保证了抗日政权的存在。村联络员一般的是党员、抗日干部，是有民族气节的人，处于中间派的人，是绝对少数。因此对于我们基本是有利的。这篇文章中还有附近几个岗楼的敌伪军工作的调查。

我以这两篇文章为主，加上两篇别的文章，编成了第一期刊物。春原给我的——姓齐的那个女人的两篇文章，因不成文章，我没有用。

在游击生活中出刊物当然是油印。因为王金山对党内刊物还重视，叫最好的一个刻写员刻写的，装订成册，居然也像一本小书。

由于这本小书，地委分配了子强的工作，到肃宁县去当县委书记。临行把他的钢笔送给我，当然这不是一支普通钢笔，这是他在导报社工作时，黄敬同志打发专人从天津买回来的。当时干部流行的一句话：“钢笔、手枪、表，干部三桩宝。”他把这支笔送给我，我只好给他一些钱，因为他是束鹿县人，离家远，手里没有钱花。

送走了子强，第二天，森桂就回来了。吃了晚饭，我们又要转移。转移之前，当然有一番准备。时在隆冬，也就把所有的衣服都穿在身上，再把纸本、墨水、钢笔等包一个小包袱绑在腰里。

这一天出发的时候，已经是天黑了，也有一点风，但并不大。当我们走出村庄，觉得风好像是有点扇脸，天上没有月亮，也没有星星。平原上的夜晚，有风、没有月亮，也没有星星，这本是常事。尤其是游击区，干部们一般的是昼伏夜出，夜聚明散，只有夜间是属于我们的，所以我们也没有特别地注意。

我们三人照样行路，一边走着，风渐渐大起来，天也更加黑了。从心理上说，天上似乎是有浓云密布，这时天道更加黑起来，当然是用眼看不出来的。

这时，对于天气并没有在意。可是，越走风越大，天道越黑。走着走着，逐渐起了风声，夜更加暗了，伸手不见五指，天也更加冷了，我们还是照常走路。

出乎意料，风声大作了，空中似有呜呜作响，伸手不见五指。在这种情况下，不用说用眼看，用脚摸也摸不着路了，只有在漫洼野地里走，好像瞎子走路一样，甚至还不如瞎子，瞎子还有一根棍摸着路走，现在我们连一根棍也没有。至于方向，一出刘家营村，我们就朝东北方向走，走十几里路，就到高佐村了。可是现在我们究竟走到什么地方并不知道。

飓风卷起飞尘，天黑得像黑锅底一样，四处无有人声，连犬吠之声也听不见。眼也睁不开了，眼窝里像是一个小土蘑菇。这时，我们不敢向前走了，因为在我们这一辈子，还未经过这样的夜晚，这到底是怎么回事，谁也

不知道。于是我们三个人蹲下来，停了一刻，商量一下，究竟应该怎样对付这种特殊情况。

在飓风中想说一句话，都得用很大的声音。商量来，商量去，只有一个问题需要注意，就是不要掉到井里去！

于是，我们伸开胳膊，互相摽上膀子向前走。走着走着，尹哲的眼镜啪的一声碰在东西上，他伸手一摸，是一棵树。有树，有树就有林，有了希望了，我们继续向前走。

也不知走了多少时间，森桂迟疑说："那边似乎有几棵树影！"我们就向那黑暗的树影走去，果然是几棵小榆树。森桂伸手向旁边一摸，他说："有一面墙！有墙就有房，有房就有村。"

我们就在这里蹲下来，顺着树干向上一看，天上有几个蓝色的小灯。我惊叫着："唔，那是飞机！"

尹哲说："飞机？这样天气怎么有飞机？"

后来我才想起来：那不是飞机，那是大风吹动树干发出的磷火。

停了一刻，森桂说："你们等一等，我到前边去看一看。"

他去了一刻，又走回来说："这是一个村庄！"

尹哲说："是一个村庄？"

森桂说："是！一个村庄，我隔着墙头一看，窗户上还有灯光！"

我们喜出望外，我们找到村庄了！

我们一同走过去，尹哲隔着墙头喊了一声："老乡！这是什么村？"

屋里有个老汉，哑着嗓子说："啊！高佐呀！"

好熟悉的声音，就像是我们的老房东。

说着，老汉慢慢走出来，开了大门眯着眼睛一看，哈哈大笑着说："原来是你们啊，有什么说的，快进来吧！"

我们跟着老房东走进屋里，在灯下一看，我们浑身上下都是黄土，拿起笤帚，互相扫了扫，扫得满地是土。老太太给我们烧水洗脸。喝过开水，尹哲说：“怎么刮这么大的风？”

老房东说：“谁知道呢？真是百年不遇呀！天这么黑，风又是这么大，你们是怎么走来的？”

尹哲说：“谁知道呢？我们糊里糊涂地走到这里。”

说着，我们三人拍膝大笑，森桂说：“真是百年不遇！”

老房东哈哈大笑，说：“我说一句话，你们准不信，日本鬼子要完，你看他们一团漆黑！”

又说了一会子笑话，躺在房东炕上，就睡下了。这件事情是年轻人不好理解的，抗日时期，尤其在地下工作时期，睡觉没有被子，也没有枕头。有时睡在房东的热炕头上，有时就睡在冷屋子的凉炕上。

第二天，起炕之后，到大门外一看，大风平息。满街上尽是黄沙，墙根下黄沙厚厚的，原来是一场蒙古风。

后来才知道，就在这天的晚上，千里的爱人穆玲，当时在任丘县的一个区里当妇救会主任，晚上由这村转向那村时，中途掉在井里。井中水浅没有淹死。虽然连声喊叫，但天黑风大，四野无人。天冷水凉，怎样忍受，是难以想象的。第二天被救上来，老乡们喂汤喂饭，也没有救好，第三天就死去了。

在高佐住了一个时期，听说要开县委书记会议，叫宣传部到任丘县集中。我和森桂、尹哲一同到任丘去，道儿不远，一天也就到了指定的村庄，住下来等着开会。会议就在一间普通的老百姓的大屋子里，有几件桌椅条凳，靠窗户一条大炕，人们就都坐在大炕上。

会议由张庆春同志主持，议题有两个。一个是国际形势，主要就是第二次世界大战的形势，英、美、法等盟国开辟了第二战场，对于日、德、意法西斯绝对不利。再一个就是说了一个笑话，美国援助苏联十万双皮鞋，说着，人们就由不得哈哈大笑起来。张庆春同志谈了一些资料性的材料，以备下级干部们用。中心是回忆百团大战的辉煌战果。

第二个内容是专门对准反动派蒋介石的，从张荫梧、石友三、朱怀冰的摩擦，谈到皖南事变……皖南事变之后，我们新四军又成立了五个师，谈了一些具体人名职务，又谈了一些资料。

这个会议因年深月久，详细情况我也记不清楚了。会场花絮是叫我唱了一段戏，当时我才三十岁，年轻力壮，唱了我的拿手好戏，拿出我的铜锤嗓子，唱了一段《盗御马》；当我唱完《坐寨》之后，出乎意料，人们一齐叫好，掌声不绝。一齐喊着："再来一段！""五一反扫荡"之后，我也好长时间不唱了，于是鼓足劲又唱了一段《盗马》。唱完之后，人们笑得前仰后合的。

郭春原同志很是高兴，大笑之后，他说："看梁斌同志这个气魄，这是拿来配合咱们这个会的，曙光在前，同志们干吧！"

张庆春、陈鹏同志也嬉笑不止，陈鹏同志说："冀中剧团的团长到了我们这里，将来把敌人打退，我们要好好地开展戏剧运动。过去我们不敢留他，怕留不住！"

说着笑着，大家高兴不止。说句真话，在家乡的地方戏中，也不过是河北梆子、老调、丝弦、哈哈腔、大秧歌，有时在河北梆子中夹演皮黄，如齐金子的古城会等，真正的铜锤花脸，人们还没有听过。这也是我在九分区初露头面，各县委书记都知道梁斌会唱戏了。

散会以后，三三两两各回原地；我和蠡县县委书记宋罗岐、刘锡庚同回蠡县。日暮出发，三个人溜溜达达，不说不笑，脚下匆匆，黎明时分，走到一个村中，这个村正是刘锡庚他爱人的村。我只知道他爱人叫大车，不知道她的名字。刘锡庚领我们到大车家里，一进大门是三合子旧砖房，四方小院，老太太才起炕，一见女婿来了，喜出望外，赶快抱柴火做饭。

才洗完脸，还没吃饭，大街上有人扯开嗓子大喊："老乡们！快起炕呀！

敌人来了，去应敌呀！”喊声划破了静谧的天空，老太太停止烧火，睁大了眼睛说：“怎么着，先下地道吧！”

二话不说，各人收拾东西，跟着老太太走进东屋，进了里间，拆开墙上的洞口，一个个下了地道。地道里很宽绰，兴许是通大地道的。反正刘锡庚知道，我们也不问了。

深一脚浅一脚地走了一夜，饥也饥了，渴也渴了，才说歇下脚来吃饭，又来了敌人。这不能说不是倒霉，其实在游击区，已经是家常便饭。宋罗岐和刘锡庚，一躺下就睡着了。我则不然，想睡也睡不着，张起耳朵听着，有人迈开大步，通通通地走进来，又通通通地走出去。我心里想：坏了，一定是日本鬼子来了，到各屋查看，搜获敌情呢，也可能是住在这个院里了。无论如何，只有听从命运的判断。

我合紧眼睛，想睡着了才好呢。谁知摁倒脑袋，蒙蒙眬眬地睡也睡不着。只听得地面上有人走过来走过去，走过来走过去。我想，没错，一定是住上敌人了，出出进进的。

我睡不着觉，可是宋罗岐一边睡着打起鼾声，我真有点生气，要是叫人听见了怎么办？我伸出手去，捣了他一拳，他唔唔哝哝地说了两句什么，又睡着了。咳！命运哪，只有凭着命运了！这时我翻肠倒肚，好不难受！怎么办呢？只有挨时间等敌人走了。可是敌人要是强迫老太太说出洞口怎么办？那就不堪设想了！翻过来一想：解放区的人民是有骨性的，有个十五岁的小孩子，被敌人用刀剁去半截手指头，他痛得死去活来，都不说出洞口。有个老太太被敌人活埋，黄土埋到胸口，她都不说。可是，要被敌人破坏了大地道怎么办呢？

我躺在地道里，浮想联翩，想象力和联想力异常活跃起来，想着想着，我不由得噗地笑了。哪里的事，这不是做起小说来了吗？

反正不论怎么，糊里糊涂，也不知挨了多少时间，才听得老太太在洞口叫:“敌人走了,出来吧!”

我们一听,翻身起来,相继钻出洞口。睁眼一看,太阳已经大平西了。据老太太说,敌人并未来家,那是老太太爱护干部心切,又怕敌人来,坐立不安,走来走去。老太太一说,我又张开嘴大笑了,我好像是做了一个梦!

老太太手疾脚快,和面,擀面,抱柴火做饭,不一会儿做了一大盆面条汤。走了一夜路,一天未吃饭,一见面条,伸手抄起碗筷,吃了一碗又一碗,真是狼吞虎咽。不多一会儿工夫,个个撑了个肚儿圆。

老太太在一旁看着,由不得笑出声说:“吃饱了,一天一夜没睡觉,快躺在炕上睡吧!”

宋罗岐说:“不,我们早睡上两天的了!”

刘锡庚也说:“我们快离开这里,到了蠡县也就好说了!”

他们俩都要走,我也不好说不走,只好走了。说这话,还是年轻时代,万般出在年幼,要是在今天就难说了。这时已是黄昏时分,各人提出小包袱,鞠躬行礼,向老太太道了烦劳。老太太摆着手,笑哈哈地说:“不用!不用!一切为了你们身体平安哪!”

我们辞别了老太太,出门上路,两脚如飞。三更时分,到了蠡县边界,前面就是潴泷河,过了河就是高佐北边的绪口村,这里人熟地熟,一切都好办了。可是,当我们走到河边,要过河时,看见河面上有星光闪闪。时已届隆冬,早已结了冰,哪里来的星光?

宋罗岐说:“不错,是发了即凌水,又在冰上发下水来了!”

刘锡庚也说:“可能!”他找了一个树枝来,试了试说:“不深,也不过有脚面深!”

说着,大家脱鞋、脱袜子,挽起棉裤脚,涉水过河。水虽不深,却正在冬天。脚一着水,尤其两脚走在冰上,如刀割肤,直刺脚心。我咬紧牙关,一步一步走过河水,用袍子襟擦了擦脚,穿上袜子,再穿上鞋,出了一口长气,算是又过了一道难关。

我们一步一步走上堤岸，堤下不远就是绪口村。站在堤上一望，村中死寂寂的，没有一点灯火。虽然夜晚，战时的村中，也该有点灯亮或是打更的梆儿声，如今阴森死寂，不似寻常，其中必有异常。

宋罗岐说："可能扫荡的敌人到了这个村了！"

刘锡庚肯定说："不错，可能是！"

因此，我们决定不进村，从绪口村西，远远地绕过去。再走十几里路，就是刘家营。当我们走到刘家营，到了老圈儿家门口，窗上还亮着灯。我们轻轻敲了大门，有人"通通"地走出来，开门一看，在暗影中看见老圈儿的影子，他在薄明中一看是我们，关了门，一同走进屋里。老圈儿睁大眼睛说："你们打哪儿来？"

宋罗岐说："我们从任丘来。"

老圈儿说："没碰上敌人？"

宋罗岐说："没有。"

老圈儿说："敌人正在扫荡，我们既不敢睡觉，又不敢点灯，我才点上灯抽袋烟，赶上你们来了。你们从哪儿过的河？"

宋罗岐说："绪口。"

说到这里，老圈他爹从炕上站起来说："敌人正住在绪口，你们怎么过来的？河上才发了即凌水！"

刘锡庚说："我们踩着冰水过了河，看着绪口情况不对，既无灯火，也无人声，我们没进村，从村西里绕过来。"

说到这里，老圈他娘坐在炕上，伸起两个巴掌拍着说："你们命大呀！看着吧！死日本鬼子胜不了！八路军败不了！"说着，老太太连忙出溜下炕，说："快压压惊吧！我给你们烧水做饭！"

第二天，尹哲、森桂也就回来了。我们在刘家营休息了几天，听说蠡县县委在戴家庄开县委扩大会议，我们也就到戴家庄去听他们的会。我们依然住在灵芝家，我们住东屋，刘锡庚住北屋。

在县委扩大会上，宋罗岐传达了地委会的精神，传达了一些具体材料。因为开展第三次政治攻势，不传达具体材料，区级干部手里没有武器。宋罗岐告诉我，叫我在会上谈谈，我没有答应，他也跟刘锡庚谈了，刘锡庚答应谈了。

有一天下午，快要开会了，刘锡庚还没有来，我出于好意，又走回去叫他。我立在窗户根底下，叫："刘锡庚！"屋中无人应声，我连叫："刘锡庚！刘锡庚！"还是无人应声，我开门进去，老头在外屋铺上了一个草垫子，一个人躺着。我走到东间屋里，刘锡庚在炕上睡着，灵芝那妞子在炕上坐着，两人相隔半尺远。她见我进去，假做张致，伸手打了一个呵欠。刘锡庚合紧眼睛，一动不动，我看到这个情况，心中已经明白，转身走出来，回到会场去。

自此，我就知道刘锡庚和这女人的关系，知道灵芝这个妞子是个什么人物了，也就知道这是一家子什么人家了。

大会过去，我把这件事跟尹哲说了。尹哲抿着嘴儿，也不哼声，也不说什么。男女关系，尤其和普通老百姓的姑娘，在当时和现在不一样，那是一个问题的。尹哲持这么一个态度，我心里很不舒气。事情虽小，也使我另见一层天地；我虽然在党内这些年了，书本子上的东西知道得多，人与人的关系知道的少，我不能不承认这个问题。再一个问题，在白色恐怖之下的党内关系，到了抗日期间，统一战线时期，党内的人事关系，已经有了变化。这一点，在我来讲，是一个进步。

大会开完，宣传部也没什么事情可做，我跟春原说了一下，就到蠡县六区去参加第三期政治攻势去了。

当时的蠡县六区，也就是留史这个区，区委书记是李悦农，当时叫李由。敌工部长叫齐竣岩，组织部长刘彦平，其他的干部，我就不知道叫什么名字了,一共十几个人。大家商量:先从留史这个村做起。在一个晚上,在学堂里召开群众大会,也就是工、农、妇、青、自卫队的人们,未见有儿童团参加。

对群众的宣传,主要讲蒋介石。李悦农把大会精神讲了讲。因为是工农干部,对这方面的材料知道的也少,他讲不透,讲的也不多。

李悦农讲完,找谁讲谁也不讲,互相推诿,最后叫我讲,我就站出去讲了;我从第一次国共合作开始,讲到四一二反革命政变,国共分家,十年内战中蒋介石杀了三十万共产党员。直到双十二事变,张学良、杨虎城两将军强迫蒋介石和共产党订下协定,停止内战,一致抗日。因蒋介石不遵守统一战线原则,内战内行,外战外行;从张荫梧、石友三、朱怀冰和八路军搞摩擦,讲到皖南事变,项英同志牺牲,叶挺将军被捕,现在,他退到大后方,坐山观虎斗……

我是知识分子,材料知道的也多,讲起话来通俗易懂。讲话之后,群众报以热烈的掌声。再者,自从抗战开始,在根据地,对群众讲共产党的事多,讲日本鬼子的残暴多,而且是耳闻目睹。讲蒋介石的事少,只怕破坏统一战线。今天讲起来,人们算是知道蒋介石是个什么人儿了。群众一齐骂着:“这个死兔崽子!”“一听就知道他不是好东西!”

开完了会,还不能在这个村睡觉,黑夜行军,走出十几里去睡觉。睡觉之前,齐竣岩同志找了一小瓢鸡蛋来。我说:“找这干吗?”

他说:“一搞政治攻势,敌人就发觉我们了,一旦敌人包围村庄,我们就得下地道,敌人不走,我们好吃呀!”

从此可知,县区干部在游击区活动的困难。当时干部戴手表、带电棒,也是为了下地道,在地道里时间长了,好知道时间。作家,不到基层工作中去,这些事情是不知道的。

和他们在一块儿活动了两天,了解到当时的区级干部,大部分是农民出身，有的粗通文字，有的不识字。夜间到一个村庄，把群众召集起来，找这个人讲，这个不讲，找那个人讲，那个不讲。有的讲几句就没词了，不能发挥，不能与具体情况相结合。他们做实际工作很好，不长于文词。于是，我提出意见，每人写一个讲话稿，有的能写，有的不能写。我把他们的讲话稿一个个改写了，并教他们演讲的方法，每人练习几遍。这样一来，果然好了，开群众会有话讲了。而且背诵如流，入耳动听。

关于向岗楼进攻，我们选择了齐家庄岗楼。调集区小队，还有几个村的游击小组、自卫队、妇女自卫队，还有小学生。在夜色中接近岗楼，各人找到隐蔽地。李悦农同志先讲话："岗楼上伪军们听着！今天我们对你们讲讲话，叫你们明白国际形势国内形势，小日本鬼子，人心不足蛇吞象，他已经打到南洋群岛，战线太长，人力财力不足，他们支持不了几天了……"

他一讲话，伪军们开始放枪。伪军一打枪，周围的鸟枪、土炮、手榴弹一齐响起来。响了一会儿，伪军不打枪了，人们也不打枪了。又开始讲起来，有讲百团大战的，有讲百连大战的，意思就是说，我们还有这个力量，"五一大扫荡"的形势改变了。

岗楼周围，男人也讲，女人也讲，小学生们也讲。讲着，又喊起口号：

"打倒日本帝国主义，把日本鬼子打出中国去！"

"中国人不打中国人！"

"你们要留后景，跟着小日本没有好下场！"

人们这么一嚷，周围的村庄上一齐喊起，由近及远，人民战争的大海，淹没了岗楼。趁此机会，李悦农同志传下命令："一齐撤退！"

于是人们在黑暗中，各自收兵，向回快走。路上，我遇着一个妇女自卫队的队长，中年人，腰里扎着皮带，背着一个手榴弹袋。她见了我，嘻嘻笑着，说："我投了五颗手榴弹！"说着，把五个手榴弹的铁环子放在我的手里。大步走着，还嘻嘻笑着。在星光之下，在薄明中，我看到她茁壮的身躯，勇敢的气魄。

回到宿营地，我问别人，这个人是谁，他们说：“这就是咱区的妇女战斗英雄，她丈夫叫齐朋，在县里工作。这位女战斗英雄，平时在村里工作积极，伺候伤号、掩护干部很热心，抬担架更积极。”我又收集了一些材料，写成《翻身记事》中的李固大嫂、《邻家》中的华一君。

根据经验，搞一次政治攻势，伪军们老实一个时期，而且有些内线关系趁此机会进行政治活动，进行工作。汉奸、反动地主们也老实一个时期。

经过参加这次政治攻势，我深刻地体会到人民战争的威力，如一片汪洋大海。可惜前两次攻势我没有参加。如果参加了，一定能得到一些深刻的体会。

正在进行政治攻势，敌人也扫荡过来。有一天早晨，我们还没有吃饭，敌人突然来了。我们急忙掀开地道口，房东老太太赶快到门口放哨。这时，突然之间，跑进一个五十多岁的人，拿起大镐在地上敲着说：“看看有没有地道！”

我们一看，这是一个汉奸便衣队，齐竣岩同志拿出手枪，跑上去把他抓住，关在小屋里，等敌人过去，我们审问了他；他是天津人，因无饭吃，当了汉奸，随敌人出来扫荡，我们把他枪毙了。后来，宋罗岐同志批评了我们，说我们并没有枪毙人的权力，这是有规定的。但这个汉奸，我们并未杀错。

这是一支远来的扫荡队，扫荡过去了。我们就想拿南许村这个岗楼，县委敌工干事刘小岩也同意，因为他包了这个岗楼，根据他的意见，这个岗楼里的工作已经成熟了。

经过县委的同意，决定教训敌人一下。于是召开了一个会议，有二十四区队的负责同志、县大队的负责同志，这些人我都不认识。此外还有区小队副政委、李悦农同志，刘小岩同志，我也参加了，研究了步骤和方法。

先由村联络员跟内线关系商量，因为他是站黎明这班岗的，当面讲明，保证给他一千五百块钱，并保护他的家属，他同意了。县委也同意了。

于是，调动县大队、区小队、二十四区队来了一个连，隐蔽在附近村庄，规定了时间，由联络员带领区小队接近岗楼，岗兵见来了人，放下吊桥，其他武装见放下吊桥，疾驰前进，内线关系带区小队上了岗楼，放了一枚炸弹，所有武装一拥而进。冲到各个屋里，伪军们听到炸弹声，惊叫而起，还未拿起武器，我们的武装已经进了他们的屋门，把枪照准他们，喊着："不要动！缴枪不杀！"

这样，半个钟头解决了战斗。

总结这一次经验：决定于敌工工作、内线关系、对伪军们的生活规律的熟悉、内部情况的调查。

无疑，这一次武装活动，又招来一次县城里的敌伪军的出动。我们的武装需及早撤出这个地区，要发动附近村庄的群众坚壁清野，反扫荡。

二

在蠡县六区，一直搞完第三次政治攻势，才回到刘家营。总结这一段战地生活的体会，感到写文章只是观察生活不行，还要亲临其境，参与其事。即毛主席说的，要深入生活，参加火热的斗争，才能写出新鲜活泼的东西。自此，我对三十年代美国作家辛克莱的经验作了考虑。辛克莱是一个资本家的儿子，他为了写出好的作品，亲自到工厂矿山去观察生活，写出关于工厂矿山的几部长篇。其中《屠场》这部长篇，写了工人生活，这部书写得不错。若只是观察生活，走马观花，也许能写出一篇散文、小品或一个短篇，但要想写有分量的东西，写长篇，没有一定的经历，是勉为其难的。这点体会，在我的心里肯定下来。自此，我立下一个心愿：要长期到生活里去，要写出有分量的作品，不到黄河不死心。

心里有了这种意念，再考虑过去写过的杂文、小品，那不过是对生活的一时感触，或是出于义愤。过去写的小说和剧本，倒是对战地生活有过一定的体会。我决心，必须长期深入到生活里去！

在机关休息了几天，张彤来了，她才从路西过来。她问了我的好，问孩子们好，我也和她寒暄了几句，这时她的脸上有些红晕，怪不好意思的，女孩子们总是这样，忸怩作态，一时不肯说出是来找青季的，也不好打听青季的情况。她不说她和青季的关系，我也早知道了。我哈哈大笑着说："算了，明天送你去，用不了几天，你就可以看到他了！"她扭过脸也笑了。

说实在话，她虽然和我一起工作了几年，我心里并不同意这门子亲事；我觉得青季这个牌面，应该找个好一点的对象。当然，张彤牌面也不错，只是她的过去，她的经历，怎能对得起青季。

这天晚上，老圈儿给张彤找个堡垒户歇下，第二天派人送她到清苑去。随后，我给青季写了一封信，因为是老朋友，开门见山地说："……张彤红颜薄命……"说心里话，我不同意他们的婚姻。因此引出后来的一场纠纷。

今天想来，我这个人太傻了，我怎么这么笨！虽然是老朋友，他们两厢情愿，只有成亲之美，哪有破亲的媒人？写这封信的用意何在，假如棒打鸳鸯两分离，我的脸面放到哪里去？于心相安吗？我一生做了这件傻事，悔之莫及。

有一天，我到春原那里去，春原叫我告诉青季，要好好工作。我说，我早就告诉他了。其实，我并没有说，因为青季有点派头儿，人也怪聪明的，还用着我说吗?不过青季在联大文学院毕业之后,并未打算回冀中。他想到部队当随军记者,他找到军区宣传部长李继之。李继之说,随军记者得是营级干部。他才回到九分区。可是九地委也只分配他到清苑当民政科长,而且清苑县也是个比较残酷的地区,这件事在我的心里也觉不妥。其实随军记者也不一定是营级干部。

春原又问我:“你在留史怎样讲了讲?”

这个话,我不便明说,说起来好像自吹自擂。其实,我自十三岁入团,十七岁进入白色恐怖。十年内战期间,蒋介石杀了我们三十万共产党员,杨虎城、张学良两将军发动双十二事变,强迫他和共产党签了协定,他才开始抗战,如今又闹摩擦。我的经历,使我明白地讲出他的丑史。

我自入团以来,向来不夸功,不卖弄聪明,只有领导上看着我行我才行。也有人说,你这样做不行,有钢使在刀刃上,在一定时刻,你得露两手儿,不然领导上怎么了解你,怎么提拔你?话虽这样说,我还是不愿意当官,认为参加革命,能做革命工作就行了。当时我还不明白,你就是有再大的本领,思想再好,站不到一定的岗位上,也无处施展。这个问题是我在这个时期领会的,也就是说,在这个时期我才有了“地位观念”,这在党内来说,是不好的。

因为我是帮助工作,宣传部的事能做多少做多少。这时我又想把高蠡暴动的材料整理一下,因为这地方离玉田村不远。当时这地方起了一个红军大队,红军中只有一挺机关枪,这挺机关枪就是县财政局长、老共产党员曹承宗同志筹措的。有人问他:“你有什么办法弄一挺机关枪?”他说:“开开县库拿呗!如果暴动成功就不成问题,暴动不成功,也无非砍了我的脑袋。”暴动失败,他远走西北,后来辗转到了延安。这个情节写在《播火记》中。

这就是这挺机关枪的来历。背这挺机关枪的人叫杨万轮,他是玉田村人,此人尚在,我写了一封信,把他叫来。杨万轮是个农民,四十来岁年纪,被太阳晒得黝黑黝黑的,浑身粗壮。一进门就说:“是你叫我来?”

我说:“是,你请坐!”

他说:“梁同志叫我有什么事?”说着,他从布袋掏出小烟袋抽着烟,坐在小柜上。

我说:“咱就谈谈高蠡暴动。”

“高蠡暴动?”他摇摇头,“高蠡暴动过去十年了啊!当时红军只有一挺机关枪,我就是背那挺机关枪的杨万轮。”不一会儿,他又低下头犯了沉思,自言自语:“过去了十年,失败了,谈他做甚?”他似乎有些失败情绪。

我说:“失败是成功之母,十年前失败了,十年之后我们不会再失败!”

听了我的话,他抬起头,睁大眼睛说:“你没经过‘五一大扫荡’?”他有些愤怒,脸上的肌肉在不断地抽搐,这个表情表现出他的性格,他是一个很倔强的人。

我说:“是呀,现在我们不是又站住脚了吗?谈谈吧!我把它写出来,叫我们的子孙后代永久不会忘记!”

谈到这里,他猛地抬起头,面有笑容,说:“这么一说,你是一个写家,那就好了,我找了多少年也没找到一个写家,那,咱就谈谈!”

他干咳了一声,清了清嗓子,说:“当时布置这大暴动的时候,说要暴动起来迎接红军北上,把小日本鬼子打出去。自从九一八事变,日本鬼子侵占了咱的东三省,人们心里就憋着一股火,上头也老是叫人们准备武装,练枪练炮,锻炼拳脚,等日本鬼子打到脚下,就和他干一场。如今殷汝耕又成立了防共自治区,失去冀东十八县,这不就到了咱的家门口?!上头一说暴动,人们就起来了。”

“这玉田村就是一个区委,区委书记是王慎志,在这里起了一个大队,时刻一到就起手了,先缴了地主的枪,分了粮食,又到刘家营,打死一个地主，缴了枪，分了粮食。这时红军司令员湘农就过来了，政委是贾振丰，他叫我们跟他一起到辛庄去，同去的有第一大队，队长是宋洛曙。大队人马，浩浩荡荡，直奔齐家庄，在那里和联庄会打了一仗，在摆渡口上过的河。"

"到了辛庄，辛庄的警察分局长王韬是个党员，他早就起了手了，迎接我们到了辛庄学堂(高小)，在那里吃饭安歇，等待各路人马，休息，整训。"

"刘双四大队还在路途中，清苑李学敏也没赶到，安新、博野、饶阳等各路人马都未赶到。驻在安国的骑兵十七旅就扑来了，在辛庄一场混战，王韬大队真能打，因为那里有十几个警察，其中也有的同志都随了红军，他们平素有军事训练。我把机关枪支在门楼上，敌人几次冲锋，都被我们打了回去。湘农司令员带我们冲了出去，往北去与翟树功大队会合，可高阳的保安队也赶到了，打了一阵，我们又向南去，想到蠡县那里去老根据地。"

"不巧，肃宁县的警察保安队也赶到了，又打了一阵。这时刘双四才赶到。刘双四大队把敌人顶回去，和敌人支架着。这时人们饥也饥了，渴也渴了，只好回学堂去吃饭打尖。正吃着饭，敌人又攻了上来，湘农司令员叫把北墙打开，突围出去。"

"一路好跑，又遇上村里的武装迎头打来，我们不能蛮干，只好化整为零，各走一方，这一来红军就散了，放了羊了。路上遇到湘农司令员，我带着他过了河，在一个坟地歇下来，没的可吃，就烧玉米毛豆。"

"这时又集聚了十几个人，湘农司令员说，你们各自在本地坚持，我要回北平去，向省委汇报。你们告诉各路同志：站稳脚跟，和敌人斗争到底，我还要回来！"

"红军被打散了，我们也不便强留他，一个五大三粗的人走向前去，说：'司令员！我保你前去，万无一失。'说着拿起他手里的手枪，拉着湘农司令员走出高粱地。人们由不得流下眼泪。准备多时的大暴动大势已去了。”

“我看了看手里的机关枪，子弹也打完了，就把它埋在坟池里，我们也就各回各家了。”

杨万轮说完他在大暴动里的经历，由不得流下眼泪，大泪珠子一滴滴地滚在胸前，他异常沉痛，我的眼也湿润了。

中午了，我叫房东买了十几个鸡蛋，炒了炒，请他吃饭。吃了饭，他说：“还有什么事？梁同志！”

我说：“没有什么事了，你回去吧！”

他说：“你到俺村里去住住，大暴动以后，你知道人们有多么想看到老同志们呀！”

这时我才想到，为了要写这场暴动，我应该到玉田村去走一遭，我说：“等着吧！我要和老同志们去见个面。”

他拿起小烟袋要走了，我送他到大门以外，远远地看着他的背影消逝在阳光下的尘埃中。

今天我异常高兴，一来得到高蠡暴动的大致梗概：一来我看到了大暴动中一个农民英雄的形象，以他为模特儿，我塑造了《播火记》中朱大贵这个青年农民的典型。

我送走了杨万轮，回到屋里，心情久久不能平静。这时我下定决心，到玉田村走一遭。

大概过了三五天，在一个黄昏，我就出发了。有一点风，但是不很冷。老圈儿在头里走，我在后头跟着，暮霭降临时，我们到了这个村边。因为是冬天，地冻天寒，大街上炊烟迷漫。在炊烟的掩护下，我们走进一个小栅栏，径直走进里院，房东还在烧火做饭，老圈儿说：“二哥！客人到了！”

说完，从屋里走出一个人来。有四十多岁年纪，说：“谁？老圈儿?”

老圈儿说：“送了一个客人来，这就算交到了，我回去了，天也黑了！”

老圈儿返身朝外走。

房东说:“唔?你就走?”这时,老圈儿已经不见了。

房东把我引进屋里,说:“庄稼百事,咱这儿着实茅草啊!客人,你就坐在炕上,甭烧水了,一会儿就吃饭。”他把小油灯端在炕沿上。那盏小油灯半明不灭。房中烟气很大。房东又说:“客人从哪儿来,有什么事情?有事晚上办,白天不方便。村边就是一岗楼。”

我说:“我就是咱地委机关的,先找支部书记谈谈。”

房东说:“咱先吃饭,吃了饭,我去叫她。”说着,搬上一个小炕桌,把小油灯放在小炕桌上。随手端上一碗老腌咸菜,拿上两双筷子。又端上两碗稀饭来,说:“吃吧!吃了饭再谈问题。”

我也不客气,端起碗吃饭,是豆儿稀粥,喝着豆儿稀粥,就老腌咸菜,很可口。

吃完饭,他把桌子擦了一下,就走出去了。吃顿饭的工夫,叫来一个姑娘,高高的个子,穿着一身蓝布衣裳,他介绍说:“这就是咱村的支部书记刘淑英,她是咱村老同志刘良从的妹妹。”

他一说,我就知道了。我站起来说:“请你坐下。”

那姑娘坐在小柜上,说:“虽然兵荒马乱的年头,到了我们这里,就算到了家了;有什么事该说,有什么事该办,你就说吧!咱村是根据地,高蠡暴动的时候,这里起过一个红军大队,打了土豪,分了粮食。抗日战争一开始,这里起了一个游击二师,师长是段石曾,可不知为什么,来了一股抗日军,就把段师长枪毙了。”她语言流畅、干脆,而且敢于提出问题。

看得出来,这姑娘虽然年轻,却是久经事故的,抗日期间当个村支部书记,也不简单。枪毙段石曾这件事,我也知道,他参加过高蠡暴动,他的队伍纪律不好是真情,他有党籍,不能拉过来就枪毙,这件事情老同志都有意见。不过直到现在还是个悬案。我说:“这件事情将来会弄个水落石出。”

她不等我说完就说:“水落石出,人也死了,人家是个老同志,搞起一个师也不是容易,抗日嘛!”她似乎心气不平。

我说:“是的!目前强敌压境。也不便解决,将来是要解决的。我来,也不为别的,就是要座谈一下高蠡暴动的事。”

她说:“那好说,人在事在。不过事先没有准备,黑更半夜了,叫我去找谁?我先给你找个女的,这人你也许知道。”她走了出去,不一会儿,窗外有脚步声,走进一个人来,哈哈笑着说:“来了个梁同志,我看看。”说着,走进门来觑着眼看了一下,笑着说:“老梁!你来了也不到我家去。”

原来是县妇会主任齐绘谱,她已经五十多岁了,身体还很矫健。我说:“你怎么在家里?”

她说:“就是因为这‘五一大扫荡’呀!我脚又小,行动不便,也上了年纪,就回家了。家里还种着几亩地,人多事多!”

不等她说完,刘淑英说:“儿女成群了,该享福了!”

老太太说:“人多事多,抗日在前,享什么福!有碗饭吃就不容易!”

刘淑英说:“甭说别的了,咱就谈谈这大暴动吧!”

老太太说:“大暴动?咳!那个威势呀!枪也收了,粮食也分了,群众也发动起来了,可就是蒋介石他不抗日,还不叫我们抗日,辛庄大战,他把红军镇压了。”

我说:“就谈谈你在大暴动里怎么着吧!”

老太太说:“整天价说要暴动啊,要暴动啊!买了好些个红布来,我们就缝红旗和红袖章。红军打上红旗,带上红袖章,站上大队就出发了。”

“红军到了辛庄,白军也来了。城里来了信,叫给红军去送信。这兵荒马乱的,叫谁去呢?慎志说叫我去,好像去走亲戚。我叫孩子套上车,我坐上车就去了。半道上遇着白军,把牛也牵走了。”说着,老太太流出眼泪大哭了。又说:“也是红军不逢好运,这情报也没送到,就被白军打散了。”说到这里,老太太哭得抽抽咽咽的。

刘淑英也哭了,说:“你甭哭了,叫人怪难受的。”

老太太说:“湘农司令要是在人间,你睁开眼看看我们吧!日本鬼子压得我们出不来气儿呀!为打日本拿了多少粮草啊,死了多少人哪!”

老太太一边说,一边哭,看实在说不下去,我说:“算了,就说到这里吧!”

刘淑英说:“蒋该死!今天剿红军,明天剿红军,他不得好死!算了吧!今天就谈到这里,天道也不早了,回去吧!”

齐绘谱同志还是痛哭不止,刘淑英拉着她走出门去。我站在门口,看着她们的身影隐没在夜色里,才走回来。坐在炕沿上,沉思了老半天,老太太一席话,使我深受感动。这天晚上我通宵不眠。我把老太太送情报一段写在《播火记》中。

第二天又开了一个会,叫了几个人谈了谈,都不出杨万轮谈的这个范围。但是我此次来玉田村,感受甚深。

黄昏时分,刘淑英同志叫一个老人送我回刘家营,她一直送我出了村,说:“你走吧,梁同志!祝你一路平安!”我向她点头施礼说:“请你回去吧!”她还要送我一程,在黄昏的夕照中,我随老人前行。我又回过头来看看玉田村,村外尽是黄沙土地,农舍之间一片枣林,枣林之中矗立着一棵高高的白杨树,迎风挺立,巍巍不动,它象征着玉田村的党组织,永远是抗日的堡垒。党支部书记刘淑英,这个坚强的妇女形象,是我永远不会忘记的。

在高蠡暴动的采访中,这算是一个开始。过去只听说了一个轮廓,今天谈的,使我得到一些细节。在文学创作中,没有生活细节是不行的。虽然只是一部分,作者还可以运用他的想象和联想,来完成人物的典型形象。

回到刘家营，我们又转移到高佐村。已经是隆冬季节，北风呼号，在这个时期没有干更多的事情，只编了一期党内刊物。这期刊物编得不如前期，一是没有顶硬的文章，再就是刻印得不好，薄薄的一个小册子，不能引人注意。

在高佐村一直住到第二年的春天，我没事可做，在村里找些书看，也没有别的书，只有重读《三国演义》，这次读得很细，对于我是有好处的。

春天来临，万物复苏，对于我们的身心来说，是一个解放。春原说，地委要转移到白洋淀去。白洋淀这个名字，我早就听说过，我们老家一带吃的鱼虾，都是从白洋淀贩去的。白洋淀的席苇是远近驰名的，人民都向往这个地方，就好像高阳的棉布一样。

要转移到一个远的地方了，人们都做了准备，其实也没有什么好准备的，只是把那些文件收拾一下，有用的就带上，暂时不用的，就把它坚壁了，没有用的，都把它烧了，一直烧了老半天。

在一个黄昏时分，一齐集中在我们的住处。王金山带着机关里的几个人，宣传部就有尹哲、王森桂和我，春原带着他的两个警卫员。每人都挎着一个包袱，这就是我们的全部办公用具，还有文件什么的。

也不知为什么，出发时王金山他们并没跟我们走一条道，只宣传部几个人一道走着。有警卫员领路，我们只是跟着走，地理不熟，也不知道走到什么地方了。

大概有半夜了，走到一个大村庄，据说这就是有名的莘桥镇，也就是走到了高蠡公路上，这村西边有一个大岗楼。全村人都入梦乡，大街上黑咕隆咚的，狗都被打死了，没有一点声音。警卫员把我们领进一个大院里，靠墙坐下，休息了一会儿。时间不长，警卫员领进一个人来，这人可能是支部书记。他弯下腰，觑着眼睛，看了看，说："郭部长来了，从什么地方出发？”他把声音压得很低。

警卫员说：“高佐。”

那人说：“高佐？也走了几十里了，都饿了，吃点饭吧！”

春原说：“不，这村有岗楼，我们还要赶路！”

那人说：“岗楼不怕，那和咱们的一样。”他又走到春原跟前，弯下腰说：“已经发展了好几个了。”

不用细说，我们也会明白，他说的有两层意思，直到一九四三年，我们的敌伪军工作，已经大显神威，一是在伪军中发展敌工关系，一是发展了不少党员了。由于日寇发动太平洋战争，他的战线一直到南洋、泰国等地，战线太长，兵力也就稀薄了，这也是我们战胜敌人的一个主要原因。

时间不长，饭馆里送了饭来。黑夜之间，也看不清楚，虽然不是八碟八碗的大席，但也为数不少。没有桌凳，就摆在地上，我们就蹲在地上吃。也看不清碗里是什么菜，反正有肉、有鸡、有鱼，几年来，还没有吃过这么一顿饭。

敌人不给我们时间，我们也无法仔细品尝，如风卷残云一般，把饭很快吃完。

我们吃饭，那人也不吃，只是在一旁看着。

刚吃完饭，春原说：“我们就要走了，多多麻烦你们！”

那人说：“不，还要叫人送你们。”说着，回头走出去。我们只好等着，他领进一些人来，黑夜里，看出是农民打扮，个个肩上挎着枪。那人说：“二蛋！你带人送同志们，一旦遇上情况，一定打他个泰山不卸土！”

这就是莘桥镇支部领导下的游击小组。

离开莘桥镇，一直向北走去。走到黎明，春原叫游击小组回去，因为人多，又背着枪，显得目标更大。一直走到黄昏时分，才走到白洋淀边上的一个村庄，住下来打火做饭。走了一天，也饥了，也渴了，喝了好几碗稀粥。吃完饭立刻上炕安歇，腿有些疼，走得太累了。

警卫员跑了一晚上，第二天早晨，吃过早饭，坐上一只小船，划到一个村庄，这个村就叫做采蒲台。立在村边一看，周围一个大淀，一眼看不到边，淀上无风，亦无有浪，淀水就像镜面，潋潋滟滟，映着早霞，泛起五光十色。一点一点亮晃晃的影子，一派水乡景色。

我们住在一个人家，当然，这里没有土地，也只好治渔为生。一个长方小院，三间南房，三间东房，我们就住在东房的北间。房东姑娘有十七八岁年纪，出来给我们拾掇房子。她娇小伶俐，脸上虽不施脂粉，却显得特别白净。说话带有京音。白洋淀的孩子长得真水灵。

这时一起住的有赵一之，他原是清苑县委书记。不记得有王森桂了，也不知他去干什么。也没见过王金山他们，可能是住别村了。

白洋淀是鱼米之乡，可以吃到大米。我们在一块儿吃饭时，也不为难了；过去在一块儿吃饭，春原一人吃白面馒头，我们只是棒子面窝窝，因为他是地委委员，是小灶待遇，我们吃大灶，在一块儿吃饭很觉不好意思。有一天中午饭，炖了大鲤鱼，春原说："先吃了再说！"

几年不吃炖鱼，今天吃起来特别香。三分钱的菜金，怎么能吃到大鱼呢？可是今天吃了，这钱又出在什么地方，也许是有节余。当然，来到白洋淀，不吃鱼也是一个遗憾。

在采蒲台住了一个时期，也不记得做了一些什么，反正也没闲着。在我们写文章的人来说，到处离不开观察生活，白洋淀的人民生活，更与陆地不同，生活方式、语言，也有些差异。尤其有房东这个女孩子，她的言谈举止，使我很感兴趣，不知为什么，她的脸形，很像我幼时女友蕊珍。我把她的心灵美，记录在我的本子上，这就是我写的《播火记》中李霜泗的女孩子芝儿。

有天傍晚，来了一个青年人，二十多岁年纪，说是来找女孩子谈工作，两个人在南头屋里，嘀嘀咕咕谈了半天，直到黑夜才走。第二天又说那个青年的棉袍子丢在这里了，想是再回来拿一趟吧？说是谈工作，又不是妇救会的，说是青救会的，找女孩子谈什么工作？

这女孩子也可能在村里负点什么责任，那天她拿了两个桨，叫："妈！我去找我三哥！"

她妈说："找你三哥，你去吧！"

她走出门去，到淀边找了一只小船，摇上桨就走了，她摇得很好，很熟练。要不，我怎么知道芝儿会摇船呢？她和芝儿摇得一样。

我读书读得累了，就到岸边走走。靠山吃山，靠水吃水，淀里人就靠治渔介苇为生。放眼一看，淀水蓝蓝，淀上村庄星罗棋布，就和棋盘上的棋子一样。陆上人交通用车，淀里人交通用船。

淀里人起得很早，淀上有起虾篓子的，下帘子的，扳罾的，打鱼的，叉鱼的，忙忙碌碌。他们在忙于一家人的吃饭穿衣。

女人们也不闲着，淀边上有介苇的，碾苇的，织席的。那女孩子们，凭着纤细的两只手，抖着那洁白的、柔软的苇蔑子，编织苇席。无论老太太、大姑娘、小媳妇，都是每天织成一领席子。到了端村集日，他们把席子装上船，划到集上，卖席买米。

淀上的人们生活，说也说不完，这是我第一次来到白洋淀，我到处捕捉他们生活中的美，把她们写进《播火记》，为李霜泗安排下这么一个环境。

白洋淀人民的生活在抗日斗争中也有不同；他们把渔船组织起来编成队，每只船上安放一只或两只打鸭子的大抬杆（鸟枪），藏在苇塘里，遇有敌艇经过，他们就百箭齐发，打他个措手不及。大抬杆不用子弹，是用铁砂，射出去就是一扑面子，鬼子们躲也躲不及，比枪弹还厉害。他们伏击的敌艇经常载着子弹、手榴弹、罐头、洋面。这就是远近驰名的白洋淀的雁翎队。

白洋淀还有一支城郊游击队,专门在敌占区活动,最有名的人物是董氏三杰。他们能蹿房越脊,行走如飞。夤夜之间,爬过城墙,取出汉奸卖国贼的脑袋,杀一儆百,发挥抗日英雄们的威力。

以上抄录的是我笔记上的记录。有些战斗场面,游击健儿的生活细节,我就不一一抄写了。

在这里一直住到夏天,大苇塘长起来了,纵横几十里,雾雾罩罩,一片青葱,实在壮观。

这年夏天,我们又转移到东岸的端村,这是一个大镇子,青纱帐期间,分区机关集中于此。这个村庄也不是一个普通的村庄,村边尽是合抱的大柳树,阵风吹来,柳丝飞舞,虽是夏天,也一片清凉。商铺多,五天俩集,人来人往,熙熙攘攘。

在这村又遇到二师老同学王冀农,他现在还是九分区公安局长。我特别去拜访了他。他请我喝茶——茶在解放区是不多见的,我已经几年不喝茶了。

也不知为什么,偏偏在这时间开了案子,他叫人把犯人提了来,当着我的面审问。那个犯人,好像是敌占区来的;四十岁年纪,梳着背头,穿着黑色大褂,在地上立着,也不抬头。

王冀农厉言厉色问:“你到底是招不招?”

他一问,那个犯人猛地抬起头来,出了满脸大汗,哆嗦着嘴唇说:“我、我、我想带一个留声机来,把唱片做成炸弹,你一放留声机,就把你炸死。”

冀农这时得意地说:“你承认这个就行!”

那个犯人听了,又就坡骑驴说:“我还想带几盒点心,里头装上炸弹送给你,你一掀点心盒,把你炸死。”

听到这里,我就告辞出来了。他本来想在我的面前抖抖威风,我不愿听那个。可能这个犯人是个屈死鬼，我是做文艺工作的，有这点敏感。

过去他们审查过刘大可，同学时叫刘芝堂，因他哥哥在国民党那边当营长，已阵亡，他把嫂子带回家来，而受到审查，承认是陈诚所派遣，带回两只盒子枪，被枪毙了。对此事我有怀疑。

枪毙赵云涛时，我心里很不以为然；他在保定开协生印字馆，印了很多进步的书，还给我们印瞿秋白同志手著的《社会科学讲义》。也曾到二师社会科学研究会演讲《抗日战争的理论与实际》。当时不是托派，卢沟桥事变以后回家了，就成了托派了。保定历史上是没有托派的。

以上只是几点疑问。当然，抗战期间的公安机关还是做了大量工作。

听说青季来了，在淀里一个村庄上开训练班。那天淀上风平浪静，我借了一只小船，划着去看他。谁知这只小船很不听使唤，好不容易七扭八歪地划到那个村庄，找到他的住处。

当我进了他的门，他很热情，还给我烧水喝。我本来想谈谈离情别绪，老朋友嘛！可是他专谈那封信，大发脾气，说我不该写那封信。我说："我写那封信是为了你好！"

他鼻子不是鼻子，脸不是脸，说："这封信张彤看见了！"

我说："她怎么会看见？"

他说："在我口袋里装着，叫她翻着了！"

这也无法，生米做成熟饭了，我自知不该写那封信，直到如今，也无可如何了。

后来，我才听光人说，这门子亲事是他从中说合的，当时青季找到这么一个人儿还挺不容易。依我看天下女人有的是。爱人眼里出西施，也许就是这么一回子事。但无论怎么说，这封信我不应该写。

满不高兴地回到机关，又听说机关管理员小张回来了。

据说是王金山打发小张回蠡县去收买小土布，准备夏天做单衣。他到了蠡县，就住在戴家庄灵芝家里。灵芝她娘就跟小张要两块小土布，他不给。那天晚上灵芝就要和他睡觉，说到这里，他红着脸，什么也不说了。

我问他："你跟她睡了没有？"

他唔哝说："睡了!"

我又问："你给她小土布了没有？"

他说："给了！"

说着，满屋子人哈哈大笑，笑得小张的脸像个关公。

好在小张这个青年人还坦白，组织上也没给他处分。

灵芝这个人物也是一个典型，我把这个浪荡女人写成《烽烟图》里的大梅花，冯贵堂的外宅。

这时晋察冀中央局正在开大会，进行整风，晋察冀是一九四四年开始整风的，各地委委员都去参加。张庆春、陈鹏同志都去开会了。延安的整风运动也传过来了，人们心中都在考虑整风问题。有一天，春原对我说："要整风，光自××也回不来了！"

我说："整风就整呗！"我觉得从事革命工作以来，事无不可对人言，我心地坦白，是刀子山也能过得去，何况整风。

春原说："你回家吧，我不了解你！"

我听了甚是刺耳，在一块儿工作了几年，怎么现在又不了解我了，对此我很不理解。

恰好，正在这时，路一从路西来信说："小舟说，叫你过路西来整风。"也算正中下怀。

自此，我就准备过路，准备去参加整风。有一天，我遇上冀农，我说："在二师一段，你给我证明一下吧！"

他说："好，咱们谈谈吧！互相证明一下。"话虽如此说，我也没找他谈，也没叫他写证明，我准备上刀子山。

既然要过路参加整风，也不知什么时候回来，也不知整风之后能回来不能回来。我想回一趟家，拿几件衣服，拿一点钱。

那天早晨，天朗气清，我想回家，到春原处说一声，他不在，警卫员说，他到王局长那里去了。我又到冀农那里，我一进门，他们俩人正在吃饭。冀农说："你吃吧，饺子！"春原说："虾子馅的。"

我也没吃他们的饺子，只说了一声，我要回家看看，就走出来了。我心里很不是滋味；冀农是老同乡老同学，春原和我在一起工作几年了，他们在一块吃饺子没叫我，也明显地说明一个问题：地位不同了。他们都是地委委员，一个是宣传部长，一个是公安局长，而我呢，只是一个小小的文艺工作者。事情虽小，也再一次拨动了我的地位观念，"没有地位不行"！

一路走着，正是青纱帐期间，天气有些燥热。三十岁的人，正在壮年，可说是快步如飞。途经蠡县北郭丹村，正是大集，天到中午，我坐在一个小饭摊上吃饭，表兄走过来说："表弟怎么不家来吃饭？"

我说："还要赶路，吃点算了！"

表兄是个村干部，他替我算了钱，说："住两天吧，歇歇脚！"

我说："我正忙着赶路，也没时间了，改日再来！"说着，提起包袱，辞别表兄上路。过了郭丹村，就是南许村，路过马绍光同志的门口，老同志了，我应该去看看他。一九二七年，我们同时入团。一九三一年，他到天津北方局受党员训练，回来路过保定，当时我正在保二师读书，他给我写了一封很长的信（一封信用两个信封装着），谆谆告诫："要努力读马克思、列宁的书，为无产阶级事业奋斗到底……"而且文字之间，有血有泪。因为当时正在白色恐怖之下，革命者随时都有坐牢杀头的危险。

今天，我走到他的家门上，不能不去看看他。进得门去，是三间北房，小院里鸦雀无声，我叫着："绍光！绍光！"无人应声。

大嫂从屋里走出来，笑着说："他不在家，到白露村教书去了，你屋里坐，我给你烧水喝！"

他不在家，我也不打算待着了，说声："不了，我还赶路呢！"就走出来了。听说他在白露村教书，我由不得滴下几点眼泪；抗日战争开始，领导人执行的是青年路线，李杰十七岁当博野县委书记。崔荣汉十八岁当辛乐县委书记。李杰十九岁升任八地委组织部长，后来投降叛变。直到现在查不出原因，不一而足。相反，冀中地区的老党员、老干部未能配备在工作上，不相信地方干部。

这件事情，我曾和吴立人同志谈过，他只检讨几句："没有经验，老干部们没有配备上……"王夫同志也说："抗战开始，老党员、高蠡暴动的老干部，没配备上……"只此而已。可马绍光这样的老党员还在村里当小学教员。

到了大杨庄表嫂家里，听别人说，长期在北京教书的宋老师回来了。自从香山慈幼院一别，几年不见面了。尤其关心的是他这几年的党的生活如何，这也是我念念不忘的。对于我有过好处的人，我是不能忘记的。因此我叫则先去叫他，见个面为好。

安排了这件事，我就回家了，妻和三姐见我还活着，都很高兴。抗战期间是残酷的，把脑袋挂在腰带上进行敌我斗争；这次见着面，还不知下次能否见面。敌我斗争是你死我活的，死个人也不算什么了。这时村里死了人，也不烧钱挂纸，也不吊孝，单等半夜子时，抬出去埋了就算了。

妻听说我还要走，不由得掉下眼泪，和了一点面，给我包了一顿饺子，这面里是含着她的眼泪的。这时照例不能在家睡觉，因为敌人的扫荡正疯狂，正在兴时的大汉奸是城里宪兵队的大特务郑国治，不能说他杀人如麻，可逮捕的干部、杀的人也不少了。

黄昏时分，我早吃了晚饭，扯了一条被子披在肩上，坐在门口的碌碡上，等待今天的敌情。自从敌人在平原上安了据点以来，这也成了人们的老习惯，即每天吃过晚饭以后，就背上棉被坐在门口，互相交换情报，研究今天晚上是下东洼还是下南洼睡觉。这天我照例坐在门口，兰芳爷、云章叔、海参哥也凑过来，兰芳爷掏出烟袋，打火抽烟，海参哥也对了一锅烟，吧咂吧咂嘴，作难地说："今天敌情怎么样？到哪儿去睡觉？"

兰芳爷爷说："听说城里又增了兵，维周还不知道吗？"

我说："我今天才回来，也是敌情不明啊！"

云章叔说："真愁死人了！好像熬灯油一样啊，熬干了人们这灯油，也就算完了。"

人们聚在一块儿，听着远近的枪声、炮声，又说了一会子闲话。海参哥说："城里增了兵，咱们就下北洼或是下东洼吧！"

人们又默默无言地坐了一会儿，就各自按着自己的揣想慢慢走去。我的想法是下北洼，因为北洼离岗楼近一点。

当我沿着那条小道，走过老乃叔的黄土小屋时，我又想去看看老人家。我走近柴门时，柴门开着，我轻轻地推开，小窗上半明不暗，小门却紧紧地关着。我轻轻地敲了三下，从里屋慢慢走出人来，说："谁呀？"

我说："是我呀!"

"你是维周？"我一听是老人的声音，就说："是呀！叔，我来看看你！"

说着，小门哗啦地开了。在黑暗中，我看见老人笑容满面，说："你想看看我，我也想看看你呀！"

一同走进小屋，小油灯被风吹得袅袅地摇摆。我坐在炕沿上，说："你知道在这个年月，见个面有多么不容易呀！"

老乃叔说："大侄子，不用那么说，你们是精忠报国的，神仙保佑，万无一失。"说着，他又张开大嘴哈哈地笑了。

见老人高兴，我又谈起世界大战：苏、美、英三首脑会谈，开辟了第二战场。当他听到丘吉尔已经是七十多岁的人了,便哈哈地笑着说:“小日本非败不可!”

我说日寇野心不死蛇吞象,他的战线太长了,在中国的兵力单薄了,不得不有所收缩。老乃叔说:“城里增兵,又要扫荡,依我的看法,也不过是回光返照。他过不了明年,坑人害国,不会有好下场。”

今天想来,也不知道他是怎样想的,果然到了一九四五年的八月十五日,日寇就无条件投降了。

两个人守着小油灯说了一会子闲话,看天气已晚,我要告辞,老人说:“这是什么时候了?你上哪儿去?”

我说:“上小北园里去睡觉。”

老人说:“上小北园?那不到岗楼底下吗?”他又摇摇头说:“不妥不妥!天一明岗楼上就看见你了!”

听了老人的话,我愣了一刻,说:“那,我该怎么办?”

老人吧咂吧咂嘴唇,也觉为难。这日本鬼子虽然没有撒下天罗地网,也使这抗日的干部无处可藏,无处可躲。他说:“孩子!我看今天你哪里也不用去了,就在我这小屋里睡吧!一旦特务们来了,我这切纸长刀就是他们的对头。我虽然老了,还可以练练手脚。”说着,他从门口拿出那把切纸刀,在磨刀石上磨着,嘴上发出不平之气:“哼!欺人太甚了!”看样子他要为我这晚辈人两肋插刀。

我只好把被子铺在他的小炕上,脱衣裳睡觉,睡意蒙胧中,还听得他磨刀的声音,噌噌地响着。

一觉醒来,老乃叔已经起炕,提起他的切纸长刀,说:“没听有动静,你多睡一会儿吧,我出去转个圈,听听消息。”不一会儿工夫,他又走回来说:“你起来吧,城里的特务把赵锻庄包围了!”

我立刻翻身起炕,穿上衣裳,走出小屋。赵锻庄离我村只一里多地,我走回村边，向赵锻庄上空望着；枪声不绝，乌烟瘴气；赵锻庄的人们有的跑出村来，牵着牛的，抱着孩子的，翘起头看着他们的家屋，不断地唉声叹气。

这一天，郑国治带着特务汉奸包围了这个村庄，强迫人们拿出铁锨大镐，破坏了这个村的地道；但天已黎明，区委书记刘亚就带着他的区小队下了地道。刘亚是本村人，他依靠人熟地熟，动用全村的人力物力，经营了这村的地道；围村的街道上都有环村的大地道，有的地方有两层地道或三层地道，每家都有地道相通，他和他的区小队依靠地道坚持了几年抗日战争。可是今天，郑国治也下了决心，一定要把这村的地道全都破坏。

据说刘亚和区小队一直在地道里钻了多半天，直到喘不过气来，打发游击队员们摸了摸地道两头，才知被破坏了，因此地道中缺氧。他们坚持到最后，死了不如拼了。刘亚带头从松土里向外钻，费了九牛二虎之力才钻出来，睁眼一看，已是黄昏时分。特务们已经走了，他们也累得寸步难行，一个个成了土人儿。乡亲们看他们从土里钻出来，一齐跑上来，把他们扶回家去。

上灯时分，我才走回家去，吃了一点饭，看了看孩子们，这时真有有家难归之感。这批稿子也没有坚壁，放在橱子里，就走出家门。当夜回到大杨庄表嫂家里。

第二天，范民带着宋老师来了(则先未去)。自从在香山慈幼院见面之后，过了八年，他还不见老。因为都是老熟人，也没有什么寒暄的，只是谈了一会子闲话。谈话之间，我把国际形势和国内形势谈了谈；也不便多说，这似乎是学生教老师了。

他谈到回家之后打了一场官司，区长叫他的时候，说："那个穿汉奸衣裳的上来！"他觉得这是一种污辱。

当时的干部多是农民，文化水平低，政治水平也低，而且是敌视敌占区来的人。其实敌占区来的人,不一定是汉奸,也不一定不爱国。像宋老师这样的人,他在县里教了几年高小,当了几年教育局长,只是穿了一身从敌占区来的衣衫,这样叫他,显然是对他的污辱,是不应该的。

中午表嫂做了凉面,还有炸酱。吃饭时我把手枪放在吃饭案上。宋老师惊奇地问:"就这样带着手枪?"

我说:"枪不离手啊!"

他长叹一声,说:"这改变历史真是不容易呀!"

吃了饭,又说了一会子话,我委婉地说了一些,意思是想叫他在敌占区做一些工作。因为是长辈,我也不好直说,也不知他能否接受。

当天晚上,他们就住在这里,第二天一早他们就走了。我也回到白洋淀,向春原做了汇报。以上的生活细节,是想写在《红旗谱》第四部或第五部中的。

三

白洋淀的光景,使我留恋不舍。我也舍不得白洋淀的人情风物,可是事到如今,我不得不离开它了。

离开白洋淀,到了桑园交通站。说是交通站,实际上是住的老百姓的三间北房,堂屋盘着两口大锅,东西两头两条大炕、十几条棉被,站长叫张老胖,一个长得敦敦实实的胖大农民。

我一进堂屋,迎面站着刘健同志——一九四三年送我过路的那个交通员。他生得五大黑粗,满脸黑胡楂子,他一见了我,扑向前来,抓住我的手,哈哈大笑着说:"梁同志!我看见你了,我还想跟你说话来,我想,我不跟你说,你也得救我!”

一九四三年冬初,我从雁北繁峙,西出太原,转回保定,下了火车,通过南关公园时,碰上送我过路的那个交通员刘健,他被捕了,被倒剪了胳膊绑着,后头跟着两个伪军,骑着马押着他。当他一看见我,睁圆两只大眼睛,盯着我,我掏出一块手绢,装擦鼻子,把脸一蒙,飞奔而过,回到区地委,我告诉交通站:“刘健被捕了!”

其实也无法营救,他被判了一年徒刑,刚刚出狱,回到交通站。我说:“你没跟我说话,你要跟我说了话,咱们就到一块儿去了!”说着,两个人手握着手哈哈大笑,笑得前仰后合的。

当时正是抗日战争的残酷阶段,谁也不知道谁什么时候被捕,也不知道什么时候掉头。有一句俗话:今天脱了鞋和袜,不知明晨穿不穿。当时是青年队伍,大家都年轻火力壮,凭着这点勇气,凭着这点乐观主义,把脑袋掖在腰带上进行工作。寄语青年一代,你们的前辈是抛头颅、洒热血换来社会主义江山的,这是永久不能忘的!

在交通站住了几天,过路人们来来往往;所谈的也不过是“皖南事变”、“高阳县的新国民运动”,以及挑帘战术,拿岗楼等。有任(丘)河(间)大(城)联合县的两个同志,他们是县公安局的人,到山里去汇报的,一个是大老刘,是个高个子,说话憨声憨气的。一个是小马,是一个小个子,人显得怪聪明。向西去的人多了,也就该结伴同行了。张老胖说:“你们也该走了!”

我说:“早该走了,因为都是有任务的,心急如焚。叫谁送我们?”

话声未了,刘健同志一步走了出来,把褡包缠在腰里,把手枪在褡包上一插,憨声憨气地说:“我去送你们!”

我说:“你才出监狱!”

他说:“才出监狱,就上岗位!”又走回去拿了一块白布手巾,缠在头上,说:“说走就走!”

时刻正是午后,正是时机,张老胖说:“那你们就开步吧!”又回到屋里,拿了几叠县粮票,一人一份。不过这只是一个手续,实际上是用不着的。

太阳平西,走出村庄,正是青纱帐期间,行路是不成问题的。这一带正是蠡县与清苑县之间,是一个空隙地带,人们都管这地方叫小边区。入夜时分,进入敌人占领区。在夜色薄明中,进入青纱帐。人熟是一宝,刘健同志的工作给予他这个方便,这条路不知走了多少趟。摸着黑进了铁路旁的爱护村,拐弯抹角进一个小胡同,敲开一家小门,房东隔着门缝一看是刘健。他觑着眼睛看了又看,说:“你可是好久不来了!”说着开门叫我们进去,回过身插上小门。走进屋里,房东就着灯明,左看右看,浑身上下看过刘健,说:“一年不来,你上哪里去了?”

刘健张开两手拉住房东的双手,说:“我哪里也没有去,我坐了一年日本鬼子的监狱……”

房东不等他说完,抬起左手拍打着刘健的肩膀,又抬起右手拍打着刘健的肩膀,麻沙着嗓子,伸出拳头打着刘健的脊梁,说:“伙计!伙计!你真是行啊!我就赞成这个!”

说着,老太太也走进屋来,眯缝起眼睛,说:“刘健你又来了,我就赞成你这样的,抗日到底!你不知道村南里岗楼上那个野驴队长王八蛋,那个坏呀!成天价要酒要肉还不算,到了夜里还要花姑娘。他娘的!把咱中国人糟蹋死了!快!给他们烧水做饭!”

说着,一家子动手,烧水做饭。吃完了饭也该大天亮了,躺在炕上睡了一大觉。一觉醒来,太阳平了。可是不见了刘健,他不跟我们住在一起。

我们住的是敌人确保村庄,黑天白日不能出门,走漏了消息就有危险。大老刘就成天价抽烟喝水,我和小马不抽烟,只是谈闲话,唠闲篇儿,老太太走出走进，寻风瞭哨，担惊害怕。

就是这么着磨日子；可是说来说去，老刘和小马不透一点口风，听不出他们是干什么的；关于公安局的工作，一个字也不谈。不用说他们到路西去汇报的事情，也就更不吐一个字儿了。他们是受到训练的，嘴上有把门儿的。这样一直过了一个礼拜，也不见刘健的面，莫不是他把我们放在这里不管了？不会，绝对不会，我们也绝对不这么想。

我们央求了房东好几次，叫他去叫刘健来，房东哼哼哈哈，他不愿去。我们跟他说好的，恳求他，他说："这是纪律！"实在无法，他才去了。直到黑更半夜，才把刘健叫来，他一进门，我红了脸，说："怎么我们还不走？这是我们常住的地方？"

小马文绉绉地说："说句不好听的，你别把我们送了礼呀！"

刘健一听，觉得不是滋味，吧咂着嘴说："那，那怎么能，老同志们怎么说出这个话来？路西不来人，情况不明。我已经一年不走这条道了，摸不清情况怎么能走？"

大老刘说："那，你也该来看看我们！"

刘健睁大眼睛，说："我，我，我能轻易露面？藏还藏不住呢。别着急，路西一过来人，咱们就开步走！"

看他也没有办法，我们也就不说了。看样子这地方似乎有情报站，能走不能走，他也做不了主。我们说话有些顶碰，刘健也不高兴。只是问寒问暖，说了一会子闲话，缓和我们的情绪。才蔫头耷脑地走了。

住在这地方，不能出门，不能露面，只有窝在屋子里，说会子闲话，斗会子乐儿。可笑话也不能老是说，只有闷着头睡大觉。大概又过了一个礼拜的样子，刘健来了。他一进门，我们就喜笑颜开，一齐笑着说："哈哈！这次我们该走了吧？"

刘健鼓着嘴唇说："不，不能走，西边还没过来人，情况不明，不敢走！"

我们一听，立刻把笑颜收起。瞪直眼睛什么也不说，还有什么说的呢？走不了就得窝着。刘健看了看没有什么事情，也就百无聊赖地走了。

第二天，刚吃完早饭，大老刘还没吸完一袋烟，老太太咕咚咕咚地走进来，掀开炕席说："野驴驴下楼儿了，快下地道，快！"说着，搬开炕坯，又说："快！快！"

这时老房东也跑回来，说："日本人下楼了，到了村公所！"

听说日本鬼子到了村里，我们也只好慌忙朝洞里钻。钻到洞里，累得直喘气。歇了一会儿，我伸出手在黑暗里摸了摸，哪里是洞，敌人占领区没有解放区那样的环村地道，不过是炕底下的一个"河蛙蹲儿"罢了。钻在洞里又不能说笑话，也不能活动，闷了一会儿，几个人也就睡着了。

洞里是浑天黑地，也不知道星辰时刻。大老刘打起鼾睡，吹得鼻子呜呜响着，睡得那个香甜。小马一听就急了，伸出拳头捅了他一拳，说："你别吹哨呀!"

大老刘梦醒过来，唔哝说："我没吹哨儿。"

小马一听就急了，咚地踢了他一脚，说："你叫日本鬼子听到了呢？不就送了我们的命吗？"

大老刘说："哪里，哪里，我怎么能送你们的命呢？那是汉奸！我，我不睡了！"

也不知道在洞里钻了多少时辰，又潮湿又气闷。忽地听到老太太在洞口上喊："上来吧！上来吧！走了！"

听到老太太喊，我们叽里咕咚地爬出来。也上午大歪了，老太太拿起扫炕笤帚，扫去我们身上的土，说："吓死啦！吓死人啦！日本宪兵查户口啦！"

听说查户口，我们更觉得离开这个村的急迫，不能久住了。可是，刘健不来，着急也没有办法。直等到第二天晚上，刘健才来，一进门把俩大手一拍，说："好！明天就走！"

我们不等他说完，一齐抢上去，拽起他的手抖着，哈哈笑着说："我们光听你说这个呢，这次过路，是凶是吉全凭你呢！"

刘健说："不要紧，有福同享，有祸同当，只要有我刘健，就有你们！"说着，他撸开褂子大襟拍着胸脯，说："刘健是铁汉子，遇上情况，我在前，你们在后。明天晚上就过路，路西过来人了！"

我们听了刘健的话，也就觉得平安无事，一路平安了。把刘健拦在炕沿上坐下，刘健说："咱们没白在这里待二十多天，路西才扫荡过了，只扫荡山外的平原地带，咱们要是一过路，就碰上了。"

他这么一说，我们用手抓住他的肩膀，摇动着，说："好刘健！好刘健！要是没有这些智勇多谋的交通员，干部们怎么行动呢？又怎么互通消息呢？"

大家说了一会子高兴的话，夜也深了，刘健也就走了。这天晚上，与往日不同，睡了一晚香甜觉。往日里人们老是做梦，做起梦来，不是被日本鬼子赶着满世界跑，就是遇上鬼子打了一场遭遇战。这也就是黑天白日地和日本鬼子干。

第二天，吃过晚饭以后，我们就开始做走的准备。准备工作也好做，把手巾什么的往小包袱里一塞也就完了。等黄昏已过，吃完晚饭，刘健手里提着枪走进屋门，说："走吧！"

这可不容易，这是第六次过路，一直在爱护村里住了二十多天，一天一天地磨日子。为了把日本鬼子打出中国，抗日工作这种艰难也就不用说了。今晚一见刘健，听得说走，心里那种轻松愉快，是笔墨难以形容的。

我们告别老房东，麻烦了他们二十多天，要说磕个头，也有点过时了。我们攥着二位老人的手，老爷爷长、老奶奶短的说了一会子，二位老人送出大门，我们又说了一会儿不落意的话，才走出小胡同。

今天没有月亮，但有星星，在星明之下，道路也是很清楚的。我们跟着刘健走出村来，进入青纱帐中。时间不长，走到铁路边上，有几个人在大沟边上，有送过路的，也有一同过路的。他们提着一条大绳，往沟里一扔，我们手里攥紧大绳，出溜下大沟。那大沟足有一房深，抬头一看，大沟西边的坡上，也垂下一条大绳。这时，我们屏气凝神，攥紧大绳，努力往沟上爬，说也奇怪，一个人就有一百多斤呀，用脚一步一步走上沟。有人说，有人有蹿房越脊的本事，人若一急，什么事情都能做出来。我的抱着墙角上房的本事，就是在抗日战争中练出来的。

憋了一大口气，上了大沟；刘健在前，我们在后，沿着大道走着。抗日时期，白天是敌人的世界，晚上是我们的世界。不紧不慢，一步一步走着，不远，进入一条道沟。不一会儿，恍惚之间，路西有一片树林，似乎是桃树或是梨树。似乎林中有人，趴着沟沿看着，我们并未感到什么意外。可是正在此时，敌人就开了枪了，"砰砰"响着。我们下意识地撒开大腿跑起来，可以说疾奔如飞。不一刻工夫，就把敌人甩在脑后。这种跑法，这种快劲儿，也是难以形容的。可是有人跑得快，有人跑得慢；刘健大步流星，跑得最快，我们三人还得互相照顾，怕失散了，遇上更艰难的境况。

跑出一节地，枪声不响了，我们三人也不跑了。因为道路不熟，也就不敢走了。略沉一刻，商量一下，走进一片谷地里，坐下来休息。休息了抽袋烟的工夫，听得刘健在悄声地喊："梁同志！赵同志！刘同志！"

听得刘健的喊声，我们慢慢走出谷地，看见刘健在大道上提着枪站着，我们看见他，才放下心来。如果找不见刘健，今天的情况是难以设想的。在敌占区不比根据地，群众不熟悉，也说不清发生什么事情。被捕也有可能，如果落在敌人手里，那就是另一种情况了。

走着，天将破晓，远远看见起伏的山峦。走过一个小村庄，也不过十几户人家，还在沉睡之中。出村的地方，有一个大栅栏开着，刘健领我们走了进去，是一个柴草小院。我们走进一个小北屋，并无人住，只是盛着一些叉、筐、扫帚什么的。我们在这里停下脚，刘健走出去了，不一会儿工夫，他又走回来，说：“走吧！”

看刘健的样子，我们也沉住气，合紧了嘴巴。这时天已亮了，走到封锁沟，沟里有水，还有枣树枝子。朝南一望，老远就是岗楼，我们脱了鞋袜，挽起裤腿。当然我们明白枣枝上有刺，可是，有刀子我们也得过，我们合眉闭眼，踏着枣刺走过去。当然会感到脚上疼痛，可是正在此刻，什么也顾不得了，生死之交，再大的困难，也得闯过去。急忙穿上鞋袜，走上山坡小道。

这时天已大亮，太阳出来了。走不多远，看见一个老农民担着两筐甜瓜走过来。一见甜瓜，饥也饥了，渴也渴了。大老刘说：“瓜是卖的吗？”

老者说：“当然是卖的！”

大老刘说：“好！阿弥陀佛！救急救难！”

我们蹲在山坡上，吃了一会子甜瓜。我说我给钱，小马急忙给了，几个人嘻嘻哈哈，又说又笑，走上山坡的羊肠小道。

小晌午时分，走到一个大村庄，刘健领着我们走进一个大院子——其实也不算太大，但在山里就算是大院子了。从正屋走出一个人来，仔细一看，是原来的冀中文建会的秘书赵醒民。他跑前几步，抓住我的手，说：“你也过来了？”

我说：“我来整风。”

他笑了说：“整风，好！”

当时，还不懂整风是个什么事，也没把它当成一桩大事看待，心上还满不怎么的。

醒民把我领进他的屋里。又去安排那两个人的住处。三合子大院，好像是个招待所，醒民好像是个负责人。他住的是一间大北屋，还有蚊帐，在当时就是满阔气的，是一个大干部的住处。

中午，该吃饭了，醒民搬来一个小饭桌，放在屋子当中，又拿来两个小板床。随后端进两碟菜，一个炒鸡蛋，一个炒豆角，嘻嘻笑着说："前几天，我父亲来看我，给我送了一点钱来，你算赶上了。"不用说，别人就得吃小米干饭菜叶汤。

吃了午饭，我就毫不客气地睡在他的蚊帐里。我似乎没有睡着，眯了一会儿，听得有人进来跟赵醒民同志谈话，问长问短。听声音像是刘仁同志——我跟他在分局组织部见过面。我假装睡着，他向蚊帐里看了看，也没说什么，就走出去了。

待不一会儿工夫，赵醒民叫我说，有到分局去的人，叫我一块儿去。我迷迷糊糊地起了床，穿上鞋，提了包袱走出来。出了大门，看刘同志和小马、大老刘走在前面，我在后头跟着。刘仁同志问："你们跟谁一块儿来的？"

小马说："我们跟梁斌同志一块儿来的。"

刘仁同志又问："你们怎么跟他走到一块儿了？"

我细听着，可是也没听清楚。出得村来，山野间是一片秋黄景色：高粱红了，玉米黄了，大秋来临。可是从白洋淀出发时，青纱帐正浓，这就是在路边上耽误久了的原因。

到了分局组织部，先去转关系，那个人什么也没有说，就给了我一张表格。表上有一项——有什么问题，要交代清，否则要受处分。我一想，一生来可以说是事无不可对人言，我就写上：一九三四年在北京被捕过。

组织部介绍我到党校，那是一个老年的负责人，他问："你是做什么工作的？"

我说："是做上层工作的。"

他说："做上层工作，是公安工作还是敌工工作？"说着，他又给我一张表，表格上也有这么几句话，有什么问题要老实写清楚，我只好把被捕问题再写一遍,反正一辈子就是这么一个事儿,心上也无挂碍。当天晚上就住在这里,和一个大干部的警卫员住在两间南屋里。灯苗小,光影很暗。警卫员带着一篮子小鸡儿,不停地吱吱叫着。

既然是两个人,就得说个话儿,不然也闷得慌。我问他:"你当了几年兵了?有三年了吧!"

他冷淡地说:"这会儿,哪有三年的兵呀?三年打多少仗?还不打死呀!"说到这里,他不再说下去。

听他说话,可知目前战争的残酷。抗日战争中,三年之内,能提拔的,也就提拔了,当了干部。提拔不了的,也就为国家民族殉难了。可我们就不同,在剧社、在团体里,毕竟与敌人遭遇的机会少一些,牺牲的也就少一些。只可以说少一些,也不是太少;就笔者写回忆录的当时,自从十三岁入团到现在,经过白色恐怖、抗日战争、文化大革命,回顾左右看看我的战友们活过来的人,百里也不抽一呀!写到这里,我流下了眼泪。寄语青年一代,发奋图强,坚持共产主义运动。这保卫马克思主义,可不是一件容易事情,切勿掉以轻心!

第二天,把我分配到党校第二队的一个班里,住糠儿沟。班长是李智远,长征干部,据说当过团长。是铁匠出身,为人很本分、老成。副班长也是一个抗日军人,但详情不明,也是一个老实人。

当我到了这个班里时,正在审查顾宁,是一个青年人。我似乎是见过他,想来想去,是一九四〇年在晋察冀军区政治部转关系时,是他接待我。当时已是夏天,他见了我,拿起饭碗从桶里舀出一碗白开水,说:"梁斌同志!先喝一碗水!"一碗水是小事,夏日天长,走路走得又饥又渴,喝一碗白开水,全身有多么滋润呀!

可是按整风说,正在炉火纯青。顾宁的问题集中在一点,是他在地下时,在南京参加了共产党。按无限怀疑说,有人说他参加的红旗共产党——国民党的特务组织。于是拍桌子瞪眼睛地斗争,也有人说出很难听的话。

在这种情况下,我如入五里雾中,也不知怎么好。似乎为了当这个共产党员,不表现一下,也过不去。也不得不拍桌子瞪眼睛地表现两手,但说来也奇怪,我是才来的,连顾宁的历史自述也没听过,我的怀疑从何而来?这好像是一场戏。李智远和那个军人却不如此,只是坐在一边看着。

在这种威势之下,顾宁却一如既往,成天价眯眯笑着。走出走进,该吃就吃,该喝就喝,该睡就睡,对任何人也不抱什么成见。说到底,还是一个共产党员的态度。

审查完了顾宁,未做结论,就审查那个副班长。他是南方人,他的历史自述也很简单。他是个老红军,人们也无法怀疑。只是你一言,我一语。李智远却严肃地说:“你是俘虏兵!”那个副班长支支吾吾,也说不出不是,就这样结束了。一个老红军,有什么审查的呢?!

在我的记忆中,我在这个班没有几天,就到另一个班里。这个班的班长是王延寿同志,保定二师毕业班同学,他原来的名字叫王寿,是曲阳县的县委书记,此人老练敦诚,有大干部作风。副班长是杨诚,他曾经是北京师范的有名人物,我似乎是知道他原名叫苏沛霖,在北京时,陈建民跟我说过,他的党的关系就在苏沛霖那里,现在却成了一个不起眼的人物——在一个修械厂当厂长。冀中回建会马铁轮也在这个班里。我到这个班里几天之后,就感到气氛不对,和别的班都不一样,空气有些沉闷,似乎都有一些历史问题,因为我是才来,也不知谁到底有什么问题。

王延寿同志给我发了三大整风文件,开始叫我写自传。我带去一个布面洋纸本子,想把我一生的经历都写上,王延寿同志笑模悠儿地说:“用不着,几页纸就行了。”当时我还听不懂他的话,现在我才懂了:越写多麻烦越多。当时有人说我受的锻炼少,过去不懂,现在才懂了。

当时的党校，还盛行延安的大生产运动。每天下午，人们就去生产。有一个叫魏国元的，是平西副专员，他叫我一同上山去割一种多年生的野生植物（我忘记叫什么名字）。我说："我没有镰刀。"他说："我有，咱俩使一把。"说着，一齐上山，原来山坡上很多，有二尺多长，长着绿色的叶子，叶子上发出哄鼻子的臭味，这是一种沤肥的东西。现在该种麦了，农家需要它来沤肥料。

这位老同志很有力气。他咬紧牙关，用力割着，合紧嘴巴，哼哼着。我跟他要镰刀，他不给我，说："你抱在一起！"

他一边割着，我把它抱在一起，直到天黑，割了一大堆。他看天色已晚，从腰里解下绳子，用力捆上，两手一举，扛在肩上，就往回走。我说："老魏同志！我扛着吧！你上了年纪！"

他说："唔？你扛不动啊！"他把镰刀插在腰里，两手叉着，似乎是很费力，一步一步走下山。

这时天已黑了，走进村里，到一个栅栏里，他哼的一声，甩在地上。院里有一个老人，走过来看了看，从口袋里掏出几张钞票，递给老魏同志。他拿起来看了看，捏给我两张，我摇着头不接。他说："唔，有什么关系！"

叫我割，我割不动。叫我扛，我也扛不动。这钱，我不能要。在劳动生产方面，我像是手无缚鸡之力。一直到一九五七年，大夫说我肺左上角有一块疤，是肺病钙化了，可能就在这个时期。

我很尊重这位老同志。有一天，说校部叫他出校，他打点了行李，向同学们告别了。可是没有半天时间，他又回来了。人们问他："你怎么又回来了？"

他不动声色地说："哼！还没搞通呗!"

后来才听说，他在青年时代，参加过国民党的三青团。其实是历史问题，也属于党派问题。

在这个班里没开过斗争会。王延寿同志一天价和马铁轮说说笑笑地谈问题，马铁轮也很尊重王延寿的领导。有一天，吃了早饭，在谷场里召开全队大会，听马铁轮的示范报告。中心内容是他犯了男女关系的错误，走到这里和一个女孩子发生关系，走到那里又和一个女青年发生关系。我一听就是假的，在冀中那个环境里，不可能发生这些事情。我们剧社和回建会（马铁轮是回民）一起在抗联会伙食单位吃饭，也没有听到说过他有这些事。如果他真有这些事也早就轰动了，男女关系是瞒不住人的。这都是取巧心理，好歹交代一些问题，就可以出校，走上工作岗位。越交代问题多，领导上认为他真诚，还可以重用。尤其男女关系问题，又不是什么致命的政治问题。

到了秋末冬初时节，好像还没有穿上棉衣，我们开始盖窑洞，土坯已经打好。地址就在史家寨村北，一片广阔的耕地上，有一圆水井。我当时想到，山里地少，这么好的一块耕地，为什么盖上窑洞？后来才知道，从此向南，不远就是分局所在地，向北去不远就是晋察冀军区司令部和政治部。这是一个集中的地方。

在大生产运动中，一说盖房，人们的积极性就来了，搬坯的搬坯，和泥的和泥，砌墙的砌墙。有一个冀东的地委干部，叫葛启，个儿不高，一只手挎着绷带，一只手搬着一块大土坯，还走得满快。似乎用的时间并不太长，一排坐北朝南的大窑洞就盖好了，还盖了几间伙房。门前就是那一大片平地，没有树，阳光很好。

在我的记忆中，盖房期间，中午饭和晚上饭，就在附近的边区政府吃，每顿饭有点荤菜。有一天晚饭吃羊肉熬白菜，挺香。吃着，有一块羊肉，刚到嘴里，就溜进嗓子眼儿里去了，才觉得肉中有一块骨头。我用了一下力，才咽下去了。很危险，要是咽不下也吐不出又该怎么办？为这点小事，我出了一身冷汗。

窑洞盖完，人们就酝酿搬家，似乎是怕别的队占了去似的。虽然秋后季节，窑洞干得那么快。可是人们老是说，说着说着，果然要搬家了。其实窑洞才半干。虽然半干吧，窑洞也算抢到手了。

搬家以前就重新编班，把第一队和第二队合成一队。第一队是从整风会议时留下的，都是一些高级干部：其中有一分区副司令员高朋，二分区政治部主任王自立等，也有些一般干部，县委书记什么的。

我们这个新班班长是张移风，雁北人，山西口音，当过县委书记。班的成员中有徐水县委书记苏克勤、边区农会主任大田，他也当过新乐县委书记。后来又来了几个部队干部，团文化干事蔡维心、曹得全，团参谋肖明，六地委组织部长杨锋，后来又来了晋察冀日报社长邓拓。队支部书记是蔡顺利。风云际会。可集一时之盛。碰巧吴立人同志也在这个队支部委员会里，还有老同学黎彦昌。王林同志也在这个队上。后来又来个李奉三。

两队合并带来新气象，伙食提高了：一顿饭四个菜，吃大米白面。人们高高兴兴地糊窗户，打草苫子，发棉衣，准备过冬了。

环境有了改变，我也安下心来，开始读整风文件：整顿党风，整顿文风，废除党八股。我读了之后，非常高兴，理论联系实际，把实际经验提高到理论，讲究群众路线……可以说一竿子扎到底。晋察冀边区虽有党的基础，基本上是从抗日战争中建立起来的党，经过这次整风，干部们学习了毛泽东思想，党的建设必将带来一番新气象。

整风文件中有一份郭沫若的《甲申三百年祭》，郭老的历史论文，当做文件发下来，防止革命胜利后干部们脑子不清醒，像李自成大顺朝一样，昏昏然纷纷然，很有实际价值。读了以后，见到王林同志，他说这篇文章很有历史价值，这是郭老的代表作呀！于是我反复读了这篇文章。

这时还是继续大生产运动，有的纺线，有的捻毛线、织毛衣，有的上山砍柴。我和李奉三很说得来，他是黄罗锅部队的参谋长；黄罗锅部队是游离于解放区和敌占区之间的部队。一九三九年冀中把黄罗锅部队编入一二〇师，黄罗锅跑了，李奉三当了军法处长。

我和李奉三，每人扛着一把大镐，上山砍柴，说是砍柴，其实山各有主，柴是不让砍的，只劈树墩子。人家把树锯了，剩下半尺高的墩子。有的墩子很大，我用大镐一片一片地劈。我劈不动，李奉三力气很大，一劈就劈下一大片；他用很大的力气，嘴里哼哼地叫着，脸都憋红了，还流着口水。一边劈着柴，两人还说说笑笑，倒是一个很自由的场合。晚上回来，到造纸厂去卖，能卖很多钱；一次就卖几十、几百块钱，我们俩平均分。

熟了，我们俩什么都说，也有了一点感情。李奉三是北京朝阳大学毕业，学过法律，能讲很多故事。有一天，我俩在伙房西边的大木头上坐着说闲话，不提防被人看见。班长在会上提出意见，说是自由活动，自此我就不敢活动了，每天规规矩矩的。从此，我也就感到整风生活的不自由。苏克勤很规矩，而且每天读书学习，我们俩人也有接近。他是完县人，是丁浩川同志的妹夫。人有见面之情，只这么一点关系，就觉得有些可靠。

邓拓是不好和人接近的，他是大干部，虽然没有架子，却是有气魄。他大概是闷得慌，有时和我说几句话；他从机关上拿了一本昆曲曲谱来，叫我唱昆曲给他听。因为长时间不唱了，也唱不好，但是他也听。听了，我们俩说说笑笑，谈谈戏剧，谈谈文学什么的。看得出来他是有学问的人，与众不同。肖明和曹得全很尊重他。

蔡维心文化水平不高，但是孤芳自赏。他当过和尚，抗日战争一起，他逃出法网，当了抗日军。他每天低头抬头，自有想法。有时自言自语："咳！何处是家哟！"很自负，也说说笑笑，说个笑话什么的。

根据传说，过去第一队整得很厉害，有一个同志曾跳崖自杀。脑袋朝下蹾在一个大倭瓜上，逃出一条命。人们说他自杀，他说不是，是在山上玩，不慎滑下来了。反正不能承认自杀，因为自杀在党内是原则问题。

还有一个地委书记，曾赴日留学，在日本入党，关于他回国时党的关系怎样带回来的，他说不清楚。他坐在炕上，人们围着他拍桌子瞪眼睛。他一时想不通，跳下炕来就跑，人们就在后头赶。地委书记，一个这么大的干部，这样子不好。

据说，延安整风整得更厉害，刘宪曾老师，这么老实的人，都受到抢救。丁浩川老师也受到抢救，还有更大的干部受到抢救。晋察冀边区，在程子华同志领导下，还比较稳。据说开始时，也搞得很厉害，我到党校时，已是强弩之末了。

我们听了苏克勤和杨锋同志的历史自述，都是抗日战争开始后入党的，没有什么大问题；有的检查一下团结问题，个人主义什么的。问题虽小，在整风中，也算原则问题了。

刘子久同志在参加整风中，给原省委写了一封长信，用毛泽东思想和观点给省委工作上提出一些意见，发下做学习材料。我觉得很好，很新鲜。因年深月久，内容我已记不清楚了。苏克勤照样给徐水县委写了一封信，我认为似可不必，使人觉得有东施效颦之感。

虽然没有明说，似乎有的人不自由，有的人很自由。高朋和肖明他们，每礼拜带着脸盆酒瓶出去捉乌龟喝酒。

该我接受审查了，我如实谈了我的历史。我十七岁离开家乡，在白色恐怖下，四处漂流。谈到被捕后取保释放，不得不离开北京，到济南山东剧院去读书，临行时千里赶到车站上来送行时，我哭了，流下了眼泪。蔡维心在一旁说："哭什么？太软了！"

自述完了，也没有多少人提意见，也没有人拍桌子瞪眼睛。但是不放过关，因为我十三岁的那年春天，参加了一个月的国民党，再联系上被捕，就成了问题了。一九四三年，我还到过敌占区——北平、太原。积极分子是肖明和曹得全。这两个人口语之间是："没问题是没问题，有问题就是大问题。”无限怀疑。

过了几天，这两个人忽然改变态度，曹得全旁敲侧击，说：“哼！看不起我这流氓大学生！”

这是我的老习惯，因我自幼参加革命，对于中学生、大学生中一些流流气气的人，我一向不予理睬，我没有跟曹得全说过话。他们在百无聊赖时，两个人还一块儿唱过《十八摸》那样低级下流的黄色曲子。

这时我看见冯东生、王林常到我们班里来，我明白审查我的人增加了新成分。有一天晚晌，有人把一张日文报纸放在桌子上。说句良心话，我比猴儿还灵，我瞥了一眼，就离得远远的。我不能上他们的当。

有一天，史立德来了，把我叫到一边，两个人坐下来，他说：“不是别的呦，朱良才不干呀！……这不是从这上头来的！”他一说，我就明白，朱良才是当时的政治部主任，因为他们派我到北平去，我没有去，他们跟刘仁同志说了，刘仁同志为此拍了桌子。这种风言，我耳朵里早就有了。今天他来说这么几句话，我也明白，他怕我写他的材料，他也有历史问题。不，我不是那样的人。

有天晚上睡觉时，人们都头朝南，肖明头朝里，他咧着嘴，两手拿着手榴弹，向着我耍了耍。他这种行为，当时我体会他有几种用意，一是怕我报复。不，我不会，我经得起考验，我老老实实地接受审查。再可能怕我逃跑，也不会。可能还有别的用意。不过对肖明这样的人，我要留心。他是东北人，据他说十六岁开始当土匪，手持匕首闯入钱铺，把掌柜挤到一个小屋里，抢了很多钱。后来就当兵，漂泊四方。这样的人，什么事都干得出来，我要防备他下毒手。

事有凑巧，肖明在党校遇上他哥哥，在第三队上，离这里不远，是个医生。哥俩已经几十年不见了。

我遇到这种场合，心中苦闷难耐，一个人在门前广场上走来走去，散步消烦。王林同志悄悄在我身边走过，轻声说:“他们说你是特务！”王林毕竟是老同志，在这尖端时候，竟敢捎这么一句话。

于是我自己想到，十三岁入团，十五岁参加反割头税运动，十七岁参加二师第三次学潮，参加抗日救亡运动……枪林弹雨，千辛万苦。想着、哭着走进蔡顺利屋里，他一个人在屋里站着烤火，见我哭着，他很严肃地说:“你哭什么？”

我说:“我的问题解决不了！”

他瞪直眼睛，说:“怎么解决不了？二十岁被捕，还不是一个孩子！”又说:“你要经得起。”

他批评了我几句，我似乎得到安慰，用袖子擦干眼泪，走了出来。

不过，不几天蔡顺利就出校了。这一届新支部委员会是支部书记李致远、委员有王远和等。

正在这时，高铁英来我们班当副班长，一见面就红着脸说:“甭说了，什么也甭说了！”

还说什么，我交代得够清楚的了。一九三四年，我和陈建民、郭晓岚在西华门大街六十一号被捕之后，我姐夫托了很多人，其中有三十二军参谋长李晓苍，前段执政时代的陆军次长齐振林，海内名流李锡九(李立三)，当时齐振林的四子齐之举，就在公安局第四科当科长。我被释放之后，我四哥从南京寄来一百块钱，在同和居请了两桌客。

不过，他们说我有个人主义什么的，我没有办法。说我是特务，我心中有底，我不是特务，肯定的！

高铁英来我们班当副班长，对我的问题有所缓和。有一天，肖明嘻嘻哈哈地说:“梁斌这就行了！”我没有理他。

当我在旷地上散步时，柳谦从此经过，他说:“你给刘仁同志来的电报，在他桌子上放着呢！”也没等我说什么，他就过去了。我向他点头示意。

正在此时，春原来到史家寨，说要到延安去，我想和他见个面。我向他们请了假，他们答应了，允许我到史家寨去。我到了史家寨，见到春原，两人坐在一根大木头上，还没说几句话，黎彦昌来了，坐在我们一旁，说："李耕涛也不好生坦白！"

这个意思表明：我的问题还没有完。我和春原只好停止谈话，我紧紧握着春原的手，说："祝你一路平安！"我一个人走回来，也不知道黎彦昌和他认识不认识。一边走着，黎彦昌说："高朋参加过国家社会党！"我心中纳闷："高朋参加国家社会党，与我有什么关系？"

晚上吃饭时叫站队，站好队李智远讲话，说："你又没有什么事情，去干什么？有些长头发的来了，不要乱看，这个不好！"

我明白，第一件事情说的是我，第二件事情说的是冀东一个地委书记，在党校丢了老婆。这个女同志是从大城市到解放区的，嫁了一个地委书记，心上就满足了。可是来到党校一看，大干部有的是，还有更漂亮的，于是生了外心。这个地委书记再去过礼拜六，女同志就不留他了，说："你要是再来，就是逛窑子！"地委书记托人说合，她说："过去没有大米，我就吃小米。现在有了大米嘛，我就不吃小米了！"毫不掩饰自己的观点。这位女同志长得也不是好看，胖一点，高个子，不难看就是了，她又找了一个分区政治部主任。

那个地委书记很是泄气，说："你看！上了一次党校，把个老婆也丢了。"

大概就在这个时期，队上开了几天大会，叫检查领导，在大会上发言。有批评领导主观主义的，批评逼、供、信的，批判无限怀疑的……开会中间，在下边也有互相辩论的，还有打架的。吴立人同志叫我谈几句，因为我是被审查的，谈了没有什么好处，我连一句话也没有谈。

最后，程子华同志总结整风十条，其中最突出的一条是批判了逼、供、信。他从苏区时代谈起，在肃反中，逼、供、信使我们吃了多大的亏，而且宣布干部们大多数是好的，只有极少数有问题。

程子华同志的讲话使人们信服，使被审查的同志心中有了底数。据说整风的最后一个阶段是“甄别”。

新任的晋察冀中央分局组织部长赵振声同志也做了一次报告。他的态度严肃而和善，据说他是李大钊同志的儿子，人们报以欢迎的态度。刘仁同志专管城市工作部，就不管组织部的事了。

经过检查领导，高铁英来当副班长，曹得全和肖明也蔫下来。有一次我和肖明在屋里坐着，肖明说：“梁斌这就行了！”

四

干部们都是在乡村里打游击惯了，现在关门整风，都有些困倦了，于是分局就叫我们唱戏，叫抗敌剧社帮助化装、服装、文武场。有了庙就有了神了，会唱戏的人还真不少。第一出唱的《法门寺》，王焕如演老生，王琢演花脸，我和王林都演配角；第二出演《失街亭》、《空城计》、《斩马谡》，王焕如演诸葛亮，蔡维心演马谡，居然演得不错，干部们和领导同志们都愿看。自从抗日战争以来，好久不演这样的戏了。

分局给了我们任务，叫我们把郭老的《甲申三百年祭》编成剧本演出。邓拓同志是我们的历史学家，王琢、王焕如、韩庄，我们每人写一段。先在一块谈谈，故事大致按郭老所写的，人物、分场、化装、服装等大致谈了谈。写成以后，由邓拓同志总合编辑，反响还不错。剧名《李自成》。在《甲申三百年祭》之外，添了顾君恩一个人物，这是邓拓同志和王琢同志的意见，这段历史,我们还不懂。——李自成大军北上以后,顾君恩守住后方河南。

角色分配:抗敌剧社刘流演李自成,王焕如演李岩,我演牛金星,王琢演顾君恩,路一演宋路令,丁一岚演红娘子,蔡维心演刘宗敏,韩庄演宋献策,曹得全演吴三桂,娄凝先演吴三桂的父亲,高朋演多尔衮,高铁英演多铎,可以说是济济一堂。

抗敌剧社社长丁里导演,刘谷司鼓,徐暑操琴。因为人物有三个队的,于是三个队停课排戏,排出来居然不错。有抗敌剧社的文武场,服装道具,在抗敌剧社的帐篷里演出,蔚然可观。

一连演了几场。司、政两部,边区政府、团体、党校九个队都来看戏,都说很受鼓舞。

经过检查领导,经过演戏,整风运动也没有过去那么严肃了。听说他们去张国坚同志那里调查,张国坚同志是冀中区党委的社会部长兼冀中公安局长,在这方面,他是了解我的,也是有权威的。当时他是边区公安管理处的副处长。

审查邓拓时,只有曹得全和肖明参加。据说他被捕过三次,三次被捕,也够他交代的了。问题是当时在解放区,无法调查研究。

这时班里出了一件事:大田的爱人来看大田,就和大田住在一起。此人年轻,长得不难看,党校女同志少,也算是绝无仅有的人物,谁见了都喜欢。

有一天,大田的爱人正在大田的床上休息。一个人心血来潮,一下子趴在她的身上,女的说:“不要这样子!”

他跪在那里,央求半天,女的不答应,他只好走开。

事实虽然无有什么,可是也就成了问题了,他也觉得无脸见人,一个人走到河对面大树底下躺着。张移风给了我一个任务,叫我从远处看着他的行动。这人也太没有意思了,这叫干什么?

党校东边，史家寨村南，盖了几间房子，成立一个合作社；有钢笔、洋纸本子、各种办公学习用具，还有袖珍英文小字典等。在山里来说，这也算是一个开放，自从抗日战争几年来，不见这些进口货。还叫人们入股，我把劳动所得的几千块钱入了合作社。合作社建在河滩上，有很多大柳树，那是一个游乐的场所。

夏天了，每人发了一个蚊帐，是棉花线织成的蚊帐布，叫自己缝。虽然太小吧，也可以避蚊虫了，山里蚊虫多，传染疟疾也多。

在一个礼拜的日子，我到合作社去，看见路一。长时间不见面了，见了面，很觉高兴。到合作社里买了半个西瓜，找了个大树底下吃了。

在一个不很长的日子里，程子华同志给我们做了两个报告。一个是恢复冀中的报告，提出“一个人一个人地进行工作，一个村一个村地恢复”，部署很细致。日寇因战线太长，武力不足，逐渐收缩占领区。冀中区又建立了区党委，林铁的区党委书记，是杨成武的司令员。

再一个报告是建立新的游击根据地的问题。正规部队如何跟地方干部配合，怎样打游击战。意思是到辽宁去建立根据地。

以上两个报告，都是叫干部们做思想准备。我想，将来可能到东北去，也可能回冀中去，但我都没有把握。

可能是我的问题得到解决，支部委员会叫我做管生产的副班长。我带着人们到边区政府去洗了一次澡；池子太小，只能容五个人，只好轮班洗。这是抗日战争几年以来第一次洗澡。

支部书记李智远，还是继续宣布党的政策、党的组织路线：无论有多么严重的问题，只要坦白了，组织上照常使用。还是动员彻底坦白问题，不再施行逼、供、信，不再拍桌子瞪眼睛。

分局要开干部大会，叫我们再演一次《李自成》。可是好久不演了，要演只好重新排练。这时边区政府的大礼堂已经盖成，有舞台，有条凳。虽然用土坯盖成，在山里来说，也算绝无仅有了。在这里排戏，也可以说是事半功倍。

开始时，有人没有把握，长时间不演了，还不知演成什么样子！结果演得很好。一是演的次数多了，熟悉了，对于人物性格刻画深刻多了；二是在礼堂里演戏收音比在旷野里演戏大不相同。

这次演出，除了干部们看，还有美国的视察组，是耿飚同志从延安带来的。耿飚同志讲了话，美国人也讲了话，还说什么“……将来，我们不是成为朋友，就可能成为敌人……”我想，他们怎么说这样的话？据说视察之后，美国要给我们援助。当时我想：也不一定。

我这一次演牛金星，比历次演得都好，我演这个反派人物，博得观众的嬉笑和鼓掌，主要是在山东剧院练了一些基本工；唱得也好，做戏也入情入理。这是我在舞台上最后一次露面，此后就没有机会了。

从抗敌剧社转来一个邮包，是用粗布缝成的一个小口袋，里面盛着我在深北坚壁的那一批稿子：《爸爸做错了》、《血洒卢沟桥》、《堤》、《抗日人家》、《五谷丰登》几个剧本。还有小说《烧桥》、《三个布尔什维克的爸爸》等二十五六万字。我把它紧紧抱在怀里，眼泪一滴滴落在白布包上。为我坚壁这批稿子的姓朱，经过“五一大扫荡”，他为我保存了下来，他明白原稿就是作家的生命，而且这批原稿产生在战争之中，产生在炮火硝烟之中，而今天又回到我的怀抱，怎么不叫我流泪呢？

当时没有邮局，是由秘密交通站传递信件。没有交通工具，一切都凭身背肩扛，经过多少交通员、交通站的传递，才到了我的手里，它是怎样过的封锁线呀！

党校要向冀中派出工作团做调查研究，这倒是一件好事；遇事做调查研究，比逼、供、信强多了。你逼他，他就供，他供了，你就信，结果只有错误百出，乱作一团！

工作团中有我的名额。交代了三项任务，主要调查王焕如、张之洲、杨锋的问题，未说明调查对象，亦未说明调查的问题。

临行，我就考虑，这批稿子带还是不带？如果带着，冀中的战斗环境，难免丢失；要是不带，交谁替我保存？考虑来，考虑去，以交给王林同志为宜，他是作家，一定以稿子为重，不会丢失。此外，我还有一块进口的肥皂，一块儿交给王林，请他妥为保存。

工作团四五人中，现在只记得一个人，是八分区文建会的刘星。从党校出发，也忘记走了三天还是两天，在一个黎明时分过了铁路，大沟很浅，一跑就过去了。

走到交通站，遇着侯太和同志，他原来是任、河、大的游击大队长，现在是冀中公安局的科长。由他提议，大家一块儿吃了顿饺子。有人买了韭菜，大家一块儿在院里择韭菜。我问侯太和同志过路去干什么，他说去汇报工作，公安局的事情也就不用问了，你问，他也不说。

这是我第七次过路，也就是最后一次过路了。似乎战斗气氛不那么浓厚了，吃完了饭，几个人悠悠搭搭地走着，走不多远也就各奔前程了。这个工作团似乎没有团长，也未说明调查完毕在哪里集合。

据说区党委在霸县，我也一直奔霸县去，途中经过白洋淀，我搭上了一只大船，穿过白洋淀。白洋淀是旧游之地，水色山光，使人留恋不舍。我坐在船边上，趁着清澄的淀水，洗了我的衣服，搭在桅绳上。西望太行山的山峦，绵延起伏，说不出我的心情有多么开阔酣畅。

正在青纱帐期间，高粱红了，棉花白了。蝈蝈儿在黄谷地里叫。一路走着，看不完的宜人秋色。

到了区党委，转了关系，到报社去找王亢之；因为王亢之是深泽城里人，王焕如也是深泽城里人，而且是一个王字掰不开——同族。我一路想着，只有找王亢之了。导报社的人，我都熟悉，于是住在导报社。

当天晚上，因为天气热，我爬着梯子上了小棚子，叫人去找王亢之。不一会儿工夫，王亢之来了，也上了小棚子，对面坐下。因为是熟人，也用不着客套，我问："你知道王焕如的问题吗？"

王亢之说："我不知道。"

我又问："你们不是同乡吗？都是深泽城里人。"

王亢之说："是呀！同乡，而且是当家子！"

我又问："你不知道他有什么问题吗？"

王亢之说："不知道!"

王亢之不知道，我听说王焕如有历史问题，组织上没跟我交代，究竟是什么问题，我也不知道。正在整风期间，人们的警惕性都提高了，谁也不愿沾"问题"的边。和王亢之的谈话，就此为止。又谈了一会子闲话，才知道原八地委书记金城当了区党委副书记，组织部长罗玉川提到冀中行署当行署主任。

在报社住了几天，也无处可去，也听不见枪炮声了。在大街上看了看，有一座文庙。文庙中的古老建筑，还是完整的，有几棵大柏树，古柏参天，令人寻味。大殿前面，有几筒石碑，其中有两筒元朝立的，这倒是罕见的；尤其少见的是，与其他朝代不同，碑上的文字都是白话、俚语。这也是可以理解的，当时蒙古族入主中原，官员们大部分是蒙古人，他统治中华民族，首先一个问题是学习汉语，下层官员得学习普通语言、风俗习惯。乡里人传说八月十五杀鞑子，把刀藏在月饼里。据说十家一个蒙古管带，十家一把切菜刀，不准私藏铁器。传说，这场民间大骚动，首领是刘伯温的。

区党委是新成立的，熟人很少。写了关系信，就到九分区去，张之洲原来在九专署任民政科长。当时九地委住在高阳县的一个村庄(我忘记是哪个村庄)。到了九地委，在地委组织部交了关系信，说明来意，组织部派了一个人，把我领到招待所。说是招待所，其实就是两间房子，一个炊事员；

里屋一条大炕，外屋盘着一个锅台。走得累了，我把背包放在炕上，躺下休息。中午，炊事员给我做的贴饽饽熬小鱼、小米稀饭，吃饭的只我一个人。

尹哲已经提升宣传部副部长，听说我来了，他问：他来干什么？干事们说，来调查张之洲的材料。他把我叫去，当了副部长，大模大样，也就有了局面了，虽然住的农民的房子，可是屋里桌子是桌子，椅子是椅子，炕上挂着雪白的大蚊帐，已经是不同一般了。

老相识见面，寒暄了几句，谈了一会子整风的事，只是谈了一些客套话，我并未谈实情。晚饭是四碟素菜，白面馒头，小米稀饭。吃了饭，说了一会子闲话，我要回招待所睡觉，老尹拉拉扯扯，非要叫我跟他一块睡，也是表示一点老朋友的情谊吧！

第二天，吃了早饭，到办公室去。办公室在一个小阁子里，一张大方桌，几把椅子。办公室主任、工会主席，坐在那里等着。工会主席人很熟，我忘记他的名字。谈起张之洲，他意见很多，七长八短，说明天写出材料。

第二天早晨，吃了早饭，我到办公室去取材料，拿在手里一大沓，越写越多了。我又有些后悔，这些材料是真是假，我也弄不清楚。我跟张之洲是高小的老同学，弄了一些一面之词，我能对得起他吗？后来我反复思考，只有以后再说了。

拿了材料，又写了介绍信，到白洋县去，调查杨锋的问题——自从陈鹏同志当了九地委书记，划白洋淀为白洋县，这样便于工作。陈鹏同志是同口人，是白洋淀党的创始人之一。

我独自一人，一路走着，尽是大秋庄稼，天高气爽，秋色甚浓，另是一番景色。到了白洋淀，沿堤走去，堤旁尽是杨柳，淀中渔人操作繁忙，苇塘葱绿，荷风吹来，有些阴凉之意。

到了端村镇，找到县委机关，见了县委书记，正是张敬同志的爱人王一同志。她大概不怎么熟悉我，我跟她见面也不多，“五一反扫荡”以前她在冀中妇救会工作,因为传言张敬同志另有新欢,我也未向前搭话。

在县委机关开了介绍信，才知道杨锋家在渔村。县委机关派了一个人,在淀边找了一只小船,直到杨锋的村庄。村支部书记是一个青年人,谈了杨锋一些童年的事,后来离开家乡,外出读书。他说得有滋有味,我听了是清汤薄水,与整风无关,但也无法,时间晚了,只好住在这里。年轻的支部书记给我找了一间小屋;门上挂着帘子,屋里也很干净,正在暑热季节,淀中水气又大,屋里闷热,夜不成寐,第二天一早我就离开这里。

一路走着,我就想回家看看孩子,因为回到党校,将来分配工作时,还不知分到哪里。史立德、赵亚平、高铁英他们都分配到别处去了。于是我打定主意,回家去看看。

当时,据说蠡县县委在五夫村,我就直奔蠡县五夫村去。正是青纱帐期间,一路走着,汗流浃背。中午时分到了蠡县郭丹村,找了一个饭馆停下脚。饭馆里外两间,外间很大,有炉灶桌凳什么的。里间一条大炕,似乎是一个乡村的起火小店。我把东西放在炕上,跟店主要了一个大盆,打了一盆水,洗了洗,然后支上我的小蚊帐,躺在炕上。

店家给我端来一大碗面,放在炕沿上,说:“请同志你吃饭！”

我说:“谢谢店家,麻烦你了！”翻身起来,端起碗先喝了一口汤,是芝麻酱拌面,已经几年不吃芝麻酱拌面了,真香呀!

吃完了饭,躺在蚊帐里睡了一大觉。一觉醒来,太阳已经歪西,身上实在累了,当天也走不到了,干脆歇在这里。我跟店家一说,他很高兴,乡村小店,揽点生意也不容易。

第二天早晨,黎明起身,叫店家算了店钱,打点了行装,买了两套烧饼果子,一边走,一边吃。吃饱了,身上也有劲了,撒开脚走起来,两脚如飞,途经南许村,我又想起一块儿入团的马绍光同志,我想去看看他。走到他的家里,只有大嫂,他不在家,我便出来,小晌午时分走到五夫村。找到县委机关,在一个大四方院子里。

这时的蠡县县委,书记是杨国林,组织部长是徐征凯,宣传部长是王福祥。这三个人,我都没有看见。他们在一个大椿树底下挖锅做饭,我坐在椿树根上,喝了两碗水,饭也就熟了,是棒子面窝窝熬菜汤,我吃着又香又甜。有一个青年人说:“梁同志!北屋里去吃吧!他们吃鱼哩!”

我没抬头,青年人又说:“梁同志!你去吧!他们吃鱼哩!”后来我才知道他叫刘秀至,是县委机关的组织干事。

县委们不出面接待,不用说是吃鱼,就是再好的东西,我也不傻着脸去吃呀!吃完了饭,刘秀至又问:“梁同志!你有什么事?”

我说:“没有什么事,我回家去看看!”

刘秀至说:“回家去看看,你家是近敌区,要注意!叫个人跟你去吧!”说着,又跑进北屋里去。

不一会儿工夫,来了一个四十多岁的农民,手里提着枪,笑眯眯地说:“梁同志!我去送你!”这个人似曾相识,只记得是县委的老人,也忘记叫什么名字了。

想了半天,我才想起这个人叫王志。我跟着王志出了梢门,直奔西北,黄昏时分,走到沙口道上,遇着对过胡同里的六合嫂子。她从魏家佐走亲戚回来,一见了我,说:“哎哟!我那六兄弟!兵荒马乱的,你可回来了,你可知道吗?芬叔家那个小子,老根阵亡了,芬婶子哭了三天三夜……可惜了儿子,独根独苗呀!可恨的日本鬼子!”

她说着,我也不由得掉下眼泪。她说:“他哥哥你可哭什么?兰玉哥家那个小蛋儿也死了,为了打这个死日本鬼子,哪村里不死几个呀!”说着,她也哭起来。一边走一边哭,她又说:“这个死日本鬼子可欺侮死人了!”说着,哭得呜呜的。

王志也用袖头子抹着泪,说:“甭说了!这是国家仇民族恨呀!”

一边走着，西方一个圆大的夕阳压在梁庄的村落上，这是我的家乡。黄昏时分了，牵着牛的，背着锄的人们，沿着村道走回来，进了东街口，已是炊烟迷漫。沿街的叔叔大爷们，和我打着招呼，兰芳爷说："前些日子有人说，深更半夜里，维周从大街上带着队伍过去了，你也没回家看看！应该回来看看呀！没了你爹了，还有孩子们呢！"

我止住眼泪说："是呀！我这不是回来了吗！"

进了大门，看见妻正在院里喂鸡。她看见我，睁圆眼睛说："村北里还有岗楼呢！"

我也一下子停住步，愣住。王志说："不要紧呀！"说着，从腰里掏出手枪来，说："有我保着你，万无一失！"

走进屋里开开大橱子，先找我那一些稿子。稿子、书，什么都没有了，我问妻："我那一卷稿子呢？"

她睁着眼睛说："那谁知道呀！"

我又问："我那些书呢？"

她说："这院里常住干部，这个拿一本，那个拿一本，都拿走了！"我看她冷冷淡淡的，也就没什么话说了。她是一个农村妇女，也没读过书，对于书，她是没有感情的，更不用说稿子了。

王志因为天气热，不睡在屋里，找了个席头躺在大门底下休息。老父亲去世了，孩子们不是我养大的，对我也没有感情，我到三姐家屋里说了一会儿话，三姐的口气似乎对妻有些意见，因为我不在家，也无可奈何。

第二天，黎明时分，我还没有醒，王志趴在窗台大喊："梁同志！梁同志！敌人来了，敌人来了！"

我急忙披衣起炕，走出门来，听村西北方向枪声大作。随着人流，向村南跑去，跑到马道上，钻进棉花地里躲避，听敌人枪声喊声沿着村北的大马路向高阳县而去。当我走出棉花地时，看见我大侄女，她见了我，惊恐失色："六叔！你打哪儿来?"

兵荒马乱的，我说也说不清楚，摆了一下手，说："你回去吧！敌人走了！"这时满地是人，有我们村的，有赵锻庄的。我大侄女家是赵锻庄，在这混乱情况下，看见亲人，也不能叙叙旧情，心中唏嘘难忍。

回到村里，才知道是蠡县城里的敌人撤到高阳去了，这是一件大顺人心的事，抗战几年中，人们受日本鬼子的压迫，如今撤走了，人心大快，都跑到城里去看，我和王志也去了。到了城门，依然如故。城周围挖下很深的沟，沟里有很深的水，沟上有铁丝网，这是敌人护城的工事。

进了城，大街上贴着红绿标语："欢迎八路军！""欢迎共产党！"这是几年来，敌工工作和城市工作的成果。

到了南大街，遇见西胡同的大霞姐，儿童时代常在一块儿玩，也还有些旧交情，她叫我到她家喝碗茶，我不想去，因为她男的曾在宪兵队给敌人做事，不知底细，怕惹出麻烦。

向前去就是日本宪兵队，也就是一九三八年，我搞新世纪剧社时的社址，原来是县特务队长，大土匪张福奎的花店。我到了门口，已经是人来人往，都来看看这日本人的住处；这个大院，中间垒了一道很厚很高的砖墙。前院后院各有一所二层大楼，可能是前院住日本人，后院住伪军。前院筑有岗楼，我拾级而上，是一间日本式的房子，福禄已经住在里边，他见了我说："你来了？日本鬼子走了，你住几天吧！"

他说的正合我意，我曾在蠡县城里上了三年高小，每过礼拜常到古老的城墙上散步，一九三八年发动民工拆了城墙，只剩下南北两个城楼，这两座古老的建筑、碑石，还使我留恋不舍；有一筒石碑上刻着"博陵古郡"四个大字，古时博野县和蠡县是一个县，于一九二七年，我在高小入团，每年"五卅"惨案，"五三"惨案纪念日，同志们都上大街示威游行，贴标语撒传单，检察英国货、日本货，高呼："打倒日本帝国主义！""打倒英国帝国主义！”唱着歌：“打倒列强，打倒列强！除军阀！除军阀！努力国民革命！努力国民革命！除军阀！”在我一生革命的征程来讲，这是我起步的地方。怎么能不使我留恋呢？

城圈并不大，我又一次游览了全城；高小的大门和阶石还在，房子都被拆了，据说是盖了宪兵队的楼房和岗楼。

听说莲子口据点的敌人也撤跑了，王志给我借了一个车子，我想去看看。三十多里路，骑上车子，不一会儿也就到了。嗬！和城里大不相同，敌人一走，附近村庄的人们都来抢东西。也许是对敌人的仇恨心理吧！搬桌子的搬桌子，搬凳子的搬凳子……最后没的可搬了，开始拆墙，抢砖、抢窗户、抢梁木、檀条，弹土烟尘，好热闹的大战！最后听说拆房砸死人了，也没有人管，管也没人听。对敌人的仇恨心理成了风了。

我看了一会儿，只看拆房也无法进去，我就又回到城里，和福禄住在一起，福禄也不外待我，每顿饭一大盆热面汤，我以为是他们的机关伙食，其实不是，福禄大发脾气，说：“他娘的！这是病号饭吗？”原来他正在病着。

在蠡县县委住了两天，才知道是日本鬼子无条件投降了。我想明天就回党校，他们又叫我住几天。当天晚晌，杨园林同志叫我跟他一同到他的老家去看看。太阳压树梢，我们一同出城，向大庄头村走去，夕阳西下时分，到了他的家里，是一个四方大院，几间旧北房，倒是挺宽绰的。

老杨从屋里搬出一个大吃饭桌子，放在槐树底下。又拿了几个小板床来。烧了一壶水，我们坐在小板床上喝开水。掌灯时分，老杨又端出一碗炒鸡蛋，几双筷子。又用箅帘端出几张大饼，一盆面条汤。在乡村里，这就是待客的饭食了。

吃完了饭，我跟老杨说，我想到宋老师家去看看。他同意了。我摸着黑路，在大街上打听着走进一个小门。小院里有几间小砖房，院里站着一个中年妇女，我告以来意，她说：“屋里来吧！”走进小西屋，她点着一盏小油灯，照着屋里几件旧木器家具。她说，宋老师去年回了一趟家，以后就没有音信了，连一封信也没有了。我想这里头一定有什么问题，但也难说。

坐了一会儿，我就走出来，回到老杨家去。叫了老杨一块儿回城里去。道上走着，老杨说："我们村里的党，还是从宋家院里出来的。"

我说："是呀！他是蠡县第一个县委书记嘛！后来博野、蠡县成立了博蠡中心县委，就是王志远的县委书记了。"

老杨也说："咱们县里是一九二五年建党的。"

我们两个人，边走边说，在星明之下，大路都看得很清楚，夜深了，草上都带着露水。还可以看见两旁的庄稼阴暗的影子。半夜了，才走回县委机关。

在县委机关住了几天，隐约之间，感觉到老杨和福禄之间，似乎有一点不一致。究竟在什么地方，时间短，我也闹不清楚。这些事情也不便谈，谈起来也不好。

日本鬼子投降，内部据点都撤退了，也就可以大胆地走路了。我急于要回党校，因为最后还有一个甄别阶段。因此，我辞别了福禄回山里去。这一次没白来，日本鬼子投降，群众狂欢，我打算把这些写在《红旗谱》第四部里。

那天下午时分，我走在路上，迎面遇上王冀农，他正从山里出来，大声呼唤："梁斌！我们在分局要了你了，你不用回去了！"

走到面前，他掏出日记本来说："你看！你看！这不是你的名字！"他用指头指着，除我之外，还有谷小波、宋罗岐。我放下心来，转回头跟他走，我说："我的问题还没甄别呢！"

他说："都没甄别呢！人们都出山了。'八·一五'那天晚上，全校大狂欢，敲着大鼓，跳着秧歌，举着火把，把全校门上的蒿捻都烧了，真是火光冲天，烧尽人们怕日本鬼子的忧愁。咳！小日本鬼子也有今天了！"说着，他又哈哈大笑。

我问:“人们都分配到哪里去了?七八个队呢!”

他说:“有分回原地的,有分到冀热辽的——程子华同志当了冀热辽分局的书记、兼政委和司令员。还有分到东北去的……”

他还说,苏联红军打下柏林,希特勒失败了。苏联红军从西部战场撤下来,调到东北战场。美国在日本投了原子弹,日本天皇下令无条件投降。

两个人一边走着,一边谈着。他又说:“咱们在胜芳筹备公安局,准备进天津。”还说,张国坚同志的局长,叫你当秘书长。越谈越高兴,抗战几年来,都是在枪炮声中过日子,枪林弹雨、半饥半饱,如今日本鬼子一投降,皆大欢喜。

虽然全民大联欢,可是后面的工作还是艰巨的。晋察冀几十万大军直逼平津,连游击小组都去了,要收复平津。后勤工作是很繁重的,当时还没有汽车,都是大车送粮草、弹药,牛车、骡车、马车、驴车一齐上,人们又高兴又热闹。

可是,蒋该死还不死心,他下令各地日、伪军,就地维持治安,不许向八路军缴枪。这样一来,又是一场大矛盾;各地八路军向日伪军开火,收复失地。冀中公安局科长侯太和,进了天津市,挂上了一个大牌子:“天津市八路军司令部。”日本鬼子还是不缴枪。据说史立德奉命到北平和日本华北驻屯军司令冈村宁次交涉,冈村宁次还是不缴枪,史立德只好出城。

蒋介石下决心要摘桃子,他把三十个师放在西北,把九十个师放在山东。美帝国主义替他空运五十个师到东北,对我解放区形成合击形势,情况异常紧张。

毛主席、周副主席、刘少奇等中央负责同志都集中在晋察冀北岳区平山县的西柏坡,指挥全局,派十万干部到东北,争夺东北。

我到了胜芳,冀中区党委、公安局都在胜芳。我到公安局报到,人很少，只看见张国坚同志，原来他的夫人是宋渭，是个细高个儿，粉白面皮儿，戴着眼镜，见了人很腼腆。现在这里和以前大不一样。国坚同志不做介绍，我也无法向前谈话。国坚同志见了我就说："你的问题，我说了话了，他们那样搞你不对！我们把你要来当秘书长！"

他以为这么一说，我会表示高兴。其实，我早就想过了。当了秘书长，也算是个官了，但是管家务，还得学习一些经济之学。天津公安局，是多么大的局面，那样我还怎么写文章写书？所以当面并未表示高兴，他也纳闷。

但是国坚同志对待我们很好。过去在剧社时，他曾给过我们一批绸缎，叫我们做服装，还给了我一匹白马。开训练班时，他派了三个人帮助我们，现在他用着我了，叫我给他管家务，我怎么能说不干呢？可是从文艺转到公安——党内是社会部，九十度的大转弯，我的思想实在转不过来。

国坚同志一直对我很热情，一天三顿饭，叫我跟他一块吃，每顿饭四个菜一个汤。早就听说他爱吃，这一次可是见着了。国坚同志是爪哇华侨，回国参加革命。在苏区时，他是国家保卫局的局长，曾参加二万五千里长征。在冀中公安局长任内(区党委社会部长)，他侦查出敌人很多动作。

我的心情不愉快，只好在大街上走走转转，看看市面；胜芳是津南重镇，有一千多户人家，距天津八十里，有小天津之称，商业繁荣，农作兴旺，是鱼米之乡。有陆有水，时值秋末，蓼红芦白，水阔秋深，正是稻黄蟹肥季节。听说原冀中抗联会管理员杜郁同志当了永茂公司的经理，我想去看看他。进了他的办公室，他见我哈哈笑着迎上来，伸出双手攥着我的两只手说："怎么样，整风完了？老史、铁英他们呢？"

我说："不怎么样，整着个儿回来了。"

他说："回来了好，先喝一碗茶吧！一会儿在这里吃饭！"

说着，抓了一大把茶叶，搁在茶壶里，走出去沏了壶茶来，又是洗碗，又是斟茶。环境变了，杜郁同志的做派也改变了！八路帽，细布制服，尖皂千层底鞋子，说起话来，又带上天津口音。他说："买号码机去了，咱们自己会印票子！"

我不知道杜郁同志是哪里人，他不是天津人，因为他的天津话说得并不纯熟。只知道他自幼在天津学买卖，后来又在两个洋行里当伙计，是个天津通。日本鬼子一来，他就回家参加抗日工作了，在冀中抗联会当管理员。一个单位几十口人，跑村公所、要米、要面、要柴、买菜，都是他一个人的事，在那兵荒马乱年月，他尽可能设法叫人们吃好一点。比如，小米可以换黄豆，黄豆可以做豆腐、豆腐脑。绿豆可以磨杂面，可擀杂面汤吃。小米还可以磨面、贴饼子。冬天，在那冰天雪地的日子，坐在老乡的热炕头上，手上端着碗杂面汤，就着葱花炸辣椒，吃小米面饼子，说不出有多么美气！

这人本事大，手眼快，灵活，能办事情；尤其一开大会，他那个"总理"身份就拿出来了，里里外外，比凤姐料理宁国府的丧事那两下子还强十倍。一天价嘻嘻哈哈，没有发愁的事，人们都喜欢他。你想买点细布做件衬衣啦，想买点什么好吃的东西啦，他都能办到。

喝了会子茶，他又叫我："老梁！该吃饭了，吃饭去！"他又咧开嘴笑了说："解解馋吧！胜芳大螃蟹，天下驰名呀！"

我走到饭厅里，客人坐满了一圆桌，有认识的，也有不认识的，大部分是天津来送货的商人。胜芳螃蟹，名不虚传，又大又肥。我这是第一次吃螃蟹，还不知怎样吃法，可不能露怯，叫人家笑话。别像刘冲吃牙膏一样，说是香蕉。

他们都拣圆脐的，把盖儿一揭，黄儿也就露出来，把那些毛毛用筷子除去，再吃黄喝酒，酒也不是一般的，天津来的泽酒，别有风味。大米饭，胜芳大米是有名的，过去在天津都卖第一等价钱。

吃着饭，斜着眼睛看那位老客，那是吃螃蟹的专家。他边吃边喝酒还边眯着眼睛，先吃黄儿，后吃腿儿，用螃蟹爪把肉挑出来吃。吃了大腿吃小腿，不紧不慢，一顿饭吃了两个大螃蟹，也不吃米饭，然后拍拍手说："饱了，时当秋日，持蟹尝酒，亦一美事也！"

杜郁同志，又端上脸盆、手巾，说："洗洗手！洗洗手！"他斜起眼睛看了看桌上，见我没有吃螃蟹腿，挤巴了一下眼睛，笑着说："糟蹋了，好东西呀！不要紧哪，一遭生两遭熟嘛！"

那位客商，酒足饭饱，漱了漱口，说："大哥！下午我就回去，还需要什么，开个单子吧！"

杜郁同志说："不，老弟！住几天吧！胜芳虽然比不上天津，吃什么有什么，就是不能逛。咱们是八路军！"

我见他们谈买卖，也就躲开了。

杜郁同志和那个商人谈完了话，又来找我，说："正在拍卖美援华物资，你拿着个被子吧！鸭绒被！"

我摇摇头说："不！"我早就听得说过，永茂公司正在拍卖美国援华物资，都是旧破烂，有鸭绒被，旧呢子衣服，小孩儿衣服，有的还补了补丁。就是这么一点东西，美国还派人来解放区考察了一趟，拿着一个大国风度，为了世界大战，也太财迷了！我们也用不着你们这么一点援助，没有苏联红军，他们是打不倒希特勒和墨索里尼的！我耻于买这么一点破烂货色！

过了几天，路一、杨锋等都到了胜芳。

在这一个时期里，人们谈话的中心，就是第二次世界大战；希特勒撕破了"苏德互不侵犯协定"，以迅雷不及掩耳之势，闪击了苏联。苏联本来没有这种准备，但是他们有库图佐夫大战拿破仑的经验，且战且退。另一方面，就是做持久的准备，搬迁重工业和轻工业，建立后方基地。当德军打到离莫斯科不及二百里的时候，苏联红军合击德军，一战消灭德军二三十万人，德军经不起这种打击，急切后退，苏联红军尾随追击，到苏德边界，又歼灭德军四五十万，德军退至德国境内，又被歼灭四五十万，苏联红军直下柏林。至此,德国法西斯宣告灭亡。人们眉飞色舞地谈着:“还是斯大林大元帅行！”

也有人说,日本鬼子如果不偷袭美国的珍珠港,也许美国还不在日本放原子弹。人们都说,我们这一辈人经历的第二次世界大战规模之大,可以说是空前的。但不知第三次世界大战怎样?

跟张国坚同志一块儿吃了几天饭,国坚同志看我总无悦色,他说:“叫你帮助局长的工作！”我也明白,这是给权呢,说明和别的秘书长不一样。

天气渐渐凉下来,科长林丛给我做了里表三新的被子,蓝色直贡呢面,这也是个待遇问题。但是我心里还是不高兴,面无喜色。

国坚同志说:“叫你管家务不好,你搞第三科吧！”

我还是不答话,一天价闷着个嘴,板着个脸。我心里明白,第三科是搞侦察的,这种事情我还是不愿干。

王冀农来了,据说他是副局长,这样我更不想干了。有天晚上,冀农叫我:“老梁！这屋里来睡吧!”

他叫我到他屋里睡,还有点老同学的情谊。他屋里有一张大床,同学二人同床而眠,他说:“你还去做文艺工作吧,你干不了这个。”又说:“那国坚同志张嘴就骂呀！”

国坚同志爱吃,我是知道的。骂人,我还没听得说过。他这一说,我更不想干了,使我通宵未眠。第二天身上更不舒服,屋里没有镜子,也看不到自己的脸色,国坚同志可是看出来了,吃饭时,他当着夫人的面说:“你不爱这一行,你干别的,心里别闷着,你在党校一年不容易,不要弄出病来！”

在这个关节眼儿上,我就坡下驴,说:“我到区里去锻炼！”文人下乡,其他行道很难理解。只有我心里明白。

国坚同志说:“不,你到县里去吧！我跟金城说!”

他这么一说,我的脸上豁然开朗。国坚同志也哈哈大笑了,说:“他妈的！弄不了你这小子！”

五

国坚同志给我写了一个条子，叫我去找金城。金城同志原来是七地委的书记，后来调到八地委当书记，阎子元也调八地委当宣传部长，罗玉川当组织部长。现在金城是区党委副书记，罗玉川当冀中行署主任。组织部长，还空着缺。

我一进区党委的大门，遇上朱子强，他笑着说：“怎么？你不愿做特务工作？”我说：“不，我分配别的工作了！”也没说是什么工作，这时我才明白，第三科原来是搞派遣工作的，由不得心上一阵热乎。在抗日时期，人们对公安人员都有看法，现在依然如此，我侥幸逃出来了。这是我当时的感觉，现在觉得这种思想不对了。

当我走进金城同志的门，他正在屋里站着，一看见我就笑了，说：“你工作不错，我虽然没在冀中，我知道……”我抱歉地说：“也说不上什么好啊!”金城同志说：“你上十分区去吧！锻炼知识分子，不是在乡村吗？”我摇了一下头说：“不啦！我回老家去工作几年吧！人熟地熟，好深入生活，蓄积材料！”

虽然日本鬼子投降，可是国民党军又占了平津，十分区还是三角地带，平、津、保的敌人，不断地向心腹地带出击。战地生活我已经熟悉了，我想在县里工作几年，人熟地熟，深入生活方便。我当时的思想并不是好逸恶劳，而是从以后文学创作着想的，也算是个人主义思想吧。

金城同志写了一封介绍信，把我介绍到九地委。他说：“你就去吧！王福禄打这个针打那个针的，也顶不了工作，不然还得调动。”说着，他送出我大门以外，又把那封信要回去，就着砖墙填上“常委”两个字。这样表示他对我的信任，我心里也觉高兴。

离开区党委，又回到公安局，打上背包，也未辞别国坚同志，走出大门。我达到文艺工作者下乡的目的，两脚匆匆，直奔九地委而去。黄昏时分到了九地委，住在招待所，陈鹏同志不在，由城工部长刘君达同志接见。接见也很简单，连一碗水也没有喝。他问：“你过去是做什么工作？”我如实地答复了他：“是做文艺工作的，来下乡了！”他说：“做文艺工作的来做宣传工作，是对路的。”我说：“我们老是在上面漂着，不好，应该深入工农兵生活，和工农相结合……”他说：“对！这是毛泽东思想!”我说：“我听毛主席的话。”他说：“这样就好。蠡县是一个老县，搞过博蠡暴动，高蠡暴动，有深厚的群众基础，你回去了，要好好工作，关心桑梓呀!”

刘君达同志是一个知识分子，但不咬文嚼字，说着满口的家乡话，谈起话来郑重其事。可惜这是第一次见面，也是最后一次见面。“文化大革命”前夕，他在北京市委当监委书记，“文化大革命”中被逼跳楼自杀。他弟兄三人，都是共产党员，白洋县冯村人。大哥于一九三九年，因托派嫌疑，被秘密误杀了。他因托派嫌疑，在晋察冀日报社当了几年管理员，直到一九四一年以后，才在房山县当了几年县委书记，现在九地委当城工部长。他三弟一九三八年在冀中三十大队当大队长，曾攻进蠡县城，后来阵亡了。刘氏三杰无愧于党，无愧于人民。

据说，在苏区时，因反改组派，反 AB 团时，也误杀了很多干部和知识分子，这是历史问题，现在反省起来，也无可如何了。可见革命之不易！

太阳西下，走到蠡县北关，从大街走过时，一个农民站在路旁看着说：“这是一个老干部！”他似乎认识我。是的，自从一九三七年，我和路一、廷华、知吾，出入于北关小学，那时正是努力于恢复党的地下工作。

到了县委，县委就住在原来新世纪剧社的那所房子上，新世纪剧社调冀中，县委就住在这里。一九三八年冬天，日寇攻占蠡县城，直至一九四五年“八·一五”日寇撤出蠡县，县委就又住在这里。不过中间盖了一座岗楼，前院后院盖了两幢大楼。中间垒一道高墙。县委就住在里院，三间大北屋子。院子很大，似乎人很少。来了客人，杨国林同志走出来，眯眯笑着说：“是你来了！”

走进屋里，放下被包。把九地委的信给了他，他看了看，说：“好，好！你来了好！”于是，他走出屋门，大着嗓子说：“来！来了客了！”

说着，走进几个人来，国林同志介绍，先指着一个个儿不高，黑黝黝的人说：“这是我们的组织部长，周刚。”又指着一个细高个说：“这是我们的组织部副部长刘坦。”又指着一个五大三粗的说：“这是县委秘书马杰。”又介绍了几个干事。完了。当时几个人，就是全部的县委工作人员，我这么说，你也许信，也许不信。当时一个县委的人员，就是这么几个人，与现在迥然不同。从当时到现在，经过几次精兵简政，越减越多，现在已经是一二百人了，也不知道是怎么回子事。工作越来越多，倒是实情！

当天下午，看了区党委下达的关于农村工人识字班、农民识字班、青年识字班、妇女识字班的指示，这是轻车熟路，心中急痒，本想立刻执笔拟定下达区村文件，又觉得不好，直等到第二天才拟好。

宣传部一共四个人，除我之外，齐鹏是宣传部副部长，通讯干事是彦伯亭，原来是万安村的小学教员，才调上来当干事的。后来又调来李小靖，原来是村青救会干部，调来当干事。

组织部部长周刚，原是高阳县的一个区委书记，现在当县委组织部长，这人老成练达，一看就知道是久做党务工作的。副部长刘坦，组织干事刘秀至原来是五区的区委书记。还有一个女同志，原是刘村的支部书记，现在当组织干事。秘书马杰，也当过区委书记，为人很老成。看来是个好班子。

副书记王福禄，正在养病，不在机关上住，也很少到机关上来。听说我来了，也到机关上来了一趟，谈了谈。今天想起来，他说了几句话，很不恰当，在他来说，是好意，但是听到我耳朵里，就影响了我的思想。也是因为我工作上没有经验，今天想来，我不应该听他的，但是我们是老朋友，在当时也不可能不听。不论怎么说，是历史问题了，只有反省吧！

一个机关住着这么几个人，后院大楼闲着，只有开会的时候，区长、区委书记们来了住住。前院大楼也闲着。空荡荡的一个大院子。

宣传部管理几项工作：一是干部教育，二是国民教育，三是农村夜校，四是宣传工作。经过一段时间锻炼，我感到作为一个县委宣传部长，还是胜任的。今天想来，当时的宣传工作，是比今天强的，虽然今天有了电影、广播。农村业余教育不用说，干部教育，每天早晨饭前学习两小时，雷打不动。学习材料由区党委宣传部规定。我曾经到各机关检查过，准时无误。就对外宣传说，全党做宣传。一个村支部，把党员分配到街头、饭场、头伕棚、光棍堂当做说闲话，宣传党的远大理想；说苏联耕地用拖拉机，还有人不信，给一个党员起了个外号“拖拉机”，从此看出当时党的宣传工作的力量。虽然今天有了现代化的宣传工具，到底不如当时宣传工作的深刻，主要是党员们有这种觉悟。

我一方面了解情况，一方面深入工作；我感到周刚这个人工作很有经验，而且有韧性。杨国林虽然长工出身，政治水平不高，没有文化，这个工作，他很难胜任，但为人厚道，是个老好人。秘书马杰为人很老实，但工作上无有创造性，只是管着一个伙房。伙房很好，可以吃到窝窝头、炒菜、稀粥、菜粥什么的，在长期的游击生活之后，就感到满足了。

不久，蠡县划归七地委领导，派来了副书记杨志昌，是一个区委书记，小知识分子，很风趣，好说笑，这就成一台戏了。

第一个运动是反奸复仇,斗争当过汉奸的人。这个运动不难搞。斗争汉奸,群众很好发动,因为满腹仇恨。

第二个运动是反黑地。这个工作本来在抗战初期就做了,旧社会地主专政,隐瞒土地,少拿公款。经过这个运动,就解决了。自从“五一反扫荡”之后,实行两面政权,又有人隐瞒土地,因为恢复了按亩摊派公款,于是不得不反黑地,求得合理摊派公款。这个运动与群众利益相关,也不难搞。

因为“八·一五”后,根据地猛烈扩大,干部调动很多,尚未补齐。再者由战争环境转变为和平环境,工作上有些松垮,因此搞起运动来,没有那种猛劲儿。

工作了一段时间,干部们反映我讲话有文艺味儿,因此除了搞运动以外,着重学习群众语言,克服文艺味的缺点,这与以后的文学语言有关;我把群众语言提炼成为文学语言,就是在实际工作中解决了这个问题。

我的日常工作,除了看文件,就是写下行指示,看一些有关的理论书籍。冬天没有煤火,屋子又大,很觉清冷。这年过年也很简单,照例二斤肉二斤面,除了吃一顿饺子,还吃一顿白馒头熬肉菜。白天在院子里晒太阳,杨志昌把毛巾系在下巴底下唱《走雪山》,也是很有风趣,引得人们哈哈大笑。日本鬼子投降了,和平环境里人们的生活还是清苦的。

上级没有指示,书记也提不出工作问题,我用大部分时间读书。

这年夏天正是国共谈判。上级指示:准备成立联合政府,叫每县成立一个书局,准备联合政府成立以后,县委机关隐蔽在书局里,因此费了大部分时间。把刘志叫来当经理,这个人本来是六区的区委书记,因病回家了,自由脱党。七地委派了一批干部来,充实队伍。王利民当县长,有一个姓张的当公安局长。这批干部大部分是定县人。因此当地干部有意见,形成两股力量。按理说,应该从本地干部中提拔,这是一个经验。

晋察冀军队攻占张家口,这是第一个城市。敌伪军工作和城市工作占了第二位，找寻城市工作关系大量派遣。高小时代的老师沈萼如和国民党的高级军官楚清波有亲戚关系，敌工部派他到大同工作。

杨志昌调走，提拔我当副书记，但和平时期工作并不多，也不想写文章，只是多看书，写了文章也无处登。过去写的文章都丢了，抗日时期写的东西一字无存，但是我还为将来写长篇做准备。

据说姐夫刘耀奎，在北京生活有些困难；日本官不做，国民党的官也不做，生活无着；一九三三年在鸦儿胡同住的时候，四口人住十间房，三间大客厅，满堂的红木家具。日本鬼子来了以后，把家具卖了几千块钱，搬了家。一九四三年，我到北京时，他只住三间房，吃杂和面。如今生活每况愈下，我想把他接回来，他是靠近共产党的人，我们不能不管。这件事情需要跟区党委商量，因此想到区党委去一趟。当时区党委住河间县的黑马张家庄。福禄听说我到河间去，到我们屋里坐了一会儿，说了一会子闲话，最后说："你如弄不好，就别回来了，这个工作我还弄得了！"当时我还听不懂他这句话的意思，后来我才琢磨出这句话的用意。

临行县政府叫我带上犯人晋海峰的案卷，请区党委批示。

到了黑马张家庄，住在宣传部。宣传部干事尹哲同志招待了我。他是宣传部唯一的干事，其实顶着副部长的角色。

住了几天，找了一个空闲的日子，带着卷宗去见金城同志。金城同志见了我问长问短，笑哈哈地拿出深州蜜桃来叫我吃，这是我第一次吃到深州蜜桃，细蜜蜜甜。

我把这一段工作汇报了一下，然后谈到刘耀奎的问题，他说："这个人的为人，我知道，是我哥哥跟我说的，叫他回来吧，回来当教育厅长！"我说："这个人是个武人，不一定能当教育厅长，无论挂个什么名吧，生活问题算是解决了!" 金城的哥哥是一个老党员，曾在天津住了很长时间的监狱，九一八后，才从监狱里出来。因此，刘耀奎的问题解决得还算顺利。

然后解决晋海峰的问题，金城同志派人把公安局的人叫了来，看了卷宗，说："枪决！"这个问题算是解决了。但是今天想来，晋海峰不过是一个大地主，说他是国民党员却未必。因为蠡县的国民党党部是共产党建立的，长期在共产党的掌握之下，因此没有那么多国民党员。

正说着话，孙毅司令员来了，两撇黑胡子。坐下来谈了会子延安整风，也有整错的，最后毛主席道了歉。又解释了会子大干部的老婆骑马、吃小灶的问题。

在宣传部住了几天，到报社去看孙犁，他从延安回来，在延安时曾在鲁艺当研究生，回来之后，正在编一个小刊物。大块根据地了，报纸、刊物都恢复了铅印。他见我穿的褂子太脏了，给了我一个绿色布衬衣，还说是邓康给他的，我把我的手枪给了他，他没有带过枪，见了手枪很高兴。

过了几天，逛了逛河间市；开了一个大饭馆子，戏院也开门了，京戏恢复演出，看了《贵妃醉酒》和《借东风》。这时尹哲给我提出了问题："你甭回去了！"停了一刻，我说："怎么的？"尹哲说："孙犁要下去，你替他编刊物。"我想："文艺工作者下乡，有的是机会！"但也想到福禄说的几句话，其中的变故是我难以设想的。我说："好吧！"他也没有说什么。第二天，我就搬到报社去，住在孙犁那间房里，那是一间大房子，孙犁已经下去了。我在那里等着接受工作。不料过了三天，区党委派人叫我，我到金城同志那里，他见了我说："你回去吧！"一时，我愣住，随后他又说："你回去吧！"

这个变故出奇，是我没有想到的，我也没有说什么，回到尹哲那里，他也没有说什么，只是说叫我回蠡县工作。我不是做党务工作的，没有这个经验，也就不管怎么的，先回蠡县再说。

虽然不到一个月时间，却发生了不小的变化。七地委从安国搬蠡县，住在原来县委住的那套房子里，县委书记换了王夫，副书记杨国林。当我走到七地委，见到地委书记张庆春和副书记王乐天，他们也没说这个变化的原因。王乐天说:“那就叫杨国林搬过来吧!”我才知道叫杨国林离开蠡县县委。

当我到了县委机关,见了王夫同志,虽然老朋友了,但只是淡淡地寒暄了几句,没有多少热情。当我见到周刚同志,周刚同志却非常热情,说:“你回来了!”我说:“我回来了!”周刚同志说:“你回来了还是一出戏!”随后打了酒来,买了肉来,请我喝酒。喝着酒,周刚同志说:“你走之后,杨国林不经过县委同意,发动人把原来县委机关那道墙拆了,又发动大车小辆拉到家去盖了房子,影响很坏,因此地委有意见。”我问:“盖了多少房子?”他说:“盖了三间两跨一个门楼。”我大吃一惊,在当时来说,这是一件大事,会影响到县委机关干部、县政府、群众团体的干部,甚至全县的干部,以及村干部,地委不得不处理了。但是处理得也极轻,没给处分,也没有通报。没有处分的原因,也可能是他参加过博蠡暴动,而且是一个老好人。

喝了酒,吃了午饭,回到屋里。一进门,王夫同志说:“你吃了请了?”而且面无笑容。

我觉得其中有问题了,此后我应该注意。王夫同志则天天给我讲《古城会》:关羽在曹营待了十二年,三天一小筵,五天一大筵,所以到了古城,张飞不给他开城门,直到关羽斩了蔡阳才给他开城门。无论怎么说,我又没到过曹营,我一直在共产党领导下进行工作。我说:“你是正书记,我是副书记,咱们遇事协商!”因为我是常委,还是不放弃我的工作。他也没什么说的,时间长了也就协调了。王夫和周刚、王利民之间,还是存在着看不见的矛盾。说真的,我的心情还是不愉快,因为这样不能放手工作。

区党委指示:国共谈判破裂,蒋介石要下山摘桃子;空运五十个师到东北,西北放上三十个师,山东放上九十个师,合击解放区。要做好准备,因为保定的敌人可能向冀中地面出击。

为了迎接新的形势，我在县委会上提出意见。把参加高蠡暴动的老同志发动起来，如果国民党进攻到了蠡县，这就是一个不小的战斗力量。大家无意见，算是通过了。叫县政府准备食宿，叫秘书马杰下通知。

一切安排停当，我也该下去了，我是来下乡的，我要到区村走走，到农民中找朋友。我先到了六区，区委们不在家，只有一个青年妇女热情招待，我问了一下，她是小队副政委秦刚的夫人。又说又笑，这倒是小说中的一个人物。她说：“梁同志！你来了，他们都不在家，我给你包饺子吃！”说着，动手和面，手脚麻利，不到一个钟头，饺子就端上来了！这个人物真是使人喜欢。秦刚同志当时是小队的副政委，经过几年的战斗和抗美援朝，直到“文化大革命”前，做了武汉军区政治部组织部长，这也是我心目中的一个人物。

从赵家庄到了刘村，住在周刚夫人朱朴华的家里，也就是刘村人们所说的“官铺里”；朱朴华在村里时当支部书记，她妹妹惜华当支部委员，他父亲当农会主任，革命家庭。在抗日战争中，这样的家庭，都是抗日堡垒。现在我住在她家里，吃着饭就开了汇报会了，使我感到十分温暖，我在考虑，把他们写进小说里。

从刘村到刘家营，住在老堡垒户老圈儿家里，看了看老太太和老大爷，虽不像朱朴华家里有那么多官，但也是抗日家庭。看了支部书记庭祯和抗日的老大娘刘树芳，她是第一个站在城里舞台上讲话的妇女。这些人物，都是我所注意的亲切的人物。

在刘家营住着，我就考虑到高佐去；这村里有个老支部，是马永龄同志留下的，可是现在两派不合，县委曾决定把这个村长调出来，到这个区里当区长，他就是不干，长短不离开村。我想碰碰硬，把这个问题解决了。

到了高佐，还是住在老堡垒户家里，老大娘和老大伯身体还好。守寡的媳妇带着一个孩子。老大娘说：“他们也是自由恋爱结婚的，他牺牲了，我可有什么办法?可她一天价跟我没好气,我又有什么办法?"说着掉下眼泪,我觉得怪可怜的。

对于解决高佐的问题,我想来想去,还是从思想问题和党性问题下手。我把村干部们集中起来,讲党课。开场白讲"对内要和,对外要狠"。讲党性,讲下级服从上级,每天晚上讲一次。一讲起来,就都耷拉下脑袋。我仔细观察村长这个人,三十多岁,黑黝黝的,不说不笑,很少表态。表面上看是个老实人,实际上闹派性闹得最厉害,我也不敢保证能解决他的思想问题。

我晚上讲党课,白天他们下地干活儿,我走家串户,了解两派情况,我想试试能不能解决他们的思想问题。正在这时,机关上派了刻写员小根儿来叫我,说:"开高蠡暴动纪念大会快到时候了,叫你回去!"我一时愣住。要回去,我正在这里进行工作,只有半途而废。要不回去,这个会没有我还不行,再说还需要继续搜集高蠡暴动的材料,为了将来写小说。事情本来不大,可是使我掉下几滴眼泪,两下为难,我是一个对工作热心的人。实在无法,我只有放下在高佐进行了几天的工作,回到机关去开会。这样高佐村的干部是不会理解的:雷声大,雨点小,这叫什么?

回到机关,把在高佐村的工作情况跟周刚同志谈了,周刚同志说:"是的,在蠡县有不少这样的村,我们试着解剖一下,看看怎么解决!"周刚同志一说,我才明白,我在高佐村的工作方法还对头,只是没有工作到底,没有解决问题。

高蠡暴动纪念大会已经准备停当,在小学校召开,县政府已经准备好食宿,时间一到,人们就都来了,有一百多人,还带了花圈。当时开预备会时,并没说带花圈,老同志们对于烈士们有深厚的感情,不约而同地自制花圈,在我的一生中,这是第一次见到花圈。

我是提前到会的,想看看老同志们,一进大门,同志们都在院子里,有的散步，有的站在花圈前沉默，仨一堆俩一伙，在谈论高蠡暴动的经过。见我进来一一握手。我站在花圈前，不由得掉下眼泪。公安局副局长，眼里含着眼泪说："梁同志！梁同志！莫哭！莫哭！一会儿还得开会呢！"

大会开始，人们走进会场。王夫同志传达了区党委的指示，我讲了话。从第一次国共合作，孙中山先生联俄、联共、扶助农工，三大政策，北伐战争，到中山舰事件，四一二反革命政变。人们轰动起来，一齐举起拳头喊着："打倒蒋介石！""打倒蒋该死！"我又讲了皖南事变……西北、东北、山东驻有重兵，合击解放区……

大会开完，小组讨论。关于高蠡暴动的经过基本上和杨万轮讲得差不多。各大队的人们都讲了一些细节，这对我写《播火记》有很大的帮助。一区区长宋庚有说，刘双四这个人确实是土匪出身，但是他有党籍。他这一股人有二十几条枪，他带领第二大队，攻打戎家营时，双手拿着两把盒子炮，踩着云梯攻下寨堡。我根据他的谈话塑造了《播火记》中的李霜泗。

开完了会，万安村的翟喜春找我，他是土匪出身，是刘双四手下的人。这个人很畅快，口出怨言，说："打日本的时候不用我们，打蒋介石用着我们了，这是什么问题？"说着，脸上风云变色。我请他坐下，倒了一碗水请他喝，笑着说："老同志！不要生气，这是当时的负责人不了解党的历史情况，抗战开始没有把老同志配备上，请你原谅。"他的火气消了，说："当年宋卜舟、刘显增他们贴传单的时候，我们拿手枪保护着！"我说："是的！老同志们是有功的！"他说："我告诉你，梁同志！今天我到了县委门口，门房里不让我进来，我说我和梁同志是老同志，才让我进来！"我说："他不认识你！"他愣愣地说："以后老同志们到县委，不能经过门房！"说着，板着个脸，有不悦之色。这一代的人，有的居功自傲，我根据他的脾气性格，写了李霜泗手下的人们。开这个会，对于我写《播火记》有很大的好处。

大会开完，我又想下去，县委班子不和使我不愉快，我又不想争官做，也不想争权势，我不过是来下乡深入生活的。

孙犁来了，他也是来深入生活的。因为是第一次来，我叫管理员弄点菜，请孙犁吃饭，他熬了一大锅肉菜，我问他："为什么弄这么多菜？"他笑嘻嘻地说："叫人们都吃点呗！"我很生气。此人叫李虎，学名叫李福臻，原是蠡县高小的同学，现在完全变成农民了。机关上也没人管他。有一次他的小女孩来，他偷偷地买了熏鱼，让小孩吃饭，我看见了，恨不得批评他一顿，没皮没脸，也算成了小说中的人物了。

我给组织干事朱朴华的妹妹惜华写了一封信，把孙犁介绍到刘村去。惜华是支部委员，很会办事，她把孙犁安排在郑锡三家。孙犁在那里深入生活，写文章，有时到城里来谈谈，我也算找到知音了。孙犁说郑锡三在外面工作，他的老伴给孙犁做饭吃，生活很如意，我也很放心。

馨南同志来了，诉说刘家坦游击小组长王大山，携带枪支，夜入民宅，强奸妇女，他的两个叔伯妹子都生了孩子了。我甚为生气，游击小组是村级武装，竟然做出这样的事来，我叫公安局把他拘留起来审查。这个人是大队副政委戴光的外甥。

我到地委开会接收扩兵任务，发动农民青年参军入伍，过去复员的战士一同归队。看样子形势紧张。县委会讨论了具体部署，县委委员下到各区，参加村级干部大会，做深入的发动，我和王利民到大百尺区参加会议。大会在广场中举行，开支委会、青救会、农救会、自委会等，一揽子大会，人来得不少，区委书记张致清讲话，县长王利民讲话，我也讲了话。一谈到蒋介石要抢占抗战胜利果实，重兵围攻解放区，村干部们义愤填膺，一齐举起手大喊："打倒蒋介石！一齐上前线！"还说："蒋介石不是好东西，非打他不行！"

村干部们回去之后做了深入的发动，又出现父母送儿上战场，妻子送郎打老蒋的场面。

我和区委书记张致清深入各村检查，先到北郭丹村，再到大杨庄村。北郭丹村支部书记是一个姑娘，活眉大眼儿，见我们来了，先烧水喝，张致清问："你们村里能完成任务吗？"她说："完成任务不成问题，还可能超额，一说蒋介石要抢占胜利果实，人们都气势汹汹的。打日本的时候，他坐山观虎斗，日本鬼子投降了，他要抢占胜利果实，把人们气坏了！"我问她："你对我们在大会上讲的话，有什么意见？"她说："很好！梁同志讲话鼓动性最强！"

我们在这个村里住了几天，看乡村人送新战士参军，新战士胸前挂着大红花，骑着大马，万人空巷，敲锣打鼓，游街示众。宣传干事房伯亭，组织干事刘秀至都参军了。这次参军活动，我将写在《红旗谱》第四部中，这部书是写敌后根据地的繁荣时代的。

回到机关，有人说王大山在大街上游游荡荡，我很生气，把公安局副局长叫来，申斥了一顿："王大山是拘留审查的，为什么上大街游游荡荡？"他说："他是戴光同志的外甥！"

我大发雷霆："王子犯法还与民同罪呢，莫说是他外甥！"当时没有法律，也就困难了。刘木鸟也火了，说："你是个老同志，老同志有见面之情，你就不念旧交情了！"这个人，文化水平不高，政治水平也不高，我跟他说不出什么长短来，我说："拘留审查，没有说的！"刘木鸟悻悻然而去，一路走着还说："对老同志们这么着啊！"刘木鸟走后，我反思了半天，我从文化部门转到党务部门，当县委副书记，各机关都没有我的人，什么事情都不好办，结果此事没有下文。

一九四七年春天，我叫刘耀奎的侄子把他这一家接回家来，因为这人性格倔强，在北京不做日本官，也不做国民党的官，生活也就没有来路了。我去看了看他们，他的身体还好，二姐也很高兴，外甥也回来了，因为大外甥在黄埔军官学校，四一二反革命政变之后，至今无有消息，村里按烈属看待，安置得还不错。他住的房子还是原来的，三间北房，两间西房，四方小院，收拾得挺干净。我问他："你回来打算怎么办？"他说："怎么办？务农为本呗！"他还有几十亩地，也够种的。他又念叨了会子他的老朋友们，都跟齐燮元做了伪事儿；日本鬼子时期刘彤刚当了冀东保安司令，日本鬼子投降，他回到北京。国民党来了，他这里藏藏，那里躲躲，也吓死了。他说："我没做伪事，心地坦然，吃饭痛快，睡觉香甜。"在老一辈官僚中，像他这样，一辈子不干坏事，并不多见的。我说："你上了年纪，种庄稼还干得了吗？"他说："我干不了，玉田还干得了。场里地里，虽然不能耕耘锄耪了，拾掇拾掇还行，庄稼人出身啊！"他越说越高兴，不由得唱了两句，说："听出来了吗！这是汪派呀！"我听了，哈哈大笑说："你喜欢汪笑侬啊！"二姐也在一边笑，说："他身体好着呢！"二姐一说，他又拿出宝剑来，耍了几个式子，说："地方小，还耍不开呢！"

刘耀奎回来了，三哥也来看，南沙口外甥女小花也来看，提着一筐箩鸡蛋叫老人吃。三哥磨了一笆斗白面，又拉了一车棉花柴，都送了来，因为过去吃过人家的。亲戚朋友都帮助，过去不是托他办过事情，就是在他家住过，我也是在二姐家住过的。这个人物，本来想写在《红旗谱》第四部中。

我回到机关，给金城同志打了报告。金城同志来信，叫县委好好照顾，说叫他当行署教育厅长。

给区党委写了信，我就回家了。因为身体不好，有时在家里读读书，当了县委，脑子里走事儿多，写不了文章。有时到刘耀奎家谈谈，三哥也常去谈谈，免得他苦闷。

地委来信，叫我回机关，说有客人等着我。我回了机关，没有人，又到地委机关，有一个人在等着我。我向前握手寒暄。此人中等身材，浓眉阔目，胖胖大大的，是晋冀鲁豫中央局城工部的工作人员。他说："我是来拜访你和刘耀奎老先生的，你认识李振清？"他提起李振清，我略有吃惊，我想:“我认识李振清,他怎么会知道?”他见我有些迟疑,哈哈笑着说:“是区党委说的。”我说:“那是十几年前的事情,那时他当营长,我做过他的工作,名义是他的私人教师,给他讲中学的国文、算术,这个人很要强!”他说:“所以我们找了你来,请你帮忙。”

又谈了会子闲话,也就到了午饭时分。地委当贵客招待,四碟、四碗,鸡、鱼、肘、肉,还有一壶酒,他哈哈笑着说:“怎么?还当客人招待?”我说:“远道而来,当然是贵宾了!”

客人很是高兴,地委无人出面,由我一人相陪。我举箸让菜,举杯让酒,我说:“海量啊!”他说:“今天遇着你了,看来这件工作有成功的可能,一时高兴,多喝了几杯。”

吃完了饭让客人休息,我就回机关了。第二天,地委套上一辆骡车,把我们送到赵锻庄,在刘耀奎门口下车。我带客人进去,小院静悄悄的,走进门口,耀奎吃过早饭,坐着休息,我说:“客人来了!”刘耀奎向前走了一步说:“哪里来的客人?”客人说:“我是晋冀鲁豫中央局来的,专程拜访。”刘耀奎向前握手说:“客人贵姓?”客人说:“在下姓王,叫王伯平,是晋冀鲁豫中央局城工部的。你和李振清熟悉?”“李振清?”刘耀奎停了一刻,又说:“我当团长的时候,他给我当马弁。后来,我提拔他当连长……”王伯平喜出望外,说:“所以我找你来了,希望你说句话,现在他当了国民党的军长,驻在安阳,我们以重兵包围,他说什么也不投降……”刘耀奎说:“他当了军长,重兵在握,就不投降了,维周说呢?”我说:“十三年前,他当营长时,还不错,这人出身寒苦!”

王伯平想知道刘耀奎的经历,经过攀谈,他知道了刘耀奎出身中农家庭,前清时期,保定武备小学堂毕业,是老同盟会员,曾参加滦州起义。国民三军时当团长,保定警察厅长。反袁护法时在滇军,和刘文辉在一起,当副官长,曾和朱总司令同事。当王伯平听到说曾和朱总司令同事,他大吃一惊，站起身来，点头说：“你是老前辈，晚辈失敬了！”刘耀奎哈哈笑了说：“好说，我向来对八路军共产党有好感的……”说着，刘耀奎叫家里人弄饭吃，王伯平说：“不必，我们要回去了！办事要紧!”说着，走出屋门。我送王伯平上了车，看着他走远。

吃了午饭，下午董杰来。他是北平工作委员会的工作人员，做北平地下工作的，和刘耀奎是表亲，来求他介绍几个关系。由我代笔给史祝三写了信。

史祝三，十三年前是四十军的团副，现在是国民党军队的华北供给支部主任，兼监护团长，监管枪支、弹药、汽车等军用物资。国民党复员后，住北京太庙。这个人是国民三军时刘耀奎的老部下。

我在家里住了几天后回到机关，机关上又出了一件事情。工会主任是个光棍汉，由刘刚同志说合，把前四区区委书记刘绳的未亡人嫁给工会主任。这个女人有两个孩子，也怪可怜的，可乡村里人就接受不了，叔叔大伯子在她门上骂了街，说什么也不干。这个妇女不得不离开家，到县委机关上来找刘刚，刘刚也没什么办法。封建思想不可低估，寡妇不许嫁人，这是个什么问题？今天青年男女可以自由恋爱、结婚，来之不易。

六

有一天，我正在批阅文件，秘书马杰喊：“梁同志，长途电话！”

我走到秘书室拿起听筒，电话里说：“我找梁斌！”我说：“我就是梁斌。”电话里说：“调动你的工作！”我说：“好吧！”

听声音像是区党委组织部长张君同志。那么，我这个县委副书记也就当不成了。回去之后，我告诉王夫同志：“我才接了张君同志的长途电话，调动我的工作。”他唔唔哝哝说：“你要走了，我还弄不了！”

说真的，在一个县里工作了几年，人也熟了，工作也熟了，实在不愿离开，那也无法，区党委组织部长的电话是不能打折扣的。当天晚上，周刚同志打了酒买了肉，促膝长谈至深夜。第二天，我回到家里，换了换衣服，拿了些零用钱，看了看我三姐，说：“你看顾孩子们，我要出远门了！”三姐流下眼泪说：“怎么又出远门？孩子们还小啊！”我也流下眼泪，就登程奔河间。到了区党委宣传部，找到尹哲同志，问：“我的工作又出了什么变故？”

尹哲说：“我不知道，你找金城同志吧！”

我又找到金城同志，金城同志哈哈笑着说：“你离开这个工作吧！有更重要的工作等待你，你给李振清当过私人教师，叫你和刘老去做他的工作，这个工作做好了，叫你当政治委员，这是林政委和张君决定的。”

说到上级的决定，也就无话可说了。我跟区党委要了一辆大车，把刘耀奎接到河间，住在交际处。

交际处长李子寿，是海内名流李锡九的侄子，刘耀奎和李锡九是老朋友，因此谈得很投合。区党委请刘耀奎吃了饭，金城同志和他谈了话。刘耀奎虽然六十多岁，对于所做工作毫不退缩，他说：“只要有用着我的地方，尽管说话，万死不辞。”我心里也一块石头落了地。

区党委给我做了一身夹衣，行署副主任刘建章写了信，因为他原来在冀南工作，冀南的高级人员他都认识。交际处写了介绍信，写上刘耀奎和我的身份。金城同志给晋冀鲁豫中央局书记薄一波写了信。带上警卫员海丰，我带了一把盒子枪，他背一杆大枪，以防不测。区党委派了一辆大车，把我们送到衡水。正是阳春天气，麦秀青青，一路闲话，到了衡水专署。我把刘建章同志的信交到专署。专员出面招待，把我们安置在一个清幽的地方，似乎也是一个交际处。专员说：“你们一路劳顿，好好休息吧！”刘耀奎说:“好说,为了工作,劳累一点怕什么?”专员同志说:“你老和朱总司令同过事?”刘耀奎说:“那是在滇军的时候,正是反袁护法……”专员同志说:“我们招待不周啊!”刘耀奎说:“一到八路军,没有说的!”专员同志说:“你可认识周恩成,周老?”刘耀奎说:“老朋友嘛,小武备的老同学。就是久不见了。”专员同志又说:“你去看看他吧!”

第三天,吃过早饭,专员同志派了一辆大车,把我们送到高级军事学校,一说是周老的朋友来了,人们赶快通知周恩成,他亲自出迎,紧紧握住耀奎的手,眼里含着泪花说:“老朋友啊!你也来到八路军了,真是人世沧桑啊!”

刘耀奎也握紧周老的手说:“人们都拥护共产党,我们也来了,这是值得庆幸的!”

周副校长的老朋友来了,当天晚上,学校摆席请客。学校的头面人物都出席了,让酒让菜,尽欢而散。当天晚上两位老人回忆风华正茂的当年,谈到老同盟会时代如何跟着孙中山闹革命……直到三更时分。

当天回到专署,晚上专员同志为破除寂寞,请听河南坠子。

翌日,专员同志派了一辆双套大车,向威县进发。同车的有一男一女,都是青年人。刘耀奎问他们:“你们去何公干?”女孩子笑着说:“我们到新区工作。”

当时说到新区工作,我还不懂,实际上晋冀鲁豫已经开始刘邓大军过长江的工作了。

当天晚上,到达冀南行署所在地威县城,住在招待所。

第二天,行署派了一辆汽车送我们到了邯郸市,下榻交际处。邯郸市街道宽阔,街上行人稀少。这是因为北面的永年县、南去的安阳还被蒋军占领。稍事休息,第二天坐汽车向会窝进发,一路尽是大河滩,河滩上有很大的石头,也有很小的石子。路上尽是石窝,车行很慢,太阳偏西,到了涉县的会窝村。会窝村在河北的半山坡上，是晋冀鲁豫中央局的所在地。

下了车，先到组织部，交了介绍信。在院里站了一刻，无人出面，我们走出来，对过有一个饭店，我们想先住在饭店里，再作道理。正在犹豫，走过一个人来，叫我们到会客室去。我们坐了一会儿，无人出面，又来了一个人，叫我们到王伯平那里去。大概是机关大，办事费周折。

王伯平住的两间北房，窗台下盘有锅灶。王伯平一见我们，喜出望外，说："我虽然提了意见，想不到你们肯来。刘老一路烦劳，实在是过意不去！"刘耀奎说："万般是为了工作，没有说的。"

在王伯平屋里歇了一会儿，又叫我们转移一个地方，那大概是一个地主的四方小院，叫我们住在东房里。屋子虽然小，但拾掇得很干净。靠南一条小炕，靠西墙放着一个方桌，几把椅子。这在山里来说，就是讲究的房子了。

第二天上午，中央分局的城工部长孔祥祯同志来访。对于刘老亲自出马，不远千里而来，甚是感谢，连声问安。当天中午，城工部请客，孔祥祯和副部长作陪。

住了几天，耀奎有些烦了。一天上午，滕代远和薄一波同志来访。耀奎走上前去，一一握手就座，滕代远同志说："麻烦你了，我们要做个准备！"刘耀奎笑笑说："为了工作嘛，没有说的。"几个人促膝相谈，当滕代远同志听说刘耀奎青年时代参加过老同盟会，参加过滦州起义，反袁时被捕入狱，在滇军时曾和朱总司令同事。他向前一步，握住刘耀奎的手，说："老革命啊！老革命！"

刘耀奎哈哈笑了，说："不，我是老官僚，国民三军时代，我当过团长，当过警察厅长。"说着，几个人哈哈笑了。滕代远同志起立说："明天请你到我们那边坐坐！"说着，握住手走出门去。

第二天午前有人来叫，说是分局请吃饭，我与他一同前往，先在会客室坐了一会儿，再到饭厅吃饭。一个圆桌，几把椅子，互通姓名，我坐在耀奎一旁。同坐的都是分局的负责人，互相让酒让菜，我也喝了一杯酒，薄一波同志笑着说："能喝哩！能喝哩！"

吃了饭，互相握别，回来休息。第二天坐汽车到了安阳的双沟镇，这个村距安阳并不甚远，这是城工部的前方。同住的有东北军的一个旅长，也是来做四十军的工作的。工作人员不过两三人，招待殷勤。

国民党四十军就在安阳城里，城外有八路军重兵包围，四十军只凭飞机空投物资过日子，不时有国民党的飞机，空投米、面，粮草。前方的战斗，是打打停停。八路军的工作是有计划的。我们的计划是先到安阳的南关，那里有董振堂的旅部。董振堂是刘耀奎的老部下。

一天早晨，吃了早饭，套了一辆小驴车，一个老头赶着，耀奎坐上车去，海丰跟上，直奔安阳而去。

耀奎一去十几天，没有消息，我心里十分着急。一天，一个工作人员叫我，也没说去干什么。走了十几里路，到了一个村庄，走进一所大房子，看见一个人就问："一班长呢？"那人说："不在!"找到一个别的人，五十来岁年纪，向他汇报了耀奎和李振清的情况，他说："这个工作做好了，说不定对自由中国有多大的好处!"别的什么也没说，我们就回来了。

又过了两天，海丰回来了，我问他："耀奎呢？"海丰说："李振清用飞机送他到北平去了！"海丰汇报说：那辆小驴车，一直拉到安阳南关董振堂旅部门口，耀奎走了进去，曾见到董振堂。董振堂给李振清打了电话，用汽车把我们接进去，住在一个面粉厂里。耀奎把意思跟他说了，说是来成全他。他叫耀奎老师，说特务太多，他们也不准听他的。给耀奎做了衣服，给了钱，用飞机送耀奎到北平去了。他还说，李振清还打听你呢，耀奎说，他在城外等着你呢。海丰还说，有一个张参谋人很好，给他开了条子，叫他沿城四关都看看。还说，李振清也给了他钱。

以上情况,我跟城工部的人汇报了。工作未成,也没久住的必要了。我骑着一匹骡子回到会窝,向王伯平做了详细汇报,王伯平说:“看起来在两可之间,你要去就好了!”我说:“我可不敢去。”王伯平说:“这里有你们一个乡亲姓梁,叫梁在。原来给四十军军长马法五当兵站站长,因为抽大烟落了亏空,跑到八路军这边来了。”我说:“那我们见个面吧!”王伯平说:“他在邯郸,我给你写个信,你去看看他。”

第二天,我骑着一匹骡子,向邯郸走去一路上我想:这是谁呢?可能是我村东头大地主的儿子梁鸿德。到了邯郸找到他,一见面,他见我们带着枪,变貌失色说:“干什么,洋钱?”我笑了说:“鸿德叔!我们来看看你!”他见我们没有歹意才恢复常态说:“你们来干什么?”我说:“我们来分局公干!”

他请我们洗了澡,到饭店里吃了饺子,招待很殷勤。虽然他的成分不好,又抽大烟,既然到了一个阵营,也就是同志了。他派了一辆大车,送我们到邢台,转赴衡水,住在一家客栈里。海丰到外面转了一个圈,回来说,这里正在开大会,有各解放区的人。我们到会上去找冀中的负责同志,刘建章同志接见,说:“你们就住在这里吧!明天回河间。”

第二天,黎明起床,坐汽车回河间;那是一辆大车,董必武同志坐在驾驶室,我们就站在汽车上。

到了河间,住在交际处,向金城同志做了汇报,这段工作就算告一段落。这段生活,我本来想写在《红旗谱》第四部中。

在交际处住了一些日子,当客人招待。我到组织部去找张君同志,他说:“好,咱们一块去搞土改吧!明天就走,到博野去。”随手掀开小箱子,拿出一沓钞票给了我,我也不知道是什么意思,想是犒劳吧!

去博野工作的人,在黑马张庄集中。其中有董东、林连宇,也有各分区来的县区干部,浩浩荡荡直奔博野而去。这又是一个新的工作,一路上想着怎样做好。

在博野杨村开了大会，此时朱子强已经提升地委宣传部长。土改工作，他们提前了一步，由他介绍经验，总的精神是贫农、中农、富农、地主所有土地拉平，我当时听着别扭，我不同意这个意见，这样伤人太多。

所有的人分到十二个村，后来叫做冀中区党委，博野十二土改试点。分配我当北淹村土改队长兼支部书记，也够重用的了，我很满意。

北淹村是一个中等村庄。我住的那个人家像是中农。一个老婆婆、一个中年媳妇、一个孙子，无男人。张君同志也住在这个村。

土改队到村，开了一个会，张君同志讲了话，主要讲立场问题，搞土改运动，要站在贫下中农立场；然后讨论土改怎样开始，讨论的结果是访贫问苦，发动贫农和下中农。

我走进村东的两间小屋，屋里有一个老太太和一个青年农民，四壁皆空，只有几件农具和一个水缸。院里无车无牛，是一家贫农无疑了，我说："老大娘！你好？我是土改队的，来看看老大娘！"老太太笑着说："土改队的同志，你坐下！"顺手拿过一个草敦子，叫我坐。我问："你们有几亩地？"她说："二亩地，三口人……"正在说着，走进一个老大爷，弯着个腰，背着一个锄。他只穿一条短裤，浑身上下被太阳晒得黝黑、很瘦。见了我，眉开眼笑，说："是土改队的同志来访贫问苦，你算问着了，我又穷又苦。"说着，坐在锅台上，抬起头来望着屋顶，说："苦啊！苦啊！"

我说："你说说你的苦劲儿，我就是爱听这个。"

老大爷说："你是土改队的同志，你爱听，我就说说。有老爹老娘的时候，就是穷，吃了早晨的，没有晚上的。我自幼跟着一个老先生学医，卖跑药，也赚不了几个钱。我想，饿死在家里还不如闯关东呢！我背起药囊，就闯了关东，关东直隶人多，亲不亲当乡人，到哪儿，哪儿有饭吃。不是给人家割豆子砍高粱，就是卖药，也就只能吃碗饭啊。我在关东的大草原上走来走去。我想到黑河里打鱼,没有网。我想到海兰泡去淘金,远,我怕回不来了。我想上山剜参,也不是好干的事情,不是那么好剜的,剜不着啊。正在这时,我的老朋友病了,他腹泻,可把我的药吃完了,也没给他治好。朋友死了,我心里为难,穷人到了哪里也是个穷,我又跑回来种我这二亩地,我们穷人好难活呀……”说着,张开大嘴哭起来,老太太也哭,那个青年农民也哭。

我说:“莫哭,莫哭!咱土改队来了,要贫下中农平分地主的土地房屋,平分浮财……”老大爷两手拍着膝盖说:“真的吗?”我说:“真的!共产党不说谎话。”老太太说:“真的?那可好多了!”青年农民说:“要是那样,我就去当八路军!”我说:“咱就说这个吧!怎么样才能分好土地?”老大爷跳起来说:“要咱贫下中农当家做主!”我说:“既然这么说,咱贫下中农就得串联起来,亲戚串亲戚,朋友串朋友……”老大爷把大拇指头一伸,说:“好,咱说干就干!”

说到这里,也到小晌午了,我说:“说了半天,我还不知道老大爷的大号!”老大爷又伸出大拇指头说:“朱老堆!你一说朱老堆,无人不知,无人不晓!”我又问:“北淹村的地主有几个?”他答:“两个,朱绶谦和吕老配!”

说着,我走出来,老大爷送出我来。这家人家,有院子没有墙头,也没有大门。我一步一步走回来,一边走一边想:今天访贫问苦没有白访,朱老堆这个人物的经历,丰富了《红旗谱》中的朱老忠。

第二天继续访贫问苦,第三天开土改队的会,汇报这两天的工作,我先汇报朱老堆的贫苦和经历,我一边汇报,张君同志眯眯笑着。一人汇报一套,汇报的对象有男有女,有老大爷,也有青少年。一边说着,一边笑着。最后一致同意朱老堆的组织路线:搞土改要贫下中农当家做主。开了这个会,决定:继续访贫问苦,着重组织串联。

当天晚上,张君同志到了我的住处,谈了会子土改运动,也谈了一会子闲话，他给了我一本油印的小册子，说：“天书啊，看看吧！”我看了一下，是中共中央一九三三年两个土改文件。

第二天，我没有到群众中去工作，我觉得这本小书很重要，翻来覆去地看，土改的总路线是：依靠贫雇农，团结中农，中立富农，消灭地主之为阶级。

土改的几个阶段是访贫问苦、拘留地主、诉苦、分浮财、分土地、扩兵、庆祝胜利，特别提出以贫农团为领导。

土改队到村，好像古潭里投下一块石头。经过一个时期的访贫问苦，组织串联，整个北淹村开起锅来。但是贫雇农好发动，中农最不好发动，上中农没动静，富农取观望态度，也有的富农有些害怕。因为富农有的雇工，有剥削。

组织串联、发动群众用了一个比较长的时间。对于几千年来的封建关系不能低估。有的受过地主的小恩小惠，有的和地主有亲戚家族关系。土改队研究了这个情况，下苦工夫，进行个别串联，说服教育。

经土改队大会研究，全村贫下中农发动得差不多了，由我主持开大会选举贫农团。

贫农团成立之后，指挥民兵把朱绶谦和吕老配拘留起来。朱绶谦有两顷多地，雇长工，当然是地主。吕老配有八十多亩地，不过是富农而已，也当地主办了。

据贫农团反映，朱绶谦是一个刁钻的家伙。他有个女儿，外号叫三道弯，拉拢村干部，到她家去打牌。据说，这个妞子长得还不难看，朱绶谦拿着她施美人计，和这个村的公安员有男女关系。这两个人物，我写在《翻身记事》中。

拘留了地主，紧跟着就是没收地主的浮财。发动全村的贫雇农、下中农，老老少少，大男小女把地主的箱箱柜柜，抬到朱绶谦的场院里，派了几个贫农妇女把大堆的衣裳搬到屋里，记上账，管理起来。

经过收浮财，全村贫雇农真的发动起来。中农和富农心上也踏实了，都靠近贫农团，最大限度地孤立了地主。

土改运动到了高潮，把地主扫地出门。这个做法，现在看起来，是左了一些。地主子女流落街头，在没有消灭封建思想的情况下，会有人可怜他们；他们也只有投亲靠友。三道弯这个妞子早就跑了，我们也没追究。

正在这刻上，区党委通知：保定的蒋军要出击扫荡，叫我们向南转移，我把贫农团的工作做了安排，尤其是看守地主的民兵们。

十二个土改队浩浩荡荡，转移到潴泷河南庄窝头村住下来。在一个大庙里开会，汇报工作。各个土改队的做法大同小异。就是在这中农问题上，互有争执。我提出中农是团结对象，全场大哗，因为张君同志同意不动中农，才算罢休。

过了几天，见蒋军没有出击扫荡，我们又回到十二个村；到北淹时，正是半夜子时。找好了房子，才宿营睡觉。这一次住在一个富农人家。

土改队开了会，下一个阶段就是开诉苦大会了。土改队下去培养典型，叫苦大仇深的先发言。

贫农团搭了一个台子，开诉苦大会。朱老堆先发言，说他怎么下了关东，在关东大草原上受苦，他的老朋友怎么死的，回来之后还是受苦。说着，张开大嘴哭了，声泪俱下，台下的人也都哭了，喊着：“拥护共产党！平分土地，分浮财！”

诉苦的人，一个接着一个，有的号啕大哭，有的顿足捶胸。

台上诉着苦，台下喊着口号。

经过诉苦大会，贫下中农的觉悟提高一步，为斗争地主做了准备。贫下中农翻身抬头了，气势昂扬。斗争地主的时候，叫朱绶谦和吕老配跪在地上。朱绶谦的一个儿子，民兵把他押了来，跪在地上。一位老贫农走向前去，气愤地说："我的两个孙女，在你们高粱地里掰了点叶子，你把她们鞋脱了，不让她们走，你做了伤天害理的事，现在该跟你算账了！"说着，走向前去，脱下鞋，用鞋底子打他。人们一齐喊着："打他！打死他个坏东西！"

诉苦大会，斗争地主，是土改队几十天的工作成果。

下一个阶段是分浮财，分粮食。贫下中农分了家具、被褥、衣服。没粮和少粮的贫下中农，分得了粮食，没房的分了房。

贫下中农的青年踊跃参军入伍，上前线打老蒋。最后唱了几天大戏，庆祝胜利。我站在台上，代表县委讲了话。

领导小组开会，说要做总结。我没做总结，用几天的时间写了一个"北淹村土改经过"。肯定地说了恶霸的定义是霸人、霸产、霸财，美中不足的是中央的"划阶级定成分的决议"没有下来，我们定的成分没那么准确，再就是没有仔细地算剥削账。张君同志看了很满意，油印了，叫各土改队的成员带回去。

我在北淹村住了七十多天，认识了地主的脾性，交了很多贫下中农的朋友，学了很多群众语言，把他们写进《翻身记事》中，但只写了半部，因体弱，下半部写不了了。

做完了北淹村的土改，已是金黄的秋天，土改队解散，各回各县。朱子强说："张君同志叫你回蠡县！"我不同意，和张君同志一起，回黑马张家庄，住在宣传部。

这时宣传部有尹哲、董东、胡苏几个大干事，尹哲跟我说："王乐天说你土改搞得不错，你编宣传部这个刊物吧！"林铁同志不同意，说我是没有改造的知识分子。我内心不同意：我十三岁入团，十七岁进入白色恐怖，二十三岁开始了抗日战争。再说，我是在党的教育下有了文化，还是未加改造的知识分子？

尹哲见我没事干，他说："林达宇在附近搞了一个小区，直属区党委领导，你去看看吧！”

我到林达宇那里住了几天，看了看。不过是轻车熟路，没有什么特别的。我又到方纪那个村里看了看，在一天晚上，参加了贫雇中农大会。有一个县游击大队长登台讲话，胖胖的，黑面皮，讲起话来，满口的群众语言，一看就是贫农。在几天里，我和他交谈，他总是缓缓地、一句一句地谈，满脸的笑容。我把这个人物塑造成《翻身记事》里的周大中。

尹哲叫我到报社和文联去看看，我到了报社，支部书记是朱子强。我到了文联小组，有王林、孙犁、王钊、孔厥、方纪等人，王林是小组长。当我走进这间房子时，王林正在质询孙犁和孙舞阳的关系。孙犁他们村里有个叫孙舞阳的，是张荫梧委任的县长，孙犁对此问题很觉为难。我带着这个问题回到秘书处，尹哲说："孙犁没有问题，你快去！”

我回到文联小组，对孙犁的问题说了一些缓解的话。王林很为恼火，红着脖子脸说："那，你当小组长吧，我不当了！"说着，拂袖而去。当下就是个冷场，我只好主持会议。但是，此事朱子强并不知道。

这时对过屋里，一群人围着质询元之，元之要调《晋察冀日报》。他这段工作并不错，欢送一下，走了算了，有些人就是不放。因为有朱子强在屋里坐着，我也不好进去。下一任的报社社长就是他，我也无可如何。

大会过后，我每天晚上去参加区党委的办公会议。参加的人有林铁、张君、罗玉川等，尹哲被林铁同志指定为代笔人，很被重视。会上交流各地土改情况，或用电话指挥。参加这个会，对于写《翻身记事》有很大帮助，如地主杀鸡成风，就是在这个会上听到的，还听到一些细节。

一九四八年的春天，张君同志找我谈话。他叫我到武强去工作一段，看看有什么问题，职位是县委宣传部长，因为那里副书记已经有了。我是无所谓的，文艺工作者下乡，什么名义都可以的，只要能深入生活，接近群众就行。张君同志给我写了介绍信,我就直奔武强县。当时我不知为什么不经过地委,武强县是属于六地委的。

我到了武强县委,把介绍信交给县委书记刘健,他叫秘书同志给我安排了住处,连声说:“宣传部长也是很重要的!”似乎他知道我当过副书记。还有一个副书记叫王树清。刘健和周刚差不多,文化水平不高,但工作上很熟练。他给了我一辆车子,一个警卫员,是个小青年。县长叫孙寿峰,公安局长是个青年人,开县委会就是这么几个人。宣传部副部长不参加县委会。

这个县似乎土改过了,又似乎还没土改完,有的村浮财还没有分。贫农团还未解散,村里的事也没人管,这是踢开支部闹革命的结果。县里的工作有和蠡县相同之处,就是松松垮垮的。部里的事很少,我就骑着车子下乡。

到两个区里看了看,似乎干部的水平普遍低,我作为宣传部长,也没有别的办法。就召集村干部会议,当时普遍时兴一揽子会议,就是工、农、妇、青,各会的干部都来了,区级干部也参加,讲党员课本,提高他们的水平。有一个村妇救会的干部说:“梁部长到我们村里去讲讲才好呢!”

我到几个村里看了看,找村干部们谈话,他们都不愿干了,觉得寒心。贫农团又没有这个能力,村里的事没有人管。

有一次,我从东区里回来。见有很多人往南跑,有的坐着大车。我打听了一下,说是有一贯道从山东的连镇到了冀南的威县,哄嚷群众到某村井里取“圣水”,威县公安局出面干涉,群众把公安局砸了。现在到了武邑县的一个村,这个村离武强边界只有三里路。有一个公安局长,和一个区长跟着,也不敢管。现在又哄嚷说某月某日到武强的金鸡寺。

我赶紧回县委,起草了一个指示。一,县大队立刻开到金鸡寺。二,凡是村级干部,不许去取“圣水”。而且说明这是一贯道作怪。我叫刘健看了看，他同意，就发下去了。自此，这取“圣水”之说，沿着武强边界，从南移到北，又从北移到南，进不了武强县。

武强县盐碱地多，颇似苦海盐边，非久居之地，因此我想离开这里。

我回区党委一趟，叫着政策研究室主任丁廷馨，向张君同志做了汇报。这时第一批干部南下新区工作，我想去，王夫同志不同意，张君同志也不同意。

七

我回到武强，也不想工作了。华北土改基本完成，我想开始写《红旗谱》这部书。清理了一下仓库，想了想人物、故事、语言等。想来想去，生活上好像缺了一点什么东西。从抗日战争开始，我就搞剧社工作，合理负担、减租减息、统一累进税、增资、大选举等，我都没有搞，于是我又想南下新区工作，从头做起。

对这个问题，我做了反复思考。还是南下新区工作一段，重新做起，找回这一段生活。

想好之后，我给区党委书记林铁同志写了一封信，就又下区了。过了一些日子，刘健来找我说：“行了，你的信批准了，你顶着一个县委书记去！”

我听了这句话眉开眼笑，说：“那就好！”

我等待通知，带上一个警卫员，叫王景云。回区党委看了看老朋友们，尹哲见了我，笑着说：“行了，你不是写了信吗？”

我又去看了看杨循同志，他当时在导报社当秘书长。他不同意我南下，并说："既然如此，叫朋友们给你凑个钱儿吧！"过了几天，他给了我一万块钱（当时的边币），但是把我车子换了，给了我一辆旧车子。我又去看了看方纪，他说："自此之后，一南一北！"似乎也不怎么同意。

六分区的干部在束鹿的辛集集中，吃了早饭，我和王景云向辛集进发。赶上今天大风，大风扬着黄土，刮得睁不开眼睛，车子也骑不成，只好眯着眼睛，推着车子走。黄昏时分到了辛集，把车子存在指定的地点，赶去报到。六地委书记阎子元同志带队，见了我就问："怎么你也要南下？"我说："在冀中待腻了，我想到新区新鲜新鲜。"他笑着说："那就好！"

吃过早饭，阎子元同志叫人们站上队，共是一百多人，宣布赵毅民同志为大队长，我为参谋长。又是编组，大概是一县一组，选举组长，又做了一些准备工作，一直忙了一天。

第二天，站好队伍，向衡水走去。在衡水上了火车，掌灯时分到了石家庄。石家庄街道宽阔，但行人稀少。我们到了一家冷食店，上了二楼，第一次吃到冰激凌。

早饭以后，站上队，向华北局走去。当时华北局书记是薄一波同志，组织部长是刘澜涛同志，宣传部长是周扬同志，陈鹏同志在组织部做秘书长的工作。我们在华北局附近一个村庄上住下来，重新编了支部，组成党委会。领导人员有冀中区党委组织部副部长贾震，六地委书记阎子元，七地委副书记赵铁夫，泊镇市委书记张秩生。

支部实行了选举，朱芳年是书记，我是副书记。李子敬原是武强县委书记，张波是束鹿县长，都被选为委员。

我和朱芳年住一个屋，睡一条大炕，支部委员会就在这里召开。别的人多是打草铺睡觉，没有炕也没有床板。

刘澜涛同志讲了一次话，叫大家好好学习，不要到热闹地方去。

华北局决定，南下干部一天吃二两肉，李子竟管伙食，经过死气白赖地争取,也吃上了。可能是因为这件事情,他被调离支部,到山西阳泉工作。

在学习上,主要是学习毛主席《目前形势和我们的任务》等几个文件。中间考试了一次,把人们集中在一个大院里,发下题目叫人们答,我只用了十五分钟就答上了,结果得了八十五分。人们甚为奇怪,说:“他答了没有十五分钟。”

在华北局学习了三个月,冬天也就来了。这时邓拓同志调中央工作,任政策研究室主任,我给他写了一封信,表示握别。想不到他派人来要我。陈鹏同志叫我谈话:“中央要人,你去吧!”我笑了说:“我满心地愿意南下,做做新开辟区的工作!”他也没有勉强我。这时太原已经攻下,阎子元同志调晋中区党委任宣传部长,我想跟他一同走,也没去成。贾震同志没有南下。

南下时期已届隆冬,我和赵毅民还带着六分区这队干部。到了石家庄,队伍停下来休息。张秩生和赵铁夫找我谈话:他们叫我回去,到邓拓那里去,我不同意,一心到新区工作。

这时吴立人同志在石家庄市委任宣传部长,我叫王景云拿了些边币去,换了几块银元,以备到了新区时用。吴立人同志叫王景云带信回来,他希望我到石家庄工作,我也只有承情了。

一路长途行军,都是步行,晓行夜住,到了邯郸,远远看见崔嵬同志带着一行人,他也南下了。我们串过“回车巷”,在邯郸住下。

从邯郸往西行,沿着那一带大河滩,到了会窝。南山坡下,那条小铁路,已经修好,但未见有车行。我们也未坐小火车,还是步行。向西行绕过南岳,在大山之阳,有一个所在,气候温暖如春,青松翠柏,兼有片片竹林。虽然隆冬季节,鸟语花香,白菜蒜苗还在竹林下长着,犹如江南景物,使人轻松愉快。

从此往南行，串过孟津县，到了黄河的孟津渡，有一个很大的木船，在河边停着。据说这是大军南下时坐的木船。这个木船，造得非常壮观，据说可以盛一营人。我们的干部队伍，都上了船还未坐满；船里可以坐人，船上头也可坐人，我们就是坐着这个大木船过了黄河。虽然黄河中风浪猛烈，亦无飘摇之苦。过了黄河，就是豫西地界。

我们继续前行，到了华中局所在地——河南的禹县，算是结束了这次长途行军。这次行军是我一生中路途最长的一次行军，我们在这里住下来。

华中局书记是邓子恢同志，宣传部长是刘子久，组织部长是李雪峰。听说高阳县委书记刘屏同志在禹县当县委书记，我去看了看他，同在异乡做客，相见分外温暖。

听赵铁夫说，组织部副部长是孔祥祯同志，还说他了解我，我甚为高兴。人有见面之情，孔祥祯同志特别约我谈话。见了面就说："李振清特别的反动！他没把刘老杀了？"

我说："他给耀奎当过马弁，他提他当了连长……他给耀奎做了衣服，给了耀奎一些钱，送他到北平去了。现在耀奎在北平工作得挺好。"他说："那就好，你想做什么工作？"我说："我愿做地方工作。"他说："他们说叫你到中原大学去。潘老，潘梓年在那里，主要做训练工作。"我说："我愿做农民的工作。"他说："那，你就等一等！"

张秩生同志分配到郑州铁路局工作，他带的那些干部分配在郑州铁路局、郑州市和郑州附近的县份。赵铁夫分配在工会学校工作，朱芳年分配在开封市委组织部任组织科长。

眼看年关将近，过了年，干部科长袁平同志跟我谈话："河南的干部够了，你到湖北去吧！地委的部长，大县的县委书记。"

江汉区党委副书记刘建勋同志来开会，回去时带我们一同回去。

到了郾城，休息下来，打尖吃饭。我听说周刚同志在郾城县委工作——他和刘屏，都是第一批南下的。我去看了看他。

第二天，上了火车，在火车上遇着老同学李之森，互相寒暄问好。

他叫我唱一段戏，我勉强唱了一段，刘建勋同志哈哈大笑。列车开到花园车站就停住了。据说汉口周遭正在作战。花园就是江汉军区的所在地，我们在这里住下来。此处已近南方气候，有些潮润。

我拜访了江汉区党委副书记刘建勋同志，这个人我听说过，他是河北献县人，原在晋冀鲁豫中央局任组织部副部长，南下之后，任江汉区党委副书记，听说我是冀中来的，分外热情，连忙叫警卫员说："给客人整铺！"我说："我已经住下了。"他带着夫人和一个小女孩，听说我是冀中来的，夫人说："听你说话，你是蠡县人？"我说："我是蠡县人。"

刘建勋同志问我："你还带一包书？看来你是一个知识分子，你到襄阳地委去吧！当宣传部长，张廷发在那里当分区司令员。"

我点头称是，也没有多说，就走出来了。

区党委副书记王延春同志接见我，这个人我是认识的，他是晋察冀分局党校的老同学，后来在北岳区党委任宣传部长，南下之后，到了此处。他们住的房子已与北方不同，一般的堂屋敞着两旁都是土坯墙，屋里缺少阳光。有的草屋顶，有的是瓦屋顶，屋瓦每年摆一次，通明通风，此处风俗人情已与北方不同，堂屋里都是矮桌矮凳。王延春同志在堂屋里接见我。他谈了一些湖北的风土人情，谈到工作上，他说："剿匪反霸呀！现在我正在考虑拟一个文件下去。"因为我是才来，还未接触工作，也没有说什么。

区党委宣传部长袁振同志来访，我请他坐在矮凳上，谈了一些工作上的问题，他说："伙计！你到襄阳地委去吧！尹笠夫当组织部长，你当宣传部长。七届二中全会的文件，你传达一下，我们就不去了。"我说："我还没有见过。"他说："我叫人给你送来，你抄一下。"说着，站起身来，走了出去。

不一会儿工夫,有人送了文件来,还有一沓白纸。我看了一下,是毛主席在七届二中全会的讲话,厚厚的一本子。我坐在矮凳上抄了起来。

听说行署主任郑邵文要到襄阳去,叫我坐他的汽车一同去。我写了一封信,叫王景云送去。他回信说:"……等天晴路干,方能行车……"南方多雨,现在正下着牛毛细雨。一直等了几天才云破日出,郑主任来信:"……今天咱们走吧!"

等不多久有人来传:"请你上车!"人并不多,郑主任、一个客人和我们一同坐在大车上。一路上,两人兴高采烈地谈着。听他们谈话,郑主任是一个老同志,大革命后他曾任洪山苏区警卫师的师长。

行程七百余里到了襄阳城里,在南大街教堂的门口下车,走进教堂是襄阳分区驻地。一个年轻英俊的军人走出来迎接,他就是襄阳分区司令员张廷发。

张司令员和郑主任热情地握手,郑主任介绍:"这是新任的地委宣传部长!"我走向前伸出手,有一个穿蓝色中山服的走过来和我握手。郑主任介绍说:"这是襄阳地委书记杜景云,分区政治委员。"这人看上去有些苍老。似乎比张司令员年岁大一些。

襄阳地委原属桐柏山区党委,现在划归江汉区党委领导。我在这里住了两天。

杜政委领我到地委机关去,踏着石板马路,街旁尽是一些破旧的瓦房。大街上人并不多,也没有什么大买卖,不过是一些小饭馆,缝衣店和杂货铺子之类,看样子买卖并不兴隆。还在战争状态,机关门口不挂牌子。

走过东西大街,走进一个瓦楼大门,院里尽是整齐的瓦房。走过过庭,开门进了北屋。有一个中年的干部走了出来,杜政委大声介绍说:"宣传部长到了!"又指着那个人说:"这是咱们的组织部长尹笠夫!"我维恭维谨地走向前去,热情地握手。杜政委说:"这边就是咱们三个人共事了,看样子你是一个文墨人，是哪个学校毕业的？”

我说：“河北省保定第二师范，并没有毕业。”我这么一说，杜政委走向前来，紧握我的手，又哈哈大笑说：“怎么这么巧，我也是第二师范的，二次学潮轰张陈卿时，我还到北平招待新闻记者。”

三个人坐下喝茶谈天，自从抗战以来，这是第一次喝到茶。在说话中，我了解杜景云同志是冀南人，尹笠夫同志是山东人，都是带干部来到江汉军区的。说了一会子闲话，杜景云同志说：“你们谈吧！我回去了。”我们送他到大门以外。

走回来之后，尹笠夫把我安排里院一间大房子里，这是三间西屋，我住在北头，有小门，通一个不大的天井。这种房子的格局，北方是没有的。

屋里都有护墙板，油漆鲜亮。有一张大床，一张小床。我和我的警卫员，每人睡一张。

宣传部还没有人，也无有什么工作。不久解放了武汉市，建立了湖北省委；省委书记李先念同志，副书记刘建勋同志，组织部长刘子厚，宣传部长是袁振。据说王延寿同志到宜昌地委工作。

第一个中心工作是剿匪反霸，发动群众。新区工作基层尚未建立政权，一切征收什么的还得依靠旧的基层政权。剿匪反霸也只有区县级和部队执行，群众通风报信，还谈不到深入的发动。宣传部的工作配备了一个干事叫徐新福，还是老解放区那一套。建立干部学习，对外宣传，国民教育。村级没有党支部，也谈不到党的宣传工作了。

先开始的工作是干部学习。省里发来十二本书，都是马列主义的经典著作。地委一级的是精装本，县委一级的是平装本，叫做干部必读。干部们都是老解放区来的，有十小时工作制的习惯，每天早晨学习两个钟点。中央要求每个县里有一两个懂马列主义的。数字不大，这不是一件容易做到的事情。

国民教育用不着省委下文件。专署教育科长王平是山东来的干部，为人正直，好领导。教育经费不足，我提出“艰苦建校”，王平同志也同意。首先把所有师资聚拢来，成立了联合中学。又成立了师范学院，培训中学教员，为恢复各县中学做了准备。又调来南章县教育科长江津，在宣传部工作，这人是个老党员，曾在重庆《新华日报》工作过。此人经历多见识广，工作起来得心应手，为开展国民教育、干部教育做了不少工作。

对外宣传，凡是省委的部署都根据具体情况布置下去，但我相信不会完全做到。凡是到我手的文件我都执行。经常集中干部做报告，抓紧宣传，吸收并团结知识分子，抓紧形势教育，开阔干部的心胸，以利于勇往直前地工作。无论中学师范，凡有通知，请我去做报告的，我绝不放松：贯彻党的政策，宣传马列主义。

党校成立了，专门训练新党员。校长张晓华也常请我去上党课，我讲起来就是半天，我都不休息，做新区的工作哪里有这么好的机会呢？

这时地委委员会，除我与杜景云、张司令员，还有分区的王副司令员，訾副主任。后来来了高如松专员，副专员余益菴同志，他二人都是老党员。

此时襄阳地委下设襄阳县委、光化县委、谷城县委、保康县委、南漳县委、洪山县委、枣阳县委，宜城县委、老河口及樊城均为地辖市，设市委。

经过几年的调查研究，襄阳地区沿革久远，名人辈出。大革命时代，萧楚女即在襄阳师范任教，宣传马列主义。

通过宣传部向各县委要了一些材料，将各县的古今名人记在本上。从这些资料看，这个地区是一个老区。这个地区界于南方与北方之间，气候湿润多雨，此地人习惯出门带伞。

夏秋之间，有一个月的热天气，有一个礼拜的极热天气，热不可耐。冬季不生炉火，点一个炭盆，也就可以了。乡人把土坡扒拉扒拉，撒上点萝卜籽，就可以长萝卜。白菜大葱都是在园子里过冬。蚕豆长在地里，上头下着雪，底下就开花了。春节过后，桃杏花开，满山野花红，甚为适意。此处交通不便，物价便宜，每顿饭可以吃到鱼肉。

我自北方来到此地工作，很觉幸运，日夜操劳，努力把工作做好。但是七风八雨会中州，各地干部带着各地的经验来到此处集会，工作上又难一致，这是美中不足的地方，历史条件，也没有什么办法。工作时间长了，这个问题是会解决的。

地委委员们都不下乡，空闲时间是会有的。我借了一本《三国演义》，仔细阅读。书上的人物故事，有些是出在此地，如刘关张三顾茅庐，刘表与刘备的故事，马跳潭溪……这次读《三国演义》，甚为仔细，获益也很多，我一一记在笔记本上。

一九四九年夏季，程子华同志带四野十三兵团路过此地，地委在大华饭店摆席请客，子华同志见了我，离远就打招呼，说："工作怎么样？还可以吧！"

我高兴地说："可以，比北方好多了！"

吃饭的时候，我和他坐在一张桌上，一边吃，一边谈，子华同志很是热情。这是我第一次吃到南味食品，和北方的食品相比味道有所不同。自此以后，大华饭店是我永久不能忘记的。

十三兵团共十多万人，已经有了新式装备。我军克敌制胜是不成问题的。

程子华同志派人来叫我去，他在等着我。我和尹笠夫同去了，谈了一会儿，子华同志对地方干部很热情，并给地方干部讲了话，传达毛主席在七届二中全会上的讲话，重点是谈剿匪。可是这一阶段的剿匪主要是部队搞的，地委无人下去，我只听得到一些材料。

十三兵团开拔之前子华同志来访，并谆谆告诫："你要谨慎呀，有什么信交给留守处就行了！”

我说:“地委书记是我的同学。”

子华同志又说:“那也需要注意!”他似乎有很多话跟我说。依依惜别,说:“八路军越多越好。”

十三兵团在此地吸收了一些男青年和女青年。

联合中学的学生跟十三兵团走的不少。我们又招了一些学生,成立了第三中学和襄阳高中。

襄阳地委第二个工作就是减租减息，这个工作并没有在地委会上讨论就派尹笠夫带人下去了。我到宜城县委去了一趟,宜城干部都是晋察冀来的,谈起话来特别亲切,也有共同语言。县委书记杨守高,为人温和。县长是冀南人。我听了他们的汇报,内容不多。《翻身记事》中,砂锅子用刀砍人的情节就是出在这里。不过是发生在树林中。

一九五〇年春天,省委派来一批女干部,江津同志拿了一张干部登记表来,我看了看,这个女孩子家世不佳。他父亲是陈纳德飞机队(美国派来助战的)搞供应的。我没有理他,他认为我不同意,就又拿回去了。

在那个年月老是搞运动，和地主或资本家的女儿结婚就有被审查的可能,我不想找麻烦,我想找一个贫雇农的女儿结婚,也就免除了这种麻烦。

湖北省委召开第一届团代会,地委叫我带队前往。参加这个会的有陈紫萍、陈清、散幗英等人。散幗英是代表襄阳城关区的,年轻,长得也不难看,活泼、聪明。我认为可以作为我终身的伴侣。

开会时,由各地青年团汇报工作,散幗英同志也登台演讲。说城关区已开始发展团员,青年团员们劳动得很积极,襄阳没有煤,青年团员天天上山割草,除了自己烧的,还担到柴市上去卖。父母们都很满意,给他们做咸干饭吃……她按实汇报,说得有条有理。自此,我爱上了她。

开完了会，那天晚上，我带她去买一双鞋子，因为没有合适的，也没有买成。回来时还是走着蛇山上那条小径。夜间了，两旁的树木呈荫绿色的影子，我俩慢慢走着，在夜明中，我们第一次握手。这是我一生中最幸福的日子。走下蛇山，回到宿处，我送她到女宿舍。

省委宣传部叫宣传部长们去汇报工作，我也去了，汇报了开展新区的宣传工作。省委宣传部长袁振同志做了总结报告，部署了宣传工作，并说各地委成立一个报社，办一份报纸，省委出钱。

经过这个会议，我认识了散帼英同志，心目中算是有了一个人儿。但我在地委，她在区委，见面的机会不多。萧林给我的教训，我也不愿过恋爱生活了，还是媒妁之言好。在一天晚上，我提了手枪，到城关区委，见到区委书记朱震同志和他的夫人徐健，我和散帼英的婚事，请他们说合，他们慷慨地答应了。过了一个时期，在一天晚上，朱震和徐健、散帼英同志来访，坐了一会儿，说了一会子闲话，朱震和徐健就走了，只留下散帼英同志。我们亲切交谈。自此，散帼英同志每天晚上到我这里坐一会儿，说一会子话，破除我的寂寞，增添了我生活中的兴趣。

地委会搬了家，搬到一个大院子里，院里有一座小楼，修理一新，我就住在这座小楼上，里外两间房子，也怪舒服的。杜景云同志也搬过来同住，吃饭就在堂屋里。

报社经过一番筹措，也有一点眉目了；又调来一个县委宣传部长，叫王育民。他和江津做副总编辑，我做总编兼社长。起名就叫《襄阳日报》，社址就在原来地委住的地方。我搬到报社办公，也很方便。

正在商量怎样购买机器，省委派来一班人，为首的经理姓万（我忘记叫什么名字），带着几个排字员。他们原来是江汉区党委报社的人，江汉军区转移，他们把机器、马达什么的坚壁在大洪山。经他们的手取回来，是一架平板机，印个报纸什么的还可以。

万经理还派人到武汉买来了铸字炉和马达。

我给省委宣传部打了一个报告，说明报社的任职人选和筹措经过。袁振同志同意，我们这里就开始出报了。小型报纸，对开四版，无偿送给各机关和各县。居然还不错，余益菴同志很满意。

共青团也开始成立，地委叫我当青委书记。我正在年轻，不怕工作多。工作多可以多一些经历，熟悉一些青年人的形象和性格。

盖了几间房子，成立了一个图书馆，郝季毅当图书管理员，直接向店员和码头工人开放。每天有码头工人到图书馆看书。还盖了一个现代化的舞台。

征求散帼英同志的同意，我们准备结婚。我们坐上小船，到樊城去照了一张相。回来看了看，身无长物，只有从北方带来的一个紫花被面，做了一个被子，这是老八路作风，她不嫌弃，也就算了。

尹笠夫同志操心办了四桌酒席，工、农、妇、青各团体的人们都来庆贺，热热闹闹的。这就算结婚了。

散帼英同志说，她母亲请我吃饭，陈紫萍同志陪我去了，还有徐健同志。她们住的是两间小瓦房，因为没有人打扫，房屋很阴暗。

酒席不算丰盛，但鸡、鱼、肉什么都有。帼英提出一个大瓦壶，请我们喝本地的米酒。老岳母说："我们是穷人家，没有什么好吃的！"

徐健说："我们是八路军，不嫌人穷，革命就好。"

散帼英同志上无三兄，下无四弟，她是一个孤女。父亲当过兵，参加过武昌起义，大革命时代曾经加入中国共产党，为中共党员。后来当码头工人为生。

我结婚了，帼英调宣传部工作。我工作一天回来，一进门屋里有个人儿，晚上有人说个话儿。我自从十七岁漂流在外，过着独身生活，如今有了帼英，生活上起了很大变化。有时一进门，桌子上有桃子，有时桌子上有瓜。革命多年，算是有了幸福生活。我的警卫员王景云来访，我没有在屋。他在纸上写了几个字："……首长！你翻了身了！"

八

襄阳专区在地委书记杜景云同志领导下，开始了土地改革运动。

这一运动是怎样下达的，省委怎么谈的，我完全不知道。在剿匪反霸的基础上，一哄而起，不论地主、富农、中农，所有财物一齐分；雇、贫、下中农没有充分发动，地主流落街头，老人、妇人、小孩，沿村乞讨，表现出阶级路线不清。我没法说话，笠夫也不说什么，地委也不讨论。

一九五一年三、四月，我接到通知，叫我参加省委宣传工作会议，顺便把这个问题向省委谈了。我回襄阳后，刘建勋同志也到襄阳地委，发表了对目前土改势头的讲话，重点是说，土改要按政策、按路线进行，切不能蛮干。

刘建勋同志的讲话，是针对目前全省土改运动谈的，无疑也批评了襄阳地委的土改运动。因此，有几天，杜景云同志也有些不自然。

有一天，我正在办公室批阅文件。杜景云同志推门进来，面对着我愤愤地说："中农就是可以动！中农就是可以动！"

我抬起头，正想说点什么，他又拂袖而去。我一腔不悦闷在腹中，摇了摇头，自言自语："革命好难呀！"

对于他发的这一顿脾气，我本来想找上前去，跟他分说明白。这时帼英同志从屋里走出来，见我面色不悦，她说："算了吧！工作上的问题慢慢说清楚，他是书记，你是部长，在同一地委工作不要闹矛盾……"

见了妻子，就把满脸的晦气收起来，在办公室走来走去，说："我听你的话，闹矛盾不好！"我也想到我们是老同学，在保定第二师范虽然不熟悉，在轰西山会议派张陈卿时，我是护校委员会的委员，他去北京召开记者招待会，向社会上宣布了张陈卿的罪状，我们曾经是并肩作战的……想到这里，我的不悦也就自然消散了。

在这个时期，我接到老朋友，第二师范的老同学远千里的来信，也接到刘光人同志的来信，他们羡慕我这次南下的行动，但也呼唤着我。北方在呼唤着我，我要回到北方去完成我的文学创作。几天里，我在西门以外的汉江岸上走来走去，汉江在我的脚下平稳地流着，我思念北方的朋友和华北平原。

但我对襄樊地区也有很深的眷恋。襄樊地处南方与北方之间，既产稻米，也产小麦、玉米和高粱，气候湿润温和，满山野花开……我如能在此处落脚，把作品写出来，亦无不可，我心里有了这种打算。

正在这时，省委下了通知。杜景云同志调专员公署工作，遗缺由张司令员调补。

听后，我的心里很不是滋味，好像是我把他搞走了。但我不是这样短见的人，我是看重朋友的。处在我的地位，微笑着把杜景云同志送走，又把张司令员接来。正在这时，省委正式下了开展土地改革的指示。

这时，我只是在一边沉默，不多说话。我带上帼英，走出西门，坐上小船，渡过江去。在樊城大街上走来走去，俯视脚下的汉江水流，隔江眺望襄阳古城。坐上小船回来，走进办公室。帼英给我讲了这样一件事：她母亲和父亲一同到樊城去，回来时坐上小船才发现有风浪，小船划到江心，因为风浪颠簸，急忙靠岸，还有几步远，小船翻了。岸上行人急忙下水抢救，回到家里，母亲生了她这个独生女儿……说着，她流下了眼泪。我紧握她的手，擦去她的眼泪。她还说："母亲生我的时候，只七个月……我是不足月的！所以直到现在体质纤弱。”

她又说，她自幼身体孱弱，吃不起药。家里穷，一家人没有衣裳穿，还叫她吃油条……只是家在襄阳中学门口，才在襄阳中学毕了业。解放军打开襄阳城，她就参加了工作……

她还说：“我父亲在襄阳解放以前就去世了，母女无以为生，只好担了米到泥嘴集上去卖……我现在成了国家干部了！”

说到这里，我紧紧地把她拥在怀里，依偎着。我感到我们两个人的心在同时跳动。

我望着窗外远处古老的城堞，走来走去，我想走出房门，到野外去散散心。当我走出房门的时候，张司令员迎面走来，笑着说：“怎么？你要出门？”说着，挽了我的手，走回我的办公室。张司令员坐在靠椅上，我还是在房屋里走来走去，想消散我的情怀。张司令员见我若有所思，问：“你心上有什么事情吗？”

我说：“不，我在构思一篇文章！”

他听了，立刻站起身要走。我摇摇手说：“不，有什么事情，你谈吧！”

他重又坐在靠椅上，说：“今天倒有一桩事情跟你谈，你看这土地改革怎么搞？”

我坐在椅子上说：“河南省的土地改革经验，我看可以。”

张司令员说：“土地改革，你搞一下，看怎么样？”

我说：“可以嘛！在华北，我是搞过的。”

张司令员说：“那，我就听你的了！”说着，站起身来匆匆而去。

在华北我曾搞了两年的土改运动，对于农民运动我是熟悉的，可以说是轻车熟路。吃了午饭，我又躺在床上，帼英见我烦躁不安，问道：“你心上有什么事吗？”

我说：“不，没有什么，我在考虑工作上的问题。”

幗英说:“不,我听到了,叫你去搞土改。”

我说:“是的。在长期的农村工作中,我认为对封建的土地制度的改革,是有深远意义和国际意义的重大题材,这个题材,将来我还要写,这次土地改革运动,我要亲身去体验!”

幗英轻轻笑着说:“你还要写?我也搞土改运动,将来我帮助你写!”

这天下午,我到组织部去找笠夫,笠夫正在看书,见我进来,他把书放下,起身笑脸相迎,“你喝茶。”说着,把烟也拿出来:“你吸烟!”

我坐在椅子上,拿起一支香烟吸着,说:“张司令员叫我搞土改。”

他说:“那好嘛,在土改问题上,我听你的。”

我吸着烟,抬起头,看着烟纹的变化,缓缓地说:“你给我调几个人吧!”

他拿起铅笔,又拿了一张纸铺在桌子上,问:“调哪些人?”

我说:“每县来两个当过区委书记、副书记的人。要聪明、干练、能接受新鲜事物的。”

我说着,他竖起耳朵听着。听完了,他把铅笔在纸上一搁,笑了说:“这个好说!”

我说:“我还要征求你的意见,搞试点,哪个村为好?”

他说:“城南十五里,有个刘爷庙。要是近点的话,出南城就是潭溪湖。”

我离开组织部办公室,回到楼上。在几天里,我在做着准备,总结华北土改的经验和教训,整顿行装。

过了几天,笠夫到我的办公室,说:“人都调来了,还有什么准备的?”

我说:“一切都准备好了!”

出发的那天早晨,笠夫又跟公安局要来一班战士,班长叫刘洪发,是一个忠厚老实的青年人。

帼英把我的行装装好，叫洪发背下楼去，搭在马上。当我走下楼时，土改队的和战士们都在楼下等着。办公室的大老韩也背上被包等我出发，见了我眯眯笑着说：“张司令员叫我跟你去！”我环视一周，说：“咱们这就要上战场，这个地方的土地改革可能和老区有相同或不同的地方，走着瞧吧！”

我牵着一匹马，边走边想，不知不觉也就到了刘爷庙村。村北有一座土山，朝阳处有个大庙，我站在山下停了一刻，跑了几步，又一气跑上山去。庙前有一块大石头，石头上有个很深的凹，我想那是立旗杆的，我站在大石头上，向南俯瞰刘爷庙全境，村子不小，瓦屋也不少，也就决定在这个村了。

一个村干部问：“梁同志，咱们怎么住法？是住在一起，还是分散着住啊？”

我抬起头，看了看太阳，说：“土改嘛，分散住，便于吃派饭，便于访贫问苦。你们放下背包先进村去看看，再决定怎么住法。”

我坐下来休息，干部们都到村里去视察，老韩也去了。

坐了一刻，我走到这个大庙里看了看。庙前面有个大出厦，进了门，是一个大四方院子，北面朝南是一座大殿，殿前有东西厢房。这个庙太破旧了，只有庙，没有神胎，因风吹雨淋，壁画已模糊不清了。西厢房住着一个女尼，大概有五十多岁了。见我进来，她也走出来看了看我。我问：“这是一个什么庙啊？”

她说：“我也不知道，人家叫它刘爷庙。”

我又问：“刘爷是谁呀？”

她说：“刘备呗!”

我想，刘备庙里住尼姑，怎么也合不上辙儿。我又问：“就你一个人？”

女尼说：“就我一个人呀，师傅殁了！”说着，她两手一合：“阿弥陀佛！

八路来了，我们也该解放了，庙里只有几亩地，也没人种，只是吃一点租……”她合紧眼睛：“我只埋怨我的爹娘呀，千不该万不该把我舍在庙里，哪怕叫我当个童养媳呢！……咳！受罪呀，受一辈子罪呀！长官！我还能见青天吗？”说着，泣不成声。

我说：“我们是来搞土地改革的，这是个运动，管保叫你见着青天!”

说着，我走出来，站在抱厦前，人们也就回来了。洪发说：“他们的房东都找到了，唯独你这个住房不好找。贫雇农家里没有好房，都是破烂不堪的破草屋，也有瓦房，都在地主家里，在这土改运动里，你能住吗？”

洪发是个孤儿，长得干巴个子，又黑又瘦，两只黑玻璃似的眼睛。他这么一说，我可犯了思量，搞土改住在地主家里，还得吃地主的派饭，这样不好，他要老是给我做好吃的，我是吃还是不吃？我想来想去，心里定夺不下，转回身走进大庙里，院子里长满野草，大殿里屋顶残破，许是漏过雨的，地上尘土太厚，兽蹄鸟迹，还有人在这里大小便。看了看不能住，我就又走出来。前厦里坐北朝南阳光充足，而且似乎常有人来，也挺干净。我说：“我就住在这里！”

秘书大老韩张开大嘴哈哈笑着说：“当然我们也知道梁部长的意思，上级下来搞土改是个辛苦事，再说也给全地区的干部们做个表率，可叫你住在这里也不像话……”

不等他说完，我说：“怎么不像话？住在地主家里像话？他给你弄七个碟子八个碗，你可是吃还是不吃？”

老韩又问：“怎么吃饭？怎么做保卫工作？”

我指了指厦前椿树底下说：“在这儿挖锅做饭，警卫班就住在这里，这里住几个，东厢房住几个，这不挺好吗！”

老韩立起眼睛，抬头看了看太阳，说：“晌午了，也该吃午饭了，先进村吃派饭吧！然后再说。”

说着,大家背起背包,洪发牵了马,走进村去。一进大街,老韩说:"梁部长就在这里吃饭,这是我说好的!"

他领我走进一个木栅栏里,院里有三间草屋。房东已经把屋扫干净,放上一个小吃饭桌。房东是个矮胖的农民,红黝黝的四方脸,见我们走进来,他拍着掌笑着说:"土改队来了,我们欢迎你们!"院里无车无牛,屋里有几件简单的农具,是一家贫农。

饭桌旁边,有几个小板床,我们就坐下吃饭。房东端上四个菜来:一小碗炒干萝卜条,一碟炒红薯叶,一碟咸菜,一碟炒鸡蛋。房东说:"听说地委要来,我也没有什么好吃的!"说着,掀开锅,盛上几碗热腾腾的大米干饭。

我说:"我们来了,是发动贫下中农起来搞土改运动的,我们不要什么好吃的,我们来了,要土地还家,你们贫雇农们组织起来,领头干就行了!"

房东听了,哈哈大笑,说:"那当然,有共产党撑腰做主,我们就要起来斗争。地主们那个威势劲,没有人撑腰,不用说动他们的土地,谁敢吱一声呀!"

我说:"好!你一定是一个积极分子!"

房东又说:"我们早听说了,华北的农民阶级都闹翻身了,分了土地财物,有饭吃,有衣穿了。"

说着话儿,做了宣传。吃完了饭,道了一声烦劳,走出门来。

离开小院慢慢走回去,我说:"老韩!我们不要吃人家的大米。"老韩眯眯笑着,说:"部长!南方和北方不一样,南方人把大米叫做粗粮呀!"

他一说,我也就明白了,说:"你看见了吗,下户吃饭,先看他成分,然后进行土改宣传,跟贫下中农交朋友,扎下根,为建立贫农团做准备,在土改里,贫农团是领导机构。这些,请你一一对土改队员们讲了!"

老韩说:"部长你就说吧,你说了,我就给你往下传达!"

两个人说着,走回刘爷庙。警卫班和土改队员们也都陆续回来了。我坐在大石头上，把我这一次吃派饭，做宣传讲了一遍。这个地区的干部都是随军南下的，他们离开华北早一些，还没有做过土改，为了把土地分好，我得首先注意这一点。

老韩说："梁部长真是仔细！我们大家都要好好学习，学习做土改宣传，启发贫下中农起来闹翻身！"

大家坐下休息，我指挥大家选举了土改队长和副队长。我叫他们先回去安排住处，顺便向房东做宣传。我发现了土改队的一个缺点，没有女干部，对于发动妇女是不利的。

警卫班长刘洪发说："那，你在哪里住？"

我伸出手指，指了指脚下，说："我就在这里住！"

刘洪发不知所以然，脸上没有笑容，撅着个嘴，不说什么。他似乎有些想不通，这是一座古老的庙宇，厦前有两块石碑，年号是"大周"，碑上的文字，有的认得，有的认不得。在师范读书时，曾听老师讲过，"大周"是武则天的年号，她夺位时曾经搞过文字改革。碑上文字经过上千年的风雨剥蚀，已经模糊不清了。

我看了一会子碑，警卫班还站在一旁等着。看他们的神情，似乎莫明其妙。我说："就给我在这抱厦下墩铺吧！"

洪发又说："我们呢？"

我看了看墙角里有一大堆晒干的青草，我说："你们就在这里睡，打草铺吧！搞土改要吃得苦，贫雇农才看得起我们，懂得吗？"

洪发说："我是个孤儿，自幼要饭吃长大的。"说着，他指挥警卫班，把那堆草扒拉开，把背包放在草上，他说："这个大破庙里连一扇门也没有了，用什么墩铺？"

我说："村里找找去吧！"

警卫班到村里去了，我坐在大石头上等着。不一会儿工夫，抬了一块

门板和两条凳子。老韩也回来了，在厦子里墩上铺，把我的马褡子拿下来，铺在门板上。大老韩哈哈笑着，说：“你在这里睡，我也得在这里睡，我离不开你呀！你是地委，我是秘书。”他把背包扔在单铺上。在这里住，他似乎有些不满意。他又问：“那马呢？”

我说：“你把它送回机关去！”

大老韩是个能和张司令员说进话去的人，他一回去，张司令员也就知道我这个土改队怎么开始工作的了，省得我向他去汇报。

我指挥警卫班，在大椿树底下挖了个土灶，又到村里借来锅、碗、盆、瓢、水桶、油醋瓶什么的。天将晚了，通红的夕阳落在西山上。农民们，牵牛的、扛锄的，顺着庙前的大道走回来，一边走，一边说，土改队来到刘爷庙村，好像投下一块石头，落在古潭里溅起满下子波花，成了人们的话题。领导土改队的官儿，就住在这个大破庙里，这更是全村的群众所不理解的。

夕阳西下，我们开始在这里吃第一顿饭：大米干饭炒青菜。

看样子警卫班不怎么愿吃，他们想去吃派饭。

吃完了饭，我叫着洪发到村里去。洪发说：“等一等，得背上枪。”我在前面走着，后头有三四个背枪的叽里呱啦跑上来。洪发喘着气说：“部长！咱这里是新区呀，不能像老解放区一样!土改队一到村，地主富农们，恶霸土匪们，就乍了翅了！地主阶级不是那么好倒的。部长要小心呀！”

我说：“你说得完全对，要谨慎呀！我看你阶级观念很清楚啊！”

洪发说：“共产党的领导吗，我们也是每天学习呀！”

走到村里，也就到了上灯时分。洪发领着我去看了土改队员们的住处，干部们倒是挺听话，没有住高房大屋的。我说：“这很好，应该和贫下中农住在一起，先交交心，了解了解农民的希望。我们向他们交交底，土地分不好，我们决不离开这个村！”

队长刘鼎是个大个子，哑嗓子，他说：“是呀！我们就是这么说的，打不倒地主阶级，决不罢休！”

副队长李焕章也说：“我们也是这么说的！”

我说：“发动农民起来，自己解放自己，这是一个艰苦的工作呀，他们受了几千年封建思想的束缚，你叫他抬起头来，他不抬头，你也没法儿，要做深入的思想工作呀！”说着，已走出村外了，我又补充道：“你们回去吧！同志们很能吃苦，都和农民住在一起了，我很满意。”

刘鼎说：“同志们见你住在那个大破庙里，也体会到这个意思了！”

我停下步说：“也叫同志们注意安全！”

李焕章说：“不要紧，还不到敌人活动的时候，我想他们现在是观望。”

我说：“你们回去吧！”我和几个警卫班里的人走回刘爷庙。我坐在铺板上休息片刻，抬头望去，天上星云密布，好像青石板上钉上了银钉，清风徐来，也挺凉爽的。住在这里很好，也快到热的季节了。

洪发问：“地委，夜间的警卫怎么安排法？”

我抬头想了一下，说：“夜间两个人一班，到村里巡逻，要枪上膛，手扣机，不要误伤人命就行了！”

洪发说：“部长安稳地睡吧！发生了问题，我们负责任！”

我说：“还是不出问题好，要谨慎小心，等你们负上责任可就晚了！”

今天是无月之夜，我睡在铺板上，仰着头看着天上的星星。大概也是困乏了，一觉睡到太阳出来，我还未起床，秘书大老韩就回来了。他一阵小跑上坡，喘着气笑了说：“我一夜也没有睡着。”

我说：“你怎么睡不着？”

大老韩笑着说：“把你撂在这大破庙里，我回去大被子热炕的睡得着吗？”他说着，把半口袋茄子扔在地上，说：“买了点菜来！”又把两个瓶子放在地上，说：“一瓶子油，一瓶子醋！”说完就出去了。

一会儿洪发就把饭做熟了，大老韩从村里回来，保长在后头跟着，四十多岁年纪,穿着一身蓝布军装。后头跟着几个人,有担柴火的、拿菜刀、案板的。保长见了我说:“咱们有好房子,何必住在这里。我叫他们打肉去了,北方人爱吃饺子,不爱吃大米……长官!我看还是住到村里去。这地方长风野地的,不能避风雨呀!再说兵荒马乱年头,我们也不放心。”没有地方可坐,我就叫他坐在门板上,说:“我们来了,也不愿多麻烦你们……你是保长,底下有多少人?”

保长说:“这里是一个连保,共是十二个人,十二条枪!”

他一说,我身上打了一个寒噤。我太粗心大意了,这里有这么些地主武装,国民党的狗腿子,还有十二条枪。我说:“有枪?是你们自己送来,还是我们去取?”

洪发不待我说完,号令一声,警卫班一齐背起枪来,说:“走!我们自己去拿!”

连保长见要收他们的枪,吓得变貌失色,说:“咱们可是自己人呀!在这里过了多少八路军,油盐、柴菜、米,我们都供应了……”说着,他跟了警卫班,一齐回村去了。

大老韩站在那里不哼声,呆了老半天,才说:“这新区工作,怎么做法,我还不知道!”

我说:“没有什么,刘邓大军到了大别山区,早吓破了他们的苦胆了!新区工作,百废俱兴,也得摸摸,哪里能一下子做好。”

洪发带着警卫班,一人扛着几支枪回来,戳在东墙下,才开始吃饭;大米干饭、炒茄子。有了油了,菜味格外不同。我一连吃了两大碗。等警卫班吃了饭,老韩要刷锅,我说:“叫他们刷吧,你去叫刘鼎和李焕章,一人带一个小板床来开会,要带日记本!”

老韩跑着去了。我叫洪发,说:“找个扫帚来,把厦子底下,院子都扫扫,以后,这就是我们的家了!”

我又仔细看了一看这座大庙，门窗不全了，多少年的风吹雨打，油漆都剥落了，木质也都腐朽了，说是唐代建筑，恐怕是确实的。因为初到新区，脑子里还没有保护文物的概念。

当我走出院子，一进抱厦，刘鼎和李焕章都带了土改队员们来了。我说："你们都吃过饭了？"

大家一齐说："听说要开会，我们就赶快吃！"说着，把小板床放在地下，抽着旱烟，坐下等着开会。我从书包里取出两个笔记本，翻了翻，沉思了一下，说："咱们头次共事，大家自从今天开始，就要一起共同生活、共同工作，先自我介绍一下吧！互相认识认识，还要说明是哪县哪区的，过去做过什么工作。"

大家都做了自我介绍，介绍得很详细。我听了一遍，大家都是在抗日战争中参加工作的，都有些工作经验。尹笠夫同志是按着我的要求调来的干部，不会叫我失望。土改运动在当时是一项重要的工作。我们的工作预示着在中原地区土改运动的阵线就要拉开。

看大家安下神来，我开始说话："先谈谈形势吧！同志们来自襄阳地区的各县，人数不多，有的来自山东，有的来自山西，有的来自河北。地区不同，各人带着不同方面的经验。经验不同，生活习惯也不同，大家来到这里，就请听我的。当然，工作做坏了，我要负责任，但是，如果不听我的，谁犯了错误谁负责任。我先把这话说清楚，大家有什么意见？"

有人说："我们听地委的！"

也有人说："谁搞错了，谁负责任！"

我接着又广泛地谈了一下形势问题，从解放战争谈到共产党同国民党的重庆谈判，又谈到国际上对我们共产党的支持。我引用了许多材料，目的是让大家做广泛的宣传。

谈了许多，太阳已经偏南，快晌午了，我说："今天就谈到这儿，大家回去休息一下,明天再谈。有什么意见,带回来。”说罢大家散会,回住处吃派饭。

第二天,土改队员们吃过早饭,三三两两地来开会。我赶快吃完早饭,人们也就来全了,抽烟的抽烟,说话的说话。

我坐在门板上,拿出笔记本,翻了一下,说:“今天咱们谈谈新区土改问题,在老区的土改路线是:依靠贫雇农,巩固团结中农,中立富农,有步骤有分别地消灭封建剥削制度。发展农业生产。到了新区,土改路线不变。贫雇农是我们依靠的对象,对他们要做深入的思想工作。”

接着,我又谈了到一个村的具体步骤和做法。第一步是访贫问苦;第二步是建立贫农团;第三步要分清本村的阶级情况,首先弄清谁是地主、谁是恶霸、谁是流氓、谁是土匪;第四步是拘留地主;第五步是没收地主的牲畜、农具、车马、财物,把地主的仓库粮食封起来;第六步是吐苦水,让苦大仇深的穷苦人上台诉苦;第七步是划阶级定成分;第八步是分浮财;第九步是分土地;第十步是开庆祝大会。

会开完了,我谈的是根据我的经验。以后,要是土改队的会,由刘鼎、李焕章同志主持,我去旁听。

开完了会,大家回去吃饭。吃了饭,我睡了一大觉,下午我要到刘爷庙大街上去看看。一说我要上街,洪发就叫人背枪,我说:“你们这是干什么?”

洪发说:“你上大街!我们不跟上?”

我说:“跟上干什么?这不是打狼,跟着一个人就行了,跟上一群人,就把我暴露了,叫恶霸地主们知道我是八路军的官。”

洪发说:“早晚也得知道了啊!知道又有什么关系?刘邓大军中原大战,现在又拿下武汉了,怕什么?早吓破了他们的苦胆了!”

“不要粗心大意,恶霸土匪们,死而不僵的有的是……”我们一边说着，走下山坡，天气很好，万里无云。

路旁的庄稼绿油油的，微风吹来，庄稼叶子飘飘而动。刘爷庙三条大街，七八百户人家，草房多，瓦房也不少。看样子贫下中农会分到一些东西。中大街上，有几家木板搭，像是一些杂货铺子，有油盐酱醋什么的，还有一家药铺，不用说还会有坐堂先生。

几条大街都看了看，中街最长，铺号也最多。走来走去，走到刘鼎住处，他们正在堂屋里开会，谈论土改的一些政策精神。刘鼎看我来了，自动把竹椅让出来，叫我坐下。我没有坐，只是蹲在一边问："怎么样？谈得怎么样？"

李焕章说："梁部长参加过土改，是有具体经验的，我们没有做过，在梁部长指导之下，走着看呗！"

我说："那就好，走一步看一步，把步子放慢一点，多总结经验，我在大街上看了一下，这个村比较繁荣，店铺不少，还有药铺，是不是有手工业？我再向你们交代一个政策：不许动工商业！不要把药铺砸了，要保护医生。要是把药铺弄个乱七八糟，把医生斗了，贫雇农病了，到哪里去请医生？到哪里买药？"

当我说完，有一个土改队员提出意见："那，要是地主的呢，人们对他没有仇恨吗？医生要是个地主呢？地主要是兼工商业呢？"

我笑了说："说来说去，你们还是没搞通。这是中央的既定政策，没有考虑的余地。如果贫下中农有意见，那就晓之以利害，说服教育。在路线和政策上，可以提意见。在上级指示没有下达以前，还是下级服从上级！"

他们一齐说："是，我们听部长的！"

从那里出来，我心里考虑着，新区土改，可能比老区复杂一些，在国民党统治之下二十二年，北方国民党的势力，没有统治到村，所以土改的对象还是封建地主。这个地方怎么样？剿匪反霸的时候，发现此地匪、特、霸三位一体，国民党的势力到了村没有？有多么大……

一边想着，回到刘爷庙，远望西方鹿门山的山峦，赭石突兀，云烟浮动，圆大的夕阳落在鹿门山的顶峰，另是一番景象；唐代大诗人孟浩然曾隐居于此，写了很多很好的诗句。

夕阳度西岭，群壑倏已暝。松月生夜凉，风泉满清听。樵人归欲尽，烟鸟栖初定。之子期缩来，孤琴候萝径。

唐诗，尤其孟浩然的诗，我是喜欢的。可惜多少年来戎马倥偬，读书很少。尤其古书，几乎没有时间读，到了襄阳，就离不开这卷唐诗了。

九

访贫问苦阶段，土改队挨门串户，一直工作了七八天。过去有人说，这地方的封建势力没有华北那么雄厚。不对，这地方的封建势力，比华北更厉害。国民党统治此地二十二年，加上"CC"和复兴社的势力，更加复杂了，不下大力气，农民阶级是不敢翻身抬头的。更奇怪的，本地还流传着抢婚的陋俗，谁家媳妇要是死了丈夫，可以成群结队，拿刀动杖，登门就抢。抢走了还不能跑，跑了抓回来可以打折了腿。这种风俗，还是从老时候流传下来的。

有一天，我正在厦子底下散步，刘鼎同志来了，我叫他坐在铺上，他不坐，搬了两块砖来，坐下说："你坐下，我给你汇报，这村里有一奇！"说着，抻着脖子笑。

我坐在铺上说:“什么奇事,你这么笑?”

刘鼎说:“在老家时,人们说南方山青水秀出美人,南下以后,钻在保康的大山里,吃不饱,穿不暖。哪有什么美人,女孩子们连个脸也不洗。”

我说:“山也青,二月里山花开,萝卜白菜在地里过冬。天上下着雪,蚕豆就在地里开花了。谈起姑娘们,此地和华北没有什么不同……”

刘鼎说:“这刘爷庙可出了个出奇的美人!”

我说:“怎么美法?和画上画的一样?”

刘鼎说:“这村里有个大地主,生了一儿一女。儿子就是这村里有名的恶霸,这人有文化,成天价走动衙门,调词驾讼吞吃人民的血汗,谁家有个年轻的姑娘,甭想脱开他的手,甚至连他亲生的妹妹。可巧,他的妹妹长得出了名的漂亮,于是当这姑娘中学毕业的时候,就被他哥哥强奸了。他妹妹提出要到汉口去上高中。可是,当他妹妹上了一年高中,他就不允许她去上学了。这刘爷庙有个两级小学,他就叫他妹妹在这高小教书。他与这校长合谋;今天他睡,明天校长睡,两个人把这姑娘霸占了……”

我插了一嘴:“这姑娘的爸爸就不管?”

刘鼎说:“这姑娘的爸爸是个肉头地主,抽大烟,吃粮不管事。他儿子比他手眼还大,他爸爸惹不了他,爸爸也乐得个享清福了。”

我说:“他儿子长得什么模样?”

刘鼎说:“那就不用说了,一表人才,好漂亮的人物;白净脸儿,两只黑眼睛,八字胡子!”

我说:“好!我们的对头到了!”

刘鼎说:“他不只是恶霸,他还是复兴社的骨干,他还与土匪相勾结,无恶不作!”

我问:“他与群众关系怎样?”

刘鼎说:“那就不用说了,土改队一下户,贫下中农没有不骂他的,甚至地主都骂他，说他不是人，是牲口！”

我又问：“他和土匪的关系怎样？”

刘鼎说：“这村里有个土匪，和他勾结在一起；大概在几年以前，这土匪带着十几个人，带着枪到十几里以外抢了个媳妇来，把人家男人打死了，把房子烧了，把妇女抢来了。”

我问：“现在这个女人还在这村？”刘鼎说：“还在这村，和这土匪一块过呢！不，又有什么办法，她不敢跑啊！她也无家可归呀！”

听到这里，我从床铺上站起来，说：“看起来我们选的这个试点村没有选错呀！内容丰富呀！”

刘鼎说：“是呀！我们下户一个礼拜，贫雇农就开了锅了！”

刘鼎的汇报到此为止，他也就高高兴兴地下山了。

听了刘鼎的汇报，我就考虑，我有亲自走访这座两级小学的必要。吃过午饭，我在铺上打了一个盹，就要下山去拜访这座两级小学。洪发说：“我们跟你去吗？”

我说：“没有必要！”扭头就向山下走。

洪发说：“那可不行，我们不知道你到哪里去了！”

我说：“那就去一个人，不要带枪！”说着，到了山下，洪发也跟下来。走到村头，我问一个老者：“两级小学在什么地方？”

那位老者一见我就笑了，说：“你说村学呀？就在村西南角上。去吧！她现在成了奇货可居了！”老者知道我们去干什么。

到了十字大街，正是太阳平西，夏天的太阳照得街上通亮。

出了西街口，往南一看，有一个矮墙圈，不用说，这就是那两级小学了。正是大忙季节，农民们晚上开会，白天在田上劳动，忙忙碌碌的。有的踏着水车，有的敲着锣，唱着秧歌。

我进了院门，院子里静悄悄的，教员们正在上课。我一直走到校长室，开门进去。校长正趴在桌子上办公,见我进去,有些慌张。连忙说:“请坐!请坐!”说着,连忙涮壶洗碗。

我说:“你贵姓?”

他很不自在地说:“我叫刘进福,是这个学校的校长!”

我坐在椅子上说:“多福多寿多男子,过去的日子,尽你们过了!”

我这么一说,他连忙哆嗦着嘴唇说:“梁部长!你可不要发生误会,我可不是地主!”

我说:“你怎么知道我是梁部长?”

他说:“土改队一到村,就好像是天兵天将下来了,我不是地主,部长!”

我说:“不是地主不要紧,不要有罪行!”

他说:“我没有罪行,我就是教了几年书,从来不乱说乱动!”

我说:“不乱说乱动不要紧,不要欺男霸女!不要当复兴社!”

反正他这一笔账躲也躲不过去,浑身发抖说:“不是欺男霸女,我们这些人都是从旧社会过来,改造不够,有点男女关系就是了!”

我说:“那也不要紧,土改里边不搞男女关系,你是地主成分……”

他不等我说完,说:“该下课了,我去摇铃。”说着,就走出去摇铃。我也从屋子里走出来,不一刻工夫,有一个女教员从教室里走出来,有二十二岁年纪,手里拿着教鞭。长条个子,长颀脸,穿着皮鞋,素蓝色大褂,因为她老是扭着脸,我也没看见她的脸型。不用说,这就是在这一带出类拔萃的美人了。刘进福走过来,说:“部长!是不是给学生们训训话?”

我说:“学生们不用训话了,和教员们见个面就行了。”

刘进福把教员们叫到会议室,当我走进去的时候,都从条凳上站了起来。刘进福说:“怎么着?先自己做个介绍吧!”

我说:“可以!”教员们就一个一个地介绍了自己的名字。那个女教员做自我介绍的时候，不由得脸上红了。不怪人们说！这个女人两只大眼睛，粉红的脸儿，觉得很不自在。不用说，她是明白的，因为她的问题全村人们都是知道的。她叫刘素华，其实她是一个受害者。

我说："你们要把功课教好，土地改革优待教员，即使是地主家庭，也当一个工人计算……"

我这么一说，他们一齐鼓掌欢笑。我继续说："小学校在土改运动里头是一支宣传队，要带着学生们宣传土改；只有光吃剥削饭，不劳动的才是地主。"我又把土改的总路线讲了一遍，还说："教员、学生应该站在贫农、雇农，下中农一边。要和地主分开家……你们是知识分子！"

刘素华听了，似乎心上有所动，但又不好意思说什么。我想叫工作队在她身上做做工作，也许能得到一些线索，在刘爷庙的地主阶级里，她是知情人。

天也晚了，我从小学校里走出来。朝西方望过去，满天红色的彩霞，照满天空。晚凉了，我一步一步走回刘爷庙。山坡虽然不高，我上坡的时候，觉得有些吃力。

第二天，开了土改队的会议。交流了情况，大家一致认为贫农团可以成立了。于是，今天晚上分片讨论贫农团的候选人。后天开农民大会，选举贫农团。

我一直在刘爷庙工作了一个多月。凭着在华北的土改经验，可以说驾轻就熟；虽然是新区，用老区的土改经验，还是可以的。因为有些特殊问题，中央已经有了具体的规定。

成立了贫农团，拘留了地主分子、土匪、复兴社特务分子及一些社会渣滓。我这样办，看起来是面大了一点。新区没有牢固的群众组织，这些社会渣滓，在外边胡说乱动，还是贫农团的对手。刚把地主的浮财收起来，群众也发动起来了，机关上给我来了一封信，叫我把试点村的工作交给刘鼎和李焕章二位同志，叫我回机关去。要说不回去，机关上来了信，要说回去，自己做起来的工作，就好像亲手浇灌起来的小树一样，再说亲切一些，就好像自己的孩子一样，难离难舍呀！

我只好召开了土改队的会议，说明了原由，我又把土改运动的每一段过程怎么掌握，会出现什么问题，说了一遍。我拿出一块白洋，叫洪发买了几只鸡来，大家在一块儿吃了一顿午饭。这块白洋还是我在石家庄换的那几块白洋中的。

吃过午饭，大老韩从机关上牵了一匹马来，洪发给我把衣服被褥装在马褡子里，放在马背上。我把警卫班交给刘鼎，叫洪发跟我一块回去，自此以后，洪发就当了我的警卫员了。

下得山来，我翻身上马，回身拱了一下手说："再见了！同志们！"说句实话，此时此刻我的心情就好像我在舞台上演姚期离开草桥关一样。这里有些人物是我书中用得着的，我还没有看个始终，就要离开了。

刘鼎跟在马旁，一边走着，一边说着。我又把刘爷庙的事情说了一遍：一，要注意培养干部。二，对地主阶级，要叫他们有饭吃，不要像华北搞土改时搞的过左的那一套……一直走到过了小山梁儿，刘鼎才停住步，说："不用说了，梁部长！做不通了，我去找你！"

我说了一声："好吧！"我抖了一下缰绳，用脚跟剋了一下马肋，那匹马一溜风跑下去了。我说句实在话，此刻，我也是有些心猿意马。我的心上在想着我的年轻的妻子，我们离开已经有一个多月了。

当我的马跑在襄阳城里的石板路上，有一个贫民老大爷迎头走来，张开没了牙的大嘴，哈哈笑着说："梁部长！你到刘爷庙去搞土改啦！天兵天将啊！打下无产阶级的江山呀！"

我弯腰下马，拉着老大爷的手说："是呀！以后的日子，请你放心吧！"

洪发跑上来，牵了马在前面走着，我一步一步走着石板路，回到地委

大院。张司令员凭着楼栏说："老梁！你回来了！帼英正在屋里等你！"

当我走上楼梯时，看见张司令员把纸铺在饭桌上整材料。这时有个念头在我心上闪过："好聪明的地委书记！我还没向他汇报呢，他就整出材料来！"回头一看，大老韩走上楼梯，我才想起，有秘书在刘爷庙坐等，还能没有材料？这只是在一闪念之间。

当我走进房门的时候，帼英刚从里屋走出来，笑了说："你回来了！"她从屋里搬出一个花皮大西瓜，用刀切开，头一牙先给了我，这时正当夏季，天热口渴，年轻的妻子对我的情义不用说，这第一口西瓜不知有多么样的甜蜜。

我在我的小屋休息，我从小屋的窗子望出去，青天白云，远处有古城的雉堞。我的心情异常平静，帼英坐在我的身旁，爱情如水，浴过全身。我说："土改战线，这就打响了第一枪！"

帼英说："土地改革是一件大事，我家里没有一间房子，没有一亩地……"她目不转睛地看着我。

我抬起头，看着她愉悦的神态，说："时间到了，你家将分得住房，分得土地！"

她说："土地，我们自幼没有一亩。分了土地，我们将下地种庄稼，有多么样的快乐呀！"

帼英的父亲曾参加武昌起义。起义之后，他骑着一匹马，回到襄阳，安家过日子。老父亲没有别的职业，就在这汉江码头，当起码头工人，为人搬运货物。后来，中国大革命时期，他加入中国共产党，成为共产党员。老父亲的工作是艰苦的。早晨起来，把一件小夹袄，放在小柳斗子里，挎在胳膊上出去劳动，在码头上扛大件，老人能扛起二百斤的货物，弯着腰从河下走到大堤上。有时父女二人为商家搬运货物，他们用一辆虎头小车，满载货物，老父亲推着，帼英在前头拉着，父女二人共同搬运。晚上回来，提着半篮子铜元。母亲上街打酒买肉回来，一家人才吃饭。老父亲喜欢喝酒，母亲也可以喝一点。这种酒是大米做成，色白味酸，用大瓦壶盛着，用大碗喝。

我抬起头，看着帼英说："你也应该下乡搞土改了，革命队伍中人人应该去，受到锻炼，改造自己。"

帼英跳起来说："去，我当然要去，我要学习。"

在当时，这是一个问题。当时的干部队伍，吸收了大量的青年人，有大学生，也有中学生，得动员他们下乡，深入农村，和农民相结合，学习、解剖自己，接受再教育。

离开一个多月了，我到联合中学、师范、樊城文化馆去看看，这时谈话的中心就是土地改革，土地改革牵动了各个阶级阶层的心。

我必须做一个时事报告，叫干部们知道解放军前线作战的情况。襄阳县县委书记宋应时也同意。这个会就在樊城河滩上召开，搭了席棚，地委直属机关，襄阳和樊城的干部，都来听讲。我痛快淋漓地讲了一通，我们已经消灭了蒋介石的有生力量，前锋部队，已在消灭着蒋介石的五百万大军。自从参加革命工作以来，这是最好的形势。干部们听了报告，都兴高采烈，努力工作。

自从杜景云同志当了襄阳地区专署专员，我还没有去看过他，老同学了，我应该去看看他。

一天下午，我吃了晚饭，和帼英去看杜专员。到了专署走到杜专员屋里，他接见了我们，喝着茶谈了一会子闲天，但是没有谈到土改，没有谈到工作。看样子他的精神还不受影响，从地委书记到专员，他下了一个台阶。

掌灯时分，他的爱人陈清从河口回来。杜景云同志热情招待。陈清见到帼英，似有不爽之意，看了看帼英，耷下脸来说："你的眼睛会说话！"

帼英绷着脸，也不说什么，我就当没听见。本来么，当初她喜欢我，因为两个人条件不同，我和帼英结了婚，帼英比她小几岁。

陈清回来，我们也只好告辞了，杜专员送到大门以外。

此事，后来张司令员知道了，颇有不悦之感。不过我是作家下乡体验生活，我不是政治家。我是到一个地委，来看看他们的工作，他们的生活，人与人之间的关系。

没有什么工作，我就在机关上待着，大部分时间是读书，我正在读着《联共党史》，联共党史上，也谈到土地改革，也谈到中农问题，突出的一点，是不能伤害中农，但未谈到中立富农。在这一点上，我们明智了一些。

我正在读着，张司令员开门进来，看了看我的书，他说："你还真读书！"

我说："读书是我们的本钱！"但我向来没有暴露过我是作家，来深入生活，我想把这段工作做完。

盛暑时期，他们叫我到光华县看看工作。光华县委书记刘汉勋接待了我。在河口镇参观了市容。当时的河口，有八万人口，和襄樊市差不多。这里是音乐家、作家光未然同志的家乡。我们得把工作做好，以便将来见面。

刘汉勋同志请我在好望角洗澡。澡堂很好，人也不多，我泡了一个大澡，休息了一会儿。休息之间，他向我汇报工作，我明白他们搞土改运动的路数，还是可以的，参加刘爷庙土改试点工作的干部，已经回来了。谈话之间，我知道他是个老党员，是王从吾同志介绍入党的，我格外尊重他。

第二天，看了一个村。这个村是个大村子，群众已经发动起来。搭上舞台，正在开诉苦大会。来的人很多，诉苦也很沉痛。一个青年妇女，在台上诉苦。她说："有一天，我正在洗澡，叔公公进来，一下子把我抱在床上……"她的叔公公是一个老恶霸，无恶不作。青年妇女控诉得痛哭流涕，她说："这个老恶霸，霸占了我好几年……"

有一个老农民诉苦："……我借了他一百块钱，驴打滚，利滚利，怎么也还不起他了！只有舍弃我的二亩地……”《红旗谱》中，严志和出卖宝地，就是这么发展来的。

这个故事还没有听完，朝西来了一辆小汽车，来到舞台前，从车上下来一个人，说：“张司令员来了，叫你回去！”这时日头偏午了。

张司令员来了，我只好回去。坐上车，回到县委机关，他们已经坐在饭桌上。我也坐下来吃饭，吃完饭，喝茶谈天，谈了一会子土改的事。下午，他去一个村看土改运动。

晚上，该睡觉了，汉勋还是不走。他在地上游游转转，好像有什么事情要说。我问他：“你有什么事情吗？”

他支支吾吾地说：“这么着不行，这么着我干不了！”

他一说，我就明白了。地委给他派了个副书记，他不同意。不过这问题我解决不了，我是宣传部长，解决这个问题，就有些为难了。我说：“你跟张司令员说吧！还来得及。”

他坐到深夜，似乎很难为情的样子。不过这问题牵扯面很广。我又同情他，又为难。

第二天，我和张司令员回到襄阳，省委发了一个通知来，调动张司令员的工作。张司令员很为吃惊。他赶着问我：“这是怎么回事？这是怎么回事？”

个中情由，我也不明白。我也不知道是省委调的，还是中央调的。无论怎么，他得做准备了。我还得安排送行。当时，我忘记笠夫去干什么。

在一天晚上，我通知司、政两部，专署、组宣两部，弄了一些简单的茶果。也只是做了一个形式，张司令员不愉快，人们也只有不欢而散。

隔了两天，省委又来了一个通知，叫杜景云同志管地委工作，杜专员也只好管事。这时正在开县委书记会议，笠夫还是不见面。我只好听了各县的汇报，根据老区的土改经验，做了总结报告。主要着重一些具体问题上。如:干属、烈属要照顾,不动工商业等。好在轻车熟路。

杜专员管事，我还得请他过来住，不然地委机关的日常工作由谁来管,笠夫还是不露面,也不知道他去干什么。这里边的矛盾点我还闹不清在什么地方。

杜专员过来就问:“那个玉石马呢？那个玉石马呢？”

我倒听得说过,哪个县里送来一个玉石马,但我未见过。找来找去,那个玉石马也未找到。一个机关的人事关系,也就可以写一本小说了。

杜景云同志来了,我们还是老朋友。他有时也说句风凉话,说我是两边说好话。这事也情真,我是作家下乡体验生活,弄那么多的人事关系干什么。我又不想当地委书记,我还不想当官。说句实话,我自入党以后,没打击过人,没排挤过人。自从做了负责的工作,没错误处理过人。我觉得那些手段都与作家的责任相违背的。此事,我对得起党,对得起人民。

有一天傍晚,夕阳透过玻璃窗,照进我的屋子里。年轻的妻子坐在我的旁边。她扭过头来,看着我,问:“你喜欢小娃子吗?”说着,脸上有愉快的笑意。

她一问,我扭过头来说:“你……”我不由得也笑了。

这时,她有非常愉快的表情。

在这一刹那间,我感到人生的幸福。但不久,襄阳县委来了通知:叫帼英到襄阳县去参加土改。大会在习家池召开，这是我跟襄阳县委书记说的。论理说,她应该休息。但土地改革,有半年也就快完了,机会不可多得,那就叫她去吧!

我叫洪发买了背包带来,替她打上背包,她也学会了。她今年十八岁,是第一次背背包,把背包背在身上,她说不清有多么高兴,说:“我也成了八路军了！”

第二天,吃过早饭,把牙刷牙粉装在挎包里,把毛巾拴在背包带上,就出发了。我送到大门以外。

过了几天,她就回来了。她说她听了宋政委的报告,讨论了学习了。并且说,她要到泥嘴区去,做一个村的土改队长。和城关区的人们一块儿去。说着,似乎很高兴。

过了几天,我叫洪发备马,去看帼英,到了泥嘴区,找到帼英工作的那个村,她正在主持开会。直到会议散了,她才走出来接待我。在火盆上煨了茶,叫我喝。我问:“你这队长当得怎么样?”

她说:“还好!”说着,微微笑着。

一个十八岁的女孩子当队长,在华北也是少见的。她做完这个村的土改工作,也就成了大人了。

直到黄昏时刻,我离开这里,骑马走回去。

地委们没有钢笔用,我到报社拿了二百块钱,买了派克钢笔,每人一支。当时谁也没有说什么,只觉钢笔好用。说句真话,自从写文章,我还没用过这样的钢笔。外国钢笔写起字流利好用。没有想到在此后的运动里成为口实。

时间到了冬天,帼英也回来了,也就该住医院了,我把仅有的几块银元交给她,叫她买一些营养的东西吃。

帼英在医院里生了我唯一的女儿,我买了一个新脸盆,买了块新面巾,去看了她,到了病房里,老岳母正在守着她。她见了我,笑了说:“看看!看看她吧!”掀开被子,看了看孩子,又看了看我,笑了说:“很好,哪儿也不怎么的。”

孩子又白又胖,的溜着两只黑眼珠,瞧着爸爸。我从医院里出来,松了一口气。孩子大人都好。这在生第一个孩子的姑娘来说,算是过了一关。

帼英出了医院,就住在我的楼上。管理科特别买了木炭,生了一个火盆。用水做饭就在这火盆上。老岳母也搬了来,侍候她的女儿。

这时，杜政委和陈清也生了一个孩子。管理科以礼相待，例外的给孩子买了藤床。孩子也算沾上光了。

第二年春节以后，照样细雨霏霏，满山野花开，杏花红了，梨花白了。

不久，开始了“三反”“五反”，来势凶猛。在新解放区来说，党委制尚未建立起来。中央指示，也未在地委会上讨论。只是杜景云同志和几个人谈了谈，运动就开始了，也未和笠夫和我打招呼，也没说叫我们参加。地委机关的“老虎”是管理科长，报社的“老虎”是万经理。

自此以后，也就天无宁日了，无论黑天白日，大一声小一声地吆喝起来。他既不叫我参加，我也乐得过安闲日子。既不听汇报，也不了解情况。

有一天，他们叫我和笠夫去旁听。他们开斗争会，叫我们在一旁看着。我们也明白，这是叫我们陪绑，但是我的心里安闲自在，因为我没有这类问题。他们这个做法，我的心情是不舒服的。

有一天，我走过杜景云同志窗前，听到屋里谈话：“……我们要利用俘虏。”回房之后，我在房中走来走去，我想：“他们要利用俘虏，我们这些忠于党、忠于人民的人，就不能用了，我准备卷铺盖走人!”

土改进入复查阶段，从光化调来刘汉勋，当秘书长，也把帼英从城厢区调到地委宣传部。笠夫给帼英办了一个手续，叫城厢区委书记、妇救会副主任徐健同志当介绍人，宣布入党了，一个城市贫民的女儿，土改队的队长成了中国共产党的党员。这时笠夫也在做着打算。

汉勋调来地委当秘书长，当然不高兴。有时在我屋里坐坐，绷着嘴，出气不匀。他说：“×××工作上非常刁滑，丢上一个，调出一个。工作没法做，我准备走了！”我说：“哪里黄土不生芽儿！”汉勋说：“你可以不走，因为你熟悉他们这一套！”

汉勋老是在楼下大杨树底下走来走去，仰起头看着青天，他想看到极深远的地方。

我什么也不说，我有两个希望，一个是我能够在这汉江岸上写完这部书；一个是我能回到北方去写这部书。我已经开始做着准备工作，只要能够找到的书，我就借来读——重读法捷耶夫的《毁灭》，托尔斯泰的《战争与和平》、《安娜·卡列尼娜》……梅里美的书，我也找来读。好在在南方的城市，这些书还能找得到。

杜景云同志去开会，据说是谈干部问题。机关上只剩下我、汉勋和笠夫。过了几天笠夫要下乡，只剩下我和汉勋。

据说笠夫到了枣阳县委，打电话把汉勋叫去，住了几天，谈了一些什么话，局外人是很难知道的。

忽然来了一个消息，说汉勋跳汉江自尽了。我大吃一惊。经多方了解，大概是这样的：笠夫在枣阳和汉勋谈话，汉勋说明，在汉口时教堂的牧师给他送过一块表、几斤牛肉，这时他以为他们要斗争他。回来时过了汉江，他在江边久停，站在江边上，背对汉江，手里拿着枪，放了几声枪之后，倒在汉江里，被大水卷走了，过了九天才在下游找到尸首。

此时，无人找我，我也无法问个底细，只是地委机关少了一个人。

汉勋的年轻的妻子也没有哭，也没有问，当然汉勋死了，做妻子的心情也是可以想象的。因地委机关出了这么一件事情，我有几天没有出门。刘汉勋为人忠诚慷慨，他是我的老下级，老朋友，我能无动于衷吗？

过了几天，笠夫回来了，他不说，我也不问，事情就这样过去了。

这时杜景云在汉口开会，机关上只有我和笠夫，工作也就成停摆状态。

杜景云从武汉回来，有声有势，见了我就说：“你拿的那两百块钱，我跟省委说了，这件事情我们知道。”

他不正面谈话，我也无法答复他，我想：“你不只知道，钢笔你也使了！”但无论怎么说,还够老同学的样子,我是感谢的。

过了几天,从省委转来一封信,笠夫叫我看,是揭发这两百块钱的,把地委都告了。字迹很清楚,是宣传部一个科长写的,现在河口工作。他这样干是不明智的,我又没有把钱掖在腰包里,写到这里,我不由得一叹,人情淡薄,竟至如此。

有一次,杜景云说:“他是个部长也好啊,他是科长,上报社去,上谷城去……”

他不正面谈,我也不理他,等他正面谈,我再提出意见,到报社去当社长,到谷城县去当县委书记,比他低了一级,这个事我不干,我宁愿离开襄阳地委,看样子我在此处工作不下去了。

过了几天,省委正式下了通知,叫我到《武汉日报》去当社长。杜景云立刻面带笑容说:“这个工作本来叫郑道奇做！”

但是,无论怎么,我得离开我工作了三年的襄阳专区。

既然离开,那就赶快走,再待下去,也就没有什么意思了。帼英通知他们的亲戚,把家里仅有的东西处理一下,也没别的,几口破箱子,水缸什么的。他舅舅也来送行。我也没有什么东西,打了两个铺盖卷,把书装在箱子里,还有孩子的小藤床。

余副专员组织教育界人士,摆席请客,极尽地主之谊,余益菴是襄阳地区的老革命,我当然是感谢的。

在一个早晨,天刚破晓,满天的云霞罩着,吃了送行的早餐。杜景云同志也未做离别的谈话,也未露面。全机关的人,搬箱子的搬箱子,搬行李的搬行李,一直到西门外汉江码头。帼英和岳母一边走着,流下了眼泪,说不尽的离别故乡之情。

汽车已经上了船,我们也登上船板,扬起手来对岸上的送行人,频频致谢,离别了,我们的第二故乡。离别了我一手培养起来的同志们!

汽车开到车站,报社社长陈洪同志和万经理来送行。万经理把一件新雨衣披在我的肩上,一一握手道别,坐上汽车,离开我工作了三年的襄阳樊城。

写到此处,也就够一本小说了。这本小说,我只有在武汉完成了。

汽车奔驰在公路上,颠簸甚为厉害,老岳母抱着小孩子,一直叫着:“我的小心娃！我的小心娃！”

日暮时分,到了云梦县城。这个县的县委书记是赵毓民同志,南下时带干部队,他任队长,我任参谋长,汽车一直奔县委机关去。赵毓民同志听得说,夫妇二人出面相迎,我和帼英到他屋里,欢叙久别之情。赵毓民同志说:“我们徒步南下来开辟新区,走到哪里在哪里工作。”

这天晚上,云梦县委以丰盛的酒席招待了我们。在这一桌酒席上,我今生第一次尝到甲鱼的美味。

饭后,我与赵毓民同志回房挑灯交谈至深夜,感到革命工作之不易。我自十三岁入团,一片赤心,为共产主义事业奋斗,但是我并未想到党内的思想斗争,南下之后,才知道革命的艰难。

此夜,我与赵毓民同志同榻而眠。

四十而不惑

一

第二天早晨，吃了毓民夫人亲手做的米酒，坐上汽车，直奔武汉。中午时分到达湖北省委的江西招待所。

遇着省委组织部的科长，就住下了。时当盛暑，我们只好住在楼下。楼下房屋阴凉，不扇蒲扇也就过去了。可是走过一个招待人员，他要按我的级别安排我的住房，到了二楼，屋子小，有电扇，但有西晒，温度高，我坐了一会儿，又到楼下，因为帼英她们都在楼下，也无人过问。招待所有伙食，倒也方便。

一天下午，组织部副部长乔明甫同志来访，寒暄了几句。他说："你到先念同志那里去谈谈，是他点名调你的！"说完就走出去了。我是作家，至今还带着作家的脾气，我不愿见领导。我得先去转关系，了解一下情况。

武汉没有电车，三轮车也很少，我只有以步代车，走到长江码头。江水波涛汹涌，好在已经有了渡轮，走上渡轮，仰望江流自西南而来，左有蛇山，右有龟山，郁郁苍苍，形势甚为险要。

下了渡轮，我又徒步走到省委，找到组织部，交了介绍信，我又到宣传部，副部长郑道奇同志接见了我，他握着我的手，哈哈笑着，好像老朋友一样，他说："你来了，事情就好办了，本来叫我做这个工作，我嫌造孽……"说着又仰头哈哈大笑。又说："你就到报社去吧！"

谈到此处，一切也就明白了。《武汉日报》社长还是他推荐的。老实讲，我是作家，我不愿做报社的工作，但时到此刻，也无可奈何。

我辞别郑道奇，走出省委机关，走在武昌的大街上，仰望青天，觉得实在为难，我是党员，我不能讲条件，我顺着原路走回来。

到了武汉，先逛逛武汉的三十里长街。武汉是大城市，人情倒也不同，人的穿着很讲究，一部分人穿的是料子衣服，姑娘们长得格外的漂亮。

逛了两天，熟悉了一下街道市容，我高兴地去见武汉市委书记李先念同志，到了公馆门口，我停了一下。走到传达室，说明来意："我叫梁斌，来见先念同志！"传达员把我领到会客室，摆着两排皮沙发，勤务员叫我坐在沙发上，倒了一杯茶，放在我的面前，就走进去了。

不一会儿工夫，先念同志慢慢走出来，我站起身来，笑脸相迎，他握着我的手，问："什么时候到的？"

我说："到了两天了。"

他问："你住在什么地方？"

我说："江西招待所。"

他笑着说："好！"

喝了一杯茶，他问我襄阳专区的土改情况。我按实向他汇报，有时也谈一些华北土改的情况。他频频点头表示满意。他又问我"三反"、"五反"的情况。我说："这个工作没在地委会上讨论，我知道的不多。"

他唔了一声，仰起头，陷入沉思。

停了一刻，他谈了一下《新武汉报》的情况。这个报社在中华人民共和国成立以前是《大刚报》，在国民党统治下是个进步的报纸，陆天虹原是上海的地下工作人员，因为暴露了，调出来在江汉军区当县长，后来进城到《新武汉报》，你去了要提高他们……"

谈到这里，他不再谈了，喝了几口茶，若有所思，说："你一面工作，一面了解情况，我才来，知道得也不多……"

谈话到此为止，我看了看表，也将十二点了，我起立告辞，他看了看表，说："该吃饭了，你在这儿吃饭吧！"

先念同志很诚恳，我也不好就走。勤务员摆上饭来，摆在小桌上，他说："来，吃饭吧！"

先念同志生活很朴素，几个菜，一碗煮鸡蛋，他拿了一个鸡蛋，放在我的面前，说："吃吧！"

我吃了鸡蛋，勤务员又端上两小碗饭，一大碗汤，心情舒畅，吃得也很饱，我漱了一下口，也就告辞了，说："也该休息了！"我走出先念同志的公馆。

第二天，我拜见了市委宣传部长李尔重同志，这是一个熟人，一九三三年他正在北平大学经济系读书，我和我的朋友拜访了他。我打听好了他的住处，徒步前往。正好他在家里，一见面他就说："我们见过面，是在庞裕州那里见面的吧！"尔重同志风度翩翩，不减当年。他牵着我的手坐在椅子上，给我斟上一杯茶，说了一些往事，说这话也有二十年过去了。他说："很早我们就提意见，还是派个人来，原来是我兼着，你来了就好了。"

又说了一会子久别重逢的话，我就告辞了。

一切安排停当，我也就该走马上任了。在一天上午，我走到珞珈山路，路西一幢楼房，门上挂着一面牌子，是"武汉市新武汉日报社"，我走了进去，一直到办公室，会见了副总编辑陆天虹、曾卓同志，我坐在一把椅子上，说明来意，他们表示欢迎。寒暄了几句，说了一会子工作上的话。陆天虹同志，长条个子，白净脸，很年轻。但他不说上海话，一口普通话说得很好，曾卓同志中等身材，看起来人很憨厚，是武汉有名的诗人。我一看就很高兴，两个伙伴都很好，谈了一会子话，我就走出来，回到招待所。住了几天，也无人打招呼，也不安排房子。招待所也不能老是住，我就去报社要住房，他们说没有房子，把我领到旅馆里，找了一间大房子，租金每月八十

元，我嫌贵，不愿意住，就又回到招待所。

后来，我和帼英在报社附近找了两间房子，报社配了家具，我们住了进去，我才开始上班，帼英被分配到人事处。

开始我们都在报社食堂与职工一块儿吃饭，十元钱的伙食有鱼有肉，都吃大米饭。后来找了一个保姆，自己做饭吃，北方人喜欢吃面食，饺子面条什么的。

经过了解，这个报社有三百多人，十三个地下党员，我得和民主人士、知识分子交朋友。著名人士有黄邦和、严问天等人，还有一些大学生、中学生，有一个十七岁的记者，是个女孩子。我得把他们团结在周围。我给他们谈过一次话，谈到读书问题，读了《红楼梦》不能学贾宝玉，读了《安娜·卡列尼娜》不能学安娜·卡列尼娜。要改造世界观，学习马列主义……

谈话的第二天，有一个女同志找我谈话，笑着问我对她有什么意见，看样子她有男女关系问题，但我并没有深究，也没有批评她。我认为在新解放区，对于这些未经改造的知识分子主要是教育，因为他们都是从旧社会过来的，带来一些旧的东西，不能要求过急。

他们把李尔重同志的办公室和卧室给了我。办公室在二楼，卧室在三楼，房子小，热，我没有住，我叫他们给我在办公室放了一张小床。三楼有浴室，太简单，我只洗过一次澡。

我的办公室有一张书桌，一个转椅，一张小床，两个沙发，也怪舒服的，就是有一点，缺乏阳光。才到报社，他们没有分配我工作，我每天在办公室读书，这里有一个很好的图书馆，一般的书都有，帮了我的忙。我开始重读《水浒传》、《红楼梦》等书，继续做着写《红旗谱》这部书的准备，我也不想跟他们要工作，天虹和曾卓也不主动给我工作，他们知道我是从华北徒步南下的，有意地叫我休息一下。

时间长了，他们重新分配了一下工作。天虹管报导，曾卓管行政，叫我当“清醒脑筋的”——每天晚上看四版清样,叫我签字,不签字不能出报。这时我算有了权了。报导我也不愿管,因为多少年来,我是做农村工作的,对于农民运动,我抓住了规律,我懂得农民。城市政策我来说,还是一件新事物,我不懂得工厂生活,不懂得工人。

武汉暑天炎热逼人,我每天晚上看四版清样,实在吃不消,青年们写文章,往往需要修改,以免引起工厂的意见,但是我看不完清样,签不了字,他们不能出报,也无可奈何。有时我连广告也看,我怕出差错。

武汉暑天实在太热,连电扇里吹的风都是热的。晚饭以后,我和帼英经常去逛大街,马路两旁,摆满了竹床,人们都到马路上来睡觉,姑娘们媳妇们只穿裤衩背心,脚上穿着木板鞋,华灯之下,只听得木板鞋呱嗒呱嗒地响,武汉实在是个不礼貌的城市。无可奈何的时候,我和帼英只有到江边吹风。江边茶馆很多,有躺椅,两角钱一杯茶,晚上江边是避暑胜地,江风吹来,习习有凉,直到上夜班,我们才回去。

到了《武汉日报》,是我们的国家第一次定级,我被定为十一级,开始有工资了,生活有显著的改善。天热,我扇着蒲扇,走下楼梯,大街上有好多卖小吃的,有米酒汤圆、窝子面、糖炖莲子、馄饨,想吃什么就吃点什么。食堂里没有夜宵。

有了钱,天虹和曾卓请客,冠生园是个大馆子,广东菜,是我没有吃过的,很爽口,但是不如樊城的大华饭店做的南味。

我请他们吃老通成,是个古老的馆子,出名的菜是炒豆腐皮。

靠墙泰,是只有一间门面的小馆子,屋里只有三张桌子,售西餐,但有中国菜的味道。

有时饿了,我和帼英去小桃园喝汤,鸡汤、排骨汤、八卦汤,各种的汤。喝汤就芝麻烧饼,别有风味。

武汉的小吃,我是今生难忘的。据说湖南人请客是吃菜,湖北人请客是喝汤。一个这个汤,一个那个汤。

上夜班久了养成了一种毛病。老报人是晚间上班,白天睡觉。晚班我看四版大样才回家睡觉,睡不一会儿,窗外卖菜的开始吆喝了,使我难以入睡。

一九五三年,春天检查身体,大夫说我有血压高症,当时我还不知道有这么一个名词,也没有药,大夫叫我休息,我不能上夜班了,因为我有时失眠。帼英叫我多活动,带我去游蛇山,在蛇山上走来走去,观看了黄鹤楼,俯视龟山,尽在目中。

此时,襄阳地委出了一件耸人听闻的大事情,把徐健关进监狱,并叫她交代我和尹笠夫的问题——这时,尹笠夫已经调到省委,做直属机关党委的党委书记。我们既离开了,再来追问往事,不知道这是什么意思,我在省委告了一状,尹笠夫也告了一状。我们反倒把官司打输了,说我们是搞控告。因此,调动了我的工作,到扫盲委员会做主任。

调动工作倒是我同意的,因为扫盲委员会没有什么工作可做。我可以动笔写小说了。可是,他们说我是个人英雄主义,这也没有什么关系,只要摆脱开报社的工作,也就没有什么说的了。我算在党内斗争上,多了一件见识,把过去生疏的东西,变为熟悉的事情。

调了工作,我去看了看,确实是个闲差事。

我放下心来,开始构思我的长篇。

第一部,我想写卢沟桥事变前后,各阶级阶层的思想动乱。

第二部,我想写敌后游击根据地的繁荣时代。

第三部,写“五一大扫荡”。

第四部,写文新战役,游击根据地的恢复。

这些生活,都是我亲身经历的,写起来轻车熟路,并不费难。

这是一个初步的规划,第二步,要想到几部书的具体内容,因为几部书的素材，我都记录过，虽然不在身边，我还能想得起来。

第一部，从一九三七年初写起，主要写游击根据地的建设，华北第一支游击队的诞生，孟庆山同志从延安派来冀中，建立游击军。吕正操同志带六九一团回师冀中，与地方党联合，建立人民自卫军，建设抗日政权。

第二部，从一九三八年写起，写合理负担、拆城破路、减租减息、长工增资（二十五元斗）……

第三部，写敌后抗日游击区的繁荣，颁布二十四条，冀中大水。村剧团、妇女、工人识字班、大选举、统一累进税……

第四部，“五一大扫荡”；日寇以八万鬼子兵合击冀中区，大部队转到外线作战。敌酋冈岗村宁次坐着飞机指挥，铁壁合围，鱼鳞式包围，冀中人民进行战斗，地道战、挑帘战术，麻雀战、两面政策，两面政权……

第五部，是写城工工作，敌工工作，三次政治攻势，拿岗楼，敌人势力的收缩，文新战役，恢复地区、直至日寇无条件投降。

我已经进入创作生活，对于几部书反复思考，逐步深入。第一部书考虑得比较多。

为了写这部书，我得清清仓底，首先考虑到人物，以过去写过的剧本、短篇、中篇中的人物为基础，进一步典型化。只要在书里露一下面，就要给人以不可磨灭的印象，这就需要众多精悍的细节，于是我的思考又沉入纷纭的细节之中。

语言，也是我不能不想到的，几十年的积累，也就够用了，我下决心不用翻译语言、新闻语言，而以群众语言为主，书本上的典型性的语言为辅，尽可能地用群众语言，而加以提炼加工。要写得通俗化；不识字的人，听得懂，识字的人看得懂。我借鉴《水浒传》以山东的群众语言写成。《红楼梦》用北京官话写了北京的贵族生活。《西厢记》用群众语言填曲，并用了俚语及地方语言。

文章风格不拘泥于外国文学,《夜之交流》的洋味、翻译风格是不足取的。烦琐的心理描写、风景刻画,中国读者是不习惯的。也不拘泥于中国古典小说的一些多余的东西,要有中国气派,民族化风格,而借鉴外国文学的好东西,尤其是托尔斯泰、普希金、法捷耶夫、梅里美的艺术。

托尔斯泰写了很多好书,但是《战争与和平》中的打猎写得太长,使人看得不耐烦。救济会写一章也就可以了。使人几十页几十页地翻过去,实在没有必要。法捷耶夫的《毁灭》写得紧凑、精悍。我下决心一部书不能超过三十万字,读者有兴趣地看完三十万字,也就可以了,章节要短小精悍。

小说要写得比外国文学粗一点,比中国古典小说细一点。我在考虑中国评书的说法及《三言二拍》。

在多少日子里,我在考虑这些问题。所有的烦恼都抛在脑后去了。晚间我和帼英走了出去,去逛街。大街上有榨甘蔗的,把一节甘蔗放进一个简单的榨床里,用杯接着,喝在口里,有甜味的水。我和帼英走进一个小酒店里,柜台上放着一个青花大瓷盘,满盛着卤鸭子舌头,喷着香味。我坐在桌子旁,要了二两白酒,一盘鸭子舌头,喝着酒,吃着鸭子舌头,挺香。这是南方特产的酒菜,北方是吃不到的。也可能是水鸭的舌头。

一九五三年,中央下达干部休养条令,每个局级干部一年有两个月的休假。我和帼英商量,这年六月到北京休假,并带着我的孩子一同去。一说到北京去,帼英也很高兴,她还没有去过北京。中华人民共和国成立以后,我也没有去过。

到了六月,我们带着孩子到了北京。在西车站下车,雇了一辆大三轮车,到后门外,鼓楼院十一号,二姐见了我们很高兴,姐夫也很高兴。我这是第三次到二姐家里了。第一次住二姐家里,我还是个穷学生,我在北京参加了左联,开始在平津各报纸发表文章。第二次,是一九四三年,日本鬼子占领北京的时候,我以地下工作人员的身份住在二姐家里。这是第三次了,中华人民共和国成立了,有了政权,我以报社社长、扫盲委员会主任的身份住在二姐家里,二姐非常高兴。我把一块大缎子,一斤丝棉,送给她,希望她做一件丝棉大袄。

当时二侄子行修,也住在二姐家里,他不在二姐家吃饭,二姐很不高兴。

在北京我们游了故宫、中山公园、颐和园……帼英说:“我大开了眼界!”当然,有很多东西是武汉没有的,住了几天,帼英要回去。我只好送她。

我送她们到车站,买了软席客票,送她们上了车。我坐了一会儿,铃声响了,她说:“去吧!下去吧!放心吧!我们会平平安安地回到武汉。”我下了车,又从车窗看了看他们。帼英拉着孩子的手说:“跟爸爸说再见!”

火车开动了,我立在站台上,看着这列火车,远远而去。

从车站回来,我想休假得找一个适当的地方。当时姐夫正在中山公园工作,他把我安排在西山碧云寺,我跟老朋友付铎要了一辆汽车,把行李、箱子都装上,到碧云寺去。

西山我是去过的,雇一匹小驴子骑着,去看红叶。坐上汽车,看着已经不是过去那个样子了。到了碧云寺,进了山门,有一条古老的石子甬路,通到北院,下了汽车,看着那些年久失修的房子。

院中住着西山八大处管理处,管理处主任叫王左良,一个中年人,出面接待,我把短笺交给他,他看了看说:“啊!我们已经接到刘老的信了,说是来一个客人,住几天,房子已经安排好了。”说着,拿了钥匙,领我去看房。

是几间北屋,他开了门,我走进一间小房。前后有窗户,一张小床,一张小桌,一把椅子。他说。“我们这里有伙食,一切都方便。”

我把行李箱子搬进去,稍做安排,站在石阶上一看,满院古老的松林,有松风贯耳,甚为凉爽。满院皆是古庙,甚为清幽。我躺在床上稍事休息。

午饭和他们一块吃,饭食很朴素。饭后,我睡了一大觉。一觉醒来,已是太阳平西。我走出来在松林之下，走来走去。院子很大，南边是罗汉堂，庙宇阴暗，周围有五百尊罗汉，塑像神态各异，古老的艺术，可以看出中华民族的文化传统，我慢步走着，品味着每尊佛像的表情。

往西去，有一座石塔，拾级而上，可以俯视碧云寺的全景，据说塔下是孙中山先生的衣冠冢。

塔西不远，有一片古老的灌木林。古树交错，木叶丛杂。夕阳西下，红色的太阳落在山冈，反射出五彩的云霞，照在蓝天之上。

这天晚上，我第一夜睡在这间房子里，一觉醒来，已是晨光满天，从窗玻璃上映出鱼肚白色的光亮，我打了一个舒展，伸直两手，长啸一声，我的第一部作品里的人物朱老忠、严志和、朱老星，伍老拔……逐渐浮在我的脑际。

吃过早饭，我把箱子打开，把稿纸、墨水、钢笔，摆在桌子上。自从二十年前，我想写这部长篇，直到如今，我才开始写她了。

分娩之前是有阵痛的，我怀着生产的阵痛，在松林之下漫步，两耳细听松风喘哨，仰望蔚蓝天色，空气格外新鲜，我伸出两手，深深地呼吸。身旁涧水淙淙流着。

我得反复地咀嚼这一段现实生活：一九三六年六月，我从北京返回老家治病。一九三七年底，路一从太原回到老家，在北关小学教书。不久知吾来访，谈了一些中日战况，并一同去西百尺村，找老同学吴廷华，谈起建立中心支部的问题。自此，我与路一、知吾、张青季在北关小学聚首。

高蠡中心县委，于一九三四年遭到叛徒范陈训的破坏，自此蠡县党没有了领导，只有一些党团员在村里活动。当时国难当头，日寇占领东北，及滦东十八县，发动群众抗日救亡，迫在眉睫，蠡县虽然即刻不能建立县委，建立一个中心支部还是应该的，我们开始这样酝酿。直至一九三七年五月，保东特委的工作人员侯卓甫来找张青季联系工作，中心支部正式成立。

七七卢沟桥事变，引起各阶级阶层的思想动乱，我们开了救国会第一次会议，建立了县区村，三级救国会，成立宣传队，深入农村，发动群众起来抗日救亡。

保定失守之夜，国民党县长、公安局长带保安队逃走，我们缴了公安局的枪，成立了华北第一支游击队，形势好，队伍发展得很快。

国民党大军撤退，九十一师从白洋淀顺流而下，要驻蠡县，游击队只好撤往河南蔺岗村，因为这村有个老支部，革命群众基础雄厚。

在蔺岗驻扎期间，有高阳县的保安队，在村北路过，打了一仗，缴获车辆、弹药枪支。

九十一师过去以后，我们又回到县城，继续深入工作，号召群众，保卫家乡，有枪出枪，有钱出钱，有人出人。

一九三七年十一月，人民自卫军、游击军、蠡县游击队，会师蠡县，在戏楼上开了大会，广大抗日群众情绪甚为踊跃。

以上写的是素材的原型。进一步考虑的，是细节、故事、语言、人物的典型化等问题。

我一生来第一次得到这么好的创作环境，绘下了锁井村的地图，列下了人物表，甚至每个人物的思想、性格、爱好。写下了一个简单的提纲。至此为止，我的两个月的假期，也就快满了。我得回到武汉去。

我回到武汉，创作激情正浓，上班也上不下去，我已经进入创作生活，激情不能停止，我只好找李尔重同志，说："我要回到北方去！"

尔重同志说："中央不调人，我们怎么送呢？"

他的一句话给我开了天窗，我给黄敬同志写了我的情况，要求调动工作。我这里正式写我的第一部书了。

开头是朱老忠带着老婆孩子从关东回来，向严志和、朱老星、朱老明和众位乡亲们谈了日本鬼子占了东北以后，东北同胞匍匐在日寇的铁蹄之下，过的什么样的痛苦日子。

几个人激于义愤，到县里去找江涛，这时江涛已经回到县里，当县委书记……

我没有想到，第一次写长篇，写得这么顺利！激情之下，笔走如龙……

主要原因是这些人物性格在我的短篇、剧本里出现过，语言做了长期准备。

我一章一章地写下去，没想到已是一两个月。一两个月不上班，不是一件普通的事情，老朋友宋应时，现在是人事局长，他以人事局长的身份来找我，首先是喝茶谈天，再就问到："你这一两个月不上班，打算怎么办？"

我说："我要回到北方去，写我的小说。"

他说："到北方去，是上头调，还是我们送？现在中央调一批人到东北去，你去不去？"

我说："我不去，我要到北京去。"

他说："你得上着班等着，不上班怎么办？"

我说："我正在写小说，激情满怀，灵感来了，我停不住笔！"

谈到这里，也没法往下谈了。好在他原是襄阳县委书记，二师同学，老朋友了，他也无法深说。他不搞文学创作，也不懂激情、灵感什么的。到此，他只有告别，我留他吃午饭，他也不吃，似乎有些不高兴。

送走了宋应时，我的心情也凉下来了；上班上不了，不上班，在家写小说，也说不下理去。这天为了此事心情不安，食不甘味，寝不安枕。第二天，我只好到中南局去，找我的老同学、中南局组织部副部长李之琏同志。我雇了一辆三轮车走了很远，到了华中局门口。在传达室打了电话，不一刻时间，开来一辆吉普车，接我进去。

李之琏同志是我在县立高小的同学，后来他在冀中军区政治部当民运部长。“五一反扫荡”之后，他到了延安，日寇投降之后，他从延安奔赴东北，在东北军区工作。四野大军南下，他到了中南军区，现在是中南局组织部副部长，是权威人士，我见到他，算找到大门了。寒暄几句，我谈了南下之后的工作情况，说：“道路是坎坷不平的……”

他说：“不用说了，组织上是会了解的！”

我说：“这地方热，我要回到北京去！”

他说：“中央调一批人到东北去，你去，也就离开这热地方了！”

我说：“不，我整风时，还未甄别，未做结论。”

他沉思一刻说：“那，你就等着。”

谈到这里，也算告一段落，又谈了一会子久别重逢的话，他说：“王毓仁快来了，他搞水利。”

王毓仁，这个人我还记得。他和之琏是同乡，在县立高小读书时，我们俩是同桌，在全校站队时，我们俩是排尾，已经几十年不见了。

说了会子闲话，他叫汽车把我送回来。走回家里，桌子上放着一封信，拿起来一看，是北京中央文学研究所来的，拆开一看，是老朋友田间写的。大意是，他听说我要回北京，他希望我到文学研究所去。我立刻写了一封信：我同意，请即刻发调令……发了这封信，我的心上立刻安下来。

激情在怀，我还是继续写我的小说。人物和故事堆在脑子里，灵感冲动，只有写出来才痛快。

过了几天，我又给田间写了一封信：请即催办！

直到一九五四年的冬天，调令才到了中南局，之琏同志写信告诉了我，调令也就到了武汉市委。组织部长找我，叫我看了调令，我请求他办调动手续。我请他给之琏同志写封信，我亲自去谈。他说：“不用写了，老熟人。”

调动的问题就这样定下来，我的心上异常愉快。激情加愉快，使我不能停笔。直到一九五四年终，这部原稿，才算完成。

和之琏谈过之后，我也就该打叠行李上车。打算我先去看看，然后帼英和孩子们再去。所以这次是我一个人上车的。车行甚慢，在每个站台开行时，服务人员在站台上列队相送，队列都站得整整齐齐的，这是中华人民共和国成立初期，这种好的作风，也不知在什么时候丢掉了！

这列车是在一个晚间到达北京东站，下车之后，走过验票口，有人在喊："武汉的客人，武汉的客人，这里有车。"我走过去一问，是文学研究所的司机，我坐上汽车到了文学研究所。

当时的文学研究所，坐落在后门外，鼓楼东边，路北一个红油大门里，四层大院，北京的平房大院，住着也真是舒服，我的住房在西院讲室的楼上。房间不大，一个西蒙丝大床，是我第一次睡过的。

第二天，早饭以后，田间同志来看我，谈了调动过程，他一直到中央组织部跑了好几趟，才定下来。我以莲子相送，他也很高兴，说："你先休息几天吧！总算来到北京了。"

当时的文学研究所，丁玲同志已经不在了，田间是所长，康濯是副所长，后来萧殷当副所长，邢野是支部书记。我来了，他们打算叫我当支部书记，不管什么，我先写我的小说。

这部小说反复修改，改一遍抄一遍，也很费时间，我已经进入创作生活，工作上的事情，再也挤不进脑子里，没有时间考虑。他们知道我带了作品来，也不好意思跟我谈工作，就这么拖下去吧！也许他们为了叫我写完作品，才跟我谈工作。但是，他们不了解我这庞大的创作计划，我的工作时间，每天在十小时以上。

帼英来信，她要携家北上，我只好和她约好具体时间，好到车站接她们。

机关给了两间房子，叫帼英、岳母和孩子们住。我也从楼上搬到楼下，安排了一间书房，一间住室。我到大街上买了一对红木书橱，把书摆上，也怪舒服的。

日子到了，在一天晚上，我坐了车去接她们。车行晚点，我等了几个钟头。在候车室遇着两个女孩子。两个人嘀嘀咕咕谈着，从她们的谈话中知道，她们是沈阳人，来北京投亲戚，她们的亲戚在北京做买卖。当她们来到北京，她们的亲戚已经搬到香港去了。她们两个人在车站上溜溜湫湫，低声谈着："咳！在哪里存身啊……"我在一边听着，她们走到哪里，我悄悄地跟到哪里，我觉得这里边有问题，严重问题也是可能的，可是车进了站，我只好去接帼英她们。

我走到月台上，站在车门旁边，首先走出来的是湖北省委宣传部长曾明同志，原是抗日时期的地下工作者，武汉市委书记，现在是宣传部长，他握紧我的手，说："你调北京了？"

我说："是，我回京了。"

他说："我们原想留你在武汉市委宣传部工作。你正在写东西？"

我说："是，我调中央文学研究所了。"

他很热情，谈了一会儿，我只好离开他去接帼英她们。帼英扶着老岳母，最后走出车门，左妈抱着孩子也走出来。我扶着老岳母走出栅栏口，上了汽车，帼英把行李搬上汽车，一直开到宿舍。第二天才把家具搬回来，买了炉子，安下家来。对于一个作家来说，搞这些事情，很觉麻烦。不，又该怎么办呢？作家总是要生活的。

田间把帼英安排在人事科，科长赵冠英不同意，嫌是女的，要生小孩子，我没有办法，只好去找李之琏同志，他现在调到中央组织部工作，我向他谈了帼英的工作问题，他很不以为然，说："转个关系吧！"

过了两天，中央组织部给人事科打电话，批评了他们，叫他们安排帼英的工作,他们想法把帼英安排在华北农业科学院人事处工作。我倒无所谓,我现在正写东西,写完了这部书,我还不一定到哪里去呢!

一天下午,我去看帼英她们,她们已经搬家走了。我雇了一辆三轮车,出西直门向北去,在专家招待所对门,找到“华北农业科学院”这面大牌子。问了传达室,登了记,才走进去。是一个很大的大院,院里种满了葡萄和苹果,空气异常新鲜,我找到那排房子,找到门牌号数。敲了敲门,帼英抱着孩子走出来,笑了说:“爸爸来了,爸爸来了!”她异常高兴,一个乡村孩子进了北京了。

那是一间很大的房子,床铺、箱子什么的都安放好了,很大的窗子,阳光明亮,我才放下心来。

帼英送我回来,坐在公共汽车上,帼英述说离开武汉的经过,说:“你写你的文章,我一切会安排好的!”年轻的妻子,已经会操持家务了。

说实在的,作家最怕安排家务,有了帼英,我可以成天坐在椅子上写文章,我不怕累!

我和帼英走回文学研究所,帼英看了看我的书房,我的居室,说:“好!我们这算回到北京了。”她很高兴,她拿出我的原稿掂了掂说:“不容易呀!写了这么一大本子,有好几斤重。”帼英一页一页看着我的原稿,说不出有多么高兴。

田间把我拉到他的办公室,谈了他的计划,他想离开文学研究所,去搞创作。康濯也要走,到作家协会去。来的人是吴伯箫。意思是叫我拿起工作。

时到此刻,我只好拿起工作了,说实在话,一部长篇,许多人物,故事围绕着我,我哪里有心做工作。好在一个机关支部,工作是不多的,支部里有个秘书,叫李瑛,是西戎的爱人,很懂事,也很能干。到机关党委开会,她

也愿意去,回来汇报一下,我安排安排,副书记是徐刚,他兼教务长,他们一同去执行。徐刚同志也很能干。

吴伯箫是教育部的一个处长,据说写过几篇散文,他兼文学研究所的所长,当然没有丁玲和田间的威望了。

他调来一个副所长,叫公木,也叫张松如,是个有学问的人,为人和善,很能写文章,手下正在编写一部中国文学史,和别人合作,他写汉魏部分。他是河北省深泽县人,在延安鲁艺工作过,与孙犁相熟,孙犁从延安回来,把他的一封家书,一直捎到他的家里。老乡,我们很谈得来,对我有许多帮助。

说是拿起工作,其实我还是埋头书案,修改我的小说。已经修改了几遍了,越修改越长,越厚实。为了完成朱老忠、严志和、朱老明、朱老星、伍老拔的典型化,必须增加情节,回续到保定二师"七六"学潮、高蠡暴动,我的脑子沉浸在我的少年时代的生活,越写越丰富。

这时,我的创作生活,已经到了火热而紧张的状态,有时头晕、心跳、肚子打战,我的激情到了不可遏止的状况。

二

自从到了北京,我就埋头书案,但也未忘记解决我的历史问题。它像一块石头,压在我的身上。尤其拿起工作来,上头说了话;说问题没有解决,不能提拔。这就是说,否定了大整风时候的组织原则;当时领导上是说:"……无论有多么严重的问题,只要坦白得好,照样使用……坦白从宽,抗拒从严。"要不是这样,你打死我,逼死我,我也不为了急于过关而瞎说八道。因此，我要放下笔，开始解决我的历史问题。这是一个好机会，据说陈鹏同志现在当了华北局组织部的副部长，刘澜涛同志是组织部长。

几天里，夜不成寐，食不甘味，在我的办公室里走来走去，考虑怎样解决这个问题。夜间很晚很晚才睡在床上，可是一觉醒来，抬头一看，明月当头、隔着玻璃窗，看见一片青天，好！我还看得见青天！华北局组织部另一个副部长是杨士杰，在保定二师时，我们是同班同学，而且是在一个自修室、一个宿舍。但是，我们没有在一起过组织生活，没有在一起活动过。抗日期间彼此有所闻问，但未见过面，他只是给我写过一个证明材料，说我在二师是一个党员积极分子。我下决心去找陈鹏同志、澜涛同志。

那天早晨，吃了早饭，把支委会秘书李瑛同志叫了来，把这几天的工作安排了一下。用缨捽子拍了拍身上的尘土，换上一双新鞋子，就走了出来。在鼓楼前上了环行电车，向东驶去，车铃铛响着，不一会儿工夫，到了宽街。下了电车向南走去。没有太远，路东有个红油大门，门旁挂着一个牌子，是"华北局组织部"。我走了进去，在传达室登记了。一个中年的传达员问我："你找谁？"态度很是和蔼。

我说："找陈鹏同志！"

他又问："你叫什么名字，从哪里来的？"

我说："从中南局来的，我叫梁斌！"

其实，这些我早写在登记簿上，他看着登记簿，问我，我有些不高兴。当然，我也不能说我是作家。

他又拿起耳机打电话……最后陈鹏同志的答话，我听得明明白白："叫他进来吧！"他说："你去吧！在里院北屋！"

我觉得很啰唆，熟人也这样，用得着吗？

我穿过一个大院，走进二门。那是一座古老的建筑：红垞泥墙，红绿琉璃瓦的屋顶。穿过中院，过了角门，是一个跨院，我向北屋走去。陈鹏同志正和夫人、孩子们在堂屋里玩，见我从角门而入，他仰起头哈哈大笑着说：“老梁！稀客！”

我点头示礼，一直走进堂屋，他又说：“什么时候到的？”

我只说：“不久。”

他又问：“在什么地方？”

我说：“在文学研究所。”

他怔了一下，说：“怎么？之琏不管？叫你当总编辑，你不当……”谈着，他有些诧异。

我说：“我是做农村工作的，坐办公室哪里能行……”当然，我不能说我正写小说。我紧跟上说：“在党校整风的时候，我的问题没有甄别，没有做结论，就出来工作了……”

他笑了说：“你来得正好，中央精神正解决这些麻烦事，受理！还有什么说的？”

他说着，我不由得哭了，流下眼泪。他又说：“这不是那时候了，用不着，有什么问题解决什么问题。”

我把当时的情况说了一遍，说：“档案里都有……”

他说：“好！调档案，解决！”

说着，他又叫过一个人来，是一个处长，介绍说：“这是一个老同志，是整风审干中的遗留问题，你们谈谈，查清解决。”

那位处长又把我叫到他的办公室，说：“今天晚了，明天早晨，你来我这里，我们谈谈，我们给老同志们解决问题……”

说着，我滴下几滴眼泪，又想起整风审干中的情况，走出办公室，回到文学研究所。当我走过讲室门口时，方纪、吴伯箫、公木走出来，我才知道方纪来给同学们上课。

吃过午饭，方纪来到我的办公室，说“知道你来了……”说着，眼里闪着泪花。又说:“我在天津工作,很难呀!”言谈之间,流露一些对王林的不满,说王林跟他为难。又说:“你去吧!天津缺人。”

下午上课时间,我陪他上课,讲的是托尔斯泰的《安娜·卡列尼娜》。他从北京大学毕业,后来到顺直省委工作。风华正茂,口齿伶俐。谈到《安娜·卡列尼娜》第二部,说:“在第一部中,人物已经完成,这部书就不好写……”话虽如此,这第二部我还没有见过。

晚上,和方纪在东来顺吃饭。给林默涵同志打了电话,他说忙,也没有来。

一解决整风这一段历史问题,心绪如麻,也就把创作放下了。第二天,吃过早饭,就到组织部去找那个处长,谈当时的整风情况,组长张移风等人对我的态度。那个处长说:“这个问题好说,人在事在,领导同志们也都在,我们调档案吧,弄清……”

两个人喝着茶,谈着,我的心情豁然开朗。中午回到文学研究所,文章也不想写了,我的创作情绪被破坏了。下午,到图书馆借出《金瓶梅》,这部书,我曾浏览过,我要把她研究一下。不看则已,一看就把我吸引住了。历来都说《金瓶梅》是一部淫书,束之高阁,不叫人们看。到目前为止,只有在文学研究所才能看到此书。一读起《金瓶梅》,四壁皆空,就什么也不想了。

此书人物刻画得栩栩如生,社会面概括得很广阔,把明朝的商业资本社会很详细地概括出来。说明西门庆开绒线店、生药铺,都能做到很大的官,语言是用的当时山东的市井语言。只看潘金莲一段话,语言成串,字字珠玑,写尽这一淫妇的恶毒心肠。就是有一点,淫秽之处太多,而且不堪入目,也就是人们把这本书打入冷宫的主要原因。

历史上的说法,有人认为这本书是王士祯所做,也有人认为兰陵笑笑生另有人在,乃愤世之作也!

新时期文学中，有人认为："……你说写恋爱小说不好，为什么说《金瓶梅》好呢？"可是，话有几说几解，我们说它好，是说它人物写得好，语言不俗，都是群众语言，方言、俚语，社会面概括得宽。至于说到淫秽之处，那个并不能算得上是文学。不能据此大写色情小说，那是国法不容的。不用说在社会主义国家，就连美国、日本也是不允许的。

在中国的旧社会时期，张资平写恋爱小说，臭名远扬。北大教授张竞生主编《性史》，住了班房，罚金一万大洋。如今，有的作家在刊物上提出这个问题，亦不知羞耻。

至于《红旗谱》一书，在写作过程中，确实在语言方面，在概括社会生活方面，在人物典型方面，受了《金瓶梅》的影响。

一面看着《金瓶梅》，一面想着《红旗谱》，受益不浅。看着看着，我的注意力就转到《红旗谱》上来了，我又想起老朋友孙犁、王林和路一。路一还躺在唐山工人医院的病床上，我也需要去看看他。这位高小同窗，北京老友，抗日战争中的伙伴，已经开过两次刀了。

这样想着，我把原稿包在包袱里，跟公木说了一声："我要到天津去看看孙犁……"

他笑了说："是呀！写长篇是不容易的，叫朋友们帮助帮助吧！叫他看看原稿，提些意见。"

我提上小包袱，坐上汽车，直奔东车站，坐上火车，到天津去。坐在软席车厢里，看着《金瓶梅》，时间不长，也就两三点钟，到了天津北站。下得车来，雇了一辆三轮车，到多伦道《天津日报》宿舍去，路北一个红油大门，我到传达室，问孙犁同志在什么地方住，他指了一指假山后头那个石头高台，说："他就在那个台上住，你就去吧！"

我转过假山，上了高台，孙犁同志推门出来。哈哈笑了说："我早就看见你来了，隔着纱窗看见你了……"

他打了一盆水来，放在地上说：“洗洗脸吧！”

我打开小包袱，拿出毛巾，洗着脸说：“我来找你，看看稿子！”

他说：“你到了北京就得拿出一块敲门砖来。写了多长时间，写了多少万字？”

我说：“我本来是做了多少年的农村工作，我懂得农民，懂得农民运动的规律。可现在又号召干部进入城市，我到了《武汉日报》，坐了办公室，要多么不舒服有多么不舒服，血压也高了，我就写起小说来。这次来是请你看看原稿。”

他说：“好哇，来得正好，有时间，有钱，住一阵子吧!”

我说：“还住不了，我要到唐山去看看路一！”

他说：“听说路一病得不轻，开过两次刀了！”

说着洗完脸，老孙把脸盆端出去。我说：“我把稿子放下，你和王林看看，回来咱们再谈……”

说着，孙大嫂搬过吃饭桌来，放在地下说：“先吃饭吧！”我问了大嫂好，大嫂虽四十多岁的人了，还是很腼腆的，也不说什么，又端上饭来。一盆煮鸡，一碗茄夹——一个大茄子夹着一块肉。

老孙又拿了两个小板凳来，叫我坐下，我说：“还煮一只鸡干吗？”

老孙说：“孩子他娘说，这比王林伯伯在老家时吃的咱们那只鸡小多呢！”

我听话中有意，也不再说什么，拿起筷子吃饭。大嫂煮的鸡很软，吃一口肉，喝一口汤，别有风味，茄夹也很有味，我吃了一小碗大米饭。

根据我的计划，吃完了饭，打开包袱，拿出原稿，老孙接过原稿说：“是一部大书，有多少字？”

我说：“约摸有三十多万字吧！”

看到我腋下夹了小包袱，老孙说：“干吗？就走？”

我说:“我赶车,上唐山去看路一。”说着走出来,老孙送到门口,我跟老孙道别,上了电车,直奔车站而去。

到了唐山,找到工人医院,传达员领我直到病室。路一住唐山工人医院,是特殊待遇,一个人住两间病房,他睡在一个高高的病床上,当他听到有人走进门来,扭过头来,睁开又黑又大的眼睛,伸出手来,攥住我的手说:“你来了,我看见你了。”说着,眼里滚出两行泪珠。

我说:“我来了,来看你了!”

他说:“我看不见肇野和高晓光了……”声音弱而无力。

我说:“不要多想,我们经过白色恐怖,抗日战争,我们无愧于党,无愧于人民,我们应该是长寿的!”

听到这里,他把头凑近我,埋进被窝,似乎是在哭。两个小姑娘走过来,说:“你叫他休息一会儿吧!才下车,你洗洗脸!”

有人端过脸盆,我走过去洗了一把脸。小姑娘端过一碗汤,到路一跟前,说:“你喝一口鸡汤吧!好有力和老朋友谈话!”路一把脸抬了一抬,慢慢把汤喝下去。

据说这种汤是特种锅子煮成的,煮成了汤,鸡也就没有滋味了——也就没法吃了。

我和路一是蠡县高小同学,一九二七年同时加入共青团。后来他考上泊镇师范,奉命开辟了津南特区。我考上保定二师。他因闹学潮离开了泊镇师范,二师解散,我也离开二师,一九三三年,我们同聚北京,在北京“左联”工作,开始了我们文学青年的生活。一九三七年同回蠡县故乡,开展抗日救亡工作。建立了蠡县党的中心支部,七七事变后,建立了县、区、村、三级救国会。保定失守之夜,我们带领救国会会员,缴了公安局的枪。一九三九年我们组织了冀中抗日救国联合会,开辟了农村文艺运动,建立村剧团。一九四二年,同时参加了“五一反扫荡”。一九四五年同时参加了整风运动……共同战斗二十余年，如今他躺在病床上了，我的心上，翻上倒下，说不清有多么难受。

小姑娘端了晚饭来，路一勉强起床陪我就餐，吃着饭，我把写的这部书的全部计划，跟他说了，他说："有很大的意义，这是一部《静静的顿河》。"

我说："我就是这么想的，不写一部《静静的顿河》，就写一部《战争与和平》，这是我写这部书的规划，现在已经写出第一部原稿。"

他说："拿来，我读第一遍！"

我说："我放在孙犁那里了，叫他先看……"我把这部书的人物谈了谈。当我谈到朱老忠幼时下了关东，直到九一八后，日本鬼子占领关东，因为受不了日本鬼子的压迫，又想逃到苏联去种地，老伴不同意，才带上孩子们回到老家。把关东同胞受了日本鬼子的非人的压迫，向老朋友严志和、朱老明、朱老星、伍老拔说了，朋友们为日寇侵占祖国愤愤不平，为祖国人民沦为亡国奴愤愤不平，谈到这里，我呜呜地哭了……

两个小姑娘走过来，说："这是为什么？这是为什么？快去睡觉吧……"一个小姑娘轻轻地说："不要惹动他，他两次动手术了，去睡觉吧！"两个小姑娘把我推出门外，领我去睡觉。

到了一个病房里，我久久不能入睡；我为祖国的灾难担忧，也为路一担忧。他去朝鲜前线慰劳志愿军，发现有胃溃疡，才赶紧往回赶。到了唐山，住在工人医院，经过检查开了刀，不巧手术做得不好，在一个时期内，还有症状。河北省委派人到北京请了苏联专家来，经过检查，专家说："再开刀。死，也叫他死在病床上！"

下了决心，专家又给他开了刀，切去半个胃，用一些猪油缝在胃上，在全市挑了两个最好的护理员，喝鸡汤才活到现在，我们才得见到这一面。几十年的老朋友好不容易见这一面呀！民间传说："梁斌挥泪写书。"就是这一段。

第二天，我刚起床，小姑娘来了说："病人，我们本来是不让见的，因为你们是老朋友，才允许你们见面。见个面也好，你们为什么哭？哭是对他不利的。走吧！你快离开这里吧！"

小姑娘抢白了我一顿，我只好辞别路一，上火车回到天津去。

回到天津，到了孙犁那里，已是十一点钟了，他把我安排到天津日报招待所。吃了午饭，我睡了一大觉，直到太阳平西，孙犁才拿着那本原稿来了，坐在凳子上，说："行了，老梁，这是一块敲门砖！"

我说："怎么样？你谈谈吧，谈要害处！"

孙犁说："为了看你这三十多万字的原稿，一夜未睡！"

我说："你慢慢看哪，着什么急？"

他说："我放不下呀……人物有了，语言不一般，就是有一样，大窝脖，倒卷帘太长了，不合乎中国的民族风格，不合乎读者的习惯……"老孙坐在凳子上，对我侃侃而谈。

我说："那可怎么办？我为了写成朱老忠这个典型人物，才回叙到高蠡暴动、二师学潮……"

他说："你看《水浒传》，《三国演义》，《红楼梦》都是从头说起……"

我有点着急，说："说吧，那可怎么办？"

老孙说："你铺直了写，写一部《水浒传》!"

我说："那可费事了！"

老孙说："不，你语言有了，人物有了，你有生活，怕什么？"

我听了老孙的话，躺在床上半天，长叹了一声："写部书好难呀！"

这才起床，跟他出去散步，走着，老孙说："明天咱们吃顿饭，在周家食堂。"

第二天中午，方纪、王林坐车来了，谈了一会子文艺界的现状，坐上

车，上周家食堂去。

周家食堂不是一般的饭馆，是家庭食堂，一间不大的房子，一张圆桌，几把凳子。这里的规矩是三天以前订饭，定时吃饭。

一个中年人走出来，端着一把青花茶壶，四个青花茶碗。我喝了一口茶，是二级龙井。喝完了茶，翻过来一看，是乾隆年制。

喝着茶，谈起文学创作问题，方纪说："怎么样老梁！王勃十六岁写出《滕王阁序》，肖洛霍夫二十二岁写出《静静的顿河》第一部，我们也是十几岁开始搞文学呀！"

我呷了一口茶，咂了咂嘴，摇了摇头说："走着瞧吧……"

不等我说完，王林伸出胳膊跷起大拇指说："走着瞧？不到黄河不死心！"说着，哈哈大笑。

正在谈着，主人端上碗碟，提上酒瓶，端上菜来。我喝了两杯葡萄酒，一直吃了十几道菜，味道果然不凡。最有特点的，是烧排骨、清蒸鲥鱼、黄焖鳝鱼段、核桃饹，别具风味，是别的地方，别的馆子吃不到的。吃完了饭，又喝了两口汤，这汤也不同凡响，可能是鸡汤搁上了几片青菜叶。

吃完了饭，又谈了一会子路一的病，为了老朋友的灾难，没有一个人不为难的，王林急得直咂嘴。

孙犁付了账，一共三十七元人民币。

坐车回去，我又躺了一大觉，万事俱毕，第二天回到了北京。回到北京，我也不想按原样写这部稿子了，我下了决心，铺平了写，从头说起。因为童年生活，少年时代的生活在吸引着我；十三岁入团、北伐战争、"四·一二"反革命政变、反割头税运动、二师"七六"学潮、高蠡暴动……一个事件，又一个事件，如画卷历历在目。我反复咀嚼着，回忆着，我下定决心，这一大段生活，我不能抛弃她不写。我要另做计划，从头写起。于是一个人物一个人物的琢磨，另编故事，概括更大的社会面，把我一生的生活经历都概括进去，尤其忆起少年时代的斗争生活，越想越有滋味。

有一天，我正在办公室走来走去，构思我的文章，我决心塑造一系列的农民英雄的画廊，朱老忠、严志和、朱老明、朱老星、伍老拔。我仔细考虑着每一个人物的形象性格和典型，并根据我的考虑写出人物表。

我正在廊下漫步，我的妻子来了。她带着我们的女儿一步一步走进来，我们一同回到房中，我拿起壶倒了两杯茶，一杯给帼英，一杯给我的女儿。帼英不喝茶，给我扫地、擦桌子、洗烟碟……使我怪不好意思的。

我说："咱们到中山公园去吧！"

帼英说："也好，好久不去了！"

我穿好衣服，带她们出门，坐上公共汽车，到三座门下车，往西去，过了金梁玉栋桥就是中山公园。我买了票，拉着女儿走进公园。公园游人不多，我们沿着长廊，走到花室，花室中有各色的花，我的小女儿拍着两手直笑，说："咱们家里也栽上两盆好花吧！多么好看呀！"

帼英说："好，买两盆带回去！"

经此西去，是一个林子，林下有长椅，我们坐在长椅上，浏览园中景色。北面有茶摊，我走过去，在一个桌旁坐下，叫了一壶茶来，买来一包瓜子，一包花生米，叫孩子吃。虽然我在园中，心却在书中，我还在考虑朱老忠在关东草原上走来走去的情节；他上山挖参，下河打鱼，到海兰泡挖金……娶了媳妇，生了孩子，他又想起他的老爹，他是怎么死的，他想他的老姐姐，也想志和、老奶奶，于是他把脚一跺，说："回去，回去，他冯老兰拿铜铡铡我三截，我也要回去报这份血仇……"

我正在构思，帼英笑了，说："看看你在想什么？"

帼英一说，我又从书里猛醒过来。说："我在琢磨我的人物！"

帼英说："咱来干什么，不是逛公园吗？人物、人物，一天价想你的人物、故事、情节，把别人搁在一边。"她似乎是嫌我冷淡了她。

我说："好，咱到那边看看！"我们沿着河边往东去，溜溜达达又往南去，不远，就是来今雨轩，我抬起手看表，已是十一点钟了，吃饭的时间到了，我们找了一个座位坐下。问女儿愿吃什么饭，她说要吃甜米饭。叫了一个八宝饭，一个宫爆鸡丁，一个鱼香肉丝，我看到菜单上有清水白菜，我没有吃过，也叫了一个。叫了几个冬菜包子，两碗米饭。

女儿就吃那碗八宝饭，我喝了两杯酒，吃着清水白菜，倒是有一点异味；就是几棵小白菜，又没有肉，味从何来，我倒莫明其妙。后来才知道，那是用鸡汤焖成的。

从公园里回来，帼英带孩子回农业科学院去了，我继续读《金瓶梅》，越读越觉得此书不同一般，当然那些淫秽的东西，算不了什么文学，但没有它们也看不出此书的特点，那是在特定的时代出现的暴露文学。在这部书里我学到了语言问题和人物的典型化的运用。

在这几天里，我读完了《金瓶梅》，又从图书馆借来了几本法国作家梅里美的书。这位作家的风格另有不同，使我受到人物和艺术美的享受。

读着书，我又想起我的历史问题。那天吃完早饭，我又到华北局组织部去。当我在传达室通了电话，一直走了进去，一过角门，陈鹏同志正在门口站着，他哈哈大笑，说："老梁！不错！硬汉子呀！"

我笑着走进堂屋，坐在沙发上。陈鹏同志斟了一杯茶，放在我的面前，说："好！他们从北京公安局敌档里查出你被捕的材料来，对证你的交代，你是一个老实同志，没有半句谎言……"

我说："我作为一个党员，忠于党忠于组织，问题能解决不能解决是另一回事！"

陈鹏同志说："看敌档，你当时表现还不错，这个问题解决得这么利索，和你的态度是有关系的！"说着叫过人来，把结论要了来。

结论已经打印好了，头一段是被捕经过，第二段是在晋察冀党校，接收审查逼供信的情况。第三段是他们对我的无限怀疑。第四段是对他们的怀疑的推翻,他们怀疑我是叛徒,敌档查出来了,说明我不是叛徒。他们还怀疑我是特务，主要是说，当李公朴带着抗战建国教学团来到晋察冀边区,我带着剧团给他们演过戏,和他们有过来往。现在李公朴老先生虽然牺牲,可是他是有名的民主人士,为了挽救国家民族的危亡,死于敌人的屠刀之下。

我看完了结论,仰起头来哈哈大笑。陈鹏同志说:“一个二十岁的人为党工作,不是一个孩子吗？”

几年的公案,一旦解决,身心倍觉轻松。看看时间不早了,我也该告辞了:“陈鹏同志,我太麻烦你了！”

陈鹏同志说:“老同志嘛,那有什么说的！”

我拜别了陈鹏同志,走出组织部的大门,回到文学研究所。午饭也没有吃,躺在床上睡了一大觉。

这几天很觉愉快,我的思想又回到创作生活里去。我回忆起大革命时代的心情,听了北方局的视察员翟沼池的讲话之后,感到北伐就要成功,军阀就要打倒,贪官污吏就要消除……我还想到参加共青团之夜,心如潮涌,使我不能入睡。我把当时的地主恶霸概括成两个类型:一个是冯老兰一类的封建地主,一个是冯贵堂类型的地主,他受了奴化教育,还接受了一些科学的启发,成了当时农村中的资本主义性质的地主。

我读了几本梅里美的书,对我塑造李霜泗父女的人物典型很有帮助。

我又借来法捷耶夫的《毁灭》,重读了一遍,还读了托尔斯泰的《战争与和平》,这对我写《播火记》这部书有很大的好处。无疑的,高尔基的《母亲》对于我接受革命的浪漫主义有很大的帮助,对于塑造朱老忠这个人物也有很大的影响。

一方面构思这部书,也想到写完这部书,要付出多么大的劳动,得用多么长的时间。肯定一年不行,两年不行,三年也不行。这样,我就不能在文学研究所工作了。为了这部书,我要回到河北去,因为这部书的时代背景,都是在河北省经过的,无疑的,我的童年、少年时代也是在河北省经过的。反割头税运动,二师学潮,高蠡暴动,抗日战争也是在河北省经过的。因此,我开始产生了离开文学研究所的思想,我要回到故乡去,重温我的乡情。

吴伯箫来文学研究所办公,我也到办公室去看看有什么事情。我坐在沙发上,他给我斟上一杯茶说:“老梁!有什么事情要谈谈?”

我说:“这也算一件事情,早想跟你说说!”

他说:“有事你就谈吧!”

我说:“这里也没有多少工作,我想回到河北省去,写我的小说……”

我还没有谈完,他就有不悦之色,耷下脸来说:“唔?怎么田间在这里的时候,你不走啊?田间走了,康濯走了,萧殷走了,把我弄了来,你也要走……”

正在谈着,公木走了进来,看到吴伯箫的神色,他也说:“你那是干什么?那是干什么?”

这一场谈话,算是不欢而散。自此以后,工作我也放下来,不干了。实在我也干不下去了,一大堆人物故事,在我脑子里,纠缠不清。我从原稿里抽出十章来,铺平了写,等于重新创作,我的脑子里正在高度兴奋,已经进入文学创作生活,无法再考虑工作上的问题。

吴伯箫不同意放我走,我去找康濯,康濯跟作家协会说了,说叫我到作家协会去写。

有一天,吴伯箫找我谈话,他说在这儿写小说也行,文研所反正得有这么一班人,他退了一步,还是想把我留下。

文学研究所本身也有问题,再招生也就招不上来了,没有作家水平的了。公木的意见，成立高中班。也有人提意见，训练文学编辑，各有己见，莫衷一是。

公木把事情分析了一下，说："你既搞创作，回河北去吧！以后，我去找你。"

事情就这样定下来，吴伯箫知道了，跟我说："你们河北，你们河北!"

我也不知道他是什么意思。我开始考虑，去天津、北京，还是河北。我去找陈鹏同志，要求到天津去，可是没有说清干什么。陈鹏同志说："去天津，当副市长？"

我一听，也就不愿往下谈了，他非叫我当副市长，我也不愿担副市长这个担子，我不想做官，也没有意思当副市长。我只好去找范瑾，我提出要离开文研所，到河北省去写这部书，我把书的内容跟她说了一下。

她说："回河北省去？哪儿有哪儿的方便。"

看样子她想把我留在北京，或者留在《北京日报》。我把我的计划跟她从头到尾谈了一遍，她说："那也好说，我找子强吧！"

经过几番周折，到河北去的问题算是定下来了。我又去找陈鹏同志，他笑了说："不当总编辑，不当副市长，还是要当作家，作家钱多！"

陈鹏同志安新同口人，是一个老同志，是党开发白洋淀的领导人之一。尤其对老同志们好，和蔼可亲。我向他道别，他说："去吧！要把四一二反革命政变写好，国民党杀了我们很多同志呀！要写上！高蠡暴动，二师'七六'惨案，血债累累呀！写上，写上，都写上！"说着，他有些气愤。

我说："好！我一定把她写好，我如果写不好这部书，无面见家乡父老……"我辞别了陈鹏同志，走了出来，陈鹏同志一直送到角门。

谈到回河北去，也有一些不好意思。一九四八年南下，省委是不同意我去的，是我死气白赖要求去的，现在又回去，有什么样的脸面见老同志们。这种思想在我的心中几经萦回，才想到天津去。如今天津去不成，只好

回河北了。

离开文学研究所，到河北去，算是定下来。吴伯箫和公木为我送行，在砂锅居请客。谈起砂锅居，我是第一次吃饭。白肉、盐水肝别有风味。送行是他们的事情，送完行就是我的事情了。

首先，到田间家里辞行，喝了一杯茶，谈了半天话，谈话的中心，还是怎样写这部书的问题。

几天来，谈这谈那，脑子里还是离不开这部书的风格问题，我要写出这样一部书，他具有民族气魄，民族化风格，一部地地道道的中国的书。这个问题，我不得不借鉴《金瓶梅》、《水浒传》、《红楼梦》、《战争与和平》、《毁灭》、《卡尔曼与高龙巴》，而要突出自己的创作个性，这一点要凭我的爱好与性格，不能迁就别人。今天，评论这部书的人，有人说我是学《水浒传》。《水浒传》我倒是借鉴了，尤其朱老忠辞别严志和，嘱托严志和的几句话，我套用了武松辞别武大的几句话。

再者就是语言问题，《金瓶梅》是用当时山东的市井、语言写成，而《红楼梦》是用当时的北京官话写成。《西厢记》用了很多地方话、方言、俚语。想来想去，我要用群众语言、方言、俚语，写这一部书。这也不难，自一九四一年，在农村包围城市的时候，我就开始准备了，我不只收集了大量的方言、俚语，而且记录了大量的书本上的典型性的新鲜语言。翻译语言，陈词滥调，是不足取的，不能拾人牙慧。

经过长时间的思考，这两个问题算是肯定下来。这个问题定下来了，我就要考虑这部书的事件。首先考虑朱老忠回乡的时间要往前提，加上朱老忠闯关东的情节，朱老忠闯关东二十五年，才回到家乡。接着写北伐战争、四一二反革命政变，运涛落狱，朱老忠探监。反割头税运动、二师"七六"学潮，高蠡暴动，接下去还是卢沟桥事变，抗日战争，打算起来，这部书要写六部。

清了清仓底，人物、故事，情节、语言，是满够用的。这部书的提纲，就从这里开始写起。先写好人物表和东西二锁井的地图。

在写提纲的过程中，考虑到民族气魄、民族化风格的落实，一是语言，二是地方风光，三是民俗。外国人看中国书，主要通过这些了解中国、中华民族。外国味的文学，外国有的是，何必看中国的。

三

提起到河北去，我也真不愿离开文学研究所，我不愿离开这座图书馆，我在这里浏览了很多书，重读了很多书。可是在目前的情况之下，文学研究所亦非久留之地了。

为了到河北省去，帼英给我浆洗了衣服，打叠了被褥。离开河北省的时候，还是在冀中区。现在的河北省是晋东南的太行区、冀南区、晋察冀的北岳区、平西地区、平北地区、冀东区组合而成。干部来自各方，省会设在保定。

和帼英说好，她们还得留在北京，如果能站住脚，再接他们去，如果站不住脚，再另做打算。

到了保定，下了火车。车站上还是那样热闹：卖浆药的、卖烧鸡的……雇了一个三轮，到河北省委去。省委住在原河北大学的校址。对过是河北宾馆，是原育德中学的校址。我下得车来，把行李寄存在传达室，一直到朱子强的住处，朱子强说：“怎么，你到河北省来，找我们？”

当时我也不知道他是什么意思，谈了几句闲话，也谈不到正题。我辞别了他走出来，到秘书处去找老朋友尹哲，老尹以笑相迎，说：“回来了？”

我说："回来了！"

他问："有什么打算？"

我说："南下之后，到了湖北襄阳，做地委宣传部长，一九五二年调武汉市，做武汉日报社长兼扫盲委员会主任。"

他说："你改行了？"

我说："我不改行，我打算写一部大书，才到河北省来……"我把这部书的规模说了一下。

他说："确实是一部大书，好说，我安排你。还是到文联去吧，挂上个名……"

随手，他给组织部打了电话，说明我的级别、身份，叫他们安排工作。看样子尹哲要比子强热情得多，但是个中情由我一点也不知道。当然，我是理解的。

当天，尹哲安排了我的食宿，第二天搬到河北文联去。当时，林漫在文联做副主席，我找到林漫，我们是华北联大的老同学，一九四八年南下，在鄂豫皖工作。后来曾在湖北文联工作，后到河北省来。老朋友了，见了面，免不了谈一些久别重逢的话，在湖北的工作情况，河北文联的情况，看起来到处有矛盾，也就是说政治派别的矛盾。当然，我不把这些问题放在心上，我是来写文章的，我躲在一旁写我的文章就是了，也不管他三七二十一。

当我把行李搬到文联的时候，正好没有房子，这是一个小矛盾。人家为了解决这个问题，临时把下乡的一个同志的小房子让了出来。要说小，也实在小，可称斗室，只能容下一桌一凳一张床板。这，我也满意，到了保定，有了住处，我就可以写文章了。

当时，文联和文化局住在一块儿，是一个大杂院，而且会议、事务很多，也难于静下心来。我和林漫商量，找个安静的地方去写。

有一天，我和林漫去看尹哲，谈到要去北戴河，找个清闲地方写文章，他同意了，给北戴河干部休养所所长刘博写了信。

到北戴河去，我只带了衣服，原稿和稿纸，装了一个箱子，林漫也未带什么东西。上午坐了火车，下午就到北戴河车站。下了火车，雇了三轮，到河北省干休所去。到了海滨，一路风光，背山面海，果然不同；山是青的，树木很多。海是蓝蓝的，海风吹过，浪花冲击着礁石。到了这个环境里，可以说是怡然自得。一群一群的小楼，但没有一个人儿。

到了河北省干休所，车子停在门前，有人从楼上走了下来。我把信拿出来，说明是找刘博同志，他把信拿了进去。一个高个子的中年人走出来，他看着信说："我就是刘博……先安排住下吧！"

有人拿出钥匙，上了北边的小楼，我们也拾级而上。他开了门，我们走了进去。是一个中厅，有沙发地毯，厅后有两间宿舍，有人搬进箱子，我们一人住了一间。刘博同志叫我们坐在沙发上，说："还不到休假的时候，清静倒是清静，没有人，也不能下海，这倒是个清静地方……"

林漫说："离休假还有多长时间？"

刘博说："还有几个月吧！"

林漫说："那好，我们可以安安静静地写文章！"

刘博说："二位大文学家到这里，说真的，写文章倒是个绝好的地方，我们为你们服务。到了这里，就是吃好、住好、玩好！"

晚饭是稀饭馒头，吃了饭在办公室说了一会子闲话，也无非是地方风光。吃饭回来，电灯也亮了，桌凳也搬来了，我和林漫把桌凳擦拭一遍，坐在沙发上，不知不觉进入创作生活，考虑多时的几个问题肯定了下来：

1.创新，不一般化。

2.突出自己的创作个性，民族气魄，民族化风格。

3.句子短小，洗练。章节要精悍。识字的人看得懂，不识字的人听得懂。

4.人物要典型化。即便是一个小人物，露一下面，也要给人以深刻的印象。

……

想着，我进入梦乡。一觉醒来，电灯还亮着。我走进卧室，解衣入睡。

第二天早晨醒来，披衣起床，隔窗望去，天是青青的，海是蓝蓝的。树林是翠绿的，海滨环境清爽宜人。我和林漫走到海边，海边布满黑色的礁石，有一块高大的礁石上刻着八国联军进北京时，英军上岸的年月。沙滩被海水洗刷得干干净净的，沙滩上有各色的花纹贝壳，海水波涛汹涌，拍击着沙岸浪花四溅。啊，海啊，伟大的海啊。

我们在海边走着，拾着贝壳，装满了衣袋，太阳出来了，海滨没有游人，空气多么的清新啊。

从海边回来，走到饭厅，坐下来等着用餐。一位老炊事员，腰里围着白布围裙，哈哈笑着说："人们还在睡，你们先吃吧！"

饭厅桌凳都很干净，也引起人的食欲。早饭很简单，咸菜、馒头、绿豆稀饭，吃起来清香可口。

吃完饭回到小楼坐了一会儿，当然思想又回到构思：我打算把原稿中回叙的几章抽出来，从头写起……

我开始想着，刘博同志微微笑着走进来，说："二位大文学家！今天叫他们收拾一下房子，咱们玩一天，明天咱们再开始办公，怎么样？"

我俩同时说："好嘛！"

刘博同志说："现在也没人来，我们就为你俩服务，反正有多少羊也撵到山里了！"

说着，服务员们拿着扫帚簸箕走了进来。我们跟刘博同志走了出去，刘博同志叫开过一辆吉普车。他说："咱们上东山去玩玩，下午再游西山！"

我们坐上车去。刘博同志说："车走慢点，咱们先饱览海滨景色!"

海滨特色，石头多，树多，别墅楼多，看来，这些别墅，还是外国洋人和一些有钱的人修下的，就是资本家们修下的，我们正搞城市建设，尚无力经营海滨避暑圣地。

到了东山，下得车来，慢慢爬上山去。山并不高，松林翠密，有小径蜿蜒，林中草儿青青。过了石门，一直走上山顶，我们才算喘了一口气。我抬起头来，仰观天色，抒了一下胸怀。这时，我想起朱老忠拉着一辆洋车从保定思罗医院中救出张嘉庆，走到一个土丘边，走上土丘伸开双手，看着天上白云飞驰，说："啊，放虎归山啊！"天上风起云涌，将要涌起波涛啊！下边就写高蠡暴动。这一段就是在这种情况下构思的。

我们在大石头上坐了一会儿，从东坡而下。山坡上开满了黄色的金针花，一边下山，摘了很多金针花，装满衣袋。这种花晒干了，可以炒菜吃。

中午吃炸面叶、烙饼、稀饭，最后端上一碗炸馓子。刘博同志笑了说："听说梁斌同志爱吃甜的！"

下午游东山，东山远处有鸽子楼、怪楼……无非是一些外国人修造的别墅。几个地方都很远，直到下晚才回来。回到小楼，已是窗明几净。创作欲很浓，我坐在沙发上构思几个人物的思想、性格和典型。下决心写出北方人的性格，概括直、鲁、豫。

晚饭后没有休息，我想起我的老父亲的一生，他的思想和性格……加强朱老忠的性格和典型。在《父亲》中，只写到他背着铡刀随大贵出征，为了加强这位英雄的典型，不得不增加情节，写他下了关东，在东北大草原上走来走去，下河打鱼，上山挖参，到海兰泡淘金。写他下关东二十五年，娶了媳妇，生了孩子，又回到老家。在我们村里，到黑河挖金的就有三个人，有三个人的经历，所以这个情节写起来得心应手。

为了使人物典型化，我不得不加强对立面，冯老兰和他的儿子冯贵堂，两个地主两个典型：一个是使用封建的剥削手段的封建地主，一个是开始向资本主义转移剥削手段的农村资产阶级地主。

在《父亲》这个中篇里，写了朱老忠的大儿子死于大革命时代，二儿子在高蠡暴动中被捕，在保定行刑，他立在汽车上，向观众演讲，高呼共产主义万岁。三儿子死于抗日战争中，这样使人感到绝望。我才构思了严志和家族，构思了运涛和江涛两个儿子，使朱严两家各死一个儿子，运涛死于中国大革命，大贵死于高蠡暴动。构思了大贵二贵的形象性格，构思了江涛运涛的形象性格。

根据我的感触，真实的构思了早期党的领导人贾湘农的形象性格。

根据我舅舅的形象构思了朱老明的形象性格，并与抗日时期的张岗事件暴露的情节相结合，形成朱老明的典型性格。

朱老星的复杂性格，梁家庄村实有其人。

伍老拔的典型性格，是根据我村长工梁老宠的思想行为构思的，他是个乐天派，反割头税运动中的积极分子，我们曾一块儿活动。从感情上说很密切。

想着，构思着，远远听到海风的呼啸，海啸在号叫，但房中却很静寂，直到深夜，我才入睡。

第二天早晨，我和林漫起得都很晚，走到海边，遛了一圈，看不倦的蓝色的大海，回来在饭厅用餐。

回来，坐在沙发上聊天，我说："文学创作生活，确实与平时的生活不同，真有些想入非非……"

林漫说："综合、概括、典型，太真实了，也就不是艺术了。"我了解他的意思，不能把整个生活搬进文章。

我说："齐白石说，太似为媚俗，不似为欺世，作画在似与不似之间。"

林漫笑笑说："这就是进入创作生活了！"又说："我的原稿是铁夹砂，你的原稿是钢夹铁。"

自此之后，我才开始用"进入创作生活"这句话。

谈了几句闲话，就各归各位，开始了工作，我继续构思《红旗谱》中的人物。

运涛，概括了乡村里的青年革命农民。情节是借用了我的外甥刘玉昆的，他在北京第四中学毕业之后，曾来我家向外祖父借钱。和一个朝鲜人南下，到黄埔军官学校。在第四期工科学习，经过蒋介石的四一二反革命政变，玉昆杳无音信。后来有人说他参加了广州暴动，也有人说他在新疆工作。还有人说他在蒙古工作。我二姐想儿想得脱落了头发，长夜不眠，哭湿半个枕头。

要写出四一二反革命政变之后，共产党人的牢狱生活。

江涛的性格典型，由我的思想性格、经历脱化而成。

张嘉庆的性格典型，是根据我的老师张承曾的出身、性格、典型写成。

庆儿根据长工李庆的经历、性格写。

小囤根据我的老战友刘敬贤的脾气性格写，他是贫农出身。

春兰的原型出在南宗村。这个故事根据我村贫农姑娘绣屏的恋爱经历写，两者结合起来，写成春兰的性格典型。

绣屏姑娘的恋人叫梁福友。织布为生。人长得五官端正，在戏班上演武生角色，这无疑是乡村姑娘看得上眼的。绣屏亦小家碧玉。

梁福友因人手少，就雇用绣屏帮助浆个线络个线的。我有时在福友门口经过，看见他俩对着面掏缯，面对面儿，眼对眼儿。不用说，也就耳鬓厮磨了。

有一天，二人正在房后幽会。不提防她大娘抱着孩子走过来一看，大喊："他爹呀！你家闺女偷了汉子了！"

他父亲扯了一把小铁锨，赶了出来，他二人在前头跑，老父亲在后头追，围观的人，也走过来……

现在看起来，这并不算什么大事，可是在当时，绣屏姑娘也就难容于人世了，于是解下腰带，在窗棂上上吊了。

以上是我概括春兰性格典型的原始素材。

反面人物，我构思了冯老兰这个人物，这是旧社会中的一个乡村的恶霸，财大气粗，鱼肉乡民，他使用一套封建的剥削手段，收高租，放高利贷，塑造一个典型的封建地主的形象性格——贪婪腐化的性格。

他的儿子冯贵堂，上过大学法科，在封建军阀的部队上当过军法官。军阀倒了，回家经营农业。他把地里都打上洋井，买了水车，扩大农业再生产。他的长工们农忙时下地劳动，农闲时上轧花车轧棉花。他还开了油坊、粉房，把棉籽轧油，把皮棉打包运到天津，和外国资本家打交道。把地里生产的绿豆，红薯，入粉房做粉条，粉渣油饼用来喂猪。猪可以沤肥，肥料可以上地，形成循环再生产。还在镇上开了花庄、杂货店，经营商业。这样形成农村的买办资产阶层。

这些素材在乡村里并不少见。冯老兰的形象性格比比皆是。冯贵堂的剥削手段则见于蠡县南庄杜家，刘铭庄崇俭堂，梁家庄的忠信堂，都是这样剥削手段。冯贵堂的性格，则见于忠信堂的大当家梁鸿文。我把梁鸿文的二弟写成冯焕堂。

这些老财主都拥有七八顷、十几顷地。经营棉花百货，在七七事变以前的十几年中发展得都很快。他们财大气粗，不可一世。在当时我曾留心对这个阶级做了研究，这是乡村中从封建基础上生长起来的新兴的农村资产阶级。

李得财是我概括的一个封建奴才。

刘二卯在乡村中实有其人。

这两个人物是当时的社会渣滓。

最后构思了老驴头和老套子这两个人物，性格固执狭隘，是小农经济的产物。

这段创作生活，过得还从容。吃了早饭回来，坐在沙发上，沏上一杯茶，喝着茶，抬起头来想想，低下头来想想，喝一会子茶，起来走走转转。走出门去，仰观青天，远望大海。或是走下台阶，踏着石子路走到海边，看着那波涛拍岸，溅起雪白的浪花，看着无际的大海，思接千载，视通万里。这几天，我是思前想后，驰骋于天上地下。

人物构思得差不多了，开始写一个人物表。这个人物表上写明每一个人的年龄、性格、生活方式、爱好、口语，他所经历的事件，这时也就开始构思故事，联系到情节。

人物表写完之后，画出东西二锁井的地图。二锁井之间有一人深的水塘，一片苇地，村外有一大片梨树林。村东北有大小严村，这是严之孝和严志和家族居住的地方。村南是千里堤，河南有一个常受水涝的小村李家庄，是李德才家族居住的地方。西锁井有一所古老的平房大院，是历史上有名的冯家大院，地主家族、朱氏家族聚居在东锁井。伍老拔住在村东的大堤上，以树为墙，两间土坯小屋，他是个木匠。不要小看这张地图，这是多年来构思故事的结果，谁家宅院是什么布局，住在哪条街巷，是有一定的。这是诸多人物活动的舞台，好像《红楼梦》的荣宁二国府一样，像大观园一样，各人有各人的住处，谁走哪个门，通过哪条巷……多少人物多少故事，尽在胸中。

地图画完，应该休息一下，读读有关的书，把《红旗谱》全书的故事、事件、细节，理顺一下。开始构思《红旗谱》第一部的比较详细的提纲。

这个提纲的开始，是从朱老忠带着贵他娘、大贵、二贵，从关东回来。一下火车，在候车室，遇上严志和，他也要下关东去找他的老爹严老祥，朱老忠不同意他去。几个人又回到万顺老店，老掌柜热情招待。在谈话间，朱老忠知道了冯老兰越发的霸道了。他说："回去！"严志和说："回去？"朱老忠说："回去，他拿铜铡铡我三节，也要回去！"

严志和叙述了朱老明联合二十八家农民连告冯老兰三状的事。

朱老忠回到严志和的家里，写出老奶奶的形象性格和严志和家里的。运涛、江涛、朱老明、朱老星、伍老拔……开始聚首。

自此，一个事件一个事件地写下去，写到四一二反革命政变，运涛入狱，朱老忠和江涛济南探监，算是《红旗谱》的第一个高峰。

反割头税运动结束，算是第二个高峰。

二师"七六"学潮，算是第三个高峰。这卷书的结束引出了下文，即要写《北方的风暴》。

在写提纲的过程中，构思了第三派势力的人物，旧知识分子严知孝，和小资产阶级家庭出身的严萍。我把知识分子改造，寄希望于严萍身上。

构思了朱老星家的，这个突出的性格。

在写提纲的过程中，写出一些必要的细节。

在长期的考虑中，党的领导形象不能写得和现在一样。根据大革命时代中共北方局两个视察员的形象，根据几个共产党员老师的形象、性格、生活方式，构思了贾湘农这个早期党的领导人。有人说不像现在党的领导人。不能像，那是两代人。

提纲写得有疏有密，现成的地方，有故事也有细节。提纲写完，略作休憩，有时步入松林，有时伫立山冈，有时漫步于海边沙滩上。

这时我开始考虑要写一部什么样的书，经过考虑《红旗谱》全书，要写成民族气魄，民族风格的书。为了要写成一部这样的书，我反复回忆了《楚辞》、《诗经》、《唐诗》等书。下决心借鉴《楚辞》、《古文观止》上的诸葛亮前、后《出师表》、韩愈的《祭十二郎文》、李密的《陈情表》、司马迁的《报任安书》以及《李陵答苏武书》、《吊古战场文》。

在描写手法上，借鉴《三国演义》上的群英会。在英雄人物的描写手法上，借鉴《水浒传》。在一般描写手法上借鉴《红楼梦》、《金瓶梅》。概括的社会生活面要大，要历历如画。

在所读过的外国文学中，我考虑了托尔斯泰的《战争与和平》，概括得生活面大，但写互济会和打猎太冗长。老元帅库图佐夫写得好。从此我下决心把《红旗谱》压缩得紧凑，章节要精悍。

我借鉴法捷耶夫《毁灭》的游击战争生活，借鉴他写失败的手法。

借鉴梅里美的《卡尔曼与高龙巴》的描写人物的手法，写李霜泗、芝儿和芝儿妈及李霜泗的被捕和他的就刑。

我还考虑了《铁流》和《成吉思汗》、小林多喜二的《蟹工船》。在战术上，采用《成吉思汗》征西的骑兵战术——冲。

为了争取更多的读者面，文章要写得通俗明白。（不是通俗文学）语言要新鲜，句子要短，字字珠玑，使识字的人看得懂，不识字的人听得懂，好像讲评词一样，有传奇色彩。要创新，别开生面。

一切准备停当，略事休息，即搬鞍上马。《红旗谱》的开始是用辛克莱的《屠场》开场的手法。

这个时期，我已经完全进入创作生活。黎明即起，洗漱毕即坐在椅子上开始写作；太阳出来，即去用早餐，回来后继续写作。我一坐在椅子上，即两耳无声，万籁俱寂。我的大脑疾速地活动，直到中午。午饭后，小睡片刻，即开始工作。晚饭后，与林漫去海岸散步，晚间小憩。平均每日写四千到五千字。要说写文章，在我的一生中，在这个时期真正是艺术生活，也很有诗意。

在一个晚上，我与林漫同志喝茶谈天。他劝告我说："我看你的工作太紧张了，每天写作半天就可以了，下午可以休息休息，读读书。我怕你累病了。"

林漫同志善意的劝告，我没有接受；因当时的创作环境好身体好，精力旺盛。我没有预料到此后大病之灾，落在我的头上。

在我的一生中，做城市工作很少，绝大部分时间是做了农村工作；我生在农村，长在农村，工作在农村，抓住了农民运动的规律，理解农民，写起农民来，也得心应手，我一直探着头向前冲。

在写朱老忠这个英雄人物，在写朱老明、朱老星、严志和、伍老拔这些老一代的英雄人物的过程中，丝毫没有发生困难。在创造他们的性格典型中，真实地理解了典型环境中的典型性格这句话，得到了艺术创作的享受。全部《红旗谱》人物，逐渐登场了。

当我坐在椅子上，开始文学创作的时候，把笔尖搁在稿纸上，那些存在脑子里的东西，有用的东西，通过神经中枢的组织成为语言，通过笔尖落在纸上；用不着的东西，放在一边去。原始生活的夸大或缩小，典型化，都在一刹那间裁定，没有犹疑的余地。如果有的地方写得不够、多余或歪曲，那是修改时的工作。

我就这样一直冲向前去……

我的身体正强壮，精神正饱满，文学创作趋于纯熟，写作热情正在高涨。此时，机关上来了一封信，叫我们回去参加运动。这好像一根铁杠子击在我的头上，不知所以。我与林漫相对无言，只好回到保定去，但我们总希望，运动完了，还回到这个环境里来搞创作，所以我们只带了换洗衣服、原稿，连雨衣都没有带。

第二天早饭以后，我们坐上汽车到秦皇岛去，坐上火车回到保定。到了机关一问，是搞肃反运动。在运动没有搞起以前，我把已经写就的原稿看了一遍，已有十几万字，从朱老忠回乡，到运涛入狱，老奶奶暴死，朱老忠带江涛到济南探监。写得地方色彩、乡土、民俗味很浓。带来了民族气魄和民族风格。要说我一生的文墨生涯，《红旗谱》第一卷算是登上高峰。

肃反运动由管行政工作的副主席刘艺亭领导，我们只是旁听。第一个被审查的是一个中年妇女。这个女人的脸盘、身条不难看，看起来有三十多岁。听她的交代，好像听故事一样。

她是广西人，是一个中学的学生。十八岁和一个中学教员发生关系，怀了孕，这时她不得不离开家乡，到那个中学教员的家乡福建去。她逃走的原因是她的家乡的风俗。女孩子生私生子如果被族中人知道了，家族长会召集全族人在家庙中，祖先的牌位前，把女孩子装在鸡笼里沉入河底。她为了避免灾难，才逃走的。

她到了福建，怎样生孩子，孩子的去向，没有交代，只说是又从福建逃到广州，参加了军队，是上尉军衔。不用说就是当了特务，但不是蒋家特务，是桂系军阀的特务。这是我的分析，细节也不好追寻。

在广州，她不好久留，就随大学教授尚仲一同船到了天津，到了北京。据她自己交代，不好在广州久留的原因，据她自己说："他是个团长，也叫你去跟他睡觉"！

到北京以后，她曾以"左倾"学生的身份，在北京大学介绍广州的学生运动。

她从北京到了延安，细节没有交代。在延安，她和一个音乐家结婚，婚后生活并不美好。据说，她曾经被丈夫锁在屋里，不叫出门。生过一个女孩子，就又离婚了。

她在延安曾参加整风审干，做了结论，曾经失足当了特务。她有详细交代，也不隐瞒，也无法调查，就放她过关了。我之所以把她记录在这里，是因为在旧社会中，她是被污辱、被伤害的。她的交代客观上给我以启示，更深刻地认识妇女在旧社会中的地位。而且她的经历富于传奇色彩，我对她寄予同情，决心在《红旗谱》中，带进关于妇女解放和妇女知识分子的改造的内容。

第二个被审查的是刘流，当时他还未写出《烈火金刚》，是当做一般干部被审查的。

由于他第一次交代这个问题，弄乱了，他趁这个机会翻了案，但应该交代的问题，他还是交代了。

他于十七岁离开家乡来到天津，考上中央宪兵学校，受过宪兵训练。

后来到了烟台，这是九一八事变以后了。他当了张学谦的部下，搞东北义勇军。曾奉命深入到东北做联络工作。他参加的部队是“哥俩好”，因无法存在，回到北平，参加了赵桐的五支队。

北平陷落之后，五支队在平西一带活动，砸过西直门外的模范监狱。刘流曾参与这一行动。

五支队后来和晋察冀军区联系，并接受领导。后来调到晋察冀，因其中有些共产党员、抗日志士，编入抗日部队。高朋同志调一分区任司令员，王自立同志调二分区政治部主任，刘流调抗日军政大学学习，赵桐逃跑。

后来，刘流被分配到抗敌剧社当演员。一九四四年，我到边区党校参加整风审干。与邓拓同志、韩庄同志、王琢同志，奉命编演郭沫若同志写的《甲申三百年祭》，抗敌剧社曾帮助我们排演。刘流演李自成，我演牛金星，同台演出半年之久，与他相识。此人较聪明，有社会经验，有表演能力。

我和林漫，因他在晋察冀工作了几年，还不错，向党做了保证，认为他没有问题。因为他和前者不一样，他交代了一些关系人，只得进行调查。

运动一开始，林漫就向我打了招呼：“咱们加班加点！”我也同意，自此，每天白天听传奇性的故事，工作之余，或晚饭之后，独坐斗室，执笔直书。开始写第二卷，“反割头税”运动。这个运动是我亲自参加的，时当一九二八年冬季。事情过去了二十余年，“反割头税”的故事和人物，也在民间传开了。因为杀猪税受害面广，贫下中农养猪，富农养猪，地主也养猪，传说中的人物和故事，越来越增加人物的传奇性和故事性。民间传说，把人物和故事深化了。我是根据民间传说，写这一卷书的。通过我的艺术加工，朱老忠、江涛、贾湘农、严志和、严萍……这些人物提高一步，他们的活动、语言，使他们进入典型化。

反面人物,冯老兰、冯贵堂,小人物刘二卯、李德才,也相应地成长。

妇女形象,贵他娘、涛他娘、春兰娘、春兰、严萍相继登场,而且各有各的性格。

这个问题的主要因素,是我听取这些传说的时候注意了细节。当我写这些人物时,通过各种情节流露他们的性格,使人物的思想活动逐步成长。外国文学通过繁复的描写,尤其思想描写,写出人物的性格。中国古典文学,则是通过人物的活动和语言,暴露他的性格。写到这里,我不得不说金圣叹批的《水浒传》七十回本,和金圣叹的批语,它给予我完成民族气魄、民族风格以助力。

"反割头税"运动的结束,是包税商潘营村的陈紫栋和梁家庄的梁老万,他们告了共产党人一状。我的老师张化鲁勇敢地登上县政府的大堂,与陈紫栋、梁老万面对面地辩论,两个包税商理屈辞穷。这一段不好写,写上去也不连贯。而且贾湘农、朱老忠这些人物,也不好存在了,如何再往下写?这个问题也说明我对原始生活的剪裁。

运动过去,我停了一下笔。对这卷书做了反复思考,做了修改的准备工作,并且开始做写第三卷书的准备。

《红旗谱》的第三卷,要写保定二师的"七六"学潮。这个事件发生在一九三二年,正在王明路线的阶段。写这卷书时,正在执行左倾路线,因此我对王明路线不得不做比较细致的研究,读了有关文件,考虑了过去对错误路线的看法。王明路线的执行者,对他们的反对派,也真不客气,北方曾经有人被开除党籍。

在历史上,错误路线问题只由中央的几个领导人负责,从不向下级推卸责任。像我写的贾湘农、朱老忠、江涛等人,根本摊不上份儿。像我比较熟悉的博蠡中心县委地区,在王明路线以前,农村中只有少数的几个支部,后来发展了很多支部,几乎每个村庄都有中国共产党的支部。当然,我不是数说王明的功劳，也只是说明这是中国共产党的发展过程中的一段历史。我从文学角度写这一段历史，只有在真、善、美的艺术原则之内，做艺术的描写，当然也不给它做什么掩饰。已经是历史上的问题了，也不必要做什么掩饰。再者，已经是九一八事件之后了，抗日无罪。

在这个思想情况之下，我肯定要写这一段抗日运动。因为二师学潮是震惊全国的大事件。在这个事件的同时，北平、天津的学生抗日运动正是炉火纯青，只是听说，不知道人物活动和细节，不能联系到，也不能做艺术的描写。

保定第二师范，历年间，闹了五次学潮：第一次是轰校长梁子青，第二次是以丁浩川为首轰秦万瑞，第三次是轰张陈卿。正当此时，蒋介石下令，申明“攘外必先安内”，学生以读书为己任，读书就是救国……因此，以抗日为号召，自发地涌起“七六”学潮。“七六”惨案之后，二师被解散。当局派萧汉三复校，改名为保定乡村师范，倡导三杆主义——笔杆、枪杆、锄杆。此时以郭运为首，老同学刘金田（在同仁中学）在背后出主意，定政策。自发地涌起第五次学潮，继续抗日运动。此时日寇占领东北，全国大哗。二师学潮，是震惊全国的。我最熟悉的是第三次学潮，和“七六”学潮。所以我要综合概括这两次抗日学生运动，把她反映在文学作品中，使其深化，艺术化。

但是有个困难，“反割头税”运动，发生在博蠡中心县委地区，二师“七六”学潮发生在保定，只有使江涛和张嘉庆考上保定第二师范，参与“七六”学潮，并使朱老忠和严志和以家长的身份，出面营救，使两个事件做有机的联系。《红旗谱》第三卷，就是这样开始的。也是合乎当时的历史事实的。这样，人物和故事转移到城市，由写农村生活转移到写城市生活。保定的城市生活，也是我所熟悉的。

这卷书不是历史的再现，为了不失真、善之美的艺术原则，我不得不加以虚构。还是“作画在似与不似之间，太似为媚俗，不似为欺世”。

写这卷书时，正在我的创作欲、灵感升到高潮，欲罢不能。黎明起床，略作洗漱，即开始写作。早餐时间已到，我还没有写完一个节目，当我写完一个段落，饭时已过。午餐晚餐无不如此。有时写着写着，想起我还未吃饭，其时两顿饭已经过去了。因此，为了我不耽误灵感的到来，只得离开食堂，到小餐馆中用餐。

时当夏日，保定的温度极高。低头写作，汗粒滴满稿纸。我不得不设法降温，把被单沾上凉水，挂在屋中。打一盆冷水来，泡上一块毛巾，实在热了，即用冷毛巾擦头、擦洗身上。还是不能解决问题，即把冷水盆置于桌下，把两脚蹬在冷水盆里，倒是可以解决一些问题。

在小餐馆中用餐，总想省一点钱，还能吃到一些可口的东西。因此我常到保定西大街，槐茂酱园对过去吃罩火烧。罩火烧是把火烧撕在碗里，切上几片白肉，再切上几片生葱，用腥汤淋过，吃起来味道很鲜，另有风味。

天华市场南头有个小馆，卖勺拌面条，吃起来很可口，价钱便宜。白运章包子铺的包子，异常开胃。但吃一顿饭需要两小时，价钱贵——需要两角钱，使我不敢问津。南大街路东一家小馆，卖牛肉罩饼，味香而醇，价钱便宜。

当时的创作生活是珍惜时间的，这样吃饭也很浪费时间，于是我不得另作打算，买个大西瓜，一张大饼，两瓶汽水。渴了喝瓶汽水，比喝茶节约时间。饿了，吃几口西瓜，把大饼泡在西瓜里，搁上一点白糖，吃起来既解暑又解渴、解饿，而且花钱不多又节约时间。

在这个时间里，我的创作速度，每日达到七千字。有时达到九千字，而且能使文章升华。原因是，我亲自参加了二师学潮，而且学潮斗争的本身富于传奇色彩。再者，二师学潮这个故事，已在民间流传了廿五年，民间传说，总是越传说越丰富的。民间传说提高了我的描写，而且更加升华了。

好景不长，因为我在刘流问题上说了话，所以领导上派我和方力到沈阳去，调查刘流的问题；刘流在平西五支队时，和高朋、王自立共同战斗过，这两个人都在沈阳。我自幼未出过山海关，没有到过东北，去东北走一趟，也算是一段经历。我咬紧牙关，放下了原稿。

我与方力登上京沈火车，直往东北驰去。直到长城之前，我隔着车窗，远眺长城，山势巍峨而来。到了山下，仰视山海关的雄伟壮丽，使我感到古老的中华民族的威严。

时间已入秋季，火车出关之后，隔着车窗，可以看见满山遍野的大豆高粱，随风起伏。尤其是红高粱，在阳光之下，发出耀眼的红光，甚是好看，真是不虚此一行。

第二天清晨，到了沈阳车站。下得车来，住进旅馆里，在大街上用过早餐之后，即去外语学院拜访党校同学王自立同志，此时他正在这里当院长。在传达室登过记，传达员和他通了电话，传达员即带我们走进去。看起来这座学校是新成立的，房屋都是新盖成的。

传达员把我们领进他的会客室，会客室不大，我明白，是在他的家里会见我们。

这位老同学应该是认识我的，因为我在党校演过半年戏。虽然不是一个队——我是第一队，他是第三队，我是认识他的，因为他不是一般人物，他是北岳区二分区的政治部主任。高高的个子，桃红脸儿，好像大学生一样，依然如故。我们都坐在椅子上，他没有一点热情，坐在那里，等着我们提要求。我把介绍信递给他，他看了介绍信之后，依然不见动容，把介绍信放在桌子上。

我只好发问："听刘流说，你和他在平西五支队是同事。希望你把他的历史情况谈谈！"

他还是无动于衷，微动双唇说："我不了解他。"

这也可能是事实，因为我们不了解他在五支队做什么工作，也不知道刘流做什么工作，而且平西五支队存在的年月并不长。因此，我们也无法再发问，我们也不好抬起屁股就走。我们喝了一杯茶，只好转个话题，我说："丁同赵在家吗？"

这次调查可以说是不成功的，因为我们没有得到一点反面的和正面的材料。

我们走在沈阳的大街上，当时的沈阳楼房并不多，只是一些普通的铺面，唯一可以记述的，是在煤炭公司的门口竖立着两米高的一块大煤，在太阳下闪着光亮。

我们找了一个小馆子，用过午餐。回到旅馆里，对于这次访问，我们哈哈地大笑。太疲乏了，下午睡了一大觉。

第二天，我们到防空军司令部去，访问我的党校同学高朋。我们曾同台演出，刘流演李自成，我演牛金星，他演多尔衮。他现在是沈阳防空军的司令员，我们对他抱有很大的希望。

当我们见到他的时候，他依然如故，高高的、胖胖的。他把我们让在沙发上，寒暄了几句。我们说明来意之后，他用手摆了一下，说："近边点！近边点！"

我走过去，和他坐在一起说："你说吧！"

我把查问刘流的事说了一遍，他抬起头来，想了多时，又摇摇头说："我无可奉告!"

因为他与王自立都是东北人，我又追问了一句："'哥俩好'这个部队是个什么部队？"

他吸了一口长长的烟，向空中吐了一个烟圈说："九一八事变之后，曾经有这么一股土匪队伍流窜长城内外。"就再也不往下说了。

他的最后一句话，对于刘流来说，倒是一点新的材料。方力把它记在笔记本上，再记，也就没有了。

走出防空军司令部的大院，我与方力，弯下腰哈哈大笑。这时我想起，有一位同乡董历同志，在沈阳市监委做书记，我想顺便去看看他，就便打问一下前新世纪剧社的支部书记郭克的下落，方力也同意。我们打听了一下沈阳监委的所在。溜着大街，到了监委，到了董历同志的办公室，董历同志一见我，仰起头来哈哈大笑，说："怎么，你从什么地方来了？"

我说："我从保定而来！"

他问："是公出还是有什么事情？"

我说："一件公事，一件私事。公事是调查材料，私事是久不见了，来看看你！"

他笑了说："好，也该下班了，走吧，家去吧！"

董历同志见了我非常高兴，监委对过是一个红油大门，门内有一个大藤萝架，一座朝阳的高房。董历领我们走进左边的屋门，也就是他的宿舍。衣架上有一件华丽的女上衣，董历同志指了一下，笑了说："她，你们见不到了！"

我说："怎么？不叫我们见见大嫂？"

他说："她到北京去了，你不叫大嫂，你叫弟妹！"

自此之后，我才知道他另有新欢。董历同志说："她若在家，叫她给你们做一顿南方饭吃，她不在家，我也不会做饭。这么着吧！客不远千里而来，咱们从饭馆里叫点，吃顿便饭，喝杯酒。"说着走了出去，回来说："先喝杯茶吧！我这儿茶叶不错，可就是没名儿。"

董历同志曾在蠡县救国会工作过，后来在冀中文化界抗战建国联合会工作，一九四二年，"五一大扫荡"后，到延安学习。一九四五年，"八·一五"后，从延安奔赴东北，是一个爱取笑于人，不笑不说话的人。

不一会儿工夫，饭馆里的伙计送了菜来，两冷两热，有鱼有肉，还有一只炖鸡,他说:“老朋友几年不见了,尝尝东北的猴头吧! 猴头炖鸡,在咱家乡是吃不到的。”

我笑了说:“咱家乡只能吃玉米面窝头、菜粥。”

说着,大家都笑了。各自搬凳子就座吃饭。老董拿起一个小酒壶说:“我这酒不错,也没名。”笑着,给各人斟上一杯。

我说:“白酒,我只能喝一杯。”

他说:“那不要紧,我还有啤酒,东北人的风俗,十冬腊月都喝啤酒,吃冰棒。”他又从里屋拿出一瓶啤酒说:“我的啤酒有名。”说着:“指着瓶子上的商标给我看。又说:“别老是说话了,来,趁热吃!”

他用筷子撕开猴头,夹给我一块、方力一块,他自己吃一块。又嘟嘟哝哝说:“革命这些年,又是白色恐怖,又是抗日战争、解放战争,现在享享福吧!”

也就不必客气了,都不是外人,又是喝酒,又是吃菜,东北菜另有风味。吃着饭,我问:“你认识郭克吗?”

他说:“认识呀! 那不是新世纪剧社的老演员吗?”

我说:“是呀!‘五一反扫荡’之后,他到了延安,在党校二部当会计科长。‘八·一五’日本投降后,说他到东北来了,你知道吗?”

他停下筷,绷紧眉头发愣,说:“到东北来的人,没有他呀?”

我说:“我们东打听西打听,都说他到东北来了,也不给家里写封信!他父亲老头子可不高兴了。说,我自小把他养大,他忘了我可以,我不能忘了他!我们急如星火地找这个人!”

董历同志摇摇头说:“咳!不用说了,战乱年头,死了多少人呀!谁知道谁什么时候死呀!”

方力说:“你说这个,是情真,我的老同志,老同事们,不知死了多少。我这是从筛子眼儿里漏出来的!”

自此以后，谁也不说话了，只管吃饭，吃得酒足饭饱。董历说："吭！东北风俗，吃饭不喝汤，要喝只有啤酒。"说着，每人给我们斟了一杯啤酒，他仰起头来，咕咕地喝下一杯啤酒。

我没有这个习惯，饭后饮一杯凉啤酒。怎么受得了？方力也没有喝。

饭后小坐片刻，我说："我们不耽误你了，还有什么事吗？不给家里写个信？"

他说："你们走吧，我去上班，也没有时间写信，告诉我家里，就说我还活着！有空再写信。"

说着，他挪动脚步，去上班，我和方力也就告辞了。这次会见董历之后，总觉得和前二位不同。要说官，董历这个监委书记，和外语院长、防空军司令员比并不小。见了我们热情不用说，谈笑风生，使同志们感到热乎，我总结了一句话："人熟是一宝。"恐怕到了什么时候也是如此！

四

回到机关，我叫方力去汇报沈阳之行。即开始读才写成的这部原稿，仔细地从头至尾读了一遍。看看什么地方裂开了缝，有什么应该补充的，有什么应该删节的，做了修改的准备。感到有两个地方应该有大大的补充：一，当时打算《红旗谱》写五部书，这样长的书，按中国古典文学的规律，应该有个楔子贯串全篇。二，老驴头和老套子这两个落后的典型，看起来还典型化得不够，需要加上一章，突出这两个人物，也就是愚昧的人物。

感觉满意的地方是，当我读到朱老忠带江涛到济南探监，隔着铁窗见到运涛的情节，使我潸然泪下。读完第三卷原稿之后，禁不住痛哭起来，抽

咽不止扑碌碌流下了眼泪；二师“七六”学潮，当场牺牲十余人，四人重伤，三十余人被捕。我怀念我的战友们，痛悼我的战友们，使我增加了写这部书的勇气。

我一边构思应该补充的两章书，一边开始修改，在修改过程中，有增有删，词句屡有更动。脯红鸟的事件，春兰与运涛的事件，大贵被抓兵的事件，更加突出。春兰的遭遇，带来妇女解放的要求。严萍参加反割头税运动，参加二师“七六”学潮，开始了小资产阶级知识分子的改造。贵他娘是与朱老忠并肩作战的，朱老星家的、伍老拔家的、春兰娘，是逐渐的自我解放的。我朝着这个方向疾速前进。

这部原稿，当时有三十万字。修改一次，需要一个多月的时间。当时没有人抄稿子，在南大街找了一个人，代为抄稿，一万字需要三元钱的代价，比自己抄稿，省去很多时间。尤其这位抄写能手的蝇头小楷，增加了文章的美感。这样也就加速了修改时间。在修改过程中，注意了民俗的描写，透露了地方色彩，使她带有浓重的乡土味。从民俗的描写，地方色彩的浓重，乡土气息，完成民族气魄，民族化风格，写这部书的开始，是这样设想的。在修改中，一直朝这个方向前进。

这个时期的作息时间，是自早晨开始，一直工作到夜间十二点钟以后。中午从不午睡，睡也睡不着。一天十二小时的工作时间，使我体力消乏；有时激动起来，肚子打战，心跳，笔在发抖，我不得不增加营养，吃最好的东西：白肉罩火烧，白运章的包子，或略事休息。

我到医院去看了一次病，大夫说我血压有些高，给我开了药，拿回来一吃，甜甜的，酸酸的，是开胃的药，当时降压药尚未入口。因为不知道高血压症的厉害，也就不去管它，只是休息一下就算了。一直到入冬，生上了炉火，我不得不改变我的工作时间，因为夜间工作太乏累了。

因为创作生活的忙碌，自从来到保定，我还没有去看看我的四哥，他在水利局工作，是搞测量的。这年夏天，我四嫂带着孩子们来保定，我也顾不得去看看，实在是过意不去。一想起来，也太难为情了。虽然如此，艺术生活，灵感的冲动，什么也顾不得了，只顾得骑着马往前冲。

工作时间，改在夜间三点起床，通通炉火，稍做洗漱，坐在椅子上开始工作。直到午饭时间，才到食堂用餐。这样我就可以不到外边去吃饭了。下午看看书，休息休息，七八点钟即开始入睡，趁着劳累，我可以足足地睡一大觉，真有鼾呼之乐，但是起床之后，抬头一看，窗上结着白色的窗花。

直到年节来临，我不得不到北京去，看看我的年轻的妻子，因为她的第二个孩子已经降生了。因为工作忙，生孩子的时候，我也没去护理她。

我买了马兰斋的烧鸡，槐茂酱园的酱菜，到北京去看她们。下了火车，坐上环行电车，到了西直门，又换上去颐和园的汽车，直到华北农业研究院去。

到了大门口，老传达员打了个电话，把她叫出来。帼英抱着女孩子襄霞，跑了出来，离远就喊："爸爸来了！爸爸来了！"

她高兴地把孩子让到我的怀里，她亲自提了烧鸡和酱菜，笑着说："快去看看弟弟吧！又白又胖呀！"

老岳母听说我来了，走出来迎接，大笑着说："爸爸来了，爸爸来了！"

走到屋里，帼英抱起孩子，说："你看看！你看看！是个男孩子哩！我们给他起了乳名，叫小弟！你快给孩子起个名字吧！"

我抱起孩子，看了看，孩子瞪着两只大眼睛盯着我。我抱在怀里掂了掂，重乎乎的，说："就叫襄君吧！散家门里人员单薄，也姓散吧！"

老岳母听了，拍掌大笑着说："我那亲人呀！出生的时候，足有八斤呀！"

老岳母给我煮了一碗挂面汤，帼英买来了芝麻烧饼，吃起来很可口。帼英说："稿子写得怎么样？"

我说："我一生的文学生涯，这是最顺利的时候，平时每天写四五千字，灵感来了，写七千字，最多的时候有九千字，足足的一章！”

帼英说：“那就太多了，要注意，不要累着了。我这里的事情，尽可能地自己办，也不打搅你，放心吧！”她是一个很能干的人，从不给我找麻烦。

晚饭，老岳母给我炸了汤圆，煮了稀饭，这是南方人的吃法，炸汤圆吃起来很有趣味。

趁着年假，我到国家建筑委员会去，拜访了革命的老前辈曹承宗同志。他是高蠡暴动的当事人，他在他的会客室，招待了我。我向他说明来意，他两目炯炯有神，说：“好嘛！我早听说，你要写高蠡暴动，好嘛！”他仰起头来，捏指计算，摇摇头说：“已经过去了二十三年呀！”

当时，首先同志，正在县公署当财政局长，是高蠡暴动后援会的负责人。华北红一军第一军那挺机枪，就是他解决的。他和高蠡中心县委书记宋洛曙是同乡。我问他：“宋洛曙同志，此人怎么样？”

他把我让在沙发上斟上一杯茶。说：“很坚决嘛！他是长工出身，在反割头税运动中大显身手。他虽然粗通文化，可是当了书记以后，并不是傀儡。这人政治水平不低，就是有一样，他说高蠡地区有三万党团员，县公署的财政局长、教育局长、建设局长，都是自己人。他太不保密了，太不谨慎了，弄得国民党都知道共产党要暴动，迎接红军北上抗日，于是不得不提前起手，打起游击，高搭席棚做宣传……可，话又说回来，日本鬼子已经打到家门上呀！”

我听他嗓门很高，瞪直眼睛，眼珠也红了。我说：“不要紧，你慢慢讲，高蠡暴动已经过去，回忆一下就是了。”这时老人已经浸满眼泪，我说：“你只谈几个问题就行了，红军这挺机关枪是怎么弄的？”

他两手把膝盖一拍，说：“咳！开开财库拿呗！还有一部分是三三织工厂的”——三三织工厂是以洛曙为首集股成立的蠡县最大的针织厂。

我问：“打死张福奎这个大贼头的人，究竟是谁？”

他仰起头来，哈哈大笑。说："二十多年来，不知有多少人问我，我从不开口。因为当时和人家有协定，保密。事情过去了二十多年，时过境迁，说嘛也就没有关系了。这事，我说通了河南的士绅李仰恩，李仰恩找了肃宁的大土匪曹士珍。花了三百块白洋，办了这件事情。"说着，笑模悠悠，晃动他明亮的两眼，流露出得意的神色。

听到这个真实的情况，我甚觉满意，这是我几十年来追寻不得的。我又问他："当时，刘双四有没有党籍？"

他说："有，新庄刘双四，万安吴双五、翟喜春，都是有党籍的。"

他又谈了一些高蠡暴动的细节，时当正午，他打发孩子们说："炒几个菜来，和你梁斌叔叔喝几杯！"

到了吃饭的时候，我也就不走了。首先同志拿出酒瓶，孩子们端上菜来，买了一只大烧鸡。他说："今天用大杯喝酒，我高兴！"他给我斟上一大杯酒，也给他自己满上一杯。说："高蠡同志讲义气，自己同志，随便喝，随便吃，也用不着礼让了！"说着，他仰起头来满饮一杯。

他用手劈开一只大鸡腿，递给我。又劈了一只大鸡腿，张嘴大嚼，又喝下一大杯。我还没有喝完一杯酒，他就又喝下一大杯，我不由得拍案叫绝："首先同志，海量啊！"

他说："听说你要写高蠡暴动，使高蠡同志传之千古，我高兴！"

看他上了年岁，吃了饭喝了酒，我就告辞了。

第二天，我又到中央财政部办公厅，去拜访我的老同学蒋东嵋，我一直走到他的宿舍里，开门进去。他正在屋里看什么东西，见了我立刻站了起来，说："你回家来过年了？"

我说："是，来看看孩子们。"看样子，他住两间屋，里外间，外间就是他的书房；新油漆的家具，新台布，新窗帘，新门帘，似乎是新婚燕尔。我笑了说："大嫂呢？"

他眯眯笑着说："去买肉了，中午给你包饺子吃！"说着，又龇牙眯眯笑着，说："你无事不登三宝殿！"

我说："三句话不离本行，再谈谈二师'七六'学潮，高蠡暴动！"

他说："你是不到黄河不死心，不能在世界上虚此一行！"

我说："我干了这一行，也只有在这棵树上吊死了！"

他沏了一杯茶放在我的面前，我们面对面把"七六"学潮的情节，对证一番。这个事件的故事已经有了，我尽可能地吸取细节，作为修改补充之用。

"七六"惨案局面形成之后，利用敌工关系出走的，是陈建民。跳墙泅水而走的，是魏思荣。藏在储藏室里，等日落之后，跳墙而走的，就是蒋东嵎了。我把他经过的细节写在张嘉庆身上，完成张嘉庆这个英雄人物。

蒋东嵎逃出"七六"惨案之后，又参加了高蠡暴动，就是参加了刘双四这一股，是第二大队，根据他的介绍，刘双四本人就是一个传奇性人物。此人之所以能够加入共产党，一是杀富济贫，二是从不在本地作案，一出去就是一二百里，抢劫那些大官宦、大财主。方圆百里之内，要是有人把本村霸道的恶行，写在村边的小庙上，不久他就会遭此劫数。

高蠡暴动起手之后，他把一杆大红旗插在村北的大窑上，上写"天下第一团"。开条子向周围村庄上的大财主要钱要粮食，以筹备军需。

到高阳辛庄的路上，与地主武装作战，攻下戎家营，打开地主的仓库，分了粮仓，分了财物。高蠡暴动中最能打仗的，就是刘双四这个大队。

我们把这些细节，订正了一遍，又谈了一些他在高蠡暴动前后的所见所闻。谈了他对高蠡暴动之所以能够崛起，是因为日寇已经占领东北四省，在冀东酝酿殷汝耕的叛乱。高蠡暴动之所以失败，就是因为没有军事经验，湘农司令员不是军人出身，不会指挥打仗。他最大的困难，不是本地人，不通地理民情，语言不通，说话得用翻译。

他把一只脚踏在椅子上，一只手端着茶杯喝着茶，侃侃而谈，如数家珍。

看看天将乍午，大嫂不见回来，我只好告辞："我不等着吃你这饺子了，我走！"说着，我从椅子上站起来。

他龇着牙，笑着说："你吃不上了，她看她妈妈去了！"

听了此话，我俩各自仰起头来，哈哈一笑。我挪动脚步走了出来，蒋东嵎同志送到门口。

过完了年，我就又回到保定。到了机关，劈柴生火，到外头小铺里吃了一顿饭，回来小屋也变暖了，我打了一壶水回来，坐在凳子上喝着，开始构思《红旗谱》第二部，《北方的风暴》这部书。

高蠡暴动已经过去了二十多年，这些人物和故事在民间流传了二十多年，经过民间传说，使刘双四的传奇色彩更加浓郁。关于刘双四加入中国共产党一事，已经无可置疑；为此，我曾翻阅过中国共产党的第三次代表大会的决议，在决议中有一条：在民团、宪兵、土匪中建立党的支部……

我回味了梅里美的文学作品，为了写好刘双四这个传奇性人物，我将借鉴梅里美描写人物的手法。取名李霜泗，因为蠡县北新庄一带环境平易，我将给他一个美丽的地方——白洋淀，并且给他一个美丽的妻子，一个美丽的姑娘芝儿，加强他们的传奇性，并且大故事套小故事。写出典型环境中的典型性格，在现实的基础上大胆地虚构，使其升华，这是一个英雄人物嘛！

我曾三走白洋淀，在白洋淀的渔村中住了几个月。我的房东的女孩子活泼而俏丽，把她从徐二黑的姑娘练武生活中脱化出来，加强她的传奇色彩。

在这卷书中将要加强张嘉庆的典型化，几个人物将互相媲美。

我用了几天的时间考虑这些问题，把她肯定下来。便骑上马向前冲去。

在写这卷书的过程中，心情异常舒畅，自从我十九岁（一九三三年）开始写文章，这卷书是一个高峰，笔下概括性和典型性很强。所以，我在写文章的时候曾说过，文学美化生活，这是在我长期的艺术生活中总结出来的。写这卷书的速度比较快，所以我说笔走如龙蛇之舞。

这卷书是写高蠡暴动的准备阶段，下边将要写高蠡暴动的崛起和她的失败。将要提高贾湘农、朱老忠、严志和、朱老明、伍老拔、庆儿、小囤、春兰、严萍的思想水平及其典型化。冯老兰、冯贵堂的反动性格将更加典型。

为了写好高蠡暴动，我回味了普希金的作品《上尉的女儿》中的布加乔夫这个人物。回味了托尔斯泰的《战争与和平》中描写人物的手法，写出当时中国的第三派势力，严知孝和老将军，我把老同盟会员、抗日期间的地下工作者刘耀奎和保定陆军军官大学校长、段执政时代的陆军次长齐振林，合起来写，并使其典型化，透露了民族气魄和民族化风格。

我回味了《战争与和平》中伟大的战争场面。

我回味了法捷耶夫的《毁灭》，写了游击生活和高蠡暴动的失败。

在构思的过程中，在一九五六年的春天，中国青年出版社编辑萧也牧来保定约稿，我叫他看了《红旗谱》这部书的原稿，他肯定了这部书，说："诗，这是史诗，千字十八元，三万册一个定额……"

萧也牧是一个天才的文学家，高高的个子，学生头，穿着锃亮的红色皮鞋，他两手掂着原稿，笑着说："我要带回去，出书！"他睁亮了眼睛，微笑着，等待我的同意。

我说："你出书可以，这部原稿，我还要修改！"

他皱紧眉头，说："怎么？你还要修改？"

我肯定地说："还不够味，还要修改！"

他拍拍我的肩头，说："梁斌同志，了不起呀！我们的大作家！"立刻从皮包里掏出约稿合同，叫我签字，我根据他的意见签了字。千字十八元，三万册一个定额是他自己填的。

送走了客人，走回我的小屋，坐下来，平了平气，这时我感到作为一个作家的幸福。

保定离高阳县仅有四十里，为了写好这部书，我要到南北辛庄去采访，亲自看看双方会战的战场，但是时间是宝贵的。我正在门前寻思，文化局副局长谭思源走了过来，我说："下乡能坐汽车吗？"他说："能坐，汽车就是给你们准备的！"一句话拍了板。

我感到异常高兴，作家下乡也可以坐汽车，这是对于作家的优遇。我还记得北辛庄有个老同志叫蔡如松，他曾参加高蠡暴动。第二天，我坐上汽车，到高阳去找蔡如松。

汽车到了高阳县城，我先到县委。我没有见到书记，组织部长接见了我，我递过介绍信，说明要到辛庄，采访高蠡暴动的事情，要找蔡如松同志。

他说："好说！蔡如松正在城里！"他叫我到一个杂货庄去找他。我离开县委，到那个杂货庄去。到了那个杂货庄，伙计们说："他到澡堂去了。"我们又到澡堂。

当我进了澡堂问伙计时，蔡如松同志迎面走了出来。中等身材，瘦瘦的个子，两目炯炯有光。他说："同志！你找我？"

我走前一步，握住他的手，说："是，我来找你，请你和南北辛庄的老同志们谈谈高蠡暴动的事。"

他仰起身子，左右端详了一下，说："好！你是一位写家，大暴动过去了二十多年呀！除中华人民共和国成立后修了烈士陵园，震惊全国的事情，从不见于书报，太不公平呀！"说着，他的胸怀有些起伏。

他说的倒是一句真话，中国共产党领导了秋收起义、广州暴动、南昌暴动、高蠡暴动、五里岗暴动、山东日照暴动……直至今日，还没有一本书反映农民暴动，我说："我要写一本书，反映高蠡暴动，概括全国，请你帮助！”

他把膝盖一拍，说：“好嘛！写一部《水浒传》吧！《三国演义》也好嘛！你是一位大写家！”

我俩携手走出大门，坐上汽车，他说：“先到县委去！”

汽车开到县委机关，我俩下车，他拉着我的手，一直走进组织部办公室。那位组织部长同志正坐在那里看材料，见我们进来，他先从椅子上站了起来。蔡如松同志向他打招呼，说：“吭！我要回去了，大写家来了，要写高蠡暴动！”

组织部长同志说：“好嘛！英雄千古，应该写写啦！”

蔡如松同志点了点头，我们就走出来，组织部长同志看着我们上了汽车，才走回去。蔡如松同志是来请求分配工作的。

我们上了汽车，蔡如松同志说：“出南门，一直向南走，不远也就到了！”说着，他从口袋里掏出一个小酒瓶，仰起头来，咕咕地喝了两口，酒香扑满了汽车。他拿起酒瓶，笑着在我眼前晃了晃。

我摆了一下手，说：“我不喝酒！”

乡间土路汽车有些颠簸，蔡如松同志仰着身子，眯着眼睛絮絮地谈着。听他说话，大暴动时期，这里是高东区委地区，他曾做过高东区委的团委书记，那时他常去布里高小去打球，参加了暴动。抗日战争时期，曾当过游击军的营指导员，烧过潴龙河大桥……说着，他似乎进入梦乡，又絮絮地说：“蒋介石，攘外必先安内政策，必然失败……”又大声说：“大写家，你要写上他！”

时间不长，到了北辛庄，汽车走在大街上，引起很多小孩子们的好奇，跟着，跑着。当经过一个四方稍门的时候，他从梦中醒来，说：“停下，这里就是我的家！”

下了汽车，门口有位老者，见了蔡如松同志，说：“哪不吃饭就行了？”

说着，似乎有些生气，眼瞳斜着他，又顿了顿手里的拐棍。

自此，我知道蔡如松同志的身体不是健康的。他喜酒，很少吃饭。

一进门，是三合小院，三间北屋，两间西屋，两间东屋。他引我走进东屋，敞开嗓子喊了一声："客人来了，包饺子！"

应着喊声，从北屋走过一个中年的妇人，手扶门框，探进头来，笑了说："我看看，谁来了？"不用说这就是蔡大嫂了。

如松同志说："你瞄什么？包饺子，大写家来了，要写高蠡暴动！"

大嫂说："看那大暴动的时候，打日本鬼子的时候，这个来那个来。大暴动失败了，也把日本鬼子打败了，人们也不来了，门庭也冷落了……"

蔡如松同志说："别叨叨了，包饺子！"

大嫂说："当然是，咱北方人好吃不如饺子!"说着，走了回去。

如松同志说："大暴动以前，布里高小有个丁浩川同志，常来这里走走，我虽不是他的学生，可向他学的东西不少。《共产主义 ABC》、《社会科学概论》就是他教导的。"

丁浩川同志我是知道的，他是我的国文老师，后来离开县立高小，调到布里高小教书，他和李子逊同志共同工作，发展了一批共产党员，建立了高东区委。当时的高东区，就由丁浩川和李子逊同志领导。高蠡暴动以后，布里高小也被封闭了。

说了一会子闲话，稍门外头，有人骑着车子进来。抬头一看，是一个五十多岁的老汉。他从车架子上，抽出一杆锄，戳在墙边，搧着草帽走了进来。如松同志介绍说："这是我父亲！"

我说："老爷子好！你去……"大爷说："我出工来，锄地去来!"

我说："我来麻烦你们了！"

大爷哈哈笑了说："甭说了，共产党人吃百家饭！"

说了一会子天时和禾苗的话，大嫂端了饺子来，说："你爷们北屋里吃吧！"

如松同志和老爷子走了出去,叫司机同志进屋吃饭。主人不陪客,只有我和司机同志吃饭。白面饺子,绿豆菜馅,吃起来清香可口。吃着饭,司机同志不时走出去看看。我问:“看什么?”

司机同志说:“乡村里人没见过汽车,说是来了大官,一群小孩子围着看,我怕把汽车弄坏了!”

吃了饭,我躺在炕上休息了片刻。有人走进屋,我起身一看,来人络腮胡子,穿着一件棕蓝色粗布小夹袄,腰里扎着一条黑包粗布褡包,约摸有七十岁年纪。蔡如松同志也跟进来,说:“这是咱这一方的老前辈,蔡宝三同志!”

我下炕穿鞋,老人走到我跟前,伸手拉住我的手,从上到下看了看我,迟迟地说:“我下地回来,听说来了老同志,我慌忙吃过饭才来看你。大暴动时期,抗日战争时期,常有同志们来来往往,如今党没有困难了,掌了政了,也见不着老同志们了!”说着,两只眼里扑簌簌滚下泪珠来,流满衣襟。

我慌忙把老前辈让在炕沿上,说:“老爷爷!请炕上坐!”我让他炕里头坐。

老前辈说:“成天价下地做活儿,我不习惯坐哪!你是哪一年入党的?”

我说:“我是晚辈,一九二七年入团的。”

他说:“那时和现在不一样,白色恐怖时代,团是第二党啊!党员团员一个支部,党员少,团员当党员使用!”

我说:“我是保二师的学生,曾参加二师学潮,没到这一方来过!”

他两掌一拍,笑着说:“二师学潮,震惊全国呀!那个威势弄得国民党心中不安啊!他摁倒葫芦瓢起来。”说着,他笑了!

蔡宝三同志说:“听说你要写大暴动?写写吧!值得一写呀!蒋介石,日本强盗砸我们的门来,还不许我们拿起棍子,他不得好死。写上他,记上他一笔账!”

蔡如松同志对他说:“叫你谈谈大暴动!”

蔡宝三同志说:“大暴动!有人说失败了,不好。我说好,小日本鬼子占去了我们的东北四省啊,迎接红军北上,只要敢插起我们的红旗来就好啊!湘农司令员带着几支大队来了。高东区委也搞起几支大队,边渡口村、河西村,都动起来了,抗日的口号贴了满墙啊!蒋介石见我们抢先抗日,骑兵十七旅可就开上来了。红军向北去,高阳的警察保安队打过来。红军向南去,肃宁的警察保安队打上来。红军跑了半天,回到学堂里打尖吃饭。这时候十七旅就开到南辛庄,红军的机枪也上了房了,两方的机枪打得呜呜地响……”他慢腾腾地,一句一句地谈着,像是永不休停。

蔡如松同志抢上去说:“本地起了两支大队,开仓济贫,群众也起来了。有王韬和蔡书林大队。王韬同志当警察局局长,发展了一些警察同志,他们打得真当呛!机枪子弹打完了,只好破坏了它,省得落在白军手里。十七旅打过来,就在学堂里交起手来。湘农司令员看挡不住敌人,下令撤退突围!”

老前辈说:“咳!湘农不是军人出身,没有军事经验,临时抱佛脚,看几本军事书,哪里能行!”

蔡如松同志说:“其实失败了还可以搞,留得青山在啊!”

又谈了一些细节,直到太阳西下,老前辈站起来,说:“你来到俺这一方,没有困难的!明天,我领你去看看肉球坟!”

蔡如松同志说:“你在这儿喝粥吧!”

老前辈慢慢走着,说:“我回去,明天见。”

我俩送老人走出门外,看他的背影走远,才走回来。蔡如松同志自言自语:“蔡泮林也参加大暴动,失败以后,他不顶着,跑到南方去当了兵,直到解放,才带着老婆孩子回来。他俩媳妇,我们也不叫他见你了。”说着,屋顶落下暗影,他划根火柴,点着一盏小油灯,搬上吃饭桌,把小油灯,放在桌上。谈起蔡泮林,他似乎很不满意,因我不了解情况,也不好说什么。

大嫂笑着端进饭,说:“你看看,我们拿这样的饭敬客,也不好吧!”她把两碗菜粥放在桌上,又端来窝窝头、葱花炸辣椒。

我把司机同志叫进来吃饭;杂面条菜粥,就着窝窝头,葱花辣椒,很香。葱花炸辣椒虽然不是席上珍品,普通人家也是吃不到的。

饭后,蔡如松同志又谈了一些大暴动时期,各阶级阶层的思想活动。

我和司机就睡在土炕上,呼呼地睡了一夜。第二天早晨蔡如松同志用铜洗脸盆端进水来,胳膊上搭着一块花条子粗布手巾。说:“你看看,咱这庄稼样儿,连块儿毛巾也买不起了。”

我和司机就着脸盆弯腰洗脸。

大嫂又端进饭来,小米稀粥、玉米饼子、老腌咸菜。她说:“过去,奶奶给姑姑看小孩,一个月给十五块钱,可以买小葱吃。姑姑愿意养奶奶,接着走了,连小葱也买不起了。”

吃完了饭,蔡宝三同志就走过来,说:“走,我一辈子了,也坐坐汽车。”

我拥着老人,坐进汽车里。我和如松同志也坐上去。如松同志说:“出了街口往南走,不远就到了!”

司机开动汽车出了稍门口,往南开去。不一会儿工夫,到了烈士陵园。大门上方刻着:“高蠡暴动烈士陵园”。如松同志两手扶着宝三同志下了汽车。他说:“先看看咱这肉球坟吧!”他眼含泪花,走到大坟头前,扑通一下跪了下去。我也慌了手脚,跪在地上,如松同志也跪下去。

宝三同志说:“老同志们,为了迎击日寇,你们长眠地下了。我们也打败了日本鬼子,打败了蒋介石的八百万大军,建立了中华人民共和国。打天津的时候,我也上了前线了。带着牛车,拉着小米,支援前线去了。你们安安静静地睡吧!”说着,他趴在地上,磕了三个头。

我们也趴在地上磕了三个头。

蔡宝三同志慢慢站起身来说："大会战的时候当场死了十几个人，就埋在这个坟头里。四方同志每年清明佳节赶着大车拉着鞭炮，来这里扫墓。"

蔡如松同志说："失败之后，有人送湘农同志到了白洋淀，雇了一支大船，他藏在船舱里脱离险境。宋洛曙同志活不见人，死不见尸……"

宝三老人流着眼泪说："惨啊！白军逮住红军了，用铡刀铡下人头，挂在树上，挂在城门上，血糊淋漓。地主们成立了和平会，逼着暴动户，赔偿损失，倾家荡产啊……蔡书林同志，拿着一把镰刀，装打短工的，被地主捉住送官了！"说到这里，老人痛哭不止。

我们也都流下眼泪来，司机同志也哭了。

我们一同看了蔡书林、刘双四、宋洛曙的碑记。陵园修得比较简朴，周围有短墙、树林，在解放初期，也算不错了。我说："我们看看敌我会战的原址吧！"

我们迈着沉重的脚步走出陵园，出了大门口走不多远，宝三同志抬起头来，指着眼前一大片庄稼地，说："这就是人们常说的辛庄会战的地方……"说着老人又流出眼泪来。

如松同志伸出手指点说："西边是高小学堂，那片菜地就是警察所。时过境迁啊，战场的原址已经不存在了！"说着，他又流出眼泪来。

宝三同志伸出手拉住我，向前走了几步，又停住步。抬起手指指南面的村庄说："那就是南辛庄，十七旅攻到前村，就下了马，支上机枪。他们不敢骑马前进，红军的机枪就支在高小的门楼上，机枪手是个好小伙子，说点发就点发，说连发就连发，百发百中啊！红军在高小的墙头上戳了窟窿，把枪伸出去……"

如松同志说："原来湘农同志听说白军抄过来，指挥红军向北走去，打了一仗，又折回来向南突围，又打了一仗，才回到高小学堂，想回避，十七旅追寻而来,大战就开始了,打得天昏地暗啊……"

宝三老人说:"这时,各路红军——博野、饶阳、安新的同志们都起了手了,还没有赶到,要是赶到了,这场会战打得还要大……白军听到红军的机枪不响了,一直往学堂摸来,湘农司令员看挡不住白军的火力,指挥红军各人背起一个小学生,向西北角上突出去了!"

但谈来谈去,没有谈到贾振丰同志和赵典谋同志。也许他俩都知道我是第二师范的学生,不忍谈下去。贾、赵二同志都是二师高级班的同学。我问:"怎么没谈到贾振丰和赵典谋,他俩都参加高蠡暴动了!"

老人听了合紧嘴巴,摇摇头说:"咳!我不忍呀!贾振丰同志是红军政治委员,赵典谋同志是政治部主任,他们之间,意见不合呀……"

如松同志说:"那是什么时候,还意见不合,湘农司令员还要枪毙赵典谋同志……"

谈到这里,老人又流下了眼泪,说:"我们给他讲情呀,恨不得给他跪下!……我们都说他们是青年人呀,叫他有学习的机会吧!"

根据民间传说,当时保属特委派赵典谋同志为保东特派员,在安新县委工作。因为准备不及,队伍没有拉起来,受到湘农同志的严厉批评。又有一说,是各路红军起手有早晚,宋洛曙大队因为暴露,不得不提前起手。当时,湘农同志开了政策会议,还在宋家庄坐地指挥。还有一说,要是根据贾振丰同志的意见,高蠡暴动的失败不会这样惨。因湘农是南方人,才从苏联回国,他不明高蠡一带的地理民情,无法指挥战争。还有一说,说湘农并非军人,不懂军事工作。

说着,我们走回来,上了汽车,回到如松同志家里。大爷也下地回来,见了我说:"当八路军,你就是跟着干!"说着,笑哈哈的。

今天大爷陪我们吃饭,一边吃着,又谈一些关于高蠡暴动的细节。

吃完了饭,我拿出五块钱,十斤粮票,递给大爷。大爷笑了说:"干吗?

共产党人在我这儿吃饭,可没给过钱!”

我说:“那是过去的事,现在我们有了政权,制度也就不同了!”

说着辞别了大爷,走出来。大爷、如松同志、大嫂一直送出门外,大嫂笑着说:“不要忘了我,给我捎本书来!”

汽车开出村外,走在乡间的大路上。这时,原野上麦秀青青,惠风和畅。我有些乏倦,想要睡觉,这时好像有一根皮鞭在背上勒着。我猛地一下醒来,心中想道:“我写不好这本书,无面见高蠡父老!”

我回到机关,心中久久不能平静。我在屋里走来走去,考虑着《北方的风暴》二三卷的人物塑造,故事的穿插,以及细节的安排。绝不能是历史的记录,而要深化,在某种意义上,要概括全国,要追求艺术上的真实。这部书要与《红旗谱》的味道有所区别,好像厨师炒菜一样,一个菜一个味,不能把一桌菜炒成一个味,这就是艺术。这部书要放开手写,好像大河里流水,哗啦哗啦响着。

考虑周到,趁着灵感的激发,我就搬鞍上马向前冲去。冲,冲,冲,一直冲向前去。我写这部书的感受是,人物熟悉,则人物领导文章前进,生活熟悉的地方,则生活领导文章前进。实在冲不过去的地方留个空白,拐个弯儿冲向前去。人物在鼓噪,生活在叫唤,使我的笔下匆匆,不容缓慢,更不能停留。

把贾湘农提高一步,从地方干部,一跃而为军事指挥员。写《父亲》时,是大贵的大队长,为了提高朱老忠的英雄典型,而使他思想上有所提高,从一个农民英雄成为红军大队长。他带领暴动的农民攻下冯家大院,活捉冯老兰。写了训马一节。攻打戎家营的事,本来是刘双四的事,也写在朱老忠身上。在失败的过程中,朱老忠毫无动摇,而且支持了地下工作。

在这部书中,朱老明、朱老星、伍老拔、严志和、小囤、春兰……在大暴动中都显露头角。严萍这个小资产阶级家庭出身的小姐,也参加了高蠡暴动,在暴动的过程中完成了她的知识分子改造。

我把我的二姐夫老同盟会员刘耀奎与段执政时代的陆军次长齐振林概括在一起,写了老将军这个典型。严知孝的思想也提高一步,成为进步的老知识分子。

落后的农民形象,老驴头、老套子,在大暴动中也有所提高。

反面的人物典型冯老兰顽固不化,与红军为敌,受到红军的审判,成为反动透顶的地主。冯贵堂的表现更加反动,而且拿起枪来,和红军打了一仗。

总之,我把所有人物都放在这个典型环境中,体现他们大暴动中大小不同的思想变化。

这部书稿,一直写了五十多万字。在我一生的写作生涯中,这是写得速度最快的一部书。

一九三五年我在山东剧院的时候,就想写这部书。因为生活积淀不足,技巧不足,语言贫乏,只写了八章就停下来。写了短篇《夜之交流》。当时,我还不能摆脱外国文学的影响,连语言都是洋味的。直到读了毛泽东的《论持久战》和《论游击战术》,经历了抗日战争,当了游击大队的政治委员,带了部队,指挥了战斗,对于战争生活有了真实的感受,这部书才写成。写到这里我不禁长长出了一口气:"艰难的文学创作生活呀!"

写完了《北方的风暴》,接到萧也牧的催稿信。我不得不把《红旗谱》一书定稿了。

热季将过的时候,我带着《红旗谱》原稿到了北京,住在黄化门大街锥把胡同一号,即河北省驻京办事处。这是一处古典的平房大院,三进大院相连,方砖铺地,垂花回廊。传说这是过去的大军阀褚玉璞的住房。

主任同志拿了钥匙,走到北院,开了一间北房,说:"看看怎么样?"

我一看,是间大房子。屋里有书桌、椅子和睡铺,我笑了说:"太好了……

谢谢你!”

主任走了,办事员又进来,说:“买饭票吧,快吃午饭了!”我买了一块二角钱一天的饭票。我觉得有些疲乏,躺在床上休息片刻。直到十二点时刻我方出门,穿过回廊到了西院。人们拿着碗筷走进饭厅,我也走了进去。饭厅有两个大房间,外屋是大灶,里间是小灶,我走进里屋。吃饭的人并不多,也就有七八个人。因为不熟悉,我便围桌坐下。不一会儿工夫,服务员端进饭菜。菜味一般,也就是招待所的伙食。

吃饭回来睡了一觉。睡醒以后,到办公室给帼英打了电话。走出胡同,坐了两站汽车,到了鼓楼。我去看看二姐和二姐夫。二姐还好,见了我很高兴。二姐夫现在是河北省的政协委员,每月有一定收入。我看他的一言一笑,一举一动,生活方式,我觉得我写得还不错。

从二姐家回来,帼英来了。她给我扫地、擦桌子。对我说:“脑力劳动是沉重的,尤其搞创作,费脑筋啊!”

我说:“我觉得还好,只是感到体力消乏。”

帼英说:“不要不在乎,你要注意身体。”

这时开饭了,我与帼英同去用晚餐。

饭后,在黄化门大街走了走。回来,她陪我谈天,直到夜幕降临,我说:“你回去吧!有孩子们!”

她说:“有婆婆,还有左妈!”

她不想回去,直到第二天早晨才匆匆忙忙地回去了。

饭后,我就开始工作了,把原稿翻了翻。我开始写打腹稿已久的朱老巩大闹柳树林的故事。这是我母亲讲的,我父亲为了保护奶奶山上那座铁钟,被老土豪打得头破血流。我母亲说:“闹腾了半天,那座大钟也被人家砸了。他们存心不善啊!”

母亲的话直到今天还在耳旁响着,所以写得很顺利。原来想:中国古典文学都要有个楔子概括全书，自新文学兴起，也就不写楔子了，我就把她放在《红旗谱》的第一章，以概括全书。

这一章已写到清朝末年，写了朱老巩、严老祥一代农民为反对土豪的霸道专横，自发地进行阶级斗争。把年幼的朱老忠和严志和，放在这个典型环境里，开始萌发他们斗争的种子。

这一章写完，开始写老驴头和老套子杀猪。这是很熟悉的生活，乡村里年年杀猪，孩子们最喜欢看杀猪。曾经有人说："这是给农民打花脸！"不对的，这是为了教育小农经济基础上产生的部分农民的落后和愚昧。这个问题经过多年的反封建斗争，直到土地改革的宏大运动才有所解决。这一章里，把老套子和老驴头典型化了。

在写完这两章时，我深刻地感受到，写文章一是要熟悉生活，一是要长期打腹稿。

我把稿子仔细看了一遍，看有些地方裂开缝。已是初冬，我开始修改这部原稿。这时林漫同志来北京，悄悄走进我的屋里问我在这儿干什么。

我脑子里一闪念，想："说来北京也住办事处，一千人一万人住了，我为什么不能住……"

我没有说什么，他就出去了。我继续修改原稿，一方面修改，一方面由中国青年出版社刻纸油印。这时，我感到力不从心，心上发抖，手打战。我有些警惕，停下来略作休息。这时交通厅秘书齐平同志来北京，也住在这里写长篇，经常来谈谈创作经验，我借此机会跟他谈谈，以破除寂寞。一次他说："我非常被动，我爱人和保姆参加了一贯道……"

帼英来了，我跟她说了，她说："你正在写东西，不要管闲事……"

但齐平屡次跟我说，我说："那样你就该跟她离婚。"当时，我只是随便跟他说，我也没有注意这件事情。只是修改我的原稿。因为这部书根据长期腹稿写出之后，也修改几次。这时也没有大动了，只注意语言文字的修改了。

直到隆冬，我到萧也牧处送稿，他感到有些麻烦，说："要是早交稿，这部书也早就出了！"

我没有说什么，只是修改我的原稿，直到完成。萧也牧同志来送油印稿子，和他在马凯食堂晚餐。回来，我把稿子看了一下，是一个生手抄写的，标点符号常有错误，也有落字，我心中甚为不悦，这时帼英推门进来，带来一些吃的东西，说说笑笑，也就过去了，没有发作。帼英没有回去，也就在这里睡了。直到深夜，我反复不能入睡。几年以来，因为脑力劳乏，也很少有夫妇之间的生活了，我耐着性儿躺到黎明。帼英好像也没有睡好觉。她说："你实在太累了，注意休息！"说着，洗了一把脸，就又回去了。

这一天，我没有做什么事情；吃完饭，走出胡同，到景山公园走走，坐在椅子上休息。这时，已经没有困意，但也不觉得有精神，脑子里成静止状态。中午回来吃了午饭，很想睡一大觉，但又没有睡着。起得身来，又把油印稿看了一遍，心里很不高兴。

这时，我有防病的意思，但油印稿得看一遍。这几天连着没有入睡，我坚持把它看完。在最后一天的早晨，我没有吃饭，把油印稿包扎好，走出胡同，坐上汽车到鼓楼去。

当时的鼓楼院是一个市场。有说大鼓书的，唱小戏儿的，说相声的，也有些吃食摊子。我坐在一个小摊上，喝了一碗面茶，起身就走，坐上电车到了东四牌楼，还没有下车，才发觉稿子丢了。这才慌忙下了电车，又坐电车回到鼓楼。仓皇走到卖面茶的小摊跟前，问掌柜的："我丢在这里一卷稿子，你见了吗？"

那位老掌柜善意地笑了笑，说："我交给组长了，我给你要去！"

不一会儿工夫，他走了回来，笑着把稿子交到我的手上。这时我感到社会主义的优越性，身上一下子放松下来。走回车站，又坐电车，到东四牌楼，到中国青年出版社去。在会客室见到萧也牧，我把稿子递给他，说："这部书，我算交稿了！"

萧也牧同志说："你早交，这部书也早出了。这样，也只有排在后面了！"

我说："我想尽可能弄得好一点！"

他说："我知道，你在冀中工作，是一个老作家，搞了十几年文学了，不同一般！"

我觉得神经紧张，也不愿多说话，我想一个人在房子里静一会儿。回到屋里，上海《收获》季刊来人，要求先在他们的刊物上刊载。我又去找萧也牧，他沉着脸，不说什么。我只好辞别萧也牧同志，走出来。回到办事处，一个人喝茶休息，因为失眠总觉得不舒服。眼看到年终了，我买了一罐饼干去看我的孩子们。老岳母见了说："爸爸又买东西来了！"很觉高兴。

我觉得做爸爸的应该给孩子们一些温暖，可是我几年来搞创作，就是没有这个精神。帼英也能原谅我，说："你忙，把东西写完，再一块儿玩儿吧！"话虽这样说，我做爸爸的总觉欠孩子们一笔账。

年夜，帼英请我在门外一个小馆子里吃涮羊肉。论理说，涮羊肉应该是很香的，就是吃不出香来，神情有些慌促。

帼英见我睡不着觉，也说："你失眠了，也交稿了，你休息吧！"

我在恍惚之中过完年。我认为可能不只是失眠，也可能是血压高。过完年，我和帼英到西直门大街走走，在药房里打听一下，有没有降血压的药，药房的店员说："降压药有进口的，现在有日本的和法国的！别的地方也可能有印度进口的。"

我买了一瓶日本药，一瓶法国药，但不知怎样用法，也不知用多大量。这时，我想回到保定去。

正是此刻，三十年代的老朋友，民主人士史祝三先生来访。他高高的个子,头发胡子都很长,穿着一件军大衣。我把他拉进屋里,坐下。

史祝三先生是我在四十军工作时的老朋友，是西北军四十军的副团长,解放战争时期是国民党军驻北平的华北供给支部主任。我写信把他介绍给北平工作委员会的董杰同志,当时董杰是平津军、警、宪委员会主任。他的来访使我的精神为之一振,我热情地招待他,说:“多年不见,也不知你现在的情况怎么着呢?”

他说:“根据你的信,我和董杰同志工作了一段。直到北平解放,我把所有物资和一个警卫团交了组织,我到华北军校受训了。军校毕业,留校当了战术教官……”

我笑了说:“那还不错！”

他摇摇头,说:“后来转业了！因为档案丢失了,分配到河北省唐山市房管局工作！”

听到这时,我摇摇头说:“不对了！因为我知道当时四十军的旅长陈春荣到唐山市房管局去当局长。”

他缓缓地说:“没有办法,干吧！可是我病了,要入医院开刀！”

我问:“什么病？”

他说:“胃里有瘤子！”

我又问:“办好了没有？”

他说:“董杰同志给我办好了,听说你在这里,我来见你一面。”说着,站起身要走。

说句真话,我正在神情恍惚,我应该留他吃饭,可是就这一间屋,连个喝茶休息的地方也没有,只有送他出门。他回转头来说:“手术台上要是下不来,我还有几个孩子,请你照看一下！”

我说:“好说,你叫他们找我！”

五

我回到保定，一直睡不着觉，只有去找在山东剧院时的老同学吴传文同志。他现在叫吴弢，在河北医学院附属医院做党委书记。

在一个早晨，坐上汽车，出东关到了河北医学院。下了汽车，一直走到医学院最后一排宿舍，他刚从家里走出来，见了我，说："唔？你来了，久不见了!"

我说："我来到河北省，就听说你在这里，因为忙于写东西也没来看你!"

他说："你还在写东西，我已不写了！"

吴弢同志，山东泰安人，自从离开山东剧院即在新闻界工作。卢沟桥事变后，到范筑先先生建设的抗日根据地工作(鲁西南抗日根据地)。后来辗转到了冀南，河北省建立，来到保定工作。几年不见了，今天见了面很高兴。我们一边说着，一边走着，到了医院的办公室。他说："看样子，你想看看病？怎么了？"

我说："我可能血压高，我睡不着觉！"

他说："职业病呗！我找个好大夫，给你看看！"

服务员打扫了桌子，沏上茶。他写了一个条子，交给服务员说："去叫弓大夫！"

一会儿工夫，弓老大夫拿着血压计，一步步走过来。他已经花白了头发，脸上有了皱纹。笑着说："客人！想看看病？"

我站起来，说："量量血压吧！睡不着觉！"

老大夫走到我的跟前，先给我量血压。他两眼盯着水银柱，说："哼！高点，一百五十四！"他又取出听诊器，听了听心区，听了听后背，说："不要紧，问题不大！"

他又坐在椅子上，问："失眠多长时间了？"

我说："从去年冬天，我正忙于写东西！"

他说："一点儿也睡不着？用过安眠药不？"

我说："一夜不合眼，没有用过安眠药。"

他说："用一点看看！"

我把两瓶降压药拿出来，请他看看。他反复看着药瓶上的字。他似乎有点眼花了，眯着眼儿看着说："这瓶是日本药……这药，我们这儿还没有，你吃吧，一天吃三次，一次吃两粒。安眠药，我去给你拿。"说着，走了出去。不一会儿工夫又走回来，老大夫手里拿着一个小药袋，说："这是鲁迷娜尔，你每天晚上睡前用半片……你常来看看，我们也就不去看你了！"说到这里，老大夫慈祥地笑了。

工作人员来上班，我只好告辞出来，吴弢同志送出大门以外，说："你来看病吧，方便！"

我同他握了手，上了汽车，走了回来。回到机关，走进我的小屋，心中愉快，身上很觉轻松。但，我也明白，我确实得了病了，第一步计划，今年休整一年。

下午，我走出南关，到公园中散步。这座公园是曹锟做直隶总督时修造的。一九三〇年暑期，我考上保定二师时，常到这里走走。当时，在这公园里有亭台，有假山，山下有洞，名为"别有洞天"。山南有一条小河，自西而来，河水缓缓地流着。流过公园，穿过南大桥下，流入白洋淀，名为小清河。过了河还有一大片地方，种着花木。有一次大雨之后，我来公园。走到假山之南，有一段短墙坍塌了，我越墙而过。是一片桃杏园林，正是阳春三月，桃杏花开。穿过桃杏林，有一座西式洋房。已是兽蹄鸟迹，人去楼空。正南有一段甬路，我沿着甬路走出大门。门上方有四个字："老农别墅"。这就是当时的北洋军阀曹锟的别墅了。

如今，在"老农别墅"地方，盖起一座农学院。东边是工人文化宫，园中修了游泳池，公园已非当年了。我散步后坐在长椅上，想起公园的历史，二师学潮、保定地区的青年运动，凭今吊古，尤为感慨。

太阳平西，我走了回来。晚间没有读书，也未做事，单等睡一大觉。睡前用了半片鲁迷娜尔，这天晚上脑系神经稍有休息。第二天晚上，我用了一片药，只是轻轻地睡了一会儿，还是不能解乏。这时，我明白我的病已非一般了，我下定决心休息治疗。

当这瓶降压药将用完时，我又去找老大夫看病。他量了血压，笑着说："很好！一百三！"他叫我继续用药，还用鲁迷娜尔。我开始了用降压药、安眠药的漫长岁月。

当我沿着南街走着，看见挂着一个小牌，是个按摩的地方，我走了进去，是一个三合小院。我走进正房，大夫，点头示意："先生看病？"

我点头说："看看病！"

他叫我坐在桌子旁，给我诊脉，诊了一会儿脉说："虚症，你睡不好？"

我说："不好！开始用安眠药和降压药！"

他说："按摩对于降压和安眠都有好处，躺下吧！"他叫我躺在旁边的睡榻上，开始按摩。

正在按摩，进来一个男孩子，说："我的腿疼……我只有三毛钱！"

大夫看了看他，说："你等一下，没钱也治病！"

我看这个大夫还不错，救死扶伤是当大夫的医德。他是按穴位，点穴的。但是他按起来很痛。他说："不痛不见功效！"

按摩可以解除神经紧张，解除一些疲劳。我给了钱走出来。他送到门口，说："十次一个疗程，来吧！"

路上走着，身上有些轻松。自此，我开始按摩。

这时，王秘书通知我们，叫我们搬家。说新华书店借给我们一些房子，安排一个创作之家，在西大街枣儿胡同。我们去看了看，小院还安静，就搬家了。小院分两进，我住在里院两间小北屋。屋里有沙发、茶几，中间一个布围子，一个小床，也算对作家的优待。我就搬家了。这时，我思想上没有活动，我不想管工作，离得远一点，心静。林漫没有搬家。这时，省委成立了文教部，老同学李继之是部长，远千里是副部长，管文艺。这些问题都没有在我心上搁，我只管安排我的事情。河北的《蜜蜂》选载《红旗谱》第三卷。要求《北京文艺》刊载第一卷，他们要选载第三卷，我很觉麻烦，干脆算了。

这时血压降下来了，还是睡觉很少。我觉得几年来体力活动少，于是我黎明即起，到公园散步。有一个老师辅导太极拳，我也跟着学。

这时已经到了热天，在一天晚上，文教部叫我们去谈话，我和林漫去了。文化局副局长兼文联主席申伸正在屋里谈话，当我们进去的时候，他正在说："……这个没有办法呀！赶上他了，没有办法……"说着，他就走出来了。

继之对我们说，中央下达文件，要反右派。据千里说，北京有些右派污蔑中央，现正在某些问题上进行辩论，空气很紧张。并指定我主持这个会议，当时我正在病着，做不了工作，满肚子不高兴，但也只有服从。我跟刘艺亭没有来往，也没有仇恨。文教部说他要搞同仁月刊，就在这个问题上开始。刘艺亭管行政，并主编《蜜蜂》。

我主持开了会，刘艺亭开始交代。当时，他不交代则已，他一交代细节，牵扯到几个编辑，群众就起来了。尤其他们交代到细节问题，群众愤愤不平。

因我病着，有时林漫主持会议。其中交代的问题，谈刘艺亭说我来文联，是要搞他们。这又何从谈起？我来河北是为了写文章，并不想做官。我心中很不愉快。因此，失眠症加剧，血压波动。张朴、王燕飞、王润都说："你病着，叫林漫主持吧！会开得很好。"

林漫来了，说："不成问题，你休息吧！"

对此，千里有点不高兴，他说："反右派是一件大事！"他认为我是跟他为难，我也不理他。

因我病着，林漫劝我到北京去治病，或者把帼英调来。谭思源答应安排工作。

为了维持我的血压和睡眠，照常到医院看病，按摩，打太极拳。我不敢深入工作，我虽然听到北京反右派的情况，可是我已几年不做行政工作，看文件也少，也不愿考虑这些问题了。

反右派运动照常进行着。

新世纪剧社的刘鸿声、邢皓同志来访，他们都很关心我的病情。这时刘鸿声在张家口文联工作，邢皓已是一个师的政治委员，我请他们吃了饭。

路一来了，他同意我去北京治疗。希周也来了，回去之后他对路一说："梁斌不行了。"这时我经常丢东西，不是丢一把扇子，就是丢一块手绢，精神陷于迷惘之中。

我做好了准备，回北京治病。我让按摩大夫晚上来给我按摩，以便睡一宿好觉，转天好坐火车到北京去。

到了北京，住在华北农业研究院。帼英这间住房不算小，可是老少三辈，对于我这个病人来说，太不方便了。夜间睡了一下，我想换一换环境总是好的，翻来覆去地睡不着。我披衣起床，帼英说："你去干什么？"

我说："出去散散步！"

帼英说:“不要乱动,有巡夜的!”

这时出版社又来人,跟我订出版合同:千字十五元,五万册一个定额,我觉得很麻烦。

睡不着觉,又不能出去散步。拉着电灯坐着吧,又扰乱一家子,我躺在床上,甚觉苦恼。第二天吃过早饭,我就到天桥苏联红十字医院去找老同学董杰同志,当时他是医院的办公室主任。通过他的关系在门诊找了一个大夫看病,是个年轻大夫,给我量了血压,听了心区。

他说:“好说,你听大夫的话。”他开了降压药和安眠药。

当时,自西郊上汽车中间换一次车就到天桥,但是时间太长、太远。我找董杰同志想住院治疗,他说:“这好办!”不一会儿工夫开了住院证来。当天中午在他家吃饭,夫人亲自做饭。小米稀饭、馒头,炒了一个菜。我甚为折服,董杰同志抗日期间曾做清苑县长,以后长期做平津的地下工作。如今的生活还是这样朴素,吃的是农村饭食。

吃了饭,我又回到帼英处,跟她说了,要住院治疗,她也同意,流下眼泪,说:“太不方便啊!”

我收拾好牙具手巾等物,带上换洗衣服,包了一个小包袱,到了苏联红十字医院脑系神经科。我一看是几个人住一间的大病房,我说:“我住单人病房!”

护士说:“那好说,给你转去!”

她领我到了军人病房。这座医院是苏联援助建成,单人病房很讲究,有西蒙丝小床、沙发、卫生间。这里只住我一个人,我的心情格外舒畅,心也放平了。

下午有大夫来,问诊很详细,我把得病经过叙述一遍,他写了很详细的病历。之后护士长进来,说:“既然住在这里,安心养病,在北京这是一个比较好的医院,放心吧!明天早晨不要吃饭!”

这个医院有个特点，护士都是上海人，长得都不难看，是董杰同志亲自到上海招来的，经过苏联大夫培训，很有礼貌，护士长是从协和医院调来的，深通医理。据说，我的主治大夫姓朱，叫朱牖连。原来这里有苏联的院长、大夫、护士长，现在只剩下一个院长。

第二天，脑系神经科主任来了。他仔细看了病历，走到我的床前，问了几句话，看了看眼瞳、舌头。拿出一个小棰，敲了敲膝盖下边。拿出听诊器，听了听心区，又听听背后。叫经治大夫量了血压，朱大夫说："不高！"

主任大夫笑着说："神经系统的病，到了医院就认为有了依靠了，血压低下来！"我也觉得很奇怪，怎么到了医院血压就低下来。

两个人在门外商量了一会儿，大夫来抽血，查常规。接着就是照相、看眼科、牙科，直忙了半天。

据说主任叫冯英昆，美国留学，原是协和医院的教授。显然，医院对我的病是很重视的。

医院每天查血压，查体温，开始用药。能睡觉了，血压也平稳了。

过了几天，冯主任再来时，他说："你不会用脑筋呀!要有工作有休息。我们给你用生理睡眠疗法！"

我没学过医学，生理睡眠，我也不懂。紧接着是钙离子透入，静电疗法。据说，这是苏联最古老的疗法。

这时，我感到头晕、头痛、腰痛，按摩大夫又来了。朱牖连大夫说是神经衰弱综合征，大脑皮层薄了，管不住了，有感觉是好现象，说明可以治疗。又给我注射葡萄糖。他说："你缺这东西。"又说："不要害怕，成不了神经分裂症，得了这种病，你就是多大的英雄也不行了。"

经过精心的治疗，血压、失眠开始稳定下来。这里一个最大的好处是吃得好。开饭时，一人一个小铜锅，很像火锅，但不是火锅，菜是单炒的。

一九五七年新历年底，《红旗谱》出书，萧也牧带着书来看我，说："老梁！没白住了医院，这本书真不一般啊！”

我把书送给大夫们、护士们，都很高兴。冯英昆大夫看了书之后，甚为高兴。他伸开两只手，学着猫的样子，学着书里的语言，说：“啊……猫着个腰！”又张口哈哈笑了。

朱大夫陪他走了出去，又转回来，笑了说：“好……好……”

这时已是年终，《红旗谱》出版对于治病来说，是很大的助力。这本书我构思多少年，毕竟写成了，说不出的轻松愉快。不久，我的老师丁浩川从东北大学来信（他当时是校长）说：“你将受到全国人民的尊敬……”

不久，周扬同志在上海各地，对《红旗谱》一书做了肯定性的发言，在国外也谈到此书。过了一个时期，部分省市报纸及刊物纷纷发表评论文章。

《文艺报》主编侯金镜同志召开座谈会，当年参加过斗争的老同志曹承宗、臧伯平、张金玺、常明座谈《红旗谱》，我也参加了。晚间，请他们在东来顺吃饭。

老朋友胡苏、刘光人也在《文艺报》著文评论。

《上海文艺》编辑来访，叫我写一篇写此书的感受；我写了对于旧中国的农民、农民妇女的感受，写了对反动派镇压抗日运动的感受，写了爱国的仁人志士们敢于冲破传统思想和反动派的镇压，从血迹斑斑的土地上站立起来的感受。

在病房里写了这篇文章，护士们很有意见。说不应该在病房里写文章，应该好好养病，但我明白我还能写文章。

这时，大夫们对于我的治疗上，也有不同意见；有的说血压到了一百五就不行了，有的说，血压一百五还打篮球呢。有的说血压高可以治好，实际上不能根除，神经衰弱没有特效药。

经过治疗，症状逐渐减少，护士们允许我到体疗室做各种活动，或在户外打羽毛球，我意识到我可以出院了。

时间到了夏季，我要求出院，朱牖连大夫说："有些病可以对症治疗。你养养！"

冯英昆大夫也来了，说："吃安眠药没有关系！"

朱大夫给我写了诊断证明书，我打电话给齐平同志，叫他在河北省驻京办事处借钱，接我出院。出院时带了好些药，自此以后，我就离不开降压药和安眠药了，至今已达三十年。

出院以后，我长期住在办事处养病。在住院期间，我受老朋友董杰的照顾，有时帼英来看看我，除此以外，我没有通知老朋友们，并避不见人，以免是非。也没叫孩子们知道。出了院给千里和路一写了信，通了病情，希望有所帮助，千里未来，路一来了，只是说："我想出来走走。"这时田间和康濯到河北文联工作，在保定签名卖书，搞得很热闹、红火。

虽出了医院，还是病人生活，一同来往的有赵衡同志、尹静同志等，他们都是神经衰弱和失眠症。在这几年里，干部们这个失眠神经衰弱，那个神经衰弱，这个血压高，那个失眠症。今天看来，实际上是更年期，高血压是动脉硬化的开始期。

这一个时期，照顾我的是齐平同志。生活上保持一定规律；黎明即起，到景山公园散步、打太极拳。早饭后到故宫游览，或去中山公园，或看展览……不读书，也很少看报，避免对神经的刺激。我看了一次电影，回来稍有头痛，不适应。

老朋友吴哉来看我，我没有表示热情，说："明天咱们去吃马凯食堂！"可是第二天，我就忘了。此事十几年后，他还不满，说我对人冷淡。实际是脑子里保持空白，以便得到休养。

这时，齐平对我说，他离了婚。我也没有说什么，他要求我谈谈文学上的问题，谈些创作经验。这时他通过王夫找了千里，办了创作假，长期搞创作，他写了一部长篇。他给谭政同志当过警卫员，当过连指导员，打过仗，当过参谋，部队生活很丰富。可是他没有文学素养，没有受过专门训练，写作是有困难的。这话，我不能当面说。

赵衡同志请了师傅，大家学太极拳，晚饭以后在院子里练。

萧也牧同志曾来过一次，要《北方的风暴》原稿，他说油印一下，因为原来油印得不好，我没有答应。

张家口市副市长来信，他说经过中医治疗失眠症好了。我和齐平同志一同去了，住了一个时期，吃中药治疗一个时期，未见成效，这时日本进口的安眠药安乐神，吃着很稳妥，此药我用了几十年。现在国内生产，叫做安宁片。

《红旗谱》出书，给了四万元稿费，交帼英保存，七个子女，自此有了生活保证。这年春节，仍在帼英处度过，机关上给了房子，生了火。一天下午，史祝三先生来访。围炉长谈，他说他已经切去了胃，面色苍白。我叫岳母做了一碗鸡蛋羹给他吃了。看样子，他已不久留了。对于这位老朋友，我的心中甚为沉痛。他说他要去做李振清的工作，我也没说什么。对于李振清，我尽了最大的努力。在安阳时，他已当了军长，那是一个机会，要能过来对自由中国有多大的好处。他没有这点觉悟，现在蒋介石掌握之下，困守孤岛。

过了春节，帼英跟我回了趟保定，把东西取回来，还在办事处住。闲来无事，在后门家具店，花三百二十元买了一对书橱。惹起人们的注意，先是刘纪来了一趟，看了一趟，朱子强来了一趟。大概是刘纪跟子强说了几句什么话。

千里来了，说叫我到宣传部去一下，说有人告了我争稿费，此事，我心中有数，有合同存在，报纸登着，合同就是法律。我给林默涵同志打了电话，约定时间，我到了中宣部文艺处。

到了文艺处见到默涵同志，才知道内部刊物上登了这封信。默涵同志也不以为然，给那个刊物打了电话，说："等我们谈了嘛！把事实弄清楚嘛！"

我说："我长期养病我有七个孩子，直到现在我还没有房子住……"

默涵同志表示很生气，说："我跟他们说了，你们愿给人家那么多！你到天津去吧！还不给你几间房子住？"

和默涵同志谈完了话，我辞别了，走了出来，回到办事处，喝了一杯水，定了定神志。对于此事，我处之泰然，我没做错事，不怕半夜鬼叫门。

大概在这几天里，人民文学出版社来人约稿，指名要第二部原稿。我说，我在病中以后再说。他又说："我们要印《红旗谱》，你不要出面！"

这时，我才明白，这事很复杂，宜慎重处之。

齐平对此事很生气，因我在病中，神情忧郁，他带我到北海公园去玩了半天。从公园回来，用了一片安乐神，睡了一觉，我尽力使我的精神平稳，以免血压升高。

方纪同志来了，听说这件事情，他说："老梁你病了，身旁需要有个朋友！"他带我到邵荃麟同志那里去，我跟他去了。荃麟同志见了我很高兴，说："早就想谈谈，书是写得好啊！很自然，不自然就不好了！"他看了看我，又说："不用紧张！你在养病！"

方纪和荃麟同志谈了一些文学上的问题，又说："老梁到天津去吧！"

荃麟同志点头，说："哼！叫他们写吧！"

这时，我明白，荃麟同志也知道这回事了。

晚间，荃麟同志请吃饭。我明白，这位老人是个善良的人。

杨循同志来看我，他叫我到天津去住一阵子。此事，我跟邢野商量，他同意我离开北京。我与杨循同志同车到天津，住在他的家里。大嫂很热情，亲手为我做饭。

这时，河北省与天津市合并，天津市委接受河北省委领导，但天津市在中央另立账户。河北省委住利华大楼，河北文联住营口道，原天津美术家协会旧址。我去看了看，地方不大，但房子很整齐。文联主席是田间，林漫管事。

传说，家乡正在进行大跃进，人民公社化，一大二公。大炼钢铁，我们村三十七辆大水车，都砸了。徐水正闹共产主义试点，人们都去看。盖了宾馆，披绸挂缎，有的作家住在那里，连篇累牍地写文章，在《人民日报》上登，说是要实现供给制，几年进入共产主义。我不相信，不去看，也不写文章。马克思不是这么说的，说是生产力到了极发达的情况下，物质生产极端丰富了，才能进入共产主义，当时没有这个生产力。

荃麟同志来天津，方纪请他在周家食堂吃饭。他见了我，只是说："不要紧张……我也是紧张。"我不知道他来干什么，好像是有什么事情。

一九五九年六月《北方的风暴》一至十三章开始在《蜜蜂》上连载。

千里来看我，说是要开一个会，我既来天津，也不好说不参加。

第二天，大会在宾馆召开，我也到宾馆住。因为我在病着，未参加大会。但人来人往，大会开得很紧张。我也夜不成寐，路一请丘真同志来按摩。他一边按摩，一边悄悄地说："不要紧张，你在病着，就当没有这回事！"

这时已经有人开始发言，号召交稿费，锋头对准了我，说稿费太多了对作家没有好处。我明白了，但我合紧了嘴巴，不说什么。

有一个晚上，司丁悄悄走来，坐在我的床边，说："看，你在病着……交吧！不交不行啊！刮共产风啊！我们都交了！"说着，流下了眼泪。

天明，我找了千里，问："交多少？"

他说："我光着屁股来了，光着屁股走！"

看样子不交稿费不行，把文联秘书长李盘文叫了来，我说："我交三万稿费，支援国家建设！"

李盘文合紧嘴巴，出着长气，不说什么。静默一会儿，就悄悄走出去了。

大会开完，我找了副省长马力同志，给二五九医院政治委员王磊同志写了一封信。

在一个早晨，杨循同志送我到海光寺，入了二五九医院。住院的人大部分是一般军人，当时这个医院正在推行一种治疗失眠症的新疗法。

医院把我安排在一间小屋里，还有一个老人，两个人一间房。主治大夫来看病，问了病史，写了病历。

第二天，主任大夫带着主治大夫来看病，做了自我介绍，主任姓刘，我忘记是什么名字。主治大夫叫翟实华，是个年轻姑娘。刘主任说："给你用奴夫卡因疗法，这是我们的新发明，理顺神经……"

翟大夫说："今天晚上，睡前开始治疗。"

这天晚上，睡觉以前来了一个男护士，叫我到治疗室去，他叫我躺在床上，在胳膊上注射了一针，说："回去睡吧！"

不用安眠药，这天晚上，我睡得很好，很舒服。我一直治疗下去，日子过得很平稳。

二五九医院，也叫海光寺医院。日寇占领时期，这里住了日本宪兵队，一说海光寺，人们都害怕。解放军占领天津之后，在这里设了医院，后来就叫二五九医院。有一个女大夫，看到病人注射奴夫卡因之后，就入睡了，发明了用局部麻醉剂治疗失眠症，这个医院就出名了。当时这位女大夫正在北京，每天晚上坐着汽车，轮流给负责同志们去治疗，这个大夫也就出名了。

这年十月，《红旗谱》中"砸古钟"和"反割头税"两个章节分别作为《农村图书室丛书》的第二、三辑，由上海文艺出版社出版单行本。

北京评剧团改编演出了《红旗谱》，并来信约我看戏，我因病未能前往。

经过治疗，病情很见成效。我到省委宣传部去汇报治疗情况，朱子强同志很高兴。我表示要移居天津，子强对千里说："找房子！"

千里不动声色，说："一块儿解决！"看样子他不敢解决这个问题。

子强又说："一个厅局级干部，找几间房还成问题？"

我不愿在这个问题上使他们为难,即回到医院。河北省话剧团改编并上演了《红旗谱》,鲁速执笔并导演。入冬,路一带河北省话剧团来天津演出。路一和鲁速来医院看我,并谈演出经过。当日晚间,路一派汽车来接我,我去看了演出。

鲁速演朱老忠,蔡云岭演朱老明,都是老演员,演得不错。闭幕以后,在后台召开座谈会,我谈了我的感受;这出戏演得有乡土气息,有斗争精神,演员们都不错。

他们在天津连演几天,很上座。他们从天津到了北京,两次在怀仁堂演出,首长们报以掌声。

《红旗谱》第二版出书。人民文学出版社以选拔本出版。

天津文化局副局长杨循同志出面跟天津市房管局给我要了房子,在贵州路,一楼四间,光线不好。年底安家天津。翟实华大夫同意我出去过年,住睦南道招待所。

年夜,招待所给我包了饺子,服务员们表示慰问之情。饭后,帼英来接我回家过年。岳母和孩子们都面有喜色,说:“爸爸回来了!爸爸回来了!”

一九六〇年的除夕,是我最舒心的一天;病情好转。《红旗谱》出版受到欢迎。合家过了一个快乐的年夜,岳母亲手做饭,我敬她一杯酒,她喝了,哈哈地笑了一会子。

六

除夕之夜,天津城内四处传来爆竹声。子夜之后,鞭炮齐鸣,花明烛天。一九六〇年开始,我也就四十六岁了,这是我最幸福的日子。

《红旗谱》出书，我如释重负，也有面目见江东父老了，我也可以见人了。天明，我踏着积雪的街道，去给路一拜年，他住在河北省文化局，也就是成都道桂林路口。我上了二楼，一直走进他的住室。

我还没有跟他说拜年的话，他也未让我的座，就指着柜橱说："雪克送了稿费来了，七千元，他都交了！"

我没有说什么，因为我知道那只是他这本书的稿费的一部分。他的话却引起了我的不悦。

我只好自己坐在沙发上，说了一会子闲话，也就走出来了，去给杨循同志拜年，又去给方纪同志拜年，说不完的吉利话，但我胸中不畅，好像有个东西堵着。

年后，我又回到二五九医院，翟实华大夫不叫我住病房，叫我住在会客室的一间房里，我当然是高兴的。同住在医院的还有河北军区政委王奇才同志的夫人丁一和参谋长夫人。这位参谋长是我的二师下级班同学，他的名字叫苏锦章。这位老同学听说我在这里，还来看我。据他说，他是和杨士杰一起的，二师被解散之后，他们曾组织支部一块儿活动。

《人民文学》编辑肖德生同志等二人来访，把录音机放在面前，叫我谈谈写《红旗谱》这部书的体会。我觉得这不是几句话的事，就拦他们住下了，说好每天上午谈两点钟，一直谈了好几天，他们写成文章，寄回来叫我修改。题目是《漫谈 < 红旗谱 > 的创作》。

这篇文章谈了很多问题。对生活的感受、创作过程、典型化问题、民族风格问题、语言问题……我修改了几天，寄回去在《人民文学》刊出。

村支部书记梁万来寄信，说我的书到了梁庄村里，家乡人们很欢迎。每天晚上在高房上安上扩音机，听中央电台的广播。

中国青年出版社继续出版《红旗谱》，继续寄稿费。当时没有版权，部分省市出版社出版《红旗谱》，给少量稿费，也有寄三百的，也有寄五百的。

也不知道印了多少册，也无法计算。但是作为我的老朋友萧也牧，再也不见我的面了。中国青年出版社王维玲同志来约稿。

《文艺报》在全国范围收集评论文章，编辑、出版了《红旗谱》评论集。

《红旗谱》第三部改名为《战寇图》，部分章节在《新港》和《蜜蜂》上连载。

这一阶段，翟实华大夫给我用中药注射治疗，但不见成效。

我觉得我的病也就是这样子了。有时回家住几天，有时回医院住几天。老朋友海默住南海路永康里，我去看了他。一见面，他就紧紧握住我手，说：“老朋友！我看了你的书了……晨挑菜、夜看瓜、春种谷、夏收麻……语言多么美呀！美极了！”他把我拉进他的书房。

海默同志，原名张帆，抗日时期在晋察冀通讯社工作，现在是著名作家，长于写电影脚本，我看过他写的《母亲》。我坐在他的桌旁，他给我斟上一杯茶。我问他：“现在写什么东西？”

他说：“我看了几遍《红旗谱》。现在我正在考虑写电影脚本!”

我说：“欢迎你，你地理人情都熟悉！”

他说：“了解一些，但还不够，我想到高蠡一带深入生活，生活不足，写不出好东西!”

海默同志的书房很大，书很多，可以说图书四壁。他年富力强，正在读书，是个有前途的作家。他问我：“你什么时候到天津？”

我说：“去年秋天来的，住了一阵子医院。”

他又问：“你找到房子了没有？”

我说：“找到了，家也搬来了，住房很不理想，房间又小又阴暗。天津房子很困难。”

他说：“我调北影了，这房子……”说着，他抬起头，看了看周围。

我等他往下说，他不说了，也算是暗示了一下。谈了一会子文学和创作上的问题。夫人走了进来，说：“客人来了，中午吃什么？”说着，面有喜色。

十几年不见，这次相见，也不便叨扰，我说："我还得回医院！"说着，我走了出来，回头看了看，房子不算太好，但比起贵州路来就好多了。

回到家里，吃了午饭，休息片刻，我去找杨循同志，把海默要调北影的情况说了。杨循同志说，海默来天津是鲁荻同志给他弄的房，他带我去找鲁荻，他住在香港大楼，有杨循同志引路，一直走到他的会客室。鲁荻同志迎了出来，热情招待。杨循同志替我把话说了。鲁荻同志表示："大作家来到天津，我们能不热情帮助？"

我坐在他的沙发上，他跟我谈了一会子世道人情。天津市的工商业发展不过一百多年，也就是自从五口通商开始，华洋杂处，人情淡薄，有京油子卫嘴子之说，谈了一会子社会人情，也就告辞了。

路上走着，我深为感慨，我这样奔走，也不过是争取一个写作条件。我是个作家，我要是一个顶事的干部，房子也早就有了。看起来作家一行，也不过如此。但我涉足文墨，已有二十余年。作为一个老共产党员，干一行爱一行，我既然干了这一行，也就是一辈子的事了。一件事业干一辈子，也许能干出一点成绩的。

回到家里，有转来的胡苏同志的来信；他要写《红旗谱》电影脚本，要到我的家乡走一遭，叫我写封信。我写了复信，并给蠡县县委组织部长刘彦平同志写了一封信，给梁家庄党支部书记梁万来写了一封信，托为照顾。

这天晚上，我睡在家里，仔细看了看我的住房，阴暗潮湿，窗外是古老的围墙，墙龄几乎与天津同庚，已经破旧不堪了。我的书房没有阳光，我无法进行工作，我得设法进行改善。只有自己奔走了。

我听说机关上正在搞反右倾运动，我是副主席，也得去照照面。听说来了一个党组书记、文联副主席齐斌，我得去拜见拜见。一进门，他正在屋里坐着。这个人年轻，原来是石家庄市的工商局长。他哈哈笑着把我让在他的沙发上，给我斟上一杯茶。又哈哈笑着问我的病情。

谈了会子住院情况，病情、治疗，说来说去也说不到工作上，他也不从口风上透露一点什么问题，我也就不耽误这个时间了，只好走了出来。

我走进办公室去找李盘文，他和齐斌不一样，他是秘书长，我是副主席，他有向我汇报工作的义务，我也可以向他问及工作情况。

当我坐在椅子上，他也问长问短，并向我汇报了这一段反右倾工作。据说王润的短篇《曹金兰》，是中农思想，我也闹不清。毛泽东在《在延安文艺座谈会上的讲话》中只谈到地主文学，没谈到中农文学，不知此事从何谈起。在土改运动中中农是团结对象，看样子他们还未搞过土改。

刘真写的《英雄的乐章》，本来她是不想发表的，说搁一下，改改再发。他们说："这是党的需要，发了吧！"其实发也可以，但怎么能和批判文章一同发表呢？这似乎有点不近情理，此事刘真还在顶着。我想顶顶也可以，也可能顶过去。

从办公室出来，我去看看林漫，我俩曾经在一块搞创作，他哈哈笑着迎接了我，我也想听听他的口风。文联机关现在是他管事，可是东扯西扯，从天气谈到庄稼，也谈不到本题。我的一腔话也无处张口，谈不到工作上，我也只好落得清闲了。

我回到医院里，病情也就是这样了，没有事情干，我也歇不下去。我想把《红旗谱》再修改一遍；此书用群众语言、方言、俚语写成，极难合乎文法。我在原书上修改，倒也不困难，修改之后，交给出版社。出版社用布面精装，去参加世界图书博览会，并寄给我十册。我给了方纪同志一册，想听听他的意见。用他的话说，是顺着过去的痕迹又画了画，倒是不失我修改时的原意。

此书出版之前，修改了八遍，有的地方修改了十几遍。出版之后，这是第一次修改。熟能生巧，多修改一遍有好处。

我通知了院方想出院。政委王磊同志高高兴兴走进来，坐在我的椅子上说："你好了，我来给你送行！这诊断证明书，得交给机关上！"

我也当面致谢，说："我麻烦你们，没有别的……"我拿过几本书交给他。"这也太不成谢意，听听你们的意见！"

他高兴地说："大作家在小医院看病，给我们增光不小！"说着，抱着书，高高兴兴走了出去。

出院时还是带了降压药和安眠药，刘主任翟大夫都来送行。刘主任说："高血压就在动脉硬化之前。"他的说法比以前跨进一步。

刘主任又说："写大字、画画，好像练气功，可以健身补脑！"

我深深感谢了他们，接受了大夫的意见，自从一九六〇年我开始写字画画。

回到家里，把东西放下，先去看看杨循同志。他一见我，不由得抿嘴笑了，说："行了，南海路的房子要下来了！"

我说："鲁荻是宣传部副部长嘛，有他从中周旋，当然水到渠成！"

他说："不，主要是海默想借给你！"

我说："连你也算上，都谢谢你们！"

南海路的房子要下来了，是我来天津第一件舒心的事，是一件大事。下午，我和老杨到南海路看房，当面向海默同志致以老友之情。他领我看了看房子；两楼两底，二楼半和二楼都是小间，厨房厕所，还有一个小暖气炉。居住条件算是提高了一步。

我问他："什么时间启程？"

他攥着我的手，说："后天就走！"

我说："那不太紧了吗？走吧，咱们去喝一杯！"

杨循同志说："把夫人叫着，还有孩子们。"

夫人、孩子、还有几位客人，说着笑着走到周家食堂。海默同志很能喝，他一个人喝一瓶酒。可惜，老朋友自此一别，就无见面之日了。他作为一个作家，没有闯过“文化大革命”。

海默一家走后，我即开始搬家，当时的家也好搬，雇了几辆三轮车就搬过去了。我住二楼，一间卧房，一间书房。岳母、保姆和孩子们住楼下，帼英住二楼半那一小间。我也算有了家了，在天津住了三十年，可称是我的第二故乡。

方纪同志和万力来索稿，我把《北方的风暴》叫他们看。他们要在《新港》连载，我提出由他们抄写，我在抄写稿上修改。出版时，我再看一次清样，再在清样上修改一遍。万力同志同意了，改名《播火记》，即开始在《新港》长期连载。我删去最后几章，我觉得有些冗长。

这年夏天，我带襄霞和襄君到北戴河休养，住河北省干部休养所。我在海滨带孩子们玩儿，在海边游泳，玩儿了几天，很觉适意。药用完了，我去医院取药。大夫说：“正在肝炎流行，我给你摸摸肚子。”

我躺在病榻上请大夫摸摸，他仔细地摸了摸，说：“唔！肝大！”

他一说肝大，我就住不下去了。回到天津，第二天我又去二五九医院找刘主任，没在。我又去宿舍找他，又没有找到。我坐上火车到了北京，去中苏友谊医院找朱牖连大夫，他正看门诊。说：“躺下吧！摸摸看！”

他摸来摸去，合着眼睛说：“哼！这，这，这，看！”

这时我有所感觉，他写了单子，叫我抽血化验。我又到化验室去抽血。之后回到河北省驻京办事处，住了几天。这几天，可以说是坐立不安，身上病已不少了，再得了肝炎，烦死人了，我还想活吗！

转天，我又去医院找朱大夫，他说：“我看了化验单，不是肝炎，肝大二指，放心吧！”

自此，我又得了肝大，至今也有二十八年了。

四月末，黄敬同志夫人范瑾来信约稿，指定题目是《致北京》，我写了一篇散文，写我在白色恐怖下三次到北平，三次离开北平；老北京培养了我，使我在党的怀抱中成长壮大……致以景仰之情。写着，感到脑部不适，我还不能适应。但当时范瑾同志是《北京日报》的主编，我硬着头皮写完这篇文章，寄了去，他们又将清样寄来，做了修改。于五月一日发表。但这篇文章丢了，结集《笔耕余录》时，没有找到。

闲中无事，我去拜访市委文教书记王亢之，他打电话叫了方纪。三个人一同写了字，吃了饭，冀中三杰在天津见面。亢之失眠，方纪失眠，我也失眠，三个人结为翰墨之缘，一块儿逛画店、逛书店，买画买书，成天价写大字，画画，读书。逛天津荣宝斋、天祥二楼画店、古籍门市部，陶冶性情。开始读韩柳文、唐诗、宋词，七十家赋，屈原《离骚》，因其短小精悍，甚为适意。

既然病了，也就无所顾忌，日与过从，探讨各家书画之法。这时我只能接受吴昌硕、齐白石的艺术。

祸从天上来，路一和千里叫我谈话，我到了文化局路一的办公室，他们俩人在那里等着。他们俩人一人一句，一人又一句，可是我听不懂，也听不清他们想什么。他们想听听我的，我也不知说什么。

第二天早晨，田间、康濯、盘文来了，我在书房里招待他们。请他们坐下，每人沏上一碗茶，我说："喝吧！龙井！"

他们只是喝茶，也不说什么，我也猜不透他们是什么意思。眼看天已乍午，我请他们到周家食堂吃饭。吃了饭，他们又回到我的家里，一进门，田间说："茶呢？"

康濯说："倒了呗!"

我看他们不是想喝茶，是想看我的茶碗。我才买了几套青花盖碗，是清朝乾隆年间的。

我看还是有问题。我到宣传部去找部长朱子强，我把稿费的问题谈了，告诉他说，林默涵同志为了这件事情，他又在宣传部内部刊物上发了一篇文章，表明了中宣部的态度。

我说：“订了两次合同，那是有合同的！”

子强红了脸，说：“告诉他们，会不开了！”

谈到这里，我才明白是要开我的会，我绽脸哈哈地笑了，说：“不说你不明白，一说你就明白了！”

子强说：“省委有的人说，梁斌写了一部书，拿了二十年的工资……”

我说：“我有合同，这是劳动所得，不是偷来、摸来的!”

话到此处，也就说明白了，还是有问题，要开我的会，我告辞走了出来。

为了这件事情，我在家里闷了好几天。

听说周扬同志来天津，住在睦南道招待所，我去看他，这是第二次见面了，第一次是在北京，他派车接我去听他的报告。我走上二楼，找到他的房间，他叫我坐在沙发上，斟上一杯茶，问我：“你今年多大年岁？”

我说：“四十六岁了！”

他笑了说：“也五十上下的人了！”

我说：“我早就认识周扬同志!”

他说：“你是……”

我说：“一九三三年，我在北平‘左联’工作，在《文学月刊》上看了你的《论现实主义》。”

周扬同志听了神情焕发，说：“那就很早了……你写的《红旗谱》好！好！我看了。”

我自谦地说：“第三卷……”

他说：“我看了，第三卷也好！好！……出版社给了你多少钱？”

我说：“有个四五万块钱吧！”

他听到这里，面色一下子红起来，说：“四五万块钱交三万？”谈到这里，他有些恼火，说：“你写出这部书来，我们很觉得……”

我看他神情不舒，也不知道他此次来天津的意图，倘若他提出问题，我也无法应对。于是我就告辞出来了。当我走出房门时，他又说："第二部原稿我带着！看看！"

我听说刘真因《英雄的乐章》下放劳动一年，他是不是为这件事情来的，也未可知。

当我走回家里，刚好宣传部来了通知，说："……下午二时，在科学会堂开会，请准时出席……"我想，怎么这个节目赶得这么紧！

饭后一时后，我从我的家里走到科学会堂，进门一看，人已经坐满了，都是文艺界的人，我找了一个座位坐下。不一刻工夫，千里伴随周扬同志入场。千里登台说："今天是宣传部召开的会，请周扬同志讲话！"

周扬同志登台讲话，全部内容我已记忆不清，重要的讲了两条：一，搞得过火的，要道歉。二，搞错了的，要退赔。大会开完，千里宣布散会，人流渐渐散去，我才一步一步地走出会堂，朝着太阳叹了一口长气，说了一声："好艰难的路程啊！"

大会开完之后，很长时间没有消息，而且空气沉闷。我总是想，这个会是宣传部召开的，子强没有到会，文教书记张承先同志也没到会，其间还有问题。

河北省委宣传部召开作家会议，研究批判方纪的短篇《来访者》。批判文章是南开大学中文系写的，在《河北日报》刊了一版。我仔细看了方纪的文章，按当时的政治气候来说，有一点小资产阶级思想，并无其他问题，但其中有个省市关系问题，周扬同志没有谈到。千里为此事受了批评，说他"右"，千里为此哭了。

《人民文学》来人约稿，据说是张天翼同志的夫人，我把《播火记》第一卷，李霜泗父女部分给了她，她没有带走，回旅馆看了。第二天上午，她又回来，说："我看了，放不下呀！我带走！"

我说："你抄一份，原稿送回来！"我亲自送她出门。在我写这卷书时，也没费太大的力气，我在考虑着。

这一卷书编辑部加了一个题目《绿林行》，由我校改清样，并加以修改。刊出之后颇得好评，这在我的意料之外。

外文出版社英文版《中国文学》将《绿林行》翻译刊出。这是一对夫妇翻译的，女专家是英国人，男专家是中国人。他们甚为称奇，问方纪："中国有这样的人物吗？"方纪告诉他们："现在还有活着的！"这是情真，芝儿是由土匪徐二黑的女儿脱化出来的。

苏联出版《红旗谱》俄文译本，译者来信问这本书为什么叫《红旗谱》？我回信告诉他，过去中共北方局曾出版期刊《北方红旗》，因而得名，并答复他几个问题。亢之曾带队到苏联参观，回来告诉我，此人在哈尔滨工业大学读书，当时在莫斯科。

越南出版《红旗谱》越文译本。译者曾来信问了一些语言方面的问题。我未回信，寄去了一本有注解的版本。后来译者曾到天津南开大学学习，带来一些礼品，河北文联在河北宾馆招待了他。

人民文学出版社来人，谈及他们要出版《红旗谱》高级精装本，问请哪个画家插图，我提出黄胄。听刘光人同志说，黄胄是大百尺一带口音，我估计是我们村的，是我的本家，他大哥会画。黄胄为此书插画曾到高蠡一带深入生活，并在老家住了一阵子，县、村干部曾对他有所帮助。他住在保定画了这部插图。回北京后画了春兰。北京美术界说他回了一趟家，进步了。黄胄六七岁离开家乡，随母亲去西北，他父亲在西北军当军官，曾随冯玉祥参加北伐战争。

天津电影制片厂曾计划将《红旗谱》搬上银幕，请凌子风来导演。因当时天影才建立，无这个条件，后来辗转由北京电影制片厂拍摄，胡苏改编剧本。

深冬，北京荣宝斋副经理王大山来天津推销。曾在我家小坐。我用很便宜的价钱，买了一张齐白石的佳作，写画俱佳。上题“窗外留得破叶，风光已是残秋，萧萧一夜冷雨，白了多少人头”，甚为得意。

从《红旗谱》出书以后的阶段里，除与病魔战斗之外，我的处境并不很顺利。说句实在话，我读了一些辩证唯物论与历史唯物论，有些问题，确实使我成竹在胸，战斗不懈，我相信我能够在文学领域中建功立业，所以我并不气馁。

除此之外，我还在扩展我的艺术领域，勤于书画，以便到了老年，不能写文章了，我还能以书画自娱，充实生命力，也可能有所成就，这就看以后的战斗路程了。

某日晚饭后，我想出去走走，走着走着，就到了天津荣宝斋，老伙计张茂如接待了我，并出示他刚从上海带回来的吴昌硕的三幅杰作；一幅是他的大幅梅林，是他八十四岁时，为其高足启之先生所做。此画大同小异的体裁，作了多少幅，而屡有发展。我看见过故宫博物院相同的珍藏，不如这一张好。这一张索价二百元，我没有还价，把它买了下来。

另一张是吴老所作墨荷，有题：“荷花荷叶墨汁涂，雨大不知香有无，天池雪个呼不起，看谁好手谁野狐。”乃晚年所作，笔墨淋漓，乃古来艺术珍品。索价一百七十元，我把她买了下来。

最后一幅是吴老所作山桃，有题“灼灼桃之华，结实大如斗，一开三千年……”亦是无法寻觅的杰作，索价一百三十元，我也把它买了下来。

三幅巨作充实了我的生命力。悬之壁间，日夜玩味。方纪王林二人知道以后，都到荣宝斋买吴昌硕作品，可是此后数十年，京津各地能与此三幅杰作相媲美者已经没有了。

这个春节，我买了大红纸，写了春联贴在大门上。买了鞭炮叫孩子们在门外放。除夕夜晚，一家人吃了团圆饭，岳母和孩子们一块儿守岁，说笑话。大年初一，一家人围桌吃饺子，我与广大人民群众共庆新春。

老朋友刘纪来，说了一会子新年吉利话，他说："郭濯困难，孩子多，工资低！"说完就走了，也没吃饭。

我正趴在桌上看东西，听得林铁同志在楼下说："在家呗？画画呢？写文章哪？"

听得说，我迎了出去，林铁和弓桐轩走上楼来。我说："你慢慢走！"我把他迎进屋来。叫他坐沙发，他不坐，坐在我的椅子上，我给他们斟上茶。老人见了我，很是高兴，笑着说："大报告也要，可人们爱看你的小说，教育意义也不小……"

他这么说，我无法答对，只说："我努力。"

弓桐轩同志说："年头不好，供应也差，你出去炒着吃！"

为了灾荒年头，亢之同志给我弄了一个政协委员食堂就餐证，每月到鸿业餐馆去吃四顿饭，每餐四菜一汤。吃一点，带回来叫岳母吃。亢之也曾说过，省里也不照顾一下，在供应站买点菜吃。

过了两天，我在菜市买了二斤海参，五斤苹果，给林铁同志送去，表示新年之禧。顺便到南开大学北村，看望郭濯同志，送去二百块钱。

我于书画之隙重读《西厢记》，仔细把玩。此书难得之处，是用群众语言填曲，因曲有音韵字数的限制，并用了方言俚语。群众语言、方言、俚语，多数是不合乎语言规范的，曲是有曲牌的。我详细研究他洗练的群众语言、方言、俚语，而得到方法。《西厢记》用曲描写人的形象、心理，细致入微，栩栩如生。我非常喜欢这部书，而得到创作方法的启示。

该年夏天，我与方纪同志到北京旅游，我住河北省驻京办事处，他住天津驻京办事处。我俩到王府井和平画店看画。据经理许麟庐先生告我："黄胄在等着你，他说你和他是本家！"他给黄胄打了电话，不一刻工夫，黄胄姗姗而来，我问："你是老傻吗？"虽多年不见，黄胄风度面相不减当年。

黄胄笑了说:“六哥！”

我与方纪分手,随黄胄到他家中,当时他住中国青年出版社宿舍。我见了老太太,问安:“婶子你好!”

老太太见了我,眉开眼笑,说:“老六！几十年不见了！”说着她用手抻起衣襟抹着眼泪说:“你叔叔去世了,我们流落在西北一带,靠卖东西过日子呀！”

黄胄也说:“我给大哥写信要点钱,说明分家时少分了一点,他就是不给我。”

这事我是明白的,黄胄和大哥是两母所生。黄胄幼时不知为了什么事情,惹了哥哥,把他拉到村北的园子里,倒吊在小枣树上,母亲觉得也实在住不下去了,只好带起孩子们去找父亲。

黄胄在童年时期就好画,他拿出十四岁时给父亲画的肖像叫我看,已经画得很好了。后来在西北军,随赵望云先生学画。赵望云,河北省束鹿县人,一九三三年已随冯玉祥先生沿京绥线一带活动,常在《大公报》发表旅行写生,反映民间疾苦,因此出名。

黄胄十九岁曾到开封，已能画出好画。后来辗转赴新疆一带深入生活,勤勤恳垦工于绘事,事业不负苦心人,今天成为世界闻名的大画师。

黄胄以金冬心梅花册相赠,直至今天,金冬心对我的书画影响甚深。母子弟兄说了一会子家常琐事,天已乍午,帼英说:“咱们去吃饭吧！”她扶着老太太,一家人到全聚德去吃烤鸭。饭后我与黄胄到和平画店小憩,购得大澄泥砚一方,白寿山石图章一颗。

第二天,黄胄带我到琉璃厂宝古斋看画,购伊秉寿横幅大字“藏之名山”,并有行书体长跋。仔细一看,有一小章“人镜庐”印记,乃诗人黄遵宪家藏,只用人民币三十六元购得。此幅系从画商手中漏掉了。

中午到荣宝斋,约许麟庐先生等数人到西来顺用餐。

夏末，去北京参加全国第三次文代会，我参加了主席团。见到周扬同志，他甚为高兴，当他作报告的时候，有我和王朝闻同志相陪。在他的长篇报告中谈到《红旗谱》的时候，说："作家艺术家把自己的理想，熔铸在英雄人物的创作上。在艺术作品中表现了新的世界，新的人物，新的思想。从近年来的创作中，可以看出一个新的趋势。作家对于人民群众改造世界的精神，宏伟的气魄，描写得越来越鲜明、深刻。对人物性格的刻画，也越来越细致、丰满了。我们在《红旗谱》中看到了，在漫长的黑暗统治年代，老一代的革命农民同反动势力冲锋陷阵的悲壮历史。在朱老忠身上，集中地体现了农民与地主的世世代代的阶级仇恨，体现了为他所启发、所鼓励的农民革命要求……"

先辈作家也在大会上作了长篇报告："……从《红旗谱》中看来，梁斌有浑厚之气，而笔势健举，有浓郁的地方色彩，而不求助于地方语言。一般地说来，《红旗谱》的笔墨是简练的，但为了创造气氛，在个别场合，也放手渲染；渗透在阶级斗争场面中，始终是阶级斗争的高亢的嘹亮的调子，这就使全书有浑厚而豪放的风格……"

陈毅元帅也在大会上讲话，在谈到《红旗谱》的时候，也赞不绝口。

自从《红旗谱》出版，各方面发表的评论文章，我都暂时不看，把她存在抽屉里，以免发生骄傲的心理。但是写到这里，我不得不把先辈的讲话写在这里，留给我们的后一代。为了写《红旗谱》这几部书，我的二十多年的心血没有白花，在文学领域中有所成就，有所创新。郭沫若同志说《红旗谱》是"别开生面"，并由于立群同志书写这几个字，给我镌在砚台上，放在我的书案上，从不示人。

八月一日，在河北省驻京办事处，在我的办公室里，接待了《文艺报》编辑阎钢等二人。时正暑天，我用西瓜招待了他们。畅谈了文学作品的民族化问题。他们以他们的名义写了《关于文学作品的民族化》，刊于《文艺

报》第二十三期，此文曾被翻译成埃及等国文字。

《红旗谱》英译本由中国外文出版社出版发行，寄来样书。

凌子风、崔嵬等来天津附近拍外景，将《红旗谱》搬上银幕，我在天津饭店设宴招待。

时过一年，远千里来家道歉。老朋友了，我也没什么说的。

据杨循同志说，千里、路一都曾到他家托他做我的工作，原话是："已经出了手的钱，不要再拿回来了！"

时隔不久，一个夜晚会计张福生来家，我正在吃饭，他拿出三万元支票给我说："这还是你的钱！"叫他吃饭，他不吃，就走了。

一九六二年，我已经能动笔了，跟随《新港》的连载，细致地修改《播火记》。

《北京晚报》编辑侯琪同志来访，说："他们净挡驾，我们见不着你！"这几年中，因病文联办公室替我回避一些来访者。

我说："你尽管家来，没有说的。"

她要求连载《播火记》，我同意了。自此，《北京晚报》连载《播火记》，甚受欢迎。

《黑龙江日报》记者来信，要求连载《播火记》，我复信："同意。可按《新港》刊出的连载。"

这年冬天，陈伯达来津调查工业，我与亢之、方纪参加招待。此人是大学教授出身，善学问，好书画，我以徐青藤草书长卷相示，他深为叹绝，并书条幅赠我。他说："文起八代之衰，哪八代？汉、魏、六朝。"

"文起八代之衰"，本来是我说的，不知他怎么知道了。此后，宜谨慎从事。

康生来津，住小招待所。林铁、弓桐轩约我前去。桐轩做了介绍。康生说："《红旗谱》写的是好啊！我看过了！"

他的随员说："是去莫斯科时，在飞机上看的。"

转年，我翻阅大量书画资料，文章、书画皆有进益。

《新港》选载《战寇图》。

《北京晚报》记者侯琪打来电话，要求选载《战寇图》。

心中有事，我到多伦道《天津日报》宿舍，往访孙犁。他住在亢之原来的办公室，他叫我坐在沙发上，斟上一杯茶，闲谈片刻，也无非是病情用药。他原来也是神经衰弱、失眠，在青岛疗养了几年。我说："说是庐山会议叫人们学海瑞，要有海瑞精神。"

他把手一摆，说："不要听那个，你一说，他就不干了……"

我本来要谈谈这个问题，他不以为然，也就谈不起来了，各自喝了一会子茶，我就走回来了。

茅盾同志从大连开会回来，路过天津，警备区方致中司令员请他吃饭，来人叫我，我坐车到招待所，田间也去了。我问老人好，并握手言欢。

他当着方致中和田间的面说："《红旗谱》是里程碑的作品，《播火记》也是里程碑的作品！"

省委宣传部召开作家会议，欢迎茅盾同志。茅盾同志即席讲话，谈创作经验，颇受益。

茅盾同志回京后，有人当着我的面说："《播火记》还没有出版呢，就成了里程碑？"

这话并不是我说的，是茅盾同志说的，我有什么办法？因此，这话我始终没有谈过，恐招来非议。今天是我写回忆录，留给后人，我不得不写了。

承德地区京剧团来天津演出《红旗谱》，名老生贯盛习演朱老忠。剧终合影留念。

北京电影制片厂摄制《红旗谱》上映，获得观众一致好评。

梁斌百年
誕辰紀念